王先明 等 / 著

# 中国乡村建设思想
# 百年史 下

ZHONGGUO
XIANGCUN JIANSHE
SIXIANG
BAINIAN SHI

商务印书馆
The Commercial Press

# 第七章　中国共产党乡村建设的思想与主张

农民—革命、乡村—建设，是中共革命历史发展进程中难分轩轾的革命取向，同时也是中国农民从乡村传统走入现代革命，从被动客体变为革命主体的历史逻辑。如果说农民之于革命，是中共革命的基础和动力，那么乡村之于建设，则是中共对于传统乡村秩序的革命性颠覆。因此当农村包围城市成为中共革命的基本战略，乡村自然成为中共革命的历史舞台。在乡村改造与建设的实际过程中[①]，中共一方面着力进行乡村改造，另一方面又着力于乡村建设，最终描绘成 20 世纪中国乡村社会变革的一幅"漫画"[②]，并积淀形成了极具中共特色的乡村建设思想与主张。

## 一、早期共产党人的乡村建设思想

中共成立之后的一段时间里，将领导工人运动作为主要任务，但是近代以来乡村社会全面颓败的客观形势，自然也会引起共产党人对乡村问题的关注与思考。1921 年 4 月，有人就撰文指出："中国农民困苦，并不减革命前俄国底农民的。他们底怨气，已泫漫天地。"而且"中国农民占全人口底大多数，无

---

[①] 中共的乡村改造在一定程度上和乡村建设是重合的，但是乡村改造并不完全就是乡村建设，乡村改造只是乡村建设的前提和基础。换言之，乡村改造在很大程度上依然是乡村社会革命的延伸，它是为随后开展乡村建设扫清道路的工作，而乡村建设却是一个系统化的关涉政治建设、经济建设、文化建设等一系列建设在内的复杂的系统过程。

[②] 参见〔美〕马克·赛尔登：《革命中的中国：延安道路》，魏晓明、冯崇义译，社会科学文献出版社 2002 年版，第 122 页。

论在革命的预备时期，和革命的实行时期，他们都是占重要位置的"。因此"我们要设法向田间去，促进他们这种自觉"。① 随着国民革命运动的开展，乡村社会更是以轰轰烈烈的农民运动方式演绎着乡村改造与建设的历史。

值得一提的是，关于中共早期乡村建设思想，王景新等人已经做过较为系统的研究。他们的成果以中共创立以来的历史发展为序，围绕中共的土地革命理论、农会与农民政权建设、农民合作与乡村经济建设、乡村文化教育与乡村社会建设等内容，分专题梳理了中共早期乡村革命和乡村建设的历程。② 从宏观视野梳理中共早期的乡村建设思想历程，正如一些学者所说，是"既需要勇气，也需要智慧"③。从实际上着眼于党的方针政策，从宏观视野中寻踪中共乡村建设思想固然是一种取径，但是不可否认的是，中共革命的发展历程到底还是体现着阶段性特征。不同的历史阶段，其方针政策显然不尽相同。一些政策措施往往会即时而起、因时而去，或对于历史进程没有影响，也没有历史传承的思想价值，在我们看来，这样的素材似乎不应进入思想史的范畴。换言之，这些素材虽然可以作为思想研究，但一般的认识主张毕竟不等于思想。就思想史的概念范畴而言，所谓乡村建设思想，应该是一种体系化的思想，也是致用于具体实践的一种社会思想，也就是说作为一种致用社会的思想体系，它与一般性的政策或举措之间并不完全对等，而是要特别关照某种思想对于乡村社会产生的具体作用和实际影响，只有在乡村建设实践中能够产生影响，并能形成传承和发展的且具有相对系统的认知，才是思想史的研究范畴。

鉴于此，我们认为从中共主要代表人物的思想入手，从他们的言论著述中梳理乡村建设的思想意蕴，并且在典型实践事例中归纳中共的乡村建设思想，进而形成可资借鉴的思想经验素材，应该是一种较为可行的研究路径。

---

① 中国社会科学院现代史研究室、中国革命博物馆党史研究室选编：《"一大"前后：中国共产党第一次代表大会前后资料选编》（一），人民出版社 1985 年版，第 212、207 页。
② 参见王景新、鲁可荣、郭海霞编著：《中国共产党早期乡村建设思想研究》，中国社会科学出版社 2011 年版。
③ "中国共产党乡村建设 90 年"学术研讨会暨《中国共产党早期乡村建设思想研究》首发式在北京举行，光明网理论频道：http://theory.gmw.cn/2011-06/27/content_2143903.htm。

## （一）"精神改造"——李大钊的社会心理视角

通过社会心理来认识社会问题，是历史唯物主义的一个重要方法。被恩格斯誉为"包含着新世界观的天才萌芽的第一个文件"——《关于费尔巴哈的提纲》，开篇就指出了忽视从主观方面和主体的能动作用方面去理解人同周围世界的关系的错误做法。马克思指出，从前的一切唯物主义的主要缺点是"对对象、现实、感性，只是从客体的或者直观的形式去理解，而不是把它们当作感性的人的活动，当作实践去理解，不是从主体方面去理解"[①]。而李大钊作为较早关注乡村问题的马克思主义者，对乡村社会问题的认识，正是建立在对马克思主义社会学理论的梳理和对乡村社会实际情况深刻把握的基础之上。通过对乡村社会问题的深入思考，李大钊认识到农民问题是中国社会问题中最大的问题，而解决近代以来的乡村问题，应特别注意乡村农民的社会心理，由此形成了李大钊认识和解决乡村问题的独特视角。

李大钊对近代乡村社会的认识，集中体现在《青年与农村》《中国的内战与中国农民》《土地与农民》《鲁豫陕等省的红枪会》等著述中。而李大钊对乡村社会问题的认识，首先是基于近代以来所出现的乡村危机。

近代以来的乡村危机所呈现的是全面颓废的态势。在《青年与农村》一文中，李大钊指出农村的黑暗"算是达于极点"。至于民主意识的贫瘠，李大钊更是深切地指出："世界潮流已竟到了这般地步，他们在那里，还只是向人家要什么真主，还只是听官绅们宰割蹂躏，作人家的良民，你说可怜不可怜呢？"[②]应该说作为杰出的早期马克思主义者，李大钊对乡村问题的认识并非到此为止，而是在研究马克思主义社会学理论的基础上，以此作为认识和解决中国乡村社会问题的理论指南。他指出："凡社会呈了不安的现象，而图解决之的方法都是。比如：劳工问题、妇女问题、人力车夫问题、鸦片、缠足等等问题，都是社会问题。这些问题，所以不易解决者，大半因经济的关系，因为经济的不均与不安，许多问题，都从此发生。"[③]

但是作为一个关注农村和农民问题的革命家，他对农村的一些社会现象甚

---

[①]《马克思恩格斯选集》第1卷，人民出版社1995年版，第54页。
[②] 中国李大钊研究会编注：《李大钊全集》第2卷，人民出版社2006年版，第305页。
[③] 李守常：《社会问题与政治》，《民国日报》副刊《觉悟》，1922年12月29日。

为关注。他曾经比较东西方村落生活的不同："美国的村落生活，有三个东西是不可少的，就是图书馆、邮局、礼拜堂。我们家乡的村落生活，也有三样东西是必不可少的，乃是子曰铺、鸦片馆、庙宇。"① 对于中国社会问题当中的最大的问题——农民问题，李大钊认为这既是一个历史问题，也是一个现实问题。他指出，中国的农民问题"实远承累代历史上农民革命运动的轨辙，近循太平、辛亥诸革命进行未已的途程，而有待于中国现代广大的工农阶级依革命的力量以为之完成"②。在李大钊看来，俄国革命的胜利，是庶民的胜利，是劳农阶级的胜利，这个胜利正是"心理变动"的结果。李大钊指出："吾国民今日救国之责维何？曰：首须认定中国者为吾四万万国民之中国，苟吾四万万国民不甘于亡者，任何强敌，亦不能亡吾中国于吾四万万国民未死以前。"③ 而在四万万中国人中，绝大多数人是农民。面对中国的客观实际，李大钊提出要进行"精神改造运动"，他指出"那精神改造的种子，因为得了洁美的自然，深厚的土壤，自然可以发育起来。那些天天和自然界相接的农民，自然都成了人道主义的信徒"。故此李大钊提出："我们应该学那闲暇的时候就来都市里著书，农忙的时候就在田间工作的陶士泰（即托尔斯泰）先生，文化的空气才能与山林里村落里的树影炊烟联成一气，那些静沉沉的老村落才能变成活泼泼的新村落。新村落的大联合，就是我们的'少年中国'。"④

由此可以看出，李大钊对乡村农民问题认识的一个重要观察视角，就是在注重剖析农民社会心理的基础上实施"精神改造"。正是基于这样的思路，他认为唯有心理的变动、精神的觉悟，才是解决中国问题特别是农民问题的根本办法。也就是说，改造农民既有的社会心理，使其发生心理变动进而达到精神的觉悟，应该是我们解决农民问题的一个最基本思路。而这一点，正是马克思主义的一个重要观点。恩格斯说："就单个人来说，他的行动的一切动力，都一定要通过他的头脑，一定要转变为他的意志的动机，才能使他行动起来。"⑤

---

① 中国李大钊研究会编注：《李大钊文集》第3卷，人民出版社1999年版，第72页。
② 中国李大钊研究会编注：《李大钊文集》第5卷，第69页。
③ 中国李大钊研究会编注：《李大钊文集》第1卷，第120页。
④ 李大钊：《"少年中国"的"少年运动"》，《少年中国》1919年9月15日，第1卷第3期。
⑤ 《马克思恩格斯选集》第4卷，第251页。

普列汉诺夫则对此问题做了更为细致的梳理。他认为一切意识形态都有一个共同的根源，即某一时代的心理。而无产阶级在解决社会问题的过程中会遇到各种困难，如何解决这一困难呢？途径之一就是"求助于社会心理学"。因为"社会心理学异常重要。甚至在法律和政治制度的历史中都必须估计到它，而在文学、艺术、哲学等科学的历史中，如果没有它，就一步也动不得"①。

作为中共早期的马克思主义者，李大钊始终对乡村社会怀有一种特殊的感情。1917年5月，李大钊在寄自家乡的信中饱含深情地写道："乡间初夏，四野麦陇青青，遥望村落，人家烟树，俱于沈寂清静之中，呈出乡间生活之自然趣味。闲尝漫步其间，觉田园之一草一木，鸡犬之一吠一鸣，童叟之一簑一笠，无在不与都市异趣。语其特征，则是等景物声色，均为于应和掩映之间，绚绘点缀，以成乡间沈静之姿之资料而已。"这使他对乡村农民的社会心理有着较深刻的理解与认识。对于中国农民的社会心理，李大钊既看到了农民社会心理积极的一面，也洞察到了其消极的一面。

李大钊指出："真正之舆论在乡间，不在都会。"为此，他列举了民国初年袁世凯称帝之后乡间农民的心理与反应的事例，指出"吾侪以为数千年帝制，由兹推倒，不能复萌矣。而乡间父老独以为未安，谓不久将有皇帝出现，真主出现也。无何，袁氏果称皇帝。时余辈归乡辄告农村盼皇帝、盼真主之父老曰：'尔等之皇帝、真主今真出现矣，将施其惠泽及于尔等矣。'彼等惊相问，究为谁某？应曰：'袁世凯'。则复愀然蹙额，交口怨詈，而其望穿秋水之皇帝及对于皇帝之迷信，至是乃多灰冷失望矣。于是乡间舆论遂一转其盼皇帝、盼真主之心理，而归于詈袁氏，骂袁氏，万口同音，谓袁氏皇帝之迷梦必不能显诸事实也"。李大钊依据乡村民众的社会舆论，认为"此种基础社会之心理，实有以秘持真正舆论之权威，不惟不可漠视，且校都市中人，共和则群趋共和，帝制则群趋帝制，徒为一时势力之气焰所驱役，以致丧其识察之真知直觉者，真实确正万分矣"。② 由此可见，李大钊对于乡间民众的社会舆论和社会心理，是持赞成和肯定态度的。在他看来，这种盼望"真主"的社会心理，体现

---

① 黄楠森、庄福龄主编：《马克思主义哲学史教学资料选编》（中册），北京大学出版社1984年版，第585页。

② 守常（李大钊）：《乐亭通信》，《甲寅》日刊，1917年5月28日、29日。

的正是民众对正常社会秩序的向往与追求。

与此同时，李大钊明确指出乡村农民已具有阶级觉悟并已觉醒。由于长期以来帝国主义和军阀的压迫及剥削，致使农民不堪兵匪的骚扰，所以便自发地组织起来进行反抗。发生在鲁豫陕等省的红枪会就证明了这一点。对此，李大钊认为"这个现象可以证明中国的农民已经在那里觉醒起来，知道只有靠他们自己结合的力量，才能从帝国主义和军阀所造成的兵匪扰乱之政局解放出来，这样的农民运动中形成一个伟大的势力"①。

李大钊对乡村农民的关注和同情，并为此大声呼吁青年应去农村，就是建立在对劳动人民的深厚感情的基础之上的。但是李大钊也清醒地认识到，由于各种各样的原因，在农民身上也体现出消极的社会心理因素。

中国农民社会心理最突出的消极因素，就是对政治的冷淡。事实上这也几乎是中外观察家众口一词的结论。所谓"日出而作，日入而息，凿井而饮，耕田而食，帝力于我何有哉"，就是中国几千年农耕经济下的民间生活的真实写照。梁漱溟也曾指出："中国人，于身家而外漠不关心，素来缺乏于此。特别是国家观念之薄弱，使外国人惊奇。"②李大钊通过对中国农村的长期观察，同样形成了这样的认识。

1921年3月21日，李大钊发文指出："俄全国人口有百分之八十至八十五是农民。农民的气质，和中国人差不多，保守性重，沉沦在无情、愚昧、忍耐、服从的种种恶习惯，全是专制压迫的结果。农民除了土地的改革，种殖（植）的改良，稍微留心以外，旁的事全不管。他们有时候也不恨皇帝，可是有反对大地主资本家的；做革命中心的人，是工人、学生和爱自由的贵族们，职业阶级皆赞同革命，这些人占百分之二十，其余百分之八十，是不参加革命的农民。这些农民的情形和我国一样，与政治不发生什么关系。"③

同时，李大钊也指出了农民社会心理的另一些消极因素，例如红枪会反对洋人，农民认为他们是反对帝国主义，因为"他们不认识帝国主义，却认识了洋人，洋人在他们的认识中，便是帝国主义的代表"。红枪会要求"真主"，他

---

① 猎夫：《鲁豫陕等省的红枪会》，《政治生活》1926年8月8日，第80、81期合刊。
② 刘梦溪主编：《中国现代学术经典：梁漱溟卷》，河北教育出版社1996年版，第299页。
③ 李大钊：《俄罗斯革命之过去、现在与将来》，《民国日报》副刊《觉悟》，1921年3月21日。

们的社会心理基础就是希望"真主"能够"把中国政治弄好,把那洋人和奸臣们镇压下去,才有日子好过,他们还不知道自己起来革命可以自救,不能够认识民众政治的实现,可以结束中国政治的纷乱,故只模模糊糊的希望一个'真主'"。至于迷信,也是一个客观事实。农民自卫,当竹竿、木棍、刀、枪、剑、戟等不能够奏效时,他们便把"农村生活中所有的家当,如那学房牌位上的孔子,庙中偶像的关帝、观音,以及道士口中的太上老君,土地庙中的土地爷爷,《三国演义》中的张飞、赵云,《西游传(记)》里的猪八戒、孙悟空,巫医符咒,乩台沙语,阴阳卜筮,八卦五行等等都搬出来,以为这回该可以吓退他们的敌人了"。同时,李大钊指出"落后的农业经济反映而成一种农民的狭隘的村落主义、乡土主义,这村落主义、乡土主义可以把农民运动分裂,可以易受军阀土豪的利用,以致农民阶级自相残害",这些"都是极鲜明的事例"。[1]

李大钊对于农民社会心理的剖析,应该说是极其深刻的,也是切中肯綮的。这些正确的分析,正是基于他多年的农村生活和对农民问题的深刻关怀与同情的结果。当然,作为早期的马克思主义者,李大钊对乡村社会问题的分析也有一些局限。如李大钊在《青年与农村》一文中也出现了诸如"立宪的民间""立宪的农村""议院"等词语。这表明在他的思想理论中仍存续着"立宪救国"的影子。由此也表明李大钊对农民社会心理的剖析,特别是对农民消极心理的解读,不可避免地具有一定的时代局限性。因为在近代中国革命的历史进程中,共产党人对于乡村民众社会心理的认识,也是经历了较长的历史阶段,是在血与火的考验中才最终达到了认识上的升华。但是这并不影响人们对李大钊宝贵思想的认可与肯定。正如鲁迅先生写《〈守常全集〉题记》评论李大钊丰富的遗著时所言:"一、是他的理论,在现在看起来,当然未必精当的;二、是虽然如此,他的遗文却将永住,因为这是先驱者的遗产,革命史上的丰碑。"[2]

任何社会的变革,都要以思想观念变革为先导。英国著名学者霍布豪斯指出:"巨大的变革不是由观念单独引起的,但是没有观念就不会发生变革。"[3]

---

[1] 猎夫:《鲁豫陕等省的红枪会》,《政治生活》,1926年8月8日,第80、81期合刊。
[2] 周晔编著:《伯父的最后岁月:鲁迅在上海(1927—1936)》,福建教育出版社2001年版,第244页。
[3] 〔英〕霍布豪斯:《自由主义》,朱曾汶译,商务印书馆1996年版,第24页。

对此，李大钊同样是有深刻的认识的。他认为要想解决改造乡村问题，首先需要来一个"精神解放"。

李大钊依据马克思主义关于人的解放的思想，特别是俄国十月革命胜利后的世界局势，认为当前时代的最强音就是人的解放：一切问题的解决，它的前提就是首先应把人从各种思想束缚当中解放出来。他指出："现在是解放时代了！解放的声音，天天传入我们的耳鼓。但是我以为一切解放的基础，都在精神解放。我们觉得人间一切生活上的不安、不快，都是因为用了许多制度、习惯，把人间相互的好意隔绝，使社会成了一个精神孤立的社会。在这个社会里，个人的生活，无一处不感孤独的悲哀、苦痛；什么国，什么家，什么礼防，什么制度，都是束缚各个人精神上自由活动的东西，都是隔绝各个人间相互表示好意、同情、爱慕的东西。人类活泼的生活，受惯了这些积久的束缚、隔绝，自然渐成一种猜忌、嫉妒、仇视、怨恨的心理。这种病的心理，更反映到社会制度上，越颇加一层黑暗、障蔽，把愉快、幸福的光华完全排出，完全消灭。这种生活，我们岂能长此忍受！所以我们的解放运动第一声，就是'精神解放'！"①

那么到底该如何实现"精神解放"，特别是如何改造农民消极的社会心理？李大钊明确指出："要想把现代的文明，从根底输入到社会里面，非把知识阶级与劳工阶级打成一片不可。"基于这种认识，李大钊指出："我们中国是一个农业国，大多数的劳工阶级就是那些农民。他们若是不解放，就是我们国民全体不解放；他们的苦痛，就是我们国民全体的苦痛；他们的愚暗，就是我们国民全体的愚暗；他们生活的利病，就是我们政治全体的利病。去开发他们，使他们知道要求解放、陈说苦痛、脱去愚暗、自己打算自己生活的利病的人，除去我们几个青年，举国昏昏，还有那个？"针对这种情况，李大钊大声疾呼："青年呵！速向农村去吧！日出而作，日入而息，耕田而食，凿井而饮。那些终年在田野工作的父老妇孺，都是你们的同心伴侣，那炊烟锄影、鸡犬相闻的境界，才是你们安身立命的地方呵！"②

---

① 孤松：《精神解放》，《新生活》1920年2月8日，第25期。
② 守常：《青年与农村》，《晨报》1919年2月20—23日。

李大钊在提出"精神解放"这一总体思路的基础上,还提出了具体的实施办法。总归起来体现在以下几个方面:

第一,建立农民自己的组织,进行普通常识和国民革命教育宣传。李大钊认为:"乡村中旧有的农民团体,多为乡村资产阶级的贵族政治,全为一乡绅董所操纵,仅为乡村资产阶级所依为保障其阶级的利益的工具,不惟于贫农的疾苦漠不关心,甚且专以剥削贫农为事。在此等组织中,贫农几无容喙的余地。若想提高贫农的地位,非由贫农、佃农及雇工自己组织农民协会不可。只有农民自己组织的农民协会才能保障其阶级的利益。在乡村中作农民运动的人们,第一要紧的工作,是唤起贫农阶级组织农民协会。"有鉴于此,李大钊指出:"革命的青年同志们,应该结合起来,到乡村去帮助这一般农民改善他们的组织,反抗他们所受的压迫!随着乡间的组织工作,当注意到乡间的文化提高问题。到乡间去的同志们,应知利用农闲时间,尤其是旧历新年一个月的时间,作种种普通常识及国民革命之教育的宣传。为使此项工作多生效果,图画及其他浅近歌辞读物,均须预备;并须要联合乡村中的蒙学教师,利用乡间学校,开办农民补习班。"①

第二,正确引导农民的反抗心理,要使农民充分认识到自己在中国革命中的地位和责任。鉴于农民社会心理之中因盲目排外而形成的狭隘的人种偏见、"真主"期盼意识和迷信思想,李大钊提出对此应该给予正确的引导和解释,"使他们知道帝国主义的本质,把他们的仇恨转移到帝国主义者压迫中国剥削中国农民的行动和工具上去,以渐渐的消灭他们狭隘的人种的见解,知道全世界革命的工农民众,都是他们的朋友"。对于农民期盼"真主"的社会意识,"我们应该告诉他们,只有工农民众自己团结起来,才是他们得到生活安定的唯一出路,'从来没有什么救世主,不是神仙亦不是皇帝,谁也解放不了我们,只靠自己救自己'这一类的歌声,应该常常吹入他们的耳鼓"。通过积极引导,要使农民充分认识到自己在中国革命中的地位和责任,"让他们很明了的知道农民阶级在国民革命运动中的地位和责任,很明了的认识出来谁是他们的仇敌和朋友"。唯有如此,"才不至于走到错路上去,才不至蹈袭以前失败的覆辙,

---

① 守常:《土地与农民》,《政治生活》1925年12月30日—1926年2月3日,第62—67期。

才不至于为军阀、土豪所利用以诱出其自己的营垒而归于消灭，才能脱去那落后的迷信的蒙蔽"，最终才能真正达到我们的目的。①

第三，积极开展农民革命运动，在轰轰烈烈的革命运动中使农民的心理认知和思维意识得到升华。李大钊认为，积极引导农民开展政治斗争，是一种最好的提升农民思想意识的手段，他指出："政治斗争是改造社会、挽救颓风的最好工具。人民为最切近的利益奋斗，在群众集会、示威运动、游行、煽动、宣传、抵制这些具体事实当中训练而团结自己，扫除与群众不相容的习惯和道德，吸收富于活气的实际的知识。因为与共同的仇敌作战，养我同仇敌忾的精神，锻炼了互助的能力。这样有价值的经验的获得，将远胜于读书万卷和教育十年了。"②基于这一认识，李大钊进一步指出，中国农民的革命运动与斗争精神无疑会在革命运动与政治斗争中得到升华，"中国内战延续的时间越是长久，越是激烈，它对中国被压迫工农群众的觉醒所起的促进作用就越大，工农群众就越能迅速地意识到，踏上反对帝国主义和军阀之路才是唯一求生之道"③。

毫无疑问，李大钊作为一个革命思想的播火者，他对乡村问题的思考，特别是对乡村农民社会心理问题的剖析，在探索中国乡村革命与建设的过程中已然达到了应有的理论高度。李大钊筚路蓝缕的开创，无疑是随后的中国共产党人探索乡村革命与建设的重要基石。

### （二）"我即贫民"——乡村改造的彭湃模式

在中共早期实施乡村改造的具体实践中，被毛泽东誉为"农民运动大王"的彭湃，无疑是一个开拓者。从对乡村社会现状的认知，到对农民群体社会心理的剖析，再以平凡化的姿态一头扎入农村开展实践，彭湃在中共早期开展乡村改造过程中占有重要地位。

众所周知，彭湃并非农民出身，而是工商业兼地主家庭出身，也是日本早稻田大学的留学生。但是"实实在在地说，彭湃不是一个理论家而是一个实

---

① 猎夫：《鲁豫陕等省的红枪会》，《政治生活》1926年8月8日，第80、81期合刊。
② 中国李大钊研究会编注：《李大钊文集》第5卷，第359页。
③ 中国李大钊研究会编注：《李大钊文集》第5卷，第474页。

践家，实践方面，他实在是一个不可多得的人才"①。当彭湃决定为唤醒农民的觉悟而奔走之际，他很快就发现许多民众不仅没有一定的阶级的意识，而且也缺乏组织力，特别是很多农民并不愿意接近他。所以他的一些朋友曾明确地指出："农民散漫极了，不但毫无结合可能，而且无智识，不易宣传，徒费精神罢了。"②然而彭湃到底还是坚持自己的主张，他首先分析了造成这种现象的原因。

农民何以会不觉悟，主要原因是由于没有接受应有的教育。彭湃认为，当前的教育"早不是贫民阶级——劳动者农夫贫民——的教育，而是贵族官僚资本家的教育了……贫民阶级对现在的教育，早无丝毫享受的机会了！今日的教育，不是图贫民福利的教育，乃是专教资本家官僚一班掠夺阶级的教育！"为此，彭湃组织了劳动者同情会，目的就是"与劳动者协力工作，互相扶助，交换智识，以促成教育和贫民相接近"。在此基础上，彭湃又进一步分析指出："我们蒙昧时代，以为'政府'统治我们，可以维持我们的安宁幸福"，实际上其罪魁祸首便是私有制。他指出："人类最不合理的社会制度者，就是私有财产制度者也。"③

与此同时，彭湃对农民所具有的优点也进行了分析和总结。他指出，中国农民"有忠义气，能老老实实尽忠于自己的阶级"；同时由于"农民生活日益困艰，他们时时都有暴动的心理，反的心理"。所以只要加以广泛的宣传和引导，农民终究是会迸发出他们应有的革命激情的。为此，彭湃又做了详细的实事求是的分析。

首先，由于广大人民群众长期受着封建主义的压迫，"不但不能脱了地主的斗盖、绅士的扇头、官府的锁链，并且增加了新兴地主的护弁及手枪之恐吓。从前农民与地主发生争议，这班压迫阶级底下，地主不过是禀官究办，现在新兴地主阶级用直接行动毫不客气地殴打，逮捕，或监禁这些农民了，也可以直接迫勒抵租和强派军饷了"④。在这种情况下，农民几乎没有任何自由可言。这也意味着农民比其他任何阶级都渴望摆脱这种剥削和压迫。

---

① 《彭湃研究史料》编辑组编：《彭湃研究史料》，广东人民出版社1981年版，第355页。
② 《彭湃文集》，人民出版社1981年版，第111页。
③ 《彭湃文集》，第1—4页。
④ 《彭湃文集》，第102—103页。

其次，只要放眼农村，就会看到农民生活之艰难，而这又是常人难以想象的。彭湃指出，"在我们无产阶级中，无有不为经济所压迫感受生活之困难者；终日孜孜劳力而三餐不饱者，固属多之；而因生活费之难以支持，至如卖妻鬻子、堕胎，亦层见叠出，甚者抛弃其生存权，而自尽者亦有之。人间悲惨之事，有甚于此者乎！"①

最后，尽管农民的文化水平很低，但是在农民中"实在不乏聪明的人，他们对于农会的组织，都具有很热烈的情感"②。现在需要的，是那种具有迎难而上的决心和信念，矢志不渝地从事唤醒农民的革命家。应该说彭湃对农民的这种社会心理的分析是符合实际的，而且他也确信农民最终是会被团结起来的。这也正是他始终执着于农民运动的根本原因。

正是由于如此，彭湃满怀深情地指出："我们既承认现实社会之种种罪恶，种种缺陷，有不得不实行社会革命之决心，我们就应当赶快觉悟！互相研究！互相团结！互相联络！互相扶助而为之！"通过"社会革命"来铲除不合理的社会制度，这是我们的既定方针，而"社会革命者，就是实现'社会主义'的一种手段是也"③。显然，在彭湃看来，唯有以革命作为改造社会的武器，才是我们的根本出路。当彭湃认识到这一点之后，便一头扎入民间，深入实地来唤醒农民。正如他的战友所说："彭湃并非英雄，亦非教主。原来'农村的纯无产阶级对于田主资本家的敌视，是很深的。不过没有人来唤醒和挑拨'，故而尚潜伏着尚沉默着，未能形成为阶级意识及发为阶级斗争。彭湃一经明白这个道理，便能毅然牺牲自己在现社会上的优越地位，走入农民中间。"④

彭湃的选择无疑是正确的，而且这也是开展乡村建设所必需的。因为"共产党是中国革命的唯一领导者，这只是说只有共产党能够成为中国革命的领导者，并不是说共产党是天生的领导者，因此群众必须服从他的领导。要使中国共产党成为中国革命的领导者，还需要共产党的正确的政治领导与艰苦的群众

---

① 《彭湃文集》，第 5 页。
② 《李春涛文集》，广东人民出版社 1985 年版，第 30 页。
③ 《彭湃文集》，第 7 页。
④ 李春涛：《海丰农民运动及其指导者彭湃》，刘林松、蔡洛编：《回忆彭湃》，人民出版社 1992 年版，第 36 页。

工作"①。所以只要通过各种手段和途径对农民进行正确的宣传和教育，并以革命者高尚的情操和崇高的道德与威信感化民众，如此一旦激发起农民的阶级觉悟，最终便会以排山倒海之势迸发出来。事实上，彭湃就是这样想的，也是这样做的。因为"大凡真能'到民间去'（to among the people）的社会运动实行家，其思想和行为必都已是'平凡化'"②。彭湃就是抱着"我即贫民"的姿态很平凡地走入民间的。

彭湃在深入乡村社会时，穿起了朴素的粗布衣裳，戴上竹笠，光着脚板，俨然是一个地地道道的农民形象。当年徐向前来到海丰时曾这样描绘彭湃："他个头不高，身着普通农民的衣服，脚穿草鞋，不论走到哪里，都能和群众谈心、交朋友，住在一起，吃在一起，像一家人似的。在农民家里吃饭，饭碗上沾着鸡屎，他毫不在乎，端起碗来就吃。"③

彭湃的平凡化不仅体现在着装上，也体现在他的语言风格上，特别是他能用最通俗易懂的语言，耐心地向民众作解答，以启发农民的阶级觉悟。他说："八十年前有一位老先生——马克思，他看见这种情形，知道无钱的人要得到胜利是要大家联合起来，所以叫一句口号：'全世界劳动者联合起来'。"接着他又说："马克思先生当时带着一个望远镜，看得加倍清楚，组织一个共产党，领导全世界的工人农民，去和有钱人斗争，没有分别什么国界的。"谈到列宁，彭湃讲道："列宁先生是马克思先生的高足弟子……到列宁先生的手里，全世界的共产党，就像蜘蛛网一样，俄国就是一个网心，列宁先生就是一个蜘蛛，指挥全世界的工人农民。"④

当然，彭湃清楚地知道，以平凡化的姿态深入民间，主动接近群众，与群众打成一片，这只是变革乡村社会心理的第一步。因为在中国乡村社会里，以一家一户为单位的自然经济模式，不仅体现在自然形式上的分散性，而且在思维习惯上也是具有分散性特点的。所以如何把分散的农民团结起来，以便于开

---

① 《中共中央文件选集》第 11 册，中共中央党校出版社 1991 年版，第 240 页。
② 《李春涛文集》，第 21 页。
③ 徐向前：《历史的回顾》，解放军出版社 1988 年版，第 41 页。
④ 汕尾市革命老根据地建设委员会办公室等编：《海陆丰革命根据地》，中共党史出版社 1991 年版，第 128—130 页。

展各种形式的斗争,就成为乡村改造与建设的重要步骤,而组建农会就是一种非常有效的形式。1922年7月29日,彭湃邀集志同道合者成立"六人农会"。之后随着形势的发展,海丰县总农会于1923年元旦正式成立。在彭湃的领导下,农会当时实际上形成了"农村政权的雏形"[①]。彭湃在组织农民开展各种形式的政治斗争中,非常好地利用农民自己的组织——农会来开展大众化的实践。特别是在一些纪念日,农会更是起了非常重要的作用。

1923年5月1日,海陆归(即海丰、陆丰、惠阳,惠阳旧称归善)三县农会发布了"五一"宣言,宣言指出:"我们相信资本家和田主的财富的增加,是榨取工人和农民的剩余价值而来的。社会的财富,一面渐次无限制的集中在资本家和田主的手里;反面,贫困的问题亦无限制的逐渐扩大。资本家日趋恣肆淫奢的生活,而工人和农民则日陷于饥寒压迫无智的地位。所以,社会上由贫穷而发生了种种极大的罪恶。这是世界上极普遍的极显著的现象。"接着宣言指出:"五月一日这一天,就是在三十八年前,美国芝加哥的工人,有了这种觉悟,向资本家提出增加工资、减少劳时获到胜利的日子,亦即是我们工人和农民开始解放运动的日子!但是,这个日子,不是我们庆祝的日子,是我们试验有否解放自己的觉悟和勇气的日子!我们要在这一天,轰轰烈烈的显示我们伟大的阶级团结,鲜明我们的阶级意识,整饬我们的先锋队伍,发挥我们的斗争精神,联合世界无产阶级协力推倒国际资本家以完成无产阶级的解放!"[②]在这次集会上,农会会员"拿起一面大红旗,写着'劳动节纪念大巡行';并有一面乌红布对角做成的农会大旗。又有白布写着……'反对国际资本主义','打倒军阀','赤化'等字样的长方旗,翻扬空中。其余,则各手执小红旗,旗里都有写着警告资本家田主和军阀的标语"[③]。

彭湃还非常注重提升农民的文化知识水平。1926年5月,在广东省二次农民代表大会上,由彭湃主持并通过的《广东省第二次农民代表大会的重要决议案》指出:"横在我们目前唯一的大问题,不消说就是国民革命之成功,最重

---

[①] 存萃学社编:《中国近代史资料丛编之五·1927—1945年国共斗争史料汇辑》第2册,大东图书公司1978年版,第342页。
[②] 《彭湃文集》,第28页。
[③] 《彭湃文集》,第30—31页。

要的就是把占了全国人口十分之八的农民组织起来，做成一支强有力的革命军队。我们虽是组织了，而不能加以相当的教育和训练，结果所谓组织，只是一种形式而失作用。"为此必须创办农民学校，开展农民教育。决议最后确定开设相关课程，包括"国文、信札、卫生、帝国主义侵略中国简史、政治常识等课程"。同时还提出应该将"现成政治问题、改良风俗问题、世界大势等，尤宜随时提出讨论"①。此外，彭湃还专门编辑出版一些面向农民的刊物，以此来推动乡村社会的觉悟。如在海陆惠紫特委有一个刊物叫《群众之路》，就是一套印刷相当精美的面向广大民众的刊物。这本期刊的文字，基本上都是以农民所喜闻乐见的内容和形式出现的。在1929年11月的一期里，有一篇《红色政权成立二周年》的山歌，是用"苏武牧羊调"填写的。歌词是：

建立苏维埃政权，到今二周年。工农兵士们，选代表，执政权，全国破天荒。政权虽四月，建设真优良。工厂归工友，土地归农兵。工农联盟，劳农专政，从此就实现。可恨国民党，破坏我政权。"三·一"后，苏维埃从此就失败。工农的痛苦，更加厉害。我们奋勇啊！团结起来，打倒军阀，推翻列强，恢复苏维埃！②

实际上，在彭湃的乡村改造与建设实践中，一个最突出的特点就是以民为本。他指出，先前"农民怕新学如怕老虎，谈起新学就变色"。这是因为教育局系官厅性质，教育局下一训令到乡村去，农民先要敬奉局丁的茶钱，如教育局所限期间，该乡不办起来，就拿学董；教育局完全不会指导农民办教育；农民无钱，教员又贵；学生学费也昂；农民子弟多劳动，以生活为紧，无暇去享受教育。于是他打出一个新口号，叫作"农民教育"，即是办农民学校。"农民教育，是与新学不同，是专教农民会记数，不为地主所骗，会写信、会珠算，会写食料及农具的名字，会出来办农会，便够了。"而且"农会替他们请

---

① 《广东省第二次农民代表大会的重要决议案》，《中国农民》1926年第6、7期合刊。
② 汕尾市革命老根据地建设委员会办公室等编：《海陆丰革命根据地》，第610页。

便宜教员,指定校舍,规定学生,读书不用钱。他们多很喜欢"[1]。在医药卫生工作方面,当初办起了农民医药房,规定凡农会会员看病,无论门诊外诊,凭会员证不收诊费,药费仅收一半,其余半价由农会或其他捐助补充。与此同时,彭湃还创办了农会仲裁部,为农会会员调解纠纷。"城市的官吏警察,时常剥削农民膏血,而乡村的绅士,又与彼辈狼狈为奸!农会鉴于农民的痛苦,设一个仲裁部,为会员和解事件,是很恳笃的,象那牧师之传道一般,并能利用争执问题灌输常识,或攻击现社会的缺憾(陷),所以解决事件比较异常容易。"仲裁部勉励部员说:"我辈应当牺牲私人的利益和健康,替弱者奋斗!我们不可以为是一种慈善事业,这是我们义务之所当尽的!我们事业,与那假冒为善者口口声声标榜慈善事业的完全不同!我们所尽力的,不愿受弱者一声感谢!……一切会员拿来的酬谢礼物,是我会的违禁品,极耻辱的东西!"[2]与此同时,彭湃还组织农会办了个济丧会,无论哪个会员家里有人去世,都由各会员挪出两毫钱来济丧,并为死者举行追悼会,参加者只参加悼念,不去死者家中吃喝,使丧事办得既隆重又俭朴。农会规定,凡参加济丧会的会员,都要照此办理,不搞旧风俗那一套。为此,彭湃还特地写了一首歌谣在农民中宣传:"无道理,无道理,死了一个人,吃饱通乡里。太不该,太不该,地主来讨债,孝子哭哀哀!真可恼,真可恼,生做个穷人,死不当只狗。莫烦恼,莫烦恼,大家合起来,打倒地主佬!打倒地主分田地,千家兴,万家好。"[3]

彭湃作为农民运动的先驱,无疑"是做群众运动工作的模范,他是真正能深入到群众里面去的同志"[4]。这种深入群众中的具体实践,实际上又是一种双向互动的精神交往过程。正所谓"没有'人的感情',就从来没有也不可能有人对于真理的追求"[5]。彭湃以平凡的形象深入民间,用自己的高尚情操和感染力来号召和吸引民众。在此过程中,彭湃始终将参与主体定位为乡村民众。正是由于如此,彭湃的努力才最终得到了民众的认同。可以说这种认同不仅仅是

---

[1] 《第一次国内革命战争时期的农民运动资料》,人民出版社1983年版,第159页。
[2] 《彭湃研究史料》编辑组:《彭湃研究史料》,第320页。
[3] 萧三主编:《革命烈士诗抄》,中国青年出版社1962年版,第40页。
[4] 《瞿秋白选集》,人民出版社1985年版,第448页。
[5] 《列宁全集》第20卷,人民出版社1985年版,第255页。

一种精神心理状态，更是与民众生活常识直接相连的，是被群众自觉信奉与服从的认同。诚如有人所说："我们自身应该从精神上打破'智识阶级'四个字的牢狱，图'脑力劳动者'与'体力劳动者'的一致团结，并且一致努力，对于'体力劳动者'智识上开发做工夫，然后社会的改造方才有多少的希望。"①实际上，这一点几乎是所有的共产党人开展乡村改造与乡村建设所共同秉持的一个基本理念。

### （三）教育与民治——陈独秀的乡村建设思想

众所周知，陈独秀是带着强烈的反传统色彩向马克思主义转变的。但是即便如此，陈独秀对农业、农村与农民的认知与省察，依然有其独到的地方，甚至有些论述不仅领先于同时代的领袖，而且也是极具历史意义和价值的。

和其他中共领导人一样，陈独秀对于农民与农村的重要性是有其独到的认知的。他指出，在经济落后的殖民地半殖民地，农民占全人口之大半数，"中国人口约六千余万户，而农民有四千万户以上，是农民占全人口百分之七十以上，即此人数上看起来，我们应感其重要"。所以"在这些地方之各种革命都不可忽视了农民的力量"。特别是由于"他们受外货侵入生活困难及贪官劣绅军阀灾荒之痛苦，往往也能激起他们的群众运动；这种农民的大群众，在目前已是国民革命之一种伟大的潜势力，所以在中国目前需要的而且是可能的国民运动（即排斥外力打倒军阀官僚）中，不可漠视农民问题"②。尤其值得一提的是，陈独秀在中共领导人中是较早提出农业是"国民经济之真正基础"这一命题的。

1922年11月，陈独秀在《中国共产党对于目前实际问题之计划》这篇报告中指出：无产阶级在东方诸经济落后国的运动，若不得贫农群众的协助，很难成就革命的工作。"农业是中国国民经济之基础，农民至少占全人口百分之六十以上，其中最困苦者为居农民中半数之无地的佃农。此种人数超过一万二千万被数层压迫的劳苦大群众（专指佃农），自然是工人阶级最有力的

---

① 先进：《最近上海的罢工风潮》，《星期评论》1919年第21期。
② 中共中央文献研究室、中央档案馆编：《建党以来重要文献选编》第1册，中央文献出版社2011年版，第278页。

友军,为中国共产党所不应忽视的。中国共产党若离开了农民,便很难成功一个大的群众党。"①1923年7月,陈独秀在《前锋》杂志撰文再次强调:"在经济落后的殖民地半殖民地,不但农民占全人口之大半数,其国民经济之真正基础,还是农业。"②

毫无疑问,在当时条件下能够提出这样的历史命题,的确是有着远见卓识。因为在中共成立之初较长的一段时间里,开展工人运动应该是国际共产主义的"规定动作",而作为共产国际的一个支部,早期的中国共产党无论是其理论主张还是革命实践,似乎还很少有人会对农业问题的认知上升到如此高度,会有如此深刻的洞见。正是由于如此,有人指出陈独秀是"最早提出'农业是国民经济的基础'的中共领导人"③。甚或有人径直提出陈独秀是"中共关怀'三农'问题第一人"④。

但是另一方面,陈独秀也清楚地知道,无论是一般农民、自耕农还是佃农及雇工,都处于"痛苦之中"。就在1922年陈独秀在向共产国际报告中国的情形时,就对"中国一般农民之痛苦"做了阐释。他指出:由于外货输入之结果,一般物价增高率远过于农产物价格增高率,因此自耕农民多卖却其耕地降为佃农,佃农则降为雇工,或流为兵匪。此事实造成了两个结果:一是贫农仇恨外国势力之侵入,一是兵匪充斥供给军阀不断的源泉;再者水旱灾害使各种农民一律受苦;而兵乱及灾荒使农民大为迁徙。其迁徙所至之地方遂致佃农、雇工均供过于求,因同业间竞争,地主及雇主所要求的条件日加苛酷。特别是"因以上三种之结果,农民食用不足,遂不得不受高利盘剥之痛苦,此项痛苦以无地之佃农为最甚"⑤。

鉴于中国农民所受的痛苦,究竟用何种方式解除这些痛苦,陈独秀指出:欲解除此等痛苦,且引导其加入国民运动,应依各地情状采用一些方法。其中

---

① 《"二大"和"三大":中国共产党第二、三次代表大会资料选编》,中国社会科学出版社1985年版,第143页。
② 中共中央文献研究室、中央档案馆编:《建党以来重要文献选编》第1册,第278页。
③ 林修敏:《陈独秀最早提出"农业是国民经济的基础"》,《团结报》1999年7月3日。
④ 李银德:《农业是中国国民经济的基础——中共关怀"三农"问题第一人陈独秀》,参见http://www.chenduxiu.net/ReadNews.asp?NewsID=1081。
⑤ 《"二大"和"三大":中国共产党第二、三次代表大会资料选编》,第143—144页。

教育宣传就是首先要做的工作。

陈独秀声称自己"是一个迷信教育的人"。在他看来,"教育虽然没有万能的作用,但总算是改造社会底重要工具之一,而且为改造社会最后的唯一工具"。因此他希望教育界不仅要有贵族的教育,而且也应有由贵族教育到平民教育的趋势,"因为人们不受教育,好象是原料不是制品"[1]。至于教育内容,他指出:"凡伟人大哲之所遗传,书籍报章之所论列,家庭之所教导,交游娱乐之所观感,皆教育也。"教育有"救国救民之力",开展教育"终有救国新民之一日"[2]。在此基础上,陈独秀进一步提出教育要与社会相结合的思想。"教育和社会的关系是很大的。社会要是离了教育,那人类的知识必定不能发展,人类知识一不发展,那国的文化就不堪问了。"[3]

正所谓"一切教育都建设在社会底需要上面"。他指出过去的农村教育,"农学生只知道读讲义,未曾种一亩地给农民看;工学生只知道在讲堂上画图,未曾在机械上应用化学上供给实业界的需要,学矿物的记了许多外国名词,见了本地的动植物茫然不解;学经济学的懂得一些理论,抄下一些外国经济的统计,对于本地的经济状况毫无所知"。因此"惟有把社会与教育打成一片,一切教育都建设在社会底需要上面,不建设在造成个人的伟大底上面;无论设立农工何项学校以及农工学校何种科目,都必须适应学校所在地社会底需要以及产业交通原料各种状况"[4]。另外,鉴于农民在军阀专制统治之下的悲惨境地,为争取他们独立自主的人格、自由平等的权利,他主张应以农暇时授以文字(应注意注音字母的传布)及世界大势。宣传"排斥外力""打倒军阀""限田""限租""推翻贪官劣绅"口号(最好是携带影灯的巡回讲演)[5]。

他还着力强调在农村办学要因地制宜,"办农业学校,宜在乡间,办工业学校,宜在省城"。为此他专门举例说:广州以丝业著名,应办蚕业学校。潮州富于水产,应办水产学校。北江多森林,应办农业学校。若在潮州办农校,

---

[1] 《独秀文存》,安徽人民出版社1987年版,第436页。
[2] 陈独秀:《今日之教育方针》,《青年杂志》1915年第1卷第2号。
[3] 戚谢美、邵祖德编:《陈独秀教育论著选》,人民教育出版社1995年版,第229页。
[4] 《独秀文存》,第382页。
[5] 《"二大"和"三大":中国共产党第二、三次代表大会资料选编》,第393页。

在北江办蚕业学校，在广州办水产学校，则其所学非应所在地社会之要求，其学术之应用颇易自减，而教育力因以不大。"前者言欲，用学术之应用效力大，而令社会了解内容，后者言欲学术应用力大，不可不适应社会之要求。"①

但是陈独秀也清晰地认识到，在乡村社会"开办学堂虽好，可惜教人甚少，见效太缓。做小说、开报馆，容易开人智慧，但是认不得字的人，还是得不着益处"②。而戏曲则是一个重要的教育宣传形式，故陈独秀特别注重利用戏曲文艺的形式对乡村民众实行教育宣传。

他指出："文章分类，略为二种。一曰应用之文，一曰文学之文。应用之文，大别为评论、纪事二类。文学之文，只有诗、词、小说、戏（无韵者）、曲（有韵者，传奇亦在此内）五种。五种之中，尤以无韵之戏本及诗为最重要。"③尤其对于普通民众而言戏曲更是起着举足轻重的作用。他说："有一件事，世界上人没有一个不喜欢，无论男男女女老老少少，个个都诚心悦意，受他的教训，他可算得是世界上第一大教育家。却是说出来，列位有些不相信。你道是一件什么事呢？就是唱戏的事啊！"当人们"到戏园里去看戏，比到学堂里去读书心里喜欢多了，脚下也走得快多了。所以没有一个人看戏不大大的被戏感动的"。因此"戏馆子是众人的大学堂，戏子是众人大教师，世上人都是他们教训出来的"。由于戏曲"无论高下三等人，看看都可以感动，便是聋子也看得见，瞎子也听得见"，因此它是"开通风气第一方便的法门"。④

陈独秀倡导以戏曲开展教育宣传，有着极强的针对性。一如费孝通先生所说，在乡土社会里，"同一戏台上演着同一的戏，这个班子里演员所需要记得的，也只有一套戏文。他们个别的经验，就等于世代的经验"。因此中国乡土社会基本上是一个有语言而无"文字"，甚至几乎不需要"文字"的社会。⑤真正对乡村民众的世界观起架构作用的应该是乡间戏曲、故事、传说、说唱艺术、民歌（民谣）、俚曲、民谚等民间口头叙事以及民风、民俗等民间行为叙事。

---

① 戚谢美、邵祖德编：《陈独秀教育论著选》，第293页。
② 《陈独秀文章选编》上册，生活·读书·新知三联书店1984年版，第60页。
③ 《陈独秀文章选编》上册，第226页。
④ 《陈独秀文章选编》上册，第57、60页。
⑤ 费孝通：《乡土中国·生育制度·乡土重建》，商务印书馆2011年版，第22、24页。

质而言之，陈独秀之所以倡导将教育与社会相结合，并大力倡导戏曲的宣传教育，一方面是将教育与提高乡村社会的文化联系起来，以解除农民之痛苦；另一方面也是为了从更深层次上来实现对乡村社会的改造。他说："人类本性上黑暗方面一日不扫除干净，个人的努力改造一日不能休息。一民族不努力改造，一民族必堕落以至灭亡。人类不努力改造，人类必堕落以至灭亡。"①而"社会差不多是个人底模型，个人在社会里，方圆大小都随着模型变，所以我敢说如果社会不善，而个人能够独善，乃是欺人的话"②。因此通过教育及戏曲宣传，正是从社会层面上着眼于对乡村的改造。通过改造而建构的理想的新时代新社会，"是诚实的、进步的、积极的、自由的、平等的、创造的、美的、善的、和平的、相爱互助的、劳动而愉快的、全社会幸福的。希望那虚伪的、保守的、消极的、束缚的、阶级的、因袭的、丑的、恶的、战争的、轧轹不安的、懒惰而烦闷的、少数幸福的现象，渐渐减少，至于消灭"③。由此我们也不难看出，作为新文化运动的发轫者，陈独秀乡村改造的思想主张，又从另一方面揭示了其追求现代公民社会的启蒙象征。

如果说教育宣传是陈独秀改造乡村社会的基本主张之一，那么以组织建立农会、乡自治公所、佃农协会和雇农协会为主要内容的"组织实际运动"，则是其为减除农民痛苦，进而开展乡村建设的重要主张。

陈独秀指出：小农中国之农民，他们各阶级间无显明的分化，此时全乡村各种农民（自耕农、佃农、雇工）可就其共同利害之点，联合为一个组织。各地旧有农会虽有法律的地位，而组织之分子多非农民，今应鼓吹真正农民改造之，以反对横征暴敛之官吏，压迫佃农之大地主及鱼肉贫农包办选举之劣绅为对象；以"组织消费协社""组织农民借贷机关""组织谷价公议机关"等为实际运动。乡自治公所亦系旧有的地方政治组织，南方各省尤正在进行，在此组织中应以组织乡团抵御兵匪，改良水利，要求"县长民选"为主要运动。佃农协会以向政府要求"限田"（限制私有地权在若干亩以内，即以此等大地主、

---

① 陈独秀：《我们应该怎么办》，《新青年》1919 年第 6 卷第 4 号。
② 《独秀文存》，第 380 页。
③ 中国社会科学院现代史研究室、中国革命博物馆党史研究室编：《"一大"前后：中国共产党第一次代表大会前后资料选编》（一），第 61 页。

中地主等限外之地权分给耕种该地之佃农)、"限租"(每年应纳地主之租额，由各农村佃农协会按收成丰歉自定之)为佃农特有之运动。雇农协会则以协议工资及介绍工作为主要任务。①

在此基础上，陈独秀进一步提出在乡村社会开展民治的主张。他认为在中国开展民治运动，是有其历史基础的。这是由于中国社会史上有一与众不同的现象，"上面是极专制的政府，下面是极放任的人民，除了诉讼和纳税以外，政府和人民几乎不生关系"。由于这种极放任，政府和民众不发生关系，故而民众"自己却有种种类乎自治团体的联合：乡村有宗祠，有神社，有团练；都会有会馆，有各种善堂（育婴、养老、施诊、施药、积谷、救火之类），有义学，有各种工商业的公所；像这些各种联合，虽然和我们理想的民治隔得还远，却不能说中国人的民治制度，没有历史上的基础"。另一方面，中国人工商业不进化和国家观念不发达，"从坏的方面说起来，我们因此物质文明不进步，因此国民没有一致团结力"，但是"从好的方面说起来，我们却因此没有造成像欧洲那样的资产阶级和军国主义"。而且自古以来，就有许行的"并耕"，孔子的"均无贫"种种高远理想。而"限田"的讨论，是我们历史上很热闹的问题，"自食其力"，是无人不知的格言，因此"可以证明我们的国民性里面，确实含着许多社会经济的民治主义的成分"。正是基于这些理由，陈独秀认为"政治的民治主义和社会经济的民治主义，将来都可以在中国大大的发展"。②

但是陈独秀也清楚地知道，开展民治运动就必须要奠定权力基础。他认为："一切国家都必然建设在权力之上，封建的国家建设在军阀权力之上，民主的国家建设在人民权力之上，半封建半民主的国家建设在军阀和人民两种权力之上，殖民地的国家建设在母国权力之上，无权力则无国家无政治之可言，只有力乃能代替力，这种自然法则之支配，又是我们所不能避免的，所以我们应该明白若是人民的权力不能代替军阀的权力，军阀政治是不会倒的，民主政治是不会成功的。"③然而现实情况是，一方面军阀专制限制民众的权力，另一方面群众缺乏应有的觉悟。有鉴于此，他大声疾呼各地方各行业之工农群众

---

① 中共中央文献研究室、中央档案馆编：《建党以来重要文献选编》第 1 册，第 279—284 页。
② 陈独秀：《实行民治的基础》，《新青年》1919 年第 7 卷第 1 号。
③ 陈独秀：《对于现在中国政治问题的我见》，《东方杂志》1922 年第 19 卷第 15 号。

"必须知道必须遵守的两条大义":第一条大义是"阶级的觉悟",第二条大义是"革命手段"。"只有各地方各行业的劳动都有了阶级觉悟,大家联合起来,用革命的手段去组织劳动阶级的国家、政府、国会、省议会、县议会去解决劳动者自身的困苦。"① 故而他强调,工农群众"应该彻底觉悟:一切工人运动、农民运动、学生运动,都不能离开政治运动,因为政治上的自由,是一切运动所必需的"②。

不过,民众虽然觉悟了,要求政治上的自由,这还只是"消极的不要被动的官治",而不是"积极的实行自动的人民自治"。在他看来,乡村民治应该"是消极的不要被动的官治,积极的实行自动的人民自治。必须到了这个地步,才算得真正民治"。为此他提出首先应该在乡村社会建立小团体和小组织的主张。在他看来,"大规模的民治制度,必须建筑在小组织的民治的基础上面,才会实现。基础不坚固的建筑,像那沙上层楼,自然容易崩坏;没有坚固基础的民治,即或表面上装饰得如何堂皇,实质上毕竟是官治,是假民治,真正的民治决不会实现,各种事业也不会充分发展"③。

为进一步论证小团体和小组织的重要性,他援引美国学者杜威的观点指出,美国"每到一处,便造成一个小村,由许多小村,合成一邑,由许多邑合成一州,再由许多州合成一国。小小的一个乡村,一切事都是自治"。我们现在要实行民治主义,"是应当拿英、美做榜样",是应当在民治的坚实基础上做工夫,是应当"由人民自己一小部分一小部分创造这基础。这基础是什么?就是人民直接的、实际的自治与联合"。

具体而言,"这种小组织的地方团体和同业团体,人数都必然不多,团体内的成年男女,都可以到会直接议决事务,无须采用代表制度。若是一个团体的事务,各个分子都有直接参与的权利,他所生的效果,在消极方面,可以免得少数人利用、把持、腐败;在积极方面,可以养成多数人的组织能力,可以引起大家向公共的利害上着想,向公共的事业上尽力,可以免得大家冷淡、旁观,团体涣散"。同样,对于乡间的地方自治,也要"从一村一镇着手,不可

---

① 《陈独秀文章选编》中册,第 129—130 页。
② 《陈独秀文章选编》中册,第 383 页。
③ 胡明编:《陈独秀选集》,天津人民出版社 1990 年版,第 91、93 页。

急急去办那一乡的自治"。这是因为"现在各业公所的组织,只是店东管事独霸的机关,与多数的职工店员无涉。我所以主张小组织,就是因为小组织的人少,便于全体直接参与,一扫从前绅董、店东、工头少数人把持的积弊,又可以磨炼多数人办事的能力"①。

实际上,陈独秀主张建立小团体和小组织,一方面是鉴于乡村社会的客观现状;另一方面,在他看来,人民的权利"必须集合在各种人民的组织里才可以表现出来"②。这一论述,不仅体现出陈独秀开展乡村民治的思想主张,也是他倡行"真民治"的必然要求。

值得一提的是,陈独秀所主张的乡村民治,不仅包括政治上的民治,也包括社会经济方面的民治。"我们现在所盼望的实行民治,自然也不限于政治一方面。"在他看来,'社会生活向上'是我们的目的,政治、道德、经济的进步,不过是达到这目的的各种工具。政治虽是重要的工具,总不算得是目的"。故此"若要改良政治,别忘了政治是一种工具,别拿工具当目的,才可以改良出来适合我们目的的工具"。而最进步的政治,"必是把社会问题放在重要地位,别的都是闲文"。可见陈独秀所主张的民治,是把政治和社会经济两方面的民治主义,当作所要达到的目的的工具。其中他特别强调在这两种工具当中,尤以社会经济方面为重。他说"关于社会经济的设施,应当占政治的大部分,而且社会经济的问题不解决,政治上的大问题没有一件能解决的,社会经济简直是政治的基础"③。

如何实现社会经济上的民治?陈独秀认为首先要注重公平。"封建主义时代只最少数人得着幸福,资本主义时代也不过次少数人得着幸福,多数人仍然被压在少数人势力底下,得不着自由与幸福……主张实际的多数幸福,只有社会主义的政治。"④由于无产阶级革命的真正目标是"必须建设在最大多数人民的幸福上面,人民的幸福又以经济的生活为最切要,经济的生活不进步,所

---

① 《陈独秀文章选编》上册,第430、432—435页。
② 陈独秀:《对于现在中国政治问题的我见》,《东方杂志》1922年第19卷第15号。
③ 《实行民治的基础》,胡明编:《陈独秀选集》,第90页。
④ 陈独秀:《国庆纪念底价值》,《新青年》1920年第8卷第3号。

谓人民的幸福,仍只是一句空话"①。这也就意味着社会公平问题不仅构成了无产阶级革命的内在动因,而且也是实现社会经济民治的必然要求。

具体到乡村社会,陈独秀在《中国农民问题》一文中阐述了自己的主张。他认为社会经济上的民治,首先要开展"限田运动",限制私人地权在若干亩以内,"以此等大地主、中等地主限外之地改归耕种该地之佃农所有"。同时要"组织农民消费协社"和"组织农民借贷机关"。组织农民消费协社,是因为"中国农民间有合资向城市购物之习惯,应就此习惯扩大为消费协社"。而组织农民借贷机关,是由于"中国农村向有宗祠、神社、备荒等公款,应利用此等公款及富农合资组织利息极低的借贷机关"。另外,针对农民租额较重的现实,陈独秀提出"限制租额运动"的办法,即在各农村组织佃农协会,"每年应缴纳地主之额租,由协会按收成丰歉议定之"。对于政府,一方面应要求其"在地税中支用款项,供给过剩之贫农开垦官荒";另一方面"应支用国币或地方经费修理或开挖河道,最急要者如黄河、淮河等"。陈独秀特别强调:"此等河道之开浚,不但与农民有迫切的利害关系,而且在工商业之运输上亦有绝大的影响。"②这一论述,可谓是陈独秀开展乡村民治的具体思想轨迹。

综上可见,在陈独秀的乡村改造与建设思想中,教育宣传及乡村民治占据着重要的位置,应该说这些思想确有其独到之处。尤其是他的《中国农民问题》这篇文章,更是其认识和改造乡村社会的思想凝练。邓中夏曾就该文给予很高的评价。他认为之前一些分析农村社会阶级的文章都是"捕风捉影""隔靴搔痒",只有"陈独秀先生《中国农民问题》一篇文章,算是精审可观,对于中国农民状况分析得很细致、很正确"。③与此同时,他所倡行的乡村民治和组织运动,在中共乡村建设思想体系中无疑是占有重要地位的。

当然,我们也必须认识到,陈独秀对于农民的认知的确存有一定的偏见。在他看来,"农民的特性是守旧、散漫和无知"④。因而他对农民在中国革命中的作用并不看好。他说:"小农的中国,自耕农居半数以上,这种小资产阶级

---

① 中共中央文献研究室、中央档案馆编:《建党以来重要文献选编》第1册,第186页。
② 《"二大"和"三大":中国共产党第二、三次代表大会资料选编》,第144页。
③ 邓中夏:《中国农民状况及我们运动的方针》,《中国青年》1924年第13期。
④ 胡明编:《陈独秀选集》,第244页。

他们私有权的观念异常坚固，如何能做共产主义的运动。"① 而相反的是"资产阶级的力量究竟比农民更集中，比工人雄厚"②。实际上陈独秀所看好的是那些"先觉哲人"。他说："自社会言之，群众意识，每喜从同；恶德污流，惰力甚大；往往滔天罪恶，视为其群道德之精华。非有先觉哲人，力抗群言，独标异见，则社会莫由进化。"③ 这一认识颇有英雄主义的精英情结。而李大钊则认为："盖迷信英雄之害，实与迷信历史同科，均为酝（酝）酿专制之因，戕贼民性之本，所当力自湔除者也。"与之相反的是："吾民当知国家之事，经纬万端，非一二人之力所能举，圣智既非足依，英雄亦莫可恃，匹夫之责，我自尸之。"④ 由此不难看出，李大钊则是力斥"英雄主义"，而主张"惟民主义"。体现在乡村改造方面，李大钊寄希望于民间，号召青年到民间去。但是陈独秀则认为"希望在极短促的期间，把精神分播到民间去，实是痴想"⑤。只有"出于有知识有职业的市民，社会革命是要出于有组织的生产劳动者，然后才有效果"⑥。有关这一点，美国学者莫里斯·迈斯纳曾有过精辟地论述。他指出：陈独秀是带着强烈的反传统色彩向马克思主义转变的，他最痛恨的莫过于被传统牢牢束缚的农民身上所表现的愚昧和落后，虽然他对大多数农民群众的悲惨生活寄予同情，但他却无法理解，在中国近代化的过程中，最落后的这部分社会力量竟能在社会改造中发挥重要的作用。因此，在1919年李大钊发出知识分子"到农村去"的倡议时，他不屑一顾。1920年，陈独秀开始信仰马克思主义，像很多欧洲的马克思主义者那样，他把马克思主义看作是现代西方文明中最先进的思想文化。他认为，在政治上，落后的乡村必然要依附于先进的城市，城市无产阶级和城市资产阶级将成为决定中国命运的主宰力量。⑦

应该说陈独秀对中国农民的认知并非全无道理，问题的关键在于他和李大

---

① 水如编：《陈独秀书信集》，新华出版社1987年版，第66页。
② 《陈独秀文章选编》中册，第365页。
③ 《陈独秀文章选编》上册，第391页。
④ 《李大钊全集》第1卷，第158页。
⑤ 《陈独秀文章选编》中册，第132页。
⑥ 《独秀文存》，第600页。
⑦ 〔美〕莫里斯·迈斯纳：《李大钊与中国马克思主义的起源》，中共北京市委党史研究室编译组编译，中共党史资料出版社1989年版，第259页。

钊的农民视角存在着截然相反的取径。李大钊更多的时候是基于农民本身所具有的潜在力量来认识农民，而陈独秀则往往是基于农民本身所具有的劣根性来审视农民的不足。正是由于陈独秀在很大程度上是从农民的消极方面看待革命与建设之路，以至于摆错了革命的立足重心，从而造成日后悲剧。而随后陈独秀的继任者——毛泽东，则以其"更具内在的独创性"，根据"自己的经验来解决农村革命的问题"，按照"自己的主见来解释甚至制定符合于战略目标的模式构想"①，从而形成了更符合中国农村实际革命思想与建设理路。

## 二、毛泽东革命理论中的乡村建设思想

1940年1月9日，在陕甘宁边区文化协会第一次代表大会上，毛泽东作了一次"从下午一直讲到晚上点起煤气灯"的长篇演讲。毛泽东的这次演讲即后来为人所熟知的《新民主主义论》②。在这篇文章中，毛泽东提出了两个著名的"实质"论：一是"中国的革命实质上是农民革命"；二是"新民主主义的政治，实质上就是授权给农民"。毛泽东的两个"实质"论，可谓是中共乡村建设思想的重要着力点。

### （一）首要问题是乡村权力结构的变动

中国革命是农民革命的这一逻辑，尽管在中共成立之后不久就提及过类似的命题，但是在中国革命道路变动不安的复杂环境下，在较长的一段时间里基本上还是定格在理论方面的阐释。③ 及至大革命失败前后，乡村革命才在理论和实践方面全方位展开。值得一提的是，中共乡村革命的展开，在理论架构上并非始于土地问题，而是如何确立民众的政治权力问题。

---

① 〔美〕斯图尔特·施拉姆：《毛泽东的思想》，刘李胜、陈建涛编译，中共中央党校出版社1992年版，第61页。

② 这篇文章最早是1940年2月15日在延安出版的《中国文化》创刊号上以"新民主主义的政治与新民主主义的文化"为题公开发表的。同年2月20日，在延安出版的《解放》周刊第九十八、九十九期合刊上登载这篇文章时，将题目改为"新民主主义论"。

③ 具体可参见刘礼《中国共产党创立时期乡村革命的理论和实践》(《中共党史研究》2011年第9期)、《试析中共六大关于乡村革命的决策》(《党史研究与教学》2008年第6期)。

1927年7月20日，中共发布"中央通告农字第九号"文件指出："近年农民运动的进展，已表明中国革命进到一个新阶段——土地革命的阶段。"但是在这一文件中，中共反复强调了关于乡村革命的策略问题，即如何看待和认识土地革命的问题。九号文件开篇就指出："土地革命只是一个过程，这一过程的进展，需要一个无产阶级领导的工农小资产阶级的民主政权和工农武装。"随后在第四个部分又专门对此进行了阐释并指出："土地革命只是一个过程，政权争斗是这一过程的主要特点。必有夺取政权的争斗，才能推翻封建地主的乡村统治，才能促进土地问题的爆发而且给他以解决的权力机关。在南方各省如广东湖南，虽则农民运动的主要特点已经进到没收大地主，其实农民如果没有取得政权，单纯的解决土地问题是不可能的。依湘粤的经验，这个分析是丝毫没有错的。"关于如何开展政权的斗争，文件进一步指出：所谓政权斗争"就是要建设农民的革命民权，换言之即农会政权之建设"①。

很显然，这一通告的主要着力点并不在于如何开展土地革命，而在于考虑如何"建设农民的革命民权"。实际上早在五四运动期间，毛泽东通过发动和组织湖南的反帝爱国运动和领导反对军阀张敬尧、赵恒惕的斗争中，已然认识到"只有通过群众的行动确立起来的群众政治权力，才能保证有力的改革的实现"②。后在其著名的《湖南农民运动考察报告》中，进一步表达了这样的思想："农民有了组织之后，第一个行动，便是从政治上把地主阶级特别是土豪劣绅的威风打下去，即是从农村的社会地位上把地主权力打下去，把农民权力长上来。这是一个极严重极紧要的斗争。这个斗争是第二时期即革命时期的中心斗争。这个斗争不胜利，一切减租减息，要求土地及其他生产手段等等的经济斗争，决无胜利之可能。"③

"把农民权力长上来"，注重乡村农民权力，而不是首先关注土地问题，是由于组织农民运动的共产党人在开展具体实践的过程中清楚地感知到，乡村民众的基本诉求就是"政治的要求比经济的要求更要利害些"。而乡村农民之所以表达这种诉求，则是源于近代以来乡村社会出现的权绅化现象以及民团土匪

---

① 中共中央文献研究室、中央档案馆编：《建党以来重要文献选编》第4册，第357、359页。
② 《毛泽东自述》，人民出版社2008年版，第45页。
③ 中共中央文献研究室、中央档案馆编：《建党以来重要文献选编》第4册，第119页。

为害乡里、屠戮乡民，由此造成绅民矛盾异常尖锐的结果。

曾经，田园牧歌式的乡村社会，倘若不是严重的灾荒之年，对于乡村民众而言，靠天吃饭的传统思维和日出而作的辛勤耕耘，还是能够姑且满足较为平静的乡村生活。薛暮桥说，以前中国的农村问题并没有像这样严重，"许多田园诗人还能摇着鹅毛扇子唱唱'归去来兮'，回到农村中去找他们的理想世界。虽然那时候的农民，一般也是受着严重的封建剥削，不过他们靠着'男耕女织'，还能'含辛茹苦'地过他们的安定生活"①。然而进入近代以来，特别是20世纪以来，地方绅士凭借新政变革开始出现了权绅化的倾向，绅士曾经所独有的社会文化威望逐渐褪去，从而导致地方权力越来越远离乡村民众的利益。特别是地方权绅化的倾向，又使其加紧了与军阀和地方武装的结合，形成了所谓的"一省的督军是一省的军阀，一村的乡绅便是一村的军阀"②的局面。特别是由于这些权绅不仅是地方民团的支持者，而且有的自己直接组建民团组织。这些民团组织任意妄为肆意戮杀，他们对乡村农民的随意处置几乎达到无以复加的地步。相关资料显示，这些地方民团实际"是统治农民的直接机关。逮捕屠杀农民简直变成这些'局长老爷'的家常便饭，只要土豪劣绅鼻子里哼一声，农民便有'进局'的危险"。更有些团防私用非刑更属普遍，农民稍不如命，即加以土匪名，实行"挂半边猪""踩杠子""坐快活凳""断脚筋""辣椒薰鼻""倒挂"等使人战栗的刑法，因此农民不"进局"则已，"否则不死也成残废"③。值得注意的是，这些地方民团的恣意妄为，不仅引起了乡村民众的强烈不满，即便国民党"也一齐标榜着实行打倒土豪劣绅了"④。

正是由于这些民团肆意杀戮乡村民众，使得民众对其"比贪官污吏所盘踞的县政府及一切征收机关，更属畏惧，更属痛恨"⑤。于是改变乡村权力机构的政治诉求便首先成为乡村民众的最主要的诉求。正如海丰"七五"农潮之后，

---

① 薛暮桥：《旧中国农村经济》，农业出版社1980年版，第3页。
② 中国社会科学院经济研究所中国现代经济史组编：《第一、二次国内革命战争时期土地斗争资料选编》，人民出版社1981年版，第162页。
③ 中国革命博物馆、湖南省博物馆编：《马日事变资料》，人民出版社1983年版，第480页。
④〔日〕田中忠夫：《国民革命与农村问题》上卷，李育文译，商务印书馆1927年版，第70页。
⑤《湖南农民运动的真实情形》，《向导》周报第199期。

一位农民在所作的报告中指出:"农民要求武装自卫甚迫切。"① 因为一旦组织农民运动,他们便会"反对军阀战争的扰害,反对民团的压迫,同时更积极的要求有自己的组织,要求武装自卫"。在这种情况下,他们"政治的要求比经济的要求更要利害些"。他们进一步要求"有一个不苟取人民,不扰害人民的政府,这个政府要保护农民的利益,为农民谋利益"。因此"在各省农民运动中,必定要走这条路经过的"②。

除此之外,地方权绅与土匪会首之间也有着密切关联。在鄂豫皖地区,地方豪绅与枪会、大刀会和土匪联合起来,形成"杂色军队及土匪割据区域"③。他们"对农民极为苛刻","逮捕农民最勤",被认为"比较国民党军阀军队更反动许多"④。还有的地方甚或被冠以"匪省""匪窝"之称。如旅京陕籍学生曾不无感慨地指出:"陕西是中国著名的'匪省',又是古今如此的'旱省'。民国以来,各地人民都受军匪的糟蹋,但是像陕西所受的糟蹋恐怕再找不出来第二个,各处都有天灾,但是像陕西天灾之多恐怕也没有第二个。"⑤ 还有人说:"匪窝的陕西,在国内就已驰名,在陕人已司空见惯。"⑥ 在陕北保安县(今志丹县),由于连年土匪骚扰,就连县政府及各局都移居与距离旧县城八十里的永宁寨。据时人调查,该寨"三面洛水环绕,地势异常险峻,人民都悬崖凿穴而居"。由此不无感慨地说道:"此皆为亡国灭种之现象,有心者不能慨然而思有以挽救之乎?"⑦ 由于匪患给民众造成极大的威胁,甘肃的一位农民这样说道:"以前土匪比牛毛还多,谁还敢安安宁宁地停在家里,都是钻在梢沟里,总是天黑的时候才回来吃饭。先打发一个人在坳里(原上)去瞭望,看有没有土匪来。家里的人把锅拿出来(先是藏了的),赶快烧火做饭,吃了后又把锅和粮食拾起来(藏起来的意思),这才一家子又钻到梢沟里去。如果没有土匪来,半夜才回来,常常一夜一夜都在梢林里。人不能安安宁宁的种庄稼,许多地都

---

① 《彭湃文集》,第174页。
② 阮啸仙:《全国农民运动形势及其在国民革命中的地位》,《中国农民》1926年第10期。
③ 《鄂豫皖苏区革命历史文件汇集》甲2,中央档案馆等1985年编印,第48页。
④ 《鄂豫皖苏区革命历史文件汇集》甲5,第44、61页。
⑤ 魏惜言:《陕西的革命事业应当怎样做》,《共进》1925年第94—95期。
⑥ 中折:《陕西土匪何自来》,《共进》1924年第65期。
⑦ 林祭五:《陕西之社会调查》,《新陕西》1931年第6期。

荒了，我开店被土匪拉了一次，几乎把命送了……"①

可见，地方权绅、土匪民团等组织，已然构成了乡村社会最为严重的灾难。故此有人指出，即便"在革命策源地之广东，陈炯明、邓本殷这些军阀虽然给革命摧倒了，但是下层绅士阶级依然存在，所以各县的吏治依然和从前一样……革命依然不会成功，也便是下层土豪劣绅依然没有动摇的缘故"②。这也就是说，在中共乡村革命中，经济因素显然不是首要考虑的因素。事实上，尽管从整体上来讲经济不平等因素是促进社会变革的内在动力，但是经济的不平等并不一定会与乡村革命之间存在必然的因果关系。就中共乡村革命而言，还需要在经济因素和乡村革命之间构建另一座桥梁，这即是重塑乡村权力以重构乡村社会秩序和社会关系。因此毛泽东提出，乡村社会的"第一个行动"便是"地主权力打下去，把农民权力长上来"，显然已成为一个具有时代性的选择。

### （二）重塑乡村权力主体

曾经，以胥吏、保甲、士绅为中轴而构成的乡村社会权力结构，在相当长的时期内维系着上层制度与乡村社会之间的结构性平衡。但是历史的发展终究在中国共产党彻底改造乡村社会的进程中发生了转折。其中以农会为基础塑造乡村权力，就是毛泽东在革命时期的一个重要思路。

1927年3月，毛泽东就湖南农民运动问题指出："革命是暴动，是一个阶级推翻一个阶级的暴烈的行动。农村革命是农民阶级推翻地主权力的革命。农民若不用极大的力量，决不能推翻几千年根深蒂固的地主权力。"通过对地主豪绅的革命，"地主权力既倒，农会便成了唯一的权力机关，真正办到了人们所谓'一切权力归农会'。连两公婆吵架的小事，也要到农民协会去解决。一切事情，农会的人不到场，便不能解决"。而且"贫农，因为最革命，所以他们取得了农会的领导权。所有最下一级的农民协会的委员长、委员，在第一第二两个时期中，几乎全数是他们（衡山县乡农民协会职员，赤贫阶层占百分之

---

① 刘凤阁主编：《陕甘宁边区陇东的经济建设》，中共庆阳地委党史资料征集办公室1996年编印，第297页。

② 克明：《绅士问题的分析》，《中国农民》1926年第10期。

五十，次贫阶层占百分之四十，穷苦知识分子占百分之十）"①。

不过此时的农会组织，只是由一批共产党人利用乡村社会之外的意识形态力量而赋予民众的一种体制性的权力，而不是一种社会性权力。这也就要求中共需要通过重新整合和建构更为具体的社会阶级结构，通过政治参与的形式以实现对基层社会权力的改造。

众所周知，在传统的中国乡村社会里是不存在所谓阶级意识的。这是因为乡村民众往往是按照群落和亲族关系来构建他们的社会关系的。1933年10月，毛泽东《怎样分析农村阶级》一文，用农村阶级划分的标准，将不同的阶级置于预定的农村基层权力结构的框架之内。通过对农村阶级的重新划分，以及在此基础上展开的土地革命与阶级斗争，不仅改变了乡村农民的经济地位，而且他们的政治地位也相应地得到了提高，并获得了广泛的权力，成为乡村社会的权力主体。而原有的地主豪绅的权力却因阶级划分和阶级斗争受到了挤压，并最终失去了其在乡村社会的权力地位。与此同时，随着苏维埃政权的相继建立，毛泽东开始思考通过苏维埃选举的形式来实现对基层权力的改造。他指出，苏维埃政权"是工农的政府，他实行了工人与农民的革命民主专政"，作为"工农民主专政的苏维埃，他是民众自己的政权，他直接依靠于民众。他与民众的关系必须保持最高程度的密切"②。在此基础上，苏区各地逐渐拉开了改造基层权力结构和基层选举的序幕。苏区政府以宪法的形式规定，苏维埃政权是真正的劳动群众自己的政权，使政治的权力握在最大多数工农群众自己手里。很显然，通过基层选举建立的乡苏维埃政权，吸收工农群众参加政权并管理自己的国家，不仅推翻了先前地主豪绅阶级的统治，建立了工农群众自己的政权，保障了工农群众的政治民主权利，而且也从根本上改变了旧的阶级关系和政治格局，使得以工农为主体的权力结构成为新政权和新社会的主宰。

延安时期，中共审时度势，将构建参议会制度作为塑造乡村权力的基础，通过继续塑造以农民为主体的权力主体格局，来实现对乡村权力的改造。值得

---

① 《毛泽东选集》第1卷，第17、14、21页。
② 毛泽东：《中华苏维埃共和国中央执行委员会与人民委员会对第二次全国苏维埃代表大会的报告》，《红色中华》1934年1月26日第3期。

一提的是，延安时期对乡村权力主体的塑造，突出地体现在民众对政府的民主监督上。毛泽东指出："因为我们是为人民服务的，所以我们如果有缺点，就不怕别人批评指出。不管什么人，谁向我们指出都行。只要你说得对，我们就改正。"① 他曾赞扬边区人民批评政府的新鲜事时说："这是天大的好事！那个老百姓得有觉悟。中国几千年的历史，都是老百姓受官府的气，受当兵的欺负，他们敢怒而不敢言。现在他敢向我们的一个分区司令员提意见，敢批评这位'长官'，你们看这有多么好！这是多么了不起的变化！"又说："只有让人民来监督政府，政府才不敢松懈。"② 一些外国人士在参观延安之后也说道："共产党人经常地在进行着自我检讨的整风工作，他们总是用一面放大镜在那里检验着他们的自己的过失。他们痛击着自己的胸膛以保证自我的改造，他们为自己的失错而悲哀和忏悔。在各地，这种行政上的批评自由形成了中国农民所从未有过的最民主的政治制度。地方上的会议可以接受他们的控诉和满足他们的需要，可以说有史以来第一次他们成了这个社会的平等公民。"③

与此同时，毛泽东还注重通过开展劳模运动树立乡村民众的权威。抗日政权建立之后，在生产运动中开始涌现出不少劳动积极分子。毛泽东提出要在运动中评选先进典型，"并凭借这批骨干去提高中间分子，争取落后分子……不断地提拔在斗争中产生的积极分子，来替换原有骨干中相形见绌的分子，或腐化了的分子"。④ 于是抗日根据地开展了大规模的劳模运动。实际上，开展劳动英雄大会的象征意义，就在于它是为"拿锄头的、拿斧头的、拿鞭子的、拿剪刀的所开的劳动英雄大会"，所以它能使得劳动者受到空前未有的尊重。当他们被看作是劳动英雄，是新社会的"状元"，这种认同可以说"不仅是中国从来没有过的事情，而且是东方各民族从来没有过的事情"⑤。这样，他们在乡村社会的地位不断提高。一些劳动英雄深有感触地说："在开会期间，毛主席、朱总司令、高司令、贺师长、林李正副主席和延安各机关的首长，都那么热烈

---

① 中共中央文献研究室、中央档案馆编：《建党以来重要文献选编》第21册，第490页。
② 中共中央文献研究室编：《毛泽东年谱》中卷，中央文献出版社1993年版，第419页。
③ 白修德、贾安娜：《中国暴风雨》，香港广角线出版社1976年版，第221页。
④ 《毛泽东选集》第3卷，人民出版社1991年版，第898页。
⑤ 《边区参议会议长在开幕典礼上的讲话》，《解放日报》1943年11月17日。

的招待我们，指导我们，和我们握手，请我们吃饭，把我们看得像自己兄弟一样。我们每个人都实在高兴，实在欢喜。在旧社会里，咱们受苦人是被人看作牛马的，可是现在劳动却变成光荣的了。"①这些荣誉实际上已然成为他们在乡村社会的重要政治资本，他们成为乡村的"新式权威"人物，并以新担任了的村中行政领导或群众组织领袖，成为乡村政治生活的主角。

随着乡村权力主体的重塑和乡村社会秩序的重构，乡村民众的社会认同与政治认同得到了空前的提升。可以说在此时"咱们的政府"已成为民众的一句日常话语。而一旦他们能够意识到自己的命运已与"我们的政府"的命运休戚相关，便会使乡村民众的政治归属感大大增强。作家陈学昭通过对延安的访问，深切地感知到边区群众的组织化程度和政治热情之高："他们的爱国热忱，也是十分令人感动的。""他们有的只认得几个字，但他们的政治认识恐怕比受教育的人还高。"②斯诺也认为，边区人民特别踊跃"似乎是由于一种公众的信任心"③。这种信心，既是对社会认同感提升的信心，也是对中共革命的信心。

如果说"把地主权力打下去，把农民权力长上来"还只是"第一个行动"，那么开展全方位的乡村建设便成为关键的一环。④而开展乡村建设，同样需要广大民众的积极参与。美国著名学者莫里斯·迈斯纳对此曾有过精辟的阐释。他指出："在中国革命的历史进程中，如果说大革命时期是认识到了要在政治上和社会上发动农民，那么在江西时期懂得了农民革命的首要前提是红军在军事上的优势以保证农民的安全。因为农民可以为改变他们的生活条件而做出牺牲，但是在他们感到毫无希望而且害怕反革命力量报复的情况下，他们就会畏缩不前。"与此同时，共产党人还认识到，"意义重大和旷日持久的土地改革是不可能自上而下通过行政命令而强加给农民的，相反，只有通过各村的农民组织和农民的参与才能实现"⑤。实际上，毛泽东正是在"农民革命"的逻辑追寻

---

① 《陕甘宁边区财政经济史料摘编》第1卷，陕西人民出版社1981年版，第237—238页。
② 陈学昭：《延安访问记》，北极书店1940年版，第306页。
③ 〔美〕埃德加·斯诺：《为亚洲而战》，新华出版社1984年版，第260页。
④ 当然这里的层次顺序并非是决然分明的，中共在重塑乡村权力的过程中，也在一定范围之内开展了乡村建设，只是改造与建设任务的主次不同而已。
⑤ 〔美〕莫里斯·迈斯纳：《毛泽东的中国及后毛泽东的中国》，杜蒲、李玉玲译，四川人民出版社1990年版，第43页。

中认识到，只有"授权给农民"，调动乡村民众广泛参与的积极性，才有可能实现乡村建设的既定目标，进而才能在全国范围内实现中国革命的历史性剧变。也正是由于如此，"授权给农民"自然就成为中共开展乡村建设的逻辑基础和实践路径。

### （三）授权给农民

革命需要农民，乡村建设更需要农民。"人民是有能力的，他们的力量是最伟大的，他们结成了团体，就是所向披靡、天下无敌的常胜军。"①因此，"把群众力量组织起来，这是一种方针"②。而"授权给农民"，开展全方位的乡村建设就成为所有链条上的关键一环。

所谓授权给农民，首先，从本质上来看，是毛泽东民众根本论的具体体现。毛泽东曾指出："一切问题的关键在政治，一切政治的关键在民众，不解决要不要民众的问题，什么都无从谈起。要民众，虽危险也有出路；不要民众，一切必然是漆黑一团。"③毛泽东的这一论述，正是授权给农民的理论基础和具体体现。其次，授权给农民，就是要坦然接受民众的监督与检查。毛泽东曾指出："凡属真正团结一致、联系群众的领导骨干，必须是从群众斗争中逐渐形成，而不是脱离群众斗争所能形成的。"④因此只有授权给农民加强群众的监督，才能造就适应革命形势发展的干部。再次，所有的路线、方针、政策在执行之前，不光是领导者知道、干部知道，还要使广大群众知道，接受群众的检查与检验。"一切为群众的工作都要从群众的需要出发，而不是从任何良好的个人愿望出发。有许多时候，群众在客观上虽然有了某种改革的需要，但在他们的主观上还没有这种觉悟，群众还没有决心，还不愿实行改革，我们就要耐心地等待；直到经过我们的工作，群众的多数有了觉悟，有了决心，自愿实行改革，才去实行这种改革，否则就会脱离群众。凡是需要群众参加的工作，

---

① 《毛泽东文集》第2卷，人民出版社2004年版，第171页。
② 毛泽东：《生产组织与农村调查》，香港新民主出版社1946年版，第5页。
③ 《毛泽东文集》第3卷，人民出版社1996年版，第202页。
④ 中共中央文献出版社编：《毛泽东思想编年》，中央文献出版社2011年版，第350页。

如果没有群众的自觉和自愿，就会流于徒有形式而失败。"① 归根结底，授权给农民就是乡村民众的政治参与和民主监督。

通过授权给农民，给予农民政治参与和民主监督权力，中共不仅实现了乡村社会秩序的重新建构，而且也实现了乡村社会关系的重新调整。但是对于处于极端分散的农村环境的中共而言，开展全方位的乡村建设又是一项实实在在的工作。"政治民主有其自己的内容，经济是其物质基础，而不就是政治民主的内容。文化是精神的东西，它有助于政治民主，也不就是政治的内容。"② 因此，授权给农民，在很大程度上也是更好地调动民众的积极性而进行全方位乡村建设的需要。

毛泽东认为，新民主主义的国家，如无巩固的经济作它的基础，如无进步的比较现时发达得多的农业，如无大规模的在全国经济比重上占绝大多数的工业以及与此相适应的交通、贸易、金融等工业作它的基础，根据地是不能巩固的。因此根据地的建设"是一个伟大的任务，一个伟大的阶级斗争"③。而要完成这一个"伟大的任务"，就必须调动广大民众的积极性开展全方位的乡村建设工作。任弼时也曾对此做过阐释。他指出："必须认识，今天边区民主政治的中心问题，不是'选举第一'，而是如何组织人民的经济生活和文化生活，特别是经济生活。这就是说，今天边区的中心任务，不是选举，而是建设，尤其是经济建设。在经济建设的事业中，发动人民大众的积极性，使每户每人都积极地劳动，参加生产，以改善人民生活，解决战争需要，造成行动的民主，这便是边区民主政治中的中心任务。如果有人问，在边区党和政府最中心的工作是什么？我们答复应当是：如何组织每户每人的劳动生产，定出他们的生产计划，使男女老幼都来参加生产事业。"④ 应该说，任弼时这一论述，是对毛泽东开展全方位乡村建设的进一步阐释。

如果我们将根据地的乡村建设置于民国时期乡村建设的这一背景之下，我们显然会发现：20世纪二三十年代以梁漱溟为代表的乡村建设运动，大都是集

---

① 中共中央文献研究室、中央档案馆编：《建党以来重要文献选编》第21册，第583页。
② 《毛泽东书信选集》，中央文献出版社2003年版，第225页。
③ 中共中央文献研究室、中央档案馆编：《建党以来重要文献选编》第10册，第467页。
④ 《任弼时选集》，人民出版社1987年版，第265页。

中在地势平坦、信息相对畅通的东部和中部地区，而中共在革命根据地的乡村建设，则是在经济文化都相当落后的农村地区而展开的。梁漱溟等人虽也认识到了必须组织农民的重要性，但终究是一种局部范围内的乡村建设，是企图在现存阶级关系下，用和平的方法整顿农村，通过局部改造以实现改造农村挽救国家的改良主义活动。但是，革命根据地的民众却在"授权给农民"这一制度之下，被广泛地动员起来。一些关注延安的国统区人士也指出："对边区怀着好感的人，常说边区是'动员的模范区'，人们总以为这样说的人，是过分的夸张了。我先前也是这样感觉着的。但我到这里参观了一个时期之后，觉得有许多地方确是可以作为我们的模范的。平心而论，虽然全国都已动员起来了，但我们仍没有见过别的地方像边区这样整个的浴血抗战动员的气氛。"① 而被动员起来的农民，则在政治、经济、文化、社会等各个方面积极投入自己的全部热情，参与到这一场全方位的乡村建设运动热潮中。

## 三、从苏维埃到延安时期的乡村建设

大革命失败后，中共通过武装斗争和土地革命，逐渐形成了大大小小数十块根据地。在此时期，中共一方面进行艰苦卓绝的反"围剿"斗争，一方面致力于领导根据地民众开展乡村建设工作。

在此期间，中共首先将解决土地问题作为根据地民众的认同基础。"农民既可能是现存秩序的坚固堡垒又可能是革命的突击部队。农民究竟会扮演什么角色，这完全要看现有秩序能在多大程度上按照他们的想法去满足他们切近的经济和物质利益而定。这些要求通常都集中在土地的佃租制度、赋税和物价等问题上。"进而言之，"没有哪一个社会集团比会拥有土地的农民更保守，也没有哪一个社会集团比因土地甚少或者交纳过高田租的农民更革命"②。于是在中共的领导下，一场亘古未有的乡村改造与革命运动随之展开。

为了进一步夯实民众的认同基础，苏维埃政府制定了切实的土地革命路

---

① 林雨：《陕北边区一瞥》，《新学识》1938年第12期。
② 〔美〕塞缪尔·亨廷顿：《变化社会中的政治秩序》，王冠华等译，生活·读书·新知三联书店1989年版，第345页。

线，积极鼓励开荒生产和发展生产技术。同时创办工厂组织生产合作社，大力保护私营工商业，鼓励经济贸易，改变旧有的乡村经济局面，改善民众生活。在基层政权建设方面，将广大基层政权苏维埃化，将基层权力渗透到乡村社会的各个层面，乡村社会的一切事物由苏维埃负责，同时在基层还创建不少自治社团组织，作为苏维埃政权的有力协助。在苏区基层社会权力结构的变革过程中，广大民众享有选举权和被选举权。这样，"昔日最穷、最令人看不起的人处在权力架构最上层，处于最令人羡慕的地位，现出一种所谓倒金字塔的结构，这对于激励和鼓动人数最多的贫苦农民参加革命无疑是最佳的一种方式，这种权力和荣誉假借，加上土地与地主浮财的分得，使得贫苦农民感觉到前所未有的人道主义的关怀，得到了做梦也难以得到的实惠"①。与此同时，苏区政府还创办了包括义务教育、社会教育和红军干部教育的苏区教育体系，形成了遍布村组、屋场和企业工厂的教育网络，实行完全大众化的工农文化教育。在社会建设方面，大力提倡妇女解放，努力实现男女平等，并将这一观念贯彻到经济、政治、文化和社会等各个方面。同时改良社会生活和风俗习惯，净化社会空气，铲除封建迷信思想，构筑新的科学精神。

不过需要指出的是，苏维埃时期的乡村建设尽管成效显著，但毕竟实践时间有限。再加之持续不断的战争环境和政策路线的飘忽不定，乡村建设尚未充分展开，更何况苏维埃时期的政策路线在当时本身也尚存在一些局限。正如一些学者所说，苏维埃制度与苏区时期的政策是"内容与形式相互扞格"，苏维埃革命原本是一场乡村革命，"一场骨子里是先进知识分子改造农村的革命，最终只有革命的价值在高扬，本来需要改造的落后的农村，却在革命过程中被赋予了某种先进的意义"。这样，"苏维埃政权实践的现代化意义被大大地消减了"。中国农村社会成分，即使仅仅以社会进步一个参数来考察，社会各个阶层所起的作用也不能完全依其阶层来划分。而用简单而直线的贫富尺度来分割农村社会，结果只会造成日益严重的红白对立，"而顺便形成的贫穷等于高尚的价值取向，只会将农村中的平均主义推向极致"，事实上，"如果按照苏维埃

---

① 张鸣：《乡村社会权力和文化结构的变迁（1903—1953）》，广西人民出版社 2001 年版，第 153 页。

的路线行进下去,中国革命是很难成功的"①。再从中共的发展历史来看,苏维埃时期是中共成长壮大的重要时期,但远不是中共掌握政权的时代,"超常的能量也无法突破可以做、可能做、不能做的限界",因此"更多时候乃是随波逐流"②。而延安时期,可谓是中共与乡村社会的结合达到最佳状态的历史时期,也是乡村建设的延安方针与乡村实践的延安道路实现了并行不悖、难分轩轾的历史时期。因此,延安时期的乡村建设,是我们认识和理解中共乡村建设思想主张的典型范例。

### (一)通往延安道路中的乡建探索

马克·赛尔登在阐释"延安道路"时曾指出,"延安道路"是中共在民族抗日、社会经济和政治改革中"领导一个大胆的、有创建性的解决农村压迫和解体问题的运动"③。作为一个有创建性的运动,其自然有探索和生成的逻辑。就乡村建设而言,首先体现在中共通往延安道路过程中的思路转向和实践探索。

1935年10月,中央红军到达陕北之后,肩负主要责任的张闻天就及时指出:"长途行军中间所决定的任务已经最后完成。"这也就意味着"一个历史时期已经完结,一个新的历史时期开始了"。④ 这一迄今所见最早反映中共战略转变的讲话,在乡村建设方面亦有着深刻的反映。"如果说过去的工作中心是动员一切力量进行打仗,口号是'一切服从战争',那么现在是迅速准备充实快要到来的抗日战争的力量,一切带着国防的性质,工作中心已转到国防建设方面来了。如果说,过去工作多带流动的性质,常采取突击的方式,那么现在则更固定些,计划应有经常性。过去的工作单纯些,现在却更复杂了,因此处理问题要有原则的了解。"⑤ 这一论述可谓是对张闻天"一个历史时期已经完结,一个新的历史时期开始了"的进一步阐释,同时也意味着在通向"延安道路"

---

① 张鸣:《乡村社会权力和文化结构的变迁(1903—1953)》,第161页。
② 谢维:《成败之道何处寻——读黄道炫〈中央苏区的革命〉》,徐秀丽、王先明主编:《中国近代乡村的危机与重建:革命、改良及其他》,社会科学文献出版社2013年版,第359页。
③ 〔美〕马克·赛尔登:《革命中的中国:延安道路》,第3页。
④ 张闻天:《长途行军结束后的任务》,《张闻天文集》第2卷,中共党史出版社1993年版,第1页。
⑤ 林伯渠:《由苏维埃到民主共和制度》,《林伯渠文集》,华艺出版社1996年版,第51页。

的过程中，中共开始着手探索新的乡村建设任务。

但是在陕北地区开展乡村建设，首先面临的是异常复杂的社会生态环境。正如有人所说，陕北"虽然是不毛之地，而今竟连不毛之地也保守不着了；虽然是荒山与沙漠，而今竟连荒山与沙漠也不能安然游息了；因为文化不进，旧日的思想道德，根本未将种子种好，现在也随着'时代的狂风'飘散了；因为交通不便，更显得自己是涸辙之鱼，死神已经降临了。它的确是破坏了。的确是由破坏而至于殁落，已到不可收拾的时期了"①。尤其是匪患与烟毒，更是戕害着陕北民众的身心。据《晨报》所载："陕西的匪兵去年有人说二十余万，虽然不确，其实十五万总是有过无不及的。这些军队总是一个'匪'字。"②而在民国时期陕北的 15 个县中，仅榆林就有 95000 亩，府谷县的种植面积为 17000 亩，神木县的种植面积为 15400 亩，延川县的种植面积为 14000 亩。15 县烟田总数高达 172343 亩。而地方当局每年所得烟税共计 122439 元，一切附加税还不计在内。③

面对此情此景，有人认为此处恐怕立足都困难，遑论开展乡村建设了。据聂荣臻回忆称：在初到陕北之时，林彪看到陕北这种荒凉衰败景象，很是悲观，曾不止一次地流露要带一些部队去陕南打游击。但是当即受到毛泽东同志的批评，要他改变主意。为此林彪一直比较消沉。关于此聂荣臻如是说："一般稍有头脑的同志，都能理解这是统治阶级多年残酷统治压迫剥削的结果，同时也是多年战争来回拉锯造成的必然景象。只要路线纠正了，加强建设，根据地是可以逐渐恢复过来的。"④事实上，当时的陕北尽管异常落后，但仍然有着一些利好的条件和基础。

首先，在地广人稀以农耕为主的陕北乡村地区，并不缺乏可耕种的土地。据民国《米脂县志》记载："陕北田地半属农家，自有极贫之户亦有十亩二十亩自耕其食，凡久于陕西者无不知之。"⑤在民国《洛川县志》中同样记载道：

---

① 若波：《陕北社会的破坏与殁落》，《西北》1929 年第 2 期。
② 荻青：《黑暗之陕西军匪世界》，《晨报》1919 年 11 月 9 日。
③ 《陕北的烟田统计》，《拒毒月刊》1937 年第 109 期。
④ 《聂荣臻元帅回忆录》，解放军出版社 2005 年版，第 238 页。
⑤ 高照初总纂：《米脂县志》，榆林松涛斋 1944 年铅印，米脂县斌丞图书馆藏辑余卷。

"洛邑无游民而有惰民，地广人稀，虽极贫之家，亦有地数十百亩，非无执业也，乃多荒芜不治。"① 对于这一有利情形，边区政府显然有着明确的认识："边区拥有 200 万的人口，广大的土地，虽大部分是黄土高原，然可耕土地的面积仅以延安等 18 县的统计，即有 4000 万亩，现在已耕面积则仅为 900 万亩，尚有广大地面可供开发。边区粮食的出产相当丰富，棉花的出产可部分自给，食盐大宗出产，石油正在开发，畜牧极发达，煤铁蕴藏亦多。从这些自然条件看来，边区也是一个坚持抗战的好地方。"②

其次，作为革命根据地，陕甘宁边区也有着较深厚的群众和革命基础。在陕甘宁地区，由于民众长期饱受艰难困苦，因此素有革命斗争的传统。一些国民党人士也认为"陕北地瘠民贫""此实为易启骚动之一重大原因"③。特别是刘志丹、谢子长领导的陕北革命根据地，更是极大地促进了民众的革命觉悟。就连阎锡山也不得不承认："全陕北二十三县几无一县不赤化，完全赤化者有八县，半赤化者十余县。现在共党力量已有不用武力即能扩大区域威势。"八十四师师长高桂滋则说："现在陕北状况，正与民国二十年之江西情形相仿佛。"④ 这些佐证材料有力地说明了陕北革命根据地深厚的群众革命基础。因此当陕北民众闻知党中央到达陕北之后，他们纷纷主动地以各种方式热烈欢迎中共中央和中央红军。正是这种革命热情和觉悟，才有毛泽东"没有陕北那就不得下地"和徐特立"没有陕北这块地方，我们这些老头子，不被打死，拖也拖死了"的论断。显然，陕北民众的革命觉悟无疑是中共积极开展乡村建设的有利条件。

正是基于这些有利因素，边区政府主席林伯渠指出，在改善人民生活与巩固国防的目标下，适应特区经济发展的具体环境进行经济建设时，应有坚强的信心：有些同志认为陕甘宁地区贫瘠，人口稀少，经济落后，加以战争破坏等，一时经济难于发展，这是不对的。抗日前进阵地的陕甘宁，一是它是当时民族团结、对日抗战的全国人士注目地；二是它有十年来苏维埃建设之丰富经

---

① 黎锦熙等编纂：《洛川县志》卷二十三，1944 年铅印本，成文出版社 1976 年影印，第 503 页。
② 中国科学院历史研究所第三所编：《陕甘宁边区参议会文献汇辑》，科学出版社 1958 年版，第 4 页。
③ 愚生：《陕北散记》，《现代邮政》1948 年第 3 卷第 5 期。
④ 《张闻天文集》第 1 卷，中共党史出版社 1990 年版，第 568 页。

验与坚强干部,以及特区内广大忍苦耐劳具有强大组织力与高度政治觉悟的人民;三是它有共产党正确坚强的领导。这些政治上的优越条件和具有广大土地与石油、盐、煤、铁、牲畜、皮毛、药材等的丰富出产,只要有正确的领导,与生产战线上良好的组织工作,特区的经济建设是有充分发展的可能的。因此我们必须根据特区经济建设方案,开展广泛的经济建设运动。①

不过无论如何,鉴于乡村社会的复杂生态,中共要开展乡村建设,首先必须改造乡村社会既有秩序,通过重构新型的乡村社会秩序,才能实现乡村建设的顺利开展。对此,中共将其着力点放在两个方面:一是建立乡村统一战线重构乡村社会关系,二是通过剿匪和乡村改造来重构乡村社会秩序。

构建新型的乡村统一战线,既是中共基于政治环境和客观现实所做出的重大战略决策,也是"抗日民族统一战线最有力的一环"。其主要目的"在于团结农村千百万的农民和农村里每一个不愿做奴隶的人们,参加到抗战的队伍里"。②因此,为了达到这一目的,中共首先着手理顺农民与地主之间的关系。

曾经,乡村民众与地主绅士之间几乎是处于水火对立的关系,及至在抗战初期依然充斥着不信任感。"大多数的地主乡绅和大多数的农民还没有充分认识民族的危机,还没有完全消释十年来的仇恨。地主乡绅恐怕农民有了组织武装便会土地革命,便会阶级斗争,而贫苦农民也不能够诚意地去拥护政府,诚意同地主乡绅合作。"③很显然,这种乡村社会关系是无益于乡村建设的顺利开展的。但是另一方面,"不论是富农、贫农或雇农,在暴力进攻之下,假如不能共起御侮,那么不单是贫苦的农民会沦于万劫不复之境,就是富农甚至一部分地主也要大大吃亏。全国3亿多农民如果不能一齐起来驱逐敌人,那大家就要活不了命"④。基于这种现实情况,中共着重从制度上保证地主绅士在经济和政治上的地位,以此来重构乡村社会关系。

在经济上,中共确立新的土地政策,提出"凡在国内和平开始时,属于边区管辖地域内,一切已经分配过之土地、房屋及已经废除过之债务,本府

---

① 林伯渠:《由苏维埃到民主共和制度》,《林伯渠文集》,第50页。
② 李智主编:《熔炉·丰碑:安吴青训班文献集》,中共党史出版社2006年版,第160页。
③ 陈翰笙、薛暮桥、冯和法编:《解放前的中国农村》第2辑,第309页。
④ 《钱俊瑞文集》,中国社会科学出版社1998年版,第712页。

本处当保护人民既得利益，不准擅自变更"①。随后又进一步指出，"过去在经济上失掉土地的地主，没有离开原籍者，均由当地政府，分配给他们所需要的土地及房屋。有过去已经离开原籍，西安事变和平解决后仍旧回来的，也由政府酌量分配给他一份土地"②。这样不仅理顺了农民与地主之间的经济关系，使得地主在经济上获得了合法地位，同时也打消了他们的顾虑。在政治上，中共给予地主政治参与的权利。"社会的人、阶级各别、习惯不同、程度差异，只要他不是汉奸反革命，就得享有民权自由，而且在发展他们的自由之中，可以得到很多有益于革命的意见与力量。"③因此在政治参与方面，"既欢迎青年又欢迎老年、成年参加政权工作。对于真正有作为的青年，应当帮助他们在工作中建立信仰，而对于公正老人，尤须敬重他们，学习他们社会的办事的经验"。在工作方法上，中共提出乡村干部要耐心地进行工作，消除农村上层分子与农民群众间的不信任与成见，适当解决农村富有者与农民间的纠纷。对于农村少数顽固分子，要采取适当的政策，并以坦白、诚恳的态度，严肃的正确的为了民族国家利益奋斗的立场。同时"要信任他们，大胆的给予一定的工作任务、职权"。"一定要尊重他们的人格，并顾及他们现在的政治水平。"④

通过构建新型的乡村统一战线，不仅极大地缓和了乡村社会关系，同时也获得了地主绅士对乡村建设以及各项政策的拥护。一如绥德绅士安文钦所说："在我的生活水平没有降低的条件下，劳苦人民普遍提高生活水平，我为什么不拥护共产党？"⑤当在乡村社会颇具影响的地主绅士能够拥护中共的政策并积极加以配合，这也就为中共开展乡村建设奠定了坚实的基础。

至于剿匪和乡村改造，既是中共重构乡村社会秩序的必要步骤，同时也是中共安稳民心以顺利开展乡村建设的前提。正如陇东分区新宁二乡三区的一位农民所说："以前土匪比牛毛还多，谁还敢安安宁宁地停在家里，都是钻在梢沟里，总是天黑的时候才回来吃饭。先打发一个人在坳里（原上）去瞭望，看

---

① 齐礼：《陕甘宁边区实录》，解放社1939年版，第49页。
② 齐礼：《陕甘宁边区实录》，第48页。
③ 《谢觉哉文集》，人民出版社1989年版，第346页。
④ 中共延安地委统战部、中共中央统战部研究所编：《抗日战争时期陕甘宁边区统一战线和三三制》，陕西人民出版社1989年版，第406—407页。
⑤ 〔英〕斯坦因：《红色中国的挑战》，李凤鸣译，新华出版社1987年版，第101页。

有没有土匪来。"① 一些关心抗战的国统区人士也指出："陕北边区成立以后，要有建设的第一步就是地方安定。为了安定，所以不能不剿除土匪。……民心安定了，然后才能谈到扩大生产。"② 因此让边区群众安居乐业，首先是从大规模的剿匪开始的。其时毛泽东和朱德提出："根据剿匪经验，基本方针应该是，积极以军事力量打击土匪威胁，同时进行政治上的争取、分化、改造、改编、瓦解的策略，最后达到消灭土匪的目的。"③ 根据这一指示，边区政府通过采取主力部队、地方部队与自卫队紧密配合，分区驻剿与集中进击相结合，穷追猛打与堵截合击相结合的战法，迅速掀起了一场剿匪锄奸的群众运动。与此同时，中共对哥老会也开始实施改造和团结的政策策略。在此过程中，中共特别注重剿抚结合、以抚为主的社会改造模式，通过大力进行社会改造，重新构建乡村社会秩序以消除为匪的社会土壤。④ 与此同时，中共还从以下几个方面着手安定社会秩序。

首先是对二流子的改造。二流子是指那些不务正业、游手好闲、沿门乞讨、抽大烟、耍赌博之类的人。这些社会群体的存在不仅对正常的社会秩序形成极大干扰，也是对边区乡村社会生活和秩序规范的挑战。为此，边区政府通过教养兼施、经济帮助、民众监督等一系列政策措施，使其成为自食其力的劳动者，同时也禁绝了乡村社会的为匪之风。⑤

其次是对烟毒的禁绝。种植和吸食鸦片是旧时遗留下来的恶习。相关资料显示，在陕甘宁地区不仅土豪劣绅、军官士兵吸食鸦片，许多老百姓也吸食鸦片。更有的人把边区政府为发展生产而发放的贷款也买了鸦片。为了肃清根据地内的毒品犯罪，保卫边区人民的身心健康，维护边区政府的声誉，陕甘宁边区政府在中国共产党的领导下制订和颁布一系列查禁烟毒的法规法令，发动和

---

① 刘凤阁主编：《陕甘宁边区陇东的经济建设》，中共庆阳地委党史资料征集办公室1996年编印，第297页。
② 徐盈：《陕北边区的新变化》，《新学识》1938年第2卷第7期。
③ 吴殿尧主编：《朱德年谱》上册，中央文献出版社2006年版，第645页。
④ 关于陕甘宁边区的剿匪问题，可参见袁文伟：《陕甘宁边区的匪患治理与社会整合》，《甘肃社会科学》2009年第2期。
⑤ 关于陕甘宁边区二流子的改造问题，可参见黄正林：《1937—1945年陕甘宁边区的乡村社会改造》，《抗日战争研究》2006年第2期。

依靠广大人民群众，在边区境内开展声势浩大的禁毒运动，基本遏制了毒品在边区境内的蔓延。①

再次是安置灾民难民，建立社会救灾保障制度。流民是土匪的天然来源。由于战乱，边区的流民、难民很多，边区政府采取各种方式安置流民、难民，将社会保障与救济、开展大规模的垦荒等政策结合起来，力求把社会问题与社会建设结合起来加以解决。

最后是移风易俗，改造乡村社会风气。鉴于边区社会迷信盛行、观念落后的客观现实，边区政府开展了大规模的反对迷信、提倡科学的宣传动员活动。同时，积极废除缠足陋习，大力提高妇女地位，特别是在公共生活与家庭之间的关系中构建新型的家庭观念，倡导新的家风。

通过大力改造乡村社会，陕甘宁边区乡村社会面貌发生了极大的改观，被毛泽东誉为"十没有"地区，即"一没有贪官污吏，二没有土豪劣绅，三没有赌博，四没有娼妓，五没有小老婆，六没有叫花子，七没有结党营私之徒，八没有萎靡不振之气，九没有人吃摩擦饭，十没有人发国难财"②。很显然，乡村社会的改造，不仅极大地改变了乡村社会的既有秩序，而且也为乡村各项建设的顺利开展奠定了坚实的基础。

## （二）乡村建设的延安方针

之所以称作延安方针，一方面是基于特定的历史时空，更重要的是中共的乡村建设所面临的已然是完全不同于以往的社会经济结构，而"社会经济结构为人的选择设定了某些不可超越的界限"。这就要求在制定乡村建设方针时"必须在革命的过程中使自己适应于现有的社会结构，或与现有的社会结构保持一致"③。因此，乡村建设的方针自然须符合延安所在的陕甘宁边区的社会经济结构这一逻辑。

---

① 关于陕甘宁边区的禁毒问题，可参见齐霁：《抗战时期陕甘宁边区的禁毒斗争及其历史启示》，《宁夏社会科学》2005年第4期。
② 中共中央文献研究室、中央档案馆编：《建党以来重要文献选编》第17册，第109页。
③ 邹谠：《中国革命的再阐释》，香港牛津大学出版社2002年版，第144—145页。

1. 尊重固有条件

1943年1月,《解放日报》曾发表一篇社论指出:"我们必须绝对注意有关地区的固有条件,并把它们区别对待。"① 这篇社论是根据毛泽东在陕甘宁边区高级干部会议上的讲话而刊发的。这次会议是1942年12月召开,也是马克·赛尔登提出的"延安道路"的定型期。毛泽东在陕甘宁边区高级干部会议上指出:"发展经济的路线是正确的路线,但发展不是冒险的无根据的发展。有些同志不顾此时此地的具体条件,空嚷发展,例如要求建设重工业,提出大盐业计划、大军工计划等,都是不切实际的,不能采用的。党的路线是正确的发展路线,一方面要反对陈旧的保守的观点,另一方面又要反对空洞的不切实际的大计划。"②

毛泽东这一讲话,体现出该会议奠定经济建设方针的一次会议,其中对"尊重固有条件"的阐发,实际上也是延安时期乡村建设的基本方针。早在西安事变之后不久,中共就曾提要对陕甘宁边区的客观社会生态和实际区域特点采取区别化建设方案的思路。特别是由于此时依然存在着国共两党双重政权并存的复杂局面,因此在不同的区域开展乡村建设自然需要区别对待。1936年12月,中共专门针对陕甘宁边区不同地域的地方工作提出指示,称目前在陕甘宁边区存在着恢复地区、友军撤退地区与友军统治地区三种区域,"在目前极有利于我们发展工作的形势之下,我们必须分别各个地区不同的特点,来进行地方工作,不然会发生严重的错误"③。

推开来讲,延安时期的乡村建设之所以能够取得巨大成绩,尊重固有条件是一个重要的原因。比如同属陕甘宁边区的延属分区和绥德分区,就有着不同的社会生态属性。前者地广人稀,土地贫瘠,阶级分化程度低,社会自主性弱,于是移民垦荒便构成了延属分区乡村建设的主要工作;而后者人多地少,土地肥沃,商业发达,阶级分化程度高,社会自主性强,缺乏移民垦荒实施的足够空间。因此,中共并不能通过群众路线实现自己的目标,而需要自上而下

---

① 《把劳动力组织起来》,《解放日报》1943年1月25日。
② 中共中央文献研究室、中央档案馆编:《建党以来重要文献选编》第19册,第617页。
③ 中共中央文献研究室、中央档案馆编:《建党以来重要文献选编》第13册,第429页。

地把政治改革和经济发展战略强加于社会。有关这一点，新西兰学者纪保宁就曾有过专门论证。① 实际上这也从另一方面说明，中共在乡村建设方面所采取的灵活多变的策略，一如邹谠教授所说："社会经济结构允许统治活动者在一个较大的范围里寻求另类可行的选择方案。有的可行选择方案显然要比别的方案能导致更大的胜利。"②

2. 建设民众组织

陕甘宁边区是特定历史条件下的产物，这个特定历史条件，按照李维汉的说法，"就是极端分散的农村环境和战争环境"③。这种极端分散的农村环境和战争环境，决定了唯有将民众组织起来，才能实现中共所设定的乡村建设目标。正是基于此，毛泽东在陕甘宁边区劳动英雄大会上发表演讲时指出：

> 把群众力量组织起来，这是一种方针。还有什么与此相反的方针没有呢？有的。那就是缺乏群众观点，不依靠群众，不组织群众，不注意把农村、部队、机关、学校、工厂的广大群众组织起来，而只注意组织财政机关、供给机关、贸易机关的一小部分人；不把经济工作看作是一个广大的运动，一个广大的战线，而只看作是一个用以补救财政不足的临时手段。这就是另外一种方针，这就是错误的方针。④

毛泽东的这一讲话，不仅被认为是"中国经济发展史上的一大革命"，而且也是贯彻被马克·赛尔登称为"延安道路"精髓的群众路线的必然要求。从发展乡村经济的角度来看，将分散的农民组织起来，"可以使生产力提高一倍，可以使穷苦变为富裕，可以使人民群众得到解放，可以坚持长期的抗战"；而且组织起来这个方针与办法也是贯彻群众路线的正确作风，也就是"要有群众观点，要依靠群众，要与群众结合在一起，不要沾染国民党作风"。于是在毛泽东这一讲话发表之后，中共立即发出通知，要求在党政军各级组织中"详细

---

① 〔新西兰〕纪保宁：《延安道路的生态学起源》，《澳大利亚中国问题杂志》1994年7月第32期。
② 邹谠：《中国革命的再阐释》，第145页。
③ 李维汉：《回忆与研究》下，中共党史资料出版社1986年版，第519页。
④ 孙晓忠、高明编：《延安乡村建设资料》（二），上海大学出版社2012年版，第419—420页。

检查自己的生产工作与工作作风,是否符合于毛泽东同志的方向。必须根据毛泽东同志的方向,实行一个彻底的转变,并把这种方向与作风运用到发展生产的工作及一切其他工作中去"①。

不仅如此,对于在陕甘宁边区从事乡村工作的各级人员,中共要求在一般的组织之外,应依照各种不同阶层、职业、性别、年龄、信仰、兴趣来建立各种各样的组织。例如,职业的(农民救国会、农协、雇农工会、手工业工会、苦力工会、小贩联合会、小学教师联合会)、武装的(自卫军、壮丁队等)、文娱的(自乐班、夜校、识字班等)、年龄不同的(青年救国会、少先队、儿童救国团、老人队)、性别的(妇女团体)以及战时的组织,利用旧有名义的组织(十姊妹、唐将班、大刀会)等。同时在组织农民群众的工作中,要善于抓住和运用时机,即便某一个日常生活问题,可能成为组织农民的起点,都要耐心灵活地进行。同时还要求各种农民团体建立健全组织生活,发扬民主精神。重要问题召集大家讨论,吸引农民中的积极分子参加下级特别村或乡的组织。在日常生活中,在各种动员与经常工作中养成农民的组织观念及团体生活习惯,并从这里培养千万个农民自己的干部。

实际上,通过组织起来开展乡村建设,已经远远超出了一种经济组织行为,更是一种社会政治组织行为。组织起来,既克服了陕甘宁边区极端分散的农村环境,也使得涣散的农民在自己的组织中逐渐产生一种集体感。这也正是中共将组织起来作为乡村建设基本方针的重要出发点和落脚点。

3. 利用传统,改造传统

马克·赛尔登在阐释延安道路时也曾注意到:"中共当局并不是对所有的传统都开火,而是有选择地利用农民的传统来达到目的。"② 事实上这一点,又恰恰是中共开展乡村建设的重要方针。

中国的乡村社会实际是一个社会空间,或者说是一个"场域"。在此一场域内,乡民们在共同的观念和生存条件的基础上,形成了他们作为个人以及团体成员的认知和选择。而这一场域,"与其说它是通过地缘或血缘纽带联接在

---

① 中共中央文献研究室、中央档案馆编:《建党以来重要文献选编》第20册,第670页。
② 〔美〕马克·赛尔登:《革命中的中国:延安道路》,第257页。

一起的民众团体,倒不如说是一种情境,在这个情境内,乡民们彼此互动,以此追逐集体利益,并通过共享的规则和目标界定乡民们特定的角色"[①]。毫无疑问,对于长期从事乡村革命的中共而言,个中情境自然谙熟于胸。以互助合作为例,在陕甘宁边区民间长期存在着变工、扎工、唐将班子、兑地、请牛会、锣鼓班子等互助合作组织。但是旧有的互助合作只是在小农生产下的具有浓重血缘关系的互助组织。1942年,西北局高干会议提出将发展生产作为边区第一要务之后,民间原来的各种劳动互助有了发展的空间。边区各地纷纷建立适合各地情况的互助合作形式。值得一提的是,很多地方依然以变工等名称来开展工作。对此,西北局解释说:"边区所以不用劳动互助社名义,而仍用变工队名义,为的是农民易知易行。"[②] 但是与此同时,边区政府对原有的互助合作组织中注重地缘血缘关系的因素予以改造,取消了原有具有剥削性质的项目,使得劳动效率得到了极大的提高。毛泽东对此给予高度评价。他指出:"如果全边区的劳动力都组织在集体互助的劳动组织之中,全边区一千四百万亩耕地的收获就会增加一倍以上。这种方法将来可推行到全国,在中国经济史上也要大书特书的。"[③]

在乡村文教建设方面同样体现着这样的方针。陕甘宁边区活跃着不少的民间艺人。但是正如丁玲所说:"这些人对旧社会生活相当熟悉,对民间形式掌握得很好,有技术、有创作才能。他们缺乏的是新的观点,对新生活新人物不熟悉,他们却拥有听众、读者。时代变了,人民虽然不需要那旧内容,但他们却喜欢这种形式,习惯这种形式,所以我们要从积极方面,从思想上改造这些人,帮助他们创作,使他们能很好地为人民服务。"[④] 随着延安文艺运动的逐渐展开,毛泽东明确地提出"我们的任务是联合一切可用的旧知识分子、旧艺人、旧医生,而帮助、感化和改造他们。为了改造,先要团结。只要我们做得恰当,他

---

[①] 〔美〕李怀印:《华北村治:晚清和民国时期的国家与乡村》,岁有生、王士皓译,中华书局2008年版,第300页。
[②] 《中共中央西北局文件汇集(1943年)》(一),中央档案馆、陕西省档案馆1994年编印,第330页。
[③] 中共中央文献研究室、中央档案馆编:《建党以来重要文献选编》第20册,第605页。
[④] 《丁玲全集》第7卷,河北人民出版社2001年版,第115页。

们是会欢迎我们帮助的"①。经过对民间艺人的改造，大批适应新形势下的民间艺人重新出现在乡村社会的文化舞台上。如曲子县农民诗人孙万福，虽然一字不识但是聪慧过人，好歌善吟，出口成章，被周扬称为"是一个优秀的诗人"②。在教育方面亦是如此。陕甘宁边区的冬学改造就是对传统利用和改造的重要实践。它是通过冬学这一农村中的传统学习形式，将形势政策宣传到根据地群众当中，这样不仅提高了边区民众学习的积极性，为扫除文盲、提高群众文化水平奠定了基础，而且也使传统乡村社会中的"冬学"获得了新的语境和发展空间。

4. 坚持乡村建设的农民主体

无论是中共的革命理论还是具体实践，历史事实一再表明：坚持乡村建设的农民主体，已然是延安时期中共达到高度一致的一个结论。

邓子恢指出："要有农民，我们才有军队，有农民才有粮食，有农民才有民主政权，有农民才有工业，有农民才有文化，有农民才有一切，没有农民就没有一切，没有农民革命就不能成功。农民的向背，是中国革命成败的关键。中国民主革命主要是农民革命，中国抗战主要是农民战争，谁不懂得这一点，谁就不懂得中国革命。"③毛泽东也鲜明地指出："中国的革命实质是农民革命，现在的抗日，实质上是农民的抗日。新民主主义的政治，实质上就是授权给农民。"④1941 年，陕甘宁边区参议会召开之际，《解放日报》刊发社论进一步指出："边区的政权是人民的政权，它的力量存在于广大人民中间。"⑤而且"党的使边区经济能够自力更生、完全自给自足的计划，是只有依靠全边区二百万人民才能实现的，没有全边区二百万人民（主要是农民）的积极拥护和执行，不论什么开荒、植树、种棉、畜牧都不能实现"⑥。因此，在乡村建设中必须将农民作为主体。

在陕甘宁边区乡村建设的具体实践中，开展劳模运动之后涌现出的大量劳

---

① 孙晓忠、高明编：《延安乡村建设资料》（三），第 109 页。
② 周扬等编著：《民间艺术和艺人》，新华书店晋察冀分店 1946 年版，第 20 页。
③ 《邓子恢文集》，人民出版社 1996 年版，第 132—133 页。
④ 毛泽东：《新民主主义论》，华东新华书店 1948 年版，第 35 页。
⑤ 《庆祝边区参议会开幕》，《解放日报》1941 年 11 月 6 日。
⑥ 《中共陕甘宁边区党委文件汇集（1940 年—1941 年）》，中央档案馆、陕西省档案馆 1994 年编印，第 494—495 页。

动英雄"明显地显示出劳动群众的真正智慧和创造能力"。"我们的世界和它的历史是劳动群众创造的,我们发展生产,如果离开广大群众是不可想象的,因此,我们领导生产,必须是依靠群众,组织群众,发扬群众的积极性和创造力,把发展生产变成一个广大的群众运动。这个方向,现在也是比任何时候更加证明其正确了。"特别是像吴满有、陈德发、石明德,组织了像吴家枣园、马家沟、白塬村那样全村的变工队,提高了几乎一倍的生产力。所有的这些事迹证明:"过去有的同志曾以为经济建设只是少数财政、供给、贸易机关人员的任务,少数'专家'的任务,不须依靠群众,不须组织群众,不须发扬群众的创造力和积极性,不须设法造成群众的生产运动,现在完全证明是错误的了。"①

从理论上的论证到乡村建设的实践,延安时期是中国共产党和乡村农民的结合达到了最佳状态的时期,从而在实践中才有以农民为主体开展乡村建设的这一方针。实际上,这一方针也是马克·赛尔登所谓群众路线是延安道路这一精髓的另一种证明。在他看来,"延安时期的一大创造,是发现了将广大民众参与的抗战活动与广泛的乡村改造运动紧密联结起来的具体方法。在人民战争中,社区的集体行动深入每个村庄,以至于家家户户的男女老少"②。这一论述实际上也是乡村建设延安道路的具体表征。

5. 一切工作在于村

延安时期的基本主题就是抗战与建国。而这一主题唯有在乡村建设中才能得以实现。因此对于延安时期的中共而言,实现其基本目标的历史与逻辑起点就在于乡村。于是一切工作在于村就构成延安时期乡村建设的根本指针。

首先,民主政治建设的基本单位是乡村。乡村民主政治建设,是延安时期构建新民主主义政治的基点。而新民主主义政治的直接民主单位就是乡村。正所谓"百尺高楼从地起"。"不管什么事,动员也好,建设也好,真正做的是乡市与村,上级政权机关,只是计划与传达。乡村市基础不好,上面纵有好设施,沿途打折扣,到直接执行的乡村市,就没有了或走了样了。又人民直接感到要兴要革的,是他切身的利害。离开这,要转几个弯子才能联系他的切身利

---

① 孙晓忠、高明编:《延安乡村建设资料》(二),第442—443页。
② 〔美〕马克·赛尔登:《革命中的中国:延安道路》,第260页。

害的事,他是不感到兴味的。也只有从他切身的事的经验,才能使他懂得与他切身有关系的大者、远者。所以直接民主的单位,应该是乡村与市,而不是所谓县为自治单位。"① 因此,民主政治的支柱,就在于广泛的乡村下层。没有这一层,上层建筑是不会充实与巩固的。这也正是中共重视并全力整合乡村社会的主要缘由。

其次,经济建设的成败决定于村。陕甘宁边区成立之后,中共及时提出将恢复和发展乡村经济作为边区建设最迫切的任务。"广泛的开展边区经济建设,是边区当前刻不容缓的任务。"必须指出"没有有效的新民主主义的经济建设,边区的巩固和发展是不可能的"②。但是陕甘宁边区的经济建设,具有决定性意义的就是乡村经济建设。因为在当时的条件下,所有的供应和物资主要来源于乡村。可以说在边区经济建设中,乡村经济能否得到发展,在很大程度上直接关系着根据地建设的成败,也关系到根据地的命运和前途。正是由于如此,西北局在《关于1942年边区经济建设的决定》中指出:"在经济建设上,必须用全力贯彻以农业第一的发展私人经济的方针,自给自足的经济是实现长期抗战供给的保障,人民生活的提高,最基本的就是依靠于发展边区人民经济,而其中最主要的就是依靠发展农业生产。"③ 正是从这个意义上讲,中共将"经济建设的成败决定于村"④ 作为乡村建设的基本指针。

最后,一切工作最终都要在乡村实践中检验。所谓"从群众中来,到群众中去",乡村是贯彻这一方针的末梢神经。"领导正确或不正确,好或坏,要照镜子在哪里照?就要在农村或农民中照;他们要兴的利兴了,要除的弊除了,这就是领导得好,要不然,哪怕你表面说得怎么好,也是领导的不好。还有,乡村干部是不是真正在替人民兴利除弊,或者他们里头还有乱没收老百姓的东西,乱罚人,要态度,耍私情等情形,也都要从村乡才能发现出来。"同时,政府上级机关的人员"坐在机关里,门儿闭住想,想不出来的,只有到乡上去

---

① 《谢觉哉文集》,人民出版社1989年版,第342页。
② 《中共陕甘宁边区党委文件汇集(1940年—1941年)》,第193页。
③ 陕甘宁边区财政经济史编写组编:《抗日战争时期陕甘宁边区财政经济史料摘编》第1编,陕西人民出版社1981年版,第160页。
④ 《中共陕甘宁边区党委文件汇集(1940年—1941年)》,第494页。

照，才能照见那里还有些灰尘，赶快把它洗掉，也只有到乡上去挖，才能发现问题的关键在哪里，马上解决它。这样下情了解了，领导的正确性了解了，工作检套了，问题就地解决了，并且由此取得了经验，作为领导和推动全局的根据"①。这种在农村中"照镜子"的做法，正是延安道路的精髓所在，也是延安时期乡村建设的根本方针。

**（三）乡村建设的延安模式**

吉尔伯特·罗兹曼在论及中国传统乡村时曾指出："中国传统的乡村几乎不能算是政治单位；它们主要是房屋的集中地。人为指定的行政单位（而不是村落）负责执行由国家不同的部门所主持的某些税收和治安职能，宗族关系是大部分社会行动的基础。乡村领导即便正式存在时，也不起什么作用。"②但是延安时期中共通过大规模整合乡村社会，不仅打破了传统乡村的藩篱，而且在长期的革命实践中所形成的乡村改造经验，以路径依赖的方式在延安时期实现了情境聚焦，并积淀而成中共独具特色的乡村建设路径。

1. 议事—选举—乡村自治

乡村建设运动首先是民主运动，"没有民主就没有真正的乡村建设。在农村中随时随地可以看到，少数人的利益，妨碍多数人的利益，这样求建设，如果不是替少数人建设，必然是句空话。民主政治是以多数人的意志为力量，有利于多数人的建设，在半封建政治之下，绝对不能实现，可是在民主政治之下就很容易实现"。因此，"只有推进民主政治的乡建运动才是救国的乡建运动"③。这一认识，既是当年关注乡村建设的知识分子的洞见，也是中共在延安时期开展乡村建设的实践路径。

应该说陕甘宁边区从成立之日起，就将民主作为乡村建设的关键一环。正所谓"抗战——人民的抗战，建设——人民的建设"④。只有将民主渗透到民

---

① 《李鼎铭文集·纪念·传略》，中共中央党校出版社1991年版，第56—57页。
② 〔美〕吉尔伯特·罗兹曼主编：《中国的现代化》，国家社会科学基金"比较现代化"课题组译，江苏人民出版社2003年版，第265页。
③ 陈翰笙、薛暮桥、冯和法编：《解放前的中国农村》第2辑，第248页。
④ 《陕甘宁边区参议会文献汇集》，第307页。

众生活的各个方面,如此"才能使人民认识到贫困愚昧受压迫的来源,认识到怎样做可以翻身;翻身,不止是由没吃没穿,翻到有吃有穿,而且是奴隶翻到主人的地位"①。而"民主的第一着,就是由老百姓来选择代表他们出来议事管事的人"。因此"如果有人轻视选举,或者说不要选举,那就是等于不要民主。不要民主,就等于不要革命"。而"革命的目的,是为老百姓求自由。选举是老百姓行使自由的头一桩事。我们要发展老百姓的自由,就得大量宣传、耐烦诱导;使每个老百姓都能凭着自己的意愿去进行参政,选举代表"②。于是以参议会为制度基础,乡村民主开始积极选举自己所认可的"好人"。而乡村选举的最终目的则是实现乡村自治。

实际上中共要实现对乡村社会的结构性整合,只有一个选择,那就是通过重塑乡村权力结构主体,把农民转换为乡村社会的管理者,通过乡村自治的形式来实现对乡村社会的整合,才能真正实现乡村建设。所谓"边区是边区人民的,边区政府要边区人民来议、来管,只有边区人民真正来议、来管,才能发挥出无限力量"③。因此"采用直接、普遍、平等、不记名的选举制,健全民主集中制的政治机构,增强人民的自治能力"④。正是基于此,中共以参议会为载体,通过重新塑造基层权力结构,并以地方自治的形式,不仅极大地调动起人民群众的积极性,使得乡村民众在参政议政的过程中获得了新的认同感和归属感,而且也为乡村建设的顺利开展奠定了坚实的民主政治基础。而这一逻辑,正是中共在延安时期开展乡村建设的路径依赖。

2. 互助—合作—双重效应

黄宗智曾有过这样的论断:"革命之所以和造反或王朝更迭区分,最终是因为革命不仅只是从一个国家机器向另一个国家机器的过渡,而且同时是大规模的社会结构变迁。"⑤实际上延安时期的互助合作运动,就是这一论述的典型

---

① 《陕甘宁边区参议会文献汇集》,第 308 页。
② 《陕甘宁边区政府文件选编》第 3 辑,档案出版社 1987 年版,第 48—50 页。
③ 《谢觉哉在县长联席会议闭幕会上的讲话》,《新中华报》1941 年 3 月 9 日。
④ 《陕甘宁边区政府文件选编》第 1 辑,档案出版社 1986 年版,第 210 页。
⑤ 〔美〕黄宗智:《中国革命中的农村阶级斗争:从土改到"文革"时期的表述性现实与客观性现实》,黄宗智:《经验与理论:中国社会、经济与法律的实践历史研究》,中国人民大学出版社 2007 年版,第 91 页。

体现。它既满足了乡村经济建设的发展需要，同时也深刻地促进了乡村社会的变迁。而这一点又是延安时期乡村建设的独特路径。

在乡村建设中注重互助合作，是中共基于陕甘宁边区乡村社会的客观形势而做出的基本判断。由于陕甘宁边区的乡村社会是处于个体经济基础上的、被敌人分割的，又是游击战争的特殊环境中。而对于乡村民众而言，"几千年来都是个体经济，一家一户就是一个生产单位，这种分散的个体生产，就是封建统治的经济基础，而使农民自己陷于永远的穷苦。克服这种状况的唯一办法，就是逐渐地集体化；而达到集体化的唯一道路，依据列宁所说，就是经过合作社"[1]。因为"如果不从个体劳动转到集体劳动的生产关系（即生产方式）的改革，则生产力还不能获得进一步的发展，因此建设在以个体经济为基础（不破坏个体的私有生产基础）的劳动互助组织，就是非常重要了"[2]。这些鲜明的论述，是延安时期开展乡村建设的重要举措和基本思路。

实际上这种从劳动互助到合作社的转变，具有双重效应。一方面，通过互助合作形式，极大地促进了乡村社会生产力的发展。如延安县念庄，"变工的农户十二个全劳动力六头牛，收粮一百二十五石四斗，未变工的农户二十三个全劳动力十头牛，收粮一百五十八石，按劳动力平均相差百分之六十多。再根据延安县南区区长估计，去年全区收获为二万零九百石，其中因为组织变工、扎工多收了五千二百九十石粮食"[3]。可以说凡是成立了劳动互助的村庄，农民已不是一户一户各不相关的各自劳动，而是成了一个有组织的劳动队伍，为着一个确定的生产任务而奋斗；另一方面互助合作运动极大地推动了乡村社会事业和民众观念的变化。一些曾到访陕甘宁边区的中外记者也认为互助合作形式"使农活干得更愉快，更有效率，同时由于创造了新的集体主义精神，使他们对克服众所周知的农民的个人主义和氏族性质的思想起了很大作用"[4]。毛泽东这样评论："这种生产团体，一经成为习惯，不但生产量大增，各种创造都出

---

[1] 孙晓忠、高明编：《延安乡村建设资料》（二），第420页。
[2] 孙晓忠、高明编：《延安乡村建设资料》（二），第143—144页。
[3] 《边区的劳动互助——陕甘宁边区生产运动介绍》，晋察冀新华书店印行（出版时间不详），第35页。
[4] 〔英〕斯坦因：《红色中国的挑战》，第156页。

来了,政治也会提高,文化也会进步,卫生也会讲究,流氓也会改造,风俗也会改变。"① 这一论述,可谓是延安时期乡村建设独特路径的生动阐释。

3. 文化—教育—政治社会化

萧公权在谈到传统中国乡村文化时认为,中国的农村实际是"意识形态的真空",其大部分居民既非积极忠于现存的统治秩序也不反对它,而是仅仅关心他们日常生活中自己的事情。② 长期处于封闭落后状态下的边区民众,在很大程度上也具有这样的特点。林伯渠说现在的这个边区,在 10 年以前原来是个最落后而又最复杂的区域,"在文化上落后到几乎意想不到的程度"③。于是陕甘宁边区政府成立之后,开始着手乡村文化教育建设。

对于乡村中国而言,一如费孝通先生所说:"中国传统乡土社会基本上是一个有语言而无'文字',甚至几乎不需要'文字'的社会。"④ 在某种意义上可以说,真正对乡村民众世界观起架构作用的就是这些民间艺人所传承的乡间戏曲、故事、传说、说唱等民间艺术。边区政府自然认识到这一点,在 1944 年陕甘宁边区文教大会的决议中就明确指出:"反映人民生活又指导人民生活的艺术,已证明是一个伟大的教育武器。"群众艺术"无论是新旧,戏剧都是主体。而各种形式的歌剧尤易为群众所欢迎"⑤。于是,体现延安文艺的新文学、新美术、新音乐,成为乡村文化建设的重要载体。

关于乡村教育,同样是中共至为重视的一项内容。"农民——这是现阶段中国文化运动的主要对象。所谓扫除文盲,所谓普及教育,所谓大众文艺,所谓国民卫生,离开了三亿六千万农民,岂非大半成了空话?"⑥ 于是通过各种途径创办的小学教育、中学教育和社会教育,特别是以冬学、读报组、识字组、墙报、黑板报、民众馆为代表的教育形式,构成了乡村教育蔚为大观的生动局面。

但是无论是乡村文化还是乡村教育,以此作为意识形态基础实现中共政治

---

① 毛泽东:《必须学会做经济工作》,人民出版社 1953 年版,第 5—6 页。
② 萧公权:《中国乡村:论 19 世纪的帝国控制》,华盛顿大学出版社 1960 年版,第 253—254 页。
③ 《林伯渠文集》,第 92 页。
④ 费孝通:《乡土中国》,上海人民出版社 2006 年版,第 16 页。
⑤ 孙晓忠、高明编:《延安乡村建设资料》(三),第 134 页。
⑥ 毛泽东:《论联合政府》,中国出版社 1947 年版,第 41 页。

社会化的目标,是延安时期乡村建设的重要落脚点。"抗战以来中华民族的新文化运动服从于抗战建国的政治目的。这是抗战建国的一种重要的斗争武器。其目的,是要在文化上、思想意识上动员全国人民为抗战建国而奋斗,建立独立、自由、幸福的新中国。"① 对于乡村教育,同样赋予了其政治社会化的内涵与目标。这不仅体现在高等教育、中等教育和社会教育方面,即便在小学教育中亦是如此。如在陇东分区,各完小均以《群众报》《解放报》《陇东周报》作为教材。曲子完小选择了14篇报上的文章,如《没有共产党就没有新中国》《产生展览会的意义在哪里》《打倒国民党的特务政策》等。② 这些举措明显地体现出了乡村文化教育建设的政治社会化目的和取向。

4. 模范个人—模范家庭—模范乡村

通过树立模范典型,以此带动整个乡村社会的各项建设,是延安时期乡村建设的鲜明特征。综观延安时期的乡村建设,从模范个人到模范家庭再到模范乡村,是中共拓展乡村建设力量、坐实乡村改造成果、推动乡村建设的重要抓手。

树立模范个人,是延安时期中共开展乡村建设的重要方式。毛泽东就此指出,英雄模范"有三种长处,起了三个作用":第一个是"带头作用";第二个是"骨干作用";第三个是"桥梁作用"。"由于英雄模范是群众中的骨干,群众中的核心,有了你们,工作就好推动了"③。实际上树立模范个人其目的在于"凭借这些骨干分子去提高中间分子,争取落后分子,不断的提拔在斗争中产生的积极分子,来替换原有骨干中相形见绌的分子,或腐化分子"④,以实现中共对乡村社会的整合。于是以吴满有为代表的劳动模范被树立之后,整个边区社会掀起了向吴满有学习的热潮,从而极大地推动了乡村社会的发展。

在延安时期,塑造新式模范家庭既是中共整合乡村社会日常生活的起点,也是开展乡村建设的必然要求。"在目前的情况下,无论从发展农民家庭经济

---

① 孙晓忠、高明编:《延安乡村建设资料》(三),第18页。
② 刘凤阁主编:《陕甘宁边区陇东的文教卫生事业》,中共庆阳地委党史资料征集办公室1992年编印,第499页。
③ 毛泽东:《必须学会做经济工作》,第1页。
④ 新华社编:《整风文献》,解放社1949年版,第314页。

来说,也无论从发展整个根据地的各种建设事业来说,都是很重要的基本工作之一。"为此,边区政府大力提倡新民主主义的新式家庭,开展建立民主集中制度、制订家庭经济计划共同决定管理家政的方针和办法、家庭各个成员必须依自己的能力分担一定的工作,在总的家庭生产计划中担当一定的任务,能够帮助别人,帮助政府同军队,照顾自己"小公家"之外的"大公家"的新型模范家庭。①树立新的家风,不仅健全了乡村社会的细胞,而且"无疑地会使得各根据地的生产建设更加向前发展,其对新民主主义社会各种建设事业的贡献是很大的"②。

随着模范个人和模范家庭的推动,边区政府号召"劳动英雄要成为团结和推动一个村一个乡群众生产的核心和旗帜"③。在边区政府的积极推动下,开始出现了大量的模范乡村。按照边区政府的要求,"模范乡,是要该乡的一切工作——政治、文化、生产、抗战动员……都做得很好,能引起其他的乡来学习,并在这里取得经验"④。因此在众多的模范村中,既有为数较多的生产模范村,也有在乡村社会教育推动下出现的文化模范村;既有边区卫生运动倡行下出现的卫生模范村,也有运输过程中产生的运盐模范村;既有在开展妇女运动过程中形成的纺织模范村,更有妥善安置难民的移民模范村和调解纠纷的调解模范村。陕甘宁边区大量模范村的出现,旋即成为全边区乡村效仿的榜样,"模范乡村应是一般乡村群众生产的榜样,在质量上一定要求得比一般乡村强、精、有突出的地方"⑤。更为重要的是,模范村的出现大大促进了乡村社会的各项建设,从而实现了延安时期乡村建设更大范围内的社会整合和建设运动。

## 四、中国共产党乡村建设的历史经验

任弼时曾说:"建设工作是一种细致科学的事业,在某种意义上说,它比

---

① 《艾思奇全书》第3卷,人民出版社2006年版,第466—467页。
② 《发扬根据地新式家庭》,《解放日报》1944年8月25日。
③ 《高岗同志在西北局招待劳动英雄大会上的讲话》,《解放日报》1943年12月11日。
④ 《模范乡与民主》,《新中华报》1940年6月14日。
⑤ 《关于创造模范村的几个问题——介绍甘泉的点滴经验》,《解放日报》1944年5月14日。

破坏旧的更为复杂困难。"① 这也就意味着中共所开展的乡村建设，必须是一种全方位的乡村建设。长期的革命斗争与实践中，中共对乡村社会旧有的政治和经济体制进行改造和建设过程中，形成了极具思想意义的乡村建设经验。概而言之，体现在以下几个方面：

### （一）基层政权建设是前提

基层政权建设作为现代民族—国家的建构过程，其主要目标就是要造就一个有明确边界、社会控制严密、国家行政力量对社会进行全面渗透的社会，它的形成基础是国家对社区的全面监控。② 应该说关于基层社会的组织建构，在20世纪二三十年代的乡村建设运动中，同样有着类似的表达。

如方显廷就曾指出："农村社会为一有机的结构，建设农村社会，绝非头痛医头脚痛医脚之枝节的办法所能收效。整个农村生活之各方面，必须同时改进。"③ 梁漱溟更是明确认为，乡村建设运动是起于中国社会积极建设之要求，在于重建一新社会构造的要求。"今日中国问题在其千年相沿袭之社会组织构造既已崩溃，而新者未立；乡村建设运动，实为吾民族社会重建一新组织构造之运动。——这最末一层，乃乡村建设真意义所在。"因此，梁漱溟直言，"乡村建设，实非建设乡村，而意在中国整个社会之建设，或可云一种建国运动"④。而对于处在现代革命中的中国共产党，开展基层政权建设的重要意义同样是不言而喻的。

应该说中国共产党从成立之日起，就将其所领导的革命视为一场现代革命。这不仅是由于中共所领导的革命是辛亥革命之后中国资产阶级革命的新继续，而且也是世界无产阶级领导的社会主义革命的一部分。但是随着中共革命的渐次展开以及革命实践的不断反馈，中共开始逐渐认识到农民问题在革命中的重要地位。正所谓"农民问题乃国民革命的中心问题；农民不起来参加并拥

---

① 《任弼时选集》，第391页。
② 〔英〕安东尼·吉登斯：《民族—国家与暴力》，胡宗泽、赵力涛、王铭铭译，生活·读书·新知三联书店1998年版，第147页。
③ 方显廷：《农村建设与抗战》，《农村建设》创刊号，1938年9月1日。
④ 《梁漱溟全集》第2卷，第161页。

护国民革命，国民革命不会成功；农民运动不赶速的做起来，农民问题不会解决；农民问题不在现在的革命运动中得到相当的解决，农民不会拥护这个革命"。与此同时，中共也清晰地认识到"乡村的农民，则一起来便碰着那土豪劣绅大地主几千年来持以压榨农民的政权（这个地主政权即军阀政权的真正基础），非推翻这个压榨的政权，便不能有农民的地位，这是现时中国农民运动的一个最大的特色"①。可见，如果说"乡村之于革命，是革命的基础和动力；而革命之于乡村，则是千年乡村秩序和乡村生活的大颠覆"②。

如果就现代革命的历史逻辑来看，这种颠覆应该是历史的必然，但是在中国传统农民生活的逻辑中，则是意味着对现有的信仰、原则和传统的背离或放弃。也就是说"革命农民对于传统的价值判断和道义准则仍在考虑之列，革命所面临的风险也常使他们迈不出革命的脚步"③。因此，这就需要中共在开展乡村建设的同时，通过基层政权建设来巩固和深化农民革命。也就是说，中共在乡村领导土地革命，始终与农民的革命动员紧密结合的同时，也与农村政权的建设紧密结合。政权问题是中国革命的基本问题，乡村建设与基层政权建设互相联动，通过乡村建设达到国家政权建设的目的，无疑也就成为中共革命的基本逻辑。

认识到这一点，将乡村建设与基层政权建设结合起来，就成为中共迫切需要做的工作。土地革命时期的苏维埃便成为中共展开乡村建设与基层政权建设的基本制度。"乡苏维埃（与市苏维埃）是苏维埃的基本组织，是苏维埃最接近群众的一级，是直接领导群众执行苏维埃各种革命任务的机关。"④因此"我们要建立坚固的苏维埃，也要打下坚固的苏维埃塔脚，这就是城乡代表苏维埃"⑤。于是随着各项制度的建立和完善，苏区乡村基层苏维埃政权建设逐渐走上正轨。在苏维埃中央政府的领导下，乡村苏维埃政府领导和组织群众参加革命战争、开展经济建设、全面加强社会建设和实行妇女解放运动等，在其活动

---

① 顾龙生编：《毛泽东经济年谱》，中共中央党校出版社 1993 年版，第 34 页。
② 林尚立：《革命与乡村：中国的逻辑》，《中共党史研究》2008 年第 1 期。
③ 黄琨：《从暴动到乡村割据：1927—1929——中国共产党革命根据地是怎样建立起来的》，上海社会科学院出版社 2006 年版，第 2 页。
④ 《毛泽东文集》第 1 卷，人民出版社 1993 年版，第 345 页。
⑤ 《建党以来重要文献选编》第 10 册，第 504 页。

的数年里做了最大的工作，充分体现出基层政权建设的巨大能量，为苏区的巩固和发展起了巨大作用。

抗日战争初期，抗日根据地的社会问题依然极其严重。在陕甘宁边区，土匪、鸦片、二流子成为乡村社会严重的三大问题。如在边区最困难的1941—1942年，土匪蜂起，少则数人一股，多则上百人一股，或残杀基层乡村干部，或抢劫枪支、合作社、商店、粮店、税务所和村民的粮食、牲畜。如1942年9月以来，绥德分区一带4个月内就发生匪情40余起。[1] 除此之外，作为占全国人口的绝大多数的农民"分散在960万平方公里的山山水水之间，完全靠自家的体力，从事着几乎不求人的生产，过着最高愿望无非温饱的苟安生活，除亲戚邻里之外几乎没有也无须交往，没有独立思维，除亲属网络之外没有任何组织可资利用"。"这是一群被割断精神和社会联系的生灵。"[2] 甚至抗日战争爆发时，有的地方连社会已经进入民国都不知道。这种无准备无号召也无组织的散乱状态，陈毅深有感触："今天在全国之大患是工农组训不足。"[3]

基于上述情形，中共采取各种措施在促进乡村社会建设的同时，也在着力开展乡村组织建设。因为在毛泽东看来，"民众如果没有组织，是不能表现其抗日力量的"。因此他要求全党行动起来，"无论是工人、农民、青年、妇女、儿童、商人、自由职业者都要依据他们的政治觉悟和斗争情绪提高的程度，将其组织在各种必要的抗日团体之内，并逐渐地发展这些团体"[4]。不仅如此，在中共看来，在改造乡村的过程中不仅可以全面掌握乡村社会，而且在乡村建设与基层政权建设互相联动的基础上，能够将国家政权全面有效地深入到中国社会的最广大、最基层的乡村社会，以便快速地实现国家政权的全面巩固。与此同时，借助国家政权对整个乡村社会的全面把握，中共又可以在革命后迅速启动经济与现代化发展所需要的社会生产和生活条件。

---

[1] 赵文：《试述抗战时期陕甘宁边区的土匪问题》，《宁夏大学学报》1999年第3期。
[2] 孙达人：《中国农民变迁论》，中央编译出版社1999年版，第156页。
[3] 中共江苏省委党史工作办公室、江苏省档案馆编：《苏北抗日根据地》，中共党史资料出版社1989年版，第195页。
[4] 《毛泽东选集》第2卷，第424页。

### (二)民主自治是基础

地方自治作为晚清以来就出现的一种社会思潮，逐渐被越来越多的人所认可和推崇，"在今日几于人人会说，人人爱说。当局者尤其亟亟从事，国民政府督促于上，各省政府赶办于下，即要'克期完成'"①。因此地方自治自然也就和民国时期的乡村建设运动联系起来。

实际上就在民国初年直隶定县的翟城村，就通过创办模范村建立正式的自治组织，以实现村民村务参与的制度化转变。故此一度被誉为乡村自治的模范，被公认为中国近代乡村自治的发源地。②之后，阎锡山在山西推行的"村治"，主张"全民政治"，宣称村治是全体村民的自治，村民大会是全村最高的机关，一切自治机关的组成，均由村民选举产生。山西村治从1917年开始实施，到1928年以后，被国民政府确立为全国乡村自治制度的蓝本。关于阎锡山的村治实践，吕振羽在其《北方自治考察记》中对山西村治的"楷模"作用做了总结。他认为，山西村治开创了中国下层政治重心之先河，其"可备训政之楷模，而为宪政之基础者"殊多。主要体现在：（一）"集散漫之民众，为政治活体之组织"；（二）"由政治力量提倡民治"；（三）"置人情于法律之上"；（四）"村民自决之精神"；（五）"村民负担平均"③。

除此之外，还有不少乡建团体和实（试）验区（县）根据国民党有关自治事务的规定，开展过调查户口（如定县、邹平、无锡、徐公桥、清和、镇平、龙山、江宁、兰溪）、测量土地（如邹平、无锡、镇平、江宁、兰溪）、整顿税收（如镇平、江宁、兰溪）、修筑道路（如无锡、徐公桥、镇平、江宁、兰溪）、改革政制（如江宁、兰溪、邹平、菏泽）、编制保甲（如定县、无锡、徐公桥、镇平）、办理民团或警察局（如邹平、徐公桥、镇平、江宁、兰溪）及成立自治团体组织（如东乡的自治会、定县的公民服务团、徐公桥和无锡的乡村改进会、乌江的乌江农会）等工作。④

需要指出的是，尽管上述乡村建设实验由于种种原因存在着这样或那样的

---

① 《梁漱溟全集》第5卷，第240页。
② 冷隽：《地方自治述要》，正中书局1935年版，第79页。
③ 《吕振羽全集》第9卷，人民出版社2014年版，第25—26页。
④ 参见郑大华：《民国乡村建设运动》，第514页。

问题,但是将乡村建设与地方自治联系起来,都在相当程度上促进了乡村建设的顺利开展。一些乡建团体在开展乡村建设之时实行的诸如"调查户口,使不少实(试)验区(县)的人口数量第一次有了较为精确的统计;修筑道路,一定程度上解决了当地农民行路难的问题;尤其是定县的公民教育,定县、徐公桥、无锡和乌江的自治团体,对于培养农民的公民和团体意识,激发他们投身乡村建设,还是起了一定的作用的"①。更为重要的是,作为地方自治本身,其最大效用,"是在建立宪政的基础。我国政治应以民主为目的,已属确定不移的事实,而地方自治的实施,实为民主政治必具的根本条件。地方自治一面为民治制度的学校,同时亦为民治制度的基础。国民运用立宪政治所具备的能力,可于地方自治中得到实际的训练"。因此"倘若利用这种地方事务的兴趣,使之参加地方自治,鼓励他们关于政治的责任心,启发他们关于创造进取的能力,则以后关于参与范围较大,内容较复杂的国家政治,亦有参加的兴趣和能力。必如是,民主政治才能够完善的运用"②。

对于中共而言,从其成立之后起,就将民主自治作为乡村建设的重要基础。而且,从根本上来说,乡村建设本身就具有民主运动的色彩,甚至可以说没有民主自治就没有真正的乡村建设。因为"在农村中随时随地可以看到,少数人的利益,妨碍多数人的利益,这样求建设,如果不是替少数人建设,必然是句空话。民主政治是以多数人的意志为力量,有利于多数人的建设,在半封建政治之下,绝对不能实现,可是在民主政治之下就很容易实现"③。而且从中共所在根据地的实际情况来看,积极起来议事管事最先而且最多的也是基层民众。因此,只有积极开展民主自治,才能充分调动乡村民众的积极参与,乡村建设才能顺利开展起来。也即是说只有"人民真正来议、来管,才能发挥出无限力量"④。这一论述无疑是深刻而有见地的,同时也是中共开展乡村建设的主要制度措施。

---

① 郑大华:《民国乡村建设运动》,第518页。
② 叶春:《地方自治》,教育图书出版社1946年版,第5页。
③ 陈翰笙、薛暮桥、冯和法主编:《解放前的中国农村》第2辑,第248页。
④ 《谢觉哉文集》,人民出版社1989年版,第490页。

### (三) 互助合作是重要方式

在漫长的中国历史长河中，互助合作思想一直都是乡村社会存续的一种价值理念。可以说互助合作是自古就有的一种民间思维。特别是以伦理本位和血缘宗法为特征的中国乡村社会，互助合作在很大程度上成为维系中国传统农业文明发展延续的纽带。

但是不可否认的是，旧有的民间互助合作，无疑也存在着一些缺陷。由于传统的互助合作大多都是一种民间自发行为，因此短期性和不固定性是传统互助合作的一个主要特点。不少互助合作组织尽管能够组织起来，但是很难持久，往往会因为一点小小的纠纷而最终解散。而且好多互助合作组织所涉及的范围仅限于宗族和亲友之间，所以其规模是很狭小的。与此同时，传统的互助合作没有固定的领导者，也没有大家必须要遵守的专门的纪律和严密的规则。①此外，传统的互助合作很多都是家庭较为富裕的农户之间展开的，而那些家境贫寒的农民很少能加入这种互助合作当中。

进入20世纪20年代以来，现代意义上的农村合作社组织开始出现。1923年6月在香河县成立的第一个信用合作社就是其中的代表。随后伴随着乡村建设运动的渐次展开，农村互助合作自然也就成为乡村建设运动的应有之义。对此，晏阳初曾指出，中国农村"合作事业突飞猛进，是近十年来的事，与乡村建设运动有密切关系"②。于是各实验区和乡建团体都把提倡合作、组织农民成立合作社作为乡村建设的主要内容之一。其时的合作社依其性质而分，有信用合作社、运销合作社、生产合作社、购买合作社和兼营合作社等。而信用合作社在当时各类合作社中数量最多。如1935年4月，定县合作社约90个，其中信用合作社就有78个；1934年度，无锡北夏实验区有合作社18个，其中12个是信用和信用兼营合作社；这一年乌江36个合作社中，信用合作社占了33个。其他除邹平以外的各实验区，信用合作社占合作社总数的比例也多在70%—80%，有的甚至达到90%以上。③

---

① 传统社会的互助合作之所以没有严密的规则，主要是由于传统的互助合作大多都是由本族和亲友组成的小规模组织，而且都是相互较为熟悉的亲友，所以自然也就缺乏较为严密的纪律和规则。
② 《晏阳初全集》第1卷，第567页。
③ 郑大华：《民国乡村建设运动》，第506页。

应该说民国时期乡建派对互助合作的提倡与实施，充分说明了在乡村建设运动中互助合作的重要性。正如梁漱溟所说："农民散漫的时候，农业推广实不好做。乡村有了组织，大家聚合成一气，农业改良推广的工夫才好做。举凡品种的改良，病虫害的防除，水利工程新农具的利用等等。一切莫不如是。有的需要大家一齐动手；有的是一家两家就不能办，必得联合举办它；有的或者无妨各自进行；然新事业的创新需要勇气，也必须人多了互相鼓舞，兴趣才浓，勇气才有。"① 但是从另一方面来看，乡建派的互助合作也存在着严重的缺陷。

对于民国时期的乡村社会，首先要解决的是农业生产问题。但是乡建派所倡导的互助合作却把更多的精力放在了信用合作社上。而生产合作社所占比例却很小，多数实验区不到合作社总数的10%。更重要的是，乡建派的互助合作成员中，只有很少一部分是农民，绝大多数农民则被关在了合作社大门之外。如定县人口总数40万，1935年4月合作社社员2814人，为人口总数的0.7%；邹平人口总数16万，1936年底合作社社员8828人，为人口总数的5.5%。② 其结果正如曾主持邹平合作事业的张国维所说："现在合作社似乎不能解决贫农的痛苦，因为组织合作社的，天然即为中农分子，贫农根本没有资格加入的，他们自然享受不到合作社的利益。"③ 实际上合作社中的领袖有相当一部分是土豪劣绅。乡建派在组织农民成立合作社时，原本是希望那些能识字读书、家庭富裕、在本地有一定的威望（或势力）的"乡村领袖"担任合作社的理事、监事，但是实际上却事与愿违。"我们所希望的，本来是好人出来做合作社的中坚分子，但……出头的，反而是以剥削好人为职业的土豪劣绅。"④

由上可见，在乡村建设运动中，尽管乡建派业已认识到互助合作的重要性，但是由于并没有将乡村农民完全纳入互助合作的框架体系之内，因此其结果是可想而知的。相较而言中共不仅认识到互助合作在乡村建设当中的重要作用，而且还通过对传统乡村社会互助合作形式的改造，依靠广大基层参议员群

---

① 《梁漱溟全集》第2卷，第426页。
② 郑大华：《民国乡村建设运动》，第509页。
③ 章有义编：《中国近代农业史资料》第3辑，生活·读书·新知三联书店1957年版，第978页。
④ 章元善：《中国合作实际问题》，《乡村建设》1936年第1期。

体和乡村民众，使其能够在新的环境和条件下，发挥出更为重要的作用。

总之，从中共乡村建设的实践路径我们不难看出，无论是制度方面的变革还是经济文化方面的举措，中共的乡建都有着明显的特点，那就是乡村改造与乡村建设并举，即在改造中建设，在建设中改造。这种乡村改造与乡村建设并举的方式，实际上也体现着中共通过大规模整合乡村社会，以架构适应未来发展的社会环境与社会氛围。正如吉尔伯特·罗兹曼所说："总的看来，共产党改造了乡村，实现了外来控制，将之整合成为一个较大的地区体系，并在某种程度上把这种外来控制永久地渗透进去了。"[①] 因此，打破传统的藩篱以改造乡村，以路径依赖的方式建设乡村，在中共革命时期实现了情境聚焦，并最终积淀成独具特色的中共乡村建设模式。

---

① 〔美〕吉尔伯特·罗兹曼主编：《中国的现代化》，第333页。

# 第八章　历史转折与乡村建设思想的时代诉求

  20世纪30年代前后，乡村建设的各种思想、主张风起云涌，汇聚为社会性思潮，并从社会实践层面上相互促动，共同推助，蔚为声势颇壮的社会运动。据南京国民政府实业部的调查，"全国已有六百多个团体从事农村工作，有一千多处从事实验"①。而全国的乡村建设团体也已"有了一千零五个"②。"建设乡村，是全国上下的呼声。所以乡建运动，是一个应运而生的社会运动"③。乡建运动可以远溯"自清末之村治运动"④，甚至也可以从传统乡约或乡村自治规约中寻绎出某种关联，但其之所以在30年代之际超越个人主观诉求，并引动着众多团体和人们"各从不同动机，不期而然地集于乡村运动一途"⑤，显然有着更深层面的社会历史演进的机缘或必然性的时代诉求。其中更值得我们去探赜索隐的，正是所谓"而着力于'合于社会事实'的'共同旨趣'的呈现"的历史因缘。

---

  ① 李竞西：《参加乡村工作讨论会记》，《乡村建设》第4卷第10、11期合刊。
  ② 陈序经：《乡村建设的组织与方法的商榷》，天津《大公报》1937年4月21日，《经济周刊》第214期第11版。
  ③ 傅葆琛：《乡建运动总检讨》，陈侠、傅启群编：《傅葆琛教育论著选》，人民教育出版社1994年版，第403页。
  ④ 傅葆琛：《乡建运动总检讨》，陈侠、傅启群编：《傅葆琛教育论著选》，第403页。曹立新也著文称："乡村建设运动的起源可以追溯到清末民初的地方自治运动。"《走向政治解决的乡村建设运动》，《二十一世纪》2005年10月号，总第91期。
  ⑤ 梁漱溟：《乡村建设旨趣》（1934年双十节在定县乡村工作讨论会演讲），《乡村建设》第4卷第14期，1934年12月11日。

# 一、引论——延安论辩的思想意义

还在抗日战争的艰难岁月里,在黄土高原的延安窑洞里就发生过一场关乎中国历史、现实与未来的思想论争。1938 年 1 月,以国民参政员的身份到延安进行访问的梁漱溟,在延安窑洞与毛泽东进行会见。① 在民族危难空前严峻的情势下,忧心忡忡的梁漱溟向毛泽东提出了"中国的前途将如何?中华民族会灭亡吗?"的问题。毛详尽地分析了国内外大势,敌、我、友三方情势及其变化态势,得出了中国必胜日本必败的结论。显然,毛泽东的这番宏论即是完卷不久的《论持久战》的要点和大意。梁立时感到:"他说得头头是道,入情入理,使我很是佩服。"② 但第二次一个通宵的谈话主题却是"中国问题,亦即是如何建设一个新的中国问题"。对战后新中国的道路选择和前途问题上梁却自有成见,与毛的主张、立场分歧显然。毛泽东坦率地说,拜读了你的大作《乡村建设理论》,"你的著作对中国社会历史的分析有独到的见解……但你的主张总的说是走改良主义的路,不是革命的路"。但是,"改良主义解决不了中国的问题,中国社会需要彻底的革命"③。中共还是要搞阶级斗争,通过革命来挽救中国。梁漱溟争辩道:中国社会阶级分化对立不强烈、不固定,"根本分不出阶级(只有家族观念,而无阶级观念)"④,"朝为田舍郎,暮登天子堂。将相本无种,男儿当自强"⑤。立足于阶级斗争的革命,不适合中国的历史和现实,中国未来选择当立足于建设。毛泽东十分耐心地听完梁漱溟的长篇大论,然后心平气和地说:"中国社会有其特殊性,有自己的文化传统,有自己的伦理道德,梁先生强调这些也并没有错。但中国社会却同样有着与西方社会共同的一面,即阶级的对立、矛盾和斗争,这是决定社会前进最本质的东西。我以为梁先生是太看重了中国社会特殊性的一面,而忽略了决定着现代社会性质的共同性即一般性的一面。其理由我再申述之……"梁漱溟却不以为然,认为毛泽东

---

① 谭特立:《梁漱溟与毛泽东的恩怨情结》,《人物春秋》2002 年第 6 期。
② 汪东林编:《梁漱溟问答录》,湖北人民出版社 2003 年版,第 84 页。
③ 汪东林编:《梁漱溟问答录》,第 85 页。
④ 梁漱溟:《中国社会构造问题》,《乡村建设》第 6 卷第 3 期。
⑤ 汪东林:《国共在重庆政治协商 梁漱溟呼吁停止内战》,中国网 china.com.cn,2007 年 11 月 13 日。

"太看重了一般性的一面,而忽略了最基本、最重要的特殊性的一面"。双方都不断地、反复地申述自己的观点,坚持着自己的立场,"两人相持不下,谁也没有说服谁"①。

一个是中共政党领袖和政治家,一个是乡建运动领袖和思想家,这场基于不同立场、利益取向和学术认识的论辩,原本就不存在获得思想统一或认同的主观诉求,也没有任何强制服从的政治需求,更多地体现着一种平等的思想交流和面向未来的政治沟通态势。48年后的1986年秋天,已经93岁高龄的梁漱溟在回顾这次争论时,还心绪激动地说:"现在回想起那场争论,使我终生难忘的是毛泽东作为政治家的风貌和气度。他既不动气,也不强辩,说话幽默,常有出人意料的妙语;明明是各不相让的争论,却使你心情舒坦,如老友促膝交谈。我还记得他最后说,梁先生是有心之人,我们今天的争论可不必先作结论,姑且存留,听下回分解吧。"②

毛泽东与梁漱溟会见的话题和思想论辩显然十分广泛,但关于阶级斗争的革命问题无疑是双方论争的胶着点。梁漱溟"早年就读过一些经典著作",但他"并不信奉共产主义学说,尤其是关于在中国社会里,仅持阶级和阶级斗争的学说,解决各种问题"的理论"一直不敢苟同"③。当时两人的思想论辩未见分晓,但客观的历史行程却昭然可见。十余年后,面对中共在战火中最终赢得政权并宣告中华人民共和国诞生的这一事实,梁漱溟在1951年的《光明日报》上发表了《两年来我有了哪些转变?》一文。在这前后,他又在《何以我终于落归改良主义?》等文中坦露心迹:"若干年来我坚决不相信的事情,竟然出现在我眼前。这不是旁的事,就是一个全国统一稳定的政权竟从阶级斗争中而建立,而屹立在世界的东方。我曾经估计它一定要陷于乱斗混战而没有结果的,居然有了结果,而且结果显赫,分明不虚。"有人认为,梁漱溟的检讨和反省虽然没有说清楚自己思想转变的来龙去脉,但却在事实面前,承认了对于中国前途的问题,毛泽东的路子对,而自己是错的。④梁漱溟特别强调说:"此

---

① 汪东林编:《梁漱溟问答录》,第86页。
② 汪东林:《国共在重庆政治协商 梁漱溟呼吁停止内战》,中国网 china.com.cn,2007年11月13日。
③ 汪东林编:《梁漱溟问答录》,第83页。
④ 汪东林:《国共在重庆政治协商 梁漱溟呼吁停止内战》,中国网 china.com.cn,2007年11月13日。

次到西南参加土地改革,在下面看了看,才知道高高在上的北京政府竟是在四远角落的农民身上牢牢建筑起来;每个农民便是一块基石。若问似这般鬼斧神工从何而致,还不是说破唇皮的四个大字:阶级斗争!"①

社会历史演进的轨迹与社会思想揭示的方向,往往不会是完全重合的线性相关。延安时期发生在梁漱溟与毛泽东之间的思想论辩,平等思想交流背后的力量和运势其实并不对等。作为中共领袖的毛泽东已经拥有谋划未来政治的时运和力量,赢得政权的雄心、信心和决心正在与日俱增;一个职业革命家的思虑和立场,断然有着自己的特立独行品质,也具备着掌控和影响未来局势的能力和条件。而作为一介书生或思想家的梁漱溟,凭借自己浓厚的学识思想和对于历史、现实的深度把握,对民族文化和国家建设提出具有自己独特见解的方案或实施路径。他只有学术和思想,或者只有基于思想的社会影响和感召力——当然作为思想领袖的他也不乏许多崇拜者和追随者。显然,从对于整个形势和政局的操控、影响与基于思想影响未来的久远价值而言,二者并不处于相同的等高线上。

但是,双方论争触及的时代性命题却具有超越眼前利益和短期时势的意义与价值。毛泽东代表共产党人坚持的"农村革命"选择,与梁漱溟为代表的"乡村建设"选择,既不应简单地归结为"革命"与"改良"的主义对立,也不能机械地以"建设"为"革命"(破坏)的否定关系。近代以来,无论从社会思潮的趋向,还是从实践运行的历程,其实都经历了从革命到建设的历史性转变,尽管这一转变的历史轨迹和时序演化,因政党和权力主体之不同而有不同的呈现方式和理论诠释。"革命"与"建设"是共生共存于整个近代中国历史进程之中的命题,而且就客观历史顽强而执着的指向性(目标性)而言,建设最终构成了时代的主导方向。因而,中国共产党和毛泽东创建的农村包围城市的革命实践的成功,并不成为"乡村建设"思想的否定性史证。

毛泽东与梁漱溟的思想论辩,尽管角度不同,着力点不一,但所关涉的论题却是时代性的命题:革命与建设。这一命题在直面现实中被提出,但它却发端于深层历史文化的根基,也具有指向未来的价值和意义。近代以来,叱咤

---

① 汪东林编:《梁漱溟问答录》,第158页。

风云的"革命党"一旦获取政权后,革命话语终归让位于建设话语,革命的实践终归让位于建设的实践(国民党与共产党皆然)。因而,从近代历史的进程来看,在"革命"仍然构成那个时代的主导选择时,当民国建设思潮开始涌起时,梁漱溟等一代学人或思想家们精心建构的"乡村建设"理论及其推动的社会运动,所包含的社会文化内涵和实践理性,在当代"新农村建设"的时代主题下,也许更值得我们再认识和再反思!往事虽然如烟,思想成果的凝结却留存久远!

## 二、社会建设:乡村建设思想的主导方向

20世纪30年代之际,近代中国乡村建设思想在理论建构和区域实验方面,已经磨砺既久,并且在各种主张、认识的互动和碰撞中,取得了相对的共识。在各种思想和社会改造方案的竞相争锋的态势中,乡村建设思想自成体系,也影响深远,一如梁漱溟所言:"不过有人想走近代资本主义的路,有人要学苏俄,有人要学意大利,所见种种不同。乡村建设亦是其中一种,并且亦许是渐渐要占势力的一种。"①其实,民国甫一成立,"新中国"建设的时代课题就摆在世人面前,尽管国内政局和国际大势还并未营造出有利的建设环境和条件。作为"革命之父"的孙中山已经开始认真思考和规划国家建设的方案——《建国方略》已在筹谋之中。②南京国民政府成立后,建设倡议和主张一时并起且已从某些实务层面上加以落实。建设的各种主张和实务已经被广泛关注,建设问题也凸现为时代问题。如何建设的问题,或者说建设的方向逐渐成为社会所瞩目的焦点。"现在的中国人都正在徘徊歧路,有的指引他们走到苏俄去,有的指引他们走到美国去,有的指引他们走到德国或意大利去,真可谓纷歧之至。"③乡村建设思想的路向选择,旨在超越以上所谓"歧路"徘徊,别开蹊径,

---

① 梁漱溟:《乡村建设理论》,《乡村建设》1935年第5卷第1期。
② 参见王先明:《建设告竣时 革命成功日——论孙中山建设思想的形成及其时代特征》,《广东社会科学》2013年第1期。该文认为:"辛亥革命以及民国的建立,才真正促动了孙中山对于建设问题的深入思考和系统建构……孙中山建设思想的体系化,当以1919年《建国方略》的完成为标志。"
③ 《何序》,马芳若编:《中国文化建设讨论集》上编,《民国丛书》第一编(43),文化教育体育类,上海书店1935年版,第1页。

另谋一条"去求得中国问题的解决,而建设一中国新文化之运动"①的道路。

现实的生存景况和历史情状无疑是思想认识的基点,也是"乡村建设学派产生的社会背景"②。当时的经济匮乏和财赋窘迫无疑构成了建设方案或复兴农村主张最急迫的压力,国民政府于20世纪30年代开始大力倡导推进国民经济建设,显然也是针对这一现实问题的因应。1935年4月1日,蒋介石在贵阳的一次记者招待会上,首次提出开展"国民经济建设运动"③,随后国民政府进行政府动员,加大了国民经济建设运动的力度。但以梁漱溟为代表的乡村建设学派,却超越了经济的诉求和政局的迷乱,而着力于长远的建构,谋求社会建设的主导方向。

乡村建设显然不是单向度的经济建设,"乡村建设运动实是图谋中国社会之积极建设的运动"。这决定了"乡村建设天然是一种社会运动"④,作为社会运动,它并非源于思想家的个体诉求和主观实验,一定程度上它体现的是历史演进的客观进程及其对历史反思基础上的路向选择。梁漱溟认为:"过去一切革新运动,所以未见成功者,盖以过去一切,始终无外一种上层运动,而与下层民众无与。今后必须使大多数民众觉醒,献其心力,而后建设可期,民族复兴可致,而中国大多数的民众,固在乡村,此其一。中国旧日社会之组织结构,迄于今日,既已崩溃,而新者未立,一切政治、经济、社会等问题,俱悬

---

① 黎康民:《乡村运动与政府农政之分际问题》(中),《乡村建设》1936年第6卷第8期。
② 郑杭生、李迎生:《中国早期社会学中的乡村建设学派》,《社会科学战线》2000年第3期。
③ 1935年4月1日,蒋介石在贵阳首次提出开展"国民经济建设运动",并做了简要解释。随后,南京政府立法委员会委员史维焕等发起组织国民经济建设协会。南京中国社会问题研究会召集国民经济建设座谈会,遍邀各地名流、专家座谈国民经济建设相关事宜,并将这次会议的结果,在该会季刊《中国社会》第二卷第一期上集中发表。国民政府主席林森也于1935年9月22日在国府纪念周上做了《国民经济建设的重要》之讲演。1935年12月,国民党五届一中全会通过了《确立国民经济建设实施大纲案》,对国民经济建设做了更为具体的规定。1936年6月3日,国民经济建设运动委员会总章颁布。按照总章规定,应在首都设立国民经济建设总委员会,由蒋介石任会长,各省及直辖市设立分会,各县设立支会。在总会设立之前,先于实业部内设总会筹委会,以行政院副院长孔祥熙、实业部长吴鼎昌、秘书翁文灏为筹备委员,吴鼎昌为主任委员。所有各分会、支会应由各省政府主席、各直辖市长及行政督察员或县长派定筹备人员,并指定各省建设厅长或相当人员为主任筹备委员。6月8日,总会筹委会正式成立。总会、分会、支会章程遂公布于世。经过一个月的筹备,7月8日上午,国民经济建设总委员会成立大会在南京实业部大礼堂正式召开。会长蒋介石首先致词,吴鼎昌报告了常务工作,委员孔祥熙、孙科也做了发言。总会成立后,拟定了关于宣传、训练建设人才、建设事业、副业四项工作的11条基本方针。
④ 梁漱溟:《乡村建设理论》,《乡村建设》1935年第5卷第1期。

而未决。所谓革新运动之中心工作,实应为解决各种问题,创建吾民族社会新组织结构之工作。而凡此问题之解决、新组织结构之建设,必肇端于乡村,此其二。"① 这是乡村建设运动与国家权力和政府行政范畴的"农政"之所以不同的重要区分,也是乡村建设思想家们特别强调的内容之一。黎康民在检视乡村建设运动历程时认为,过去乡村建设之所以能开展,并推动了政权,并转变近代中国政治形势中之破坏乡村的现政权,成为建设乡村的现政权,"使得它的政权性变质而发挥善良的功能,就是因为乡村运动本身有动力,而且发自社会,有其不竭的'力源'"②。显然,以社会运动方式展开的乡村建设,在实践层面上揭示着乡村建设思想的主导方向在于整体的社会建设,而不是偏执于一端的建设事项。"乡村建设是整个新社会结构的建设,并非是头痛医头脚痛医脚的事,而是从根本上谋整个的建设事业,所有文化、教育、农业、经济、自卫等各方面工作都是互相连贯的,是由整个的乡建目的下分出来的,各方面工作的发展,合起来就是整个乡建事业的发展。"③

社会秩序的重构或社会关系体系的建设,构成了乡村建设思想的核心内容。因此消弭社会冲突和利益纷争是其社会建设的基本诉求,所以其着力点在于社会环境的改造或建构。乡建思想家们大多注重社会对于个体的作用,认为对于社会而言,人的作用和影响微不足道。"我们应当看重社会关系与其历史的演变。个人在社会中的分量真是太小了,社会环境之力真是太大啊!昔时有人批评曹孟德为'治世之能臣,乱世之奸雄';为能臣,为奸雄,其权不在于他自己,而在于治世乱世的社会环境。"作为具有系统理论与实践路径的社会思想,乡村建设思想尽管对现实中的革命、斗争和政权纷争主张或路线持否定和质疑立场,但却将其之所以如此的原因归结于社会本身。"社会上的一般人,有的以共产党为洪水猛兽,有的以军阀为贪鄙糊涂,其实这都是因为隔膜的缘故。人与人彼此之间,都相差不多,距离是很近的;如果有距离,只是到末流时才大,开头是很小的。社会间的人需要彼此了解;彼此隔阂将增加社会的不安,是社

---

① 梁漱溟:《乡村建设理论》,《乡村建设》1935 年第 5 卷第 1 期。
② 黎康民:《乡村运动与政府农政之分际问题》,《乡村建设》1936 年第 6 卷第 7 期。
③ 晏阳初:《十年来的中国乡村建设》(1937 年),《晏阳初全集》第 1 卷,第 565 页。

会扰乱冲突的主要因素。"所以，从根本上来看，"其责任不在他自己……在此种社会中则如此，在彼种社会中则又将如彼，这真是最确实的话……因此，我们所要做的工夫，要紧的就是在转移社会之大势，把每一个人放在一个合适的场合中，使他们得以尽量发展其天才，俾各得所用。我的用心与认识就是如此。必能转移社会之大势，乡村建设运动，才有其意义"。梁漱溟构建的理想的健全的社会，是一个人们互相依存，人尽其才，各尽所用的社会，"如果互相依存的一面，多有发挥的可能时，那么，这社会就平顺地向上进步；如果进步到满了那可能的限度，那么，其矛盾的一面就严重化、尖锐化，而免不了爆发革命。所有其政治构造都是依此形势而建立，所有其社会内各样的政治运动无非本着其为某种样、某部分、某方面势力的背景立场而向前竞争斗争……中国今日恰是落到一个散而且乱的情形，其社会内部没有清楚的分野，一切人的背景立场可以说都不同，又都差不多，其间的矛盾都不重大、不坚强；因此几乎无法形成一种政治构造，到只有一条可走，那就是尽着力量抛开各自特殊的背景、立场，而单纯地求调和、联合，以谋其社会内部的调整统一，而应付国际环境"①。

社会对于个人的巨大作用，既有传统文化观念的历史支撑（"人之初，性本善"观念），也有凝聚民族力量的现实诉求，故立足于社会建设就成为乡村建设思想建构的基本方向。梁漱溟坦言："我深刻相信，人当初的动机都是好的……人情大抵不相远。""现在所要的是要合不要分，要通不要隔。谁能联合一切，打通一切，谁就是转移社会关系而让民族复活的。民族的生命就维系在这一点上。"②因此，乡村建设的主旨在于社会结构或社会组织的建设。这在卢作孚的乡建思想中也体现得十分鲜明。卢作孚主张："公共理想的利益，是完全在公众身上的，个人只是在公众中间享受的一员，但绝不能由个人占有了。"他甚至认为，人类社会建设的目标就是这种公共理想的社会，所谓"人与人间乃不觉其妨，却觉其相需"，"它是人间可以实现的天国，圆满无缺。人都愿意实现它，而且实现了它之后，又把它重新创造"③。

---

① 《朝话：我们应有的心胸态度》，《乡村建设》1936 年第 6 卷第 3 期。
② 《朝话：我们应有的心胸态度》，《乡村建设》1936 年第 6 卷第 3 期。
③ 卢作孚：《四川人的大梦其醒》（1930 年 1 月），凌耀伦、熊甫编：《卢作孚文集》，北京大学出版社 1999 年版，第 70—71 页。

当然，对中国历史文化的认识是其思想体系建构的基石之一。他们强调在世界历史演变的趋势中看待中国社会历史的特殊性，认为"数千年之立国基础，既在农业，则其经济等，亦莫不根据于此。我们细查中国社会实不过三十万疏落之农村而已，其社会组织，密于家族，亲于乡里，成为伦理本位的社会；其在政治上，则自由太多，缺乏组织力量及国家观念，既不像封建国家，更不像近代国家"①。但是，面对西方势力向东方或中国的强力推进，传统中国固有的社会结构和社会组织骤然崩解，失去了维系社会生活的功能。梁漱溟说："中国社会本来所具有的那全套组织构造，在近数十年内一定全崩溃，一切一切只有完全从头上起，另行改造……从那里改造起？何从理头绪？何处培养萌芽？还是在乡村。"②这就决定了乡村建设"就是启发社会的力量；使死的散漫的变成活的团聚的社会，没有力量变成有力量。要让社会有力量，须打通地方上有力量的人的心。现在最不了的是大家缺乏公共意识；要大家有公共意识，须先在地方上开出大家的公共意识"③。

此外，立足于中西比较也是其思想建构的基石之一。晏阳初认为，"中国自鸦片之战以后……忽而学东洋，忽而学西洋，今日忙这样，明日忙那样，但都没有把根本认清，所以仍然是束手无策"。因此，"今后我们必须拿定主意，下大决心，钻进农村深入民间，造就这8000万的农民青年，叫他们来担负这民族再造的使命"④。梁漱溟则指出："当我看出中国社会组织构造已属崩溃时，便在比较中西社会组织构造之不同中，一方面寻求西洋社会的组织构造，如何从历史之背景演变而来，我们何以不能成那样的社会。依之，过去是那样，现在当然另是一个样子，将来又是一个样子……我的主张更坚决不疑。在这些地方，得益于马克思（斯）和共产党各方面之启发不少；我的主张虽不同于马克思（斯）和共产党。"⑤作为一种社会思想的建构，乡村建设思想并不是拘泥于

---

① 李宪武：《中国教育之新动向》，《乡村建设》1933年第3卷第7期。
② 《梁漱溟先生讲演·自述》，山东邹平乡村建设研究院出版股1935年版，第55页。
③ 《朝话——启发社会的力量》，《乡村建设》1934年第4卷第7—8期。
④ 晏阳初：《中国农村教育与农村建设问题》（1935年3月25日在北大第二院的演讲词，原载《民间》1卷第3期，1935年4月），《晏阳初文集》，第120页。
⑤ 《梁漱溟先生讲演·自述》，《乡村建设》半月刊，山东邹平乡村建设研究院出版股1935年版，第55页。

传统狭小的认识空间,而着眼于近代以来西学引入和西制移入的历史实践的审视,尽管这种审视有着他们特有的角度和局限性。① 正是在比较中,他们认识到:"在此时候觉悟到一切现成的政治制度都无法拿来应用于中国。"②

基于对已有历史选择的反思,乡村建设思想对于"西化"的路向选择发生质疑,开始立足于中国社会历史与现实的需求重新建构自己的发展道路。立足于历史审视和中西比较的视野,乡村建设思想的建构重心确立于中国乡村社会。这一重心的理论解说突出体现在梁漱溟关于乡村建设理论的演讲中:"因为我看的通体,看的整个……成熟了我今日乡治的主张。此项主张之成立,过去对于东西文化之研究,启发实在很多。""我提出'乡治'的主张是民国十七年的事,而主张之前后贯通,完全成熟,则近三年间事也。"③他强调,"我之用思过程,乃是从眼前实际问题起",虽然"我主张之乡村建设,乃是想解决中国的整个问题,非是仅止于乡村问题而已。建设什么?乃是中国社会之新的组织构造(政治经济与其他一切均包括在内),因为中国社会的组织构造已完全崩溃解体,舍重新建立外,实无其他办法。至若应用这个名词亦有几度修改。十七年我在广州时用'乡治',彼时在北方王鸿一先生等则用'村治',如出版《村治月刊》,在河南设立村治学院等皆是也。民国十九年……河南村治学院诸同人来鲁创办类似于村治学院性质之学术机关。我等来鲁之后,佥以'村治'与'乡治'两名词不甚通俗,于是改为'乡村建设'"④。

即使侧重于"乡农教育"的乡村建设思想,也只是切入路径之不同,其建设目标仍归于整体的社会建设,如"乡农教育,从一面看,是整个的人生教育;从他面看,也就是整个的乡村建设……人生教育的活动,大别可分为六项:即健康教育、生计教育、公民教育、精神教育、休闲教育及语文教育。乡

---

① 如"西洋民主制度,不适宜于中国之民俗,既屡试而屡败矣。俄国共产党之说,尤属药不对症,服之无功。国运颠沛,至于今日,已咸知乡治为救亡之要道。……恢复其本来之伦常社会,别无良法"。裴雪峰:《与蒙阴同学王意诚书》,《乡村建设》1932年第2卷第9期。
② 《梁漱溟先生讲演·自述》,《乡村建设》半月刊,山东邹平乡村建设研究院出版股1935年版,第52页。
③ 《梁漱溟先生讲演·自述》,《乡村建设》半月刊,山东邹平乡村建设研究院出版股1935年版,第57页。
④ 《梁漱溟先生讲演·自述》,山东邹平乡村建设研究院出版股1935年版,第62页。

村建设的活动可分为三大方面,就是经济一面、政治一面、文化一面。……这两件事——乡农学校的人生教育与乡村建设——实际就是一回事,是一而二、二而一的……我们的教育就是我们的建设,我们的建设也就是我们的教育。我们认为教育没有建设,是没有内容的;建设没有教育也没有生机……我们是在建设上实施教育,从教育里推动建设"。因此,我们不能依字面意义上理解"乡农学校"的活动,它"不是囿于学校围墙以内。学校须尽社会指导的作用。……乡农学校之在乡村社会,不只是一座学校,而且是一座区公所或乡公所;它不只干教育的事,也干政治的事,经济的事"[①]。所谓乡农教育,虽然从人生教育入手,却包含了社会生活的整体内容如健康教育、生计教育、公民教育、精神教育、休闲教育、语文教育;并分列为三大体系,即经济建设、政治建设和文化建设,而归宗于乡村建设,因此乡村建设实为统括以上三大建设内容的系统的社会建设思想,如下图所示:

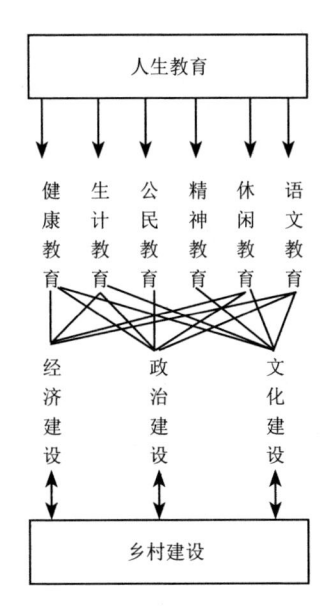

图片来源:杨效春:《乡农学校的活动》,《乡村建设》1933 年第 2 卷第 24—25 合期。

图2

---

① 杨效春:《乡农学校的活动》,《乡村建设》1933 年第 2 卷第 24—25 合期。

因此，30年代之际，社会建设作为乡村建设的主导方向或时代内容，已经被广泛认同。"现在我们应该知道建设的根本问题在哪里，不在经济，也不在教育……却在秩序，无论何种事业，秩序建设不起来，绝对不会有良好结果的"，这实在"是乡村建设中不可避免亦不可疏忽的根本问题"①。卢作孚特别揭示，乡村建设内容虽然广泛，涉及六大建设方面（教育建设、经济建设、交通建设、治安建设、卫生建设、自治建设），但社会建设尤其是社会秩序或社会结构的建设是根本，作为国家政权而言也须着重于维系社会结构或社会秩序的建设，"此后，国家只需控制两个武器：第一是法律；第二是计划。两者都是维持秩序，法律从消极方面规定了人民行动的范围，计划更从积极方面规定了人们行动的方向和途程。……我想中国的十年计划，必比苏联的几个五年计划，规模更大，进步更（速）"②。

尽管早期的乡村建设主张和实践各有不同侧重，或以乡村自治为要，或以乡村自卫为重，或侧重于平民教育，或着力于乡村合作等，但在发展演变趋向上最终却落归于社会建设的主导方向上。"无疑的，中国的乡村建设运动，已形成了现阶段一切社会运动之主潮。"③不仅"真正的教育，如果想如此，非归到乡村建设不可"④。因为以培养"自动组织"或"共同的力量"的教育目标，仍落实于"创立新的生活方式，建设新的社会结构"⑤。以社会建设和社会运动为导向的乡村建设思想，吸纳和融汇了众多各式各样的改造乡村、救治乡村、重建乡村的思想和力量，最终汇集为颇具声势的乡村建设思想大潮。从而"这便发现我们共同的旨趣了"。"今日社会中心人士来从四面八方各不相同的方向，无一不趋归于一处，即是趋归于乡村建设。"⑥

---

① 卢作孚：《乡村建设》（1930年1月7日），凌耀伦、熊甫编：《卢作孚文集》，第101页。
② 卢作孚：《国际交往与国家建设》（1944年10月1日），凌耀伦、熊甫编：《卢作孚文集》，第579—580页。
③ 齐植璐：《现阶段中国乡建运动之检讨》，嘉兴县政府合作事业推广委员会编行：《农村建设》创刊号。
④ 《梁漱溟先生讲演·自述》，山东邹平乡村建设研究院出版股（1935年10月30日），第68页。
⑤ 晏阳初：《十年来的中国乡村建设》（1937年），《晏阳初全集》第1卷，第561页。
⑥ 《梁漱溟先生讲演·自述》，第68页。

"乡村建设实非建设乡村,而意在整个中国社会之建设。"① 梁漱溟举起的旗帜,对于众多从事各种乡村实验、乡村教育、乡村运动的团体和个人而言,具有了一种方向性意义。

## 三、固本之举:建设路径选择的再思考

当然,值得深思和进一步追问的问题是,既然定位于"整个中国社会建设"的事业,又何以特别标示为"乡村建设"?而且沛然勃发的乡村建设思潮接踵于 20 年代之末国民政府大规模的建设规划之后,又如何把握和认识其间的历史关联和时代特征?任何不得不直面的现实问题,其实也都是历史的问题。

20 世纪 30 年代的乡村建设思想,事实上是近代以来更是民国以来"建设"发展路向的一个历史性反拨。如果说孙中山《建国方略》的完成标志着对其《革命方略》的超越,从而开始实现其从革命诉求向建设诉求转身的话②,那么南京国民政府的成立就预示着国民党及其政权开始以建设谋取未来的选择。"自从国民政府在南京成立以来,距今已整整十年了……在这纷争凌乱的时期以谋建设,实有许多阻碍和困难,然而,在国人共同要求下,建设事业在这十年来,虽未见有其整个计划,但也零零碎碎地有一点进步的活跃的气象。"③问题在于,近代以来的整体建设却基本依循"以都市支配农村"的方向展开,"在以都市支配农村的经济组织系统下,抛却了都市与农村的关系"④。这一取向逆转了传统中国社会运行的路线。"从前现代城乡协调交换的观点看,中国就是一种稳定的样板。城乡之间被一条鸿沟截然划开的问题,并未变得十分明显。"因而,"中国城市没有变成既吸引穷人又吸引富人的磁石……城市只在很少几方面有别于农村"⑤。但是,1912 年之后"到 20 年代初,中国的民族

---

① 晏阳初:《十年来的中国乡村建设》(1937 年),《晏阳初全集》第 1 卷,第 561 页。
② 详见王先明:《建设告竣时 革命成功日——论孙中山建设思想的形成及其时代特征》,《广东社会科学》2013 年第 1 期。
③ 晏阳初:《我为什么第二次回到祖国》,《晏阳初全集》第 2 卷,第 559 页。
④ 《乡运者的话:对于农村建设的意见》,《乡村建设》1936 年第 6 卷第 5 期。
⑤ 〔美〕吉尔伯特·罗兹曼主编,沈宗美校:《中国的现代化》,江苏人民出版社 1995 年版,第 208—209 页。

资产阶级就开足了马力,出身了新一代从事工业生产和采用工资雇佣制的企业家"①。而现代工业、企业、事业的成长或现代政权建构的展开,总是伴随着城市化的推进。"沿海城市现代企业的增长,只是企业更加普遍发展的一个方面,无疑这是最显著的一个方面。从 1912 年至 1920 年,中国现代工业的增长率达到 13.8%(这样迅速的增长,只是在 1953 年至 1957 年的第一个五年计划时期才再度遇到)。"②近代工业在工农业总产值中所占比重也大幅变动,"由 1920 年的 4.9% 提高到 1936 年的 10.8%"③。正是在"中国民族工商业的'黄金时代'方才到来"的同时,"随着经济繁荣而来的是加速的都市化。城市人口的年增长率,大大超过了人口的总增长率"④。这体现着一种时代性的发展,在 19 世纪期间,城市人口总数以极缓慢的速度增长,其增长率和中国总人口的人口增长率大体相当。而在 1900 年至 1938 年之间,城市人口的增长显然加快,其增长率几乎是总人口增长率的两倍。尤其"在中国 6 个最大的城市——上海、北京、天津、广州、南京、汉口","在 30 年代,每年以 2%—7% 的人口增长率在发展"⑤。30 年代后期,人口 100 万至 200 万的城市增长 33%,人口 10 万至 50 万的城市增长 61%,人口 5 万至 10 万的城市增长 35%。⑥可以说,"1900 年后城市工厂和欧洲意义上的无产阶级的兴起,才产生了这样一种运动",即"农村贫困家庭向核心区移动"⑦。持续了 30 年之久的这种逆向移动过程,事实上也是引发 30 年代中国乡村危机爆发能量的聚积过程。

这一现代性的建设进程,却导致传统时代城乡一体化进程的逆转,在工业化、城市化和现代化趋向中,中国"城乡背离化"趋势隐然发生。"这种情况的发展,加深了城市绅商和一直占支配地位的社会名流之间的裂痕;同时,也扩大了城乡

---

① 〔美〕费正清编:《剑桥中华民国史(1912—1949 年)》上卷,中国社会科学出版社 1994 年版,第 735 页。
② 〔美〕费正清编:《剑桥中华民国史(1912—1949 年)》上卷,第 737 页。
③ 王先明主编:《中国近代史(1840—1949)》,中国人民大学出版社 2011 年版,第 529 页。
④ 〔美〕费正清编:《剑桥中华民国史(1912—1949 年)》上卷,第 736、740 页。
⑤ 〔美〕费正清编:《剑桥中华民国史(1912—1949 年)》上卷,第 36 页。
⑥ 王先明主编:《中国近代史(1840—1949)》,中国人民大学出版社 2011 年版,第 532 页。
⑦ 〔美〕彭慕兰:《大分流:欧洲、中国及现代世界经济的发展》,史建云译,江苏人民出版社 2003 年版,第 234 页。

之间的鸿沟，迫使农村为城市的各种事业提供资金。"① 到1928年末，"现代经济部门又经历了一个新的繁荣时期"②，亦即到30年代之际，随着近代中国工业化、城市化和现代化发展，"城乡背离化"趋势的负效应累积，已经十分突出。

在乡村建设主张者看来，这是从根本上决定农村、农业和农民地位的急剧下滑的时代性致因。"到了近来，工商业一天一天的发达，工商的地位也逐渐提高。从前的工匠，现在变成了工程师和制造家；从前的市侩，现在变成了商业家庭资本家。但是农民呢，他们的生活一天一天的变坏，他们的地位一天一天降低，被旁的阶级的同胞压迫和讪笑了"③。无疑，引起乡村社会动荡和农业困境直接原因的地方摊派，也是伴随着现代化进程出现而不断加剧，所谓"近数年来，举办新政甚多，需款甚殷"，"地方摊款不须呈报到省，不受法令之限制……而漫无限制"；从而，"地方不肖官吏，横加摊派以自肥"。其各项"新政""经费多在人民身上"④。以"新政"为名的各种税费，层层叠加为农民的负担并从根本上危及农民的生存状况。晚清以来直到民国时期，近代民族—国家权威始终处于重新建构的过程之中，国家权威对于乡村社会的利益调整和控制基本处于失位状态。这加重了乡村社会秩序重建的成本，也延缓了消弭乡村危机的过程。"现在横在中国社会面前的整个生存问题，比之三十年以前（1901年。——引者）更是迫切紧张。"⑤ 可以说，现代性政府机构的建设与运作，也实际上加大了从乡村束聚资源力度与强度，尤其南京政府"由于放弃了对创造国民总产值65%的农业部门的任何财政权力，这样也就放弃了对不公平的土地税制进行彻底改革的任何努力"⑥。农民负担的加重、农村社会的失序与此在在相关。"这不是一个矛盾吗？一方面农村是极度的疲敝，另一方面都市却反有它突飞猛进的发展。"⑦

---

① 〔美〕费正清编：《剑桥中华民国史（1912—1949年）》上卷，第744页。
② 〔美〕费正清编：《剑桥中华民国史（1912—1949年）》上卷，第809页。
③ 杨开道：《我国农村生活衰落的原因和解救的方法》，《东方杂志》1927年第24卷第16号。
④ 程树棠：《日趋严重的农村摊款问题》，《东方杂志》1935年第32卷第24号。
⑤ 许涤新：《农村破产中底农民生计问题》，《东方杂志》1935年第32卷第1号。
⑥ 〔美〕费维恺：《中华民国的经济趋势》，转引自罗荣渠：《现代化新论——世界与中国的现代化进程》，商务印书馆2004年版，第327页。
⑦ 千家驹：《救济农村偏枯与都市膨胀问题》（1933年），陈翰笙、薛暮桥、冯和法编：《解放前的中国农村》第2辑，第408页。

因此，当人们面对20世纪30年代爆发的乡村危机时，不得不从历史演变的进程中寻源探因，也不得不对已经展开的所谓建设的历史取向进行反思。通常，对于现实问题的思考和未来方向的选择，始终取决于对历史的反思——尽管这种反思的着力点和价值取向既是多元的也是多向的。但是，乡村建设思想却通过对历史的梳理和未来的建构，一定范围内聚集并引导了人们对于社会现实的种种困惑、不满和亟待更弦易辙的期盼，从而汇聚为一种特定的社会性思潮。

人们在反思中对于现代化建设的取向产生了质疑：在工业化和现代化取向下，无疑"产业界根本的变动，件件是发展都市的"①。因此，乡村危机是对应于城市发展或城市繁荣的具有特定区位性的一种危机，"农村则终年勤苦生产，完全供给都市人们之生活费，至其本身破灭而止……结果都市日愈繁荣，农村日益衰落"，"从都市到农村切断了农工商相互间的纽带"，"大都市作了病态的繁荣"，"农村相继破产"②。所以，近代中国的乡村危机并不仅仅是一个经济的问题，而是"中国旧社会构造遭到破坏"之后，"就是文化失调；——极其严重的文化失调！"③的问题。"的确，中国农村的衰落是整个的衰落，破产是整个的破产……既是物质的衰落也是精神的衰落，是经济的破产也是文化的破产；经济问题是急待解决，教育问题也是急待解决，其他种种方面，种种部分亦莫不如是。"④乡村危机显然也是传统时代城乡一体化发展模式破解后的必然结果，它是城市发展和繁荣的另一极的负效应。"中国目前都市正方兴未艾的发展，都市文化，也正在方兴未艾的发展。但农村却仍是寂寞荒凉。这便构成现在一般人所谓是中国社会之畸形的发展。"⑤因此，"中国都市正在发展之时，农村不独荒凉寂寞，且进一步大大的崩溃起来了"，由此"城乡两区，一个迈进，一个落后，形成一种畸形的现象"⑥。然而，在传统时代中国社会—文化是城乡一体化的，"所有文化，多半是从乡村而来的，又为乡村而设，法制、礼

---

① 周谷城：《中国社会之变化》（1930年），《民国丛书》第一编（77），历史地理类，上海书店1989年影印，第7页。
② 周谷城：《中国社会之变化》（1930年），第45—47页。
③ 《梁漱溟全集》第2卷，第213页。
④ 李景汉：《中国农村问题》，商务印书馆1937年版，第125页。
⑤ 周谷城：《中国社会之变化》（1930年），第85页。
⑥ 《乡建运动总检讨》，陈侠、傅启群编：《傅葆琛教育论著选》，第86页。

俗、工商业莫不如是"①。城市和乡村的建筑物及日常生活其他方面差别极小②,甚至连印刷业都是城乡一体化的。③ 正如美国学者费正清所言,中国直到近代,"上流社会人士仍力图维持一个接近自然状态的农村基础。在乡村,小传统并没使价值观和城市上流社会的大传统产生明显分离"④。城乡文化一体,人才始终不脱离草根,所谓"绅出为官,官退为绅"⑤,既形象又典型地概括了传统中国城乡社会—文化一体化模式的特征。

近代中国乡村遭致严重破坏,一定程度上是近代以来的建设路向选择偏于都市化或工业化而促成的。总而言之,"中国近几十年都市发展的事实,恰恰是破坏农村的。农村加速度的崩溃,便促成了都市的发展……过去几十年的事实却是如此的"⑥。梁漱溟概括说,世界历史上"可以称得起乡村破坏史的","有之,那唯独一部中国近百年史";而近代中国之所以如此者,"关键全在要走都市文明的路而未成之一点"⑦。从某种意义上看,乡村建设思潮的勃兴可谓直接导源于对于破坏"乡村"的建设取向的反思与纠谬。"乡村运动的声浪,已渐渐的振荡起来了,人们的视线,已渐渐由都市回转到乡村来了,许多头脑敏锐思想深沉的先知先觉,经过了不少的怀疑与苦闷,都已觉悟了中国模仿西洋之未必有成;而我们社会组织的机构,既自有其树立之道,我们民族前途的开辟,亦自有其应循之辙。即所谓人类正常文明的创造,必须从这三十万个乡村作起,并须靠此百分之八十五的农民自动的肩负起这个责任来。"⑧

因此,新社会的建设取向究竟是指向工业化、城市化建设,还是依重于乡村社会重建,乡村建设思想家们的答案尽管也是各式各样,但主导方向却落归于乡村社会建设。"中国不是城市化的国家,而是由许多小小的县或乡行政区

---

① 《梁漱溟全集》第2卷,第150页。
② 〔美〕吉尔伯特·罗兹曼主编,沈宗美校:《中国的现代化》,江苏人民出版社1995年,第660页。
③ 张鸣:《乡土心路八十年》,上海三联书店1997年版,第220页。
④ 〔美〕费正清:《剑桥中华民国史(1912—1949年)》上卷,第33页。
⑤ 《江苏学务总会文牍》第84页,转引自王先明:《近代绅士——一个封建阶层的历史命运》,天津人民出版社1997年版,第157页。
⑥ 周谷城:《中国社会之变化》(1930年),第181页。
⑦ 梁漱溟:《乡村建设理论》,《乡村建设》1936年第5卷第1期。
⑧ 马仲安:《乡村运动与乡村运动者》,《乡运者的话:对于农村建设的意见》,《乡村建设》1932年第2卷第9期。

组成的。在全国 1835 个县中，生活着占总人口 85% 的人民。"因此，中国建设的基点应该"以'县'，而不是以'城市'为基本单位。任何一个熟知中国生活的人都知道，这些省的划分在很大程度上是人为的。虽然某省的一个县在文化和生活方式上可能有自己的特点，但从本质上看，它与其他省的县是相同的"①。这是晏阳初在 1929 年就已坚持的乡村建设理念。梁漱溟将各种乡村运动的主张、实践提升到学理层面，形成了相对完整的"乡村建设思想"理论。他提出，中国的建设之路不能走西方工业化、城市化建设道路，中国社会构造的特殊性，决定了中国建设以乡村建设为本。"中国最大的问题，为旧社会的崩溃与新社会构造的如何确立"，而这个"社会构造"就是人与人的关系体系，以及由以形成的社会制度。②"中国最大的问题，就是内战内乱"，由以造成"社会没有秩序"；同时，"而所以有内战，也可以说正是由于社会没有秩序而来的——内战是社会没有秩序的因，也是社会没有秩序的果"。最终导致"一切事业都停止了"，"社会日渐向下沉沦"，"近几十年来经济上所以失败"，问题的关键还在于，中国处在"旧的被破坏了，而新的又未能建立；旧制度被废弃了，而新的办法又不合适；在此新旧交替，青黄不接的过渡时期，社会就乱了"。③因此，社会构造或社会结构的重建（即社会建设），就成为时代赋予的历史使命。但是，近代以来的建设却疏离了中国社会历史实况，在一味追摹西化的歧路上前行，"今日的美国是他们认为很好的世界，个人主义，自由主义，近代工商业文明，是他们所满意憧憬的东西"。但是这美好的向往和个人主观选择并不合乎中国社会构造的客观需要，从经济条件上看，"没有一分可能"。至于有人希望中国走"另外国的经济建设"之路（社会主义的路。——引者注），尽管"如单从经济问题的立场来看，这条路实有十分的可能与必要……无奈因为政治条件的不合"，"在中国同样的不可能"。因此，"我们的乡村建设乃此二者之外有第三条路"。这不是我们"主张如此，而是事实将要如此"④。

---

① 晏阳初：《中国的新民》，《晏阳初文集》，第 44 页。
② 梁漱溟认为，人与人的方方面面关系，政治的、经济的、教育的各种制度，即叫社会构造、社会秩序、社会机构等，名词虽不同，实在是一回事。(见《中国社会构造问题》，《乡村建设》1936 年第 6 卷第 3 期)
③ 梁漱溟：《中国社会构造问题》，《乡村建设》1936 年第 6 卷第 3 期。
④ 梁漱溟：《往都市去还是到乡村来？——中国工业化问题》，《乡村建设》1935 年第 4 卷第 28 期。

"除非真在乡村的里面作功夫，将新制度的种子，撒遍全中国，然后从中国乡土里再生长出来者，才能真发生作用。"① 正是基于对近代以来尤其是民国以来现代化建设路径选择教训的总结，乡村建设思想家们才重新规划现代化建设的路向，以乡村建设为其"固本之方"。"处在农村经济破产，乡村秩序紊乱的今日，应该复兴农村以恢复经济的繁荣，挽救垂危的国本，这是谁也不能否认的。"乡村建设就是要将整个建设的"社会重心，从都市中移到乡村来"②。

晏阳初执着地说："我们从事乡村工作主要的一个哲学是'民为邦本，本固邦宁'。本不固邦不宁。"③ 这一选择既受示于中国传统文化的思想影响，即"儒家的民本思想和天下一家的观念"。将"平民教育运动、乡村建设运动"，以为"民本思想的实践"④。故而新中国之建设，必须走乡村建设的固本之路，"建设政治的'权'，经济之'富'，总操之于社会，分操之于人人的社会制度"⑤。当然，乡村建设思想中的"固本"主张并不只是传统儒家"民本思想"的简单汲取，而是"对民本思想赋予了社会本位的现代化改造的崭新意义。同时，还将传统民本思想发展为社会本位的教育主张。主张对各顾身家的中国农民施以社会化的公民教育，他将社会的进步，民族的兴盛，国家的富强作为教育的奋斗目标。主张将老圃老农改造为'新民'"⑥。传统"民本"思想在乡村建设思想体系中被赋予了新的时代内涵，建设新社会的路径是"要建国，先要建民；要强国，先要强民；要富国，先要富民"⑦。

乡村建设思想萌生于对近代以来现代化建设历程的历史反思，也是在对建设实践的批判中凝练出自己的理论思考。同时，它也召唤了一定的社会现实力量并汇集为具有相当声势的社会运动。

---

① 清居：《给乡村运动者第二讯》，《乡村建设》1932 年第 2 卷第 3 期。
② 吴承洛：《复兴农村声中一个重要问题——乡村建设和划一的度量衡标准》，《乡村建设》1934 年第 4 卷第 1 期。
③ 晏阳初：《我为什么第二次回到祖国》，《晏阳初文集》第 2 卷，第 489 页。
④ 晏阳初：《九十自述》，《晏阳初文集》第 2 卷，第 495 页。
⑤ 清居：《给乡村运动者之第二封信》，《乡村建设》1932 年第 2 卷第 3 期。
⑥ 宋恩荣：《晏阳初教育思想初探》，《晏阳初文集》，附录，第 415 页。
⑦ 晏阳初：《乡村改造的十大信条——在 IIRR 国际乡村改造研讨会上的讲话》，《晏阳初全集》第 2 卷，第 557 页。

## 四、历史转折：乡村建设思想的时代价值

近代中国社会文化和政治结构历经激变和动荡，时势的风云际会和时局的扑朔迷离，成就并构成了政党或政治家们的特定场域，同时也是从流而行的社会大众"从众行为"的基本动因。但是，思想的启示或文化先觉的引领作用，却总是在超越时流和从众的社会行为中呈现出自身的价值。在全社会的文化自觉中，最先自觉的应是知识分子。如果放眼于历史演变的整体进程，而不拘泥于时势的优劣强弱之运转，则我们不难发现，在 20 世纪以来的社会变迁和思想演变进程中，乡村建设思想预示并体现着两大历史性转折。

### （一）从革命到建设的历史性转折

鸦片战争以来，面对内忧外患的危机和历史发展的机遇，近代中国也曾面临多次选择，以求力挽历史的沉沦而实现民族——国家的崛起。"自从'鸦片战争'以后，在中国掀起过很多次全国性的改良运动，但它们都少有成效。"① 从而进入 20 世纪后，革命风潮迅速成为时代主潮，以至于社会舆论"预言 20 世纪乃革命之世纪"②，革命已然成为历史的选择。当辛亥革命"把戴了几千年的皇冠打落在地，敲响了封建制度的丧钟"后，"从立宪转向革命的张謇敏锐地觉察出这场革命与中国历史上一切'革命'的本质区别：'起而革命者，代不乏人；然不过一朝之姓之变革而已，不足为异。孙中山之革命，则为国体之改革，与一朝一姓之变更迥然不同。'"然而，革命之后的中国社会现实却陷入另一种困境："不良之政府虽倒，而良政治之建设则未尝有也。"③ 革命之后，宋教仁曾发此浩叹。划时代的革命为何并未带来"一个新时代的黎明"？对于已然构成历史的革命的反思，同样成为社会思想面对现实和走向未来选择的重大课题。

对此，作为革命党领袖的孙中山觉悟在先："夫去一满洲之专制，转生出

---

① 晏阳初：《定县实验（节选）》，《晏阳初文集》，第 64 页。
② 王先明：《从风潮到传统：辛亥革命与"革命"话语的时代性转折》，《学术研究》2011 年第 7 期。
③ 《开启民族复兴的百年征程》，《人民日报》10 月 8 日发表署名"任仲平"的评论文章。

无数强盗之专制，其为毒之烈，较前尤甚。于是而民愈不聊生矣！"①其中，如何从革命走向建设，以及如何建设诸问题就成为一个时代主题。"是故当满清之世，予之主张革命也，犹能日起有功，进行不已；惟自民国成立之日，则予之主张建设，反致半筹莫展，一败涂地。"在孙中山看来，民国共和之未成的根本在于建设之未成，即"视吾策为空言，遂放弃建设之责任……然七年以来，犹未睹建设事业之进行，而国事则日形纠纷，人民则日增痛苦……夫民国之建设事业，实不容一刻视为缓图者也"②。因此，由革命转向建设显然是时代提出的新课题，也是历史转折的新趋向。

"建设"思潮以至于"乡村建设"思潮的涌现，是近代中国历史演进的必然取向。历史运行的基本轨迹昭示，它是革命之后或踵接革命的一个必然的历史选择。"中国革命为近百年世界大交通所引发出来的，其问题背景在东西文化之冲突比较，其前途使命为世界新文化之创造。"③"依通例应以社会改造运动的团体（革命党）掌握政权，施行建设，完成社会改造（革命），中国亦不能外此；但以中国革命本质的不同，社会形势的有异，所以解决政治问题的途径随之而两样。"因此，乡村建设思想本质上并非对立于革命，而是革命的历史逻辑的必然归趋。"盖乡建运动起于中国革命运动之后，其任务正为完成中国革命。"因此梁漱溟认为，近十年乡村建设运动的事实经过如政治改造，经济建设，教育改造，社会改造，"概括言之，其手段近于社会改良，而其使命则在完成中国革命"。而"所谓完成（中国）革命，即指辟建新社会，求得一历史演变应有之结局"④。

辛亥革命之后尤其是国民革命之后，关于革命与建设的思考就凸现为时代性问题。单纯地选择"破坏之革命"，并未达到人们期望的民主共和。社会失序、政治动荡、文化失范、经济崩溃的严酷现实，不能不促使知识分子在发展路向问题上进行深层思考和理论建树。无疑，革命与建设的历史关联和内在关系势必在思想领域和理论建构上提上日程。

---

① 孙中山：《建国方略》（中国启蒙思想文库），辽宁人民出版社1994年版，第2页。
② 孙中山：《建国方略》（中国启蒙思想文库），第3页。
③ 《梁漱溟全集》第5卷，第1040页。
④ 《梁漱溟全集》第5卷，第1040页。

将革命与建设整合为一个统一的历史进程，从而消解建设与革命相对立的人为的矛盾冲突，是乡村建设思想中对历史反思的重要思想成果之一。"人都以为革命问题是先破坏后建设；亦就把它截成两个时期：一个是破坏期，一个是建设期。在破坏期中，只努力破坏，只训练人怎样去破坏。因为破坏有了若干回训练之后，这一段工程亦或许终于成功了，便绝不是革命成功了。革命还有一段重要的工程是建设，到这时才开始，而且每每没有法开始——因为向来只在破坏，没有经过建设的训练，于是失败紧跟于成功之后，革命人物循此错路，每不觉悟。"① 即使实现清除旧制度、旧文化的"破坏"，也不能简单地诉诸武力，因为历史已经告知我们，"破坏的实力是建设，绝不是枪炮，亦不是军队……就令目的为了破坏，手段亦当采自建设方面"②。

建设与革命应该是统一的历史进程，而且建设是革命的必然归宿。革命目标的最终达成期待于建设之完成。梁漱溟提出"中国必将'从进步达到平等，以建设完成革命'"，并在其《乡村建设理论提纲》中从五十个（问题）方面展开，论证了只有通过建设才可真正实现革命的目标："乡村建设为中国民族自救运动之最后觉悟。将以完成过去维新运动，革命运动所未了之任务。"建设事业之成功，"中国革命于是完成；而自近百年世界大交通所引起中国历史从来未有之剧变，至是乃得其结局"③。这其实也是孙中山"建设告竣时，革命成功日"④思想的深度阐释。

革命与建设，这一思想命题既是历史的产物，也是指向未来的思想启示。这一历史性转折的思想成果，一定程度上体现和凝结在乡村建设思想体系之中。

### （二）从"都市建设"到"乡村建设"的历史性转折

就近代经济（工业）建设历程而言，可以远溯自洋务运动，"我国机器工

---

① 卢作孚：《四川人的大梦其醒》（1930年1月），凌耀伦、熊甫编：《卢作孚文集》，第71页。
② 卢作孚：《四川人的大梦其醒》（1930年1月），凌耀伦、熊甫编：《卢作孚文集》，第72页。
③ 梁漱溟：《乡村建设理论提纲》（初编），《梁漱溟全集》第5卷，第1046、1053页。
④ 参见王先明：《建设告竣时 革命成功日——论孙中山建设思想的形成及其时代特征》，《广东社会科学》2013年第1期。

业，肇始于同光，建设于清季"①。即使从制度层面上的现代性建设而言，从清末新政也已发端了。面向工业化或现代化的建设历史，"抗日战争前的半个世纪，中国经历了一个工业化过程。中国经济取得的进步，无论在规模还是在影响上，与包括日本在内的其他几个增长速度很快的国家相类似。从1914—1918年至1931—1936年期间，中国经济增长的速度甚至超过日本。因此中国是少数几个取得成功增长的不发达国家中国的一个"②。经济学家们的研究表明，1912—1936年，中国工业年增长率9.4%。③ 从19世纪后半期开始，中国资本主义生产关系迅速扩大，到抗战前在工矿交通业中已占据优势。仅就工业化或者现代化建设成就而言，"在抗战前达到了旧中国经济史上的最高峰"④。20世纪30年代是"国民政府大力推动经济建设的时期，建设经费来自税收，而田赋仍系入的最大宗"⑤。然而，建设之本位却在都市而疏离了乡村。"三十年来的结果，只有把一批批的农家子弟，麕集于都市而不能返回乡村……以至于一面农村中空虚涸竭，一面都市中人满为患"⑥。对于这一建设偏向，学者们在二三十年代已经开始关注并不时针砭。"外人在中国设厂制造，亦以通商口岸为限，不论其工业之性质是否适合于此等都市，亦不论此等口岸是否可以发展工业，凡所投资，弥不以此为目标。益以国人醉心外力，以为租界等等，足以保障投资之安全，因之中国之通商都市，往往为各种工业发达之区……都市工业化之在中国，则有特殊显著之现象焉。"⑦ 现代化建设之重要部分即工业化与都市化，绝对优势意义上集中于通商口岸都市，"无论何项工业，均以上海占绝大之势力，似有过分畸形之发展耳"⑧。辛亥革命

---

① 龚骏编：《中国新工业发展史大纲》，商务印书馆1933年版，绪言，第1页。
② 王玉茹、刘佛丁、张东刚：《制度变迁与中国近代工业化——以政府的行为分析为中心》，陕西人民出版社2000年版，第390—391页。
③ 王玉茹、刘佛丁、张东刚：《制度变迁与中国近代工业化——以政府的行为分析为中心》，第358页。
④ 王玉茹、刘佛丁、张东刚：《制度变迁与中国近代工业化——以政府的行为分析为中心》，第382页。
⑤ 谢国兴：《农业经济的困局：近代安徽的土地问题》，台湾"中央研究院"近代史研究所编：《近代中国农村经济史论文集》，台湾"中央研究院"近代史研究所1989年版，第268页。
⑥ 李宪武：《中国教育之新动向》，《乡村建设》旬刊第3卷第7期。
⑦ 龚骏：《中国都市工业化程度之统计分析》，引言，第3页。
⑧ 龚骏：《中国都市工业化程度之统计分析》，第28页。

以至于国民革命之后，历史演进渐露转轨机缘，"北伐告成，训政开始，吾人继志述事，应如何努力于三民主义之新建设，而奠国家有道之基"①。但民国政府的建设之重心仍在都市之一途，"中国目下最重要的工作是建设，尤其是以机器为中心的建设"②。"吾国现正谋都市之发达，及交通之利便"③。不仅如此，"政治机关的种种设施，亦自然的首先从城市起，或竟不设施到乡村。所以城市地位十分重要，甚重要的乡村地位反因此降低"④。

然而，30年代之际，这一建设路向及其实践效果越来越遭致更多的质疑和反思。"近数十年来一切的改革建设失败的经验，已经给我们认识这个问题的根本性与严重性了。"⑤近代以来，致力于建设的历史，"自鸦片战争以至现在，已经有了90余年"，"国家日日都在危急存亡之秋，国人未尝不忙，忙学东洋，忙学西洋，忙办这样，忙办那样，结果怎样？没有把根本认清，瞎忙了几十年"⑥。因此，新中国建设当从方向上逆转，"苟欲建设近代国家亦必有其根本趋赴之道，曰：建设乡村"⑦。正是适应这一历史性反思的基本朝向，乡村建设思想迅速成为一种代表性社会思潮逆势而出，一定程度上代表了——其实也诠释了——近代中国社会历史和思想历史转向的意义和价值。

以梁漱溟和晏阳初为代表的乡村建设思想，虽然在建设乡村的侧重点方面各自有所不同，但却有着共同的努力方向，即从根本上逆转"都市化建设"的发展偏向，即"其纲领则在如何使社会重心，从都市移植于乡村"。"乡村建设运动，实为从新建设中国社会组织构造之运动"⑧。1939年的《乡村建设运动共同信念初草》再次申明："我们深信：乡村建设运动在使农业和工业达到合理的建设乡村和城市，泯除畸形的发展。"⑨

在国共两党的政治、军事对垒和思想体系的对峙态势中，乡村建设的思想

---

① 《中国建设》发刊词，第1卷第1号，1930年1月1日。
② 志知：《机器与中国》，《中国建设》第10卷第4期，1934年10月，"机械工程专号"。
③ 李心庄：《急须解决的国民衣食住行问题》，《中国建设》第1卷第1号，1930年1月1日。
④ 卢作孚：《乡村建设》（1930年1月7日），凌耀伦、熊甫编：《卢作孚文集》，第87页。
⑤ 晏阳初：《农村运动的使命》，《晏阳初文集》，第87页。
⑥ 晏阳初：《农村运动的使命》，《晏阳初文集》，第69页。
⑦ 清居：《给乡村运动者第二讯》，《乡村建设》1932年第2卷第3期。
⑧ 王湘岑：《荷泽实验县宝镇乡乡农学校》（下篇），《乡村建设》1935年第4卷第25期。
⑨ 《乡村建设运动共同信念初草》（1939年7月29日），转引自《卢作孚研究》2013年第1期。

建构及其社会实践不仅别有创获,且也自成体系。他们试图超越社会—政治权力较量的血火搏击的现实困境,以"第三条道路"的思想建构,力求从根基上求取积极建设的长远之途。然而,在整个历史格局以及影响历史局势的布局中,它只是其中之一——尽管也是不容忽视的力量。但在历史前行的进程中,它对于未来的规划影响和对于局势的掌控却是有限的。历史的演进,常常超越了思想或理论的预设。

## 五、留待未来:一个必须面对的时代课题

1938年间,晏阳初也见到毛泽东并有过深长的晤谈。[①] 持续两个钟头的谈话结束时,毛泽东"最后庄严地表示,对晏先生及本会同志,以宗教家的精神努力平教运动,深致敬佩","共产党愿做你们的朋友!"[②] 当然,这次谈话自然涉及与梁漱溟的那次会晤内容。毛泽东对晏阳初说:"梁来过这里,自认他的工作失败了。我看他失败的原因,就是站在政府与人民之间而希望得到一点政府力量,去为人民做事。"晏描述说:"谈到这里,毛先生的兴致,陡然增高","继续滔滔不绝发表他对于政治问题的卓见"。毛泽东特别强调说:"政治的问题主要是对人民的态度,看你是想和老百姓做朋友还是要站在老百姓的头上压迫他们。只要和他们接近和他们打成一片,他们自然相信你,随你要他们的钱,要他们的命,都可以办得到。"[③] 这番谈论表明,毛泽东对梁漱溟的异见未必全在所谓"改良主义"的乡村建设理论上,恐怕更在意梁漱溟与当政者的关系上。

在乡村建设思想和实践的历史进程中,晏阳初也是一个标领时代的领袖人物。与梁漱溟不同,他更多地从现代西方的思想文化资源中汲取思想的力量,但却反对抄袭和简单移植西学,力主在中国乡村实践中创造出自己发展的道路。"不是抄袭外人的法子或者抄袭中国的老法子可以收效的,必得一点一滴由实地里创造出来,用汗血去体验认识出来,然后才算是我们的东西,才是解决

---

① 《毛泽东先生会见记》,《晏阳初文集》,第395—400页。
② 《毛泽东先生会见记》,《晏阳初文集》,第400页。
③ 《毛泽东先生会见记》,《晏阳初文集》,第397页。

中国问题的东西，是要从干中找出来。"① 而且，他始终以农民为改造或建设中国的社会动力，坚信"我们越和农民在一起，就越认识到他们是中国未来的希望"②。就此而言，他的立足点与选择农村革命的中共领袖毛泽东几乎完全一致。

往事成追忆，前事后世师。历史事实的枝蔓随着漫长的时光枯萎后，我们会在沉静的思索中捕捉到具有久远意义的思想主干。1938年间发生在中共领袖毛泽东与乡村建设思想家梁漱溟、晏阳初之间的两次谈话主题，都是围绕着"革命与建设"命题展开的。从某种意义上说，他们的思想主张或论辩其实是当时整个社会思潮涌动的基本朝向。"在野名流方面，有三个学者的意见引起若干人的兴趣，一是梁漱溟的乡村建设，一是马寅初的提倡农村工业，一是胡适之的裁官、省事（停止一切所谓建设事业）、裁兵以减轻捐税。"虽然，基于中共农村革命立场，认为"这些办法，大抵是头痛医头，脚痛医脚，并没有搔着农村问题的痒处"。从根本上治疗中国，只有"反帝反封建"之革命斗争的选择！③ 但是，我们清晰地发现，一个最基本的思想认同或历史共识却在时而激越时而平缓的论辩中最终浮现：乡村是决定中国未来的基础。掌握中国历史进程的任何力量，都不能不依赖或汲取于乡村。无论是导向农民运动的国民革命进程，还是大革命失败后中共农村革命的选择，以及20世纪30年代之际"建设思潮"中的"乡村建设"取向，在历史运行的曲折和反复轨迹中，顽强地展示着具有内在规定性的客观规则——如果不能轻易地认同为规律的话。

尤其是他们的思想论辩触及一个无法回避且注定要面对的时代命题：从革命到建设的历史性转折。"以中国目前情形，确乎唯自强可以救亡，唯建设能够图存。"④ 梁漱溟《乡村建设理论提纲》对此命题有过思考。他提出，乡村建设与中国革命并不矛盾，而是一个统一的历史进程。近十年乡村建设运动经历了政治改造、经济建设、教育改造、社会改造，"概括言之，其手段近于社

---

① 《乡村运动成功的基本条件（节选）》（1934年10月），《晏阳初文集》，第78页。
② 《中国的新民》，《晏阳初文集》，第47页。
③ 钱亦石：《中国农村的过去与今后》，陈翰笙、薛暮桥、冯和法合编：《解放前的中国农村》第1辑，第511页。
④ 刘国珍：《从十年计划到建设促进（续）》，山西省县村十年建设促进会宣传股编：《山西建设》1935年第4期。

会改良，而其使命则在完成中国革命"。乡村建设运动是革命运动发展的必然结果，"盖乡建运动起于中国革命运动之后，其任务正为完成中国革命"。显然，对于尚在全身心致力于夺取政权的中共及其领袖毛泽东而言，建设或乡村建设的问题还未能真正提上自己的日程，但它却是近代中国历史发展的必然诉求。梁漱溟也曾断言："依通例应以社会改造运动的团体（革命党）掌握政权，施行建设，完成社会改造（革命），中国亦不能外此。"[①] 对于当时的中共而言，这是一个留待未来的却不容回避的时代命题。

---

① 《梁漱溟全集》第 5 卷，第 1041 页。

# 第九章　新中国建设的路向选择与乡村建设

"'革命',是不是二十世纪的一个专有名词呢?"① 这是20世纪二三十年代之际,人们面对革命现象日趋"普泛化"时的发问。面对这样的"世纪性"质问,答案可能不尽相同,甚至会截然相反。但是从"话语"层面而言,我们又不难发现,在20世纪以来的中国历史进程中,确实还没有任何话语能比"革命"这一话语更广泛、更久远,更那么刻骨铭心地影响或制约着人们的生存状态和心态。② 然而,从革命走向建设或者说以建设而完成革命,又是革命历史及其思想逻辑的必然进程。"即建设告竣之时,而革命收功之日!"③ 是孙中山对这一历史进程的高度凝练。作为乡村建设社会运动领袖的梁漱溟则从另一角度诠释了同样的命题:"依通例应以社会改造运动的团体(革命党)掌握政权,施行建设,完成社会改造(革命),中国亦不能外此。"④

其实"革命"与"建设"也是"马克思主义的两大主题。所谓'革命',是指政治制度和社会制度的改变,其目的是要实现无产阶级在政治上和经济上的'翻身',而无产阶级夺取政权、上升成为统治阶级、实现私有制向公有制的转化(即通常所说的'物的共产')等等,都是'革命'的手段。所谓'建设'是指实现'环境与人的改变',其目的是实现人自身的'解放'"。"'革

---

① 胡行之编著:《太平天国与国民革命》,上海生路社1929年版,第1页。
② 王奇生在《革命与反革命——社会文化视野下的民国政治》(社会科学文献出版社2010年版,第70页)中说:一旦"革命"代替了"民权","革命"却找不到别的替代,从此历久而不衰。
③ 《孙中山选集》上卷,人民出版社1956年版,第151页。
④ 《梁漱溟全集》第5卷,第1041页。

命'和'建设'的统一构成了马克思主义的完整主题。"① 当中国共产党领导的革命历经艰难曲折而终现胜利的曙光时，走向建设的历史转折不期而然地摆在了"革命党"的面前。还是在 1947 年 10 月 10 日，"建立新中国"② 即成为伴随着"打倒蒋介石"而传遍大江南北的行动口号。因此，当毛泽东庄严地宣告中华人民共和国中央人民政府成立时，走向建设的历史序幕事实上业已拉开。"随着经济建设高潮的到来，不可避免地将要出现一个文化建设的高潮。""全国规模的经济建设工作业已摆在我们面前。"③

历史的跨越，既出乎意料又如期而至④——由革命转向建设的历史性转折已然到来。

## 一、历史转折：工作重心的转移

1947 年 12 月在中共中央会议上，国共之间战略决胜的态势已经基本底定，虽然对于最终胜利的时间预估还有所保留。毛泽东明确指出："二十年来没有解决的力量对比的优势问题，今天解决了。"当然，"战争的时间还要准备四五年，也可能还要长一些"⑤。即使如此，关于转向建设的战略性思考也开始提上了党的议事日程。在 1948 年 9 月 8 日—13 日召开的中共中央政治局会议（史称九月会议）上，集中讨论了关于新中国建设的问题，从思想认识上为走向建设的历史转折预做准备。

毛泽东侧重论述的是社会经济形态和新中国政权性质及其组织问题，对于国体与政体问题再次做了进一步说明，并提出了人民民主专政的概念⑥；同时对

---

① 王学荣：《从"革命"到"建设"：马克思主义话语体系的转变》，《中共山西省直机关党校学报》2011 年第 6 期。
② 沙健孙：《毛泽东与新中国建设》，中国社会科学出版社 2009 年版，第 3 页。
③ 《中国人从此站立起来了》（1949 年 9 月 21 日），《毛泽东文集》第 5 卷，人民出版社 1996 年版，第 345 页。
④ 1948 年 11 月 14 日，毛泽东为新华社所写《中国军事形势的重大变化》中认为："原来预计，从一九四六年七月起，大约需要五年左右时间，便可能从根本上打倒国民党反动政府。"《毛泽东选集》第 4 卷，人民出版社 1991 年版，第 1306 页。
⑤ 《毛泽东文集》第 4 卷，第 333、329 页。
⑥ 在《新民主主义论》和《论联合政府》中已有过详尽阐述。参见沙健孙：《毛泽东与新中国建设》，人民出版社 1991 年版，第 4 卷，第 1306 页。

新民主主义社会与社会主义社会的关系做了阐释。刘少奇则主要论证建设问题尤其是经济建设问题,并提出了"整个国民经济,包含着自然经济、小生产经济、资本主义经济、半社会主义经济、国家资本主义经济以及国营的社会主义经济。国民经济的总体就叫做新民主主义经济。新民主主义经济包含着上述各种成分,并以国营的社会主义经济为其领导成分"。在新民主主义经济中,"基本矛盾就是资本主义(资本家和富农)与社会主义的矛盾……这就是新社会的主要矛盾"。主要矛盾的性质决定了经济建设中与资本家斗争的方式发生新的变化,"斗争的方式是经济竞争。这种竞争是贯串在各方面的,是和平的竞争"。因此,"革命就可以和平转变,所谓和平转变,是指无须经过政权的推翻而完成一个革命,并不是不要斗争,而要进行各方面的斗争"。①

在九月会议上,虽然某些重大问题还存在进一步探讨的必要(关于新中国经济成分的构成,怎样对这些经济成分进行分析,毛泽东认为"还要考虑",建议先由刘少奇研究,并草拟文件,以便在七届二中全会上进行讨论),但与会者对建设新中国的问题形成了基本共识。经济建设,即新的时代任务,随后即成为党的主要领导在不同场合下的共同表述。刘少奇明确指出党面临着一个新的时代任务:"经济建设,新民主主义国家建设就要开始了。我们现在需要讨论如何来建国,建一个什么样子的国,先在党内讨论。"刘强调说,虽然战争还在进行,敌人还没有完全打倒,但是"经济建设作为党的总任务"已经提上日程。"矛盾在于既要一切服从军需,又要开始经济恢复与建设工作。"② 关于新中国建设方针的思路已经初步提出,并为七届二中全会做了必要准备。1949年1月,毛泽东就很明确地指出,经济建设方针,去年九月会议讨论了一下,基本方针是决定了的。③ 在《目前形势和党在一九四九年的任务》中,毛再次强调说:"北平解放后,必须召集第七届第二次中央全体会议。"这次会议的任务之一就是"决定经济建设方针"④。

---

① 参见《刘少奇年谱(1898—1969)》下卷,中央文献出版社1996年版,第161—162页。
② 《新中国经济的性质与经济建设方针》(1948年12月25日),中共中央文献研究室编:《刘少奇论新中国经济建设》,中央文献出版社1993年版,第44—45页。
③ 《毛泽东文集》第5卷,第236页注【8】。
④ 《目前形势和党在一九四九年的任务》,《毛泽东文集》第5卷,第235页。

1949年3月5日，中国共产党在河北省西柏坡村召开七届二中全会。毛泽东在这次会议上所做的报告，提出"促进革命迅速取得全国胜利和组织这个胜利的各项方针"，并且就社会历史发展方向做了详尽的解说。毛泽东的这个报告和他在同年6月所写的《论人民民主专政》一文，构成了为中国人民政治协商会议第一届全体会议所通过的、在新中国成立初期曾经起了临时宪法作用的《共同纲领》的政策基础。① 从历史发展的进程来看，它标志着一个时代性转折的开始。

其一，开启了中共从革命转向建设的历史进程。毛泽东在报告中明确提出，全国革命胜利后，"同时即开始着手我们的建设事业"②，人民解放军将从"战斗队转化为工作队"，党和军队"必须用极大的努力去学会管理城市和建设城市"③。尽管全国各地区情况不同，但在已经取得胜利的地区，必须实现由革命向建设的历史转折，"党在这里的中心任务，是动员一切力量恢复和发展生产事业，这是一切工作的重点所在"。而且在一些解放区，"我们已经进行了广泛的经济建设工作，党的经济政策已经在实际工作中实施，并且收到了显著的成效"④。尤其在已经占领的城市区域，我们的一切工作，"都是围绕着生产建设这一个中心工作并为这个中心工作服务的"⑤。

其二，党的工作重心开始由乡村转向城市。毛泽东的报告明确宣告：在全国胜利的局面下，党的工作重心须由乡村转移到城市，城市工作必须以生产建设为中心。⑥ 其实在此之前的1949年2月8日，毛泽东已经通过电报发出指示（《把军队变为工作队》），认为历史性转折已经开始，"今后将一反过去二十

---

① 《在中国共产党第七届中央委员会第二次全体会议上的报告》（1949年3月5日），《毛泽东选集》第4卷，第1424页注＊。
② 《在中国共产党第七届中央委员会第二次全体会议上的报告》（1949年3月5日），《毛泽东选集》第4卷，第1428页。
③ 《在中国共产党第七届中央委员会第二次全体会议上的报告》（1949年3月5日），《毛泽东选集》第4卷，第1427页。
④ 《在中国共产党第七届中央委员会第二次全体会议上的报告》（1949年3月5日），《毛泽东选集》第4卷，第1429页。
⑤ 《在中国共产党第七届中央委员会第二次全体会议上的报告》（1949年3月5日），《毛泽东选集》第4卷，第1428页。
⑥ 《在中国共产党第七届中央委员会第二次全体会议上的报告》（1949年3月5日），《毛泽东选集》第4卷，第1424页注＊、1318页。

年先乡村后城市的方式,而改变为先城市后乡村的方式。军队不但是一个战斗队,而且主要地是一个工作队"。"如果我们的干部不能迅速学会管理城市,则我们将会发生极大困难"①。在七届二中全会上,毛泽东再次强调了党的工作重心的转移,指出革命时代由乡村包围城市的方式已经完结,"从现在起,开始了由城市到乡村并由城市领导乡村的时期。党的工作重心由乡村移到了城市"。面对历史转折和新的时代需求,毛泽东在报告中阐明,城乡必须兼顾,必须使城市工作和乡村工作,使工人和农民,使工业和农业,紧密地联系起来。"我们决不可以丢掉乡村,仅顾城市",但是,"工作重心必须放在城市,必须用极大的努力去学会管理城市和建设城市"。②

其三,新中国建设的方向是使中国从农业国转变为工业国,由新民主主义社会转变为社会主义社会。报告指出,党必须领导人民"在革命胜利以后,迅速地恢复和发展生产,对付国外的帝国主义,使中国稳步地由农业国转变为工业国,把中国建设成为一个伟大的社会主义国家"③。在同一天的发言中,就工业化问题,任弼时强调说,我们在政治上、军事上取得了独立自主,"还必须在经济上取得独立自主,才能算完全的独立自主"。他认为,新中国要逐步转向社会主义,工业的比重至少要达到30%以上。④

在思想认识上,中共领导层已经形成了由革命向建设的时代性转向,由此,走向建设的基本共识已经在党的领导层形成。其后,党的主要领导人从不同角度阐述了有关建设以及在新的历史条件下乡村建设与城乡关系的问题。周恩来在当年的《当前财经形势和新中国经济的几种关系》中指出:"现在,全国的工作已经开始从军事方面转向建设方面,财经计划就体现了在这种形势下政府采取的一些政策。"⑤他分别阐述了经济建设、文教建设、地方建设的关系,并强调了"在谁领导谁的问题上,今天我们确定了城市领导乡村、工业领导农

---

① 《把军队变为工作队》,《毛泽东选集》第4卷,第1405—1406页。
② 《在中国共产党第七届中央委员会第二次全体会议上的报告》,《毛泽东选集》第4卷,第1427页。
③ 《在中国共产党第七届中央委员会第二次全体会议上的报告》,《毛泽东选集》第4卷,第1437页。
④ 章学新主编:《任弼时传》,人民出版社、中央文献出版社1994年版,第710—713页,转引自沙健孙:《毛泽东与新中国建设》,第26页。
⑤ 《当前财经形势和新中国经济的几种关系》,中共中央文献研究室编辑委员会编:《周恩来选集》(下),人民出版社1984年版,第2页。

业的方针"。认为这是现代化建设中具有普遍性的方向:"城市领导乡村,工业领导农业,资本主义社会就是如此,社会主义社会更是如此。"在我们走向建设时代后,"农业不能作为重点,它必须在工业的领导下才能发展。必须把城市工业组织起来发挥领导作用,才能使农业现代化、机械化"。并再次强调了七届二中全会以建设为中心的指导思想的历史转折。① 刘少奇在 1949 年 5 月发表《中国就要进入建设时期》文章,指出"中国就要进入建设时期,特别是经济建设"②。要求党和军队做好转向建设的准备。在《过渡到社会主义社会的步骤》中他再度强调,七届二中全会决定党的工作重心由乡村转到城市,实行新民主主义制度,恢复发展经济。他特别提出:"经济建设现已成为我们国家和人民的中心任务。"而且,国家的民主化是工业化和建设事业的重要保障,"因此,我们的基本口号是民主化与工业化!在我们这里,民主化与工业化是不能分离的"③。

"全国规模的经济建设工作业已摆在我们面前……建设一个繁荣昌盛的国家"④成为革命胜利后中国共产党人新的历史使命。在中国共产党漫长的革命历程中,革命或者武装夺取全国政权的胜利,"这只是万里长征走完了第一步"。因此,建设的目标和任务远比革命更为繁重、更为艰巨,道路也更为漫长。毛泽东着重指出,"中国的革命是伟大的,但革命以后的路程更长,工作更伟大,更艰苦"。对于更为宏大的建设事业和历史进程而言,革命的历史"好像只是一出长剧的一个短小的序幕。剧是必须从序幕开始的,但序幕还不是高潮"⑤。

建设不同于革命。它的时代内涵、发展路径乃至特殊历史条件和国际环境下所具有的规律性和时代性,对于已经拥有革命历史和富于革命经验的"革命党"(中共)来说,关于建设乃至于乡村建设的思想、理论,或许是比革命或

---

① "党的七届二中全会决定,今后党的工作重心应该转向城市,应该把主要精力放在城市,恢复与发展工业以促进农业的发展。"《当前财经形势和新中国经济的几种关系》,中共中央文献研究室编辑委员会编:《周恩来选集》(下),第 8—9 页。
② 刘少奇:《中国就要进入建设时期》(1949 年 5 月 5 日),中共中央文献研究室编:《刘少奇论新中国经济建设》,第 112 页。
③ 刘少奇:《在北京市第三届人民代表会议上的讲话》(1951 年 2 月 28 日),《刘少奇选集》下卷,人民出版社 1985 年版,第 60—61 页。
④ 《中国人从此站立起来了》,《毛泽东文集》第 5 卷,第 345 页。
⑤ 《在中国共产党第七届中央委员会第二次全体会议上的报告》,《毛泽东选集》第 4 卷,第 1438 页。

乡村革命思想和理论的创建，具有更大挑战性和探索性的命题。当然，中国共产党及其领袖毛泽东对此充满自信："我们不但善于破坏一个旧世界，我们还将善于建设一个新世界。"①

## 二、主导取向：乡村重心的时代性转移

"广大农民所在的广大乡村，是中国革命必不可少的重要阵地（革命的乡村可以包围城市，而革命的城市不能脱离乡村）……中国革命运动应该以乡村工作为主，城市工作为辅。"②在中国革命的历史进程中，乡村始终是中国共产党战略选择的重心。"从一九二七年到现在，我们的工作重点是在乡村，在乡村聚集力量，用乡村包围城市，然后取得城市。"③关于"中国革命的基本问题是农民问题"的思想构成毛泽东思想的重要部分④，中国革命走向胜利的道路选择正立足于此，并凝结为中国共产党的革命理论和指导思想。⑤随着革命向建设历史进程的转折，中共在七届二中全会上确定建设新中国的主导思想是以城市为重心，以工业化为主导，战略决策重点发生了时代性转移。毛泽东、刘少奇等主要领导人对这一重心转移分别从思想理论上做了说明，以统一全党的认识。

首先，这是由中国社会经济结构及其基本形态所决定的。在取得政权的地区，"广泛的经济建设工作"已经展开，但是面对这一历史性转折，党内在建设方面存在着"许多糊涂思想"。如何面对这一时代任务——大规模的建设，确立正确的、统一的思想认识？毛泽东立足于中国社会经济结构历史与现状指出：中国的工业和农业在国民经济中的比重，大约是现代性的工业占百分之十左右，农业和手工业占百分之九十左右。"这也是在中国革命的时期内和在革命胜利以后一个相当长的时期内一切问题的基本出发点。从这一点出发，产生

---

① 《在中国共产党第七届中央委员会第二次全体会议上的报告》，《毛泽东选集》第 4 卷，第 1439 页。
② 《附录：关于若干历史问题的决议》，《毛泽东选集》第 3 卷，第 974—975 页。
③ 《在中国共产党第七届中央委员会第二次全体会议上的报告》，《毛泽东选集》第 4 卷，第 1426 页。
④ 赵秀玲、剧义文：《中国乡村城市化概论》，河南大学出版社 1997 年版，第 21 页。
⑤ 毛泽东说："一九二八年党的六大后，中国革命运动，从此有了正确的理论基础。"见《中国革命战争的战略问题》，《毛泽东选集》第 1 卷，第 188 页。

了我党一系列的战略上、策略上和政策上的问题。"① 这一点，早在党内领导层经过反复讨论形成了基本共识："新中国的经济构成，首先是国营经济，第二是由个体经济向集体发展的农业经济，第三是私人经济，国营经济是领导成分。"② 其后，刘少奇在 1949 年 6 月的《关于新中国的经济建设方针》中，提出五种经济成分并存的观点，而且在"这五种经济成分中，小商品经济和半自然经济占着绝对的优势"。由此决定了新中国建设思想的主导取向。刘少奇认为经济建设方针，"必须以发展国营经济为主体。普遍建立合作社经济，并使合作社经济与国营经济密切地结合起来。扶助独立的小生产者并使之逐渐地向合作社方向发展"。在走向建设的战略选择上（包括乡村与城市、农业和工业的关系），刘少奇提出了两个"只有"思想，即"只有在经过长期积累资金，建设国家工业的过程之后，在各方面有了准备之后，才能向城市资产阶级举行第一个社会主义的进攻，把私人大企业及一部分中等企业收归国家经营。只有在重工业大大发展并能生产大批农业机器之后，才能在乡村中向富农经济实行社会主义的进攻，实行农业集体化"③。这份党内的报告提纲的主张很多只是建设性提议，许多内容还有待进一步研究和探索，但其中的以城市为重点，以工业化为主导的思想，却在党的领导层达成共识，并通过七届二中全会，统一为党的工作重心由乡村转到城市的战略性转移。

其次，这是由新中国经济的主导力量及其发展趋向所决定的。虽然新中国的经济成分复杂多样，但"在我们社会经济中起决定作用的东西是国营经济、公营经济，这个国家是无产阶级领导的，所以这些经济都是社会主义性质的。农村个体经济加上城市私人经济在数量是大的，但是不起决定作用"。我们取得全国政权后，"大工业、大银行、大商业，不管是不是官僚资本，全国胜利后一定时期内都是要没收的……而只要一没收，它们就属于社会主义部分"。农村的合作社，是个体农民在私有财产基础上组织的合作社，不完全是社会主

---

① 《在中国共产党第七届中央委员会第二次全体会议上的报告》，《毛泽东选集》第 4 卷，第 1430 页。
② 《在中共中央政治局会议上的报告和结论》(1948 年 9 月)，《毛泽东文集》第 5 卷，第 140 页。
③ 五种经济成分即国营经济、合作社经济、国家资本主义经济、私人资本主义经济、小商品经济和半自然经济。《关于新中国的经济建设方针》(1949 年 6 月)，《刘少奇选集》上卷，第 426—430 页。

义的，但它带有社会主义性质，是走向社会主义的。① 在随后发表的《论人民民主专政》一文中，毛泽东特别指出，农村或农业的发展，"必须和以国有企业为主体的强大的工业的发展相适应。人民民主专政的国家，必须有步骤地解决国家工业化的问题"②。

最后，这是由中共革命的目的所决定的。中共领导的新民主主义革命，虽然坚持走以农村包围城市的道路，革命力量虽然也以农民为主体，但是革命的目标却是"解放农民，建立近代工业社会"。"由农业基础到工业基础，正是我们革命的任务。"③ 毛泽东、刘少奇等党的领袖曾多次批评"农业社会主义"思想。④ 毛泽东在九月会议上特别强调说："我们反对农业社会主义，所指的是脱离工业、只要农业来搞什么社会主义，这是破坏生产、阻碍生产发展的，是反动的。"⑤ 社会主义不是依靠小生产或小农经济可以建设起来的，而是必须依靠社会化的大生产，首先是工业的大生产来从事建设。早在1948年5月，毛泽东就指出："应将工业生产问题放在领导工作的重要位置。有了工业生产的条件，党如果不注意恢复及发展工业，党的领导人员如果缺乏工业方面的知识，如果不用力去学会这一方面的知识，那就会要犯错误。"⑥ 因此，九月会议上，毛泽东专门向党的干部提出"关于学习工业和做生意"的任务，主张"全党要提出这个任务来，还要写文章做宣传，在全党提倡学习工业和做生意"，因为"我们已有城市和广大地区，这个任务必须解决"。⑦ 现代工业是社会主义社会的基础，也是新民主主义通往社会主义社会的必由之路。这一建设思想后来被高度凝练在"五四宪法"中："中华人民共和国依靠国家机关和社会力量，通过社会主义工业

---

① 《在中共中央政治局会议上的报告和结论》（1948年9月），《毛泽东文集》第5卷，第139—141页。
② 《论人民民主专政》，《毛泽东选集》第4卷，第1477页。
③ 薄一波：《回忆刘少奇同志建国前后的一些经济建设思想》，中共中央文献研究室二部编：《刘少奇自述》，解放军文艺出版社2003年版，第158页。
④ 1948年4月1日，毛泽东在晋绥干部会议的讲话中对农业社会主义提出批评，后来新华社在《关于农业社会主义的问答》中又论述了社会化大生产与社会主义的关系。
⑤ 《在中共中央政治局会议上的报告和结论》（1948年9月），《毛泽东文集》第5卷，第139页。
⑥ 《晋绥分局应将工业生产放在领导工作的重要位置》（1948年5月11日），《毛泽东文集》第5卷，第95页。
⑦ 《在中共中央政治局会议上的报告和结论》（1948年9月），《毛泽东文集》第5卷，第138页。

化和社会主义改造,保证逐步消灭剥削制度,建立社会主义社会。"①

"今天中国人民的首要任务,就是要迅速恢复和发展中国的人民经济,使中国工业化。"②历史进入新时代后,"开始工业化,这是城市工作中最本质的问题"③。在中共思想理论、政策决策的战略构架中,"城市领导乡村、工业领导农业的作用"日趋突出,因此七届二中全会做出了党的工作重心亦即国家建设重心的时代性转移:"农业不能作为重心,它必须在工业的领导下才能发展。必须把城市工业组织起来发挥领导作用,才能使农业现代化、机械化。"④在整体战略构架中,乡村的"失重"态势开始形成,这决定了新中国建设思想理论与政策的基本取向。

## 三、三大建设:新中国建设的基本内容

在七届二中全会上,毛泽东提出了工作重心由乡村转向城市的同时,也预断了新中国建设的前景,尽管大规模建设事业的展开及其进程的规划尚未来得及完全落实。当时,在中国共产党人的信念里,苏联模式即是中国的方向,"他们已经建设起来了一个伟大的光辉灿烂的社会主义国家。苏联共产党就是我们最好的先生,我们必须向他们学习"。"不但会革命,也会建设"成为中国共产党走向新时代的信心与经验。"中国经济建设的速度将不是很慢而可能是相当地快的,中国的兴盛是可以计日程功的。"⑤

但是,建设的确又不同于革命。对于中国共产党而言这是很艰巨的任务,

---

① 刘少奇:《过渡到社会主义社会的步骤》(1954年9月15日),中共中央文献研究室编:《刘少奇论新中国经济建设》,第251页。
② 《在中苏友好协会总会成立大会上的报告》(1949年10月5日),《建国以来刘少奇文稿》第1册(1949年7月—1950年3月),中央文献出版社2005年版,第85页。
③ 章学新主编:《任弼时传》,人民出版社、中央文献出版社1994年版,第710—713页,转见沙健孙:《毛泽东与新中国建设》,第26页。
④ 《当前财经形势和新中国经济的几种关系》(1949年12月22日、23日),《周恩来选集》(下),人民出版社1984年版,第9页。
⑤ 《在中国共产党第七届中央委员会第二次全体会议上的报告》,《毛泽东选集》第4卷,第1433、1481页。

"我们不可能一朝一夕完成这种改造"①。从某种意义上说，建设是比革命更为复杂也更为艰巨的任务。②毛泽东也曾多次强调，以前我们仅仅做了一件事，"这就是取得了革命战争的基本胜利"。而建设摆在我们面前，"我们熟习的东西有些快要闲起来了，我们不熟习的东西正在强迫我们去做"。③在1949年1月6日会议上，毛泽东就指出："中共二十八年，再加二十九年、三十年两年，完成全国革命任务，这是铲地基，花了三十年。但是起房子，这个任务要几十年工夫。"④当时，党的领导者比较充分地估计到中国经济的落后性，认识到在革命胜利后的长时期内应当允许多种经济成分同时存在，允许私人资本主义中一切有益于国民经济的部分有所发展，"我国进入社会主义的新时期，将是一个稳步前进、逐步过渡的过程，还是将来才能实现的事情"⑤。因此在实践中，新中国成立之初先设定了三年恢复、十年建设的计划。⑥

走向建设的开端并不顺畅。问题的复杂性在于，"一方面敌人还没有完全打倒，另一方面又提出经济建设作为党的总任务"。矛盾在于既要一切服从军需，又要开始经济恢复与建设工作。⑦1950年6月在七届三中全会上，"党仍然认为我国当时'还没有获得有计划地进行经济建设的条件'，并因而决定在三年左右的时间中在全国范围内完成土地改革、调整工商业和大量节减国家机构的费用，以便顺利地完成经济恢复任务，转入有计划的经济建设"⑧。

在经济建设与革命战争交错进行的时期，"新政府曾设想，1951年的经济工作要走上和平建设的轨道，要减少军费，增加经济建设和文教费用"。1950

---

① 《过渡到社会主义社会的步骤》（1954年9月15日），中共中央文献研究室编：《刘少奇论新中国经济建设》，第252页。
② 刘少奇：《关于增强党的团结的决议》（1954年2月），《建国以来刘少奇文稿》第6册，中央文献出版社2008年版，第98页。
③ 《在中国共产党第七届中央委员会第二次全体会议上的报告》，《毛泽东选集》第4卷，第1480页。
④ 《目前形势和党在一九四九年的任务》，《毛泽东文集》第5卷，第236页注【8】。
⑤ 薛暮桥：《薛暮桥回忆录》，天津人民出版社1996年版，第213页。
⑥ 刘少奇说："毛主席讲过，大体上是三年准备，十年建设。三年准备从前年十月一日算起，即中华人民共和国成立以后，头三年做准备工作，以后十年就是建设，这是我们自己心里的算盘。"《"三年准备，十年建设"》（1951年5月7日），中共中央文献研究室编：《刘少奇论新中国经济建设》，第178页。
⑦ 刘少奇：《新中国经济的性质与经济建设方针》（1948年12月25日），中共中央文献研究室编：《刘少奇论新中国经济建设》，第44—45页。
⑧ 《为增强党的团结而斗争》（1954年2月6日），《建国以来刘少奇文稿》第6册，中央文献出版社2008年版，第64页注【1】。

年下半年抗美援朝战争的爆发，使得军费大增，迫使经济建设一定程度上让位于革命战争。即使在如此艰险的环境下，"新中国政府还是咬紧牙关，挤出部分资金，开始了经济的建设"①。在1950年度全国财政收支概算中，经济建设的投资占支出概算的23.9%，建设资金所占比重不大，"但在战争时期能有这样的百分比，也算不错了。为要保证这一百分比，需要九百万人节衣缩食，精打细算，一文一文地挤出来"②。1951年3月政务院即召开第一次全国工业会议，政务院财经委副主任兼重工业部部长李富春就当年的工业生产、基本建设、地方工业等工作做了统一部署，具体规定了1951年国营工业主要产品产量较1950年增长的数字。报告强调首先集中资金和力量搞好几件与国防和民生最需要的建设工程，积累经验并为今后的长期建设准备必要的条件。会议明确国家建设投入的重点是重工业与铁路交通运输方面。③

此外，从1952年3月起到同年年底，国家银行的存、放款和汇兑业务增加5倍以上，掌握全国98%的存、放款。余下的2%存入由私营银行、钱庄联合组成的公私合营银行。在国家政权的强力作用下，金融业率先引导私营银行走上国家资本主义道路。到1952年12月，除少数华侨银行外，全部私营银行实行合并，转为公私合营，对金融业全行业进行了社会主义改造。国家资本主义是我国对私人资本主义实行社会主义改造的基本过渡形式。由国家资本主义的过渡形式实行对资本主义工商业的社会主义改造，是我国国民经济社会主义改造的一个重要特点，也是一种较为成功的实践。④ 这为整个国家建设事业的进行奠定了基础。国营工商业和私营工商业的产值比例也发生了根本性变化。"一九四九年中国工业生产总值的公私比例是，国营占百分之四十三点八，私营占百分之五十六点二，到一九五二年九月，国营上升到百分之六十七点三，私营下降到百分之三十二点七，国营经济已经超过了私营经济。"到1952年夏秋之交，中国社会经济发展超出了预料的变化，"在以巨大财力支持抗美援朝

---

① 虞和平主编：《中国现代化历程》第3卷，江苏人民出版社2001年版，第972页。
② 薄一波：《关于一九五〇年度全国财政收支概算草案的报告》（1949年12月2日），《建国以来重要文献选编》第1册，中央文献出版社1992年版，第60页。
③ 《中央批发李富春在第一次全国工业会议上结论的通知》（1951年5月25日），《建国以来刘少奇文稿》第3册，第387—388页注【1】。
④ 薛暮桥：《薛暮桥回忆录》，第213页。

战争的情况下，恢复国民经济的任务奇迹般地提前完成。在新中国建立刚刚三周年之际，传来了工农业主要产品的产量超过建国前最高水平的喜讯。工农业总产值比建国前最高水平的一九三六年增长百分之二十"①。三年经济恢复的预想基本获得了实现，大规模建设的时代如期而至。

1952年11月18日，《人民日报》发表题为"把基本经济建设放在首位"的社论，宣布新中国"新的大规模的建设即将开始"，近代中国的历史进程从革命转入建设的新时代。"我国前所未有的规模巨大的对于我国工业化有决定意义的某些复杂的现代化企业，将在今后逐渐地建设起来。"社论对于三年来经济恢复中的建设事业做了总结，认为并不尽如人意，一方面是建设的机构及体制没有形成，"基本建设的机构还没有建立起来。这种严重的情况是不容许继续下去的"。另一方面是缺乏建设队伍，建设力量"十分薄弱"，尤其缺乏优秀的专业技术人员。社论提出，今后几十年间的时代任务就是建设，"基本建设工作在整个国家工作中就被提到了首要的地位。我们能不能建设一个工业化的国家，首先要看我们是否能够保证基本建设的成功。一切忽视基本建设的观点和做法，都必须受到严格的批判"②。社论认为，这一建设步骤将决定我国工业化的程度和速度。"这是一个空前复杂的艰巨的新任务。"新时代提出的建设任务，不仅仅是经济问题，而且"是一个严重的政治任务"。因此"我们必须动员全国人民的力量，来保证这个任务的完成"。社论明确提出："把基本建设放在首要地位，这必须成为今后全国共同执行的方针。"③

"革命胜利，建设开始"，建设"成为党政机关的工作中心"④。1953年起，新中国的建设计划正式开启，经济建设成为国家的首要任务。⑤党为此制定了基本上实现国家工业化和对农业、手工业、资本主义工商业的社会主义改造的

---

① 逄先知、金冲及主编：《毛泽东传（1949—1976）》（上），中央文献出版社2003年版，第240页。
② 《把基本经济建设放在首位》，《建国以来重要文献选编》第3册，中央文献出版社1992年版，第428—433页。
③ 《把基本经济建设放在首位》，《建国以来重要文献选编》第3册，第429页。
④ 《领导农业生产的关键所在》（1953年3月26日《人民日报》社论），《建国以来重要文献选编》第4册，第109页。
⑤ 周恩来说："一九五三年起，我国就开始了经济建设的第一个五年计划，着手有系统地逐步地实现国家的社会主义工业化和对农业、手工业和资本主义工商业的社会主义改造。经济建设工作在整个国家生活中已经居于首要地位。"《政府工作报告》（1954年9月23日），《建国以来重要文献选编》第5册，第585页。

过渡时期的总路线。此外，为了保证建设事业的实现，党在国家制度层面上尽快建构了管理经济建设的权力运行体制。

首先，中央调整改变了大行政区建制，同时调整了省、区建制，增设中央人民政府机构。通过精简政权层次以加强中央和省市的领导，并改变大行政区的机构与任务，以适应"即将开始的全国大规模的有计划的经济建设与文化建设的新形势和新任务"①。

其次，加强国家经济的计划性。"对于经济建设的有计划的领导，乃是新民主主义和社会主义国家经济优越性的集中表现。我们必须根据计划经济的原则来组织我们的生产。"而计划又必须通过中央权力的统一和集中得以实现。②

最后，编制五年建设计划纲要。各经济、文教部门实行首长负责，亲自动手，真正掌握国家的建设方针，编制各部门的建设计划。

随着1953年第一个五年建设计划的实施，新中国的国家建设全面展开。"国家建设包括经济建设、国防建设和文化建设，而以经济建设为基础。"而经济建设的目标或者总任务，"就是要使中国由落后的农业国逐步变为强大的工业国……工业化——这是我国人民百年来梦寐以求的理想"③。

## 四、建设方针：重点建设城市的政策取向

"中国工人阶级的任务，不但是为着建立新民主主义国家而斗争，而且为着中国的工业化和农业近代化而斗争。""建设新中国，必须发展工业。"④ 毛泽东把实现工业化看作是新民主主义社会的中心任务，这一思想一直贯穿于他的新民主主义理论之中。1944年8月，毛泽东在致博古的信中就指出过："新民主主义社会的基础是机器，不是手工，我们现在还没有获得机器，所以我们还

---

① 《中央人民政府关于改变大行政区人民政府（军政委员会）机构与任务的决定》（1952年11月15日中央人民政府委员会第十九次会议通过），《建国以来重要文献选编》第3册，第421页。
② 《加强国家工作的集中性迎接大规模经济建设》（1952年11月17日《人民日报》社论），《建国以来重要文献选编》第3册，第425页。
③ 《迎接一九五三年的伟大任务》（1953年1月1日《人民日报》社论），《建国以来重要文献选编》第4册，中央文献出版社1993年版，第3页。
④ 《论联合政府》（1945年4月24日），《毛泽东选集》第3卷，第1080—1081页。

没有胜利。如果我们永远不能获得机器,我们就永远不能胜利。现在的农村是暂时的根据地,不是也不能是整个中国民主社会的主要基础。由农业基础到工业基础,正是我们革命的任务。"①

彻底改变百年来中国落后挨打的局面,从根本上消除中国的城乡差别,解决农民问题,必须要走工业化的道路,走农村城市化的道路。"在目前条件下,我们国家的发展,首先要求工业必须有迅速的发展,特别是要发展和建立我国的重工业。"② 因此,随着新中国的建立和国体、政体的确立,以工业化带动城市化的建设取向就成为不容置疑的战略选择。

1951年5月间,五个中央局的城市工作会议根据毛泽东的指示先后召开,重点研究了城市建政问题,加强城市工作的领导,逐渐把党的工作重心转移到城市。城市工作会议提出,城市工作有许多方面,中心工作是生产建设。③ 会议上党的中央局领导人从不同角度检讨了各地"党委经常忽略对城市工作的领导"的问题,批评了"仍然用乡村观点对待城市工作,造成各方面工作步调不一致,中小城市工作方针尤其不明确"的现象,强调大规模工业化的建设必须"要克服农村作风,建立城市观点"④。

城市工作会议后,中央发出了关于农村与城市工作的指示,从两个方面突出了以城市为重心的精神:一是从农村土改工作中抽调一批干部出来,"有计划地分配他们到城市中工作,以便加强所有大中小城市中的工作";二是再次申明"城市是乡村的领导中心,一般的应以乡村对城市的要求来规定城市的任务"。提出"发展市内生产,发展城乡物资交流,是城市一切工作的中心任务"⑤。随后,刘少奇在《中国共产党今后的历史任务》(1951年7月)中特别指出:"在建设时期,除开必要的国防外,一切工作和其他建设均配合经济建设。一

---

① 《毛泽东书信选集》,人民出版社1983年版,第239页。
② 《在中国工会第七次全国代表大会上的祝词》(1953年5月2日),《建国以来刘少奇文稿》第5册,中央文献出版社2008年版,第136页。
③ 《转发五个中央局城市工作会议报告的批语和电报》(1951年5月、6月),《建国以来刘少奇文稿》第3册,中央文献出版社2005年版,第403页注【2】。
④ 《建国以来刘少奇文稿》第3册,中央文献出版社2008年版,第404页注【4】。
⑤ 《中央关于土改后农村与城市工作等问题给华东局的指示》(1951年8月11日),《建国以来刘少奇文稿》第3册,第664—665页。

切以经济建设为中心。"①

　　1953年开始执行的第一个五年建设计划纲要表明，国家建设的方针（通过投资、速度、重点、分布和比例体现得）十分明确："工业化的速度首先决定于重工业的发展，因此我们必须以发展重工业为大规模建设的重点。"② 这从实践层面上"说明我国已经开始进入大规模的有计划的以发展工业，首先是重工业为中心的经济建设的新阶段"③。国家建设计划中要求五年基本完成鞍钢等一批大工业基地的建设，并开始一批新的工业基地的建设，使1957年的工业生产比1952年提高一倍到一倍半。第一个五年计划规定限额④以上的工业建设项目，施工694个，完工455个。实际上，施工的项目将达到800个左右，而可以完工的项目则将接近500个。⑤ 第一个五年建设计划时期，用于经济文化建设的费用，加上也要用于经济文化建设方面的大部分总预备费，达到总支出的60%以上。⑥ 1953年的国家预算支出分为五类：国家建设费1383351亿元，占总支出59.24%，其中国民经济建设支出1035276亿元，占44.34%，社会文教建设支出348075亿元，占14.9%；在国民经济建设支出中，工业比重最大，占总支出20.4%，其中农林水利占5.04%，铁路交通邮电占6.36%，贸易、银行占1.92%，其他建设占10.62%。⑦ "一五"计划的基本建设投资总额安排为427.4亿元，占国家对经济事业和文化教育事业总支出的55.8%，超过财政支

---

① 《中国共产党今后的历史任务》（1951年7月），《建国以来刘少奇文稿》第3册，第539页。
② 《中共中央关于编制一九五三年计划及五年建设计划纲要的指示》（1952年12月22日），《建国以来重要文献选编》第3册，中央文献出版社1993年版，第449页。
③ 薄一波：《关于一九五三年国家预算的报告》（1953年2月12日），《建国以来重要文献选编》第4册，第39页。
④ 我国在第一个五年计划时期，为了便于各级主管机关对建设项目的计划、设计、施工等工作实行分级管理，按基本建设项目总投资的多少确定为一个数额，这个数额称为限额。一九五四年规定钢铁工业的投资限额为一千万元，纺织工业的投资限额为五百万元，其他各项轻工业的投资限额为三百万元至四百万元。限额以上的项目，一般为国家重点建设项目。参见《刘少奇论新中国经济建设》，第568页注【86】。
⑤ 刘少奇：《社会主义建设问题》（1956年9月15日），中共中央文献研究室编：《刘少奇论新中国经济建设》，第296页。
⑥ 薄一波：《关于一九五三年国家预算的报告》（1953年2月12日），《建国以来重要文献选编》第4册，第40页。
⑦ 薄一波：《关于一九五三年国家预算的报告》（1953年2月12日），《建国以来重要文献选编》第4册，第50页。

出总额的 1/3。5 年共投资 400 多亿元，它超过了中国近百年现代化过程中形成的固定资产的总和（到 1949 年，工业固定资产总额为 128 亿元）。可知，在国家整个建设投资取向上，工业是重点，农业只占 7.6%。①

以工业化为主导的建设重点当然落归于城市而非乡村。第一个五年建设计划启动之始，城市建设问题就成为整个国家建设中的重要内容。刘少奇根据中南局关于城市建厂建议请示报告指出："现在国家建设中存在着一个极大的矛盾，就是工厂建设有计划，城市建设无计划，工厂建设有人管，城市建设无人管。"② 要求立即研究解决城市建设问题。随后中央发出关于加强城市建设的指示，提出工业建设与城市建设的一体性。一方面，随着国家工业建设的开展，工业城市的建设工作，已日益迫切和重要，不少重要工业城市，因没有城市总体规划，对城市发展缺乏整体布局和统一领导，已影响了工厂、住宅、交通运输等方面的合理布置和建筑用地的正确分配，以致产生建设单位各自为政，分散建筑，造成了建设中的盲目、分散、混乱的现象。这种情况如再继续下去，就会造成将来建设中的更大困难和严重浪费。另一方面，工业建设所需自然资料与必需的经济资料，与城市以及城市建设的资料密切相关，应尽可能由城市建设委员会组织各有关建设部门统一进行。③ 因此必须加强城市建设，拟订城市建设总体规划。可根据第一个五年计划对工业布局的意见，分别不同城市的性质和自然条件，研究工业建设比重较大的城市的发展规模与将来的发展远景，然后由有关城市根据需要和可能及重点建设的方针，拟订城市建设的指标。

新中国成立伊始，城市建设就成为党和政府关注的重要方面。早在 1951 年，毛泽东就分别发出指示，要求"加强党委对城市工作的领导，实行七届二中全会决议"④。必须在大城市"有计划地建筑新房，修理旧房，满足人民的需

---

① 虞和平主编：《中国现代化历程》第 3 卷，江苏人民出版社 2002 年版，第 1006 页。
② 《中南局对城市建厂工作几项建议的请示》（1953 年 7 月 12 日），《建国以来重要文献选编》第 4 册，第 341 页。
③ 《中共中央关于城市建设中几个问题的指示》（1953 年 9 月 4 日），《建国以来刘少奇文稿》第 4 册，第 338—339 页。
④ 《中共中央政治局扩大会议决议要点》（1951 年 2 月 18 日），《毛泽东文集》第 6 卷，中央文献出版社 1999 年版，第 145 页。

要"①。从 1950 年到 1954 年的五年中，国家一共支出了十万多亿元（旧币）来修建城市公用事业和改善环境卫生。据 20 个城市截至 1953 年底的统计，自来水管线共增加了 1900 公里，下水道增加了 1400 多公里；各个城市的公共汽车、有轨及无轨电车增加了近千辆。中央通过《人民日报》社论宣告了国家建设以城市为重点的方针。

其一，今后国家将对旧社会遗留下来的城市进行改造。人民政权改变了城市的性质，使为统治阶级服务的城市变成为劳动人民服务的城市。"在社会主义城市中，一切建设都是为劳动人民的利益服务的。保证劳动者物质文化生活水平的不断提高，是社会主义城市的基本特征。""要按照社会主义城市的标准改造旧城市和建设我国的新城市，是我们坚定不移的奋斗目标。"②

其二，坚持重点建设，稳步前进的方针。随着新的工业企业的建设，一些商业城市或工业很少的城市，"将逐步变成一座座拥有新的近代化的大工业城市。许多规模较小的城市，将要改造扩大成为规模很大的城市"。一批"有计划地扩建和建设起来的新城市"将按照社会主义城市建设的原则，建设成为"完全新型的城市"。

其三，工业化是城市化的基础。"任何一个城市都不可能凭空建设起来，它总是要依托于一定的物质基础。""在社会主义社会中，城市所赖以发展的特质基础可能是工业、运输业、卫生疗养事业"等，但是"其中最重要最基本的乃是工业"。因此新中国的城市建设和发展，"必然要从属于社会主义工业的建设和发展；社会主义城市的发展速度必然要由社会主义工业发展的速度来决定"。

其四，城市建设工作必须保证国家的工业建设，为社会主义工业化服务的方针。亦即必须首先集中力量建设有重要工程的新工业城市。"这类城市应该是我们全部城市建设工作的重点。"而原来有一定工业基础的近代化城市，现在要扩建和新建许多工厂，"这类城市应该放在我国城市建设工作的第二位"③。

---

① 《大城市必须有计划地修建居民住房》（1951 年 2 月 18 日），《毛泽东文集》第 6 卷，第 148 页。
② 《贯彻重点建设城市的方针》（1954 年 8 月 11 日），《建国以来重要文献选编》第 5 册，中央文献出版社 1993 年版，第 438—439 页。
③ 《贯彻重点建设城市的方针》（1954 年 8 月 11 日《人民日报》社论），《建国以来重要文献选编》第 5 册，第 441 页。

因此，工业建设必然落归于城市建设，城市建设依托并服务于工业建设，是新中国建设初期的基本方针。"至于第一个五年计划中工业建设不多的某些大城市和一般的中小城市……基本上不可能进行新的建设。"既然"目前我们全国人民的最高利益就是实现国家的社会主义工业化"，那么，建设的步骤也必须"分别轻重缓急，必须随着工业的发展逐步地进行"①。

以工业化为主导方向的国家建设，事实上重点落归于城市建设。这一认识早在抗日战争取得胜利的前夕已经形成："将来还要有几千万农民进入城市，进入工厂。如果中国需要建设强大的民族工业，建设很多的近代的大城市，就要有一个变农村人口为城市人口的长过程。"②然而，这一选择却是百年来近代中国历史演变的内在诉求的体现。因为工业化与城市化以及工业建设与城市建设的命题，其实就是贯穿整个近代中国发展趋向的基本命题。"夫工业化者，系专指因机器之助，用雄厚之资本，完美之组织，以实行大规模生产之制造业是也。……此等新式工业因种种原因，麕集于一定之都市，于是都市方面乃日趋于工业化之一途焉。"③尽管近代以来社会变动剧烈，政权更迭频繁，但潜伏在繁杂变乱面相之下的现代化进程中的规则仍然顽强地表达着必然性诉求："经济之都市，自与工业有极大关系。而政治性质之都市，则不尽然……工业都市化，似较都市工业化为重要。……通商都市往往为各种工业发达之区，例如上海、天津、武汉为都市之重者于经济者。"因而，都市工业化与工业都市化，"在今日已有不可分离之趋势，因都市之工业化，工业即因而都市化，又工业之都市化，都市往往亦随之工业化焉。凡重要之工业，殆无不集中于都市，而重要都市，亦即工业发展之中心也"④。

"城市化是工业化所引起的社会结构变动的一个重要侧面。以城市化来命名与工业化相并行的城乡格局的巨大变动这种社会现象，城市化才有所特指……"⑤"一五"期间，工业化的全面展开，尤其是在落后地区布局大中型项

---

① 《贯彻重点建设城市的方针》（1954年8月11日《人民日报》社论），《建国以来重要文献选编》第5册，第441页。
② 《论联合政府》，《毛泽东选集》第3卷，第1077页。
③ 龚骏：《中国都市工业化程度之统计分析》，商务印书馆1933年版，第1页。
④ 龚骏：《中国都市工业化程度之统计分析》，第1—3页。
⑤ 邹农俭：《中国农村城市化研究》，广西人民出版社1998年版，第29页。

目,带动了工业、交通运输业、商业、服务业的兴起,同时带动了新中国的城市化建设。"我国的城市建设,是按照为工业建设、为生产、为劳动人民服务的方针进行的。"①。某种程度上,新中国经济建设的启动实质上就是工业建设进程的启动,也就是工业城市化和城市工业化进程的启动。"我国城市建设只能而且必须采取重点建设的方针。"尤其在第一个五年计划时期,"这期间,全国总人口年平均增长2%,而城市人口年平均增长7%"②。1949年全国仅有城镇人口5700多万人,占全国总人口的10.6%,到1952年时全国共有157座城市,城市人口7000多万人,城市人口占全国人口的比重上升到12.5%。在"一五"计划建设推动下,工业化建设进程中一部分农村劳动力进入城市骨干工业就业,投入国家建设,这期间全国城镇人口增加了2786万,至1957年达9949万,城市人口占全国人口的15.4%。"一五"计划期间,农村每年平均净迁移300万人口到大中城市。③

工业建设与城市建设同趋并行,开辟了新中国建设时代发展运行的轨辙。"社会主义城市的主要物质基础是工业,没有工业建设就谈不到社会主义的城市建设。社会主义城市的大小,决定于工业的合理分布和工业摆的多少。"尽管重点建设城市规划中考虑到了"原子战争的特点",但工业化仍然是城市建设的首要因素。④

显然,在以蒸汽机为标志的工业建设或城市建设列车快速飞驰的同时,中国乡村却并非同步于建设时代的快车道上。在走向现代化的历史进程中,撕裂工业与农业、乡村与城市一体性发展的现象并不是特例,而是具有普遍意义的趋向。"蒸汽机在很大程度上是将它的逻辑强加工业的,并继而将这一逻辑强加给整个社会……空间和时间是田野劳动的两个重要约束条件,蒸汽在这儿不会一路凯旋……与一切等级权威不相干的农业经营者仍然是自己的企业、劳动和时间的主人。农业生产的社会组织与工业生产的社会组织在各个方面都形成

---

① 薄一波:《当前基本建设中的几个问题》(1955年3月23日),《建国以来重要文献选编》第6册,中央文献出版社1993年版,第127—128页。
② 邹农俭:《中国农村城市化研究》,第81页。
③ 邹农俭:《中国农村城市化研究》,第84—85页。
④ 薄一波:《当前基本建设中的几个问题》(1955年3月23日),《建国以来重要文献选编》第6册,第129页。

鲜明的对比。"① 在大规模进入建设时代的国民经济恢复时期，党的领导重心和国家建设重心基本上都定位在城市，相对于革命时代而言，整个中国乡村开始处于"失重"态势。

## 五、集体化：乡村重建与农业改造

"1953年，以实施发展国民经济第一个五年计划为中心的大规模经济建设"，标志着"中国进入了有计划的经济建设和全面实行社会主义改造的时期"。1949年党的七届二中全会，就明确了革命胜利后党的一个根本任务就是，"稳步地促进相互联系的两个转变：一是由农业国向工业国的转变，一是由新民主主义社会向社会主义社会转变"②。经过三年经济恢复和部分建设实践后，党中央根据形势的变化和发展对曾经的设想、构画又进行了新的思考和研究。"经过慎重考虑和反复酝酿，到1953年6月，中央政治局会议对过渡到社会主义的方法、途径和步骤等问题正式进行了讨论"，适时提出了国家建设的构想，形成了党在过渡时期的总路线和总任务："是要在一个相当长的时期内，基本上实现国家工业化和对农业、手工业、资本主义工商业的社会主义改造。"③ 过渡时期的总路线于同年12月最后确定，并载入1954年《中华人民共和国宪法》。④ 这个"一化三改""一体两翼"（工业化是主体，两翼分别是指对个体农业、手工业的改造和对资本主义工商业的改造）的总路线⑤，从根本上决定了与城市建设不同步的乡村建设与发展的方向和道路。

"革命胜利，建设开始"，发展生产成为全体人民的迫切要求，也当然地成为党的中心工作。⑥ 关于乡村建设思想或理论，基本上围绕着"国家工业化，

---

① 〔法〕H.孟德拉斯：《农民的终结》，李培林译，中国社会科学出版社1991年版，"导论·关于农民的研究"，第10页。
② 中共中央党史研究室：《中国共产党历史》第2卷上册，中共党史出版社2011年版，第182页。
③ 中共中央党史研究室：《中国共产党历史》第2卷上册，第185页。
④ 薛暮桥：《薛暮桥回忆录》，第216页。
⑤ 《一切为了实现国家的总路线——一九五四年元旦献辞》（1954年1月1日《人民日报》社论），《建国以来重要文献选编》第5册，第2页。
⑥ 《领导农业生产的关键所在》（1953年3月26日《人民日报》社论），《建国以来重要文献选编》第4册，第109页。

工业国有化，农业集体化"思路展开并付诸实践，当然在实践的进程中不断地加以调整、修正和完善。新中国建设伊始，中共关于乡村建设和发展的思考，侧重于如何使农业、农民、农村尽快地配合并适应国家工业化（重点建设城市）的需求，从而完成由农业国向工业国的历史转变。这是在七届二中全会上确定了的基本政策和方针。毛泽东在会议上指出，今后一个相当长时期内，我们的农业和手工业的基本形态，仍将是大量分散的个体的。这当然不能适应国家工业化的需求，我们必须谨慎地、逐步地而又积极地经过合作社经济，引导它们向着合作化和现代化的方向发展。① 因此，对于"小农经济大量存在"的现实，党关于乡村建设思想十分明确："我们必须随着国家工业化的过程，把农业集体化当作农村中主要的建设任务"，农村集体化建设的途径则是"按照中央指示，领导农民积极而又稳步地开展互助合作运动，逐步地过渡到社会主义制度"②。对于农业或农村的社会主义改造，构成了新中国建设初期的乡村建设的主导思想，这一思想主要体现在以下几个方面。

首先，乡村政权建设和社会重构是这一时期乡村建设思想的主要内容。随着革命的胜利和土地改革历史任务的基本完成，进入建设时期后，党对于乡村的指导思想也随即调整改变。首要的任务是建立健全党和政府在乡村的权力体系，以保证党对乡村社会的政治领导、组织领导和思想领导。因此，1951年中央就土改后的农村与城市工作做出指示，要求除继续完成土改外，"对土改后的农村，应以提高农村生产和提高农民政治觉悟为中心任务去布置一切工作"。"其中建立健全的各级人民代表会议（在区乡即农民代表会议）和人民政府机关，建立以推销土产品为中心任务的各级合作组织，普遍地组织劳动互助组，依照全国组织工作会议的决议建立农村中党的组织等项，应作为当前的中心工作去布置。"显然，消除旧的社会势力和结构因素，植入或建构新的制度要素，成为党改造乡村的着力点。因为革命发展的梯度和不平衡性，既有新老区的差别，也有城乡的分别。城市一切工作的中心任务"是发展市内生产，发展城乡物资交流"，农村老区则是以整党工作为一项中心工作，新区则继续完成

---

① 沙健孙：《毛泽东与新中国建设》，第24—25页。
② 《领导农业生产的关键所在》（1953年3月26日《人民日报》社论），《建国以来重要文献选编》第4册，第112页。

土改。① 统一的整体制度建设和国家权力结构建设巩固还有待进一步完成，建设事业的展开当然地呈现着不均衡的态势：以"先工建设"的战略启动了国家建设，以农村改造和重建配合工业化建设的总体目标。就此而言，又恰好印证了梁漱溟的灼见："今日中国问题在其千年相沿袭之社会组织构造既已崩溃，而新者未立；乡建运动实为吾民族社会建设一新组织构造之运动——此其真意所在。"②

其次，乡村改造的方向——集体化，构成此一时期中共乡村建设思想的主体内容。"没有农业社会化，就没有全部的巩固的社会主义。农业社会化的步骤，必须和以国有企业为主体的强大的工业的发展相适应。"③ 建设时期党在农村的中心任务是发展农业生产，而发展农业生产（尤其是为工业国有化和国家工业化提供保障）的前提，是"必须对小农经济实行社会主义改造"。小农经济无法适应和满足国家建设"对于农产品的迅速地不断增长的需要"，因此"农业的社会主义改造必须逐步实现，必须经过互助合作的道路"，"其发展前途就是农业集体化"④。1948年刘少奇在《向社会主义过渡的大体设想》中就指出，农村合作社是实现无产阶级领导农民，巩固和发展工农联盟的组织形式，认为这在"新中国的经济建设中是一个带决定性的问题"⑤。对个体农业生产经过集体化的道路改造成为具有近代机器设备的大生产，是"中国共产党和人民政府力求实现的最基本的任务"⑥。通过互助合作形式的过渡而走向集体化是中共领导层共识性思想，虽然在经过互助合作的过渡阶段的时间上领导层的认识并不完全一致。⑦

---

① 《中央关于土改后农村与城市工作等问题给华东局的指示》（1951年8月11日），《建国以来刘少奇文稿》第3册，中央文献出版社2005年版，第664—665页。
② 梁漱溟：《乡村建设理论提纲》，《乡村建设》1933年第2卷第22、23期合刊。
③ 《论人民民主专政》（1949年6月30日），《毛泽东选集》第4卷，第1414页。
④ 邓子恢：《在全国第一次农村工作会议上的总结报告（节录）》（1953年4月23日），《建国以来重要文献选编》第4册，第282页。
⑤ 刘少奇：《新中国经济的性质与经济建设方针》（1948年12月22日），中共中央文献研究室编：《刘少奇论新中国经济建设》，第54页。
⑥ 刘少奇：《国家的工业化和人民生活水平的提高》（1950年），中共中央文献研究室编：《刘少奇论新中国经济建设》，第169页。
⑦ 邓子恢：《在全国第一次农村工作会议上的总结报告（节录）》（1953年4月23日），《建国以来重要文献选编》第4册，第163页。

乡村改造不仅仅是制度本身，也包括对农民主体本身的改造和教育。显然，与革命时期将农民视为天然革命动力或"革命先锋"①有所不同，进入建设时代后，毛泽东提出"严重的问题是教育农民"②。刘少奇也特别注意到对农民的教育问题，要求"我们党委、教育工作者要善于教育农民，使农民认识集体经济是优于个体经济的，以便于将来组织集体农庄"③。这一思想共识通过《人民日报》社论成为指导党对农村改造工作的具体政策："当我们向互助合作道路上前进时，切不要忘记前进的出发点乃是小农经济，工作对象是小私有者。"小私有者的农民，"表现出较多的保守性和患得患失心理"，最关紧要的问题是"他们的切身利益能否得到保护和发展的问题"。没有长期而细致的社会改造，农业社会化和农村集体化几乎不可能完成，因为"没有一个农民会相信当前强迫他们和侵犯他们利益的互助合作社，可以在未来满足他们利益的"。对农业的改造和对农民的改造是一个问题的两个方面，它构成了新中国建设早期中共乡村建设思想的主体内容："把农业集体化当作农村工作中主要的建设任务。"④

最后，乡村建设以农业建设为重点，并以服务于工业建设和城市建设战略为根本方向。"今后农村工作的基本任务是发展生产，这是与整个国家工业化和建设的总任务相适应的任务之一。发展农业生产的主要目标之一，是为了保证国家对于粮食和工业原料的需要。"⑤在整个国家建设战略规划中，农业或乡村建设的地位不同于工业和城市："目前我们全国人民的最高利益就是实现国家的社会主义工业化。"⑥国家对于乡村建设或农业建设的投入十分有限，乡

---

① "所谓国民革命运动其大部分即是农民运动。"《国民革命与农民运动——〈农民问题丛刊〉序》(1926年9月1日)，《毛泽东文集》第1卷，第38页。"没有贫农，便没有革命。若否认他们，便是否认革命。若打击他们，便是打击革命。"《湖南农民运动考察报告》(1927年3月)，《毛泽东选集》第1卷，第21页。
② 《论人民民主专政》，《毛泽东选集》第4卷，第1477页。
③ 刘少奇：《春耦斋讲话》(1951年7月5日)，中共中央文献研究室编：《刘少奇论新中国经济建设》，第220页。
④ 《领导农业生产的关键所在》(1953年3月26日《人民日报》社论)，《建国以来重要文献选编》第4册，第111—112页。
⑤ 邓子恢：《在全国第一次农村工作会议上的总结报告（节录）》(1953年4月23日)，《建国以来重要文献选编》第4册，第279页。
⑥ 《贯彻重点建设城市的方针》(1954年8月11日《人民日报》社论)，《建国以来重要文献选编》第5册，第441页。

村建设事实上是乡村的自主建设:"农村要不要做建设工作的呢?要的。水利是要兴修的,……应该从当时当地人民的需要与可能出发,量力而行。"① 所谓"量力而行"既是量国家之力,即"国家财政主要是搞工业,工业是重点建设,这样用在农村的钱当然就不能那样多了"。更是量农村之力或农民之力,因为大规模的建设,"就是国家出钱也还要靠农民出力的",如兴修水利和植树造林等。"必须估计人民的负担能力",还要估计干部的能力。其中水利建设构成了农业建设中重要的具有长期战略性内容,"我们应把水利建设看作是农业建设中最基本的长期的建设工作"②。

"优先发展以基础原材料工业、装备制造业和国防工业为代表的重工业,加快城市建设步伐就顺理成章地成了国家的战略抉择。"以农业为代表的非优先发展地区必须服务和服从于优先产业、优先地区发展的需要,其实现途径"就是通过以农支工,人为地扩大工农业产品价格的'剪刀差',以牺牲农业的代价实现了工业初步积累的快速完成"③。

为了加强党对农村工作的领导,1952年成立中央农村工作部——这从另一个侧面恰恰提示了建设时期乡村"失重"的基本态势。《中共中央关于建立农村工作部的决定》明确提出,正是为了适应中央和各省级领导重心必然放在城市的工业建设上的需要,"为了在这种情况下不减弱党对农村工作的领导",决定在省委以上的党委领导下,建立农村工作部。而农村工作部的"中心任务是组织与领导广大农民的互助合作运动,以便配合国家工业化的发展,逐步引导农民走向集体化的道路"④。农村的各项具体业务应由政府的农林、水利等部门及合作社分别负责。至于农村党务,则由党委的组织和宣传部门负责,不列为农村工作部的任务。此外,从1952年中央对中南局的文件批示中也显示出这一基本导向,即为了配合"全党即将转入以城市为重点,以工业为中心的经

---

① 邓子恢:《在全国第一次农村工作会议上的总结报告(节录)》(1953年4月23日),《建国以来重要文献选编》第4册,第163—164页。
② 《中共热河省委对发展农村中小型水利的几点意见》(1953年5月2日),《建国以来重要文献选编》第4册,第266页。
③ 薛蒙林:《剖析"三农"问题的历史逻辑》,《社会科学研究》2013年第2期。
④ 《中共中央关于建立农村工作部的决定》(1952年11月12日),《建国以来重要文献选编》第3册,第410页。

济建设",需要加强党在农村的阵地,组织方面拟在"地级以上党委内部专设农委机构,在政府机关,也设立一个综合指导农村工作的机构,名为农村工作委员会(或农村经济委员会)"①。显然,农村工作部及其相应的有关农村工作机构的建立,其实就是领导和改造乡村为工业化建设和重点建设城市而特设的领导机构和行政管理机构。为此,毛泽东还特别向邓子恢强调说:"农村工作部的基本任务就是要在十年至十五年或者更长一点时间内,在全国范围基本上完成乡村的社会主义改造,把现有的农民私人所有制,改造成为将来的集体所有制,把现在的个体农民改造成为将来的集体农民。"②

## 六、新探索:工业化道路与乡村建设问题

土地改革曾经以暴风骤雨般的劲道摧毁中国乡村固有的社会结构和权力体系,成为革命时代中共在农村社会获得社会动员的优势。1950年6月,中央人民政府正式颁布了《中华人民共和国土地改革法》,真正实行"耕者有其田"的农民土地所有制,借以解放农村生产力,发展农业生产,为新中国的工业化开辟道路。到1952年底和1953年春,除西藏等少数民族地区外,一个历史上规模最大的土地改革胜利完成,"耕者有其田"在中国变成了活生生的现实。通过土地改革而获得了经济利益的农民(包括老解放区在内)有3亿多人,他们分得了约7亿亩土地和其他大量的生产资料③,还免除了过去每年须向地主交纳的350亿公斤粮食。④

土地改革作为制度变迁产生了一定的制度绩效。个体农户拥有土地并自主经营,在落后的生产力条件下获得了最大的生产效率。"土地改革满足了农民对土地制度变迁的强烈要求,改变了土地所有和土地使用相分离的状况,实现了农业生产者与农业生产资料的直接结合",激发了农民生产的积极性,促使

---

① 《对中南局关于在地级以上党委设农委与政府设农村工委问题的批语》(1952年6月8日),《建国以来刘少奇文稿》第4册,第236—237页注【2】。
② 《邓子恢文集》,第341页。
③ 《为增强党的团结而斗争》(1954年2月6日),《建国以来刘少奇文稿》第6册,第66页注【1】。
④ 方向新:《农村变迁论——当代中国农村变革与发展研究》,湖南人民出版社1998年版,第13—14页。

农业生产获得显著提高。农业总产值1952年比1949年增加了53.4%，年均增长15.3%；粮食总产量1952年比1949年增长44.8%，年均增长13.1%，比新中国成立前的最高年生产水平增加了9.3%。如下表所示：

表9-1 1949—1952年农业总产值及主要农产品产量变化表[①]

| 项目 | 1949年 | 1950年 | 1951年 | 1952年 | 1952年为1949年的百分比 |
|---|---|---|---|---|---|
| 农业总产值（亿元） | 271.8 | 317.6 | 357.0 | 417.0 | 153.4% |
| 粮食（万吨） | 11320 | 13215 | 14370 | 16390 | 144.9% |
| 棉花（万吨） | 44.4 | 69.2 | 103.1 | 130.4 | 293.7% |
| 油料（万吨） | 256.4 | 297.2 | 362.0 | 419.3 | 163.5% |
| 猪牛羊肉（万吨） | 220.0 | — | — | 338.5 | 153.9% |

"土地改革不仅迅速恢复和提高了农业生产力，而且为国家工业化的起步奠定了基础。"[②] 但是，土改所带来的生产效益相当有限，甚至很大部分是由战乱结束进入和平时期且生产恢复正常状态下的结果，土改释放的土地增产绩效是短时效益。尤其是大规模工业化建设开展以后，国家工业化、工业国有化的战略发展与小农经营为主体的农业、农村之间的制度、体制和需求冲突骤然凸显。这成为中共领导层深长思之并着力解决的切要之困。

从1951年12月至1953年12月，党中央先后发出了关于农业生产互助合作的决议和关于发展农业生产合作社的决议。作为当时"指导农村工作的基本文件"[③]，已经开始提出了超越土地改革而改造农业、农村和农民的发展方向。当然，在关于农村社会主义改造步骤问题上，一开始中央领导层还未形成共识，刘少奇认为不能马上超越历史阶段建立社会主义，"有了工业的国有化和土地的国有化，然后农民才能集体化，才能供给农民大量的机器，这样农业才能普遍的集体化"[④]。

---

① 方向新：《农村变迁论——当代中国农村变革与发展研究》，第14—15页。
② 方向新：《农村变迁论——当代中国农村变革与发展研究》，第15页。
③ 刘少奇：《为增强党的团结而斗争》（1954年2月6日），《建国以来刘少奇文稿》第6册，第66页。
④ 刘少奇：《"三年准备，十年建设"》（1951年5月7日），中共中央文献研究室编：《刘少奇论新中国经济建设》，第183页。

而且，1951年时粮食紧张问题已出现并呈现出愈来愈严重之势。①1953年国家开始大规模经济建设，基本建设投资从1952年的43.56亿元增加到94.4亿元，随之就业人员大增，城市和工业用粮也成比例增加，小农经济的农业赶不上工业化新阶段，当年度国家未能完成粮食收购任务，国家粮食赤字40亿斤，并预计下个粮食年度还可能赤字117亿斤。如不采取坚决措施，粮食市场必将出现严重混乱局面。其结果必将导致物价全面波动，逼得工资上涨，波及工业生产，预算也将不稳，建设计划将受到影响。毛泽东要求陈云解决粮食的紧张问题。陈云提出：粮食问题上必须在农村实行征购，在城市实行配售，严格管理私商，在坚持统一管理的前提下调整内部关系。②对此，毛泽东给予了全力支持。③

统购统销政策的目的不仅为征购农民手中的余粮，更关键的是用集体化改造小农，把分散的小农经济纳入国家计划机制，使大量的农业剩余更可为国家所用。它"作为贯彻实施过渡时期总路线的重要步骤，构成对个体农民实行社会主义改造的组成部分"④。这一政策与互助合作体制改造相结合，构成了改造农业、农民和农村的重要步骤。正如毛泽东所言："分土地的好处有些农民已开始忘记了"，"小农经济，这个经济不好，但是个现实"。因此，必须通过改造使他们由个体经济转向集体经济。⑤尤其是总路线确定后，毛泽东再次强调对农业的改造是保证工业化主体发展两翼中尤为重要的一翼，对于粮食的"计划收购和计划供应"与"互助合作运动"是对社会主义建设的"很大的推动"⑥。

土改后的农业生产、农村发展或农民生活，仍然"还有许多困难的条件限制"。在第一次全国农村工作会议上，邓子恢特别讲到了这一情况："虽然国家

---

① 陈云：《实行粮食统购统销》（1953年10月10日），《建国以来重要文献选编》第4册，第446页。
② 陈云：《实行粮食统购统销》（1953年10月10日），《建国以来重要文献选编》第4册，第454页。
③ 《粮食统购统销问题》（1953年10月2日），《毛泽东文集》第6卷，第295页，并第297页注释【2】。
④ 薛暮桥：《薛暮桥回忆录》，第216页。
⑤ 《粮食统购统销问题》（1953年10月2日），《毛泽东文集》第6卷，第295—296页。
⑥ 《关于农业互助合作的两次谈话》（1953年10月15日、11月4日），《毛泽东文集》第6卷，第304页。

运用了很大的力量,如大批的贷款,兴修水利,提供新式农具、喷雾器、杀虫剂,有些地方还派了飞机去杀虫,等等。"但仍然无法解决根本性问题。因此,新中国的农村存在着两条道路:一条是让个体农民向富农高利贷者借贷,去当雇工,让少数人发财致富,多数人破产贫困。另一条是领导农民组织起来,通过互助合作而集体化,走"大家富裕的道路"①。但是,当时更为现实和紧迫的问题是,小农经济无法生产大量的农业剩余,导致在中国内部产生不出工业革命和城市化的物质条件,使中国社会长期停滞在农业阶段。新中国建立后大规模工业化进程迅速展开,小农经济与工业化的矛盾日益尖锐。"个体所有制的生产关系与大量供应是完全冲突的。个体所有制必须过渡到集体所有制。"② 要发展农业生产,必须对小农经济实行改造,因为"这种有计划地大量增产的要求和小农经济分散私有的性质以及农业技术的落后性质之间的矛盾,是越来越明显了,困难越来越多了"。农业增产是国家建设的前提保障,就机械性的农业增产而言,所谓的措施和输入法不止一端,主管经济的陈云认为:"农业增产有三个办法:开荒,修水利,合作化。"虽然"这些办法都要采用,但见效最快的,在目前,还是合作化"③。而"合作化"其实也只是过渡,由互组合作而完成农业集体化或社会主义化才是最终的目标。对此问题尽管党内曾有不同认识,但在党的过渡时期总路线形成时已经取得了基本共识。毛泽东指出,"这是两个带根本性质的矛盾"④。必须改造农业和农民,改造的前途"就是农业集体化或社会主义化"⑤。1953年2月中共中央通过决议,将"合作运动纳入党中央所指出的正确的轨道,有计划地逐步地完成改造小农经济的工作,使农业在社会主义工业的领导下,配合着社会主义工业化的发展,而胜利地过渡

---

① 邓子恢:《在全国第一次农村工作会议上的总结报告(节录)》(1953年4月23日),《建国以来重要文献选编》第4册,第147—149页。
② 《关于农业互助合作的两次谈话》(1953年10月15日、11月4日),《毛泽东文集》第6卷,第301页。
③ 陈云:《关于第一个五年计划的几点说明》(1954年6月30日),《建国以来重要文献选编》第5册,第338页。
④ 《中央农村工作部关于第二次全国农村工作会议的报告》(1954年5月10日),《建国以来重要文献选编》第5册,第264页。
⑤ 邓子恢:《在全国第一次农村工作会议上的总结报告(节录)》(1953年4月23日),《建国以来重要文献选编》第4册,第282页。

到全国的社会主义时代"①。

将农民的个体所有制改造为"社会主义所有制"是新中国建政后乡村建设的基本方向，这是党的总路线的实质性要求，即"使生产资料的社会主义所有制成为我国国家和社会的唯一的经济基础"。因为只有完成这一改造，才具备了"社会主义建设"的前提条件。②在新中国建设战略规划中，国家对于整个乡村而言基本上是"重改造而轻建设"，在建设资金和财力投入方面尤其如此。

陈云对此是有所认识的。他在说明第一个五年计划时，提出过"农业投资是否太少？"的问题。他说："五年内对农业（包括林业和水利）投资为四十九万亿元，占经济建设支出的百分之九点五。"当然，相对于工业建设、城市建设的投资的巨大反差，陈云也有所解释说："五年内直接或间接的对农业的投资还有"另外各项：地方农业水利投资五万亿元，军垦费用五万亿元，农村救济费十五万亿元，治理黄河可能将有五万亿元，银行长期农贷十万亿元，以上共计四十万亿元。将这些全部加上后，陈云提出，"就绝不止仅占经济建设总支出的百分之九点五，而是在百分之十五以上，并不算低。对农业，可以准备几个后备计划，争取在年度中增加投资"③。事实上，陈云所说的"占经济建设支出的百分之九点五"的比例也没有真正落实。在1955年李富春报告中列举的数字表明，农业、水利和林业部门投资为三十二亿六千万元，仅占百分之七点六。④而城市建设方面，仅公用事业建设为十六亿元，即占到百分之三点七。所以，李富春的报告并不讳言"农业的发展过分落后于工业发展的矛盾"⑤和回避"农民太苦"⑥的社会呼声。

---

① 《中国共产党中央委员会关于发展农业生产合作社的决议》（1953年12月16日中共中央通过），《建国以来重要文献选编》第4册，第681页。
② 《革命的转变和党在过渡时期的总路线》（1953年12月），《毛泽东文集》第6卷，第316页。
③ 陈云：《关于第一个五年计划的几点说明》（1954年6月30日），《建国以来重要文献选编》第5册，第339—340页。
④ 李富春：《关于发展国民经济的第一个五年计划的报告（节录）》（1955年7月5日、6日），《建国以来重要文献选编》第6册，第289页。
⑤ 李富春：《关于发展国民经济的第一个五年计划的报告（节录）》（1955年7月5日、6日），《建国以来重要文献选编》第6册，第300页。
⑥ 李富春：《关于发展国民经济的第一个五年计划的报告（节录）》（1955年7月5日、6日），《建国以来重要文献选编》第6册，第305页。

"农业是保证工业发展和全部经济计划完成的基本条件。"①农业生产供应全国人民的食粮,同时,用农业品作原料的工业产品,在目前又占全国工业总产值的百分之五十以上,而且进口工业设备和建设器材所需要的外汇,大部分也是农产品出口换来的。"放在我们面前的是这样一个问题:用必要的财力来保证国家建设,以便建立人民生活改善的物质基础好呢?还是减少和推迟建设,而不合理地随便增加工资或者随意开销好呢?我们认为,从全国人民整体的长远的利益来考虑,应该首先用必要的财力来保证国家的建设。"②

国家建设之中心在工业,重点在城市;乡村建设或农业建设总体上处于附属或服务于建设中心或重点的地位。如表所示。

表9-2 1954年国家对农业、农村建设投资与内容

| 项目 | 投资与内容 | 项目 | 投资与内容 |
| --- | --- | --- | --- |
| 拨款总额(农业、林业、水利、气象) | 十三亿七千五百零八万 | 地方政府帮助农民修建工程 | 贷放了水车11万多辆,扩大了灌溉面积1170万余亩,改善灌溉面积3690余万亩 |
| 救灾为主的农村救济费 | 三亿七千三百九十四万 | 林业建设 | 完成造林1740万亩林区采伐后迹地更新58万亩 |
| 国家发放农贷 | 九亿三千二百七十八万 | 水利建设 | 永定河官厅水库,淮河薄山水库、佛子岭水库 |
| 国家向农民收购工业原料等副产总值 | 六十亿以上 | 农业机械化建设 | 国营机械农场97个,农业机械站89个 |

资料来源:李先念:《关于一九五四年国家决算和一九五五年国家预算的报告》(1955年7月6日),《建国以来重要文献选编》第6册,第368页。

新中国建设必须由农业、农村与农民对工业化和国家建设提供基本保障,并付出牺牲。因此,国家对于乡村建设,更多地侧重于农业建设(以增产为目的,以保证工业建设和城市建设基本物质需求),"当前农村工作的基本任务是开展以互助合作为中心的农业增产运动"和体制建设(通过对小农经济的集体化改造以保证国家对农业剩余的有效获取),即"逐步进行对农业的社会主义

---

① 李富春:《关于发展国民经济的第一个五年计划的报告(节录)》(1955年7月5日、6日),《建国以来重要文献选编》第6册,第321页。
② 李富春:《关于发展国民经济的第一个五年计划的报告(节录)》(1955年7月5日、6日),《建国以来重要文献选编》第6册,第347页。

改造"和"不断地提高农民的社会主义觉悟"①。

当然不仅仅如此。1955年,毛泽东在谈到农业合作化时提出了对于农村建设的全面规划问题。他认为全面规划应当包括:第一,合作社的规划;第二,农业生产的规划;第三,全部的经济规划(其中包括副业、手工业,多种经营,综合经营,开荒,移民,信用合作,银行,技术推广等)。"还有绿化荒山和村庄"也是农村建设规划中应特别加以注意的方面,"南北各地在多少年以内,我们能够看到绿化就好。这件事情对农业,对工业,对各方面都有利"。还有文化教育规划,包括识字扫盲,办小学,办适合农村需要的中学,中学里面增加一点农业课程,出版适合农民需要的通俗读物和书籍,发展农村广播网、电影放映队,组织文化娱乐等。"还有整党建党、整团建团、妇女工作,还有镇压反革命。"此外,乡村建设规划应该分层级纳入整体建设规划之中,即规划应当有这么几种:(一)乡村合作社的规划;(二)全乡的规划(全国有二十二万多个乡);(三)全县的规划;(四)全省的规划。②

第一个五年在对乡村社会进行全面改造的同时,国家也关注到乡村教育建设问题(主要提倡合作社办学,农民业余文化教育,扫盲识字教育)。计划时期,人民政府对农民业余文化教育事业做了很大努力,"但是农村的文化依然处在很落后的状态,文盲依然占农村人口的绝大多数"。"社会主义是不能建立在大量文盲的基础上的。因此,适应当前农村新情况和新任务的需要,积极地开展农民业余文化教育,扫除文盲,克服我国农村文化落后状态,已成为当前一项重要的政治任务。"③但是,乡村文化建设并没有纳入国家建设规划,而是提出除少数专职人员的开支、教师训练费等外,"都应当由群众自筹"④。即使关涉农业增产的农田水利建设,也"要农民派工,按照受益户派工、派粮、派

---

① 《中华人民共和国国务院关于加强农民业余文化教育的指示》(1955年6月2日),《建国以来重要文献选编》第6册,第261页。
② 毛泽东:《农业合作化的全面规划和加强领导问题》(1955年10月11日),《毛泽东文集》第6卷,第475—476页。
③ 《中华人民共和国国务院关于加强农民业余文化教育的指示》(1955年6月2日),《建国以来重要文献选编》第6册,第261页。
④ 《中华人民共和国国务院关于加强农民业余文化教育的指示》(1955年6月2日),《建国以来重要文献选编》第6册,第265页。

款,要动员农民来搞"①,由乡村自主或自筹经费建设。

"一个世纪以来,我国乡村社会的变迁是一种'规划的社会变迁',这种规划出自于国家对乡村社会的有目的有意识的改造,改造的目标和主要手段是国家政权建设。随着国家政权建设深入基层,国家基层政权组织广泛建立并对社会进行着日渐深入的动员,乡村社会结构也由此而发生了深刻的变化。"②为了支持重工业超前的战略,国家保持了高强度的积累。这一积累方式的特点是,"通过农产品国家定价的形式,从农民手中低价收购,又向城市居民和企业低价销售,用以维持大工业低工资和低原料成本,提供不断产生超额工业利润的条件,最后又通过大工业利税上缴,集中起国家工业化的建设基金。高强度的积累方式是造成以后城市化畸形运转的原因之一"③。过度依靠农业的积累支撑城市高速工业化,引起农业的衰落和农村商品经济的萎缩。尽管1949年至1957年,农业生产发展较快,农业产值年平均递增7%,但农产品商品率却呈下降趋势。农民通过集市出售的农产品占全部农产品收购额的比重从1952年的8%下降到1957年的6%,农民收入与城市居民收入的差距进一步拉大,许多农村集镇凋敝,这给城乡关系的协调带来了较大困难。④

"积极的社会主义工业化的政策"⑤,即以工业建设为中心,以城市建设为重点的战略决策,决定了工业(城市)建设与农业(农村)改造的主导思路,同时也就形成了国家重点建设城市与乡村建设立足于自主或自筹的战略思想。某种意义上说,这是一个时代性选择。正如梁漱溟所说:"中国兴亡系于工业化问题。"只不过他反对走模仿西方的工业化之路罢了。"中国的工业化,将必走一条不同的路。"⑥这一历史演进的基本趋势,虽然往往通过个体的思想表达和主张得以呈现,但最终表达的是超越个体主观追求的时代性诉求。"完成工业

---

① 邓子恢:《在全国第一次农村工作会议上的总结报告》(1953年4月23日),《建国以来重要文献选编》第4册,第164页。
② 龙太江:《国家政权建设与乡村发展——对革命后中国乡村社会现代化进程的反思》,《衡阳师范学院学报》(社会科学版)2002年第3期。
③ 邹农俭:《中国农村城市化研究》,广西人民出版社2002年版,第85页。
④ 邹农俭:《中国农村城市化研究》,第85页。
⑤ 《中华人民共和国发展国民经济的第一个五年计划(一九五三——一九五七)》(1955年7月30日第一届全国人民代表大会第二次会议通过),《建国以来重要文献选编》第6册,第407页。
⑥ 梁漱溟:《乡村建设旨趣》,《乡村建设》1934年第4卷第14期。

化的先决条件",是实施土地问题上的一些必要而可能的改革。"如果农村生产关系不予纠正——高利贷及不合理的租佃关系不设法改革,……那么社会资金就永远不会脱离土地投资的暖窝而转向工业生产。商业资本也永远不可能转化为工业资本……不但工业化会因此而搁浅,工业化的每一步的实施都会遭受落后势力的阻碍","因为这里面藏着一个很简单而又最严重的矛盾:实施计划经济,完成工业化,必然的与封建势力的利害相冲突。""计划经济既不能贯彻而包括的实施,那必不能全面而有系统的发生效果。""工业建设纲领,无论从那一个角度上看,都代表着中国社会经济现实的要求,显示着一种进步的标志。……是每个国人所绝不能忽视的责任。""工业建设纲领中国社会从半殖民地地位走出的结果,然而只有它的实现才是半封建社会结束的表现。"①

20世纪中叶以后,"缓慢的农业被动摇了,它开始以工业的步伐前进,并利用工业的能源和最新发现……一切农业生产者都受消费者的欲望和市场的变化所支配。像其他生产领域一样,农业也必须服从工业社会中技术和经济变化的节奏"②。工业化进程以及由此引发的工业建设与城市建设的主导性,不仅仅是近代以来进步的中国人民的自觉追求,而且也是整个世界历史进程的基本诉求。赢得政权的中国共产党的选择仍然如此。"在我们这样一个大国里面,情况是复杂的,国民经济原来又很落后,要建成社会主义社会,并不是轻而易举的事。我们可能经过三个五年计划建成社会主义社会,但要建成为一个强大的高度社会主义工业化的国家,就需要有几十年的艰苦努力,比如说,要有五十年的时间,即本世纪的整个下半世纪。"③

从而,乡村建设即国家建设,或者说国家政权建设或制度建设与乡村建设的高度一致,构成了这一时期的主要内容,并最终服务于工业建设和城市建设。乡村社会变迁就是国家政权建设在乡村的展开和深入。

---

① 杨选堂:《工业建设纲领析论》,《中国建设》1945年9月1日,创刊号。
② 〔法〕H.孟德拉斯:《农民的终结》,李培林译,"导论·关于农民的研究",第11页。
③ 毛泽东:《在中国共产党全国代表会议上的开幕词》(1955年3月21日),《建国以来重要文献选编》第6册,第102页。

# 第十章　对新中国农村建设问题的调研与思考

关于新中国建设发展道路问题的论争，更集中地体现在农村问题上。[①] 工业化道路的问题，某种意义上其实也是农村建设的问题。"农业和轻工业发展了，重工业有了市场，有了资金，它就会更快地发展。这样，看起来工业化的速度似乎慢一些，但实际上不会慢，或者反而可能快一些。"毛泽东非常明确地指出，"这是中国工业化道路的问题。我们必须沿着这条正确的道路前进"[②]。

在新的道路探索进程中，中央领导层坚持深入农村调查研究，对中国农业、农村和农民问题及解决办法形成了许多具有独创性、规律性的认识，对中国农村建设道路均有不同程度的探索性贡献。面对新的时代任务和历史使命，面对新的道路的探索和选择，思想认识上的不同和分歧既在情理之中，也是势之必然。时缓时急的思想碰撞和论争，一方面呈现出领导者对于时代使命的责任所在，另一方面也提示着党内民主制度建构的内在需求。分歧与共识、论争与服从，终究在超越个人诉求的选择中，在实践的进程中成就为历史的通途。

## 一、邓子恢关于新中国农村建设的认识

邓子恢是我国老一辈无产阶级革命家，是中国共产党内长期从事农业、农

---

[①] 《副业单干是当前农村两条道路斗争的又一突出问题——中共中央批转国务院农林办公室公社组摘报的材料》（1953年6月2日），《毛泽东选集》第5卷，人民出版社1977年版，第400页。

[②] 《薄一波在全国工业工作会议上的总结发言》（1962年12月5日），《建国以来重要文献选编》第16册，第40页。

村工作的卓越领导人。新中国成立后,邓子恢主持中南局工作,不久调任中央农村工作部部长、国务院副总理,协助毛泽东领导农业、农村工作。他为探索我国农业发展道路,奔波于长城内外、大江南北,足迹遍及神州田埂小道,掌握了农村建设工作所需的第一手资料。他坚持马克思主义的基本原理同中国农村的具体实际相结合原则,提出了中国农村建设和发展道路的一系列的思想主张,为社会主义新农村建设思想的形成做出了贡献。

### (一)邓子恢对农村建设思想的重视

新中国成立后,如何实现一个农村人口占绝大多数国家的富强成为中国共产党人亟待解决的问题。出生在农民家庭的邓子恢深知农村建设对恢复国民经济的重要作用,他将马克思列宁主义关于农村建设的思想同中国的实际相结合,认真学习国外经验,深入农村,调查研究,为新中国成立后农村建设的开展进行了系统性探索和研究。

1. 农业:生活资料的主要来源和工业建设的基础

农业是农民衣、食、住、行的主要来源,这种情况新中国刚成立时表现得尤为明显,邓子恢曾多次强调"农业生产是全国人民的'衣食之源',是关系5亿农民生活改善的根本问题"。"人要有饭吃、有衣穿、有副食品和许多日用品才能生活下去,这些东西绝大部分是从农业生产出来。如果农业歉收,人民吃不饱饭、穿不上衣服,而还谈得上什么社会主义建设呢?"[1]在1949年中共武汉市代表大会、在国务院讨论第一个五年计划的会议上及八大发言时,邓子恢都明确强调:农业是工业的基础。他指出:"农村生产不能发展,城市生产充其量只能维持现状。城市萧条就是因为乡村生产没搞好。"[2]"农村生产力降低,农民购买力萎缩,农业生产不能维持原有水平。倒过来又造成城市经济萧条,造成城市生产恢复与发展的许多困难。"[3]农业是工业的基础是邓子恢在认真考察农业与工业关系的基础上提出的。

农业是工业原料的主要来源。我国的工业原料有很大一部分来源于农业,

---

[1] 邓子恢:《在全国农业劳动模范代表会议上的报告》,《人民日报》1957年2月22日。
[2] 《邓子恢文集》,第207页。
[3] 《邓子恢文集》,第240页。

如食品加工所需要的原料。邓子恢在1957年2月的全国农业劳动模范代表会议上的报告中指出:"我国目前轻工业品的产值,占整个工业产值的50%,而轻工业原料的90%以上来自农业生产。问题很清楚,如果农业方面不能生产轻工业所需要的足够原料,轻工业的生产就难于大量发展。"①农业的发展为工业品提供广阔的市场。邓子恢指出:"我国的工业化主要依靠国内市场来发展的,而国内市场又主要依靠农村市场,譬如轻工业产品的销路70%在农村,重工业产品销路很大部分也是要靠农业发展的,如化学肥料、农具和农业机器等是直接靠农业发展的,其他交通、运输、轻工业机器和制造这些机器的钢铁业、机器制造业、煤电业等,也间接与农业发展有关","如果农业发展慢,农民购买力不高,不仅要直接影响轻工业品的销路,而且也间接影响重工业品的销路"②。

2. 农业:出口商品和工业资金积累的主要来源

新中国成立之初,我国的技术水平极其落后,发展工业所需要的技术设备只能通过向国外,尤其是向兄弟国家进口,而若要进口就必须组织出口来换取外汇,邓子恢就如何组织出口换取外汇指出:"这些出口,在目前条件下,还只能是主要地依靠农产品和土特产品。从这个意义上来讲,发展农业生产也是重要的。"原因在于"如果农产品不能迅速发展,不能适当地扩大对外贸易,也只能推迟国家工业化的速度。这对国家是不利的,对农民来说,也是很不利的"③。

农业是工业资金积累的重要来源。新中国成立之初,我国面临的是一种内忧外患的局面,不法分子企图颠覆新中国,一些西方资本主义国家也采取种种措施阻挠新中国的发展。在这种情况下,发展工业显得尤为重要,而在一穷二白的中国,工业发展的资金只能来源于农业。邓子恢清醒地看到了这一点,他明确指出:"我们不能实现从农村方面积累必要的资金,工业就很难发展。"④

3. 农业的发展对巩固工农联盟有极其重要的作用

邓子恢对工农联盟问题认识非常深刻。"工人与农民是两兄弟,是左右手,应该不分彼此,团结合作,结成巩固联盟,这就是搞好社会主义建设的最根本

---

① 邓子恢:《在全国农业劳动模范代表会议上的报告》,《人民日报》1957年2月22日。
② 邓子恢:《在全国农业劳动模范代表会议上的报告》,《人民日报》1957年2月22日。
③ 邓子恢:《在全国农业劳动模范代表会议上的报告》,《人民日报》1957年2月22日。
④ 《邓子恢文集》,第494页。

条件。"① "只有农业发展了,改善了农民的物质文化生活,才能巩固工农联盟,才能把农民团结在工人阶级的周围。"② 他还进一步指出,"在新的历史时期,随着工业的发展,逐步实现农业的现代化乃是工农联盟的新的经济基础"③。

### (二) 邓子恢农村建设思想的主要内容

邓子恢秉承"没有调查就没有发言权"的原则,深入农村调查研究,在农村建设的政策、农业基本设施建设、农业合作制、农业生产责任制、改进并推广农业生产技术、发展山区农业、开展多种经营、完善农业的经营管理制度等方面都做出了较大的贡献,为探索社会主义新农村建设的道路奠定了坚实的基础。

1. 农村所有制形式多样化建设的主张

所有制是生产关系的核心,所有制结构的不同关系到社会主义建设的巩固。改革开放前,我国一直对所有制结构和性质存在争议,在此期间邓子恢一直坚持所有制形式应该具有多样性,集体经济为主体,个体经济为补充。他的这一思想对于我们今天也有所启示。

新中国成立初期,人们认为,当时的农村只能搞集体所有制或者全民所有制这种单一的形式,然后随着农村经济的发展,再由集体所有制过渡到全民所有制。很显然这种思想是与当时的生产力水平不相适应的。邓子恢很清醒地认识到了在中国这样一个较为落后的农业大国,各地农村的情况千差万别,搞单一的所有制形式势必会犯形而上学的错误,不但不利于农业的发展,反而会阻碍农村建设的步伐。于是他力排众议,坚持生产资料可以"主要公有,次要私有"④。他曾经以打麻将牌为喻来说明我国农村实行多种所有制形式的必要性。他说,打麻将牌时如果只要一种,别的都不要,要打个"清一色",那是很难和牌的;但如果以一种为主,打个"混一色",就比较容易和牌。"农村经济也是如此,以集体所有制形式为主,其他多种形式并存,利用和调动各方面的积

---

① 邓子恢:《在全国农业劳动模范代表会议上的报告》,《人民日报》1957年2月22日。
② 《邓子恢文集》,第339页。
③ 《邓子恢文集》,第456页。
④ 邓子恢:《在社会主义基础上进一步巩固工农联盟》,《邓子恢文集》,第461页。

极性，发展就会快起来。"①

农业合作化时期，邓子恢虽然主张将农民的个体所有制逐步改变为集体所有制，但却从不赞成搞单一的集体所有制或全民所有制，他曾针对各地农村在所有制变革上的急躁冒进主义指出："不要100%的合作化，90%就行了"，"保存10%的个体农民有什么不好呢？就妨害社会主义吗？"②在人民公社化运动开展后的1962年，他在写给毛泽东的《关于当前农村人民公社若干政策的意见》报告中强调："一般地区自留地生产还比集体生产搞得好。这说明，在农业生产力还处于以人畜力经营为主的当前阶段，这种小自由小私有，是最能调动农民劳动积极性和责任心的。个体生产的危险在于以个体经济作为主要社会制度，从而产生剥削，产生阶级分化，而最后走上资本主义道路。如果我们能保持集体经济作为农村社会制度的主体，加上政权在我们手里，国民经济的骨干，如工业、交通运输、金融贸易企业等都是全民所有制，在这种条件下允许社员在一定范围内经营一些小自由小私有，是只有好处没有坏处的。"③由此可以明确地看出，邓子恢主张既坚持集体所有制的主体地位，保证社会主义制度大的方向不变，又主张集体所有中有个人所有，他的这种思想是贯穿在其农村建设思想的始终的。

2. 尊重农民生产资料的私有权，采取适当的标准因地制宜地保留并划定自留地

在合作社发展时期的1952年，邓子恢就农户土地入社问题认为，不是所有土地都要入社，每户留下少量土地自己经营。1955年，由邓子恢主持代中央起草的《农业生产合作社示范章程草案》中指出："为了照顾社员种植蔬菜或者别的园艺作物的需要，应该允许社员有小块的自留地。社员每户自留地的大小，应该按照每户人口的多少和当地土地的多少来决定，但是每口人所留的土地至多不能超过全村每口人所有土地的平均数的5%。"④随着人民公社

---

① 《邓子恢传》编辑委员会：《邓子恢传》，人民出版社1996年版，第560页。
② 王贵宸：《建设具有中国特色的社会主义现代农业的勇敢探索者》，中国农业经济学会、中国社科院农村发展研究所编：《邓子恢农业合作思想学术讨论会论文集》，农业出版社1989年版，第70页。
③ 邓子恢：《关于当前农村人民公社若干政策问题的意见》，《邓子恢文集》，第594—595页。
④ 黄道霞：《建国以来农业合作化史料汇编》，中共党史出版社1992年版，第326页。

化运动的开展,在"左"倾思想的主导下,自留地政策被废除。废除自留地不到一年,农村中便出现了问题,城市副食品供应出现短缺。于是,邓子恢向中央提出保留自留地。由于党内不同意见的影响,将农民自留地看作是资本主义温床的思想大有人在。邓子恢坚持自己的建议,上书阐明自留地的重大作用,自留地制度才被保存下来。1962年,中央起草的《农村人民公社工作条例修正草案》明确规定,"自留地一般占生产队耕地面积的5%到7%,长期归社员家庭使用"①。从此,自留地作为一项保障农民生活的制度得以暂时稳定下来。

对于农村中的小私有制问题,党内一直存在着争议。邓子恢经过大量实地调研后坚持:"社会主义的经济形式多种多样,这只有好处,没有坏处。在全民所有制领导下,搞些小私有,对社会主义经济,只会起巩固的作用,不会起破坏作用。"他主张保障农民的土地财产所有权,保护农民的私有财产不受侵犯,要将改变农民的小私有制与保护农民土地财产所有权分清楚,他指出:如果不弄清楚,势必阻碍农村建设,造成农民的恐慌。强调农村的社会主义改造要坚持自愿原则,稳步前进,不能强制将农民的私有财产合并入社。

他反对农村互助合作中"吃大锅饭"的现象,邓子恢认为,无论现在的农业生产合作社还是将来的集体农庄,都只能采用共同生产个别消费制度,而不是实行共同生产共同消费制度。他曾在1953年全国第一次农村工作会议上指出:"今天的互助组也好,合作社也好,是建立在私有基础上的合作,你不保护他,侵犯了他的私有权,他就不积极。说是爱国生产,是与家联系的,侵犯了他的私有,他感到国无可爱之处。各地尊重农民的私有权不太重视。……你不保护他的私有权他就不喊毛主席万岁,就不和工人联盟……我们对农民私有权损伤,就破坏了工农联盟。"②

3. 适合国情的农民负担和分配政策

邓子恢一贯主张农民应该享有合理负担。他指出:"分配问题是生产关系的重要方面,分配的合理可以促进生产的发展,分配不合理也会影响到生产不

---

① 黄道霞:《建国以来农业合作化史料汇编》,第644页。
② 《邓子恢在华北互助合作会议上的讲话》(记录稿),1953年3月12日,转引自蒋伯英:《邓子恢与中国农村变革》,福建人民出版社2004年版,第368页。

发展，影响到社员和干部的关系，影响到社员和社员的关系，甚至影响到合作社的巩固。"① 因此他对如何实现合理分配进行了积极的探索。

邓子恢深知农民都是计利的，他们之所以加入合作社是要获得更多的收益，得到更大的好处。因此为使农民入社后获得更多的利益，邓子恢主张在产品分配上遵循"少扣多分"的原则，按照一定的比例限制各种不必要的支出和公共积累，使合作社在扣除公粮和各项开支之后，仍有60%到70%归社员自由支配。在这期间邓子恢还特别强调正确处理好国家利益与个人利益、眼前利益和长远利益的关系，正确解决合作社中干部与社员的矛盾。他指出合作社干部往往是以合作社的整体利益和长远利益为重，这样就避免不了会发生忽视个人利益的情况，因此，他主张："处理这种矛盾的方针，是要在首先维护集体利益长远利益的前提下，适当照顾社员的个人利益和当前利益。"② 这要在分配政策上有所体现。

他反对分配上的平均主义，吃"大锅饭"的现象，主张在分配上要做到公平合理。邓子恢曾在1953年全国第一次农村工作会议上指出："合作社吃大锅饭必须反对。共同生产、共同消费是共产主义，今天办不到，硬要搞，一定搞坏。"③ 他还批评了分配上的平均主义，说这种做法是"主观上想搞共产主义，想入非非，客观上不可能"④。他主张施行按劳分配、多劳多得以调动农民的生产积极性，同时在按劳分配的基础上根据社员不同的家庭情况进行互助互济，分别照顾，从而使那些无劳动力的社员家庭也能得到应有的照顾。

### （三）主张走农业合作化道路，并提出一系列建议

土地改革完成后，邓子恢指出农业的发展有两条道路：一条是让少数人发财致富、多数人破产贫困的旧道路；另一条是领导农民组织起来，大家互助合作，再加上国家帮助的大家富裕的新道路。他根据我国的国情，指出只有用合作社的形式把农民组织起来，才能帮助农民解决生产资料的困难，减少自然灾

---

① 邓子恢：《农业合作化的情况和今后的工作任务》，《新华半月刊》1956年第12号。
② 邓子恢：《论正确处理农村人民内部矛盾和正确处理矛盾的方针办法》，《邓子恢文集》，第475页。
③ 邓子恢：《农村工作的基本任务和中心环节》，《邓子恢文集》，第349页。
④ 张泮英：《一切从实际出发》，《邓子恢农业合作思想学术讨论会论文集》，第53页。

害所带来的损失。他曾在1953年4月23日的《在第一次全国农村工作会议上的总结报告》中指出:"我们党的任务,在于领导农民走新的道路,走组织起来的道路,走互助合作共同上升大家富裕的道路。"① 只有这样,才能加快我国工业化建设的步伐,满足广大贫农中农的迫切需要;同时,更好地巩固工农联盟。

针对我国农业合作化道路过程中出现的一些问题,邓子恢提出了一系列建议和主张,以保证我国农业合作化道路的顺利进行。

1. 坚持自愿互利和逐步过渡、稳步前进的原则

在农业合作化运动中,邓子恢非常重视自愿的原则,他指出无论是参加互助组还是合作社都必须严格贯彻自愿的原则,对农民绝不能运用强制手段,强迫他们入社,更不能用剥夺的手段,强行将农民的生产资料化为公有。在强调自愿原则的同时,邓子恢也指出"要达到群众自愿,还要贯彻两利原则。农民是实利主义者,是懂得打算盘的,凡事要两不相亏,过分吃亏了他是不会愿意的,因此在处理人畜换工、土地评产、牲口作价、收益分配及社员、组员间纠纷时必须遵照两利原则"②。

我国土改后的农村,小农经济占绝对优势,这就决定了进行社会主义改造的任务是极其艰巨的,邓子恢认识到我国农村社会主义改造的这个重大的特点,明确指出:"在如此广大的中国农村,进行社会主义改造是有它的特殊困难的,如工业基础薄弱,几乎没有什么重工业,人民的文化水平落后,没有组织合作社的历史传统等,因此对于这一任务的艰巨性,又必须有足够的估计。"③ "如果认为互助合作运动可以在短期间内包括全体农民,如果认为现在农民除了极少数例外,已经可以接受集体农场制度,那无疑是绝大的错误。"④ 因此邓子恢积极地拥护党中央在1953年提出的用15年或更长一点时间来实现农业合作化这一战略部署。他说:"引导农民走向集体化是按着农民运动的规

---

① 中华人民共和国国家农业委员会办公厅编:《农业集体化重要文件汇编》上册,中央党校出版社1981年版,第131页。
② 邓子恢:《在青年团中央农村工作会议上的报告》,《中国青年》1954年第17期。
③ 邓子恢:《中国农业走上社会主义改造的道路》,《新华月报》1954年第11期。
④ 邓子恢:《农村工作的基本任务和方针政策》,《新华月报》1953年第8期。

律来进行的,不能依靠命令、公文。所谓群众运动的规律,是靠群众的自觉,即群众的亲身的经验,不能单靠宣传动员……要广大群众起来必须由农民自己做,有了好处他才来……因此互助合作运动要由无到有,由小到大,由点到面,由低级到高级,只能如此,不能急躁。"① 若贸然加快步伐,会使农民产生抵触情绪,结果反而会阻碍互助合作的实现,延缓社会主义改造的完成。

邓子恢遵循农业合作化要坚持"积极领导,稳步前进"的方针。因为在邓子恢看来,搞互助合作与战争动员不同,目前在农村中个体农民占优势地位,他们在某种程度上是小私有者,互助合作关系到农民的切身利益,必须慎重考虑,一旦损害广大农民的利益,必将遭到农民的反对,势必造成农业社会主义改造的失败。同时,进行集体化的速度也必须与工业化相适应,我国只有完成三个五年计划,才能为工业化打下坚实的基础。基于以上因素的考虑,邓子恢指出进行合作化运动一定要坚持稳步前进。他在 1953 年 2 月 9 日的农村工作部干部会上指出:合作化运动应"由无到有,由小到大,由点到面,由低级到高级……做好一步再进一步,做好一乡再做一乡"。1955 年 3 月 21 日,他又强调,应坚持"宁肯少些,但要好些"的方针。此后,他又在多次会议中强调这一方针。

2. 实行团结中农的政策

邓子恢认为,搞互助合作仅仅依靠贫农是不够的,必须鼓励贫农团结中农,使贫农与中农结成巩固的联盟,这样才能孤立富农而最后战而胜之。贫农是工人阶级最可靠的同盟者,因此,必须树立贫农(新中农)在互助合作中的优势及核心作用。但在农村中,贫农虽然获得了土地和生产资料,在农业生产中仍面临着农具短缺等实际困难,在这种情况下,如果能使有富余劳动力的贫农群体与有充足生产资料的中农结合起来,使他们相互合作,不仅可以解决贫农在生产中遇到的困难,还可以提高生产力,发展生产增加收入,可谓合则两利,分则两伤。他指出,团结中农必须剔除某些地方贫农中存在的"揩油"思想,充分考虑到中农的需要,照顾中农的利益,坚持自愿互利的原则。团结中

---

① 邓子恢:《在农村工作部干部会上的讲话》,转引自《邓子恢农业合作化思想学术讨论会论文集》,农业出版社 1989 年版,第 205 页。

农并不是依靠中农,只能依靠贫农办社,依靠贫农去团结中农,而不能反过来。同时,他还强调,不能依靠中农办社并不是说中农不可以参加互助合作组织的领导,相反,他十分重视吸收中农中的代表人物参加互助合作运动的领导工作,以便吸引和团结中农。

### (四)探索推广农业生产责任制

20世纪五六十年代,邓子恢积极主张实行农业生产责任制,并且把"包产到户"的生产责任制提升到体制建设上。随着农村集体经济发展进程和实践中矛盾的出现,他的思想认识也不断地深化和发展。

1. 农业合作化时期

土地改革后,从1951年开始,我国农村开始试行合作化运动,1953年,我国农村的农业生产合作社从试办阶段开始进入发展阶段。直至1956年底,我国农村已经基本实现了高级社。这一时期,农业合作化过程中遇到很多问题,比如:合作社不顾农民意愿,强迫农民入社;党内一些人存在急躁冒进的思想,忽视农民的利益;社内吃"大锅饭"现象严重。于是,邓子恢便开始寻找解决这些问题的方法。

初级社时期,邓子恢首次提出"包工包产"的责任制。邓子恢第一次明确提出,建立生产责任制来发展集体经济是在1954年4月他主持召开的第二次全国农村工作会议上,在会上,他指出:"把劳动分工和劳动组织搞好,建立责任制。"[①] 为搞好农业生产,他又在同年7月召开的共青团中央农村工作会议上进一步阐述了这种思想,他说:"要把劳动组织好,分工分业,分组分队,并实行按件计工,小包耕、大包耕,以至包耕包产等制度,来充分发挥劳动效能,这是搞好集体经济的重要制度,不能由社长临时就地派工,致产生窝工浪费现象。"

1954年12月,在对该《农业合作社示范章程》的修改中,邓子恢就该制度做了更加明确的规定,指出"本社实行包工制(就是生产上的责任制)。给各生产队、各生产小组、各人分配任务,都可以实行包工;分配一定的工作数

---

① 邓子恢:《在第二次全国农村工作会议上的总结报告》,《新华半月刊》1954年第4号。

量、质量、规定完成时限，由各队、各组、各人负责完成。农业生产队和生产小队，应该逐渐从小段农活的包工进到常年包工，负责经营一定的土地，使用一定的耕畜、农具"①。在农业合作化刚刚兴起阶段，邓子恢便提出农业生产责任制的观点，表明了他的远见卓识。

高级社时期，邓子恢进一步丰富和发展了农业生产责任制思想。自1955年10月的七届六中全会召开后，中国农业合作化以超乎寻常的速度快速发展，中央在《一九五六年到一九六七年全国农业发展纲要（草案）》提出"在1958年基本上完成高级形式的农业合作化"。在这一方针的指导下，到1956年底，我国奇迹般地实现了农业高级合作化，在这期间，邓子恢意识到农业合作化的速度过快、工作过粗、忽视农民利益的问题，便主张加强巩固现有的合作社，放缓农业合作化的速度。于是他在1956年4月的全国农村工作部长会议上强调指出：要巩固好现有的合作社，就必须实行生产责任制，"包工包产，这个东西不搞好，集体经营没有好的结果，没有希望搞好的"。"包工包产势在必行，高级社没有包工包产不行，无论如何不行，我想南方北方都要搞包工包产"。②随后，在全国生产者代表会议上，邓子恢主张合作社要有具体的劳动分工、明确的生产责任制和定额管理制来避免混乱现象的发生，他指出："合作社必须做好固定生产队、固定耕作区、固定耕牛农具等工作，必须制定劳动定额、实行按件计酬或包工包产、超产提奖等制度。"③在这里，邓子恢开始使用了"生产责任制"的概念。

这一时期邓子恢的生产责任制形式是"三包一奖"，即高级社按照包工、包产、包成本，超产奖励、减产扣分的原则来调动生产队的积极性，形成了"统一经营、分级管理、明确分工、个人负责"的个人明确分工责任制。邓子恢认为仅仅调动生产队的积极性还远远不够，一次他在"三包一奖"的基础上，提出"包工到组，组包片"，"田间零活包到户"的具体主张，即对一个季节一定地片的农活实行"包工到组，组包片"，对于田间的一些零活，如除草、

---

① 《邓子恢一九五五年元月三日上报的〈农业生产合作社示范章程（草案）〉》，《中国农业合作史资料》1993年第1期。
② 邓子恢：《在全国农村工作部长会议上的讲话》，《人民日报》1956年4月2日。
③ 邓子恢：《农业合作化的情况和今后的工作任务》，《新华半月刊》1956年第12号。

追肥、上粪等则包给具体的户来做。这样生产队、农业组及具体户的积极性全被调动起来，同时还可以充分利用全劳力、半劳力、辅助劳力，也使农民拥有了自由安排农活的时间。遗憾的是，这些主张由于"大跃进"和"人民公社化"的兴起并未得到充分的实行，但邓子恢的探索依然有很大的价值。

2. 人民公社时期

随着人民公社化运动的兴起，一时之间"共产风"及官僚主义盛行，生产上的瞎指挥、浮夸风现象严重。面对这种情况，邓子恢一再强调和重申实行生产责任制，他于1959年的全国农村工作部长会议后，写给中央的报告中指出："按照三定一奖，即定产、定劳力、定投资和超产奖励的方法，迅速地把今年的生产任务包下去。同时，必须大力加强生产责任制，首先是田间管理到组的生产责任制必须普遍地严格执行。"他的这一主张旨在强调生产责任制的作用，主张将生产责任制引入人民公社。随后，邓子恢在主持全国农村夏收会议上，为实现"这次夏收分配要保证社员收入比1957年实际收入多，能做到百分之九十以上，甚至百分之百的社员增收"的目标，他提出一系列的建议，其中指出："'三包一奖'的生产责任制必须坚持，而且要保证'有产可超、有成可提'。这是提高群众积极性的重要方法。"他的这一主张依然是将生产责任制落实到人民公社中。

邓子恢在这一时期并未提出发展生产责任制的新的思想，而是为纠正人民公社化运动中出现的一些偏差，如工作过快，忽视了农民的利益，使农民的积极性受到严重影响等问题。重申这一制度的积极作用，是符合当时我国农村实际情况的，也是适应人民公社经济发展需要的。

3. 经济困难时期

1959年到1961年，我国遭受了三年的经济困难，这一时期，农民的生产生活都遭受严重的冲击，粮食总产量降到了1957年产量之下，农民填不饱肚子的现象屡见不鲜。面对这种现象，中央放松了对"包产到户"责任制的限制。这一时期，邓子恢通过实践调查，其农村生产责任制的思想得到了进一步的发展和丰富。

邓子恢在福建龙岩调查期间，发现生产队迫切要求实行"三包"，因此，他在向中央的报告中指出："现在我赞成全奖全赔，三包改成四包（即包工、包产、包成本,再加上一条包上调)","这是适合于农业生产特点,又适合于公私两利的一种先进制度"。其理由是"现在我赞成全奖全赔,因为如果超产提成归大队,那么无论提多少成,小队干部和社员必然会瞒产,而瞒产又属非法行为,反而增加各种顾虑,以至产生浪费。过去我还设想,实现了粮食过秤入仓之后,可以实行超产提成和增产增购制度,但此次下乡和干部、社员谈内心话之后,才知道粮食过秤入仓,各地并没有真正执行,也不可能真正做到(人力、时间、晒坪、大秤都不够用)"①。同时,他积极主张将"包产到户"深入农村,指导农村的生产工作。

这一时期,邓子恢主张的"三包"与以往的"三包"不同,它是以生产队为基本核算单位的。1961年10月,为进一步调动农民生产积极性,巩固集体经济,中央初步决定把农村人民公社的基本核算单位由大队下放到生产队,邓子恢受中央这一思想的影响,于1961年10月向毛泽东报送《关于座谈基本核算单位下放到生产队问题的情况报告》中指出:"把生产权和分配权统一起来,解决了从高级化以来大队与小队之间长期存在的权责不明的矛盾,从而取消了三包一奖这个糊涂制度,结束了大小队干部一年吵几次,减少了许多麻烦工作,使大家能更好分工合作,搞好农业生产。"②主张:"取消生产队向大队包工、包产、包成本的一套'老三包',实行'新三包'。所谓'新三包',就是生产队要向大队包上缴公积金、公益金、管理费;公粮和征购粮也由大队分到小队包干,一年一次定死,增产不增购,减产不减购。"这样便解决了队与队之间存在的平均主义,同时有利于勤俭节约。他还指出,权力下放到生产小队后仍然实行包工制度,"要划分作业区,按季节包工","有些农活包工到组,有些农活(如耘田、锄草)也可以包到人。包工要有劳动定额,每个社员按完成定额计工分……这样劳动工效就可以大大提高,生产就可以大大发展"③。

邓子恢还主张实行严格的责任制并指出责任制应根据作物的特点,要在承

---

① 邓子恢:《关于龙岩调查》,《邓子恢文集》,第536—538、561页。
② 邓子恢:《邓子恢同志关于座谈基本核算单位下放到生产队问题的情况报告》,《中国农业合作史资料》1994年第1期。
③ 蒋伯英:《邓子恢传》,上海人民出版社1986年版,第346页。

包期限上有所不同。他指出"有的按季节包，但有的活要长期包"。"要按照作物的特点来规定包的办法……有的包一年，有的包几年，造林就要包几十年。""总之要根据作物的特性，分别规定管理的办法。"① 同时，他指出，搞好责任制应该有严格的验收制度和相应的奖惩制度。

### （五）改进阻碍农业发展的客观条件

1. 扩大农业基础设施建设，实现农村可持续发展

新中国成立初期，我国的农业基础设施落后，农业生产几乎还停留在靠天吃饭的水平，每遇自然灾害，农民的生计便成了问题。为了改变落后的农业生产条件，达到征服自然、增产增收的目的，邓子恢强调指出："要发展农业生产，必须有一套适合于当地自然规律的技术措施，而更重要的是要有一系列的基本建设，加强与自然界做斗争的阵地和武器，来征服自然界的阻力。"② 于是他从兴修水利、精耕细作、改良土壤、植树造林等多方面入手，加强农业的基础设施建设。

邓子恢对兴修水利一直非常重视，在主持中南局工作期间，他把水利建设摆在了重要的地位，他曾说："大力兴修农田水利，努力扩大灌溉面积，改旱地为水浇地，改旱田为水田，这是增加农业生产的最根本问题。"③ 他曾动员30万劳动大军完成了建国初期一项最大的水利工程——荆江分洪工程，从而造福了两湖人民。同时，邓子恢还指出适量的垦荒、因地制宜的增加耕地面积对增加粮食产量、解决农民的温饱问题也相当重要。邓子恢对植树造林、保持水土的重要性亦有着清醒的认识，他认为："森林可以涵养水源、保持水土、调节气候，可以发展竹木、丝茶、油料、水果、药材及其他土特产生产，所以造林是发展农业生产最长远的基本建设。"而且他认为造林的成本不高，农民可以通过栽种果树、油料作物增加收入，邓子恢主张坚持"用什么造什么""能长什么造什么""先绿化、后林化""以短养长""农林牧结合"的造林方针。同时，他还强调指出，造林造不好也能引起水土流失，因此，造林要挖鱼鳞坑、水平沟。

---

① 《邓子恢文集》，第606页。
② 《苦战二年，基本改变农村面貌》，《农村工作通讯》1958年第9期。
③ 邓子恢：《国务院副总理邓子恢的报告》，《新华半月刊》1957年第6号。

## 2. 改变农村单一的经营形式，调整农村产业结构

邓子恢在注重粮食生产的同时，提出了农业应开展多种经营的思想。在1950年中南地区第一次农村会议上强调要把发展粮棉生产作为农业部门头等重要的任务，因为"粮食是农业的主要产品，又是人民的主要生活资料，如果粮食不丰，不仅影响民食，而且影响整个国民生计"①。

在注重粮食生产的同时，开展多种经营。他指出：首先，"我国农民历来都有多种经营的习惯，由于我国耕地不足，许多地方农民光靠耕田种地就不可能维持生活，从而也就不可能不从各方面找活路"。因此农业生产"必须因地制宜地发展畜牧业、林业、渔业、园艺业、运输业、手工业及其他副业生产。这些生产和农业生产都是互相依赖而互相支援的，只强调一面而忽视另一面都是不利的"②。农村种植的经济作物"都是国家和人民生产、生活所需要的，有些还是出口物资及工业、手工业生产的原料，每一种农副业产品又和其他生产、运销各部门密切联系着，某些产品的减少，对于社会生产、生活各方面都将产生不利的影响，甚至影响到国民经济各部门之间的平衡"③。

新中国成立后的农村建设中，由于农民过分强调种植业的作用，因此，农村发展的重点便放在了种植业上，而对种植业以外的产业重视不够。邓子恢及时发现了这一问题，于是在1955年总结农业合作化经验教训时指出在发展种植业的同时要注重手工业、加工业、运输业等产业的发展。50年代中后期，他又指出："农业生产的发展必须取得工业、商业、手工业、交通运输、金融信贷的积极支援和密切协作，离开这些协作而孤立地发展农业生产是不能想象的。"④他还指出，乡村应该"有现代化的农业，也有现代化的工业、商业、交通运输、文化教育，并有为社员消费服务的服务行业"⑤。

## 3. 推广农业科技，提高农村人口素质

在我国的农村经济建设不断发展的时期，文化建设亦不容忽视，因为先

---

① 《邓子恢副主席在中南第一次农村会议上的讲话》，《长江日报》1950年8月7日。
② 邓子恢：《在社会主义基础上进一步巩固工农联盟》，《邓子恢文集》，第458页。
③ 《农业集体化重要文件汇编》上册，第562页。
④ 《乡社办工业的伟大意义》，《农村工作通讯》1958年第10期。
⑤ 《乡社办工业的伟大意义》，《农村工作通讯》1958年第10期。

进的农村文化可以促进农村经济建设的快速发展,而落后的文化却阻碍农村经济建设的顺利进行。邓子恢深知这个道理,因此,很早便开始对农村文化进行多方面的建设。他在1955年指出:"我们是靠农民的积极性吃饭,但单有这一条还不够,还必须靠农业科学技术吃饭。劳动加科学,增产才有保证。"[①] 他强调,搞好农业科研工作不能只待在实验室,应该深入田间调查去发现问题,解决问题。邓子恢告诫科研人员"农业科学工作者的范围,不能限制在研究室和试验室里"。因为,"有些新事物是在实验室和实验地中产生的,但大量的新事物是在大田里产生的。不要把自己的工作限制在小圈子里,否则,你的研究对象就少了,就抽象了。科学家的主要任务在发现问题、研究问题、解决问题。大量的问题在大田里。大田里的问题是一般化的问题"[②]。

邓子恢很早就关注到农村各类人员的素质与农业生产的发展密切相关,因此,20世纪50年代初中期,邓子恢便针对我国农村各类人员素质低,指出:"学习建设社会主义经济","学会管理集体经济"[③]。

## 二、周恩来与新中国农业建设主张

在新中国的国家建设和农村建设的历史进程中,周恩来在长期不断地探索中形成了自己的思想认识。他对国民经济发展以农业为基础这一方针的形成和确立做出了重大贡献,并在实践中不断强化农业的基础地位,推进农业现代化建设进程,注重农林牧副渔各业全面发展,在农村生产关系和经济政策调整中注重保护和调动农民发展生产的积极性。

### (一)周恩来"以农业为基础"思想的提出

早在新中国建立前夕的1949年7月,周恩来在全国工会工作会议上就指出:"我们要恢复生产,首先就得恢复农业生产。"1949年12月,新中国刚刚建立不久,在讲到新中国经济的六种关系时,周恩来首先就讲到了城乡关系。

---

[①] 《邓子恢传》编辑委员会:《邓子恢传》,第523页。
[②] 《邓子恢文集》,人民出版社1996年版,第437页。
[③] 《动员全国农民和农村青年为逐步实现农业合作化而斗争》,《中国青年》1954年第7期。

他指出:"今天我们确定了城市领导乡村,工业领导农业的方针",同时指出,"无论什么时候都不能取消或忽视乡村这个广大的农业基础"。并反复明确指出:"如果没有广大农业的发展,工业发展是不可能的",不能忽视农业和乡村,"谁忽视了农民和农业,谁就要犯错误"。"目前的任务首先要恢复农业生产,然后再进一步发展农业生产","城市离不开乡村而且要依靠乡村,工业离不开农业而且要以农业为基础","我们必须在发展农业的基础上发展工业","在工业的领导下提高农业生产水平"①。在千头万绪中,抓住农业,有利于我国尽快医治战争创伤,恢复和发展国民经济。

"一五"期间,我国工农业以及国民经济各部门的比例关系比较协调,经济建设取得了惊人的成就。对此,周恩来保持清醒的认识。在1956年11月党的八届二中全会上,他总结"一五"计划的执行情况时说:"同工业相比,我们对农业的重视和安排不够,农业量大面广,有时也不容易考虑得很恰当。"②他总结"一五"经验时,前瞻性地指出,农业和工业是国民经济的一车两轮,必须有很好的配合。"第二个五年计划的方向是要基本上建成完整的工业体系。在工业的发展上,必须工农业并举,农业必须有更好的配合,否则工业也上不去。"③

在"大跃进"的年代里,周恩来受到错误批判,被指责为保守,但他仍坚持农业的基础地位,多次提出"农业是经济的基础"④,提醒全党要重视农业、重视国民经济各部门的平衡发展。1958年12月,面对当时凯歌高奏,万众欢腾的局面,周恩来指出:"高速度的发展,必须建筑在客观可能的基础上","必须遵守有计划、按比例法则"⑤。当"大跃进"的负面影响显现之后,1959年6月,周恩来再次指出:"少搞点工业还不要紧,农业搞坏了就不安定,对农业必须重视。"⑥在7月党的八届八中全会(即庐山会议)上,他更明确地指

---

① 聂锦芳:《周恩来经济评传》,中国经济出版社2000年版,第154—155、444页。
② 《周恩来选集》(下),第235页。
③ 中共中央文献研究室:《周恩来年谱(1949—1976)》(中),中央文献出版社1997年版,第108页。
④ 中共中央文献研究室编:《周恩来年谱(1949—1976)》(中),第132页。
⑤ 中共中央文献研究室编:《周恩来年谱(1949—1976)》(中),第198页。
⑥ 中共中央文献研究室编:《周恩来年谱(1949—1976)》(中),第233页。

出："今后三年要把农业放在第一位，工业要为农业服务。"①这成为他国民经济调整的指导思想。

面对"大跃进"之后的困局，周恩来和李富春等人率先提出对我国经济发展具有重大意义的"调整、巩固、充实、提高"的八字方针。1961年2月，在接见苏中友协和苏联经济、科技、贸易、工会四个代表团时，他极富感情地说："农业是一切国民经济的基础，这句话是完全正确的。"②1962年3月，在中央财经小组会议上，总结新中国成立以来经济建设过程中正反两方面的经验教训，特别是"大跃进"以来的经验教训时，周恩来意味深长地说："必须写一副对联，上联是先抓吃穿用，下联是实现农轻重，横批是综合平衡。"③一定意义上体现着他对农业建设的深切关注。

需要强调的是，经过"大跃进"的挫折，在国民经济困难时期，农业问题越加重要，周恩来也更重视农业和粮食问题。从1960年6月至1962年9月的两年零四个月时间里，周恩来除了对农业、粮食工作的宏观指导外，直接约人专谈粮食问题就达115次之多。④在20世纪60年代，周恩来花了很大精力研究国际国内的农业和粮食问题，提出和阐述了一些重要的思想观点：要正确认识社会主义国家和资本主义国家的农业发展问题，社会主义国家农业都还没有过关，还不能达到自给自足；要研究如何吸取资本主义国家的经验，美国的农业过了关，它是先解决农业问题再解决工业问题的；我们吸取资本主义国家的经验，加上社会主义制度，又真正认识了农业的重要性，是可以很快赶上去的；要重视农业科学发展规划、农业科学研究和农业科学家，把农业搞好；领导同志都要来学习农业知识，关心农业发展，把农业搞好；国防、备战和大小"三线"的建设项目定了，千万不要忽视了农业；要抓紧、抓快、抓狠，要全民办农业，县、公社都要抓农业，每一个季节都不能耽误。

---

① 中共中央文献研究室编：《周恩来年谱（1949—1976）》（中），第241页。
② 中共中央文献研究室编：《周恩来年谱（1949—1976）》（中），第391页。
③ 中共中央文献研究室编：《周恩来年谱（1949—1976）》（中），第462页。
④ 杨少桥、赵发生：《周恩来与我国的粮食工作》，中共中央文献研究室组织编辑：《不尽的思念》，中央文献出版社1987年版，第232页。

## （二）农业建设：多种经营、全面发展

农业生产结构是指农业各生产部门以及这些生产部门内部各生产项目在整个农业生产中的构成。建立合理的农业结构，能够充分利用各地的自然经济资源，保持生态平衡，推动农业生产的持续稳定发展，从而取得最大的经济效益。农业结构的形成，需要充分考虑地区的自然生态人文地理环境。而农业结构的合理与否，又有多种评价指标。重视农业发展，势必狠抓粮食生产，同时兼顾各种经济作物的协调发展。农业生产是自然再生产与经济再生产相互结合、相互交织的过程。在中国的农业建设问题上，周恩来主张既抓粮食生产，又搞多种经营。

### 1. 粮食生产是发展农业的头等大事

粮食是我国农业生产中需要长期致力于解决的一个重要问题。我国是一个人口大国，全国人民的吃饭问题，始终是作为总理的周恩来时刻惦念、牵挂着的重大问题。新中国成立伊始，周恩来就指出："人民首先需要的是粮食，衣服可以穿破的，可以少穿一件，而粮食每天要吃。"① 1956 年在国家的全面建设展开时，他又特别强调："粮食是保证人民生活和发展整个农业经济的基础，我们必须加以足够的注意。"② 在这里，周恩来实际上提出了粮食是农业这个基础的基础的重要思想。1962 年，为了克服经济上的严重困难，他提出了八条办法，其中头两条均与粮食有关。第一条是坚决精简机构，压缩城镇人口，精简职工人数，目的是为了减少粮食供应。第二条是争取农业增产，主要是粮、棉、油，而把粮食的增产又放在首位。"增产要有个次序，不可能一下子把所有的农作物都恢复和发展起来。今年首先应该抓粮、棉、油。"③ 他是从开源和节流两个方面试图缓解我国粮食紧缺问题。事实上，为了解决粮食问题，周恩来耗费的心血更多，尤其是在经济困难时期。据长期担任粮食部部长的陈国栋回忆："在三年困难时期，总理直接抓粮食工作，为几亿人的吃饭问题，付出了很多心血。"④ 在 1960 年至 1962 年间周恩来的工作台历上，记载着他为当时困

---

① 《周恩来经济文选》，中央文献出版社 1992 年版，第 163 页。
② 《周恩来经济文选》，第 299 页。
③ 《怀念周恩来》编辑组编：《怀念周恩来》，人民出版社 1986 年版，第 97 页。
④ 《怀念周恩来》编辑组编：《怀念周恩来》，第 288 页。

扰全党和全国人民的粮食问题而运筹帷幄、辛勤操劳的情景：从1960年6月到1962年9月，这两年零四个月的时间里，他关于粮食问题的谈话就达115次，其中1960年下半年19次，1961年51次，1962年45次。他及时审阅粮食报表，精心计算粮食的安排，多次出京调查粮食情况，解决粮食调拨问题。方留碧在回忆文章中写道，粮食问题是国民经济调整时期最严重的问题，"周恩来是全国解决粮食问题的总指挥。他了解实情，统筹全局，果断决策，使我们的国家和人民比较顺利地渡过了难关"①。

周恩来强调我国是一个人口众多的农业国，粮食问题直接关系着约占世界四分之一总人口的吃饭、生存问题。"衣食住行，首先是食"②，"农业是国民经济的基础，粮食是基础的基础"③。"如果粮食要进口，就很不利。"④发展农业生产，抓紧粮食和种植业最为关键，必须做到粮食、棉花、油料等的持续增产。

2. 农业发展的方向：多种经营，全面统筹

在农、林、牧、副、渔各业中，种植业居首；在粮食、棉花、油料各类中，粮食为先。粮食增产固然重要，但是不能抓紧粮食而忽视其他方面。我国的自然条件千差万别，又加上土地多、耕地少的农业资源特点。在农业生产中以种植业为主，积极开展多种经营，适当提高农林牧副渔在农业中的地位，不断改变农业内部不恰当的比例状况；在种植业生产上，因地制宜、合理调整粮食与经济作物的布局，大力发展经济作物，逐步形成以某种作物为主、适当照顾其他的专业化区域。周恩来指出："对农民的政策还要讲多种经营，要坚持农、林、牧、副、渔全面发展。光有粮食，没有多种经营，农民就没有多少收入。"⑤

要加快农业发展，不能单靠种植业，必须实行农、林、牧、副、渔全面发展。周恩来很早就提倡发展多种经营，以增加农民收入。早在新中国成立初期，在谈到老根据地经济建设时，他就指出，在粮食缺乏的地区，应提倡增种多产作物如红薯、马铃薯、南瓜等；在不缺粮食的地区应有计划地提倡栽种经

---

① 《怀念周恩来》编辑组编：《怀念周恩来》，第82页。
② 《周恩来选集》（下），人民出版社1984年版，第230页。
③ 中共中央文献研究室编：《周恩来年谱（1949—1976）》（下），第446页。
④ 中共中央文献研究室编：《周恩来年谱（1949—1976）》（下），第192页。
⑤ 中共中央文献研究室编：《周恩来年谱（1949—1976）》（下），第446—447、591页。

济作物如棉、麻、烟等，以增加群众收入。在农业合作化运动中，许多地区在生产上出现单一化倾向，只重视粮食生产，忽视多种经营。针对这种情况，周恩来认为应优先发展粮食生产，同时要注意多种经营。要发展多种经营，靠什么保证呢？周恩来认为，这就需要靠正确的政策和合理的价格，同时要改善收购制度，做好农副产品的收购工作。

发展多种农业经济，首先是发展棉和油。周恩来在一届人大一次会议的《政府工作报告》中指出，为适应整个经济发展的需要，"必须适当地增加棉花和油料作物的播种面积，使棉花的生产能赶上工业需要，油料的生产能够迅速达到和超过新中国成立前的最高年产量"①。周恩来在安排农业增产次序时，把这两项是紧挨粮食这个头等任务排列的。因为棉花不仅是纺织的原料，而且是国防的原料，同时还是食油和肥料的来源；食油同样是人民生活一日也不能或缺的。所以，为了棉花增产，周恩来在每次全国人大全体会议的《政府工作报告》中都加以强调，还多次召开全国棉花生产会议，专门部署棉花的生产、收购、加工等。当然，除了棉花和油料以外，还要尽可能多地发展其他多种农业经济。

周恩来在总结"一五"建设计划的经验教训、阐明"二五"建设计划的任务时说："这几年来，各地方重视了粮食和棉花的增产，这是完全必要的。但是，有些地方却因而对其他农业经济——除棉花以外的经济作物、畜牧业、林业、水产业、蚕桑业和各种农家副业的增产注意得不够，加上有些农业产品和土特产品受到收购价格偏低的影响，结果使农业经济不能够全面地和充分地发展，从而影响到整个国民经济的发展，影响到农民的收入。"②鉴于此，周恩来要求各地方以至于每个农业生产合作社在规划自己生产的时候，都应当根据当地的历史情况和当前情况、自然条件和经济技术条件、农民的生产情况和生活情况等，对农业的发展进行全面规划，以免发生单一化和片面化的倾向。周恩来还要求，在畜牧区、林区和水产区，应该分别以畜牧业、林业或水产业为中心进行规划，同时根据可能的条件发展农业和其他副业。

---

① 《周恩来经济文选》，第187页。
② 《周恩来经济文选》，第306页。

### （三）农业发展的方针：因地制宜，科学发展

我国的地理环境千差万别，地形迥异，每个地区都有其独特的自然特点。农业的发展不能采用相同的模式，必须切实考虑地区的实际情况：因地制宜，全面发展。例如，土地肥沃的东北平原、黄河三角洲、长江三角洲地区可以大力发展种植业，确保我国的粮食安全；广袤的内蒙古大草原可以大力发展畜牧业，建立规模化、专业化的大牧场；江南水乡利用天然的水域优势，大力发展水产养殖业等。要使我国农业可持续的发展，就要坚持因地制宜、全面发展的农业发展思想。周恩来指出："应该本着解决群众当前生活困难与长期建设相结合的方针，因地制宜，有计划有重点地逐步恢复与发展农林畜牧与副业生产。"①

1. 一般地区应该以农业为主

粮食的需要是多方面的，农业人口需要粮食，工矿区和经济作物区的发展也会增加对粮食的需要。此外，还要备荒，出口一部分粮食用来平衡对外贸易。国家在相当长的时期内还会感到粮食不足，必须随时注意粮食问题，不能疏忽。由于耕地面积有一定限度，开垦荒地需要相当长的时间，他主张要在尽可能扩大耕地面积的前提下提高单位面积产量。另外，还要有系统地推广新式农具，推广抽水机和水车，推广良种，改进农作技术，增施肥料，防治病虫害。

2. 不宜耕耘的山岳地带应以林业与畜牧业为主

发展林业的具体办法是：提倡封山育林，禁止烧山撂荒、滥伐林木、挖掘树根。在有条件的地区应积极发展茶、桑、桐、橡、茶油、漆、果树等经济林木及其他用材林、薪炭林，并根据当地条件发展采集药材及竹木编织等副业。但是要照顾好群众当前生产与生活的需要，反对机械的封死，进行合理的砍伐。发展畜牧业的具体办法是：大力增殖牛、羊、马、驴、骆驼、猪、鸡等；提高饲养技术，奖励繁殖；加强畜疫防治，畜种改良。为此，应有计划地建立防疫组织与繁殖场、配种站，增加畜力、肥料、供应毛纺制革原料，增加农民收入。

---

① 《周恩来年谱（1949—1976）》上卷，中央文献出版社1997年版，第213页。

3. 发展手工业与副业

农村副业和手工业是多种多样的，必须因地制宜有计划地加以恢复与发展，有些地区应特别提倡土特产与农产品的加工，如造纸浆、缫丝、烧酒等。

**（四）农业发展的命脉：兴修水利**

兴修水利是周恩来农业建设和发展思想的重要组成部分。"战争全面胜利以后，政府准备大兴水利。"① 在农业建设方面，周恩来着重提出："要水利与农业生产并重，水利要配合农业。"1950 年 8 月 24 日周恩来在中华全国自然科学工作者代表会议上说，配合土改，我们要着手做几件工作，第一件工作是"兴修水利"②。水利建设关系到农业建设的长远大计，"我们今天必须用大力来治水，"并且，"我们不能只求治标，一定要治本，要把几条主要河流，如淮河、汉水、黄河、长江等修治好"③。在周恩来的主持下，同年 10 月政务院即发布《关于治理淮河的决定》，1952 年 3 月又发布《关于荆江分洪工程的决定》。以后，陆续做出了治理黄河、海河等大江大河的决定。1953 年，他主持政务院会议，针对水利工作在取得重大成就的同时存在好大贪多、不注意工程效益等问题，指出，"过去比较偏重于搞大型工程，而对一般的农田水利工作注意不够。大工程要搞，但不能冒进、贪多。在一定的时期内，几万万人眼前的利益还是农田水利，因此，'一五'计划期间，还是要多搞小的农田水利工程"。1962 年，他在去视察延边农学院的路上，对有关人员说："水利是农业的命脉，修水库要好好勘查，切实计算一下，提个计划，一个一个地搞。要与农民商量如何搞好水土保持问题。"1965 年，他在听取水电部党组汇报全国水利会议情况时，指出："水利工作首先为农业生产服务，要为生产办水利，不是为水利而水利。要有长期的观点，长期为农业生产服务。"④

在担任国务院总理的 27 年间，周恩来自始至终以极大的力量关注和领导水利工作。《周恩来与治水》一书曾以大量的史料加以总结和概括，把周恩来

---

① 陈答才：《周恩来经济建设思想论》，陕西人民出版社 1998 年版，第 242 页。
② 聂锦芳：《周恩来经济评传》，第 352 页。
③ 曹应旺：《周恩来与治水》，中央文献出版社 1991 年版，第 15 页。
④ 中共中央文献研究室编：《周恩来年谱》（中），第 753 页。

的治水思想归纳为"百废待举,治水为先""分清缓急,标本兼治""蓄泄兼筹,瞻前顾后""综合利用,除害兴利""分工合作,同福同难""依靠群众,尊重专家""统一规划,集中领导""百家争鸣,博采众长""审时度势,积极慎重""反对极端,实事求是"等十个方面。

### (五)农业发展的目标:农业现代化

农业现代化是整个国家现代化建设的重要组成部分。在1949年12月全国农业会议、钢铁会议、航务会议上,周恩来第一次提到农业现代化的概念。他提出"必须把城市工业组织起来发挥领导作用,才能使农业现代化、机械化"[①]。1954年9月,周恩来在第一届全国人大第一次会议上所作的《政府工作报告》中把农业现代化作为四个现代化的内容之一。周恩来指出:"如果我们不建设起强大的现代化的工业、现代化的农业、现代化的交通运输业和现代化的国防,我们就不能摆脱落后和贫困,我们的革命就不能达到目的。"[②]随着对农业基础地位认识的不断加深,在十年后的第三届全国人大会议上,对四个现代化的内容和排序做了新的调整,他把实现农业现代化放在了第一位。他指出:"今后发展国民经济的主要任务,总的说来,就是要在不太长的历史时期内,把我国建设成为一个具有现代农业、现代工业、现代国防和现代科学技术的社会主义强国,赶上和超过世界先进水平。"[③]

周恩来不仅提出了农业现代化的概念,还阐明了它的基本内涵。他依据中国国情,把农业生产机械化程度、农村电气化程度、农田水利基本建设情况和化肥的生产使用状况等问题作为农业现代化的具体内容。1961年3月20日,他在中央工作会议上指出:"必须从各方面支援农业,有步骤地实现农业的机械化、水利化、化肥化、电气化。"[④]1963年,周恩来又指出:"把我们祖国建设成为一个社会主义强国,关键在实现科学技术的现代化。"[⑤]

---

① 《周恩来选集》(下),第9页。
② 《周恩来选集》(下),第132页。
③ 《周恩来选集》(下),第439页。
④ 曹应旺:《中国的总管家周恩来》,上海人民出版社2006年版,第102页。
⑤ 中共中央文献研究室编:《周恩来经济文选》,第412页。

在国家现代化建设的历史进程中，如何在优先工业化建设的原则下实现农业现代化建设，是关涉新中国建设道路探索的重大课题。周恩来在历史实践和理论思考中，不断加以总结和探索，提出了自己的思想灼见：第一，通过总结"大跃进"、人民公社"一大二公"的教训，提出农业所有制和经营方式，必须根据生产力发展水平和农民觉悟程度来决定；第二，发展国民经济的计划，应该按照农、轻、重的次序来安排，以保证农业现代化的实现和水平的不断提高；第三，发展多种农业经济，走内涵式扩大再生产和集约经营的农业现代化道路。这些探索对于我国尽快实现农业现代化战略目标，具有重要意义。

周恩来为中国农业建设的发展做了广泛而深刻的探索，在理论上，他关于农业建设的思想精髓延绵至今，构成我们进一步思考和研究农业现代化建设的思想资源；在实践中，周恩来和老一辈无产阶级革命家对于中国农业建设道路的规划探索，亦辙印历历，趋向昭明。

## 三、刘少奇与新中国农业建设的认识

中国是一个传统的农业大国，新中国成立初期的城镇化水平只有10.6%，近九成的国民住在农村，农业作为新中国的立国之本，农民作为绝对生产主力的事实不容忽视。新中国成立以后，党的第一代领导集体在探索社会主义建设道路的过程中，十分重视农业在国民经济和社会发展中的战略地位。刘少奇根据我国国情，从理论上对农业在国民经济和社会发展中的重要战略地位进行了阐述，在实践中变革落后的农业生产关系，解放农业生产力，走社会主义农业现代化的道路。

### （一）刘少奇对农业地位的认识

建设社会主义新农村不是一个新概念，20世纪50年代以来曾多次使用过类似提法。农业、农村和农民问题是关系到中国社会主义的前途和命运的根本问题。刘少奇认为中国要建设社会主义，必须以农业为突破口，使农民尽快走向富裕。农村经济的主项是农业，要发展农村经济，必须要发展农业。在全国范围内把苏联经济模式神圣化、教条化的时候，刘少奇看出了苏联忽视农业、片面发展重工业的严重后果。在1950年，刘少奇就已经明确表态，"中国近代化的机器工业、运输业和农业还很少,在国民经济中,百分之九十左右还是手工业和个体农业,在运输业中也绝大部分是人畜力和木船运输。和机器工业比较起来,它们的生产力低,耗费的劳动力很大,不能生产出大量的物质资财来供人民享受"①。刘少奇对当时的中国国情有着很清楚的认识,工业亟待发展,同时农业所占的巨大比例,使党和国家领导人必须重视这一方面。

1. 农业的发展是工业化的基础

1950年,刘少奇在《国家的工业化和人民生活水平的提高》一文中明确地提出中国经济发展的步骤:"首先,我们必须恢复一切有益于人民的经济事业,并使那些不能独立进行生产的已有的工厂尽可能独立地进行生产。其次,要以主要的力量来发展农业和轻工业,同时,建立一些必要的国防工业。再次,要以更大的力量来建立我们重工业的基础,并发展重工业。最后,就要在已经建立和发展起来的重工业的基础上,大大发展轻工业,并使农业生产机器化。中国工业化的过程大体要循着这样的道路前进。"②而且还在文中强调了坚持此路线对中国人民生活水平提高的重要性:"中国人民的生活水平,只能循着经济发展的步骤来提高,经济建设能够继续发展一步,也就造成了使人民生活水平继续提高一步的可能性。否则,中国人民的生活水平是不可能提高的。"③刘少奇还在此文中提到"发展中国经济,使中国工业化,是需要巨大的资金的,而没有资金,没有数百亿银元的资金投资于工业,特别是重工业,那就不要想加快我们的工业化"④。他认为,新中国推倒了压在农民身上的"三座大山",还实行了土地改革,极大地调动了农民的生产积极性,再加上各种节约制度的建立和成本的降低,资金的来源就有了。刘少奇这一观点也再次证明了农业经济在国民经济中的巨大作用,其基础地位是不可动摇的。

刘少奇在谈到关于中国工业化道路时重点指出,农业是发展工业的基础,"因为只有农业的发展,才能供给工业足够的原料和粮食,并为工业的发展扩

---

① 《刘少奇选集》下卷,第1页。
② 《刘少奇选集》下卷,第4页。
③ 《刘少奇选集》下卷,第5页。
④ 《刘少奇选集》下卷,第5—6页。

大市场"①。中国人口多，大部分人从事农业，是个典型的农业国家，只有优先发展农业，才能供给工业以足够的原料和粮食，并为工业的发展扩大市场。只有在农业发展所需的资金有了一定积累之后，才有可能去建立重工业发展的基础，并发展重工业。在这个基础上建立起来的重工业，不仅有力量，而且有发展前途，才能更快地发展轻工业，使农业机械化。

从刘少奇对建国初期中国经济建设发展道路的设想，我们不难看出不论是从农业自身发展角度还是其对工业发展的影响来看，农村经济在国民经济中的基础地位是不可取代的。刘少奇在文章中同样阐释了发展步骤的原因，国民经济中的农、轻、重三个方面处在一个复杂而矛盾的关系当中，一方面，农业是整个国民经济的基础，它与人民生活水平直接相关，此外，它又对工业的发展有重要影响，轻工业对农业和重工业的发展有直接促进作用，重工业是国民经济的支柱产业，能奠定我国工业化的初步基础以及对农业及轻工业的技术改造、物资保证；另一方面，农、轻、重三者在国民经济中所占的比例是个此消彼长的关系，对一方的过度倾斜势必会导致另两方的削弱。因此，重工业的优先发展必须以发展农业和轻工业为前提，多搞农业、轻工业，不会妨碍重工业，从长远来看还会促进重工业的发展，中国的国民经济必须按照"农、轻、重"的次序来安排。

2. 通过推动土地制度改革，发展农业生产

进行土地制度的改革，彻底解决农民的土地问题，是进行社会主义农村建设的重要环节。党和国家领导人为了农村的生产力得到解放，提高农民的生产积极性，从1950年到1952年，在广大农村推行了土地改革，取得了巨大成就。针对土地改革，刘少奇谈到对旧社会农村土地拥有权和使用权的情况，认为广大中下贫农在旧社会遭受到了封建主义和帝国主义的双重压迫，"这种情况如果不加改变，中国人民革命的胜利就不能巩固，农村生产力就不能解放，新中国的工业化就没有实现的可能，人民就不能得到革命胜利的基本的果实"②。

在新中国成立前进行的土地改革中，党的政策曾允许农民征收富农的多

---

① 《刘少奇选集》下卷，第5页。
② 《刘少奇选集》下卷，第33页。

余土地，新中国成立后刘少奇主张进行政策调整，是有其理论依据的。刘少奇在谈到土改问题时明确指出，现阶段的要求是"土地改革法草案对于富农的土地及其他财产的各项规定，其目的就是要保存富农经济，并在土地改革中，在政治上，中立富农，更好地保护中农和小土地出租者，以便孤立地主阶级，团结全体人民有秩序地实现土地改革，废除封建制度"[①]。关于如何分配土地的问题，刘少奇指出，在原耕基础上用抽补调整方法来分配土地，但是应该适当照顾原耕农民，避免其在分配遭受损失，"给原耕农民以上述规定的照顾，可以使原耕农民不受或少受损失，而这是必要的"[②]。同时，刘少奇还指出："在分配土地和其他生产资料时，对于乡村中无地少地人口中若干特殊问题应当加以妥善处理。"[③]

刘少奇在对土地改革的阐释中，再次明确地强调了农业的基础地位以及其对工业发展的重要作用，土地改革只是为了更好地发展农业而采取的措施，根本目的还是要发展农业，打好基础，为工业提供强有力的支持，从而推动整个国民经济的发展。

3. 坚持以农业为基础的根本方针

由于刘少奇对农业的基础地位有着深刻的认识，使得在经过"一五"计划、"大跃进"的过度发展重工业的错误路线以及三年自然灾害后，在七千人大会召开的前一年，于1961年的《当前经济困难的原因及其克服的办法》一文中，刘少奇开篇就提到当时所面临的问题，"现在，各方面的矛盾，如工业和农业的矛盾，文教和其他方面的矛盾都集中表现在粮食问题上"[④]。他认为，造成当时各种问题出现的根本原因就是过度发展重工业而挤压了农业的发展空间，从而导致了粮食问题，危害的不仅仅是整个农业，严重地影响了工业，对国民经济更是沉重的打击。他进一步指出，当前的问题是"能够投于工商业上面而无须从事农业的劳动者人数……是取决于农业者在他们自身的消费额以

---

① 《刘少奇选集》下卷，第38页。
② 《刘少奇选集》下卷，第41页。
③ 《刘少奇选集》下卷，第42页。
④ 《刘少奇选集》下卷，第335页。

上,能够生产多少的农产物"①。刘少奇认为当前的问题是量力而为,并非一味地发展重工业。

刘少奇对当时问题产生的原因有着清晰的认识,"总起来讲,这几年的问题,就是工业、交通、文教都办多了。非农业人口搞多了,农民养不起这么多人,所以非减少不可。这个问题到底还有什么考虑的余地没有呢?我看是没有考虑的余地了。就是说,工业战线要缩短,农业战线要延长"②,"结果,把原材料和各种东西都搞到这些方面来,其他方面就没有了,势必挤了农业和轻工业"③。

刘少奇对当时的严峻形势有着深刻的认识,他认为造成经济发展困难不仅是偏重发展重工业而造成的,同样,在农业建设道路上也犯了错误。随着七千人大会及其之后的西楼会议的召开,刘少奇对农业方面的错误做出了解释,他首先肯定了在农业基础支持下的工业发展:"我国原来是一个落后的农业国,现在已经有了比较发达的工业。我们过去基本上没有重工业,现在建立了基础比较强大、部门比较齐全的重工业。"④由此可见农业基础作用的重要性。而后,他又对农业上的错误做了明确的表态:"在一段时间内,农业上犯过高估产、高征购的错误。由于要求过高、过急,许多地方、许多部门进行过一些不适当的'大办'。在农业生产和工业生产上,在商业、财政、文教、卫生等方面,都犯过瞎指挥的错误。"⑤他指出,有些地区不顾及当地的实际情况,推行一些不适合的科学技术,从而破坏了粮食的正常生产,产量不增反减。

对于今后的发展路线,刘少奇再次强调了农业的基础地位,"以农业为基础来发展我国国民经济,是我们的一个根本方针"⑥。刘少奇还对国家经济的发展步骤再次做了阐释,进一步坚持了新中国成立初期的发展路线:"要有计划地、按比例地发展社会主义经济,要在一定的历史时期内实现大跃进,必须正确处理工业和农业的比例关系。工业的发展规模,必须同农业能够提供的农产

---

① 《刘少奇选集》下卷,第335页。
② 《刘少奇选集》下卷,第336页。
③ 《刘少奇选集》下卷,第337页。
④ 《刘少奇选集》下卷,第350页。
⑤ 《刘少奇选集》下卷,第353页。
⑥ 《刘少奇选集》下卷,第361页。

品（包括粮食、工业原料）和能够腾出的劳动力在一定程度上相适应。为了促进农业的发展，工业必须为农业服务。重工业必须尽可能为农业提供越来越多的技术装备、化学肥料、燃料等等，来不断地提高农业的劳动生产率。轻工业必须尽可能为农民提供越来越多的日用品。同时，农业也必须支援工业的发展，尽可能为工业和城市提供越来越多的粮食、工业原料和其他农副产品。如果工业和农业的比例关系不协调，既不能比较快地发展工业，也不能比较快地发展农业。"①

刘少奇对农业经济在国家经济中的基础地位的正确认识，使得新中国成立初期我国农业快速发展，尤其是在实现了土地改革和农业合作化之后，虽然农业合作化出了一些问题，但是总体上对农业还是有促进作用的。尤其是在经历了过度发展重工业的错误路线后，迅速拨乱反正，使得农业经济得到了一定恢复。之后中国农业和国家经济的发展也证明了，农业经济确实是国家经济的基础。

### （二）刘少奇关于农村建设的思想

刘少奇对农村的建设有一系列的理论思想，无论是从生产关系和生产力关系方面考虑的合作社问题，农业的集体化与机械化问题，还是发展商品经济的思想，都对今日农村建设有很大的启示意义。

1. 坚持"循序渐进，逐步发展"步骤

新中国成立后的十年，中国农村合作化迅猛展开，经历了从农业生产互助组到初级社，再到高级社的历史演变，最终由土地私有的小农经济变成了高度集体化的人民公社体制。农业合作化是对新中国成立后的农村进行社会主义改造的重要步骤，利用合作社形式把农民组织起来，逐步走向社会主义，这是马克思主义解决农民问题实现农业现代化的一个基本方法。

刘少奇根据中国国情，认为在完成土地改革之后，要通过农村合作社建立合作经济，对我国农业实行社会主义改造，逐步实现农业的集体化。实行农业合作化，实现对小农经济的社会主义改造，是两种经济形式的过渡，是一个

---

① 《刘少奇选集》下卷，第361—362页。

客观的历史过程，刘少奇认为，"这是一种很艰巨的任务。我们绝不可能在一朝一夕完成这种改革，我们必须根据群众的经验和觉悟程度，根据实际的可能性，逐步前进"①。他强调，组织合作社，必须坚持自愿的原则，既要反对放任自流，又要防止急性病。在合作化过程中，要充分认识农民这种小私有者的特点，不能忽视和挫伤农民个体经济的积极性，并且要用一切方法，鼓励他们的生产热情，使他们努力生产，发家致富。他主张要向农民宣传社会主义思想，要使农民明白，仅仅实行土地改革还不能完全解放农民，只有广泛地发展劳动互助组和供销合作社，限制富农经济，普遍地组织集体农场，逐步把农民个体所有制改变为集体所有制，实行社会主义，才能使农民最后获得解放。在具体的工作步骤上，他强调应该循序渐进，由低级到高级。

从1949年10月开始，全国范围内开始以办互助组为主，同时试办初级形式的农业合作化运动。到1952年底，全国农业互助合作组织发展到830余万个，参加的农户达到全国总农户的40%，其中，各地还个别试办了农业生产合作社（初级社）3600余个。农民对社会主义改造的热情比较高，自愿入社，生产积极，合作社对经营管理的自主性也比较强。因此，这一时期的农村集体经济组织和集体经济比较正常。但是在一片繁荣的背后，也存在着一系列的问题。在当时，有些地区和基层要求以最快的速度发展尽可能多的合作社，并且要向高级社发展。在1951年山西试办初级社的争论时，刘少奇对于山西省委试办初级社的报告，明确表示："现在采取动摇私有制的步骤条件不成熟；没有拖拉机，没有化肥，不要急于搞农业生产合作社。"②在同薄一波、刘澜涛等人谈话时，刘少奇指出，在农业生产上，现在还不能发动农民搞生产合作社，只能搞互助组，形式较高级的农业生产合作社，只能试着办一下。随后，刘少奇进一步指出："在土地改革以后的农村中，在经济发展中，农民的自发势力和阶级分化已经开始表示出来了。党内已经有一些同志对这种自发势力和阶级分化表示害怕，并且企图去加以阻止或避免。他们幻想用劳动互助组和供销合作社的办法去达到阻止或避免此种趋势的目的，去'战胜农民的自发因素'。

---

① 《刘少奇选集》上卷，第150页。
② 薄一波：《若干重大决策与事件的回顾》上卷，中共中央党校出版社1991年版，第187页。

这是一种错误的、危险的、空想的农业社会主义思想。"①

在经过长达几个月的争论后,由于毛泽东出面对山西省委的意见表示支持,这场历时几个月的争论立见分晓。在毛泽东的坚持下,刘少奇放弃了自己的一些想法。

2. 坚持"以农民利益为重"方针

"当合作社的许多办法还没有系统地加以规定与说明时,在已经组织起来的许多合作社的工作中有某些混乱、不一致与界限不明的现象,那是自然的。"②刘少奇充分认识到合作社的初期发展肯定是伴随着问题的,关键在于怎样去解决。在高级社发展的浪潮中,不顾自身条件,盲目办社的情况屡见不鲜,一两千户,甚至更大规模的高级社出现了,几个民族联合的大社也出现了。在合作社规模这一问题上,刘少奇坚持自己的一贯主张,"循序渐进,逐步发展",不赞同大力发展大社,他指出"有一部分合作社的成立是比较急促的……还需要调整现有的组织形式",也就是要使合作社的规模调整到能够与现时的生产力水平相适应。③刘少奇对我国农村生产力极度落后的现状有着十分清醒的认识,他在谈到合作社进度问题时也一再强调了应放缓步骤。但是,随着"人民公社化"运动的蓬勃展开,实行政社合一,强调一大二公,搞一平二调,严重地侵害了农民的利益,伤害了农民的积极性。这虽然强化了对农村集体经济组织的行政化管理,却脱离了农村集体经济组织的性质和发展规律,严重地阻碍了生产力的发展,搞得农村经济几近崩溃。

在1951年的《关于合作社的若干问题》一文中,刘少奇重点以农村供销合作社为例,阐释了办好合作社的任务与目的。刘少奇认为优先发展供销合作社,符合我国的基本国情,对我党长远目标的实现有着巨大的推动作用,他提出,在全国农村组织供销合作社,对教育并引导农民自愿走上社会主义道路有重要作用。"因为农村供销合作社,一方面,或者首先是,把农民当作生产者组织起来,为农民推销除自己消费以外的多余的生产品,供应农民所需要的生产工具和其他生产资料;另一方面,又把农民当作消费者组织起来,供应农民所需要

---

① 《刘少奇论新中国经济建设》,第192页。
② 《刘少奇选集》下卷,第112页。
③ 《刘少奇选集》下卷,第219页。

的生活资料。"刘少奇还提到"在农村中，农民要求合作社或国营经济机关办理的，大概主要有以下四件事情：第一，是把他们多余的生产品推销出去，并且在价格上不使他们吃亏；第二，供应他们所需要的生产资料，并且在价格、质量和供应的时间上都不使他们吃亏；第三，供应他们所需要的生活资料，同样在价格、质量、时间上都不使他们吃亏，能较市价便宜一点；第四，办理信贷事业，使他们能存款和借款，利息不过高"①。在具体谈到农民的要求时，刘少奇指出办好农民要求的前三件事是农村供销社的基本任务，是农民加入合作社所需求和期望的，因此，广大的合作社必须以此作为自己工作的出发点，用当下的话来说，即是"情为民所系、权为民所用、利为民所谋"。

对于合作社进一步发展的期望，刘少奇指出，"合作社和国营经济机关就能把大量的农产品控制在自己的手中，大量供给工厂原料和城市的需要，又能为国家推销大量的工业品；就能使合作社成为国营经济机关与广大农民小生产者密切结合的纽带，使合作社和农民成为国营经济的同盟军，使农民和国营经济都避免商人的中间剥削；最后，还能使合作社中的共产党员和先进分子用集体主义的精神去教育广大的农民群众，使他们了解并接受社会主义的原则"②。刘少奇对发展合作社将会取得的成果持积极乐观的态度，认为只要沿着正确的道路前进，通过合作社这一形式来推动农村的社会主义改造是必将取得胜利的。在合作社建立、发展的问题中，刘少奇也有着自己的看法，他在讲话中提到："合作社对于社员与非社员的待遇，必须有显著的差别。否则，社员不满，非社员不入社，群众不关心合作社，合作社就不能发展，合作社在国家经济和政治上的重大作用当然也无从期待。"③刘少奇的这一提法对合作社的发展有很好的促进作用，区别社员和非社员待遇，能在充分调动社员积极性的同时又对非社员产生吸引力，从而达到创办合作社的最终目的——完成农村的社会主义改造。

## （三）农业的集体化与机械化思想

刘少奇对于农业集体化和机械化的基本观点是"农业集体化与机械化紧密

---

① 《刘少奇选集》下卷，第100页。
② 《刘少奇选集》下卷，第101—102页。
③ 《刘少奇选集》下卷，第107—108页。

联系，先机械化，后集体化"。农村的集体化是与工业化有着密切联系的。刘少奇认为，农业集体化的实现，农村集体所有制的建立，首先得依靠工业化的发展，农业集体化单纯依靠农村和农民是不行的。农村所有制的转变，首先是生产方式的转变：由机器代替手工。缺少了工业化的支撑，农业集体化难以巩固。他进一步提出，农村的集体化要具备三个条件：一是教育农民，二是组织领导，三是机器生产。其中，强调最多的是机器生产，在工人阶级的领导下，国家的工业化得到一定程度的发展，这样才能给农业提供足够的生产工具，农民才能普遍实现集体化。

在新中国成立初期，刘少奇希望农村经济先以富农以及富裕中农为依托。他论述说：过了这个时期以后，工业大大发展了，农业也有了大发展。国家经济的领导更加强了，变成绝对的了；经济管理工作的干部成熟了，数量也多了；党的技术干部也有了；工人阶级和农民的联盟在政治上经济上都巩固了，那时，就会要采取进入社会主义的步骤。第一步实行工业国有化。但小工业和个体手工业不能国有化。性质是开始破坏资本主义的私有制，要影响小资本家和小有产者、富农以及中农。方式现在不能决定，实行时间和方式也要看当时情况和资产阶级的态度才能决定。资产阶级的恶劣态度可能逼迫我们要早一些并采取激烈一些的方式来实行这一步。但是如果我们在长时期内教育与改造资产阶级的工作做得好，多数资本家采取更好的态度，也可能更慢一点并采取更和平一些的办法来实行这一步。所谓和平办法就是：给一部分代价，派工作，捐献与接收……在这一步以后，除小工业外，全部工业是国家的和合作社的了，商业也是一样，这样就进入了社会主义社会，国家就更可能加速经济建设，发展工业。再经过一个时期的巩固与发展以后，就可以进一步地采取农业集体化的步骤，在农村中普遍地组织集体农场。农业集体化可能分为几个步骤实现，例如，首先在东北，其次在华北，再其次在其他地区。为了取得经验，训练干部，应尽早在各地组织一些国家农场和个别的集体农场，在一切条件准备好了以后，再普遍实行集体化。

早在1949年6月，刘少奇就强调说："只有在重工业大大发展，并能生产大批农业机器之后，才能在乡村中向富农经济实行社会主义的进攻，实行农业集体化。"① 他又指出："有了工人阶级的领导和帮助，有了工业的国有化和土地的国有化，然后才能集体化，才能供给农民大量的机器，这样农业才能普遍的集体化。"② 1951年5月，刘少奇在中国共产党第一次全国宣传工作会议上指出："农业社会化要依靠工业化。……有了工人阶级的领导和帮助，有了工业的国有化和土地的国有化，然后农民才能集体化，才能供给农民大量的机器，这样农业才能普遍的集体化。"同年7月，他在《春藕斋讲话》中再次谈到这个问题，认为搞集体化要有机器作后备条件，没有机械化的集体化，农业仍然是手工劳动，所以要巩固和发展农村集体经济，必须实现农业的机械化和现代化。当第一步实现了工业国有化后，第二步采取农业集体化的步骤，农村通过合作化途径广泛建立集体所有制，农业集体化的建立需要不同的地区依次开始。那时绝大部分农民已实现集体化，"剩下少数个体农民也让他单干"③。

从刘少奇的上述思想，我们可以看出他强调了两点：第一，工业的发展，尤其是重工业的发展是农业集体化的重要前提和条件；第二，农业集体化是生产方式上的一个革命，没有工业的发展作后盾，农业集体经济即使建立后也难以巩固。所以，刘少奇认为，没有比较强大的国家工业，就不可能有全体规模上的集体化。刘少奇这一观点是正确的，符合不能离开社会生产力谈社会主义生产关系的原理。按照刘少奇的设想，在上述条件具备以后，通过集体化建立公有制为基础的社会主义大农业（农业生产合作社或集体农庄、农场），农业生产实行机械化的规模经营，农业产出大大增加，农业人数大大减少，农民成为农业工人（剩余劳动力一部分从事农村工业，搞农产品加工，一部分输送到城市搞建筑、服务等），在将来还可以向电气化、自动化发展。特别应该注意的是，刘少奇并不反对在机械化之前搞合作化，而是反对在实现机械化之前搞集体化，实行农业的社会主义改造。

### （四）开展多种经营，发展农村商品经济思想

新中国成立初期，城市和农村都处于百废待兴的状态。相对于城市的恢复

---

① 《刘少奇论新中国经济建设》，第148页。
② 《刘少奇论新中国经济建设》，第183页。
③ 《刘少奇论党的建设》，中央文献出版社1991年版，第35页。

建设，农村的恢复建设显得尤为艰难。需要注意的是，对于新中国的整个经济恢复，农村的快速恢复有着更为重大的意义。当时的中国，既有封建经济，也有资本主义经济。但是封建经济已经受到冲击，而资本主义经济严重不发达，是典型的半殖民地半封建社会的特殊经济形态。农村经济在国民经济中占有举足轻重的地位。对此，刘少奇提出了要使农村经济快速恢复和发展，就必须注重农村的绝对生产力——农民生产积极性的调动，多种经营、大力发展农村的商品经济。

1. 增加农民收入，调动生产积极性

要想农村经济快速恢复和发展，就必须调动农民的生产积极性；要想调动农民的生产积极性，就必须想方设法地增加农民收入。刘少奇指出"保证农业生产的一个重大问题，是必须保证农民在生产发展的条件下能够增加收入"[1]。土改后的个体经济，仍然是小商品经济。小商品生产是以生产资料私有制为基础的，它的特点是生产者自己劳动，是为了满足自己及其家庭的生产生活需要，这是当时农村普遍存在的现象，并且应当在一定时间内存在，这是由建国初期农村的极度落后的生产力水平所决定的。

在农村合作化的进程中，刘少奇指出："许多合作社过分地强调集体利益和集体经营，错误地忽视了社员个人利益、个人自由和家庭副业，这种错误必须迅速地纠正。"他认为这不利于提高农民生产的积极性，有悖于建立合作社的初衷。他还进一步指出，要提高农民社员的生产积极性，巩固已经建立的合作组织，就"必须坚持勤俭办社和民主办社的方针，并且不断地加强对社员的社会主义和集体主义的思想教育"[2]。要想把整个农村经济做活，就应当照顾合作社集体经营和社员家庭经营的必要的分工，使两方面的积极性都得到发挥。"需要合作社正确地规定公共积累和社员个人收入的比例。合作社不应当任意增加生产费用、管理费用、公积金、公益金的数量；国家的税收也应当保持在一个适当的比例上。我们应当坚持兼顾国家利益、集体利益和个人利益的分配政策。"[3] 他还特别指出，在引导农民的积极性的工作当中，广大的合作社干部

---

[1] 《刘少奇选集》下卷，第235页。
[2] 《刘少奇选集》下卷，第219页。
[3] 《刘少奇选集》下卷，第235—236页。

应抓住农民对其自身的身份转变的不适应这一特点,广泛的开展工作,履行好领导职务,为社员服务。

刘少奇进一步强调,只要不动摇集体所有制,单干、互助、合作社都应该允许;只要责任明确、并有利于调动生产经济的办法都可以实行。农业劳动"要有一定的自由,太集体化了不行"①。农民生产积极性的提高,不仅能增加农民自身收入,同时也能促进农业的发展,推动农村经济的恢复和发展,进而对整个国民经济的恢复和发展都是一大助力。

2. 多种经营,大力发展农村商品经济

对于如何在新中国发展经济的问题,刘少奇一直在进行着不懈的探索。早在刚刚建国时,刘少奇就明确提出了:"不搞多种经营,就没有现金收入,集体经济就没有钱"②,"必须充分发展商品交换","要学会做生意"③,"必须进一步发展商业网,扩大商品流通"④。他认为多种经营对于农业合作化的作用是显而易见的,农业合作化和机械化需要大量资金,而多种经营就正好可以提供足够的资金支持,这是一种充分互补的关系。

20世纪50年代中期,我国完成了社会主义改造之后,刘少奇及时提出社会主义经济既要有计划性,又要有多样性和灵活性的思想。他强调指出沿袭苏联模式具有过分集中的计划经济的弊端,应对以市场取向的经济运行机制给予充分注意。50年代末期,由于经济建设中的急于求成思想,以否定商品生产和商品交换为主要特征的"共产风"造成了极大的困难。刘少奇此时提出,必须重新重视商品生产和不可忽视价值规律。那么,如何在农村进行多种经营和发展商品经济?刘少奇对此在60年代提出了明确的发展措施。在发展农村商品生产的指导方针上,刘少奇强调以农业为基础,大力发展粮食、副食品等关系到人民生计大事的物资的生产,同时加快发展手工业生产,以满足城乡市场繁荣的需要。

关于发展农村商品生产,刘少奇有一个重要的观点,即粮食商品生产的发

---

① 《刘少奇年谱(1898—1969)》下卷,第388页。
② 《刘少奇选集》下卷,第463页。
③ 《刘少奇选集》下卷,第365页。
④ 《刘少奇选集》下卷,第237页。

展决定着其他物质生产和精神产品生产的发展。他说："农民吃用以后剩余下来的粮食，就是我们所说的商品粮。有多少商品粮，就可以决定办多少工业、交通运输业和文教事业。"①刘少奇从这一思想出发，结合我国经济建设的实践，提出一系列有针对性的建议和主张。刘少奇认为，要充分利用自由市场，自由市场很灵活，可以填补国营经济留下的空白。社会主义要学习其灵活性，"它搞几十万样，我们社会主义经济也搞几十万样"②，才能更快赶上来。对自由市场的消极方面，他主张通过经济手段、法律手段来限制。刘少奇还提出要利用价值规律指导农村生产。他指出，经济计划是主观的，市场需求是客观的，客观实际要比主观计划丰富得多，只依赖经济计划指导生产，不可能完全满足市场的需求和变化。因此，"我们不能用计划指挥生产的东西，就让价值法则来指挥它生产"③，在价格、资源配置、商品分配上采取灵活的政策，这样，就可以使生产符合客观的要求。

在农村经济的所有制结构上，刘少奇强调从实际出发，稳定和发展以公有制为主体的多种所有制形式，发展农民的自留地和家庭副业生产，重新开放自由市场，使其作为社会主义经济的必要补充。实践证明，农村商品生产和交换的多种渠道、多种形式的发展，是促进农村生产力发展的重要保证，是使社会主义既有计划性，又有多样性、灵活性的关键一环。一个自由市场、一个自留地、一个社员家庭副业，这三样东西的出现，使农村经济活跃起来，出现新的转机。同时，他还提出了在农村商品生产的经营管理体制上实行以"包产到户"为中心的多种形式的生产责任制，最大限度地调动商品生产者的主动性和积极性。

3. 推行农业生产责任制——包产到户

在发展商品经济的思想中，刘少奇已经提到了其从体制角度思考的我国的农村建设问题。在了解到"包产到户"的做法后，他明确表示支持实行农村生产责任制："我看实行责任制，一户包一块，或者一个组包一片，那是完全可

---

① 《刘少奇选集》下卷，第336页。
② 《刘少奇论党的建设》，第679页。
③ 刘少奇：《在中共湖南省委负责人汇报工作时的谈话》，1957年3月21日。《刘少奇论新中国经济建设》，第334页。

以的。问题是如何使责任制跟产量联系起来"[1]。刘少奇认为在广大农村实行生产责任制是完全没有问题的,这已经是经过了实践检验的,只是问题的关键在于如何使责任与产量联系起来而已。

在当时的历史条件下,"包产到户"的产生有其一定的必然性。"包产到户"是一种统称,实际上是指60年代初在我国农村中形成的各种形式的以家庭为主要单位的生产责任制,是因农民群众对人民公社化以来农业生产中"大锅饭"的"左"的做法的极度不满、迫切要求生产自主权而出现的一种创造性尝试,它对尽快恢复农业生产、扭转国民经济的困难局势具有十分明显的作用,这可以说是十一届三中全会后被广泛施行的"家庭联产承包责任制"的雏形。在这种生产形式下,土地等生产资料归集体所有。它不是分田单干,不是完全由各家独立经营,而是有统有分,既能发挥集体统一经营的优越性,又能发挥农户承包经营的积极性,对农民生产积极性能够有很好的调动,必将推动整个农村生产力的发展,在当时的农村值得大力推广。十一届三中全会以后实行的"家庭联产承包责任制"解放了农村生产力,调动了广大农民的生产经营积极性,使农业生产和农村经济得以蓬勃发展。"家庭联产承包责任制"在新时期所取得的巨大成果,向我们昭示着刘少奇对"包产到户"这种生产形势的正确认识。

### (五)关于农村文化与教育建设

刘少奇指出,科技水平的发达与否决定着一个国家在世界上的竞争力,同样,如果农业方面的科技不发达,那么这个国家的经济水平就无法提高,国家竞争力也将大打折扣。科技的发展离不开教育,教育的发展必将推动科技的发展。

新中国成立初期,无论城市还是农村,科、教、文、卫事业都远远落后于西方发达国家,甚至落后于一些不发达的国家;政治、经济建设虽然有"苏联模式"的借鉴,但是由于我国国情的特殊性,各项事业还是处于"摸着石头过河"的状态。在这样的背景下,刘少奇在其农村建设思想中着重强调了

---

[1] 《刘少奇选集》下卷,第463页。

科学技术在农村发展尤其是农业发展中的重要作用。刘少奇在1957年的广东省干部大会上提到,我们现在已经搞了两个改革,一个是土地改革,一个是合作化的社会主义改革,再加上个科学技术的改革,有了这三个改革,我国农村的面貌就会彻底改变。在之后的会议上,他又强调"搞好中国的农村,办好集体经济,实现农业的技术改造,这是我们党的一项光荣的、伟大的任务。要使我们国家的经济好转,要使中国发展起来,实现工业化,就要抓农业。农业不发展,国家工业化没有希望"①,"把包括农业和手工业在内的全国经济有计划、有步骤地转到新的技术基础上,转到现代化大生产的基础上,使一切能够使用机器的劳动都使用机器,实现全国城市和农村的电气化"②。

在谈到农业进行技术改革时,刘少奇指出:"有些技术资料现在中国没有,可以到苏联及其他国家去搞,也可以到资本主义国家去搞"③,"采用最新技术就需要加强科学研究,科学研究不只是靠自己搞,主要是好好向人家学习,把人家最新的科学技术学到手,自己再搞就有基础了。向人家学习,不只是向苏联和新民主主义国家学习,也向其他国家学习"④。显然,刘少奇并不排斥向资本主义国家学习,相反,他很积极于这种做法,这是由他所继承和发展了的马克思主义的思想观点所决定的。

刘少奇根据我们党和国家的基本任务,即在新的生产关系下保护和发展生产力的情况,鲜明地提出:要学习和利用资本主义先进的科学技术和管理方法,学会运用现代的经济手段来领导经济;要充分吸收资本主义的长处为社会主义经济建设服务。针对当时一些同志认为社会主义天然地优越于资本主义的模糊认识,他尖锐地指出:"我们现在有一个迷信思想:'我是社会主义,就比私人资本主义先进。'这种迷信思想要不得,一定要去掉,实际上现在某些方面社会主义比私人资本主义落后。"⑤

刘少奇还认为,只有农民的文化素质提高了,才能够真正地促进我国农

---

① 《刘少奇选集》下卷,第464页。
② 《建国以来重要文献选编》第11册,中央文献出版社2011年版,第263页。
③ 《刘少奇论新中国经济建设》,第271页。
④ 《刘少奇论新中国经济建设》,第292页。
⑤ 《刘少奇论新中国经济建设》,第333页。

村实现另一个根本改革——技术改革,而解决农民素质问题的根本方法就是教育。针对新中国成立初期农村贫困落后的状况,他在《半工半农,亦工亦农》一文中明确指出:"那只有除开现在的全日制学校以外,再办那种半农半读或者半工半读的学校,就是小孩子大体上自己可以搞到饭吃,国家稍许补贴一点,家庭补贴一点。"[1]通过他这一思想观点的实施,在全国范围内必将有更多的适龄儿童进入学校接受教育,这促进的不光是农村,而且是整个国民素质的提高。同时,他认为以后的国家教育经费应该逐步向半工半读的学校倾斜,而减少全日制学校的建立。这是他"两种劳动制度、两种教育制度"的具体举措:"我所说的两种劳动制度、两种教育制度,有一部分是结合的,既是劳动制度,又是教育制度,又是学校制度。就是在农村里面办半农半读的学校。农忙的时候种地,农闲的时候读书,或者一个星期做工,一个星期读书。要把这种制度作为正规的劳动制度,正规的教育制度。"[2]

另一方面,"从长远来讲,实行两种劳动制度、两种教育制度可以逐步地消灭脑力劳动与体力劳动的差别"[3]。"在农村,初级小学可以多办一些全日制学校,高小、初中以上的学校就办半农半读。仅仅办农业初中还不够,还必须办一种中等农业技术学校。"[4]刘少奇针对农村注重农业生产的特点,提出了针对性的办学方法,即强化基础教育,加大技术教育力度。这在提高农村整体教育水平的同时,兼顾发展了农村科技人才,促进了农村科技水平的提高。

## 四、中国共产党领导层关于农村建设思想的侧重点

在新中国建设以及相应的乡村建设问题上,中央决策层立足于基本国情,坚持深入实际进行调查研究,将马克思主义基本原理与中国实际相结合,积极探索和思考,从不同角度形成了系统而完整的思想认识,可以说既有共识,也有各自特色和侧重点。

---

[1]《刘少奇选集》下卷,第466页。
[2]《刘少奇选集》下卷,第465页。
[3]《刘少奇选集》下卷,第466页。
[4]《刘少奇选集》下卷,第467页。

## （一）刘少奇关于农业建设思想的侧重点

刘少奇从我国农业的发展方向上入手，指出我国农业发展方向必须是现代化；现代化的目标是社会主义农业现代化；现代化的道路是先机械化，再集体化。

1. 农业现代化的基本目标是社会主义农业现代化

新中国成立后，在农业现代化的方向上面临举什么旗、走什么路的问题曾引起讨论。1950年6月，刘少奇指出："只有农业生产能够大大发展，新中国的工业化能够实现，全国人民的生活水平能够提高，并在最后走上社会主义的发展，农民的穷困问题才能最后解决。"[①] 1962年7月，他对下放干部讲话时强调："把中国五亿多农民引导到社会主义、共产主义的轨道上来，这个工作是一项头等重要的、光荣的工作。"[②] 他指明了中国农业发展的基本方向：走社会主义道路。通过何种形式才能使中国的农业走上社会主义道路呢？对此，刘少奇认为，对农民不应直接剥夺，而应通过合作社的形式引导他们自愿走集体化的道路。合作社这一组织形式，就是无产阶级及其所领导的国家去帮助、教育、组织与改造千千万万的小生产者最主要的形式。毫无疑问，"中国的农业也是可以经过合作社的道路逐步地前进到社会主义的"。

2. 农业现代化应先机械化再集体化

刘少奇认为中国农业发展的道路应"先机械化，再集体化"。1949年6月，刘少奇指出："只有在重工业大大发展并能生产大批农业机器之后，才能在乡村中间向富农经济实行社会主义的进攻，实行农业集体化。"[③] 1951年5月，他在中国共产党第一次全国宣传工作会议上指出："农业社会化要依靠工业……有了工人阶级的领导和帮助，有了工业的国有化和土地的国有化，然后农民才能集体化，才能供给农民大量的机器，这样农业才能普遍的集体化。"[④] 刘少奇深刻认识到农业机械化、现代化本身是集体化不可逾越的。离开强大的国家工

---

[①] 中共中央文献研究室、中央档案馆编：《建国以来刘少奇文稿》第2册，中央文献出版社2005年版，第231—232页。
[②] 《刘少奇选集》下卷，第462页。
[③] 《刘少奇论新中国经济建设》，第148页。
[④] 《刘少奇论新中国经济建设》，第183页。

业,乡村农业集体化就不可能。只依靠农民,这是空想社会主义,所以要巩固和发展农村集体经济,要依靠工业、依靠城市,先机械化、后集体化。

### (二)邓子恢农业思想的侧重点

邓子恢的农业思想是正确认识中国社会主义农业规律的必然结果,在中国社会主义农业史上有着特别重要的地位。邓子恢主抓农业发展的组织模式与经营管理,提出了农业必须走合作化的道路,集体农业必须实行责任制,大力发展山区农业的主张。

1. 农业必须走合作化道路

坚持农业走合作化道路是邓子恢的一贯主张。早在新民主主义革命时期,邓子恢担任中华苏维埃共和国临时中央政府财政部部长时,为了解决粮食跌价、谷贱伤农、影响农民生产积极性的问题,就提出要发展粮食合作社。他说:"粮食合作社在目前确是中农、贫农、雇农阶级抵抗商人、富人等商业资本剥削的经济组织,是土地革命斗争的深入与继续,是巩固与发展苏区的经济动员,在革命前途上说,是准备将来革命转变到社会主义革命道路的一个基础。"[①] 在党中央和毛泽东同志的领导下,从1953年起,我国开始了轰轰烈烈的社会主义农业改造,从此,我国农业开始由个体农业走上集体化的道路。

2. 集体农业必须实行责任制

邓子恢多次向党中央和毛泽东提出,集体农业必须实行责任制。他认为,责任制是个体农业所不必要的,而集体农业则非有不可。为什么呢?他说:"从个体经济变为集体经济从小生产变为大生产,是一个巨大的革命,大生产的集体经济,没有全面的计划管理,没有具体的劳动分工,没有适当的定额管理制度,是不可能办好。"[②] 他还指出,农业生产具有分散性、地区性、季节性特征,与不受自然条件限制的工业生产完全不同,一定要采取责任制形式,否则,农业生产率不可能提高。

---

① 《邓子恢文集》,第42页。
② 转引自翁树杰:《试从农民的务实性格探邓子恢的农业生产责任制思想》,《福建党史月刊》1991年第4期。

## 3. 大力发展山区农业

邓子恢考虑到中国当时的具体情况，决定大力发展山区农业。首先，邓子恢指出："我国山区生产是：地区辽阔，资源丰富，潜力无穷，前途无限。"[①]一旦山区得到充分的开发，将对我国的农村经济建设以及工业化建设起到重大的推动作用。其次，山区建设直接关系到平原地区的生产。他说："山区生产搞不好，就有可能造成森林资源破坏和水土流失的严重现象，不仅影响山区本身的生产，还会影响各河流域平原地区的农业生产。"相反，如果山区农业取得大的发展，不仅会使山区人民的生活水平得到改善，而且还会减少对平原地区农业生产产量的压力，从而使山区与平原得到协调发展。最后，发展山区，积极进行山区各方面的建设不仅是经济问题，同时也是政治问题。我国山区大部分都是抗日战争时期及解放战争时期的主要根据地，对战争的胜利做出了巨大的贡献和牺牲。因此，全面发展山区农业解决山区人民的生活、生产问题对于新中国的巩固有着重大的意义。

就如何开展山区建设、推动山区发展的问题，邓子恢提出了一系列的具体措施。第一，做好各方面尤其是干部的思想工作；第二，做好政策制定与生产规划；第三，切实解决山区劳动力不足的问题；第四，加强对山区必要的经济支援和技术支援。

### （三）周恩来农业思想的侧重点

周恩来在长期不懈的探索中形成了自己的农业思想，他的思想侧重于农业的全面发展以及解决影响农业发展的阻碍，提出了农、林、牧、副、渔全面发展与兴修水利、防治自然灾害等独到的观点。

## 1. 实行农、林、牧、副、渔全面发展

中国地大物博，人口众多，周恩来认为，这是我国发展生产的有利条件，要加快农业发展，不能单靠种植业，必须实行农、林、牧、副、渔全面发展。周恩来早在1952年关于加强老根据地的经济建设的讲话中就指出，要因地制宜，有计划、有重点地逐步恢复与发展农、林、畜牧和副业生产。各地方以至

---

[①] 《邓子恢文集》，第501页。

每个农业生产合作社在规划自己生产的时候，都应该根据当地的历史情况和当前情况、自然条件和经济技术条件、农民的生产习惯和生活习惯等，对农业的发展进行全面规划，以免出现单一化和片面化的倾向。

2. 兴修水利

1949年12月，周恩来在全国第一次农业生产会议上指出："农业方面，要水利与农业生产并重，水利要配合农业。"1950年就鼓励我国的科学家，要创造出比大禹更伟大的功绩。周恩来本人更是身体力行地实践这个要求。1953年，他主持政务院会议，针对水利工作在取得重大成就的同时存在好大贪多、不注意工程效益等问题，指出，"过去比较偏重于搞大型工程，而对一般的农田水利工作注意不够。大工程要搞，但不能冒进、贪多。在一定的时期内，几万万人眼前的利益还是农田水利，因此，'一五'计划期间，还是要多搞小的农田水利工程"。1965年，他在听取水电部党组汇报全国水利会议情况时，提出："水利工作首先为农业生产服务，要为生产办水利，不是为水利而水利。要有长期的观点，长期为农业生产服务。"在任总理的27年间，从治理淮河、长江、黄河、海河，到关心广东、浙江等省及少数民族地区水利建设，自始至终以极大的精力关注和领导水利工作。

3. 防治自然灾害

自然灾害不可避免，但可以预防，可以把灾害造成的损失降低到最小。新中国成立初期，周恩来多次参加生产救灾会议、治水会议。在他的主持下起草发布了《政务院关于发动群众继续开展防旱、抗旱运动并大力推行水土保持工作的指示》《政务院关于加强增产粮食和救灾工作的指示》和《政务院关于荆江分洪工程的决定》等文件。在20世纪50年代末和60年代初，周恩来又多次亲临现场，细察灾情，寻求救灾、抗旱的对策。1946年黄河堵口归故斗争中，周恩来就提出采用以工代赈的办法抢修浩大的复堤工程。新中国成立以后，他仍然坚持这一方略，并丰富和发展了其内容。他主张：一、将救灾工作与治水工程结合起来，既解决大量灾民的饥饿问题，也解决大规模治水所需要的民工问题；二、工赈结合，重点在于工，在于治水；三、将劳动义务与劳动报酬结合起来。

## 五、毛泽东与《全国农业发展纲要》

对于新中国农村建设而言，1956年也是具有转折意义的年份。从50年代之初围绕山西发展农业生产合作社问题的争论开始，引发出的是关乎新中国建设与发展的"两条道路"之争。① 这场争论从1951年开始，经过反复的论辩和激烈的思想斗争，到1955年毛泽东写下《〈中国农村的社会主义高潮〉序言》时，定局已然。中国农村的社会主义改造运动已经在预期中得以实现："从去年夏季以来，社会主义改造，也就是社会主义革命就以极广阔的规模和极深刻的程度展开起来。"基于所有制关系变革的社会主义制度的确立，使得"目前我们国家的政治形势已经起了根本的变化"②。因此，关于中国农村建设和发展的构想，就成为整个新中国建设战略规划中的基础性问题。"如何站在国民经济的全局协调农业的发展，使农业成为工业化的坚实基础，成为党中央日益关注的重大问题"③。

1956年1月25日，毛泽东主席召集最高国务会议，开始讨论中共中央提出的《一九五六年到一九六七年全国农业发展纲要（草案）》。"社会主义革命的目的是为了解放生产力。"毛泽东在会议上再次强调这一思想。他指出："一九五六年到一九六七年全国农业发展纲要的任务，就是在这个社会主义改造和社会主义建设的高潮的基础上，给农业生产和农村工作的发展指出一个远景，作为全国农民和农业工作者的奋斗目标。"这次会议除党和国家领导人及各部门负责人外，还有著名学者、专家和工商界、文艺界、新闻界、宗教界等各界人士共三百多人。热烈讨论中人们感觉这样一个农村建设规划前景美好，认为"这个纲要的实现，将使我国的农业成为先进的农业，将使我国广大的农村根本改变面貌，将使五亿农民的物质生活和文化生活大大提高"④。社会主义制度下的农业、农村和农民将获得新的生机。

---

① 薄一波：《若干重大决策与事件的回顾》上卷，第326页。
② 《毛泽东主席召集最高国务会议讨论中共中央提出的一九五六年到一九六七年全国农业发展纲要（草案）》，《农业集体化重要文件汇编》上册，第525—526页。
③ 中共中央党史研究室：《中国共产党历史》第2卷上册，中共党史出版社2011年版，第409页。
④ 《毛泽东主席召集最高国务会议讨论中共中央提出的一九五六年到一九六七年全国农业发展纲要（草案）》，《农业集体化重要文件汇编》上册，第526—527页。

"为农业和农村的发展制定中长期发展规划,这在中国历史上还是第一次,只有在社会主义的条件下才能够办得到。"① 早在1955年底,毛泽东就把农业发展和建设的远景规划提上议事日程,并分别开始同各省、市、自治区的党委书记讨论农业发展和农村建设的思路。② 经过几个月的调研、商讨,其内容从"农业十七条"扩展为四十条,最终命名为《一九五六年到一九六七年全国农业发展纲要(草案)》(简称"四十条",《人民日报》1956年1月26日刊发)。

在实现"以建设为中心"的战略转向中,中国乡村建设和发展的指导思想集中体现在"四十条"《纲要》中。它是特定历史阶段上,中共领导层特别是毛泽东乡村建设思想和理论探索的成果。

关于新中国建设道路的探索,一个重要方面即是工农关系的问题。在以工业化为导向、以城市建设为重点方针指导下,乡村地位的相对失落十分明显(详见第九章)。当时中国高速发展工业,抽调大批农村人力、物力建设工业,并且用"剪刀差"保证工业现代化,造成突出而明显的工农差异和城乡差异。这种客观存在的反差,无论在党内还是在社会上,争议既存,且时有激烈的思想碰撞。尤其是作为乡村建设领袖人物的梁漱溟,在全国政协常委扩大会上直言农民问题或乡村问题,对新中国乡村地位"失重"现象表达出严重的忧虑。梁漱溟着重点出:"过去中国将近三十年的革命中,中共都是依靠农民而以乡村为根据地的。但自进入城市之后,工作重点转移于城市,从农民成长起来的干部亦都转入城市,乡村便不免空虚。特别是近几年来,城里的工人生活提高得快,而乡村的农民生活却依然很苦……有人说,如今工人的生活在九天,农民的生活在九地,有'九天九地'之差,这话值得引起注意。我们建国运动如果忽略或遗漏了中国人民的大多数——农民,那是不相宜的。"③

预料之外的大胆发言引起的结果却在预料之中。梁漱溟此番发言引发毛泽东激烈的批评甚至是严厉的批判。毛泽东直斥之为"彻底的反动思想,反动化

---

① 中共中央党史研究室:《中国共产党历史》第2卷上册,第410页。
② 1956年1月间,毛主席召集17个省委书记和上海市委书记在中南海开了5天会议。在"这次会议前,他已找了一些省、市、自治区党委书记议过一次"。见陶鲁笳:《一个省委书记回忆毛主席》,山西人民出版社1993年版,第39页。
③ 汪东林:《梁漱溟与毛泽东》,吉林人民出版社1989年版,第22页。

的建议"。并讥讽梁说:"他搞所谓'乡村建设',什么'乡村建设'呀?是地主建设,是乡村破坏,是国家灭亡!"① 这场争论所涉及的内容其实并不复杂(但其牵涉的具体政治情势,与会众多人物的参与和互动所造成的特定的具体场景和情绪化因素,或更值得细密梳理研究)②,但梁漱溟所提问题的历史背景和现实状况,却也不无凭依。此后专责农村工作部的邓子恢也多次言及"这种农村紧张情况的本质"是"工农关系的紧张,中贫农关系的紧张"③。毛泽东迁怒于"工人九天之上,农民九地之下"的具体心态我们难以精详体察,但是论争过后,作为党和国家领袖的毛泽东却更多地关注于农村问题,在全力推动合作化建设进程中,要求"在社员收入有所增加的条件下,应该尽可能地增加合作社的公共积累、农村建设基础,巩固社会主义制度(合作社)的特质基础。社员生活必须赶上和超过当地富裕中农水平"。一定意义上可以说,毛泽东将《纲要》的制定视为对中共"忽视农民"批评的回应。1957 年,在谈到农业"四十条"《纲要》时,毛泽东的《坚定地相信群众的大多数》一文更能表明其心迹:"这个农业发展纲要草案,是中国共产党提出的,是中共中央这个政治设计院设计出来的,不是章伯钧那个'政治设计院'设计出来的。"④

《纲要》呈现的乡村建设构想,内容广泛。它被定位在"建设社会主义农村的伟大纲领"⑤的高度。社会主义农村建设的时代性,首先基于社会主义制度之新,即以新时代的集体所有制取代了旧时代的农民个体私有制。制度之新,必然要求新人即新农民的塑造,因此,毛泽东强调"严重的问题在于教育农民"。意在将私有制下的小生产者的农民改造成社会主义集体化的农民。"要教育农民群众把爱国、爱社和爱家的观念统一起来。没有共产党领导下的中华人民共和国,农民群众就将继续受帝国主义者和地主、富农、投机商人的统治和

---

① 毛泽东:《批判梁漱溟的反动思想》(1953 年 9 月 16—18 日),《毛泽东选集》第 5 卷,第 108、111 页。
② 毛泽东去世多年后,90 岁的梁漱溟回首往事时仍然诚恳自责说:"当时是我的态度不好,讲话不分场合,使他很为难。我更不应该伤他的感情,这是我的不对,大家都有不对的地方,他已故世了,我感到深沉的寂寞。"梁漱溟:《我的努力与反省》,漓江出版社 1987 年版,第 442—443 页。
③ 邓子恢:《目前合作化运动情况的分析与今后的方针政策》(1955 年 5 月 6 日),《建国以来重要文献选编》第 6 册,第 185 页。
④ 《坚定地相信群众的大多数》(1957 年 10 月 13 日),《农业集体化重要文件汇编》上册,第 757 页。
⑤ 《建设社会主义农村的伟大纲领》(1957 年 10 月 27 日《人民日报》社论),《建国以来重要文献选编》第 10 册,第 658 页。

剥削，就不能有自己的合作社，就将继续出现许多家破人亡的局面。要爱家就得要爱国爱社。一切不顾国家利益和合作社集体利益的本位主义和个人主义，都是错误的，实际结果都将是危害自己家庭利益的。"① 集体化是其制度性基础，也是其根本的时代属性。《纲要》提出的建设社会主义新农村构想，其实就是集体化时期的中国新农村建设思想的雏形。②

首先，《纲要》提出的乡村建设的内容十分广泛，涉及经济、社会乃至文化建设诸多方面。廖鲁言在对《纲要》的说明中特别提出："合作起来的农民，正在为创造他们自己的社会主义的幸福生活而积极劳动的农民，他们迫切要求有一个长期奋斗的目标。"不仅是生产上的目标，"而且对于他们自己的物质生活和文化生活也提出了一系列的要求"。衣食问题解决后，"他们要求修房子，盖新屋，改善居住条件，要求识字读书，提高文化；也要求治疾病，讲卫生，'人财两旺'"。《纲要》提出的乡村建设的目标与规划是整个国家建设中的有机组成，而且是基础部分。"抓住农业这个基本环节，推进建设事业。工业化的中心是发展重工业。党中央把一个最困难最复杂的问题——农业和农业问题，系统地解决了。"作为建设战略构想的基础，它的形成就要求"国家各个经济部门、各个科学、文化、教育、卫生部门和政法部门也都根据本纲要草案，重新审订自己的工作规划"③。农业计划与工业计划、商业计划、文教计划以及工、农、商、学的综合计划，要"兜起来互相配合"④。

其次，《纲要》提出的乡村建设，重点在农业建设。"农业在我国社会主义建设中的地位十分重要。在优先发展重工业的同时，必须大力发展农业。过去几年对工业宣传得多一些，调了一大批干部去搞工业……但是对农业宣传就有些不够。现在应该着重宣传关于发展农业的重要意义，把社会上近两年来所出现的看不起农业生产、农民想进城、城里人不愿意下乡、平地人不愿意上山的

---

① 《一九五六年到一九六七年全国农业发展纲要（草案）》（一九五七年十月二十五日），《建国以来重要文献选编》第 10 册，第 635 页。
② 这与"后集体化时期"即今天的新农村建设思想相比，显然有着不同的内涵和特征，但却同样属于社会主义新农村建设，只是它们分属不同的历史阶段。
③ 廖鲁言：《关于〈一九五六年到一九六七年全国农业发展纲要（草案）〉的说明》（1956 年 1 月 25 日），《建国以来重要文献选编》第 8 册，第 74 页。
④ 毛泽东：《做革命的促进派》，《农业集体化重要文件汇编》上册，第 752—753 页。

不良风气改变过来。"① 在农村两条道路的大辩论之后，道路问题基本解决情况下，如何推动农业生产建设成为中央关注的问题。毛泽东亲自抓农业发展和建设的远景方案，一个基本的建设思路是："当时国际形势趋于缓和……可能出现 10 年到 12 年的和平时期。"我们要充分利用这个和平时期，加快发展，"提早完成社会主义工业化和社会主义改造"。试图以农业的"大跃进"，推动整个建设的大跃进。《纲要》关于乡村建设的重点在农业生产，尤其是农业生产指标的规划，其主要内容或指标是 1967 年粮食产量达到 4、5、8（即 400 斤、500 斤和 800 斤）。在粮食产量上，超出原设想指标的 80%，棉花产量超出 1 倍多。② 农业生产指标的确定，就不仅是农民自身任务，而成为各级党和政府领导的任务和衡量其成绩的指标，所谓"书记动手，全党办社"③。

毋庸讳言，《纲要》基本上侧重于农业建设，而将乡村社会—文化建设留于未来。中国的乡村建设其实是社会—文化的整体建设，而不仅仅是经济建设——农业生产。《纲要》列出的内容虽然涉及乡村生活、教育、文化、体育、娱乐、农村卫生事业、交通、道路、改善居住条件等建设事项，但作为国家建设的着眼点却是"以发展农业合作化和发展农业生产为中心"。围绕农业建设的重中之重，《纲要》提出：一方面"全党仍然必须认真地抓住农业，增加农业（包括水利）基本建设投资，尽力发展化肥工业和其他能促进农业生产的工业"。另一方面，"农业必须逐步机械化。成立专门机构，研究设计适合我国各地具体条件的农业机械"。因此，就国家建设投资而言，"投资总是有限度的，国家投资主要应该放在那些比较经济的和带关键性的地方"④。《纲要》提出的农业建设的规划和指标，完全是服务于工业化建设的思想。毛泽东反复提出："当然以重工业为中心，优先发展重工业，这一条毫无问题，毫不动摇。但是在这个条件下，必须实行工业与农业同时并举，逐步建立现代化的工业和现代化的农业。过去我们经常讲把我国建成一个工业国，其实也包括了农业的

---

① 邓小平：《在八届三中全会上的总结发言要点（节录）》（1957 年 10 月 9 日），《农业集体化重要文件汇编》上册，第 755 页。
② 童小鹏：《风雨四十年》（第二部），中央文献出版社 1996 年版，第 350 页。
③ 毛泽东：《做革命的促进派》，《农业集体化重要文件汇编》上册，第 750 页。
④ 邓小平：《在八届三中全会上的总结发言要点（节录）》（1957 年 10 月 9 日），《农业集体化重要文件汇编》上册，第 775 页。

现代化。现在，要着重宣传农业。"①

因此，《全国农业发展纲要》是在"服务于工业建设"的目标下，努力保障农业生产的增长，而不是全面规划的乡村建设。"工业是我国国民经济的领导力量。但是发展农业在我国社会主义建设中占有极重大的地位。……没有我国的农业，便没有我国的工业。"②不仅《纲要》中提及的乡村建设内容（即生活、教育、文化、体育、娱乐、农村卫生事业、交通、道路、改善居住条件等），"主要是向农民提出的，靠农民自己的人力、物力和财力来实现"③。就是发展农业生产的基本建设和各种措施，也"必须主要依靠合作社本身的积累和本身的人力"。为工业化提供基本保障的农业生产建设投资，也主要由农村自身解决。"1956年扩大再生产的各项措施，百分之九十以上就是依靠合作社自己的人力财力物力完成的。"④

《全国农业发展纲要》关于中国农村建设的远景规划，是国家整体建设战略中的内容之一。"社会主义建设的主体是国家的社会主义工业化，而工业化的中心是发展重工业。工业领导农业，城市领导乡村，工人领导农民，这是社会主义的确定不移的根本原则。"⑤关于发展农业的长期奋斗的目标和"我国农村的繁荣幸福的明天"的远景建设，"主要依靠农民自己的力量来实现"⑥。

在新中国建设的战略构想体系中，工业与农业、城市与乡村的双轨运行，判然有别。

---

① 毛泽东：《做革命的促进派》，《农业集体化重要文件汇编》上册，第753页。
② 《农业集体化重要文件汇编》，第759页。
③ 廖鲁言：《关于〈一九五六年到一九六七年全国农业发展纲要（草案）〉的说明》（1956年1月25日），《建国以来重要文献选编》第8册，第69页。
④ 邓小平：《在八届三中全会上的总结发言要点（节录）》（1957年10月9日），《农业集体化重要文件汇编》上册，第755页。
⑤ 廖鲁言：《关于〈一九五六年到一九六七年全国农业发展纲要〉的说明》（1957年10月13日），《农业集体化重要文件汇编》上册，第782页。
⑥ 廖鲁言：《关于〈一九五六年到一九六七年全国农业发展纲要〉的说明》（1957年10月13日），《农业集体化重要文件汇编》上册，第777页。

# 第十一章　社会主义新农村建设思想的孕育

新中国成立后,面对当时复杂的国际国内环境,国家为了实现民族富强,实施赶超型发展战略,优先发展工业。当时发展工业所需的资金只能来源于农业或农村;集体化历史进程完成后,为了规划新制度条件下的农业发展、农村建设和农民生活,中央提出了建设社会主义新农村的构想。

1955年11月,毛泽东与15个省、自治区的党委书记就加快农业、农村发展问题共同商定了"十七条",后扩展为"四十条",即《一九五六年到一九六七年全国农业发展纲要》(以下简称《纲要》)。《纲要》提出了当时农村工作的任务、规划及长远的奋斗目标。并且随着人民公社化的不断加速,该《纲要》被认定为建设社会主义新农村的伟大纲领。在这一背景下,党中央领导人的讲话和文件中就频频出现了关于社会主义新农村建设的话语和内容;同时在社会实践中,新农村建设思想的倡导也逐渐具体化。

1957年10月,《人民日报》针对《纲要》的公布发表社论,题为《建设社会主义农村的伟大纲领》。从此,社会主义新农村建设成为农村工作的重要话题。"社会主义新农村"奋斗目标的提出,充分调动了劳动人民的积极性,唤起了人们对农村美好未来的向往,中国乡村建设和农村发展由此进入一个新时代。

## 一、道路探索中的思想碰撞与互动

新中国成立后,中国农村的历史性变动的确既惊心动魄,又内涵丰富。以工业化为主导的建设历史和以农业社会主义改造历史的交错展开及其互动影响，揭开了新中国建设道路探索的独特历史进程。

中共领导层在艰难的探索中，经历了许多成功和挫折，在不断地总结经验和教训中，也对中国农业、农村和农民问题及其解决办法形成了具有独创性、规律性的思想理论。道路的探索本身就具有挫折甚至失败的风险，新中国建设和乡村建设的历史，并不会一帆风顺，对此中共领导人曾经有过充分的估量。[①] 即便是在方向明确的情况下，对于具体历史实践的展开也存在着诸多思想认识上的差异和不同。显然，领导层中不同思想认识的讨论和论争在在不少，如"一九五五年六月下旬以后，党内发生了争论"。争论的结局有时出人意料，但争论本身却"对于丰富我党的经验，提高党的领导水平，只会有好处"[②]。而恰恰是在不同认识和思想的交互碰撞和影响中，共识的凝聚成就了中国特色的发展道路。

对于历史的回溯和体悟，始终是正确地走向未来的理性基础。

### （一）关于乡村新富农及贫富分化问题的争论

土地改革后，我国农村出现了新情况：一方面绝大多数农民开始过上土地改革前的中农的生活，出现了普遍中农化的趋势；另一方面出现了某种贫富差别和分化。而在东北老解放区，这种新情况较早地反映出来，怎样认识农村经济发展的新形势，如何认识和处理农民、党员雇工剥削及单干等问题，在中共领导人中有着不同的思想认识。

1950年1月4日，《东北日报》发表了高岗在东北局农村工作座谈会上的《农村工作问题》的发言，其中分析了农村经济发展的总趋势和发生的一些新的问题；提出农村经济发展方向是由个体逐步向集体方向发展，组织起来，发展生产。由此，规定了不许党员雇工参加变工组织和防止党员成为新富农等方面的政策，东北局并于当月向中央写了综合报告和请示报告。对此，时任中共

---

[①] 毛泽东直率地指出过："我们搞建设，是不是还要经过十四年的曲折，也要栽那么多筋斗呢？我说可以避免栽那么多筋斗。"见《关于第八届中央委员会的选举问题》（1956年9月10日），《毛泽东文集》第7卷，人民出版社1999年版，第101页。

[②] 《农业集体化重要文件汇编》下册，第1100—1101页。

中央书记处书记的刘少奇于1月23日在中央组织部发表了不同的意见,签发了中央组织部对东北局的答复,指出:"党员雇工与否、参加变工与否,应有完全的自由,党组织不得强制,其党籍亦不得因此停止或开除。""在今天农村个体经济基础上,农村资本主义的一定限度的发展是不可避免的,一部分党员向富农发展,并不是可怕的事情,党员变成富农怎么办的提法,是过早的,因而也是错误的。"①

1951年2月中旬,高岗将中组部的答复和刘少奇的谈话记录带到北京面交毛泽东,毛泽东不赞成刘少奇的意见。毛泽东主要是把保存富农经济的政策看成是孤立地主、顺利完成新解放区土地改革的一项策略;而刘少奇从利用富农经济恢复发展农村生产力角度出发,进一步提出保存富农经济政策,"不是一种暂时的政策,而是一种长期的政策","在整个新民主主义的阶段中,都是要保存富农经济的,只有到了这样一种条件成熟,以至在农村中可以大量地采用机器耕种,组织集体农场,实行农村中的社会主义改造之时,富农经济的存在,才成为没有必要了,而这是要在相当长远的将来才能做到的"。②毛泽东认为,土改后农村要逐步而积极地引导农民向合作集体化方向发展,组织起来生产,不可造成发展富农性的资本主义经济,即不允许、不支持新式富农的出现。刘少奇则认为,私人资本主义经济(包括新式富农)是《共同纲领》允许的一种经济成分。

这显然不是东北独有的问题。1951年4月17日,中共山西省委向中共中央、中共中央华北局提交了一份题为《把老区互助组织提高一步》的报告。该报告由山西省委书记赖若愚亲自起草,省委扩大会议反复讨论定稿,由长治地委书记王谦亲自呈交主持华北局日常工作的刘澜涛。该报告陈述了山西省长治老区农民中间自发出现的互助合作组织现象,以及互助合作过程中出现的一些问题。报告中说:"老区互助组的发展,已经达到了一个转折点,使得互助组必须提高,否则就要后退。"报告提出:"随着农村经济的恢复和发展,农民自发力量是发展了的,它不是向着我们所要求的现代化和集体化的方向发展,而

---

① 薄一波:《若干重大决策与事件的回顾》上卷,第197页。
② 中共中央文献研究室编:《建国以来刘少奇文稿》第2册,第238页。

是向着富农的方向发展。这就是互助组发生涣散现象的最根本的原因。"报告据此得出结论："必须在互助组织内部，扶植与增强新的因素，以逐步战胜农民自发的趋势，积极地稳健地提高农业生产互助组织，引导它走向更高级一些的形式，以彻底扭转涣散的趋势。"这些因素"虽然没有根本改变了私有基础，但对私有基础是一个否定的因素。对于私有基础，不应该是巩固的方针，而应当是逐步地动摇它、削弱它，直至否定它"。①

对于山西省委的报告，华北局和刘少奇不同意其中的主要观点。华北局给山西省委报告的批复是这样的："用积累公积金和按劳分配办法逐渐动摇、削弱私有基础直至否定私有基础是和党的新民主主义时期的政策及共同纲领的精神不相符合的，因而是错误的。"②刘少奇在接到山西省的报告后，明确支持华北局的意见，刘少奇对山西省委报告的批语："在土地改革以后的农村中，在经济发展中，农民的自发势力和阶级分化已开始表现出来了。党内已经有一些同志对这种自发势力和阶级分化表示害怕，并且企图去加以阻止或避免。他们幻想用劳动互助组和供销合作社的办法去达到阻止或避免此种趋势的目的。已有人提出了这样的意见：应该逐步地动摇、削弱直至否定私有基础，把农业生产互助组织提高到农业生产合作社，以此作为新因素，去'战胜农民的自发因素'。这是一种错误的、危险的、空想的农业社会主义思想。"③此后，他连续在多个场合对山西省委的观点提出了批评。5月7日，在中共第一次全国宣传会议的报告中，他说："现在就有人讲社会主义，我说这是讲早了，至少是早讲了十年。""单用这一种农业合作社、互助组的办法，使我们中国的农业直接走到社会主义是不可能的。"④6月3日，在同薄一波、刘澜涛等人谈话时，刘少奇说："在农业生产上，不能发动农民搞生产合作社，现在只能搞互助组。至于较高级的农业生产合作社，只可试办。"7月5日，刘少奇在中南海春藕斋给马列学院第一班学员作的题为《中国共产党今后的历史任务》的报告中说：

---

① 《把老区互助组织提高一步》（1951年4月17日），以上均见中共中央文献研究室编：《建国以来重要文献选编》第2册，中央文献出版社1992年版，第353、354页。
② 中共中央文献研究室编：《建国以来重要文献选编》第2册，第351页。
③ 中共中央文献研究室编：《建国以来重要文献选编》第2册，第350页。
④ 中共中央文献研究室：《刘少奇论新中国经济建设》，第182—183页。

"山西想对农民私有制又动又保护是不对的,太岁头上不能动土,你去动摇一下,削弱一下,结果猪、羊被杀掉,所以现在我们不能动摇,不能削弱,要去稳定。"① "企图在互助组内逐步地动摇、削弱直至否定农民的私有财产,走向农业集体化。这是不可能的,是改良主义。"② 7月25日,华北局向中央提出《关于华北农村互助合作会议的报告》。

毛泽东在得知这场争论的情况后,随即找刘少奇、薄一波、刘澜涛谈话,明确表示不能支持他们的观点,而支持山西省委的意见。这次争论,不仅是建立合作社的进度问题以及私有制的地位问题之争,更是刘少奇的"先机械化,后集体化"的思想与毛泽东"先集体化,再机械化"思想的碰撞。

刘少奇认为,没有工业化,没有农业的机械化,搞不了集体生产的社会主义的农业。即使搞起来,没有机器工具的集体生产也是巩固不了的。简言之,就是中国的农业发展道路只能走先机械化、后集体化的道路。1949年6月,他在《关于新中国的经济建设方针》中指出:"只有在重工业大大发展并能生产大批农业机器之后,才能在乡村中向富农经济实行社会主义的进攻,实行农业集体化。"③

当时,毛泽东对于农业合作化和机械化的看法则与刘少奇有着较大差别。毛泽东指出:"我们反对农业社会主义,所指的是脱离工业的,只要农业来搞社会主义。"④ 强调了工业化对农业集体化的重要性,在这一点两人的观点是一致的,认为工业化与集体化是密不可分的。但他认为,中国工业化和农业机械化将需要很长的一段时间来完成,农业合作化不能坐等工业化和机械化,明确提出了"没有农业机器也能办社的问题",做出了中国农业"先合作化,后机械化"的战略部署。

毛泽东在制定过渡时期总路线时,进一步提出了在中国特殊国情下,国家工业化和农业集体化应同时并举的方针。他强调社会主义工业化不能离开农业合作化而孤立地去进行。"农业方面,在我国条件下,则必须先有合作化,然

---

① 中共中央文献研究室:《刘少奇论新中国经济建设》,第211页。
② 中共中央文献研究室:《刘少奇论新中国经济建设》,第219页。
③ 中共中央文献研究室:《刘少奇论新中国经济建设》,第148页。
④ 薄一波:《若干重大决策与事件的回顾》上卷,第188页。

后才能使用大机器。"① 因为社会主义工业化的成果,"只有在农业已经形成了合作化的大规模经营的基础上才有使用的可能,或者才能大量地使用"②。

刘少奇等人从组织上服从了毛泽东的意见,也力图在思想上跟上毛泽东的认识。在1954年2月的七届四中全会、1955年10月的七届六中全会上,刘少奇就互助组、农业合作化问题先后几次做了自我批评,他说:"几年以前,我也有过一种想法,以为在土地改革后,除开普遍发展劳动互助以外,大约还要过一些时候再来普遍组织农业生产合作社,因而对于当时已经出现的半社会主义性质的农业生产合作社,没有认真地加以研究和提倡,这是不对的。"③

### (二)关于农业互助合作问题的争论

1952年9月全国第二次农业互助合作会议召开以后,进一步激发了全国各地农民兴办互助合作的热情,合作事业有了更大的发展。在兴办这些合作社的过程中,一些干部不顾部分农民的心理接受程度,强调增加合作社的社会主义因素,将一些耕牛和大农具充公,以至于引起一些农民的不安,尤其是部分中农的不安。同时,新兴合作社作为一种新型的农民集体组织形式,是习惯了自由散漫的农民们所不能一下子接受的。一些因各种原因入社的农民抱怨合作社组织对农民个体干涉过多,即所谓的任务多、会议集训多、公文报告表册多、组织多、积极分子兼职多的"五多"现象。对此,中央农村工作部在向毛泽东汇报后,代中央起草了几个纠正互助合作工作中急躁冒进倾向的文件。这些文件下发到全国各地实施后,对于前一段时期的急躁冒进倾向,起到了一定的纠正作用。

1953年4月,邓子恢主持召开的全国第一次农村工作会议,主题就是讨论农业互助合作。在这次会议上以及此后的农村工作中,邓一直强调互助组是一个不可逾越的历史阶段,目前互助合作的中心是办好互助组,而合作社则是次要方面;即使试办了个别合作社,也主张合作社的规模不宜过大。1953年3月14日,邓子恢代中央起草了一份关于同意中南局纠正急躁冒进倾向的报告,在

---

① 薄一波:《若干重大决策与事件的回顾》上卷,第210页。
② 《毛泽东文集》第5卷,人民出版社1991年版,第182页。
③ 中共中央文献研究室编:《刘少奇年谱(1898—1969)》下卷,第345页。

给中南局和全国各中央局及各省委的指示中明确要求，土地改革完成不久的地区，"都应将主要注意力放在端正地贯彻各项社会政策和经济政策，以解除群众对发展生产的疑惑和组织临时性互助组以克服农民在土改后所遇到的生产困难，而不宜过早过多的举办农业生产合作社，将自己的精力吸引在这一次要方面"。① 在第一次全国农村工作会议的总结报告中，他还提出："按目前条件，一般是搞的过大了反而妨碍生产，有些过大的社维持不下去了，必须改变。有些合作社基本上办得好但有些毛病，应当整顿一下。"关于合作社的规模，他认为"大概是十五户到二十五户，以不超过三十户为宜"②。

邓子恢的这些认识，符合此前不久毛泽东和中央的思路。但是，过渡时期总路线提出后，毛泽东的思想已经发生了变化，并曾亲自与邓面谈过渡时期总路线的问题。然而邓似乎还是未能深刻理解毛泽东的意图，依然坚持以往的互助组中心观点和合作社规模以二三十户为宜的观点。1953年10月，中央召开全国第三次农业互助合作会议。在会议前和会议期间听取汇报时，毛泽东两次批评了中央农工部。他说："纠正急躁冒进，总是一股风吧，吹下去了，吹倒了一些不应当吹倒的农业生产合作社。倒错了的，应当查出来讲清楚，承认是错误。"③ 毛泽东与中央农村工作部副部长陈伯达、廖鲁言谈话，提到了农业合作社的发展速度、规模、评价标准等一系列问题。至此，毛泽东从以互助合作为主转向以合作社为中心的思想变化已经十分清晰。"办好农业生产合作社，即可带动互助组大发展。""只要合乎条件，合乎章程、决议，是自愿的，有强的领导骨干（主要是两条：公道，能干），办得好，那是'韩信点兵，多多益善'。""合作社不能搞大的，搞中的；不能搞中的，搞小的。但能搞中的就应当搞中的，能搞大的就应当搞大的，不要看见大的就不高兴。"④

1953年10月和11月，毛泽东再次约陈伯达、廖鲁言谈话，表达出他对"反冒进"的一些看法，并强烈地指出："'确保私有'是受了资产阶级的影响。'群居终日，言不及义，好行小惠，难矣哉。''言不及义'，就是言不及社会主

---

① 《农业集体化重要文件汇编》上册，第144页。
② 《农业集体化重要文件汇编》上册，第135页。
③ 杜润生：《杜润生自述——中国农村体制变革重大决策纪实》，人民出版社2005年版，第43页。
④ 《毛泽东文集》第6卷，第298—301页。

义，不搞社会主义……不靠社会主义，想从小农经济做文章，靠在个体经济基础上行小惠，而希望大增产粮食，解决粮食问题，解决国计民生的大计，那真是难矣哉！""发展合作社，也要做到数多、质高、成本低……最后的结果是要多产粮食、棉花、甘蔗、蔬菜等等。不能多打粮食，是没有出路的，于国于民都不利。"①

杜润生后来回忆说："本来，当年7月华北局曾提出当前互助合作运动应'以发展和巩固互助组为中心环节'，并经中央批准，10月4日通知全国各省参照；3月间，中央农工部还代中央草拟了一份答复中南局的电报，也提出不宜过多的举办合作社，要把它控制在地委一级。毛主席听取汇报时的讲话，针对此事提了要把运动的中心，从互助组改变为主要发展农业生产合作社，而且说要分派数字，摊派，'摊派而不强迫，不是命令主义'，如果办得好，那是'韩信将兵，多多益善'。要有计划，要估计到有时候可能突然发展一下，可能发展到一百万个，也许不止一百万个。总之，要又多又好，积极领导，稳步发展。"②

1954年至1955年初，"闹粮荒"的现象在全国各地出现，究其原因，既有少数新建合作社质量不高的问题，也有1954年严重水灾的影响，加上国家粮食收购任务过大，农民负担过重。显然，把"闹粮荒"的主要原因归于新社的单方面并不全面。粮荒的出现，在一些地区引起了恐慌，一些农民开始出卖、滥宰耕畜，杀猪宰羊，砍伐树木，人心不稳。为此，中共中央于1955年1月10日发出《关于整顿和巩固农业生产合作社的通知》。该通知决定，"对当前的合作化运动，应基本上转入控制发展、着重巩固的阶段"③。1955年3月3日，中共中央在《关于迅速布置粮食购销工作安定农民情绪的紧急指示》中指出："根据各地反映，目前农村的情况相当紧张，不少地方，农民大量杀猪、宰羊，不热心积肥，不积极准备春耕，生产情绪不高。"④

面对这样的情况，毛泽东也主张放慢农业合作化的速度。1955年3月初，毛泽东再次约见邓子恢，谈到了农业合作化发展问题，提出1955年发展到60

---

① 《毛泽东文集》第6卷，第298—301页。
② 杜润生：《杜润生自述——中国农村体制变革重大决策纪实》，第45页。
③ 中共中央文献研究室编：《建国以来重要文献选编》第6册，第12页。
④ 《农业集体化重要文件汇编》上册，第295页。

万个；1956年翻一番，即达到120万个；1957年150万个，使加入合作社的农户达到全国总农户的50%以上。①1955年3月中旬，毛泽东在与邓子恢等中央农村工作部的相关人员谈话时，提出了"生产力起来暴动"说："生产关系要适应生产力发展的要求，否则生产力就会起来暴动。当前农民杀猪、宰羊，就是生产力起来暴动。"②在这次谈话中，毛泽东提出对农业合作化运动具有重大指导意义的"停、缩、发"指示，即分别不同地区，实行停止发展、收缩和继续发展的方针。

从中共中央文件和毛泽东的谈话中可以看出，中共中央在这一时期针对农业合作化的发展规模、速度一直保持着冷静的态度。然而，三个月过后，全国各地合作社发展势头依然如火如荼，出现了"过快"的冒进倾向，表现最突出的是浙江省。1954年春，浙江省入社农户占全省农户总数的0.6%；到了1955年春，这个数字增加到28%。3月下旬，邓子恢和当时的浙江省委负责人开会讨论，写成了《对浙江省目前合作化工作的意见》③，该《意见》说："建议你们对合作社数量分别地区实行压缩，有条件巩固的必须加以巩固，无条件巩固的，应主动有领导地转回互助组或单干经营。"④

事实上，邓子恢或许未能及时跟上毛泽东的思路。毛泽东在此时表面上的"让步策略"并不一定意味着反对合作社的快速发展。关于这一点，杜润生的推断也许更有道理：1955年3月毛泽东与他们意见的一致，"只是战术上暂时的一致，不是战略上的一致。他（指毛泽东）对于各方面报来的关于农村存在的紧张情况不能不予关注，因而对我们提出的某些缓解政策表示支持，但他提出的过渡时期总路线和推进社会主义改造的战略部署，并没有任何变化"⑤。

1955年5月，毛泽东关于农业合作化的理论悄然变化。毛对中央农村工作部在浙江合作化问题上采取"坚决收缩"的做法持有不同意见，在关于合作社的发展速度、规模的问题上，初级社向高级社的过渡问题上，在对农村

---

① 邓子恢：《在全国第三次农村工作会议上的总结报告》，1955年5月6日，转引自蒋伯英：《邓子恢与中国农村变革》，福建人民出版社2004年版，第431页。
② 《缅怀毛泽东》编辑组：《缅怀毛泽东》（下），中央文献出版社1993年版，第381页。
③ 中共中央文献研究室：《毛泽东传（1949—1976）》第1册，中央文献出版社2004年版，第371页。
④ 《农业集体化重要文件汇编》上册，第317页。
⑤ 杜润生：《忆50年代初期我与毛泽东主席的几次会面》，《缅怀毛泽东》（下），第380页。

形势和中农贫农之间矛盾的评估等问题上,看法也有了变化。薄一波分析道:"毛主席在 1955 年内,对邓子恢同志的工作从支持转向批评,可能同他对农村形势估量的变化有关。"① 1955 年 5 月 5 日,在与邓子恢的谈话中,毛泽东对邓子恢有所警示:"不要重犯一九五三年大批解散合作社的那种错误,否则又要作检讨。"②

在 1955 年浙江"砍社"风潮发生后,毛泽东对邓子恢的不满和批评更加明显。1955 年 6 月 14 日刘少奇主持的中央政治局会议,批准到 1956 年秋全国农业合作社发展到 100 万个的计划,而毛泽东则主张较上年翻一番,发展到 130 万个;邓子恢则坚持发展 100 万个,并就此问题与刘少奇协商并达成基本一致意见。

毛泽东对邓子恢的批评开始升级:"我们的某些同志却像一个小脚女人,东摇西摆地在那里走路,老是埋怨旁人说:走快了,走快了。过多的评头品足,不适当的埋怨,无穷的忧虑,数不清的清规和戒律,以为这是指导农村中社会主义群众运动的正确方针。"③ 在另一个场合,毛泽东甚至批评邓子恢和中央农村工作部,"实际上你们有一条路线,有一个方针,而这是和中央的路线和方针相抵触的"④。

1955 年 10 月 4 日至 11 日召开的中共七届六中全会,着重讨论毛泽东在 7 月 31 日省、市、自治区党委书记会议上《关于农业合作化问题》的报告。同时,邓子恢就农业合作化问题上的错误作检讨。此时,邓子恢已经把自己的"缺点"上升为"原则性的错误","是同中央方针完全相反的,是违背中央路线的,是脱离群众的",是"思想的右倾表现","其本质是资本主义思想隐藏在脑子里作怪","模糊的社会主义思想克服不了资本主义思想"⑤。毛泽东则在会议总结发言中给邓子恢的错误定了性质:"属于右倾的错误,属于经验主义

---

① 薄一波:《若干重大决策和事件的回顾》(上),第 370 页。
② 《毛泽东文集》第 6 卷,第 424—425 页。
③ 《毛泽东文集》第 6 卷,第 418 页。
④ 转引自《毛泽东传(1949—1976)》第 1 册,第 393 页。
⑤ 《中央农村工作部部长邓子恢在七届六中全会上的发言》,《人民日报》1955 年 10 月 4 日,转引自蒋伯英:《邓子恢与中国农村变革》,第 485—486 页。

的性质的错误。"此后的会议决议称之为"右倾机会主义的方针"。

### （三）关于"冒进"与"反冒进"的争论

1956年，中共高层在如何确定新中国经济建设方针的问题上也出现了分歧和争论。有两种不同的思路：一种是要求超速实现工业化的激进发展方针，一种是主张积极而稳妥的平衡发展方针。前者号召批右倾保守，首倡人是毛泽东；后者提出反急躁冒进，主导人是周恩来。在新中国历史上，这是周恩来与毛泽东之间少有的一次、也是最后一次正面冲突。

1956年新年伊始，社会主义高潮便在中国大地迅猛发展起来。1月15日，北京市市长彭真宣布："我们的首都已经进入社会主义了！"随后几天，天津、上海等118个大中城市，纷纷宣布资本主义工商业公私合营全部完成。① 改造资本主义工商业，实现国有化，是中共建国的基本目标之一，但原来的设想并非一蹴而就。提出过渡时期总路线的初期，中央领导人的头脑还是冷静的。1955年3月毛泽东在中共全国代表大会上承认，中国情况复杂，经济落后，要建成社会主义社会，可能需要经过三个五年计划。② 10月27日，在同工商界代表谈话时，毛泽东还强调，"社会主义改造是三个五年计划基本完成，还有个尾巴拖到十五年以后，总之是要瓜熟蒂落、水到渠成"③。

然而，农业合作化意外地取得成功，改变了人们对工商业改造的最初设想。如何将分散的、汪洋大海般的个体农民平稳地引导到合作化的道路上，这确实是中共领导人在建设道路上面对的重大任务。当年苏联推行全盘集体化，从1929年开始到1936年全面完成，用了7年时间，而且引起了农民的强烈反抗。国家不得不使用暴力镇压，甚至动用了飞机、大炮，结果近200万户富农被剥夺或驱逐到边远地区，死者近千万。④ 南斯拉夫在20世纪40年代末强行推动集

---

① 《天津西安私营工商业全部公私合营》，《人民日报》1956年1月15日、《北京各界举行庆祝社会主义改造胜利联欢大会》，《人民日报》1956年1月16日。《上海私营工商业社会主义改造的伟大胜利》，《人民日报》1956年1月22日。
② 《毛泽东文集》第6卷，第390页。
③ 《毛泽东文集》第6卷，第488页。
④ 参见沈志华：《新经济政策与苏联农业社会化道路》，中国社会科学出版社1994年版，第373、378、418页。

体化，也导致农民的全面反抗，后来不得不解散合作社。①令人惊奇的是，中国的合作化速度不仅比苏联快，而且农业生产连年增长，社会秩序稳定。协助毛泽东编辑《中国农村的社会主义高潮》一书的逄先知写道："对毛来说，全国解放是早已料到的，早有准备的，而农业合作化的胜利来得这样快，这样顺利，却出乎他的意料。"②人改造环境，同样，环境也改造人。农业合作化的快速进展和胜利实现，推动着中央领导以更大的自信迅速开展工商业改造。

由于社会主义改造比原计划的15年左右的时间大大提前，取得了意想不到的高速发展。毛泽东对中国经济发展战略提出新的构想，他感到国家建设也应加快速度，并有可能在高速道路上迅跑。在有关中共八大的准备工作中，他提出八大的中心思想要讲反对右倾思想，反对保守主义。他指出，现在的问题"还是右倾保守思想在许多方面作怪，使许多方面的工作不能适应客观情况的发展"，因此，"不断地批判那些确实存在的右倾保守思想，就有完全的必要了"。③他认为各项事业的规模和速度都应适当加快。

根据上述精神，《人民日报》发表了题为"为全面提早完成和超额完成五年计划而奋斗"的1956年元旦社论，提出了反对右倾保守的任务和多、快、好、省的要求。在批判"右倾保守思想"的影响下，农业和工业部门都相应修改了12年发展战略目标，粮、棉等各项指标都大大超过了原来的计划，在农业高指标的刺激下，钢和煤也纷纷提出高指标，不少部门还把原定为1967年实现的指标，提前5年，改为1962年实现。工农业的高指标，导致了基本建设投资的一再增加，造成了资金、建筑材料和机器设备的严重不足，生产和基本建设秩序混乱，国民经济出现了全面紧张的局面。

工农业生产和基本建设中出现的超越了客观实际的冒进，使负责经济工作的总理周恩来十分着急，于是同国务院的几位副总理一起，决心在经济工作中开展反冒进。按照周恩来的要求，1956年全国人大通过的预算报告尖锐地指

---

① 沈志华：《周恩来与1956年的反冒进——记中共中央关于经济建设方针的一场争论》，《史林》2009年第1期，第88—89页。
② 董边等：《毛泽东和他的秘书田家英》，中央文献出版社1989年版，第24页。
③ 毛泽东：《〈中国农村的社会主义高潮〉的序言》，《建国以来毛泽东文稿》第5册，中央文献出版社1991年版，第486页。

出:"急躁冒进的结果并不能帮助社会主义事业的发展,而只能招致损失。"①由周恩来执笔、刘少奇等人修改的《要反对保守主义也要反对冒进情绪》的社论对急躁冒进的危害做了深刻的分析,并指出:"冒进思想在上上下下各系统的干部中都存在,下面的急躁冒进有很多是上面逼出来的。"②这样,反冒进引起了全党的重视,冒进的势头基本上得到了遏制,保证了1956年经济的健康发展。然后,周恩来等在编制第二个五年计划时,继续贯彻反冒进的思想,在1956年9月党的八大关于"二五"计划的建议的报告中,强调了在综合平衡中稳步前进的经济建设方针。同年11月,周恩来在八届二中全会上所作的《关于1957年国民经济计划的报告》中,确定1957年计划的方针为"保证重点,适当收缩"。③

反冒进实际上是针对反右倾保守主义导致的急躁冒进而展开的。开始时,毛泽东采取了相当克制和保留的态度。国内反冒进的时候,国际形势发生了重大变化,在社会主义阵营内部,苏共二十大赫鲁晓夫捅开了斯大林问题的盖子,导致了国际共产主义运动内部的混乱,紧接着出现了波兹南事件和匈牙利事件。毛泽东的主要精力被吸引到国际形势的观察上,对于国内进行的反冒进,他还无暇顾及,同时也有待对反冒进进一步观察。1957年底,波匈事件得以平息,社会主义阵营暂时得以巩固,反右斗争取得了决定性胜利,于是,他把注意力再次放回到国内经济建设上,而反冒进从根本上讲,同他此前提倡的反保守主张是相悖的。因此,从这时起,毛泽东决心反反冒进了。

1957年11月13日,《人民日报》发表了毛泽东亲自审阅的《发动全民,讨论四十条纲要,掀起农业生产高潮》的社论,公开对反冒进进行批评,号召开展对右倾保守思想的批判。12月12日,《人民日报》再次发表毛泽东修改、经政治局讨论通过的《必须坚持多快好省的建设方针》的社论,批评反冒进是把"多快好省的方针刮掉了",这样做,"对社会主义建设事业当然不能起积极的促进的作用,相反地起到了消极的'促退'的作用"。④在1957年12月的杭

---

① 转引自石仲泉:《周恩来的卓越奉献》,中共中央党校出版社1993年版,第321页。
② 《人民日报》1956年6月20日。
③ 《周恩来年谱(1898—1976)》中卷,中央文献出版社1997年版,第724页。
④ 《人民日报》1957年12月12日。

州会议上，毛泽东对周恩来的反冒进做了点名批评。1958年1月，毛泽东主持召开了为反反冒进、发动大跃进做准备的南宁会议。在会上，毛泽东多次讲到反冒进问题，说反冒进使"6亿人泄了气"，明确表示"我是反反冒进的"。在同年3月的成都会议上，毛泽东对反冒进又一次做了批评，说反冒进是方针性的错误，并说，一种是马克思主义的冒进，一种是非马克思主义的反冒进，究竟采取哪一种？应该采取冒进。1958年4月，毛泽东在武汉主持的一次汇报会上说，1956年下半年和1957年来了一个反冒进，搞得人不舒服，是个马鞍形，是两个高潮间的一个低潮，并对"稳妥可靠"的提法提出批评，说我们这样大的国家，稳、慢就会出大祸，快一点，就会好些，"反冒进"是稳妥派反对跃进的口号。我们要用"跃进"代替"冒进"，使他们不好反对。①

面对毛泽东对反冒进的一系列批评和责难，周恩来等人从维护党的团结、维护毛泽东的威信出发，只得违心一再做检讨，承认反冒进错了。此时，毛泽东认为反反冒进的目的已经达到，此后，便由反反冒进转入发动和领导大跃进。

### （四）关于合作化运动争论的共识

在20世纪50年代关于合作化发展问题的争论中，刘少奇、邓子恢的观点受到批评，最终服从了毛泽东的思路。

1. 重工业而轻农业

新中国成立初期，中国经济结构呈现畸形面貌。1949年，我国重工业所占比重不到30%，且门类残缺不全，没有独立的机器制造业。这种不健全的产业结构，严重影响了国家的经济独立和国防巩固，也妨碍了我国工业化和国民经济的发展。这和中国共产党所定下的"把我国尽快地从落后的农业国变为先进的工业国"②的伟大目标之间还有很大的差距，因此，要想使国家早日富强起来，就必须建立一个先进的、完整的工业化的体系。

---

① 《在汉口会议上的讲话》（1958年4月1日至6日），《毛泽东思想万岁（1958—1960）》，未标出版者，第63—65页。

② 《刘少奇选集》上卷，第302页。

中国共产党人怀着强烈的使命感,将实现社会主义国家的工业化作为国民经济发展的基本任务:"在革命胜利后,我们党和全国人民的基本任务就是要改变国家的这种经济状况,在经济上由落后的贫穷的农业国家,变为富强的社会主义工业国家。这就需要实现国家的社会主义工业化……"①"今天,国家不能有很大的援助,因为资金主要搞国家工业化,还是要给国家工业化这方面多投资,农业当然不能跟工业化比,因为没有工业化,将来就没有前途。"②

而要想建立这样的工业化体系,就必须大力发展重工业。因为"没有重工业,过去在我国农业中就几乎完全不使用机器,也很少使用化学肥料";因为"没有重工业,许多轻工业的机器,尤其是精密的机器不能制造";因为"没有重工业,交通运输业也不发展"③。

陈云在《关于发展国民经济的第一个五年计划的报告》里详尽地阐述了其中的理由。陈云在报告中指出:在我国第一个五年计划期间,虽然我国的农业条件比较落后,但是根据当时的情况,发展的重点只能是重工业,因为"改变我国农业、铁路交通以及其他方面落后状态的关键,不是别的,正是发展重工业。没有重工业就不可能大量供应化学肥料、农业机械、柴油水利工程设备,因此就不可能根本改变农业的面貌,也将缺乏迅速大量开荒的物质条件"。同样,发展重工业也是发展运输交通事业、扩大轻工业的前提条件,"发展重工业是我国社会主义建设和社会主义改造的基本环节,因此重工业应该是我们经济建设的重点,我们必须优先发展重工业"④。

当然,优先发展重工业,苏联模式也起了重要的作用。早在1949年6月30日,毛泽东就指出:苏联共产党在列宁和斯大林的领导下,不但会革命,也会建设。"苏联共产党就是我们的最好的先生,我们必须向他们学习。"而且,这种学习是"恭恭敬敬地学,老老实实地学"⑤。9月3日,刘少奇访苏回到北

---

① 《为动员一切力量,把我国建设成为一个伟大的社会主义国家而斗争——关于党在过渡时期总路线的学习与宣传纲要》,《中共党史教学参考资料》编委会:《中共党史教学参考资料》第20册,人民出版社1983年版,第206页。
② 《关于农业合作化运动》(1955年5月6日),《邓子恢自述》,人民出版社2007年版,第259页。
③ 《中共党史教学参考资料》编委会:《中共党史教学参考资料》第8册,第48页。
④ 《陈云文集》第2卷,中央文献出版社2005年版,第592—593页。
⑤ 《毛泽东选集》第4卷,第1481页。

平后在高级干部会议上号召大家要全方位学习苏联,他说:"要学习苏联,在政治上、组织上、思想上、技术上,在法律、财政、经济、文化、教育等方面,都要学习苏联。"[①] 周恩来也是"向苏联学习"的积极倡导者。1952 年 11 月 6 日,周恩来在首都各界庆祝十月革命 35 周年大会上说:更好地学习斯大林的革命理论和苏联社会主义建设的先进经验,对于我国即将开始的大规模经济建设事业的胜利,具有极其重大的意义。[②] 中共领导人对苏联模式的由衷赞赏与迷恋之情溢于言表。总之,苏联的今天,就是我们的明天,这是中共领导集体的共识。

薄一波回忆道:"从 1953 年开始,在苏联帮助下,我国开展了大规模的经济建设,成绩卓著,举世瞩目。但是,同社会主义改造比较起来,在建设方面我们自己的创造比较少,农业方面、商业方面比较好一点,工业(特别是重工业)、计划管理、金融、统计等方面,基本是照搬苏联的。这在当时是不可避免的。因为我们没有管理现代经济的经验,知识不足,经济技术落后,以美国为首的资本主义国家又对我国进行了全面封锁和禁运。而苏联有了近 20 年管理社会主义经济的经验,他们的经济和技术,相对来说已达到了较高的水平。"[③] "1953 年后剪刀差的扩大,有复杂的原因。首先应当承认,在我们这样经济落后的农业大国,进行大规模的工业化建设,在开始一个时期内,要求农民多提供一些积累是必要的,不可避免的。资本主义国家筹集工业化资金,或者依靠残酷的原始积累、掠夺农民,或者对外掠夺殖民地,或者两者兼而用之。我们是社会主义国家,不能那样做。但是,如果不在相当一个时期内,要求农民多提供一点积累,工业化资金哪里来?……问题是一开始我们就对发展重工业要求过急,对农民生活的改善不够。"[④]

而事实上,建设社会主义工业化体系,优先发展重工业的发展模式,对农业意味着剥夺与侵蚀。统购统销政策无疑是一个重要体现。对此,陈云谈道:"我现在是挑着一担'炸药',前面是'黑色炸药',后面是'黄色炸药'。如

---

① 《建国以来刘少奇文稿》第 1 册,中央文献出版社 1998 年版,第 75 页。
② 《新华月报》1952 年 11 月号,第 39 页。
③ 薄一波:《若干重大决策和事件的回顾》(上),第 471 页。
④ 薄一波:《若干重大决策和事件的回顾》(上),第 280—281、282 页。

果搞不到粮食,整个市场就要波动;如果采取征购的办法,农民又可能反对。两个中间要选择一个,都是危险家伙。"①李锐也分析道:"对工业高投入,在中国,则特别要求人们要'勒紧裤带'。早在1953年,毛泽东和梁漱溟之间就发生过实施'大仁政'还是'小仁政'的争论。道理已经说得很明白,'我们施仁政的重点应当放在建设重工业上。要建设,就要资金。所以,人民的生活虽然要改善,但一时又不能改善太多'。"②

为了支持工业化建设,粮食实行统购统销,而国家面临千家万户分散的小农,这一政策的实行无疑在技术上存在极大困难,"建立全国范围的集体农庄网可以使国家更好地控制农业生产和安排剩余资金……征收税粮"③。"我们的政党和政府既以组织见长,当然还要从组织的途径去寻求希望。"④正是在这样一种重重工业、轻农业的经济建设理论支撑下,合作化迅速大规模展开,"1953年12月,几乎是在发布了统购统销命令的同时,共产党又制定了发展农业合作社的决议,合作化的进程自此大大提前。这局面被毛泽东形容为'太多的小辫子梳成大辫子'。这样一来,他所主张的一翼之战略,也就可以畅行"。⑤邓子恢也抱着同样的观点:"你不把他组织到合作社来,你的粮食还是紧张的,他就是生产了很多粮食,但不愿意卖给你。合作社组织起来就好办了,起码产量你知道了。个体农民一亿一千六百多万户,还会增加到一亿二千万户,将来还要多,他兄弟俩还要分家。一万万多条辫子你怎么抓?什么粮食统购统销、技术作物、经济作物,都很难。合作化以后,全国可以组织200多万个社,或者150万个社,那就好办了,那就会摸清楚他们究竟产多少,国家需要多少,他们需要多少草料、种子,都有案可查。"⑥为此,我们则不难理解有着争论,但是在合作化问题上刘邓始终不可能从根本上说服毛泽东。

---

① 《陈云文选》第2卷,第208页。
② 李锐:《大跃进亲历记》,南方出版社1991年版,第515页。
③ 〔美〕莫里斯·梅纳斯:《毛泽东的中国及其发展——中华人民共和国史》,张瑛等译,社会科学文献出版社1992年版,第178页。
④ 凌志军:《历史不再徘徊——人民公社在中国的兴起和失败》,湖北人民出版社2008年版,第43页。
⑤ 同上。
⑥ 《关于农业合作化运动》(1955年5月6日),《邓子恢自述》,第256页。

舒尔茨分析道："在20世纪50年代，经济学家们提出了以工业为中心的发展战略，认为工业化是发展经济的中心，只有通过工业化才能实现经济'起飞'。他们普遍认为，农业是停滞的，农民是愚昧的；农业不能对经济发展作出贡献，充其量只能为工业发展提供劳动力、市场和资金。在这种理论的指导下，许多发展中国家致力于发展工业，而忽视了农业。有些国家甚至以损害农业来发展工业。到了50年代后期，这种工业化的发展战略就暴露出了问题。许多发展中国家按这一发展战略虽然实现了较高的工业增长率，但经济并没有真正得到发展，人民的生活没有得到多少改善，甚至连吃饭问题也没有解决。"① 他还论证道："并不存在使任何一个国家的农业部门不能对经济增长作出重大贡献的基本原因。"欧洲、日本、墨西哥等地也正是通过农业而实现了较快的经济发展。但是，他又强调，发展中国家的传统农业是不能对经济增长做出贡献的，只有现代化的农业才能对经济增长做出重大贡献。问题的关键是如何把传统农业改造为现代化农业。② 为此，从农业经济增长的角度分析，邓子恢等中共较为务实的一代高层领导同毛泽东一样，由于时代的局限性，没有看到农业本身的经济增长点，在重重工业的基本理念下，邓子恢等尽管提出了合作化速度、数量尽当减缓、适量，但其理据只能从合作化组织技术管理、干部水平、农民觉悟着眼，无法从根本上改变"左"的冒进趋势。

2. 重农场效益而轻个体效益

现代的农业生产中，大农场的组织经营模式所带来的生产效率未必一定优于个体经济、家庭农场生产组织模式，这一点已为许多国家的经验所证明。美国经济学家舒尔茨在分析改造传统农业一个失败的模式中分析道："在许多国家里把传统农业改造成高生产率部门的公共计划之所以遭到失败就是由于决定建立大规模农业经营单位的政策。"③ 在这里显而易见的是在改造传统农业中至关重要的投资类型并不取决于大农场的建立。由于这种改造，农场的规模会发生变化——它们或者变得更大，或者变得更小——但是，规模的变化并不是

---

① 〔美〕西奥多·W.舒尔茨：《改造传统农业》，梁小民译，商务印书馆2007年版，译者前言，第2、97页。
② 〔美〕西奥多·W.舒尔茨：《改造传统农业》，译者前言，第3页。
③ 〔美〕西奥多·W.舒尔茨：《改造传统农业》，第97、98页。

这种现代化过程中产生的经济增长的源泉。①

然而，在新中国成立初期，共产党人在中国经济的艰难探索中，认为大规模的农场经济必然会产生"规模效益"不仅是毛泽东的个人观点，刘少奇与邓子恢等一代领导人对此也有着基本认同。刘少奇和毛泽东一样，在逐步引导个体农民组织起来走集体化的道路、走社会主义的道路这个问题上，是没有不同意见的。他们所确立的农业集体化的目标模式都是苏联的社会主义"集体化"模式。早在抗日战争时期，毛泽东就把苏联的集体农庄作为我国农业互助组织未来的目标模式。1943年，毛泽东在《组织起来》的讲话中说："在边区，我们现在已经组织了许多的农民合作社，不过这些在目前还是一种初级形式的合作社，还要经过若干发展阶段，才会在将来发展为苏联式的被称为集体农庄的那种合作社。"②刘少奇也认为："在农业中，在土地改革后，我们已在农民中发展互助合作运动……我们准备在今后大力地稳步地发展这个运动，准备在今后十年至十五年内将中国多数农民组织在农业生产合作社和集体农场内，再基本上实现中国农业经济集体化。"③当然，如前所述，二者的区别主要表现在实行合作化时间的不同：毛泽东主张，现在就可以把一些老区中已有的互助合作组织进一步提高到以土地入股形式为主的半社会主义的农业生产合作社；而刘少奇则认为不要现在就去动摇农村中互助组织的私有基础，而要继续等待一段时间，待"条件成熟"时再说。

同样，邓子恢对此也有基本认同。1951年12月，他在《在中南军政委员会第四次会议上的工作报告》中，论及这条发展道路时说："这就是毛主席所提倡的'组织起来'发展农业生产的道路。就是我们今天已经存在，今后要着重提倡的合作社经济，也叫做半社会主义经济。通过这种互助合作经济，来解决农民生产资料困难，减少私人剥削，增强对自然灾害的抵抗力，以逐步提高农业生产力，以后在国家工业化的条件下逐渐转入农业集体化的社会主义前

---

① 〔美〕西奥多·W.舒尔茨：《改造传统农业》，第95页。
② 《毛泽东选集》第3卷，第931页。
③ 刘少奇：《关于中国怎样从现在过渡到社会主义去的问题》（1952年10月20日），《建国以来重要文献选编》第3册，第370页。

途，这就是我们中国发展农业生产的具体道路。"① "今天的互助合作，也是为了发展农业生产。将来的集体化，在国家工业化帮助之下，实现机械化，也是为了发展农业生产，使农业生产大大的发展。"②

"农民的私人所有制就必须改变为集体所有制的集体农场，使之社会主义化"，因此"在农村中进行社会主义改造，是农村工作的总方针、总路线"。③ "在社会主义革命阶段，农民的根本要求是增加生产，增加收入，一步一步地改善自己的生活，而农民的这种要求，只有在实现合作化，坚决走上社会主义道路的条件下才有可能。因此，如果我们不及时地提出社会主义改造的总路线，如果我们不领导农民走上合作化道路，我们就不能够引导农民永远摆脱剥削和贫困，也就不能够在新的历史时期巩固工农联盟。"④ 薄一波论述道："土地改革完成后，我国农业要实行社会主义改造，要走社会主义道路，不能走资本主义道路，在这个基本方向问题上，我们党内是没有争论的。当时大家所理解的农业社会主义道路的目标模式，也大都是苏联的集体农庄，在这一点上，也没有实质性的争论。"⑤

当1959—1961年三年农业危机发生后，邓子恢、刘少奇等人对合作化组织形式有所反思，开始对个体经济的价值有所认识："把个体经济说得一钱不值是不对的，有它的好处，它的好处在哪里呢？（1）可以最大可能地调动全家的劳动积极性……这是他自己的利益鼓励的他，不要别人做鼓动工作，自己会搞，这和个人利益完全结合起来。（2）有高度的责任心，一点都不马虎。（3）他为了把农活质量提高，尽量钻研技术。这是个体经济的三种好处，也可以说是它的优越性。"⑥

但是，由于时代的局限性，他们对"大农一定优于小农的生产组织"，由于尚未从根本上提出质疑，而只从经营管理的角度提出问题。邓子恢看到农业

---

① 转引自蒋伯英：《邓子恢与中国农村变革》，第316页。
② 邓子恢：《农村工作的基本任务和中心环节》（1953年4月23日），《邓子恢文集》，第338页。
③ 《邓子恢文集》，第340—341页。
④ 邓子恢：《在社会主义基础上进一步巩固工农联盟》（1956年9月22日），《邓子恢文集》，第452页。
⑤ 薄一波：《若干重大决策与事件的回顾》上卷，第18页。
⑥ 《关于农业问题的报告》（1962年7月9日、11日），《邓子恢自述》，第436—437页。

产量最高的年份是1954年互助组时期,他说:"那时的经营管理是个体所有,农民积极性很高,一天亮就起来,起早摸黑,全家下地。自从大合作以后,特别是高级社、人民公社化以后,造成了出勤率不高,装瞎、装病,瞎了四年。装病同样有饭吃,他为什么不装呢。……所以集体生产的经营管理没有一套,没有摸出一套集体生产的规律性,没有形成经营管理制度,没有建立起来完整的生产责任制。"①

但是,个体经济坏处很多:(1)劳力少、劳动弱,生产搞不好的人,收入少,生活也差,甚至无法生存。这些人变成了困难户,100户就有10户左右,有的多一些,有的少一些。有的没有劳力,或者劳力死了,就不能劳动。因此,他的生产就搞不好,收入就少,生活就差,就变成了困难户,慢慢破产了,这是必然的。(2)再好的劳动力遇到了自然灾害,一家一户为生产单位,抵抗力很差……(3)产生了贫富不齐,有的穷,有的富……这样就产生了剥削与被剥削,种下了阶级分化的根子。(4)生产的盲目性,生产的商品部分受市场价格的支配,市场的价格有涨有落,涨的时候拼命种,价格落的时候吃了亏,因此产生生产危机,造成家庭破产。②"集体经济也是有缺点的,甚至有一些优越性没有实现,只实现了一部分,如统一分配、一包二顾这些是有了,剥削少了。但是我们的生产没有搞好,主要原因在于农村集体经济的经验不足,也有一些政策不对头,特别是集体经济的经营管理没有搞好,没有摸到它的规律性,没有建立一套集体经济经营管理制度,因此社员的劳动积极性调动不起来,特别是前几年。"③

正是由于认同于大规模的农场一定会带来规模效益,必然优于一家一户的个体经营模式,而合作化的时间既然能提早实现,何必要动作缓慢呢?从这一点而言,也是刘少奇、邓子恢难以说服毛泽东,而最终服从于毛泽东的重要逻辑。

新中国成立初期,为实现把我国尽快地从落后的农业国变为先进的工业国

---

① 《关于农业问题的报告》(1962年7月9日、11日),《邓子恢自述》,第422—423页。
② 《关于农业问题的报告》(1962年7月9日、11日),《邓子恢自述》,第437页。
③ 《关于农业问题的报告》(1962年7月9日、11日),《邓子恢自述》,第440页。

这一发展目标，把发展工业放到了首位。尤其是在朝鲜战争爆发后，中国面临着巨大的军事威胁。这种严峻的形势就迫切要求新中国优先发展军事工业和作为军事工业基础的重工业。只有重工业发展了，我国才能够不依赖外国，自己制造军事产品。而优先发展重工业、轻视农业的发展模式——苏联模式起了重要的作用。当时的苏联有一定的核力量和经济实力，正在争取超过美国。毛泽东认为，中国也应该努力超过英国。这样，社会主义国家就能够以"赶英超美"的经济发展速度和成效，来确保国家的实力和安全，证明社会主义制度的优越性，只有这样，才能藐视一切敌人。所以在莫斯科期间，毛泽东在各个场合赞美苏联取得的成就，乐观地展望中国的发展前景。基于这样的出发点，毛泽东提出了"赶英超美"的目标，开始大力发展重工业。

同样，新中国成立初期在对中国建设道路的艰难探索中，中共领导人中对大规模的农场经济必然会产生"规模效益"不仅是毛泽东的个人观点，刘少奇与邓子恢等一代领导人对此也有着基本认同。刘少奇和毛泽东一样，在逐步引导个体农民组织起来走集体化的道路、走社会主义的道路这个问题上没有不同意见。他们所确立的农业集体化的目标模式都是苏联的社会主义"集体化"模式。然而，以农业经济增长的理论分析，其共识有着一定的时代局限性。

所以，从 20 世纪 50 年代初农业互助合作的分歧开始，到中共七届六中全会达到中共全党在此问题上的一致，中共高层围绕农业互助合作运动的不同认识陷入了"分歧—争论—批评与被批评——一致—分歧—争论—批评升级——一边倒"这样一个反复中，争论最终以刘、邓服从于毛泽东而画上了句号。分析其原因，固然与当时中共党内民主生活尚未达到健全的程度有关。刘少奇、邓子恢最终与毛泽东达成共识，有着违心的一面。但从另一方面看，由于受到时代的局限性，中共第一代领导层对工农业经济发展模式，在中国工业化进程中经济发展的实行步骤，对农业与国民经济增长的关系问题，大农与小农的经济效益问题，有着基本一致的认识。刘、邓虽表现得更为务实，但是却无法从理论上根本反驳毛泽东的急躁冒进，进而使得刘、邓的务实理念在当时看来显得保守、滞后。这也是薄一波所提到的"他（指毛泽东）讲的道理把我们说服了"，以及刘少奇几次与毛泽东产生分歧后"很快地被说服"的原因之一。而这一切，最后酿成了合作化运动中急躁冒进等"左"倾错误。

## （五）关于乡村建设问题的共识

新中国成立之初，在把我国尽快地从落后的农业国变为先进的工业国这一发展目标下，在中国工业化建设进程的实行步骤中，工农关系一度发生偏离，农业发展的过程中也出现了急躁、冒进等"左"倾错误。但是在实践与认识的不断调整与平衡中，中央领导层也逐步形成了共识，并落实为具体的政策和方针。

1. 对农业基础地位的重视

早在1948年，刘少奇就明确指出了我国的现实国情：我国还是一个农业国，农业人口数量多、农业现代化水平低、农业发展基础薄弱。因此，我国进行社会主义建设，就必须先发展农业，先把全国人民的吃饭、穿衣、生产等切身问题解决好。因为农业是基础，"农业方面好转了，工业就可以好转，市场就可以好转"①。

1950年，在中南地区第一次农林会议上，邓子恢结合当时社会发展的实际情况，回答了目前农业工作为什么处在很重要的地位这一问题。他指出："今天农业及手工业占整个国民经济比重90%，中国人民的生活资料至少80%以上要靠农业生产（包括林业）来供应。农林工作搞不好，就会影响整个国民生计。"②

1953年，我国进入了第一个五年计划的经济建设时期。"一五"计划要求集中主要力量发展重工业，这就很容易出现对农业的轻视。为此，1953年9月29日，周恩来指出："集中主要力量发展重工业，不是说把一切力量都摆在重工业上，其他的都不搞了。"③他说，我国人口之多是世界第一。要满足这样多的人口的需要，首先需要的就是粮食。我们还要争取部分粮食出口，换回机器。粮食的生产跟不上需要的增长，这种情况在相当长的时期内还会存在。因此，要用极大的力量注意发展农业。1957年，邓子恢在全国农业劳动模范代表会议上提到："人是要有饭吃、有衣穿、有副食品和许多日用品才能生活下去，这些东西绝大部分是从农业上生产出来的。如果农业歉收，人民吃不饱饭、穿

---

① 《刘少奇选集》，第341页。
② 邓子恢：《在中南区第一次农林会议上的讲话》，中国经济论文选编辑委员会：《1950年中国经济论文选》第4辑，生活·读书·新知三联书店1952年版，第33页。
③ 《周恩来年谱（1949—1976）》（上），第329页。

不上衣服,那还谈得上什么社会主义建设呢?"①

在1958年开始的"左"倾思想的指导下,农业生产遭到了巨大破坏,整个国家的经济发展陷入了困境。针对这一状况,刘少奇指出,非农业人口增长的太多,农民养不起那么多的人,所以出现了一系列的问题。因此他提出必须要将工业战线缩短,使农业战线得到延长,大力发展农业生产。他认为"农业是工业的基础,农村是工业品的市场,依靠农业发展提高人民生活水平,依靠农业积累资金"②。

1960年8月,周恩来、李富春主持研究1961年国民经济计划控制数字时提出了以调整为中心的"调整、巩固、充实、提高"的八字方针,首要的是要适当地调整农业和工业的相互关系,使工业的发展规模能与农业基础相适应。周恩来指出:"在当前的国民经济调整工作中,恢复和发展农业生产是一个中心环节。我国国民经济中出现的不协调现象,农业生产下降的影响最大。没有农业的恢复和发展,就不可能有国民经济的协调发展。"

邓子恢在1949年中共武汉市代表大会,在国务院讨论第一个五年计划的会议上及八大发言时,都明确强调:农业是工业的基础。他指出:"农村生产不能发展,城市生产充其量只能维持现状。城市萧条就是因为乡村生产没搞好。"③刘少奇认为"农业是工业的基础,农村是工业品的市场,依靠农业发展提高人民生活水平,依靠农业积累资金"④。"工业本身的发展,要具备若干先决条件:一、要有市场;二、要有原料;三、要有资金积累。没有这三个条件,谈不到发展工业。"⑤

工业化和现代化是中国经济、社会发展的目标。没有工业的发展就无法建立比较完整的国民经济体系,也就没有中国的工业化和现代化。但工业的发展不能是空中楼阁,"农业发展了,工业发展才有基础"⑥。周恩来指出,在中国这样的落后国家,"农业的发展对于工业的发展有多方面的影响。许多工业特别

---

① 邓子恢:《在全国农业劳动模范代表会议上的报告》,《人民日报》1957年2月22日。
② 《刘少奇论新中国经济建设》,第204—205页。
③ 《邓子恢文集》,第207页。
④ 《刘少奇论新中国经济建设》,第204—205页。
⑤ 《邓子恢文集》,第245页。
⑥ 《周恩来年谱(1949—1976)》(上),第295页。

是纺织业和食品工业的原料是由农业供给的，工业人口和其他城市人口所需要的粮食、油料和其他副食品都依靠农业，工业所需要进口的机器大部分需要用出口农产品去交换。许多工业产品的主要市场是农村"。所有的一切，归结到一点，即"没有广大农业的发展，工业发展是不可能的"[①]，"农业不过关，要迅速发展工业就总是有困难的"[②]。

农业是发展工业的基础。刘少奇提到："因为只有农业的发展，才能供给工业以足够的原料和粮食，并为工业的发展扩大市场。"[③]中国人口多，大部分人从事农业，是个典型的农业国家，只有优先发展农业，才能供给工业以足够的原料和粮食，并为工业的发展扩大市场。只有在农业发展所需的资金有了一定积累之后，才有可能去建立重工业发展的基础，并发展重工业。在这个基础上建立起来的重工业，不仅有力量，而且有发展前途，才能更快地发展轻工业，使农业机械化。

2. 农业现代化方向的确立

农业是国民经济的基础。农业的稳定发展是工业和国民经济其他部门发展的前提和条件。但要真正实现农业在国民经济中的基础地位，或者说农业要良好地发挥其在国民经济中的基础地位，靠传统农业是不行的，必须实现农业的机械化和现代化。农业要走现代化的道路，是党内的共识。

刘少奇认为我国是落后的农业大国，经过社会主义改造进入社会主义社会后，农业生产力落后的情况实际上并没有改变。因为我国是在没有机械化的条件下实现农业的合作化、集体化的，农业仍以手工劳动、畜力耕作为主，劳动生产率很低。为改变这种状况，我国农业发展的基本方向必须是农业集体化和现代化。1949年，毛泽东也提出，占国民经济总产值百分之九十的分散的个体的农业经济和手工业经济，是可能和必须谨慎地、逐步地而又积极地引导它们向着现代化和集体化的方向发展的。同样，在1954年9月的第一届全国人大第一次会议上，周恩来指出："如果我们不建设起强大的现代化的工业、现代化

---

[①] 《周恩来选集》（下），第8页。
[②] 《周恩来年谱（1949—1976）》（中），第388页。
[③] 《刘少奇选集》下卷，人民出版社1985年版，第5页。

的农业、现代化的交通运输和现代化的国防，我们就不能摆脱落后和贫困。"①

农业机械化是农业现代化的重要环节和重要标志之一。在农业机械化的问题上，中共领导人的思想产生了分歧。刘少奇认为中国农业发展的道路应"先机械化，再集体化"。农业机械化、现代化本身是集体化不可逾越的。离开强大的国家工业，乡村农业集体化就不可能。只依靠农民，这是空想社会主义，所以要巩固和发展农村集体经济，要依靠工业，依靠城市，先机械化、后集体化。毛泽东的意见则刚好相反。他认为，中国工业化和农业机械化将需要很长的一段时间来完成，农业合作化不能坐等工业化和机械化，明确提出了"没有农业机器也能办社"的问题，作出了中国农业"先合作化，后机械化"的战略部署。相比于毛、刘思想的针锋相对，周恩来从农业发展本身入手，主张先抓水利化、化肥化，缓步发展机械化。他认为，经过国民经济恢复时期和"一五"计划的努力，中国的工业和经济实力有了很大的增长，但此时中国仍然不具备发展农业机械化的前提。他说，中国农业发展的道路应与苏联不同，中国"农业的改造需要分两步走，即：第一步，合作化加上一些增产措施；第二步，才是机械化和垦荒"②。最终，刘少奇服从了毛泽东的"先合作化，后机械化"主张，周恩来的"水利化"与"化肥化"也得到了很大程度的落实。正是他们的共同努力，推动了我国的农业现代化进程。

## 二、新农村建设思想的孕育

在思想与时代之内在关系上，梁启超曾论述：凡能成"潮"者，则其"思"必有相当之价值，而又适合于其时代之要求者也。③ 实际上，思想，尤其是具有恒久诉求的社会思想，常常是时代命题的凝练，或者集中地表达着时代的诉求。在新中国建设发展的道路探索中，乡村建设是一项既关乎全局又立

---

① 《把我国建设成为强大的社会主义的现代化的工业国家》（这是在第一届全国人民代表大会第一次会议上所做的《政府工作报告》的国内工作部分的要点），《周恩来选集》（下），第 132 页。
② 《周恩来年谱（1949—1976）》（上），中央文献出版社 1997 年，第 609 页。
③ 梁启超：《清代学术概论》，朱维铮校注：《梁启超论清学史二种》，复旦大学出版社 1985 年版，第 1 页。

足根基的历史任务,中共领导层对此问题进行了长期的思考和探索,形成了不同的思想认识;同时也经过了不同层面上的论辩和讨论,在经验与教训的双重鉴戒中,达成共识性认识,并通过政策、方针和措施得以落实在具体的实践之中。其中,新农村建设思想①的提出及其时代特征,尤其值得我们进行历史梳理和深入思考。

20世纪五六十年代之际,社会主义新农村建设成为中国农村追求美好生活的目标,也成为当时农村、农业、农民工作的重要话题。初始提出的思想内容很简略,但却在其纲领性引导的社会实践中得以充实,并逐步形成更具体的多样性认识。60年代各地着力推行的知识青年上山下乡运动,被普遍视为"建设社会主义新农村"的社会活动;"楼上楼下,电灯电话"②。无疑代表着乡村村民对"新农村建设"内涵质朴而形象的理解。"新农村建设"奋斗目标的提出,意味着一个全然不同于旧乡村的新时代的展开。"我们现在是处在一个社会大变动的时期……现在的变动比过去的变动深刻得多。"③这是一个"迅速地改变了旧中国的面貌"④的新时代。

1955年11月,毛泽东与15个省、自治区的党委书记就加快农业、农村发展问题共同研究、商讨;其后在广泛征求意见的基础上,最终形成了《一九五六年到一九六七年全国农业发展纲要》⑤(以下简称《纲要》),其主要任务正如"序言"所说,是"在我国第一个到第三个五年计划期间,为着迅速发展农业生产力,以便加强我国社会主义工业化、提高农民以及全体人民生活

---

① 近年来,这一论题的研究颇为集中,但主要集中于2005年后的新农村建设思想与实践(见贺聪志、李玉勤:《社会主义新农村建设研究综述》,《农业经济问题》2006年第10期;陈锡文:《加快社会主义新农村建设》,《求是》2010年第21期;温铁军:《中国新农村建设报告》,福建人民出版社2010年版,也是集中讨论新时期的新农村建设问题)。而事实上,社会主义新农村建设提法早在20世纪五六十年代已经出现。但是,学界只是在评述《高级农业生产合作社示范章程》和《全国农业发展纲要》时,提及其是社会主义新农村建设的法规或纲领,并没有对新农村建设思想或理论的提出及其形成历史做出阐述或必要的说明。显然,对于这一人们"耳熟"却未必"能详"的概念和思想内涵的梳理和揭示,实属必要。

② 陈永贵:"那会儿讲得新农村就是要建成楼上楼下,电灯电话",参见孙丽萍主编:《口述大寨史——150位大寨人说大寨》(上),南方日报出版社2008年版,第34页。

③ 毛泽东:《在中国共产党全国宣传工作会议上的讲话》,《毛泽东文集》第7册,第267页。

④ 《关于正确处理人民内部矛盾的问题》,《建国以来毛泽东文稿》第6册,第316页。

⑤ 先提出的是"十七条",随后又经多方讨论、补充扩展为"四十条"。

水平的一个斗争纲领"。《纲要》要求，各级党委和政府"必须在合作化的基础上，采取各种积极的合理的措施，并且有准备地有步骤地适合情况地积极推广农业的机械化，充分发掘农业的这种潜在力量，反对保守主义，为着实现纲要的要求而斗争"。毋庸讳言，《一九五六年到一九六七年全国农业发展纲要（草案）》包含着超越社会实际的"大跃进"思想因素。《纲要》明确提出"要求有关农业和农村的各方面工作在十二年内都按照必要和可能，实现一个巨大的跃进"。甚至在具体的农业产量规定中，提出增量"五、六倍到七、八倍"①的指标。某种意义上甚至可以说，"大跃进"运动由《纲要》引起和推动而成为全民性运动，也不无道理。

从《纲要》本身内容来看，在其四十条方案设计中并没有明确提出"新农村建设"的概念，只是在第三十七条中要求发挥复员军人"建设社会主义新农村"的积极性的表述；在第三十八条中，要求城市中小学毕业的青年学生，应当积极响应国家的号召，上山下乡去参加农业生产，参加"社会主义农业建设"的伟大事业。《纲要》本身没有明确提出"新农村建设"的话语及其思想，它关于农村建设的具体内容显然更多地侧重于农业建设方面；而其"总纲"则明确为巩固农业合作化制度，并保障其建设道路的选择（合作化方向被认为是农村建设和发展的社会主义道路，个体化及其趋向以及导致的贫富分化被确定为资本主义道路）。但是，《纲要》确定的集体化体制的确从根本上改变了传统小农的生产方式与生活方式，从制度上标志着中国农村进入一个新的时代。正如《大公报》社论所揭示："在这个大变动的时期里，时代带给我们巨大的历史任务。"②

1956年2月29日到3月6日，山西省委召开"全省农村社会主义建设积极分子大会"。出席会议的是农业合作化运动中农业、畜牧、林业、水利、水土保持、文化卫生等各方面的1728名积极分子，及省、专、市县的农村工作负责干部2200人。会议目的十分明确，是为实现中央政治局提出的"1956年

---

① 《建设社会主义农村的伟大纲领》，1957年10月27日《人民日报》社论。
② 这是1957年4月13日《大公报》社论《在社会大变动的时期里》中的一段评论。毛泽东对此充分肯定，并批示说："可惜人民（日报）缺乏这样一篇文章。"见《建国以来毛泽东文稿》第6册，第423页。

到 1967 年全国农业发展纲要（草案）"做出良好的开端。①会议已经明确地提出了社会主义新农村建设话语。"这次大会上，为了鼓舞大家全面**建设社会主义新农村**"②的热情，交流和推广的先进经验范围比较广泛，内容也比较丰富，同时也抓住了粮棉增产这个中心环节。会议特别提出集体化的优越性，集体劳动所创造的奇迹，得到特别推崇：水利设施及其建设，植树造林，发展畜牧，举办托儿所，建立保健站等。会议提出"**农村社会主义建设**是多方面的，而中心是搞好生产……"③

1956 年 6 月，在一届全国人大三次会议上通过的《高级农业生产合作社示范章程》，提出了"建设社会主义新农村"的奋斗目标。在这次会议中，邓颖超指出《高级农业生产合作社示范章程》是"建设社会主义新农村的法规"。④1957 年 10 月，《人民日报》针对《全国农业发展纲要》的公布发表社论，标题为《建设社会主义农村的伟大纲领》。社论明确提出，"这是建设我国社会主义农村的伟大纲领，它给五亿农民指出了今后十年的奋斗目标，规定了实现这些目标的基本方法"。在对《纲要》讨论和贯彻的基础上，要求各地"制订和修订自己的长期规划和分批分期发展的具体规划"⑤。

1959 年 9 月，农业部部长廖鲁言在《十年来农业战线的光辉成就》一文中指出："随着国家工业化的迅速发展，工业对农业的技术支援毫无疑问将不断地扩大……几亿农民的物质生活水平和文化生活水平，也将在生产高度发展的基础上，达到世界最先进的水平。这就是我国社会主义新农村的光明前景。"⑥1959 年 10 月 18 日，《人民日报》发表邓子恢的文章《中国农业的社会主义改造》，文章中指出："党中央根据毛泽东的建议，适时地提出'全国农业发展纲要'，描绘出一幅光明灿烂的前景，通过展开全民讨论，给广大农民以

---

① 山西省委农村工作部：《关于全省农村社会主义建设积极分子大会情况的报告》，1956 年 4 月 16 日，山西省档案馆藏，全宗号 C29，目录号 1，案卷号 48，第 1 页。
② 文字加粗部分为引者所标示（下同）。
③ 山西省委农村工作部：《关于全省农村社会主义建设积极分子大会情况的报告》，1956 年 4 月 16 日，全宗号 C29，目录号 1，案卷号 48，第 3 页。
④ 邓颖超：《进一步发挥妇女参加生产的积极性，保护妇女儿童的健康和安全——邓颖超代表的发言》，《人民日报》1956 年 6 月 24 日。
⑤ 《建设社会主义农村的伟大纲领》，《人民日报》社论，1957 年 10 月 27 日。
⑥ 廖鲁言：《十年来农业战线的光辉成就》，《人民日报》1959 年 9 月 26 日。

深刻的前途教育,这实际上是一次建设社会主义新农村的全民大动员。"同时,"党又在农村中广泛地进行建设社会主义新农村的前途教育"。

《纲要》中提出了当时农村工作的任务、规划及长远的奋斗目标。当然,毛泽东本人并没有提出"新农村建设"这一概念,但在他的一系列关于农村建设和发展问题的讲话中,已经包含着新农村建设的许多新思想内容和谋划。随着人民公社化的不断加速,该《纲要》被定位为建设中国社会主义新农村的伟大纲领。在1960年4月10日二届人大二次会议通过《全国农业发展纲要》的决议中,已经明确地指出:这个《纲要》"是高速度发展我国社会主义农业和建设社会主义新农村的伟大纲领"①。在这一背景下,党中央文件和领导人讲话中就频频出现了关于社会主义新农村建设的话语和内容。

1960年4月,谭震林副总理在二届全国人大二次会议上做了《为提前实现全国农业发展纲要而奋斗》的报告。报告指出:"事实完全证明,这个纲要(《全国农业发展纲要》)是一个群众性的纲领,它能够调动最广大群众的积极性来发展我国的农业,**建设我国的社会主义新农村**。"②大会还通过了关于为提前实现全国农业发展纲要而奋斗的决议。决议指出:"中共中央制定的一九五六年到一九六七年全国农业发展纲要是高速发展我国社会主义农业和**建设社会主义新农村**的伟大纲领。提前实现全国农业发展纲要,对于我国社会主义建设的继续跃进具有极其重大的意义。"③

显然,社会主义新农村建设,通过《纲要》发布和贯彻,很快成为全社会所接受的一个特定话语,并在社会实践和思想认识上逐步获得更为丰富的内涵。

## 三、刘少奇与新农村建设思想的提出

上述邓子恢等领导人虽也早有社会主义新农村建设的表述,却基本上是对

---

① 《中华人民共和国第二届全国人民代表大会第二次会议关于为提前实现全国农业发展纲要而奋斗的决议》,《农业集体化重要文件汇编》下册,第298页。
② 谭震林:《为提前实现全国农业发展纲要而奋斗》,《人民日报》1960年4月7日。文字加粗部分为引者所标示(下同)。
③ 《第二届全国人民代表大会第二次会议决议》,《人民日报》1960年4月11日。

《纲要》和《合作社示范章程》作用的一种评价,并没有思想内容方面的展开。作为中共中央农村工作部部长的邓子恢,是始终思考并着力于新中国农村发展和建设问题研究的领导者。相对而言,他也是较早提出社会主义新农村建设思想的领导人之一。在1957年8月间《论农村人民内部矛盾和正确处理矛盾的方针办法》一文中,他已经指出:"进一步对农民进行爱家、爱社、爱国和勤俭持家、勤俭办社、勤俭建国的教育,以团结广大农民,办好合作社,发展农业生产,建设社会主义新农村。"①

在合作化基本完成后,"大跃进"运动及人民公社化之前,邓子恢带一个工作组先后在江西、福建、广东农村进行调研。调研中发现,"农业合作化完成后,农民走上了社会主义道路,开始摆脱小农经济的种种制约,生产得到发展,生活也得以改善"。但是,农民"退社"问题仍然不时发生,且有蔓延之势。理论上的道路优越性与农民实践上的直接感知差距不小。因此,他将调研情况和自己的思考先后向毛泽东和中央发出6份报告。报告所呈现的问题引起毛泽东的高度关注,并于1957年2月27日发表《关于正确处理人民内部矛盾的问题》的讲话。当个体农业体制转向集体化体制(即进入合作化时期)后,国家、合作社、农民利益的矛盾调节问题,纷纷以不同的方式集中呈现。邓子恢这篇讲话即是根据毛泽东《关于正确处理人民内部矛盾的问题》的报告而写成的。在此基础上,邓子恢提出了在新的历史条件下(即"合作化")的农村建设问题,即立足于民主办社,"实行生产民主化,分配民主化,财务民主化"②的农村管理制度建设。社会主义新农村建设思想已经在孕育中。

但是,据现有公开文献资料,中央领导层中最早提出社会主义新农村建设概念并加以思想阐述的是刘少奇。早于邓子恢4个多月,刘少奇在《关于中小学毕业生参加农业生产问题》(1957年4月8日)中提出:"全国五亿多农民正在党和政府的领导下,辛勤劳动,积极生产,为争取今年的大丰收,为建设社会主义的新农村而努力奋斗。"针对城市里中小学毕业生就业困难而被动员下

---

① 《论农村人民内部矛盾和正确处理矛盾的方针办法》(1957年8月20日),《邓子恢自述》,第331页。
② 《论农村人民内部矛盾和正确处理矛盾的方针办法》(1957年8月20日),《邓子恢自述》,第340页。

乡参加农业生产劳动的疑惑和阻碍，刘少奇特别强调参加新农村建设的意义和价值。他提出问题说："难道全国从上到下，从领袖到群众，这样重视农村工作和农业经济，都是在做着没有前途的事业么？不，他们都是在做着具有伟大前途的事业……在新社会里面，每件有益于人民的事业都有前途，每个忠于人民利益的人也都有前途。中国第一代有文化的新式农民，这就是下乡种地的学生的前途，这个前途是光明的、伟大的，然而必须经过艰苦的努力和锻炼，才可能达到。"①

在这里，他特别强调"新农村"之新的内涵在于制度之新、时代之新。这是在中共领导下完成"两件大事"后的新的时代任务：即"第一件就是推翻帝国主义和封建主义统治，建立人民政权，实现中国的独立和统一，消灭地主阶级及其他一切封建残余势力"，"从而在城市和农村中解放已有的生产力"②。第二件事情就是利用政权和人民民主专政工具，"来发展一切有益于人民的生产及其他经济事业。首先用一切办法在现有基础和现有水平上来提高每一个劳动者的劳动生产率，提高生产品的数量和质量，节省原料和材料，消灭浪费，降低生产品的成本，然后逐步地提高生产技术，建设新的生产事业，并使手工业和个体农业生产经过集体化的道路改造成为具有近代机器设备的大生产。这就是使中国逐步地走向工业化和电气化。只有工业化和电气化，才能建立中国强大的经济力量和国防力量"③。尤其是在论述革命与建设的关系时，刘少奇提出：建设才是革命的最终目的；革命只具有阶段性和工具性的价值与意义。"当我们做第一件事时，我们的目的就是为了要做好第二件事。""因为生产是更基本的，永远需要的。如果我们在做好第一件事情之后，不能接着把第二件事情做好，那我们的革命就没有什么大的意义了，我们的革命就不能说是已经胜利了，相反，我们还要遭受可耻的失败。"④ 这一思想与孙中山关于革命与建设的历史关系的认识基本一致。⑤

---

① 《刘少奇选集》下卷，第 290—291 页。
② 《国家的工业化和人民生活水平的提高》（1950 年），《刘少奇选集》下卷，第 2 页。
③ 《国家的工业化和人民生活水平的提高》（1950 年），《刘少奇选集》下卷，第 3—4 页。
④ 《国家的工业化和人民生活水平的提高》（1950 年），《刘少奇选集》下卷，第 4 页。
⑤ 详见王先明：《建设告竣时 革命成功日——论孙中山建设思想的形成及其时代特征》，《广东社会科学》2013 年第 1 期。

新的历史条件下的社会主义新农村建设,是整个国家建设的重要部分,也是探索新中国建设发展道路的核心命题。对于这一时代性命题,刘少奇有着系统的思考。就建设事业的步骤而言,他认为:首先,我们必须恢复一切有益于人民的经济事业,并使那些不能独立进行生产的已有的工厂尽可能独立地进行生产。其次,要以主要的力量来发展农业和轻工业,同时建立一些必要的国防工业。再次,要以更大的力量来建立我们的重工业的基础,并发展重工业。最后,要在已经建立和发展起来的重工业的基础上,大大发展轻工业,并使农业生产机械化。中国工业化的过程大体要遵循这样的道路前进。在建设方略谋划中,刘少奇较早地提出了以农业和轻工业为重心的思想。他认为,在恢复中国的经济并尽可能发挥已有的生产能力之后,"第一步发展经济的计划,应以发展农业和轻工业为重心。因为只有农业的发展,才能供给工业以足够的原料和粮食,并为工业的发展扩大市场。只有轻工业的发展,才能供给农民需要的大量工业品,交换农民生产的原料和粮食,并积累继续发展工业的资金……把劳动人民迫切需要提高的十分低下的生活水平提高一步"。这一思想显然与第一个五年计划时期的"先工战略"或"优先发展重工业"的道路选择有所不同。刘少奇认为,首先保证农村建设的成效,才有条件和基础进行工业化建设,尤其是重工业建设。"只有在这一步做得有了成效之后,我们才有可能集中最大的资金和力量去建设重工业的一切基础,并发展重工业。只有重工业建立之后,才能大大地发展轻工业,使农业机器化,并大大地提高人民的生活水平。"因此,"中国人民的生活水平,只能循着经济发展的步骤来提高"[①]。

新中国农村建设和发展的道路选择,是通过对个体所有制改造、完成集体所有制来实现的。集体化的"大农业"才是新农村建设的方向。"发展农业,使农业过关,使粮食过关,只能是大农业……不是资本主义的大农业,就是社会主义的大农业……小农经济是不能使农业过关的……要使中国的农业过关,使农民走社会主义道路,而且能够发展生产,就要创造中国的经验。"因此,到20世纪60年代经过历史的挫折后,中央在建设道路的认识上才形成更多的共识,并确定了新的建设思路。"毛泽东同志提出以农业为基础,农、轻、重

---

① 《国家的工业化和人民生活水平的提高》(1950年),《刘少奇选集》下卷,第4—5页。

的次序,就是感到这个任务的重大……派你们下去,到农村去,就是为了解决这个任务。"①

社会主义新农村建设不仅仅是农业建设,从根本上来说主要还是"新人"的建设,即"新农民"的培养和改造。毛泽东也指出,与革命时代不同,那时"劳动人民大多数是文盲,文化水平很低",只要他们的阶级觉悟逐步提高,"就能够打倒帝国主义和封建主义的统治";而建设时代就要解决劳动人民的"文盲"问题,"要进行建设,就要有文化,建设愈向前发展,对文化的要求也愈迫切"。②刘少奇提出,要实行半工半读的学制,认为由这种工读结合制度中培养出来的"中等技术学校或者大学毕业出来的人,是一种新人。这种人跟我们不一样,跟现在的工人、农民也不一样,跟现在的知识分子也不一样,而是一种新的人了"③。"把中国五亿多农民引导到社会主义、共产主义的轨道上来,这个工作是一项头等重要的、光荣的工作……毛泽东同志讲过,严重的问题是教育农民。教育农民干什么呢?教育农民干社会主义"。④因此,20世纪60年代开始的农村社会主义教育运动以及动员青年学生上山下乡的举措,也是新农村建设探索中的一种努力。显然,"消灭了城乡差别,工农差别,脑力劳动和体力劳动的差别"的理想构图,是当时中共领导层致力于社会主义新农村建设的目标。

## 四、新农村建设思想的制度根基

在新中国成立初期,中国共产党人在中国经济建设的艰难探索中,认为大规模的农场经济必然会产生"规模效益"不仅是毛泽东个人的观点,刘少奇与邓子恢等一代领导人对此有着基本认同。刘少奇和毛泽东一样,在逐步引导个体农民组织起来走集体化的道路,走社会主义的道路这个问题上认识一致。1943年毛泽东在《组织起来》的讲话中说:"在边区,我们现在已经已经组织了许多的农民合作社,不过这些在目前还是一种初级形式的合作社,还要经过

---

① 《加强基层领导,改进工作作风》(1962年7月18日),《刘少奇选集》下卷,第463页。
② 《对中共八大政治报告稿的批语和修改》,《建国以来毛泽东文稿》第6册,第159页注【4】。
③ 《半工半读,亦工亦农》(1964年8月1日),《刘少奇选集》下卷,第466页。
④ 《加强基层领导,改进工作作风》(1962年7月18日),《刘少奇选集》下卷,第462页。

若干发展阶段,才会在将来发展为苏联式的被称为集体农庄的那种合作社。"①刘少奇也认为:"在农业中,在土地改革后,我们已在农民中发展互助合作运动……我们准备在今后大力地稳步地发展这个运动,准备在今后十年至十五年内将中国多数农民组织在农业生产合作社和集体农场内,再基本上实现中国农业经济集体化。"②但是,在具体实行合作化进程的步骤、时间上,他们有着明显的不同。毛泽东主张,现在就可以把一些老区中已有的互助合作组织进一步提高到以土地入股形式为主的半社会主义的农业生产合作社;而刘少奇认为不要现在就去动摇农村中互助组织的私有基础,而要继续等待一段时间,待"条件成熟"时再说。

对此,邓子恢也有着基本认同。1951年12月邓子恢在《在中南军区委员会第四次会议上的工作报告》中论及这条发展道路时说:"这就是毛主席所提倡的'组织起来'发展农业生产的道路。就是我们今天已经存在,今后要着重提倡的合作社经济,也叫做半社会主义经济。通过这种互助合作经济,来解决农民生产资料困难,减少私人剥削,增强对自然灾害的抵抗力,以逐步提高农业生产力,以后在国家工业化的条件下逐渐转入农业集体化的社会主义前途,这就是我们中国发展农业生产的具体道路。"③从互助合作到集体化道路,是中国农业发展和农村建设的制度保证。中国农村建设和发展的"新道路",实质上就是"领导农民组织起来,靠大家互助合作的力量",使得农民"富裕比较平衡的上升,也限制了富农的发展"的道路,即以集体化制度保障农民共同富裕的道路。④ "将来的集体化,在国家工业化帮助之下,实现机械化,也是为了发展农业生产,使农业生产大大的发展"⑤。

所以,刘少奇在20世纪60年代初多次强调要巩固集体化制度,这是实现工业化和实现农业现代化的制度基础。"搞好中国的农村,办好集体经济,实

---

① 《毛泽东选集》第3卷,人民出版社1991年版,第931页。
② 《关于中国怎样从现在逐步过渡到社会主义去的问题》(1952年10月20日),《建国以来重要文献选编》第3册,第367页。
③ 转引自蒋伯英:《邓子恢与中国农村变革》,第316页。
④ 邓子恢:《在全国第一次农村工作会议上的总结报告(节录)》(1953年4月23日),《建国以来重要文献选编》第4册,第148页。
⑤ 邓子恢:《农村工作的基本任务和中心环节》(1953年4月3日),《邓子恢文集》,第338页。

现农业的技术改造,这是我们党的一项光荣的、伟大的任务。要使我们国家的经济好转,要使中国发展起来,实现工业化,就要抓农业。农业不发展,国家工业化没有希望。"①在毛泽东看来,通过合作化走向集体化的历史进程完结后,"社会经济面貌全部改观",中国农村就"由半社会主义发展到全社会主义"②。邓子恢对于集体化的快速发展和人民公社化,也有了新的态度:"农业从个体到集体,从小集体到大集体,再从大集体到全民所有制,这是必经之路。"③因为,"合作化完成了,这就解决了我国社会主义工业化同个体农业经济之间的大矛盾"④。制度决定了时代的性质和特色,全民所有制经济和集体所有制经济决定了"我国现在的社会制度比较旧时代的社会制度要优胜得多"⑤。新制度的确立,是进入新时代的历史标志,同时新时代也提出了新的矛盾:"在国家同合作社之间,在合作社内部,在合作社同合作社相互之间,都有一些矛盾需要解决。"⑥"新农村建设"实质上就是面对新的时代问题而提出的长远构想和战略规划。因此,《一九五六年到一九六七年全国农业发展纲要(草案)》,被定位于社会主义新农村建设指导纲领的地位,就在于它是在中国农村已经完成了由旧到新的制度性变动后,对于农村建设和发展的思想纲领。因此,"新农村建设"思想中"新"的含义,实质上就是"集体化"完成的制度之新。

## 五、"四化"建设的题中之意

革命与建设是近代中国历史进程中的一个基本命题。建设的目标及其对于革命的意义和价值而言,更具有决定性价值。革命本身不是革命者的追求目标,革命的动机也不能从革命本身获得真正的诠释。所以,面临新中国的建设任务时,毛泽东特别提出:"革命是为建设扫清道路。革命把生产关系和上层建筑加以改变,把经济制度加以改变,把政府、意识形态、法律、政治、经

---

① 《加强基层领导,改进工作作风》(1962年7月18日),《刘少奇选集》下卷,第464页。
② 《关于农业合作化问题》(1955年7月31日),《毛泽东文集》第6卷,第438页。
③ 《依靠农民发展生产》(1961年4月23—24日),《邓子恢自述》,第355页。
④ 《关于正确处理人民内部矛盾的问题》,《建国以来毛泽东文稿》第6册,第333页。
⑤ 《关于正确处理人民内部矛盾的问题》,《建国以来毛泽东文稿》第6册,第327页。
⑥ 《关于正确处理人民内部矛盾的问题》,《建国以来毛泽东文稿》第6册,第334页。

济、文化、艺术这些上层建筑加以改变，但目的不在于建立一个新的政府、一个新的生产关系，而在于发展生产。"①新中国政权建立后迅速确立了国家建设的目标："国家建设的总任务，就是要使中国由落后的农业国逐步变为强大的工业国。"并于1953年召集全国人民代表大会通过国家建设计划，"国家建设包括经济建设、国防建设和文化建设"②。

1954年9月23日，周恩来在《政府工作报告》中首次明确提出："建设起强大的现代化的工业、现代化的农业、现代化的交通运输业和现代化的国防。"③显然，"四化"建设中的"现代化的农业"已经包含着"新农村建设"的思想内涵。但是，当国家建设遵循"工业领导农业，城市领导乡村，工人领导农民"④这一"社会主义的确定不移的根本原则"时，乡村建设或新农村建设的战略构想当然地服从或遵从于这个"根本原则"。

在新中国工业化建设迅速启动的同时，中国农村以社会改革为主导，进行生产关系调整和所有制变革，快速完成个体所有制向集体所有制的历史变动；农村的经济、文化和技术建设严重滞后。毛泽东看到了这一问题，认为农村经济条件和技术改革，"比较社会改革的时间，会要长一些"，甚至"需要四个至五个五年计划，即二十年至二十五年的时间"⑤。但是，农村建设的严重滞后性不仅导致工业建设的顿挫，而且也从根本上影响到国家政体即工农联盟的根基的稳固。50年代末，这一矛盾表现已经十分突出。如何统筹农村建设尤其是加强农业建设，显然是具有全局性的战略谋划，《一九五六年到一九六七年全国农业发展纲要（草案）》的提出则着眼于此。因此，《纲要》一经提出即被定位为社会主义新农村建设的纲领。

当然，新农村建设思想是整个国家建设即"四化"建设中的内容之一，或者说"四化"建设思想天然地包含着新农村建设思想内容。新农村建设思想的

---

① 《同工商界人士的谈话》（1956年12月8日），《毛泽东文集》第7卷，第182页。
② 《迎接一九五三年的伟大任务》（1953年1月1日《人民日报》社论），《建国以来重要文献选编》第4册，第2页。
③ 周恩来：《政府工作报告》（1954年9月23日），《建国以来重要文献选编》第5册，第584页。
④ 《关于〈一九五六年到一九六七年全国农业发展纲要（草案）〉的说明》，中共中央文献研究室编：《建国以来重要文献选编》第8册，中央文献出版社1994年版，第72页。
⑤ 毛泽东：《关于农业合作化问题》（1955年7月31日），《建国以来重要文献选编》第7册，第81页。

立足点仍在于"社会主义建设的主体"即"国家的社会主义工业化,而工业化的中心是发展重工业"。① 五六十年代社会主义新农村建设,目的是要求农业支援工业、农村支持城市,是为了从农村得到更多农业剩余以获取工业化资金,推进社会主义工业化建设。毛泽东认为《全国农业发展纲要》的任务,就是中国农村建设的远景和奋斗目标,是"要在几十年内,努力改变我国在经济上和科学上落后状况,迅速达到世界上的先进水平"的"一个远大规划"。②

"围绕工业起步资本原始积累的线索,可以解释50年中国农村发展的所有重大步骤和事件"③。当"四化"首次提出时,国家实施工业化尤其是重工业优先发展战略,工业化置于"四化"之首位。50年代末农村建设的滞后性成为国家建设的瓶颈时,农业现代化建设问题一时成为焦点,党内关于此问题的讨论也十分热烈。1957年10月9日,毛泽东发表《做革命的促进派》(1957年10月9日)谈话:"讲到农业与工业的关系,当然,以重工业为中心,优先发展重工业,这一条毫无问题,毫不动摇。但是在这个条件下,必须实行工业与农业同时并举,逐步建立现代化的工业和现代化的农业。过去我们经常讲把我国建成一个工业国,其实也包括了农业的现代化。现在,要着重宣传农业。"④

现实中矛盾的呈现无疑在一定程度上也揭示着国家建设战略构想的缺陷。"我国工业建立了相当大的基础以后,在工业和农业的关系方面存在着一个很大的矛盾。解决这个矛盾的出路,是积极地推进农业的技术改革,使我国农业现代化的步骤和我国工业现代化的步骤相适应。"⑤ 工、农业建设与发展的不平衡性及其矛盾的聚集,将农村建设问题提上了党和国家建设战略构想必须调整的日程上,"国家工业化,必须有农业发展与之相适应,而要农业有巨大的发

---

① 廖鲁言:《关于〈关于一九五六年到一九六七年全国农业发展纲要(草案)〉的说明》(1956年1月25日),《建国以来重要文献选编》第8册,第72页。
② 《社会主义革命的目的是解放生产力》(1956年1月25日在最高国务会议第六次会议上的讲话要点),《建国以来重要文献选编》第8册,第76页。
③ 蒋东生:《历史将最终澄清在本书的结论上——程漱兰著〈中国农村发展:理论和实践〉评介》,《管理世界》2001年第2期。
④ 《做革命的促进派》(1957年10月9日),中共中央文献研究室编:《建国以来重要文献选编》第10册,中央文献出版社1994年版,第604页。
⑤ 《薄一波在全国工业工作会议上的总结发言》(1962年12月5日),《建国以来重要文献选编》第16册,第38页。

展"①。刘少奇也明确指出:"要使我们国家的经济好转,要使中国发展起来,实现工业化,就要抓农业。农业不发展,国家工业化没有希望。"②

社会主义新农村建设思想或战略构想的提出,是新中国国家建设起步后面对工业与农业、城市与乡村发展矛盾的历史进程中提出的命题。这一命题并不完全独立地存在,而是新中国现代化建设道路探索中的重要命题之一。或者说,它实质上就是社会主义现代化建设命题的题中应有之义。旨在揭示新中国十大矛盾的"十大关系"论述,就是党在建设道路中经验和教训的理论总结和提升的重要思想成果。其中关于工农关系、城乡关系矛盾的论述,已经触及到现代化建设道路中的"新农村建设"的论题。

发展经济学家在工农两部门模型中所忽略的因素,也正是新中国现代化主导者所不能正视的因素。新中国的实践已经证明,在这一特定时期,农业只能以被人为压低的价格供应城市工业食品;发展之初的剩余,不是用来增加人们即期消费,而必须用于积累。如果不是这样,不是以农业服从工业的格局建立两部门模型,工业还是会为农业所累。在国家建设的历史进程中,农业建设或者说农村建设,从根本上服从于工业建设,尤其是重工业建设。尽管"任何一个社会绝不能没有农业,绝不能没有粮食",但是,"国家工业化是我国全体人民最大的利益"③。归根到底,社会主义新农村建设思想的提出,是国家"四化"建设进程中战略调整的历史必然。"农业现代化要以工业现代化为条件,没有工业的现代化,也就没有农业的现代化。但是,工业现代化和农业现代化是一个统一的不可割裂的过程。我们在逐步完成工业现代化的过程中,积极推进农业的现代化。"④ 这涉及中国工业化道路问题。至少在五六十年代,党中央已经充分认识到:"从发展农业着手,来开展我国的社会主义建设,国民经济的发

---

① 邓子恢:《农村工作的基本任务和方针政策》(1953年7月2日),《建国以来重要文献选编》第4册,第282页。
② 《刘少奇选集》下卷,第464页。
③ 邓子恢:《农村工作的基本任务和方针政策》(1953年7月2日),《建国以来重要文献选编》第4册,第293页。
④ 《薄一波在全国工业工作会议上的总结发言》(1962年12月5日),《建国以来重要文献选编》第16册,第38页。

展速度就能够快一些。"① 新中国建设的基本经验教训之一，就是必须正确处理工业和农业的比例关系，"以农业为基础来发展我国国民经济，是我们的一个根本方针"②。甚至在"四化"的表述上，也开始将农业现代化提到了"四个现代化"的首位："实现我国的农业现代化、工业现代化、国防现代化和科学技术现代化。"③

此外，中央还在农业科学发展规划中提出了农业建设的"四化"目标：农业的机械化、电气化、水利化、化学化，并在国务院下设全国农业科学技术委员会加以研究和利用④，以与国家整体的"四化"相匹配。随后，国家倡导"建设现代化的农业，建设社会主义的新农村"，动员和组织大批城市知识青年上山下乡，将推行农业"四化"与国家建设"四化"融为一体。⑤农业"四化"构成社会主义新农村建设的主要内容，同时也是整个"四化"建设的内容之一。

对乡村建设和工业化建设的任何分离性评论，其实都无法真正触及新中国建设发展的历史本质，至多只能在众多看似矛盾、冲突的现象和面相中完成一种文本叙述的逻辑统一。事实上，真正的矛盾和冲突本身就是现实，同时也就是历史；没有矛盾和冲突的现实生活和历史进程从来就不曾存在。

---

① 《薄一波在全国工业工作会议上的总结发言》（1962年12月5日），《建国以来重要文献选编》第16册，第40页。
② 刘少奇：《在扩大的中央工作会议上的报告》（1962年1月27日），《建国以来重要文献选编》第15册，第25页。
③ 《奋发图强，勤俭建国——庆祝中华人民共和国成立十四周年》（1963年10月1日《人民日报》社论），《建国以来重要文献选编》第17册，第141页。
④ 《中共中央、国务院批转谭震林、聂荣臻〈关于全国农业科学技术工作会议的报告〉》（1963年10月19日），《建国以来重要文献选编》第17册，第181页。
⑤ 《中共中央、国务院关于动员和组织城市知识青年参加农村社会主义建设的决定（草案）》，《建国以来重要文献选编》第18册，第39页。

# 第十二章　时代主题的摆动与"优农"思想的形成

对于中华人民共和国建立后革命与建设的历史进程而言，1956年所具有的历史性转折意义已经清晰可辨，而且以后的历史进程也会继续并进而凸显其应有的价值与意义。"也许更为宏观的历史可以1956年进行分期。"① 社会主义的基本经济制度的建立，使得"社会主义性质的国营经济、合作社经济和基本上属于社会主义性质的公私合营经济合计为92.9%，占到了国民收入的绝大多数"②。社会主义三大改造的完成，标志着社会主义道路与方向获得了制度性保证。从而，社会主义建设的全面规划"就完全有可能，在工业建设和文教建设方面，也提早完成"，"就有更多的可能来争取更快地建成社会主义社会"③。以和平方式完成由新民主主义向社会主义的历史转折，虽然没有急风暴雨式的土地改革所带来的巨大社会震撼，却仍然充满了实践中的复杂繁难与思想上的竞力和碰撞，它对于中国发展方向的选择和历史鉴资，更富于思想启示的深刻性。

## 一、中共八大与"建设"的时代主题

"工业化是国家最高利益，也是全体人民、农民的最高利益。工业化是建

---

① 葛玲：《中国乡村的社会主义之路——20世纪50年代的集体化进程研究述论》，《华中科技大学学报》2012年第2期。
② 沙健孙：《毛泽东与新中国建设》，第81页。
③ 《为全面地提早完成和超额完成五年计划而奋斗》（1956年1月1日《人民日报》社论），《建国以来重要文献选编》第8册，第7页。

设社会主义的前提条件"的思想，在新中国建立伊始就已经成为中共领导层的共识。但是面对经年战争创伤和历史累积的沉疴，"建设"并没有立即上升为时代性主题。在百废待兴的20世纪50年代前期，中共领导人事实上肩负着两个任务："一个叫社会主义建设，一个叫社会主义改造。一个是不够，要建设；一个是私有制，要改造，使之社会化。"① 在某种意义上，"改造"仍然是一种革命（社会主义时期的和平方式展开的革命），以改造替代革命，改造，是由革命转向建设的过渡阶段。② 对此，毛泽东特别提示说，新中国成立后的一段时期里，党仍然"把主要力量放在社会主义革命方面，同时开始了第一个五年计划的建设"，直到生产资料所有制改造基本完成以后，"我们就提出了建设社会主义的两种方法的问题，在一九五八年正式形成了社会主义建设的总路线"③。因此，"三大改造"的完成，才真正标志着社会主义建设的全面展开，或者说"建设"才真正凸显为时代性主题。1949—1956年的社会改造确实带来了生活方式的改变，"结合新体制的形成，可以说，1956年前后的中国确实进入了一个全新的社会主义社会。至少从现有研究看，向社会主义过渡的完成意味着一个新社会的到来"④。

"要把一个落后的农业的中国改变成为一个先进的工业化的中国。"⑤ 中共八大开幕词中明确昭示了中国共产党领导全国人民从事工业化建设的时代使命。大会讨论通过了《关于发展国民经济的第二个五年计划的建议》和周恩来总理所做的报告。建议和报告的基本立场"都是既积极又稳妥，既反保守又反冒进的实事求是的"⑥。这是又一个历史转折的标志："目前我们国家的政治形

---

① 《邓子恢自述》，第190页。
② "实现社会主义在今天中国来说，用不着革命，一方面是建设，一方面是改造，无所谓什么革命了。"《邓子恢自述》第189、234页。但毛泽东的认识有所不同，他认为社会主义三大改造，就是"生产资料所有制方面的社会主义革命"。
③ 《读苏联〈政治经济学教科书〉的谈话（节选）》，《毛泽东文集》第8卷，第117页。
④ 葛玲：《中国乡村的社会主义之路——20世纪50年代的集体化进程研究述论》，《华中科技大学学报》2012年第2期。
⑤ 《中国共产党第八次全国代表大会开幕词》（1956年9月15日），《毛泽东文集》第7卷，第117页。
⑥ 《薛暮桥回忆录》，第242页。

势已经起了根本的变化。"①国内阶级矛盾已经基本解决，社会主义的制度已经建立，尽管会议提示，"应该注意仍然存在的一部分反革命分子的活动"，但是建设注定成为一个新的时代主题，"国家预算要保证重点建设"②。

首先，中共八大分析了生产资料私有制的社会主义改造基本完成以后的形势，提出了全面开展社会主义建设的任务；并通过路线、方针、政策的制定，为国家建设指明方向和提供保障。有关新中国"建设"发展的道路问题和建设内容的相互关系，成为党中央及其领导人集中研究和思考的时代性问题。"社会主义的政治、经济和文化应该怎样建设和发展？这是党所面临的全新课题。"③如何认识革命与建设的历史关联和时代转折，怎样把握由革命走向建设的重心转移并建构相应的战略规划、政策方针，是党在新的历史条件下必须回答的时代性、战略性课题。作为执政党的代表大会的八大主题，从根本上是"反映了人民的希望，建设工业"。它为全国人民展示的社会主义建设的宏图及其历史进程是：15年建立一个基本上完整的工业体系，50年到100年建成一个富强的社会主义工业化国家。④

其次，"三大改造"完成标志社会主义制度建设的完成，一个"新的历史时期"⑤由此开始。从而使得既抓"建设"（国家工业化）又抓"革命"（即"三大改造"）的双重任务凝聚为"以建设为中心"。随着社会主义建设的全面展开，党和政府的工作转移为以建设为中心。"八大以后，党领导全国各族人民开始转入全面的大规模的社会主义建设"⑥。毛泽东在随后的《工作方法六十条》中特别强调八大后"县以上各级党委要抓社会主义建设工作"十四项，并具体提出抓工业建设和农业建设工作各十四项。⑦

---

① 《社会主义革命的目的是解放生产力》（1956年1月25日在最高国务会议第六次会议上的讲话要点），《毛泽东文集》第7卷，第1页。
② 《国家预算要保证重点建设又要照顾人民生活》（1956年11月13日），《毛泽东文集》第7卷，第159页。
③ 中共中央党史研究室：《中国共产党历史》第2卷上册，第373页。
④ 中共中央党史研究室：《中国共产党历史》第2卷上册，第397页。
⑤ 毛泽东说："我们现在是处在新的历史时期。"《在中国共产党全国代表会议上的开幕词》（1955年3月21日），《建国以来重要文献选编》第6册，第104页。
⑥ 中共中央党史研究室：《中国共产党历史》第2卷上册，第1、373页。
⑦ 《工作方法六十条（草案）》（1958年1月），《毛泽东文集》第7卷，第345页。

八大标志着一个"全面建设"时代的开端。1956年8月22日,党的七届七中全会通过了向党的八大提交的各项文件,对大会的有关事项做出决定。这次会议即明确"提出八大议程应突出建设这个主题。毛泽东说:这一次重点是经济建设。报告里面有国内外形势,有社会主义改造,有建设,有人民民主专政,有党。这么几个大题目,都可以讲。但是重点是两个,一个是社会主义改造,一个是经济建设。这两个重点中主要的还是在建设"①。

《中国共产党第八次全国代表大会关于政治报告的决议》对于社会主义改造已经取得决定性胜利的历史转折进行了极其简练和高度清晰的概括,认为由于无产阶级同资产阶级之间的矛盾已经基本解决,延续几千年的剥削制度的历史基本结束,社会主义制度已经基本建立。② 这必然地决定了新中国的历史性转折,即"我们国内的主要矛盾,已经是人民对于建立先进的工业国的要求同落后的农业国的现实之间的矛盾,已经是人民对于经济文化迅速发展的需要同当前经济文化不能满足人民需要的状况之间的矛盾。这一矛盾的实质,在我国社会主义制度已经建立的情况下,也就是先进的社会主义制度同落后的社会生产力之间的矛盾"。当然,经过历史的实践和理论反思,今天人们不难发现当时"关于我国国内主要矛盾实质的提法,在理论上有不完全准确的地方",但大会突出以建设为重点,强调"国家的主要任务是在新的生产关系下'保护和发展生产力',全党要集中力量去发展生产力"认识,"成为当时全党的共识"③。党和全国人民的当前的主要任务,就是要集中力量来解决这个矛盾,把我国尽快地从落后的农业国变为先进的工业国。④

更为重要的是,八大进一步确定了社会主义建设的战略目标,即"尽可能迅速地实现国家工业化,有系统、有步骤地进行国民经济技术改造,使中国具有强大的现代化的工业、现代化的农业、现代化的交通运输业和现代化的国

---

① 中共中央党史研究室:《中国共产党历史》第2卷上册,第392页。
② 《中国共产党第八次全国代表大会关于政治报告的决议》(1956年9月27日),《建国以来重要文献选编》第9册,第340页。
③ 中共中央党史研究室:《中国共产党历史》第2卷上册,第396页。
④ 《中国共产党第八次全国代表大会关于政治报告的决议》,《建国以来重要文献选编》第9册,第341页。

防"①。为新中国建设的战略目标——"四个现代化",勾勒出了最基本的蓝图。

在八大当选为党的总书记的邓小平,1957年4月在西安干部会议上重申了以建设为中心的历史任务:"我们前一个阶段做的事情是干革命。从去年农业、手工业和资本主义工商业的社会主义改造基本完成时起,革命的任务也就基本完成了。今后的任务是什么呢?革命的任务还有一部分,但是不多了。今后的主要任务是搞建设。我们党的第八次全国代表大会提出的任务,就是要调动一切积极因素,调动一切力量,为把我们建设成为一个伟大的社会主义工业国而奋斗。这就是我们今后很长时期的任务。"②

## 二、摆动中的时代主题:建设抑或革命

"社会主义革命的目的是解放生产力。"中共八大进一步明确了从革命转向全面建设的历史转折,提出了建设社会主义中国的总任务;并且"为实现这一历史任务,解决全面建设社会主义中的问题,作出了一系列正确的决策"③。从暴烈的战争与革命年代转向和平稳定的建设时期,既是百年来人民共同的期盼,也是近代社会历史的必然归宿。即使还在隆隆炮声的岁月里,人们也充满了对于建设的渴望和追求。"战争是破坏的,可是破坏之后,紧跟着而起的事情是建设;革命也是破坏的,在革命情绪之下,继破坏而发生的也就是建设。战争、革命是手段,是因,建设才是目的,是果。"④然而,对于一个革命党——经历了凄风苦雨而赢得全国政权的中国共产党而言,以建设为中心的时代任务及其历史进程,或许具有另一番的艰苦与曲折的经历。

中国共产党在革命战争中经历了失败的教训和胜利的经验,不断的历史总结和反省形成她丰厚的思想资源和理论财富。革命之后的建设却是一个全新的时代任务,新中国的建设道路问题是需要进行全面探索的新问题。毛泽东直

---

① 《中国共产党章程》(1956年9月26日),《建国以来重要文献选编》第9册,第315—316页。
② 邓小平:《今后的主要任务是搞建设》(1957年4月8日),《建国以来重要文献选编》第10册,第174页。
③ 薄一波:《若干重大决策与事件的回顾》上卷,第548页。
④ 许寿民:《中国当前的建设途径》,《建设月刊》第1卷第1期,1942年12月30日,第18页。

率地指出:"我们搞建设,是不是还要经过十四年的曲折,也要栽那么多筋斗呢?我说可以避免栽那么多筋斗。"显然,革命的胜利已经证明中国共产党创获的革命道路的成功,对此毛泽东曾予以高度概括说:"我们的党能够领导民主革命,这已经在历史上证明了,又能够领导社会主义革命,现在也证明了。"但是"现在是搞建设,搞建设对于我们是比较新的事情"。因而,获得革命成功的历史和经验并不能直接转化为建设成功的保障。"我们党能够领导经济建设,这一点还没有完全证明,需要经过三个五年计划"①。对此,在党的八大前后,毛泽东及党的其他领导人形成了基本共识。

首先,以建设为中心,区分了两个不同的历史时代。毛泽东在不同场合强调这一时代性转折,极其简洁地概括说:"过去干的一件事叫革命,现在干的叫建设,是新的事,没有经验。怎么搞工业,比如炼钢,过去就不大知道。这是科学技术,是向地球开战……"虽然新中国的建设事业早已展开,但作为党的领袖的毛泽东却仍然更多地关注着具有社会革命性质的"三大改造"——和平时期的"革命"仍然是繁难而艰巨的工作。1956年"三大改造"完成后,新中国全面的建设时代才真正开始。因此,毛泽东坦然陈述:"可以告诉你们,我们真正认真搞经济工作,是从去年八月才开始的。我就是一个。去年八月前,主要不是搞建设,而是搞革命。许多同志都是这样,把重点放在革命、社会改革上,而不是放在改造自然界方面。"②1958年3月,他仍然强调:"过去我们在建设方面用的心太少,主要是搞革命去了。现在革命比较松了一口气,就要来搞建设,搞技术革命。"③中共八大明确了进入建设的历史时代,并由此区分出之前的革命时代——尽管挽接其间的还有一个"过渡"历史时期。刘少奇从另一个角度(即从党的总路线演进历史)提出,就党的总路线而言,有革命时期的总路线(即包括"民主革命的总路线,社会主义革命的总路线")和"社会主义建设的总路线"④,以此明示革命与建设分属于两个时代。

---

① 《关于第八届中央委员会的选举问题》(1956年9月10日),《毛泽东文集》第7卷,第101—104页。
② 《经济建设是科学,要老老实实学习》(1959年6月11日),《毛泽东文集》第8卷,第72页。
③ 《毛泽东著作专题摘编(上)》,中央文献出版社2003年版,第954页。
④ 刘少奇:《马克思列宁主义在中国的胜利》(1959年9月14日),《建国以来重要文献选编》第12册,第543页。

因此，中共八大所具有的时代性转折不言而喻，它向全党提出"我们今后很长时期的任务"就是建设一个伟大的社会主义工业国。①

其次，对中国共产党尤其是党的领导层而言，建设是一个新的时代任务，学习和探索的任务更为迫切。《中国共产党第八次全国代表大会开幕词》提出："要把一个落后的农业的中国改变成为一个先进的工业化的中国，我们面前的工作是很艰苦的。我们经验是很不够的。"②党的八大以后，关于学习和探索建设道路的问题就成为党必须面对的重要问题之一。毛泽东特别指出，虽然我们"建设现代化的工业、农业和文化教育"已经干了十年了，但是建设对于我们来说是新的事，没有经验，"经济建设是科学，要老老实实学习"。对于建设科学的学习，毛泽东还特别强调说："我们的第一个先生是苏联，我们首先要学习苏联，但是美国也是我们的先生。"③

为此，邓小平也再次告诫党的干部："搞建设这件事情比我们过去熟悉的搞革命那件事情来说要困难一些，至少不比搞革命容易。在这个问题上，我们党还是小学生，我们的本领差得很。"④面对新中国建设这一时代性任务，"我们面临的问题比过去更复杂"。因此，邓小平强调，切不可过分夸张自己的成就，切不可把我们的事情说得太美满了。因为"在改造自然方面，这门科学对我们党来说，对我们干部来说，或者是不懂，或者是懂得太少了……如何革命的问题，遵义会议就解决了"。而如何建设的问题，正如毛泽东所说，"如果不好好学习，不总结经验，我们也会在建设问题上栽跟头"⑤。

随后，党和国家的各个重要部门的工作重点也在实际上实现着由革命向建设的转移，特别是组织人事部门。"现在，我国革命飞跃发展的时期业已过去。我国已经进入建设时期，即经常发展的时期。"新的国家机构和各种事业机构业已组织起来，以保证建设事业的顺利开展。"在今后建设时期，不能再像过

---

① 《今后的主要任务是搞建设》（1957年4月8日），《建国以来重要文献选编》第10册，第174页。
② 《中国共产党第八次全国代表大会开幕词》（1956年9月15日），《毛泽东文集》第7卷，第117页。
③ 《经济建设是科学，要老老实实学习》（1959年6月11日），《毛泽东文集》第8卷，第72页。
④ 邓小平：《今后的主要任务是搞建设》（1957年4月8日），《建国以来重要文献选编》第10册，第174页。
⑤ 邓小平：《今后的主要任务是搞建设》（1957年4月8日），《建国以来重要文献选编》第10册，第175—176页。

去革命飞跃发展时期那样大批地迅速地提升干部的职务了",因为面临的时代不同,任务不同,新的干部应该称职地担负起"建设中的各种繁重任务"①。显然,以建设为时代中心的思想已经通过党的八大凝练为全党的共识,也首次提出了由革命党向建设党或执政党转折的历史使命。② 对于新中国建设的目标、任务、道路、途径及其规律的探索,成为党和国家领导层必须面对而又需要迫切解决的重大问题。

党的八大标志着或者说划分了全面建设时代的开始与革命时代胜利结束的历史转向。"以建设为中心"作为时代主题和指导思想,从不同层面上揭示和体现着党和国家凝聚力量努力实现的宏伟蓝图——"集中精力为建设一个具有现代工业、现代农业、现代科学文化和现代国防的社会主义强国而奋斗"③。为此,毛泽东在与民主人士的谈话时专门阐述了建设与革命的历史关联:"革命是为建设扫清道路。革命把生产关系和上层建筑加以改变,把经济制度加以改变,把政府、意识形态、法律、政治、经济、文化、艺术这些上层建筑加以改变,但目的不在于建立一个新的政府、一个新的生产关系,而在于发展生产。""请大家把目标转向这个方面。"④ 毛泽东甚至以诗人的浪漫描绘着建设时代的壮阔场景:"一桥飞架南北,天堑变通途。更立西江石壁,截断巫山云雨,高峡出平湖。"⑤

然而,以建设为主题的时代转换也是一个艰难而复杂的历史进程。八大以后,在实现由革命向建设的时代性转折中,所经历的曲折和"要栽的筋斗"远远超出了曾经的预计⑥,尤其是党的领袖毛泽东本人思想的转变。

---

① 《中共中央关于今后干部工作方法的通知》(1957年2月8日),《建国以来重要文献选编》第10册,第44—45页。
② 在1957年1月《中央军委关于裁减军队数量加强质量的决定》中再次明确,党的第八次全国代表大会指出全党和全国人民当前的主要任务,就是要动员一切积极因素,尽快地把我国从落后的农业国变为先进的社会主义工业国。为实现这个伟大的历史任务,要集中资金,其中一个最有效的办法就是进一步削减军政费用。《建国以来重要文献选编》第10册,第12页。
③ 《中共中央关于加强地方党委对军队的领导和密切地方党委同军队关系的指示》(1958年4月8日)《建国以来重要文献选编》第11册,第252页。
④ 《同民建和工商联负责人的谈话》(1956年12月7日),《毛泽东文集》第7卷,第182页。
⑤ 《给黄炎培的信》(1956年12月4日),《毛泽东文集》第7卷,第165页。
⑥ 毛泽东在《关于第八届中央委员会的选举问题》文中说:"我们搞建设,是不是还要经过十四年的曲折,也要栽那么多筋斗呢?我说可以避免栽那么多筋斗。"见《毛泽东文集》第7卷,第101页。

面对国际上匈牙利事件和国内反右斗争问题,从 1957 年开始,毛泽东重新思考革命与建设的关系,并逐步提出和强化"不断革命"的思想。在他看来,"三大改造"完成即生产资料所有制上的社会主义革命,是不够的,并且是不巩固的;"必须还有一个政治战线上和一个思想战线上的彻底的社会主义革命。"① 这实际上意味着建设主题要让位于革命主题。1957 年 10 月 9 日,在党的八届三中全会上,毛泽东严肃地指出:"现在的主要矛盾是什么呢?现在是社会主义革命……概括地说,就是社会主义和资本主义两条道路的矛盾。'八大'的决议没有提这个问题。'八大'决议上有那么一段,讲主要矛盾是先进的社会主义制度同落后的社会生产力之间的矛盾。这种提法是不对的。"② 关于社会主要矛盾的重新认识必然将革命主题提升到新的高度。他说:"一九五七年中国革命创造了一个最革命最生动最民主的群众斗争形式,就是大鸣大放大辩论和大字报。革命的内容找到了适合自己发展的形式。从此无论是大是大非、小是小非的问题,无论是革命的问题、建设的问题,都可以用辩论的形式去迅速地解决。"③

以建设为中心或者说按毛泽东自己所说"主要搞建设"④ 的认识开始有所变化,尽管还不十分明晰。促成这一思想转变的内在原因的揭示须有更多的档案资料的支撑(目前尚不具备条件),但外在形势的急剧变化或许也是一个重要触因。1957 年 5 月 15 日发表的《事情正在起变化》一文所传递的已经是具有严重"革命"的情势了:除了社会上向党进攻的右派外,党内"又有一部分人有修正主义或右倾机会主义错误思想。这些人比较危险,因为他们的思想是资产阶级思想在党内的反映……他们与社会上资产阶级知识分子有千丝万缕的联系。""党内党外的右派","我们还要让他们猖狂一个时期,让他们走到顶点"⑤。可以说,从反右运动开始,毛泽东更多地关注以"群众运动方式"的革命运动。某种意义上,运动式的革命的急迫性远远超过了建设的主导性,"总

---

① 《一九五七年夏季的形势》(1957 年 7 月),《建国以来重要文献选编》第 10 册,第 489 页。
② 《做革命的促进派》(1957 年 10 月 9 日),《建国以来重要文献选编》第 10 册,第 607 页。
③ 《做革命的促进派》(1957 年 10 月 9 日),《建国以来重要文献选编》第 10 册,第 591 页。
④ 《经济建设是科学,要老老实实学习》(1959 年 6 月 11 日),《毛泽东文集》第 8 卷,第 72 页。
⑤ 《事情正在起变化》(1957 年 5 月 15 日),《建国以来重要文献选编》第 10 册,第 264、266 页。

之，这是一场大战（战场既在党内，又在党外），不打胜这一仗，社会主义是建不成的，并且有出匈牙利事件的某些危险"①。

此后，党的最高领导层基本上都开始强调"继续革命"的思想，从不同角度解说和阐释"三大改造"完成后社会主义革命没有结束，建设并不能成为时代中心或党的总任务②，因为"接着不久，党提出了新的任务，就是：必须在政治战线和思想战线上继续进行社会主义革命"③。1957年以来的整风运动和反右都是"新中国成立以来不断向前发展的革命运动……获得了前所未有的伟大收获，这就是国民经济的'大跃进'"。甚至这种继续"革命的发展虽然很迅速，工农业生产却始终是继续高涨着，基本上没有引起什么破坏"④。在1958年1月1日《人民日报》社论《乘风破浪》中，已经将建设取得的巨大成就归功于"革命"的推动。⑤ 由此，不断革命的情势已经出现，并具有逆转以建设为中心的态势，因为"击退右倾机会主义的进攻，已经成为党的当前的主要战斗任务"⑥。而且，"在中国，在我党，这一类斗争，看来还得斗下去，至少还要斗二十年，可能要斗半个世纪"⑦。

进入60年代后，整个局势的演进更执着地趋向于"革命"，并且借助于批判"修正主义"的南斯拉夫领导人铁托，将以建设为主题的思想逐步弱化。由

---

① 《中共中央关于组织力量准备反击右派分子进攻的指示》（1957年6月8日，这是毛泽东起草的党内指示），《建国以来重要文献选编》第10册，第285页。
② 刘少奇说，三大改造完成后，"社会主义革命是不是结束了呢？有人认为是结束了，再不需要进行任何革命了。我们认为这种观点是不正确的，社会主义革命还没有结束，还必须继续进行革命，把社会主义革命进行到底"。基于两个判断，"我国资本家还拿定息，在经济上作为两个阶级的无产阶级和资产阶级的矛盾还没有完全消失"。即使"资产阶级在经济上作为一个阶级完全被消灭以后，资产阶级的世界观，资产阶级的政治影响，资产阶级和小资产阶级的习惯势力，还会存在一个很长的时期，阴谋复辟资本主义，有时他们的进攻还会达到非常猖狂的程度"。因此，革命不局限于经济战线，还必须在政治战线上和思想战线上进行社会主义革命。《马克思列宁主义在中国的胜利》（1959年9月14日），《建国以来重要文献选编》第12册，第553页。
③ 周恩来：《伟大的十年》（1959年10月6日），《建国以来重要文献选编》第12册，第602页。
④ 周恩来：《伟大的十年》（1959年10月6日），《建国以来重要文献选编》第12册，第603、607页。
⑤ 《乘风破浪》（1958年1月1日《人民日报》社论），《建国以来重要文献选编》第11册，第4页。
⑥ 《为保卫党的总路线、反对右倾机会主义而斗争——中国共产党第八届中央委员会第八次全体会议决议》（1959年8月16日），《建国以来重要文献选编》第12册，第509页。
⑦ 《机关枪和迫击炮的来历及其他》（1959年8月16日），《建国以来重要文献选编》第12册，第524页。

《红旗》杂志编辑部推出的《列宁主义万岁——纪念列宁诞生九十周年》专论指出：现代修正主义的"新时代"一个特征就是"平静地致力于它们国内建设任务"，并以此来完全抹杀了世界上阶级矛盾和阶级斗争的问题。① 但是，与此基调有明显不同的是《人民日报》的社论。这篇《沿着伟大列宁的道路前进》（1960年4月22日刊出，仅比《红旗》杂志评论晚出不到一周）的社论，在文中仍然高调指出："中国人民当前的第一个任务，就是高速度地发展我国的社会主义建设，在不长的时间内把我国建设成为一个具有高度发展的现代工业、现代农业和现代科学文化的伟大的社会主义国家。"② 《人民日报》社论的立场当然不难理解，因为八大以后，当"以建设为中心"指导思想确立后，《人民日报》始终坚持这一思想导向，直到1960年元旦社论中，它仍然对于建设这一时代性转折予以充分的肯定："中国共产党人和全国人民，在过去十年的前一个阶段中，首先致力于按照中国的条件，实现全国范围的民主改革和社会主义改造；直到这两个任务顺利完成以后，才把注意力集中到在中国的条件下发展社会主义建设这样一个新的任务上。"并且根据最近的经验，找到了建设新中国的"三个法宝"："这就是：建设社会主义的总路线，大跃进的发展速度和人民公社的组织形式。"③ 引导舆论且具有指导社会发展走向的重要报刊的声音各有侧重，时人不难从中体察到其中"革命运动"与"建设事业"地位不停摆动的困窘。

就在《人民日报》刊发社论表达"把注意力集中到建设这样一个新的任务上"的同一天，中宣部部长陆定一做了一个意味深长的报告。报告提出：斗争，只有斗争，才能决定后一革命能够超过前一革命到什么程度。我国的情况完全证明了：民主革命愈彻底，社会主义革命就开展得愈迅速、愈顺利；社会主义革命进行得愈彻底，社会主义建设也进行得愈迅速、愈顺利；所以人类社会的不断革命的过程，不能到此为止。这一报告将革命与建设的历史关系和现实地

---

① 《列宁主义万岁——纪念列宁诞生九十周年》（1960年4月16日《红旗》杂志编辑部），《建国以来重要文献选编》第13册，第261页。
② 《沿着伟大列宁的道路前进》（1960年4月22日《人民日报》社论），《建国以来重要文献选编》第13册，第309页。
③ 《展望六十年代》（1960年1月1日《人民日报》社论），《建国以来重要文献选编》第13册，第2页。

位做了新的解说,并激昂地宣告:"革命是马克思列宁主义的灵魂……革命是历史的火车头,是人类社会进步的动力。在阶级社会里是这样,在未来的共产主义社会也会是这样……只是那时的革命,在性质上和方法上不同罢了。"①报告尤其指出:要不要革命,就成为马克思列宁主义者和现代修正主义者的根本分歧的论断。这是否提示着,又一波革命风暴的到来!

《人民日报》1956年元旦社论,在某种意义上也引领着中国社会发展的走向,同时也从不同角度传递着政局变化的音讯。中共以"以建设为中心"战略构想在1956年《人民日报》元旦社论中已经有所宣示:"1956年到来了。我们是以社会主义建设和社会主义改造工作中的伟大胜利,和肃清反革命分子的工作中的伟大胜利,以及其他工作中的伟大胜利来迎接1956年的。在中国共产党和毛泽东同志的领导之下,1956年我们要在社会主义建设和社会主义改造的工作中……取得更大的胜利。"②虽然社论中也提及"革命"(即改造)任务,却明显地将建设置于首位。尽管来自中央领导层的声音时有波动,并不完全一致,但八大以来《人民日报》元旦社论仍主要地坚持"以建设为中心"的立场,直到1959年的元旦社论中,"建设"仍然成为其主题词。

进入20世纪60年代后,历史演进的趋向时有变化,时代主题的摆动异乎寻常。1960年1月1日《人民日报》社论中,开始将革命话语置于建设主题之前。该社论强调:"中国革命和建设的胜利,是以苏联为首的社会主义阵营在世界上的最伟大胜利之一,是马克思列宁主义在历史上的最伟大胜利之一。"③然而,从1961年开始,连续几年的元旦社论又有了似乎微焉不察的变化,再度突出了建设主题和现代化内容,只是在提及国际形势时拎出革命话语。1963年《人民日报》元旦社论仍突出"四化建设",明确指出:"我们的事业是史无前例的建设新社会和新世界的伟大事业。"强调要巩固伟大成绩,争取新的胜利。④然而,

---

① 陆定一:《在列宁的革命旗帜下团结起来》(1960年4月22日),《建国以来重要文献选编》第13册,第342—343、349—350、346页。这是陆定一在列宁诞生九十周年纪念大会上的报告。
② 《为全面地提早完成和超额完成五年计划而奋斗》(1956年1月1日《人民日报》社论),《建国以来重要文献选编》第8册,第9—10页。
③ 《展望六十年代》(1960年1月1日《人民日报》社论),《建国以来重要文献选编》第13册,第1—2页。
④ 《巩固伟大成绩,争取新的胜利》(1963年1月1日《人民日报》社论),《建国以来重要文献选编》第16册,第10页。

建设与革命的主题摇摆在 1964 年再次发生。《人民日报》（1964 年）的元旦社论的提法是"社会主义革命和社会主义建设事业"，十分明确地将革命置于建设之前，并突出了社会主义教育运动的革命性质。到 1965 年的元旦社论中，革命话语已经充斥通篇文字："我们的一切工作，都要以阶级斗争为纲，以社会主义革命为纲。革命是历史的火车头，民主革命时期如此，社会主义革命和社会主义建设时期也是如此。"该社论显然不能完全回避"四个现代化"建设问题——这是一再高扬的时代性主题。但是社论的主旨是革命，因此关于建设论题理所当然地置于革命主题之后："把我国建设成为一个高度革命化的、永不变色的社会主义强国，同时又是一个具有现代农业、现代工业、现代国防、现代科学技术的社会主义强国。"①

政治晴雨表的细微摆动，预示着革命与建设潮向的变动起落。

进入 20 世纪 60 年代后，"不断革命"的思想和持续不绝的运动式"革命"此伏彼起，高潮迭涌。②党的八大所提出的"全党工作重心转向经济建设"③的根本任务，不时受到"革命运动"的消解。"一切以经济建设为中心"④的思想或时代的真正到来，还须假以时日！

## 三、乡村危象的持续发生及其反思

"高山也要低头，河水也要让路。"1956 年《人民日报》元旦社论摘出的这句名言，认为它"代表了我们全国人民为建设社会主义而奋斗的心情"。其实这更贴切地表达着党和国家领导层加速和提早完成工业化建设的思想。第一个五年计划期间，工业总产值平均每年递增 14.7%，农业及其副业的总产值平均

---

① 《争取社会主义事业新胜利的保证》（1965 年 1 月 1 日《人民日报》社论），《建国以来重要文献选编》第 20 册，第 3、6 页。
② "目前我国正在进行着政治上、思想上的社会主义革命，深入开展全民性的整风运动。"见周恩来：《关于劳动工资和劳保福利政策的意见》（1957 年 9 月 26 日），《建国以来重要文献选编》第 10 册，第 573 页。
③ 中共中央党史研究室：《中国共产党历史》第 2 卷上册，第 395 页。
④ 早在 1951 年，刘少奇就提出："一切以经济建设为中心。"《中国共产党今后的历史任务》（1951 年 7 月），《刘少奇文集》第 3 卷，第 539 页。

每年递增 4.3%，被视为"社会主义的速度，是任何资本主义国家所不能达到的速度"①。在农业中巨大的合作化运动和农业生产的高速度的增长，是社会主义时期的新鲜事物。②

以"群众运动"的革命方式完成社会主义改造高潮后，党中央认为，"在农村中，出现了从前所没有想象到的巨大生产力"。毛泽东亲自主导的《全国农业发展纲要》的目标十分明确，即释放"农村巨大的生产力"，实现农村建设的远景规划。"合作化之后，从前无法做全面规划的农村，就可以做出全面规划了。"③从而，实现工业化和完成社会主义建设就进入愈来愈快速发展的进程。"我们就完全有可能，在工业建设和文教建设方面，也提早完成和超额完成第一个五年计划，提早完成社会主义工业化的任务。"④

邓小平曾总结说："我们都是搞革命的，搞革命的人最容易犯急性病。我们的用心是好的，想早一点进入共产主义。这往往使我们不能冷静地分析主客观方面的情况，从而违反客观世界发展的规律。"⑤1958年，为加快实现工业化的国家战略目标，同时也为了落实《纲要》所确定的巩固集体化制度原则，以"大跃进"群众运动方式迅速实现了"人民公社化"体制。几乎只经过了几个月时间，全国七十四万多个农业生产合作社，改组成了二万六千多个人民公社。"共产主义是天堂，人民公社是桥梁，沿着金桥往前跑，幸福生活步步高。"⑥共产主义理论无论多么深奥，农民都会从自己的实践经验中体会着属于自己的理解。许多农民就是吟唱着这首打油诗，以"跑步进入共产主义"的速度，完成了自己人民公社社员的身份转化。这个工农商学兵相结合的"政社合

---

① 《为全面地提早完成和超额完成五年计划而奋斗》（1956年1月1日《人民日报》社论），《建国以来重要文献选编》第8册，第1页。
② 《为全面地提早完成和超额完成五年计划而奋斗》（1956年1月1日《人民日报》社论），《建国以来重要文献选编》第8册，第7页。
③ 《为全面地提早完成和超额完成五年计划而奋斗》（1956年1月1日《人民日报》社论），《建国以来重要文献选编》第8册，第2页。
④ 《为全面地提早完成和超额完成五年计划而奋斗》（1956年1月1日《人民日报》社论），《建国以来重要文献选编》第8册，第5—6页。
⑤ 邓小平：《改革是中国发展生产力的必由之路》（1985年8月28日），《邓小平文选》第3卷，第139—140页。
⑥ 〔美〕弗里曼、毕克伟、赛尔登：《中国乡村，社会主义国家》，陶鹤山译，社会科学文献出版社2002年版，第305页。

一"的人民公社体制，既被确定为"提前建成社会主义并逐步过渡到共产主义所必需采取的基本方针"①，也被认为是经过努力而"找到了一条多快好省地建设社会主义的康庄大道"②。因此，以"大跃进"而产生的"实现组织军事化、行动战斗化和生活集体化"③的人民公社，被期望为实现新的更大跃进的制度性保证。④

社会主义建设在"大跃进"、人民公社化等群众运动的方式中次第展开，热浪相接，前后迭涌。然而，不仅《纲要》所描绘的乡村社会前景未曾出现，不仅为保证工业化建设的"农产品产量成倍、十几倍、几十倍地增长的形势"⑤并未出现，中国乡村反而是险象频现：

（1）农业生产持续减产，粮食供应日趋困难。1959年比1958年粮食减产15%，1960年又减产15.6%，跌落到1951年的水平，1961年比1957年减产500亿公斤。农产品全面减产，油料减产则更为严重。⑥1958年冬季以后，市场商品短缺现象已经十分严重。长期以来副食品供应紧张的形势更加严峻，以至于中央决定通过减少本来消费水平已经很低下的乡村消费量，"匀一部分出来支持城市和出口"⑦。问题的出现显然不仅仅是遭受自然灾害导致粮食减产的单一因素，因为许多地区即使粮食丰收也"发生粮食不够吃的问题"。"粮食虽然大增产了，如果抓不紧，处理不当，发生问题的可能性也同样很大。"⑧

（2）日趋严重的农民盲流问题。从1958年年底开始，农民盲目流动（主要是流入城市）的现象愈演愈烈。据河北、山东、河南、山西、辽宁、吉林、

---

① 《中共中央关于在农村建立人民公社问题的决议》（1958年8月29日），《建国以来重要文献选编》第11册，第447页。
② 《迎接新的更伟大的胜利》（1959年1月1日《人民日报》社论），《建国以来重要文献选编》第12册，第4页。
③ 《办好公共食堂》（1958年10月25日《人民日报》社论），《建国以来重要文献选编》第11册，第517页。
④ 《迎接新的更伟大的胜利》（1959年1月1日《人民日报》社论），《建国以来重要文献选编》第12册，第8页。
⑤ 《建国以来重要文献选编》第11册，第446页。
⑥ 王光美、刘源等著，郭家宽编：《你所不知道的刘少奇》，河南人民出版社2000年版，第140页。
⑦ 《关于市场情况和轻工业生产问题的报告》（1959年1月25日），《建国以来重要文献选编》第12册，第71页。
⑧ 《中共中央对山东省委、省府〈关于馆陶县停伙、逃荒问题的检查报告〉的批语》（1959年1月22日），《建国以来重要文献选编》第12册，第20页。

安徽、浙江、湖北、湖南等省报请中央的不完全统计，外流农民已达三百多万。"成千上万的河北农民沿着 20 世纪初开辟的逃荒路线涌入东北。……农民们在体制内或绕过它进行迁移。"① 国家把农民生产组织全部变成为人民公社，土地由农民个体所有制变为集体所有制。"在高度集体化制度下的农业、农民和农村，迅速失去了自主选择的权利。"② 各级政府和工矿企业大批抽调农村劳动力，也严重影响到农业生产。

（3）全国粮食供应告急，国家库存周转空虚。由于灾害，粮食减少 20% 以上。 国家为了保证供应，已经挖用了四亿多斤食用周转库存。国家粮油供应均出现周转库存空虚的形势。"以农业原料为主的轻工业生产也急剧下降，人民群众的吃、穿、用严重不足。"尤其是京、沪、津和辽宁的粮食库存挖空，调运又难以为继。这些地区的存粮能勉强销售的时间分别是：北京 7 天，天津 10 天，上海几乎无大米存库，辽宁 8—9 天。一些地区已经饿死了许多人。③ 直到 1960 年下半年，在难以缓解的粮食危机境况下，中央开始紧急动员大规模采集和制造代食品运动，并作为"是当前全党全民的一项重要的紧急任务"④。

（4）工业建设也急速下滑。除以农业为主要原料的轻工业建设严重受挫外，重工业生产从 1961 年也开始下降。1961 年工业总产值比 1960 年下降 40%，许多工厂停工停产，市场上日用百货品严重短缺。⑤ 虽然国家可以借助于人民公社的制度优势大批抽调农村劳动力进入工矿企业，但是却没有获得工业建设的有效增长。从 1952 年到 1970 年 19 年中，工农业产品比值的"剪刀差"整体上以年均 7.43% 的速度逐年上升，并达到 1991 年前的峰值 241.23%。在行政手段下将大量农业劳动力转移工业生产部门的"大跃进"却并没有带来工业生产率的提高，从而导致 1958 年比值"剪刀差"降至历史最低点，并出现负数。⑥

---

① 〔美〕弗里曼、毕克伟、赛尔登：《中国乡村，社会主义国家》，第 335 页。
② 何一鸣、罗必良、高少慧：《中国农业管制结构变迁的历史计量学研究（1952—2005 年）》，《财经研究》2014 年第 3 期。
③ 王光美、刘源等著，郭家宽编：《你所不知道的刘少奇》，第 140 页。
④ 《中共中央关于大规模采集和制造代食品运动的紧急指示》（1960 年 11 月 14 日），《建国以来重要文献选编》第 13 册，第 687 页。
⑤ 王光美、刘源等著，郭家宽编：《你所不知道的刘少奇》，第 147 页。
⑥ 戴孝悌：《新中国成立以来工农产品价格剪刀差的变动分析》，《南京晓庄学院学报》2013 年第 6 期。

## 第十二章 时代主题的摆动与"优农"思想的形成

这些问题的出现并不是孤立的个案，而具有相当的普遍性和持续发展的趋向性。问题的严重性和集中性不能不引起中央决策层的反思。武昌会议召开前的1958年11月21日，在毛泽东批阅过的反映农村问题的内部材料中，就反映了"大跃进"和公社化的混乱情况。如11月10日，批转《中央机要室关于在徐水县劳动中所见所闻情况的报告》，11月14日，批转新华社《内部参考》电讯稿《邯郸专区伤寒疫普遍流行》。该电讯稿说：入秋以来，河北邯郸专区伤寒普遍流行，痢疾、肠胃炎症也时有发生，患病人数之多、蔓延之快是历年所未有的。已涉及21个县市、70多个村庄，发生流行病的主要原因是，某些领导干部只注意生产，忽视了对群众集体生活的领导和关心，食堂办得不好，社员得不到休息，身体抵抗力下降，疫病蔓延很快。这些文字材料所反映的问题，不过是冰山之一角，实际情况要严重得多，广泛得多。① 由于农业虚报高产，提高征购，导致农村粮食短缺，食品供应紧张。1960年同1957年相比，城乡人民的平均粮食消费量减少了19.4%，其中农村人均消费量减少23.4%。许多地区因营养不良发生浮肿病，农村人口的非正常死亡增加。②

1959年2月下旬，毛泽东又来到河北、山东、河南三省做调查研究。他发现人民公社化后，国家同农民的关系日益紧张，不少生产队瞒产私分，公社内部所有制方面问题太多，公社半调生产队的物资，严重挫伤了农民的生产积极性。2月中旬，他看到广东省委批转赵紫阳（管农业的书记）关于雷南县干部大会解决粮食存在的社员和基层干部瞒产私分问题。所谓瞒产私分，即社员和基层干部不堪忍受虚报高产的重负，故意向上级隐瞒产量，以便能尽量多分一些口粮。也有的干脆就是抵制公社的无偿调拨，保卫自己的劳动果实。因此，瞒产私分既是农民发自内心的一种无奈，又是他们对"共产风"本能的反抗。雷南县集中全县生产小队以上干部4000人召开大会，逼出瞒产、私分的粮食达7000斤，搞得民怨沸腾。③

---

① 李锐：《大跃进亲历记》，上海远东出版社1996年版，第357页。
② 据推算，1959年至1961年的非正常死亡和减少出生人数在4000万人左右。见丛进：《曲折发展的岁月》，河南人民出版社1989年版，第272—273页。此数据颇多争议，难以形成定论，此处列出仅参考讨论。
③ 李锐：《大跃进亲历记》，第394页。

"共产风""一平二调"的盛行,无偿调用了农业生产第一线急需的劳力、财力、物力。同时,过快的工业发展,工矿企业从农村大量招工,使城镇人口猛增,1960年比1957年增加3124万人,比1951年增加近一倍。为了维持城镇商品粮的供应,不得不采取高征购的办法,1958年至1960年三年中的征购量都在1000亿斤以上,每年的征购量及占产量的比重是:1958年征购1175亿斤,占29.4%;1959年1348亿斤,占39.7%;1960年1021亿斤,占35.6%。在粮食大幅度减产的情况下,尽管征购了过头粮,仍然不能保证城镇人口的最低需要,不得不挖库存。1960年年末粮食库存降到573亿斤,比1955年的804亿斤减少29%。农业大幅度减产,粮食库存减少,这就形成了全国性的粮食危机,城镇人口不得不以瓜菜弥补口粮的不足。① 城市人口的过度增长,加重了城市对农村的压力,征购粮猛增,严重影响了农村居民的生活,削弱了农业生产恢复和发展的能力。

中国农村持续出现的危象,必然引起中央高层对于形势的重估和对于农村政策的反思。1960年11月15日,毛泽东在中央五人小组一个报告上的批示说:大不好的形势占三分之一地区,五个月内,一定要把全部形势都转变过来。期望1961年农业大丰收。②

历史的演进有条不紊地遵循着自己固有的规律。预期之成为事实,就在于它呈现智慧的同时,更多地体现着它与客观事实和其演进趋向的高度同步;而相反的结局,只会在以铸就的历史教训强烈地警示时人的同时,也深刻地昭示着后人。

## 四、"实现农轻重":"优农"思想的提出

新中国建设伊始,工业化建设就成为一个主导的方向。如何实现工业化或者说如何尽快实现社会主义的工业化,亦即中国工业化道路的探索,就成为已

---

① 薄一波:《若干重大决策与事件的回顾》下册,第884页。
② 《一定要在五个月内把三分之一地区的形势都转变过来争取一九六一年的农业大丰收——毛主席在中央五人小组一个报告上的批示》(1960年11月15日),《建国以来重要文献选编》第13册,第695页。

经赢得全国政权的中国共产党领导层的新的时代任务。道路探索的艰难和曲折显然超过了原初的预想,尽管毛泽东以及其他中央领导人曾反复提及这一困难(建设的"大跃进"、急速的人民公社化以及各种建设指标的层层加码,从另一个侧面体现了对这一困难的整体认识的不足)。

"大跃进"和人民公社化运动曾经以诗画般的奇迹展开。正如毛泽东所说:"现在有些人总是想在三五年内搞成共产主义……大跃进把有些人搞得糊里糊涂,到处都是诗。"① 这种"诗意化"建设孟浪行为造就出更多的是"失意"而非成就。国家建设需要的不是诗情,而是科学。毛泽东于1959年向全党干部指出,经济建设是科学,要老老实实学习。这是一个新的时代任务。"过去干的一件事叫革命,现在干的叫建设,是新的事,没有经验。"②

经验只能来源于实践。从1956年全面建设的展开伊始,毛泽东及其他党和国家的主要领导人,就开始探索和寻找一条适合中国的路线,适合自己国家建设的道路,其中包含着中国农村建设与发展的理论思考。所谓工业化道路问题,其实主要是指重工业、轻工业和农业的关系问题,毛泽东专门就此强调:"我国的经济建设是以重工业为中心,这一点必须肯定。但是同时必须充分注意发展农业和轻工业。"③ 正是在这个时期毛泽东特别号召党的领导层一方面要读书,一方面要调查研究。"书上得来终觉浅,绝知此事要躬行。"而教训,惨痛的教训尤其可以结晶为具有引导未来的思想。"过去三年的经验教训很有帮助,吸取这些经验教训,就可以转化为积极因素。"④

毛泽东认为,大跃进的重要教训之一,就是没有搞平衡。"说了两条腿走路、并举,实际上还是没有兼顾。在整个经济中,平衡是个根本问题,有了综合平衡,才能有群众路线。有三种平衡:农业内部农、林、牧、副、渔的平衡;工业内部各个部门、各个环节的平衡;工业和农业的平衡。整个国民经济的比例关系是在这些基础上的综合平衡。"⑤ 对于学习苏联建设经验的问题,教

---

① 《关于社会主义商品生产问题》(1958年11月9日、10日),《毛泽东文集》第7卷,第436页。
② 《经济建设是科学,要老老实实学习》(1959年6月11日)《毛泽东文集》第8卷,第72页。
③ 《关于正确处理人民内部矛盾的问题》(1957年2月27日),《毛泽东文集》第7卷,第240—241页。
④ 《坚决退赔,刹住"共产风"》(1960年12月30日),《毛泽东文集》第8卷,第231页。
⑤ 《庐山会议讨论的十八个问题》(1959年6月29日、7月2日),《毛泽东文集》第8卷,第80页。

训也的确不少。毛泽东指出，要吸取苏联或东欧的教训，总结和发现自己特色的规律。"我们把这个规律具体化为：在优先发展重工业的条件下，工农业同时并举……统计局的材料，说我国日用品销于农村的占百分之六十三左右。不实行工农并举，这怎么能行？我们在一九五六年提出工农业并举，到现在已经四年了，真正实行是在一九六〇年。""从一九六〇年起，我们要增加农业所需要的钢材。"①1959年和1960年经历了曲折后，中央领导层开始更多地反思和总结，同时也形成更多不同认识和思想上的碰撞。这促成了"马克思主义基本原理与中国具体实际情况的'第二次结合'"②。

"优农"建设（即农业发展和农业建设优先。——笔者）的思想，毛泽东在50年代末的《论十大关系》中曾有所提示："我们现在的问题，就是还要适当地调整重工业和农业、轻工业的投资比例，更多地发展农业、轻工业"③，但当时还没有一个确定的、完整的考虑。在遭遇60年代初重大挫折后，中央领导层才在反复讨论和研究中得以形成相对共识。"现在看来，陈云同志的意见是对的。要把衣、食、住、用、行五个字安排好，这是六亿五千万人民安定不安定的问题，安排好了之后，就不会造反了。怎么才会不造反？就是要使他们过得舒服……有利于建设，同时国家也可以多积累。"④毛泽东开始从国家建设战略高度提出，农业关系国计民生极大。农业关系到人民的吃饭问题，即基本生存问题。农业既是轻工业原料主要来源、轻工业的重要市场，又是重工业的重要市场。农产品是重要出口资源，是工业化建设所需的外汇的重要依赖。农业是国家积累的重要来源，是国家工业化建设和发展的根基所在。因此，他提出"在一定意义上可以说，农业就是工业"。"农业是工业的基础，没有农业就没有基础。"当时还没有形成"优农"建设思想，只是提出两手抓，即一手抓工业，一手抓农业。并要求说服工业部门面向农业，支援农业。到1959年时，毛泽东明确指出："过去是重、轻、农、商、交，现在强调把农业搞好，次序改为农、

---

① 《读苏联〈政治经济学教科书〉的谈话（节选）》（1959年12月—1960年2月），《毛泽东文集》第8卷，第121、124页。
② 沙健孙：《毛泽东与新中国建设》，第245页。
③ 《毛泽东文集》第7卷，第24页。
④ 《毛泽东传1949—1976》（下），中央文献出版社2003年版，第963页。

轻、重、交、商。这样提还是优先发展生产资料，并不违反马克思主义。"①"优农"建设思想开始形成。"毛泽东在1959年首次提出以'农业为基础'的方针，但是直到1960年秋季才实施。"②到1962年9月，八届十中全会正式将"农业为基础，工业为主导"的思想，确定为国民经济建设的总方针。

建设战略上的"优农"思想及其方针，强调把"领导重点放在农业生产上，吃饭第一，市场第二，建设第三。总的说来，缩短工业战线，延长农业战线"，在发展工业必须和发展农业同时并举的战略规划下，优先保证农业发展和农田水利建设的投资。毛泽东特别指出："没有农业，就没有轻工业。"③"重工业要为轻工业、农业服务……要把衣、食、住、用、行五个字安排好，这是六亿五千万人民安定不安定的问题……这样有利于建设，同时国家也可多积累……现在讲挂帅，第一应该是农业，第二是工业。"④

"优农"思想及其方针，实际上是面对国民经济建设困境而被倒逼出来的。正如《人民日报》社论所说，两年多来，我们调整思路后，把优先发展工业尤其是重工业转变为"把发展农业放在首位，正确地处理工业和农业的关系，坚决地把工业部门的工作、交通部门的工作和整个经济部门的工作转移到以农业为基础的轨道上来"⑤。这一特点体现在陈云所作《目前财政经济情况和克服困难的若干办法》中，"增加农业生产，解决吃、穿问题"事实上成为当时的重中之重；而"必须以农业为基础，必须按照'农轻重'的次序来安排计划"⑥则是这"重中之重"任务得以缓解和解决的前提条件。因而，陈云代表中央所提出的："先抓吃穿用，实现农轻重"，实现国民经济的综合平衡思想，就成了60年代中国国家建设的基本方略，同时也成为此时中国乡村建设的指导思想。

"优农"思想及其方针提出后，国家建设计划一定程度上向农业部门倾斜，

---

① 《毛泽东传（1949—1976）》（下），中央文献出版社2003年版，第962—963页。
② 〔美〕费正清编：《剑桥中华人民共和国史》上卷，第339页。
③ 《坚决退赔，刹住"共产风"》（1960年12月30日），《毛泽东文集》第7卷，第241页。
④ 《庐山会议讨论的十八个问题》（1959年6月29日、7月2日），《毛泽东文集》第8卷，第78页。
⑤ 《奋发图强，勤俭建国——庆祝中华人民共和国成立十四周年》（1963年10月1日《人民日报》社论），《建国以来重要文献选编》第17册，第137页。
⑥ 朱佳木主编：《陈云与当代中国》第一辑，当代中国出版社2010年版，第262页。

"计划机关的主要注意力,应该从工业、交通方面,转移到农业增产和制止通货膨胀方面来,并且要在国家计划里得到体现。"① 国家对农业扶持力度也逐步加大,从1957年到1978年,国家对农业投资占全部国家投资的百分比从7.8%上升到12.5%,对农业工业投入品生产的投资占全部国家中工业投资的百分比从3.0%增长到11.1%,而农业税占全部国家收入的百分比从9.6%下降到2.5%。农业与工业产品的交易价格比也逐步向有利于农业的方向改善,工农业产品剪刀差逐步缩小。由于"动员和集中了全党全国的力量,在物质方面、技术方面、财政方面,在组织领导方面、人力方面,积极地支援了农业,支援了人民公社集体经济",到1965年,工农业生产都完成和超额完成了年度计划。粮食产量3891亿斤,基本恢复到1957年水平。钢、煤、化肥产量均有大幅增长。国民经济经过五年调整,已经得到全面恢复和发展。直到1965年新的一年到来时,《人民日报》社论仍然突出"以农业为基础,以工业为主导"的总方针;要求集中优势力量,有计划地进行农田水利等基本建设;认为"这是我国人民当前最重要的建设任务"②。

"规律自身不能说明自身。规律存在于历史发展的过程中。应当从历史发展过程的分析中来发现和证明规律。不从历史发展过程的分析下手,规律是说不清楚的。"③ 1963年,中共中央《关于工业发展问题》中对于四个现代化的表述是:"把我国建设成为拥有农业现代化、工业现代化、国防现代化和科学技术现代化的伟大的社会主义国家。"④ 1964年12月,周恩来在第三届全国人大政府工作报告中正式提出的"四个现代化"中,也将农业现代化置于首位。

新中国乡村建设思想或战略,既是整个国家现代化建设中的组成部分,同时又是国家整体建设的前位。⑤ "优农"思想或战略构想已经出现,这是国家建设面临重大挫折后的一个历史性调整。在中国实现社会主义工业化是中共七届二中全会就已经提出的国家建设方向;但在具体发展的战略规划上或

---

① 朱佳木主编:《陈云与当代中国》第一辑,第261页。
② 《乘胜前进》(1964年1月1日《人民日报》社论),《建国以来重要文献选编》第18册,第2页。
③ 《读苏联(政治经济学教科书)的谈话(节选)》(1959年12月—1960年2月),《毛泽东文集》第8卷,第106页。
④ 《建国以来毛泽东文稿》第10册,中央文献出版社1996年版,第346页。
⑤ 沙健孙:《毛泽东与新中国建设》,第270页。

者说道路选择上,一直实施的是"先工战略",即先行发展和建设工业,尤其是重工业。1954年最早提出的"四个现代化"的表述是:"建设一个具有现代工业、现代农业、现代科学文化的社会主义国家。"将工业现代化置于"四化"之首位,这是整个50年代国家建设战略构想的基本路线。显然,"优农"思想体现的是国家建设战略路线的一个历史性变化。在中共八届十中全会上,它被高度凝练为"以农业为基础,以工业为主导"的"发展国民经济建设的总方针"。

不过,当革命与建设的时代主题再次发生摆动时,"优农"思想及其实践何以为继,又如何落实?

## 五、"抓革命,促生产":"文化大革命"时期的乡村建设

随着"三大改造"的完成和社会主义制度的建立,"以建设为中心"的战略转向已经成为党和国家迫切需要解决的课题。"我们已在阶级斗争中取得了全面的胜利"[1]。1956年9月刘少奇在中共八大的政治报告中指出:"现在,革命的暴风雨时期已经过去了,新的生产关系已经建立起来","我们党现时的任务就是要依靠已经获得解放和已经组织起来的几亿劳动人民……尽可能迅速地把我国建设成为一个伟大的社会主义国家"[2]。在中共八大政治报告的决议中,已经开始将建设作为时代主题,提出"党和全国人民的当前的主要任务,就是要集中力量来解决这个矛盾,把我国尽快地从落后的农业国变为先进的工业国"[3]。

但是,不久之后毛泽东的认识发生急转,在八届三中全会上重提阶级矛盾和阶级斗争,并再次强调"继续革命"思想:"单有一九五六年在经济战线上(在生产资料所有制上)的社会主义革命,是不够的,并且是不巩固的……

---

[1] 王双梅、谭利平主编:《刘少奇与中共八大》,中央文献出版社2008年版,第9页。
[2] 中共中央文献研究室编:《刘少奇年谱(1898—1969)》下卷,中央文献出版社1996年版,第374页。
[3] 中共中央办公厅编:《中国共产党第八次全国代表大会文献》,人民出版社1957年版,第809页;中共中央文献研究室编:《刘少奇年谱(1898—1969)》下卷,第375页。

必须还有一个政治战线和一个思想战线上的彻底的社会主义革命。"① 此后,"'左'的思想开始抬头,逐渐占了上风"②。

从 1966 年开始执行发展国民经济的第三个五年计划,为实施"四个现代化"建设任务而扬帆启航时,"文化大革命"开始了。是年 10 月中央工作会议之后,"文化大革命"运动范围迅速扩大到广大农村。③

全面来看,即使在"天下大乱"的"文化大革命"时期,经济建设或者乡村建设的事业也并非完全停滞,甚至某些方面还有着明显的发展。一方面,八大确立的"以建设为中心"的路线毕竟符合社会实际和广大民众的需求,反映了强大的民意,有着深厚的社会基础,即使在极左路线下也有"一大批领导干部及广大群众对动乱的抵制与抗争";另一方面,"60 年代前期经济调整在各方面奠定的基础"也发挥着持久的影响与作用。④ "50 年代制定的基本的工业战略,在整个 60 年代后期和 70 年代初期始终没有废弃。"⑤ 因此,经济建设与乡村建设事业"在曲折中取得某些局部进展"⑥。

### (一)农田水利建设

重视农田基本建设,大搞农田基本建设是我国农业所处的自然条件所决定的。我国无论是南方还是北方,都经常受到自然灾害的影响,尤其是南涝北旱的威胁,每年受灾面积往往达到几亿亩,因此农业生产极不稳定。⑦ 一方面我国人多地少,旱涝灾害严重,发展农业生产主要是依靠精耕细作,提高单位面积产量。⑧ 另一方面,大搞农田基本建设,是实现农业现代化的一项根本措

---

① 《毛泽东选集》第 5 卷,人民出版社 1977 年版,第 461 页。
② 邓小平:《政治上发展民主,经济上实行改革》(1985 年 4 月 15 日),《邓小平文选》第 3 卷,第 115 页。
③ 中共中央党史研究室:《中国共产党历史》第 2 卷下册,第 753 页。
④ 中共中央党史研究室:《中国共产党历史》第 2 卷下册,第 824 页。
⑤ 在西方学者看来,这种政策上的连续性,是值得思索的饶有兴味的问题。〔美〕R. 麦克法夸尔、费正清编:《剑桥中华人民共和国史》下卷,第 487 页。
⑥ 虞和平主编:《中国现代化》第三卷,"改道与腾飞",江苏人民出版社 2001 年版,第 1075 页。
⑦ 李先念:《在全国农田基本建设会议上的讲话》(1978 年 7 月 22 日),《全国农田基本建设会议文件》,人民出版社 1978 年版,第 30 页。
⑧ 纪登奎:《在全国农田基本建设会议上的总结讲话》(1978 年 8 月 1 日),《全国农田基本建设会议文件》,第 37 页。

施。①"农业的现代化，无非是机械化、电气化、化学化、水利化、良种化和大地园林化这样一些内容。"②因此，从1956年开始的农田水利建设，即使在"文化大革命"时期也坚持不辍，取得了一定成效。

1969年后随着政治形势相对稳定和经济的缓慢恢复，中共中央开始调整经济，农村工作作为经济工作的重点之一也被提上日程。1970年8月26日至10月5日，国务院主持召开了由北京、天津等北方14省、市、自治区代表和南方各省、市和生产建设兵团代表参加的会议，会议通过《关于北方地区农业会议情况的报告》。1970年12月11日，《中共中央批准国务院关于北方地区农业会议的报告》中指出："农业生产的基本条件不改变，产量就无法稳定，农业的被动局面就不能根本扭转。第四个五年，要通过改土和兴修水利，做到每个农业人口有一亩旱涝保收、高产稳产田。丘陵山区，要搞梯田。平原地区，要搞深翻平整，改良土壤。水利建设，要坚持小型为主、配套为主、社队自办为主的方针。治水要与改土、治碱相结合。要积极打井，研究利用地下水源。"③北方农业会议以后，我国农田基本建设由原来以治水为中心转变为以改土、治水为中心。农田基本建设发展很快，"去冬今春（1970年。——引者），全国新增高产稳产农田三千多万亩，达到四亿五千万亩；其中北方十四个省、市、区新增一千三百多万亩，达到一亿五千万亩"④。

陕西省在不到一年（1969—1970年）的时间内，扩大水浇地近300万亩，新修大寨田130多万亩，平整土地170万亩。⑤"文化大革命"以来，河北省开挖疏浚河道2800多公里，修筑防洪大堤2700多公里，修大小渠道12万多条，建成桥梁闸涵5万多座，新建扩建大中型水库38座，建成配套机井37万多眼，农田灌溉面积达到5000多万亩；山东省农田灌溉面积已扩大到5300多万亩，

---

① 李先念：《在全国农田基本建设会议上的讲话》（1978年7月22日），《全国农田基本建设会议文件》，第29页。
② 本刊特约评论员：《扎扎实实地搞好农田基本建设》，《红旗》1979年第8期。
③ 《中共中央批准国务院关于北方地区农业会议的报告》，《农业集体化重要文件汇编》下册，第893页。
④ 《国务院关于北方地区农业会议的报告（节录）》，《农业集体化重要文件汇编》下册，第887页。
⑤ 新华社：《自力更生，彻底改变农业生产面貌——陕西发扬延安精神大搞农田基本建设》，《人民日报》1970年8月21日。

占耕地总面积46%以上,其中旱涝保收、高产稳产农田已发展到2900多万亩;河南省深翻平整土地4600多万亩,改造盐碱地800多万亩,治理沙地500多万亩,建设大寨田500多万亩,全省机井增加到46万多眼。全省灌溉面积已达4800多万亩。① 1975年辽宁省修建水平梯田、台田、条田221万亩,平整土地166万亩;吉林省修建梯田85.5万亩、平整土地78万亩,治涝73.5万亩。黑龙江省12县统计,新修梯田85.4万亩。② 据不完全统计,1975年湖北全省完成土石方工程达2亿多方,平整土地20多万亩;湖南省动工的农田基本建设工程达81960多处;1974年12月江苏省已经平整田地250万亩,新修梯田4.5万多亩;1974年11月江西已有398处水利工程胜利完工。③ 1975年11月底,甘肃省新修梯田、条田和新增加农田有效灌溉面积达580多万亩,比去年同期增加了1倍多。④ 1974年冬至1975年11月底,全国各地开工修建各类水利工程140多处,新增和改善的灌溉面积3000多万亩,新修梯田1300多万亩,改造低产田6800多万亩。⑤

民办公助的农田水利建设方式,依然在很大程度上保证了农田水利灌溉事业的稳定发展,促进了农业生产水平不断提高,为乡村建设尤其是农业建设发挥了重要作用。据统计,从1957年到1978年,我国的农田有效灌溉面积的绝对数量从4.1亿亩增加到6.7亿亩,净增2.6亿亩。有效灌溉面积占耕地面积的比例从24.4%增长到了45.2%,增长了20.8个百分点。⑥ 虽然国家也投入了巨额资金进行水利建设,但是这三十年里的农田水利建设主要还是靠广大群众的共同参与来完成的。这一点从江苏省对建国三十年的农田水利统计就可以略

---

① 新华社:《深入批林批孔加快农业发展步伐 冀鲁豫农田基本建设又快又好 广大农村干部和社员坚持党的基本路线,坚持社会主义方向,发扬自力更生、艰苦奋斗,决心夺取明年农业丰收》,《人民日报》1974年12月13日。

② 《在毛主席三项重要指示指引下全面贯彻落实全国农业学大寨会议精神 农田基本建设新高潮正在各地兴起》,《人民日报》1975年11月4日。

③ 新华社:《北京、天津、湖北、湖南、江苏、江西六省市 在批林批孔推动下大搞农田基本建设 成千上万干部深入第一线和广大群众一起劳动,力争今年农业新丰收》,《人民日报》1975年1月7日。

④ 新华社:《干部深入基层带头讲基本路线,带头批林批孔,带头大干苦干——甘肃掀起农田基本建设高潮》,《人民日报》1974年12月11日。

⑤ 《我国农村去冬今春农田基本建设取得巨大成绩》,《新华月报》1975年第3期。

⑥ 根据中国统计数据应用支持系统(政府专业版)(http://gov.acmr.cn/mdata/queryadv.aspx?db=sqnd)数据计算得到。

窥一斑。据统计，这一时期，江苏全省的农田基本建设"大约花了一百五十亿元。其中，国家投资三十六亿元，社队自筹三十八亿元，还有七十多亿元是靠农民的劳动积累"①。群众性农田水利设施供给方式的确立，适应了国家全力推进工业化的需要，并在集体化体制的保障下取得了较好的绩效。尽管这一供给方式也存在诸多问题，如集体主义大锅饭造成的劳动效益不高、劳动浪费严重等情况，但是总体上还是促进了我国农田水利事业的发展，为农业生产的发展奠定了良好的基础。

### （二）乡村"五小"工业和社队企业建设

这是"'文化大革命'期间一个引人注目的现象"。为加快农业机械化发展，在全国乡村建设小而全的为农业服务的工业体系，"从1970年起的五年中，中央财政安排了80亿元专项基金扶持地方'五小'工业，并制定了一系列优惠政策"。加上各地财政投资的加大，其总数很快由1970年的100万元猛增到1973年的1.48亿元。据统计，1970年全国有近300个县、市兴建了小钢铁厂，90%的县建立了农机修造厂，20多个省、市、自治区建起手扶拖拉机厂、动力机械厂和农机具制造厂。②其中，直接为农业生产服务的小机械厂、小化肥厂、小水泥厂发展最快。为农业服务的工业，特别是"五小"工业迅速发展。"全国百分之九十左右的县有了农业机械修造厂。"③

此间，社队企业也获得较快发展，形成了一次发展高潮。"1970年全国社队工业产值为67.6亿元，是1965年29.3亿元的2.3倍。不少社队用办企业所得利润增加对农业的投入，支持了农业的发展"④，构成乡村建设事业成就的一个重要方面。尤其是在遭受多次农业歉收之后，"人们清楚地认识到，必须对农业投入更多的现代化物资，如化肥和机械"。"在1966—1976年的大部分时

---

① 李先念：《不能放松农田基本建设》，人民网·中国共产党新闻·文献资料（http://cpc.people.com.cn/GB/64184/64186/66701/4495430.html）。
② 中共中央党史研究室：《中国共产党历史》第2卷下册，中共党史出版社2011年版，第830—831页。
③ 《国务院关于北方地区农业会议的报告（节录）》，《农业集体化重要文件汇编》下册，中共中央党校出版社1981年版，第887页。
④ 中共中央党史研究室：《中国共产党历史》第2卷下册，第831页。

间里，解决问题的办法是着眼于农村地区的小型企业，而不是那些往往由国外引进的、位于城市工业中心的较大的工厂。"①

### （三）农村合作医疗建设

1965年毛泽东"六·二六"指示的发表和中央批转卫生部党委《关于把医疗工作的重点放到农村的报告》后，各地逐步把人力、物力、财力的重点放到农村。大批的城市卫生人员被下派和下放到农村医疗卫生机构，大量的医疗器械也下拨到农村卫生机构，卫生经费也开始向农村倾斜，农村三级医疗预防保健网也逐步完善巩固。1965年年底，全国已有10多个省、市、自治区的部分县实行了这种制度。1976年全国90%的生产大队实行合作医疗，覆盖了85%的农村人口，实现了合作医疗"一片红"。1978年年底我国"赤脚医生"约477万人，卫生员约167万人，农村人口中合作医疗覆盖率达90%以上。②这样，以县级医药卫生机构为龙头，公社卫生院为枢纽和大队卫生所（保健站、医疗站）为基础的农村三级医疗预防保健网在60年代末70年代初完全确立。

"'文化大革命'期间，农村合作医疗出现了超常规的发展态势。"③据1977年年底统计，全国有85%的生产大队实行了合作医疗，人口覆盖率达80%以上。全国赤脚医生达150多万人，生产队的卫生员、接生员共有390多万。最鼎盛时，农村从事医疗卫生工作的（不脱产）人员达500多万。④联合国妇女儿童基金会在1980—1981年年报中称："中国的'赤脚医生'制度在落后的农村地区提供了初级护理，为不发达国家提高医疗卫生水平提供了样板。"⑤

中国农村的医疗保健制度，人们普遍认为发展得最好的时期是20世纪60年代后期至80年代初这段时间。那时，农村普遍建立起了县、乡、村三级医疗卫生保健网，合作医疗的覆盖率达90%以上。赤脚医生作为合作医疗的执行

---

① 〔美〕R.麦克法夸尔、费正清编：《剑桥中华人民共和国史》下卷，第518页。
② 张德元：《中国农村医疗卫生事业发展历程回顾与分析》，《湖南科技学院学报》2005年第9期。
③ 蔡天新：《新中国成立以来我国农村合作医疗制度的发展历程》，《党的文献》2009年第3期。
④ 参见卫生部基层卫生与妇幼保健司编：《农村卫生改革与发展文件汇编（1951—2000）》，卫生部基层卫生与妇幼保健司2003年版，第419页。
⑤ 李宁：《中国农村医疗卫生保障制度：理论与政策》，中国协和医科大学出版社2011年版，第144页。

者，其身影遍布广大农村，他（她）们在很大程度上改善了当时农村"缺医少药"的境况，改善了农民的生存状况。农村三级医疗保健网、合作医疗制度和赤脚医生曾经惠及多数农村居民，被世界卫生组织和世界银行给予高度评价，被誉为"以最小投入获得了最大健康收益"的"中国模式"①。

无论是农田水利工程建设还是地方"五小"工业和社队企业建设，抑或是受到国际赞誉的"农村合作医疗"和"赤脚医生"事业，都是在"文化大革命""动乱时期"令人瞩目的成就。农村建设所获得的功效是显著的，在70年代遭受最大灾害的情况下，它们起到了抵御和预防的作用。"这些灾害在70年代造成的后果要比以前小，所以，一些重要成果被归功于农村建设方面所做的努力。"②

然而，我们不能不清醒地认识到，农村建设事业或者农村建设项目，与乡村建设思想并不完全相同，也并非同步展开。历史实践进程的复杂性、多样性与思想体系的逻辑演进并不同一，尽管思想与实践的交互兴替也有着内在的关联。其实，近代以来革命与建设本身的历史演进，也体现着二者既相互冲突又密切关联的复杂性。因此，从整体的思想演进脉络上看，当"继续革命"思想获得对社会生活的高度控制后，建设的话语和意义就已经退居其次了。事实上，在"九大"政治报告和修改党章草案中，"无产阶级专政下继续革命的理论"写进了总纲，却"只字不提发展生产力，不提现代化建设"③；"以建设为中心"的思想已经被强烈的"继续革命"思想所替代，从而乡村建设思想更无从谈起。

在"文化大革命"期间，无论是合作医疗、赤脚医生④，乃至轰轰烈烈的知识青年"上山下乡运动"，尽管这些重大举措对于乡村社会发展和影响不容忽略，甚至在某些方面的建设事业也有着相对长久的意义，但它们整体上被"继

---

① 世界银行《1993年世界发展报告：投资于健康》，中国财政经济出版社1993年版，第210—211页。
② 〔美〕R.麦克法夸尔、费正清编：《剑桥中华人民共和国史》下卷，第522页。
③ 中共中央党史研究室：《中国共产党历史》第2卷下册，第809页。
④ 《人民日报》1968年12月5日第一版对《黄乡、良乡公社对乐园公社实行合作医疗制度的意见》一文加的编者按指出：农村合作医疗制度是"一件无产阶级'文化大革命'中出现的新事物"。

续革命"[1]的话语所笼罩，本质上仍归属于"继续革命"的思想体系。只有将这些内容置于"继续革命"的思想或历史进程中，才能合情合理地理解和解释这段历史，从而把握历史的本相。而建设思想与乡村建设思想的内涵与历史，同"革命"或"继续革命"的思想体系区别显然，不可等同。

在建设与革命这个时代主题摆动的历史进程中，随着"文化大革命"特殊历史时期的到来，当"继续革命"的话语占据了主导地位时，建设的时代主题终被消解或退居边缘，而乡村建设思想其实亦难以真正形成（当然，这不意味着没有关于农村建设和发展的措施与主张的实施）。

---

[1] 中共中央关于农村无产阶级"文化大革命"的指示中首要一条就是"抓革命，促生产"。生产让位于革命。"狠抓无产阶级'文化大革命'，促进人的思想革命化，推动农业生产的发展。"《中共中央关于农村无产阶级"文化大革命"的指示（草案）（节录）》（1966年12月15日），《农业集体化重要文件汇编》下册，第862页。

# 第十三章 "一心一意搞建设"*
## ——新时期的农村改革与制度重建

"非建设不足以图存,非发展工业不足以固本"①,是近代以来中国历史发展的基本指向。早在1949年革命胜利前夕召开的党的七届二中全会上,毛泽东就曾提出将工作重心由乡村转移到城市,并且以生产建设为中心任务。中共八大政治报告中的《社会主义建设》②内容,更是代表了中国共产党对这一历史发展方向的新诠释。然而,20世纪60年代后,当"不断革命"的理论在一波又一波"运动式革命"进程中持续升温后,"以经济建设为中心"的路线终被"以阶级斗争为纲"的运动所中断。③尽管我们并不能完全否认即使在"文化大革命"中,建设事业包括农村建设在党的"抓革命,促生产"④的号令下仍然艰难地维系着或发展着⑤,但是,毕竟"经常搞运动,实际上就安不

---

\* 这是邓小平同志陪同朝鲜劳动党中央委员会总书记金日成去四川访问途中谈话的一部分内容。见《邓小平文选》第3卷,第9—11页。

① 李尔康:《二十三年中央工业试验所化学组工作之回顾》,《工业中心》,第4卷第1期,1935年1月。

② 刘少奇在八大所做的政治报告第一部分原标题就是《社会主义建设》,收录于《建国以来重要文献汇编》时编者改加的标题是《社会主义建设问题》。

③ 邓小平认为,从1962年七、八月北戴河会议开始,毛泽东"又转回去了,重提阶级斗争,提得更高了"。由此,以建设为中心的战略方向发生了逆转。参见《邓小平文选》第2卷,第295页。

④ 人民出版社编:《进一步贯彻毛主席"抓革命,促生产"伟大方针》,人民出版社1967年版,第2页。

⑤ 1966年9月7日,《人民日报》发表《抓革命,促生产》的社论,强调"一手抓革命,一手抓生产,保证文化革命和生产两不误"。1966年11月10日,《人民日报》再次发表社论,认为"在工矿企业、事业单位和人民公社,却绝对不能停止生产"。1974年11月,毛泽东还特别指示"把国民经济搞上去"。《建国以来毛泽东文稿》第13册,第410页。早在1975年,邓小平在《全党讲大局,把国民经济搞上去》中就强调"四化"建设是大局,要求全党全国都要为实现这个伟大目标而奋斗。这就是大局。《邓小平文选》第2卷,第4页。

下心来搞建设"①,以至于"过去二十多年,工作重心一直没有认真转到经济建设方面来"②。

1978年12月,中共中央召开了具有伟大历史意义的十一届三中全会,决定将发展战略转移到"以经济建设为中心"上来,着力推进有中国特色的社会主义现代化建设。"从去年起(1979年——引者),我们就把工作着重点转到了建设上。"③ 从而,建设——具有丰富内涵的"四个现代化"建设目标,就成为"新时期"中国共产党及其社会主义中国的时代任务(亦即邓小平所说的,八十年代核心是现代化建设)。④ "一心一意地搞四个现代化建设"就成为"我们党在现阶段的政治路线"⑤。

新中国弹指一挥三十年。在几经曲折和反复的思想与实践的磨砺中,真正以建设为中心的时代得以重新开启。由此,"一个以改革开放和社会主义现代化建设为主要内容的历史新时期开始了"⑥。

## 一、农村率先改革与"四化"建设再起航

在新中国革命与建设的历史进程中,"新时期"是一个具有丰富内涵和特色的历史概念,它拥有着完全属于自己独有的价值与意义。严格意义上的"新时期"开始于1979年,它标志着"我国历史上的一个伟大的转折"。全党工作的重点从此转移到现代化建设上来,形成了"以实现四个现代化为中心任务的新的历史时期"⑦。在革命与建设时代主题的更移中,我们曾经迭经波折;甚至就建设本身而言,我们也有着教训与经验并存的历史。但冲破困局后重新启动的建设的历史,毕竟有了自己时代的特色。"虽然过去我们已经进行了多年

---

① 邓小平:《答意大利记者奥琳埃·法拉奇问》,《邓小平文选》第2卷,第349页。
② 邓小平:《目前的形势和任务》(1980年1月16日),《邓小平文选》第2卷,第245页。
③ 邓小平于1980年4月12日会见赞比亚总统卡翁达时的谈话,见《邓小平文选》第2卷,第312页。
④ 邓小平:《目前的形势和任务》(1980年1月16日),《邓小平文选》第2卷,第240页。
⑤ 《坚持党的路线,改进工作方法》(1980年2月29日),《邓小平文选》第2卷,第276页。
⑥ 中共中央党史研究室:《中国共产党历史》第2卷下册,第1069页。
⑦ 邓小平:《新时期的统一战线和人民政协的任务》(1979年6月15日),《邓小平文选》第2卷,第185页。

的社会主义建设,但是我们仍然有足够的理由说,这是一个新的历史发展阶段的开端"①。

新时期"四化"建设的再启动,既有着源于内在动力的驱动,也有着世界历史发展大势的外在压力下形成的自觉醒悟。

就前者而言,现实困境与制度性反思成为人们冲决僵化思想和制约实践的内在动因。"我们相信社会主义比资本主义的制度优越。它的优越性应该表现在比资本主义有更好的条件发展社会生产力。这本来是可能的,但过去人们有不同的理解,于是我们发展社会生产力的进程推迟了,特别是耽误了十年。"②尤其是直面民生时,理性的反思与诘问更是难以回避:"农业落后的严重性越来越明显。从1957年到1977年,粮食产量从3900亿斤增加到5700亿斤,21年中粮食平均年增长速度只有2%,与人口增长速度相等。"③如果按人口平均的棉油占有量计,则低于1957年的水平。许多地方农民口粮不足,城市中则只能凭票限量供应。农业的发展严重落后于工业发展和人民生活改善的需要。这成为人们对于走人民公社道路以及农业政策进行反思的现实基础。

就后者而言,从1978年3月召开的全国科学大会上,我们可以深切地感知这种压力的急迫性已经促成共识:"同世界先进水平相比,我国的科学技术在多数领域大约相差15到20年,有些领域相差更多一些。经济上的差距可能是20年、30年,有的方面甚至可能是50年。"④作为新时期中国改革开放事业领航者的邓小平也显然地看到这一世界性差距,他说:"六十年代末期到七十年代这十一二年,我们同世界的差距拉得太大了。"⑤

对"文化大革命"进行总结和反思的结果,"最根本的一条经验教训,就是要弄清什么叫社会主义和共产主义"。贫穷不是社会主义,"社会主义必须摆脱贫穷"⑥。因此,抓住"以建设为中心"不放松就成为新时期确定不移的基

---

① 邓小平:《坚持四项基本原则》(1979年3月30日),《邓小平文选》第2卷,第159页。
② 邓小平:《社会主义也可以搞市场经济》,《邓小平文选》第2卷,第231页。
③ 《薛暮桥回忆录》,第315页。
④ 中共中央党史研究室:《中国共产党历史》第2卷下册,第1046页。
⑤ 邓小平:《社会主义也可以搞市场经济》(1979年11月26日),《邓小平文选》第2卷,第232页。
⑥ 《社会主义必须摆脱贫穷》(1987年4月26日),《邓小平文选》第3卷,第223、225页。

本战略。为顺利达到新时期"四化"建设的目标,"从十一届三中全会开始,我们制定了一系列新的方针政策",实施三步走的战略规划,即"我们原定的目标是,第一步在八十年代翻一番。以一九八〇年为基数,当时国民生产总值人均只有二百五十美元,翻一番,达到五百美元。第二步是到20世纪末,再翻一番,人均达到一千美元。实现这个目标意味着我们进入小康社会,把贫困的中国变成小康的中国。那时国民生产总值超过一万亿美元,虽然人均数还很低,但是国家的力量有很大增加。我们制定的目标更重要的还是第三步,在下世纪用三十年到五十年再翻两番,大体上达到人均四千美元。做到这一步,中国就达到中等发达的水平。这是我们的雄心壮志。目标不高,但做起来可不容易"①。

新时期"四化"建设道路探索起步于中国农村。邓小平指出,与民主革命相比,现在搞建设,也要适合中国情况,走出一条中国式的现代化道路。新时期的"四化"建设至少有两个重要特点:一是底子薄;二是人口多,耕地少。九亿多人口中,百分之八十是农民。"这就成为中国现代化建设必须考虑的特点。"②这是与西方现代化发展进程完全不同的历史条件。因此,中国的改革选择了率先从计划控制程度较低但却人口众多的农村发动,首要目的是基于社会稳定的战略思考。"先把农民这一头安稳下来。""摆稳了这一头,就是摆稳了大多数,七亿多人口稳定了,天下就大定了。"③邓小平尤其强调中国农村对于建设发展大局的根基作用。他说:"中国稳定不稳定首先要看这百分之八十稳定不稳定。城市搞得再漂亮,没有农村这一稳定的基础是不行的。""农村不稳定,整个政治局势就不稳定。""没有稳定的环境,什么都搞不成,已经取得的成果也会失掉。"④

农业建设和发展被确定为"四化"建设的首要任务。这成为十一届三中全会后努力达成的共识。新中国的农业获得了迅速发展,农业建设也有了一

---

① 《吸取历史经验,防止错误倾向》(1987年4月30日),《邓小平文选》第3卷,第226页。
② 《坚持四项基本原则》(1979年4月30日),《邓小平文选》第2卷,第164页。
③ 中共中央文献研究室、国务院发展研究中心编:《新时期农业和农村工作重要文献选编》,中央文献出版社1992年版,第6页。
④ 《邓小平文选》第3卷,第65、54、284页。

## 第十三章 "一心一意搞建设"——新时期的农村改革与制度重建

定基础,全国兴修了大量的大中小型水利工程,建设了大批高产稳产田。化学肥料、农业机械、排灌机械和农村用电,都有很大增长。但是"总的看来,我国农业近二十年来的发展速度不快,它同人民的需要和四个现代化的需要之间存在着极其尖锐的矛盾。从一九五七年到一九七八年,全国人口增长三亿,非农业人口增加四千万,耕地面积却由于基本建设用地等原因不但没有增加,反而减少了。因此,尽管单位面积产量和粮食总产量都有了增长,一九七八年全国平均每人占有的粮食大体上还只相当于一九五七年,全国农业人口平均每人全年的收入只有七十多元,有近四分之一的生产队社员收入在五十元以下,平均每个生产大队的集体积累不到一万元,有的地方甚至不能维持简单再生产。农业发展速度不加快,工业和其他各项建设事业就上不去,四个现代化就化不了。我国农业问题的这种严重性、紧迫性,必须引起全党同志的充分注意"[①]。"我们党和国家的工作重心,从一九七九年起转到社会主义现代化建设上来。摆在我们面前的首要任务,就是要集中精力使目前还很落后的农业尽快得到迅速发展,因为农业是国民经济的基础,农业的高速度发展是保证实现四个现代化的根本条件。"[②]因此十一届四中全会重点研究并推出了《中共中央关于加快农业发展若干问题的决定》,以求"统一全党对我国农业问题的认识"[③]。通观全局,"在今后二十年内,一定要牢牢抓住农业、能源和交通、教育和科学这几个根本环节,把它们作为经济发展的战略重点"[④]。

这一思想共识的形成不仅仅是基于现实的考量,更是基于历史的鉴训。"积二十多年经验教训","农业是国民经济的基础,这个思想应当成为全体干部全党全民一致的认识,并且真正贯彻到各方面的实际工作中去"。发展国民

---

① 中共中央文献研究室、国务院发展研究中心编:《新时期农业和农村工作重要文献选编》,第26页。

② 《中共中央关于加快农业发展若干问题的决定》(1979年9月28日),《三中全会以来重要文献选编》(上),人民出版社1982年版,第155页。

③ 中共中央文献研究室、国务院发展研究中心编:《新时期农业和农村工作重要文献选编》,第25页。

④ 胡耀邦:《全面开创社会主义现代化建设的新局面》(1982年9月1日),《十二大以来重要文献选编》(上),人民出版社1986年版,第16页。

经济务必以农业为基础,不但反映了经济规律,而且也反映了自然规律,是我国工业化和经济现代化进程中必须牢牢掌握的一个重要指导思想。"这首先是因为我国是一个人多耕地少的大国,要以仅占世界 7% 的耕地养活占世界 22% 的人口,农业问题始终是一个头等重要的战略问题;其次,因为农业建设周期长,农业投资的比较效益低,稍一放松,就很容易被挤掉。农业是国民经济基础的思想,把人们对农业的认识提到了一个新境界。在实行改革开放的今天,第二产业、第三产业蓬勃发展,重温当年揭示的这个思想,不断深化认识农业这个第一产业的基础地位,仍然是十分必要的。绝不能因为全国基本解决了温饱问题,就忽视和削弱农业这个基础地位。在民主革命时期,农民问题始终是我国革命的中心问题。今天仍然可以这样说,农业问题、农村问题、农民问题始终是关系我国社会主义现代化建设能否顺利进行和最终获得成功的中心问题。任何时候忽视、削弱农业和农村经济,不能正确处理农民问题,都会犯极大的历史性错误。"①

十一届三中全会后,党中央着重强调:"只要我们坚持社会主义道路,坚持无产阶级专政,坚持党的领导,坚持马列主义、毛泽东思想,真正善于总结过去正反两方面的经验,始终遵循辩证唯物主义的思想路线,坚持实践是检验真理的唯一标准的马克思主义的原则,不断研究新问题,总结新经验,我们就一定能够调动一切积极因素,在 21 世纪内实现农业现代化的伟大目标。""走出一条适合我国情况的农业现代化的道路。"② 由此,以农村改革为起点,以农业建设为抓手,开创了整个"四化"建设的新局面。

首先,成立国家农业委员会,建立专事领导农业现代化的机构。

"为了加强党和国家对社会主义农业现代化的领导,根据十一届三中全会决定,中华人民共和国国家农业委员会(简称"国家农委")已经正式成立。"这一特设机构的主要任务是:贯彻党的发展农业的路线,调查研究国内和国外实现农业现代化的经验,就发展农业的方针、政策、法令、措施,向党中央、国务院提出建议。会同相关部门,制定农业现代化的远景规划和布局;负责统

---

① 薄一波:《若干重大决策与事件的回顾》下卷,中共中央党校出版社 1993 年版,第 1274—1275 页。
② 中共中央文献研究室、国务院发展研究中心编:《新时期农业和农村工作重要文献选编》,第 31、42 页。

筹安排国家用于农业的资金和物资；加强对农业科学研究和农业教育事业的领导；协调相关部门和中央农业部门与各地方之间的工作配合。①

作为担负国务院指导农业建设的职能，同时兼理党中央委托的农村工作任务的机构，国家农委在三中全会后很快召开"关于农村工作问题座谈会"，并对全会下达的两个农业文件——《农村人民公社工作条例（试行草案）》和《中共中央关于加快农业发展若干问题的决定》——进行了调研。会议纪要表明，三中全会会议公报和两个农业文件传达后，受到农村干部和群众热烈拥护，被乡村干部和群众称之为"抢救农业、富国裕民的文件"。会议进一步动员，务必以生产建设为中心，"在21世纪内实现农业现代化"。

其次，提出发展农业生产力的二十五项政策和措施。

1979年9月，党的十一届四中全会通过了《中共中央关于加快农业发展若干问题的决定》，面对党和国家工作重心转移到社会主义现代化建设上来的新的历史时期，强调当前的首要任务就是集中精力发展农业。因为农业的高速度发展是保证实现四个现代化的根本条件。在统一全党对农业问题认识的同时，提出了发展农业生产力的二十五项政策和措施。其中包括今后三五年内，国家对农业的投资在整个基本建设投资中所占的比重，要逐步提高到百分之十八左右；农业事业费和支援社队的支出在国家总支出中所占的比重，要逐步提高到百分之八左右。地方财政收入应主要用于农业和农用工业。②农业、林业、农垦、农机、水利等各部门"要根据农业现代化的要求，密切协同，在一九八〇年内，分别作出实现农业现代化的全面的长期规划，以及切实可行的年度实施计划，认真加以贯彻执行"③。1980年年初，国家农委的《全国农村人民公社经营管理会议纪要》强调要加快农业发展，使农村尽可能快地富裕起来，是实现"四化"建设的前提条件。"到21世纪末全国农村将有三亿六千万劳力，其中二亿五千万是剩余劳力。这么多人挤向大城市不是出路。要坚定不移地发展

---

① 《中共中央、国务院关于国家农业委员会的任务和机构的通知》（1979年5月3日），《农业集体化重要文件汇编》下册，第1004页。
② 中共中央文献研究室、国务院发展研究中心编：《新时期农业和农村工作重要文献选编》，第34页。
③ 中共中央文献研究室、国务院发展研究中心编：《新时期农业和农村工作重要文献选编》，第44页。

社队企业，发展小城镇。发展社队企业能够充分利用当地资源，较快地积累资金，促进农业迅速发展，是实现农业现代化的多快好省的路子。""我国现代化工业的市场主要是在国内，农民富裕了，才能为工业提供广大的市场。这是我们的战略思想。"①

最后，率先在农村进行管理体制改革与建设。

走向建设的正确道路的探索，首先以"改革过分集中的经济管理体制"为起点。十一届三中全会在确定以建设为中心的战略转移的同时，着重提出了改革权力过于集中的管理体制问题。体制改革是新时期首先面临的一个新问题，甚至在当时"社会主义国家进行改革已有多年"的现实历史中，"终究还没有一个成功的先例"。况且，我们有着自己独特的国情。十一届三中全会提出了转向建设的战略任务，并指出改革的必要性和紧迫性，"但是改革的具体方案还有待在实践中逐步探索"。符合国情的改革道路，"要靠我们自己来探索"②。改革的初始探索从农村开始。

在农村改革尚未开始的年代，生产队对农业生产没有自主权，如何耕种都由上级统一规定，一个县里"只有一个生产队长，就是县委书记"③。其实，早在1956年党的八大一次会议上，关于非公有制经济成分和市场调节关系问题已有创见性主张，尽管并没有引起重视。④十一届三中全会后，党的领导层曾经对苏联式计划经济体制的缺陷和改革方向进行探讨。1980年9月27日，中共中央印发了《关于进一步加强和完善农业生产责任制的几个问题》的通知，在充分肯定农业集体化方向前提下，提出了管理体制改革的突破。"改善经营管理，贯彻按劳分配，加强和完善生产责任制。"⑤在农村推行各种形式的联产计酬责任制，恢复并适当扩大自留地，恢复农村集市贸易，发展农村副业和多

---

① 《全国农村人民公社经营管理会议纪要》（1980年1月11日至2月2日），《农业集体化重要文件汇编》下册，第1039页。
② 《薛暮桥回忆录》，第346页。
③ 《薛暮桥回忆录》，第319—320页。
④ 《薛暮桥回忆录》，第346—347页。
⑤ 《关于进一步加强和完善农业生产责任制的几个问题》（9月14日至22日，各省市区第一书记座谈会纪要），《农业集体化重要文件汇编》下册，第1049页。

种经营,极大地调动了农民的积极性。①

农村成为新时期"四化"建设战略转折中先行改革的基地。"党的十一届三中全会以后经济体制改革首先在农村迅速发展。短短几年内,农村中改变了人民公社制度,推行了家庭联产承包责任制和统分结合的双重经营体制。"②我国经济体制改革在起步阶段,有两件事做得是很成功的。第一,在起步的最初几年(1979—1982年),我们把经济体制改革的重点放在农业方面,这一改革打破了农业长期停滞的局面,对整个国民经济的调整和体制改革,起了重要的推动作用。在当时形势下,首先重点抓农业的改革,是很正确的。第二,我们在推行国营经济体制改革试点的同时,加快集体所有制经济的发展,并允许个体经济、私营经济以及"三资"企业适当成长,发挥它们的补充作用,较快地形成以公有制为主体、多种经济成分并存的新格局。③

率先改革的农村效应及其经验,不久就提升为新时期"四化"建设的思想理论成果。"改革首先是从农村做起的,农村改革的内容总的说就是搞责任制,抛弃吃大锅饭的办法,调动农民的积极性。"邓小平高度肯定地指出:"现在农村面貌一新,百分之九十的人生活改善了。""中国最大的变化在农村。"④在1984年党的十二届三中全会上,中共中央讨论并通过了《中共中央关于经济体制改革的决定》,确认"全面改革经济体制的条件已经具备",决定加快以城市为重点的整个经济体制改革的步伐。⑤

起始于中国农村,扩展为全面和整体的改革思路,构成了20世纪80年代中国"四化"建设的强大动力。

## 二、生产责任制与乡村建设的体制性变革

在中国现代化建设道路探索中,历史的大幕首先从中国农村开始,从农业

---

① 《关于建国以来党的若干历史问题的决议(节录)》(1981年6月27日),《农业集体化重要文件汇编》下册,第1114页。
② 《薛暮桥回忆录》,第330—331页。
③ 《薛暮桥回忆录》,第351—352页。
④ 《政治上发展民主,经济上实行改革》(1985年4月15日),《邓小平文选》第3卷,第117页。
⑤ 《薛暮桥回忆录》,第331页。

管理体制率先启动。"农业生产责任制的普遍实行,带来了生产力的解放和商品生产的发展。"①

所谓生产责任制,是为了"消灭生产中的无人负责现象,保证各项指标的实现"而建立的一种经营制度。这种制度"明确规定了任何一个工作人员,在生产战线上的一定的工作范围、工作职责、工作任务及其性质,明确规定了每一件工作或每一项生产和每一个机器或每一块土地的负责单位和人员,这就可以鼓励每个单位每个人员更好地去完成和超额完成自己的任务"②。当时推行的农村责任制大致分为两大类,即联产承包和不联产包工。③ 在各种形式的生产责任制中,包产到户和包干到户占有十分重要的地位。所谓包产到户是在坚持集体所有制的条件下,生产队实行统一计划、统计分配、定产到田、责任到户,对农户实行包产量、包工分、包费用,双方签订合同,超产者奖,欠产者罚。一年签一次合同,秋后社员按定产合同向生产队交粮食等农产品,统一核算后,再按合同向社员分粮分钱。包干到户则是 20 世纪 70 年代末农村改革中的新创造。"表面上是包产到组、包产到户的简化,省去了统一核算、统一分配的烦琐手续,实质上则是免去了生产队这一级的集体经济的统一经营、统一核算组织。"④

---

① 《中共中央关于一九八四年农村工作的通知》(1984 年 1 月 1 日),《十二大以来重要文献选编》(上),第 363 页。

② 《人民公社要建立和健全生产责任制》(1959 年 2 月 17 日《人民日报》社论),《建国以来重要文献选编》第 12 册,第 47 页。

③ 其中不联产者的主要形式是小段包工定额计酬,也就是定额包工。具体做法一般是按农事季节将农活包给作业组或个人,按质、按量、按时完成任务后,由生产队按定额规定拨付工分。联产者的主要形式是包产到组。具体做法一般是将土地、劳力、耕畜、农具固定到作业组,制定出产量、用工和生产费用等三项指标,由作业组承包完成;完成任务后,包产部分上交生产队统一分配,由生产队按原定指标拨付生产费用和工分。在实行包产到组的同时,有些地方把承包单位下放到劳动力或农户,出现了包产到劳、包产到户等形式;还有的地方采用了田间管理责任到人以产计酬的形式,即田间管理联产制。各地的土地的承包办法也有所不同:在生产分工不太发达、以种植业为主的地方,一般是按人平均分包,也有的采用按人承包粮田,按劳力承包责任田的办法;在生产已有了一定分工,生产项目较多的地方,又有按专业分工实行包产的办法,即专业分工包产制或专业承包联产计酬。在劳动成果的分配方法上,有的地方开始采用了取消工分分配形式的包干制,群众习惯上称之为"大包干到户",即承包者按照事先与集体经济组织商定的条件,除包交一定数量的实物或现金作为集体提留,保证完成向国家交售产品的任务外,所得收入及剩余产品统归承包者所有。《关于农业生产责任制》(1980 年 9 月 14 日),《杜润生文集(1980—2008)》上册,山西经济出版社 2008 年版,第 2 页。

④ 陆学艺:《农村第一步改革的回顾与思考》,陈新兴编:《土地之子——陈庭元纪念文集》,安徽人民出版社 2009 年版,第 332 页。

## 第十三章 "一心一意搞建设"——新时期的农村改革与制度重建

尽管农村生产责任制在 1979 年以后取得了制度性突破，但其中一些重要的责任制形式却由来已久。早在 1957 年，中共中央就提出生产队在管理生产中，必须切实建立集体的和个人的生产责任制，按照各地具体条件，可以分别推行"工包到组""田间零活包到户"的办法，认为"这是建立生产责任制的一种有效办法"[①]。1959 年将建立和健全生产责任制视为完成农业生产的跃进指标的最重要的措施之一，指出"生产责任制是工业管理的基本原则，也是农业管理的基本原则"；强调"不但在农业生产方面需要推行责任制，就是公社的工业和林业、牧业、副业、渔业以及服务性事业中，也都需要有责任制度。从田间、车间到食堂、托儿所，都要按照预定的计划和定额，有秩序地进行工作"[②]。在农业生产管理体制上，通过"包产"落实在责任制问题上，也是毛泽东所关注并坚持的。其实，毛泽东在 1959 年 4 月《党内通信》提出的六个问题中的第一个问题就是"包产问题"。他说："南方正在插秧，北方也在春耕。包产一定要落实。根本不要管上级规定的那一套指标。不管这些，只管现实可能性。"[③] 1961 年的《农村人民公社工作条例（修正草案）》也明确规定："生产队为了便于组织生产，可以划分固定的或者临时的作业小组，划分地段，实行小段的、季节的或者常年的包工，建立严格的生产责任制。畜牧业、林业、渔业和其他副业生产，耕畜、农具和其他公共财物的管理，也都要实行责任制。有的责任到组，有的责任到人。"[④]

虽然在具体的管理措施上规定了生产责任制的重要性，但在人民公社的"一大二公"制度下，生产队实际上并无自主权，生产什么，生产多少，以至生产过程的各个环节，都来自上面的指令，所谓的生产责任难以在制度层面上加以落实。于是部分地区的农民开始探索"包产到户"这种责任制形式。

到 1978 年前，"包产到户"已经出现过三次。根据文献记载，"包产到

---

[①] 《中共中央关于做好农业合作社生产管理工作的指示》（1957 年 9 月 14 日），《建国以来重要文献选编》第 10 册，第 558 页。
[②] 《人民公社要建立和健全生产责任制》（1959 年 2 月 17 日《人民日报》社论），《建国以来重要文献选编》第 12 册，第 47—49 页。
[③] 《党内通信》（1959 年 4 月 29 日），《毛泽东文集》第 8 卷，第 48 页。
[④] 《农村人民公社工作条例（修正草案）》，《建国以来重要文献选编》第 14 册，第 399 页。

户"最早出现于1956年。① 这种包产到户的做法在1957年被视为"戴着合作社帽子的合法单干"而遭到批判和禁止。"大跃进"运动后,包产到户再度出现,其中比较典型的是安徽省试验的"包产到户、责任到组到人"的责任田制度。② "包产到户"等生产责任制之所以屡次出现,除其适应当时农业生产发展的需要外,还与当时主持中央农村工作的邓子恢对责任制的认识有密切的关系。

邓子恢在一些地方建立生产责任制实践的启发下,曾于1954—1962年多次提出了实行农业生产责任制的思想。邓子恢在1954年明确提出,在农业生产合作社建立生产责任制:"把劳动分工和劳动组织搞好,建立责任制","要把劳动组织好,分工分业、分组分队,并实行按件计工,小包耕,大包耕,以至包耕包产等制度。"1956年4月,邓子恢又指出,巩固现有合作社是今后的主要任务,因此必须建立生产责任制,"包工包产,这个东西不搞好,集体经营没有好的结果,没有希望搞好的"。他呼吁把劳动定额包工包产搞好,"包工包产势在必行,高级社没有包工包产不行,无论如何不行,我想南方北方都要搞包工包产"③。1957年,邓子恢提出"统一经营、分级管理、明确分工、个人负责"的主张。认为实行"三包"制,是处理社与队关系的一种最好办法,采取"两个指标、超产提成、减产扣分"制度,可以使社队关系合理化,不仅可以避免干活"大呼隆",分配"一拉平",而且可以结合科学管理,采取"计划指标略高于常年实际产量,而包产指标略低于计划指标",提出"产包到队""工包到组""田间零活包到户""大活集体干、小活分开干"等具体措施。④ 1961年,邓子恢在《关于"大包干"问题的报告》中提出实行以上交

---

① 当时一些地方在实行包工过程中发现只有包工还不行,还得实行包产。起初是生产队向农业社包,后来觉得还是不行,又实行了作业组向生产队包,直至出现了包工包产到户。如四川江津地区,许多农业社已经将农活包到每户社员。杜润生:《杜润生自述:中国农村体制变革重大决策纪实》,第84—85页。
② 当时,在一位老农的启发下,安徽创造了在计划、分配、大农活、用水、抗灾等方面实行统一管理(即"五统一")下的"责任田"。1961年3月,安徽省委决定在全省普遍实行这种生产形式。因怕被人误解说成单干,将其称为"定产到田、责任到人"的责任制。尽管责任田的做法得到邓子恢等人的支持,但在1962年9月的八届十中全会遭到批判,试验随即停止。1964年以后,四川、贵州、甘肃等省再次自发搞起了包产到户,但规模并不大。
③ 《在全国农村工作部长会议上的讲话(节录)》(1956年4月2日),《农业集体化重要文件汇编》上册,第550页。
④ 参见张立梅:《邓子恢农业生产责任制思想研究》,《北京化工大学学报(社会科学版)》2005年第2期。

公积金、公益金、管理费为内容的"新三包",认为与"老三包"相比,"新三包"便于克服平均主义,便于发扬民主,便于防止官僚主义,克服贪污、浪费,便于精简节约,勤俭办社,便于大、小队分工,便于加强领导。①1962年5月,邓子恢又指出:"农业生产责任制不和产量结合是很难包的,联系产量搞承包,社员感到有产可超,就有积极性,因此有些地方包产到户,搞得很好,全家起早摸黑都下地了。"强调"不能把作为田间管理的责任制的包工包产到户认为是单干,作为田间管理包产到户,超产奖励这是允许的"。同年6月,邓子恢在一次发言中肯定安徽的"责任田",认为多数能搞好"五统一",坚持了集体所有制性质,方向是正确的。②

邓子恢的思想和主张虽然在当时遭到了批判和否定,但它的形成和提出却有着深入农村调研的实践基础和符合农民群众实际需求的广泛社会基础,因此一定程度上,它构成了1978年以后农村生产责任制得以迅速产生和推行的思想前提和历史条件。

在党的十一届三中全会召开前后,以"包产到户"为主要形式的生产责任制再一次出现并获得了前所未有的发展。1978年夏秋,安徽省肥西县山南区柿树公社黄花大队面对特大干旱时,在区委书记的默许下决定实行老办法——"包产到户"。仅一个月左右,山南区的1006个生产队,就有776个实行了包产到户。在万里等领导同志的支持下,山南区的包产到户被保留了下来。十一届三中全会以后,安徽省凤阳县贯彻三中全会精神,开始在全县推广"包产到组"。在此过程中,凤阳县梨园公社小岗生产队协商决定把大包干(到组)再分解,实行包产到户。由于小岗生产队首创的包干到户成为后来的家庭联产承包责任制的最重要的一种形式,因此小岗被视为中国农村改革的发源地。

无论是黄花大队的包产到户,还是小岗生产队的包干到户,推行之后均取得了明显成效。1979年8月,肥西县山南区包产到户的队占77%,夏粮总产量达到2010万斤,较1978年增长了265%,上交征购粮1149万斤,比1978年增长了5.7倍。③因此很快在更大范围得到推广。1979年当年,凤阳县就有

---

① 邓子恢:《邓子恢自述》,第386—388页。
② 参见张立梅:《邓子恢农业生产责任制思想研究》,《北京化工大学学报》2005年第2期。
③ 陆学艺:《农村第一步改革的回顾与思考》,陈新兴编:《土地之子——陈庭元纪念文集》,安徽人民出版社2009年版,第329—330页。

2554 个生产队实行大包干，占全县生产队总数的 72.8%。

1980 年中共中央印发的《关于进一步加强和完善农业生产责任制的几个问题的通知》进一步明确指出：在那些边远山区和贫困落后的地区，长期"吃粮靠返销，生产靠贷款，生活靠救济"的生产队，群众对集体丧失信心，因而要求包产到户的，应当支持群众的要求，可以包产到户，也可以包干到户，并在一个较长的时间内保持稳定。同时认为："就这种地区的具体情况来看，实行包产到户，是联系群众，发展生产，解决温饱问题的一种必要的措施。就全国而论，在社会主义工业、社会主义商业和集体农业占绝对优势的情况下，在生产队领导下实行的包产到户是依存于社会主义经济，而不会脱离社会主义轨道的，没有什么复辟资本主义的危险，因而并不可怕。"另一方面又强调："在一般地区，集体经济比较稳定，生产有所发展，现行的生产责任制群众满意或经过改进可以使群众满意的，就不要搞包产到户……已经实行包产到户的，如果群众不要求改变，就应允许继续实行，然后根据情况的发展和群众的要求，因势利导，运用各种过渡形式进一步组织起来。"①

有限区域内的责任制实践效应的扩展，不仅期待着理论的总结和提升，也经受着固有思想框架和思维模式的制约。1981 年 3 月，国家农委就农业生产责任制进行调研，发现现实中存在着"上边放，中间挡，戏到下面没法唱"的困境。因此，初始推行的农业生产责任制，更多地基于制度性探索或尝试，相对谨慎地在长期落后、贫困的地区试行。甚至有区别地提出困难地区，包产到户制度"要稳定一个时期"；中间社队，采用统一经营、联产到劳生产责任制；不搞包产到户的地方，适当扩大自留地数量；等等。80 年代之际，要不要在农村推行"包产到户"的生产责任制一度成为争论的一个焦点，也成为思想解放和理论突破的关键。

当时人们耳熟能详的流行语"辛辛苦苦三十年，一步退到解放前"②所表达的不仅仅是牢骚和不满，也隐含着对于发展道路和方向的迷茫和困惑。但

---

① 《关于进一步加强和完善农业生产责任制的几个问题——一九八〇年九月十四日至二十二日，各省市自治区党委第一书记座谈会纪要》，《三中全会以来重要文献选编》（上），人民出版社 1982 年版，第 547 页。

② 李锦：《大转折的瞬间——目击中国农村改革》，湖南人民出版社 2000 年版，第 122 页。

是，一方面，在一直贫穷落后的农村，短短一两年竟发生显著的变化，这追根究因于各种"生产责任制"建设和包产到户。① 此后，在十一届三中全会确定的方向引领下，在安徽凤阳等地实践的启发和影响下，多种形式的生产责任制在广大农村相继建立。这些责任制大体可以分为两类：一类是小段包工，定额计酬；一类是包工包产，联产计酬。其中，专业承包联产计酬责任制尤其深受社员欢迎。所谓专业承包联产计酬责任制，就是在生产队统一经营的条件下，分工协作，擅长农业的劳动力，按能力大小分包耕地；擅长林、牧、副、渔、工、商各业的劳动力，按能力大小分包各业；各业的包产，根据方便生产、有利经营的原则，分别到组、到劳力、到户；生产过程的各项作业，生产队宜统则统，宜分则分；包产部分统一分配，超产或减产分别奖罚；以合同形式确定下来当年或几年不变。这种生产责任制，与其他包产形式相比，具有十分明显的优点：可以满足社员联产计酬的要求，稳定生产队的经济主体地位，把调动社员个人的生产积极性和发挥统一经营、分工协作的优越性，具体地统一起来；有利于发展多种经营，有利于推广科学种田和促进商品生产；有利于人尽其才，物尽其用，地尽其力；有利于社员照顾家庭副业，对四属户和劳弱户的生产和生活便于做适当的安排。与此同时，也有一些从事农业的生产队，在原来田间管理，责任到人的基础上，发展为联系产量计算奖赔。这种责任制也具有专业承包联产计酬责任制的某些优点。另外，在江、浙、东北等省区以及大城市郊区的一些社队，多种经营比较发达，机械化水平较高，有的已突破生产队范围，以生产大队为单位实行按专业承包联产计酬责任制。②

另一方面，更为关键的是这一方向性突破，获得了新时期领航者的高度赞赏和支持。"按惯例，当一些重大问题党内出现不同意见或争论的时候，需要党的最高领导人出来说话，问题才能解决。"③ 邓小平明确表态："经济长期处于停滞状态总不能叫社会主义。人民生活长期停止在很低的水平总不能叫社

---

① 《中共中央办公厅转发杜润生同志〈关于农村经济政策问题的一些意见〉》（1981 年 3 月 27 日），中华人民共和国国家农业委员会办公厅编：《农业集体化重要文件汇编》下册，第 1080—1081 页。
② 《关于进一步加强和完善农业生产责任制的几个问题》（1980 年 9 月 14 日至 22 日，各省市自治区第一书记座谈会纪要），《农业集体化重要文件汇编》下册，第 1049—1053 页。
③ 罗平汉：《农村人民公社史》，福建人民出版社 2003 年版，第 395 页。

会主义。"①"责任制"是实践证明"路子走对了，政策不会变"的制度性建设。1981年5月间，陈云相约到邓小平家里时，邓小平"兴奋地开口就说：'老兄，那个联产承包，灵得很噢'"。陈云接着说，老百姓"联产承包"后，"普遍都把自己的责任田管理得很好，确实比集体化生产时要好得多，也确实普遍增产了、增收了，大家的积极性也提高了"②。邓小平在1983年6月更加明确地指出："工业有工业的特点，农业有农业的特点，具体经验不能搬用，但基本原则是搞责任制，这点是肯定的。"③邓、陈在此问题上的高度一致性，从历史的渊源一直延伸到现实④，这最终决定了这一历史性的体制转变。

据统计，1980年年初，全国试行包产到户的生产队只占生产队总数的1%。⑤到1980年12月，全国搞包产到户的生产队占9.4%，搞包干到户的占5%。1981年10月，全国已有97.8%的生产队建立了各种形式的生产责任制，81.3%的生产队实行了各种联产计酬的生产责任制。其中搞包产到户的占7.1%，包干到户占38%。如果加上实行部分包产到户和类似包产到户的生产队，则总数已达到64.6%。到1982年6月时，搞包产到户的占4.9%，包干到户的占67%。⑥另据中共中央文件披露，到1981年12月，全国农村已有90%以上的生产队建立了不同形式的农业生产责任制；大规模的变动已经过去，现在，已经转入了总结、完善、稳定阶段。⑦到1983年年底，全国农村基本上都实行了以家庭承包经营为基础、统分结合的双层经营体制。1984年，中共中央又提出土地承包期一般在15年以上。由此，家庭联产承包责任制便成为中国

---

① 《社会主义首先要发展生产力》（1980年4—5月），《邓小平文选》第2卷，第312页。
② 陈云故居暨青浦革命历史纪念馆编：《走近陈云——口述历史馆藏资料辑录》，中央文献出版社2008年版，第252页。
③ 《路子走对了，政策不会变》（1983年6月18日），《邓小平文选》第3卷，第29页。
④ 陈云当时对邓小平回忆说，包产到户生产责任制"这个办法在三年自然灾害时期，我向党中央提出过，在落后的农村搞'包产到户'有利于提高农民的生产积极性，能迅速解决缺粮问题。当时你和少奇同志、周总理是赞同的。可那时'极左'的思想是占上风的，这事是不会让你去做的，你提议了还要挨批评。此后，我休了一段病假"。"小平同志称赞道：老兄，还是你稳得住。"见《走近陈云——口述历史馆藏资料辑录》，第252页。
⑤ 陆学艺：《联产承包责任制研究》，上海人民出版社1986年版，第74页。
⑥ 陆学艺：《"三农"绪论：当代中国农业、农村、农民问题研究》，重庆出版社2013年版，第10页。陆学艺：《联产承包责任制研究》，第80页。
⑦ 《全国农村工作会议纪要》，人民出版社1981年版，第1页。

农村一项最基本的生产经营制度。

表 13-1　全国农业生产责任制发展变化情况（单位：%）

| 统计时间<br>责任制形式 | 1980 年 1 月 | 1980 年 12 月 | 1981 年 6 月 | 1981 年 10 月 | 1982 年 6 月 |
|---|---|---|---|---|---|
| 定额包工 | 55.7 | 39.0 | 27.2 | 16.5 | 5.1 |
| 专业承包 |  | 4.7 | 7.8 | 5.9 | 4.9 |
| 联产到组 | 24.9 | 23.6 | 13.8 | 10.8 | 2.1 |
| 联产到劳 | 3.1 | 8.6 | 14.4 | 15.8 | 12.6 |
| 部分包产到户 | 0.026 | 0.5 |  | 3.7 | 2.2 |
| 包产到户 | 1.0 | 9.4 | 16.9 | 7.1 | 4.9 |
| 包干到户 |  | 5.0 | 11.3 | 38.0 | 67.0 |
| 联产责任制小计 | 29.0 | 51.8 | 64.2 | 81.3 | 93.7 |
| 各种责任制小计 | 84.7 | 90.8 | 91.4 | 97.8 | 98.8 |

资料来源：陆学艺：《联产承包责任制研究》，上海人民出版社 1986 年版，第 84 页。

随着"包产到户"和"包干到户"等生产责任制的推广，农民的生产积极性普遍提高，农业生产发展十分迅速。同 1978 年相比，1982 年我国粮食生产增长了 16%，棉花生产增长了 66%，油料生产增长了 1.26 倍，糖料生产增长了 83%，烤烟、桑蚕茧、猪牛羊肉生产等都增长了 50% 以上。[1] 从 1979 年到 1983 年，农业总产值（包括村办工业）平均每年增长 7.9%，1984 年增长 14.5%，远远超过了 1953 年到 1978 年的 26 年间平均每年增长 3.2% 的速度。[2] 另有学者的研究表明，1978—1984 年，中国农业产出每年保持了 7.7% 的增长速度。1984 年与 1978 年相比，农业总产值以不变价格计算增加了 42.23%，其中约有一半（46.89%）来自家庭联产承包责任制改革带来的生产的提高，而化肥增加的贡献为 32.2%，约占 1/3。[3]

"实行联产承包责任制……从此，农村集体经济的面貌焕然一新，农业生

---

[1] 赵紫阳：《政府工作报告》（1983 年 6 月 6 日在第六届全国人民代表大会第一次会议上），人民出版社 1983 年版，第 4 页。

[2] 赵紫阳：《当前的经济形势和经济体制改革》，人民出版社 1985 年版，第 5 页。

[3] 宋洪远主编：《中国农村改革三十年》，中国农业出版社 2008 年版，第 3 页。

产蒸蒸日上"①，中国共产党人对于农村生产责任制的认识亦不断深化：从1982年至1986年中共中央于每年1月1日（或2日）连续发布指导农村工作的一号文件。这些系列性"指导农村改革取得突破的历史文献"，中心内容就是邓小平理论中的核心思想："搞农村家庭联产承包，废除人民公社制度。"这是邓小平农村改革发展思想的体现和贯彻。② 五个一号文件"构成一幅具有中国特色的社会主义农业蓝图"，它既展示着"农村改革不断深化的步伐，也反映领导认识随着实践的不断深入而提高的过程"③。富含真知的社会思想和理论政策，只能是深入实践的产物。

党的十一届三中全会既提出了发展农业生产的一系列政策措施和经济措施，如人民公社、生产大队和生产队的所有权和自主权必须受到国家法律的切实保护；不允许无偿调用和占有生产队的劳力、资金、产品和物资；公社各级经济组织必须认真执行按劳分配的社会主义原则，按照劳动的数量和质量计算报酬，克服平均主义；社员自留地、家庭副业和集市贸易是社会主义经济的必要补充部分，任何人不得乱加干涉等，又明确指出"人民公社要坚决实行三级所有、队为基础的制度，稳定不变"④。全会原则通过的《中共中央关于加快农业发展若干问题（草案）》一方面明确指出："可以按定额计工分，可以按时计工分加评议，也可以在生产队统一核算和分配的前提下，包工到作业组，联系产量计算报酬。"另一方面又规定："不许分田单干，不许包产到户。"⑤

1979年9月，在正式通过的《中共中央关于加快农业发展若干问题的决定》中，根据万里等人的意见，将草案中的"不许分田单干，不许包产到户"改为"不许分田单干，除某些副业生产的特殊需要和边远山区，交通不便的单家独户也不要包产到户"。1980年4月，姚依林、邓小平等人对"包产到户"的态度有所改变。姚依林提出对于甘肃、内蒙古、贵州、云南等省份"（不如）索性实行包产到户之类的办法"。邓小平也指出："政策要放宽，要使每家每户

---

① 陆学艺：《联产承包责任制研究》，第175页。
② 李锦：《大转折的瞬间——目击中国农村改革》，第245页。
③ 李锦：《大转折的瞬间——目击中国农村改革》，第247页。
④ 《中国共产党第十一届中央委员会第三次全体会议公报》（1978年12月22日通过），《三中全会以来重要文献选编》（上），第8页。
⑤ 陆学艺：《"三农"绪论：当代中国农业、农村、农民问题研究》，第12页。

都自己想办法，多找门路，增加生产，增加收入，有的可包到组，有的可包给个人，这个不用怕，这不会影响我们制度的社会性质。"①

1981年，中共中央、国务院在转发国家农委《关于积极发展农村多种经营的报告》的通知中，提出"包产到户"等生产责任制要在多种经营中发挥作用。一方面，"开展多种经营，要发挥集体和个人两个积极性。要发挥集体和个人两个积极性，生产队要根据当地自然资源、劳动力资源的状况和生产习惯，推行在统一经营的前提下，按专业承包、联产计酬的生产责任制，组织各种形式的专业队、专业组、专业户、专业工。同时要通过订立合同和其他形式，积极鼓励和支持社员个人或合伙经营服务业、手工业、养殖业、运销业等。凡是适宜社员个人经营的项目，尽量由农户自己去搞，生产队加以组织和扶助"②。另一方面，"不搞包产到户的地方，可以因地制宜，适当扩大自留地、饲料地。两者面积的最高限度可达生产队耕地总面积的百分之十五，各地的具体比例，由各省、市、自治区党委和政府根据当地情况和社员群众的意见，分别确定，不要一刀切"③。同年10月，杜润生首次提出，生产责任制的具体体现形式可叫联产承包责任制。④"联产和承包是不可分割的两个方面。联产和承包，是各种不同形式的联产计酬责任制的共同特征。把这两点抽象出来，把各种形式的联产计酬责任制统称为联产承包责任制，这是科学的概括，合乎事物的本来面目。"⑤1982年1月1日，中共中央在题为《全国农村工作会议纪要》的一号文件中，又着重强调了以下几点：一是"我国农业必须坚持社会主义集体化的道路，土地等基本生产资料公有制是长期不变的，集体经济要建立生产责任制也是长期不变的……目前实行的各种责任制……都是社会主义集体经济的生产责任制"。二是"包干到户"只是责任制的一种形式，这种形式的经

---

① 陆学艺：《"三农"绪论：当代中国农业、农村、农民问题研究》，第16—17页。
② 《中共中央、国务院转发国家农委〈关于积极发展农村多种经营的报告〉的通知》，《三中全会以来重要文献选编》（下），中央文献出版社2011年版，第83页。
③ 《中共中央、国务院转发国家农委〈关于积极发展农村多种经营的报告〉的通知》，《三中全会以来重要文献选编》（下），第83页。
④ 《中共中央、国务院转发国家农委〈关于积极发展农村多种经营的报告〉的通知》，《农村经济政策选编》，黑龙江人民出版社1981年版，第32页。
⑤ 陆学艺：《联产承包责任制研究》，第25页。

营方式虽然基本上变为分户经营、自负盈亏；但"它是建立在土地公有基础上的，农户和集体保持承包关系……所以它不同于合作化以前的小私有的个体经济，而是社会主义农业经济的组成部分；随着生产力的发展，它将会逐步发展成更为完善的集体经济"。三是联产承包制的运用，可以恰当地协调集体利益与个人利益，并使集体统一经营和劳动者自主经营两个积极性同时得到发挥，所以能普遍应用并受到群众的热烈欢迎。目前存在于不同地区的名目众多而又各具特色的责任制形式，是群众根据当地不同生产条件灵活运用承包形式的结果。四是同形式的承包，都有它在一定地点和条件下的适应性和局限性，因此应真正做到因队制宜，既不可"一刀切"，也不可撒手不管，任其自流。五是在建立和完善农业生产责任制的过程中，必须坚持土地的集体所有制，切实注意保护耕地和合理利用耕地。1982年11月，杜润生认为，联产承包责任制在三个方面完善了合作制，即把集中经营和分散经营适当结合起来；专业化和经济联合；统一分配和包干分配相结合。他认为："实行以联产承包责任制为特征的统一经营和分散经营相结合的合作经济，是继承了以往合作化的积极成果，否定它以往存在的一些弊病，使合作制度完善化。"① 1982年12月，杜润生又强调指出统一经营和分散经营相结合的家庭联产承包责任制，是一种新型的家庭经济，也是新型的合作经济，性质上完全区别于小私有者的个体经济和原来的集体经济。

1983年的中央一号文件强调稳定和完善农业生产责任制仍然是当前农村工作的主要任务。指出：联产承包责任制"以农户或小组为承包单位，扩大了农民的自主权，发挥了小规模经营的长处，克服了管理过分集中、劳动'大呼隆'和平均主义的弊病，又继承了以往合作化的积极成果，坚持了土地等基本生产资料的公有制和某些统一经营的职能，使多年来新形成的生产力更好地发挥作用。这种分散经营和统一经营相结合的经营方式具有广泛的适应性，既可适应当前手工劳动为主的状况和农业生产的特点，又能适应农业现代化进程中生产力发展的需要。在这种经营方式下，分户承包的家庭经营只不过是合作经济中一个经营层次，是一种新型的家庭经济。它和过去小私有的个体经济有着

---

① 杜润生：《杜润生文集（1980—2008）》上册，山西经济出版社2008年版，第99页。

本质的区别，不应混同"。1984年，杜润生在谈及家庭承包制的制度创新意义时指出：根本一点，就是在社会主义公有制下，让劳动者直接参加管理经济，适当地调整集体与个人的利益关系。

农村生产责任制的创建和运行，是一个经营管理体制的突破，然而其意义却不仅仅局限于此。它所启动的是对于整个中国乡村制度重建的历史进程。当然，这是一个具有方向性的乡村制度建设。

"家庭承包制"的理论与实践，从发展方向上而言，是对既有的农村人民公社制度的根本性逆转。陈云根据自己观察和体验在1975年时就提出："我小时候看到农民种自己家里的田，都是起早贪黑的，没有看见谁偷懒。"他借朱德的话慨叹道："朱老总曾说'人民公社培养了一帮懒人'。那是因为人民公社的社员们在集体干活时，都认为是在为生产队干活，为队长干活。'大锅饭'分到自己碗里的没有多少，所以就没有积极性。人们都是对自己的东西，自己的事比较在意吧。"① 在进入90年代之际，邓小平总结这一改革历史经验时，不无自豪地坦陈："中国社会主义农业的改革和发展，从长远的观点看，要有两个飞跃。第一个飞跃，是废除人民公社，实行家庭联产承包为主的责任制。这是一个很大的前进，要长期坚持不变。第二个飞跃，是适应科学种田和生产社会化的需要，发展适度规模经营，发展集体经济。"②

20世纪末农村和农民生活中发生的一切重大变化，无不与发生于70年代末80年代初的农村联产承包责任制的改革有着直接和间接的关联。它引发了农村社会急剧的组织变迁，也给农民带来了一种全新的生活。③"家庭联产承包制"的外围突破，实质上抽掉了"一大二公"的人民公社制度结构的基石。"搞农村家庭联产承包，废除人民公社制度"是农村改革的基本方向，尽管有不同意见。"开始搞并不踊跃呀，好多人在看。"④但历史运行的结局却是"以包产到户为主要内容的联产承包责任制的建立，极大地冲击了农村人民公社的体

---

① 陈云故居暨青浦革命历史纪念馆编：《走近陈云——口述历史馆藏资料辑录》，第250—251页。
② 《国际形势和经济问题》（1990年3月3日），《邓小平文选》第3卷，第355页。
③ 熊景明主编：《进入21世纪的中国农村》，光明日报出版社2000年版，第43页。
④ 《在武昌、深圳、珠海、上海等地的谈话要点》（1992年1月18日—2月21日），《邓小平文选》第3卷，第374页。

制，并最终导致了人民公社的解体"①。"闸门一开，就再也关不上了。"伴随着一个又一个中央一号文件的是"一个比一个思想解放"政策的出台，"就像长江的涓涓细流从青藏高原流出，越流越宽，到 1982 年的中央一号文件发布时，'包产到户'的洪流犹如过了巫峡，无阻无挡，便一泻千里地前进了"②。

1984 年前后，全国几万个人民公社在撤社建乡的制度建设中退出了历史舞台。与其当年建社时"一哄而起的热烈场面相比，人民公社的解体可谓悄然无声"③。新时期中国乡村建设的思想逻辑与历史进程，与人民公社制度消亡的历史同步契合。

## 三、直选与自治：乡村民主建设的思想与实践

随着农业体制改革和经营机制的理顺，农村政治改革的实验和序幕也在酝酿并徐徐开启。当政社合一的人民公社制度体系逐渐为"乡政村治"新制度取代后，新时期中国乡村建设的思想与实践就拥有了自己的时代特征。

新时期的历史实践提出了新问题，从而也提出了创新思想理论的新需求。

### （一）群众首创：农村民主试验的发端

伴随着生产责任制的推行，人民公社体制的松动和农村治理体制的变革已经在农村悄然自主萌发，由此开启了 20 世纪末中国农村基层民主政治的新浪潮。作为生产责任制推行后的新型群众性自治形式——村民自治，首先在广西河池地区宜山县（今为宜州市）、罗城县出现。

"根据现有的资料，广西河池地区宜山县（今宜州市）、罗城县是我国最早实行村民自治的地方。"④ 在对宜州、罗城实地考察的基础上，徐勇认为："我国最早产生的村委会不是只有一个或数个，而是有多个分布在这一带。但有比较完整的历史记录，并经过多方考察后确认的中国第一个村委会是宜州市的合

---

① 罗平汉：《农村人民公社史》，第 400 页。
② 李锦：《大转折的瞬间——目击中国农村改革》，第 89 页。
③ 罗平汉：《农村人民公社史》，第 421 页。
④ 罗平汉：《村民自治史》，福建人民出版社 2006 年版，第 23 页。

寨村。"① 宜州市屏南乡合寨村在集体化时期称为三岔公社合寨生产大队，由11个自然村（屯）、41个生产队组成。合寨村地理位置偏远，自然条件恶劣，农业生产长期裹足不前，1979年农民人均收入仅为63元。同年，分田到户、包产到户的风潮也刮到了合寨村，农民的生产积极性因此高涨起来。随之出现的是生产大队功能弱化后的农村社会秩序混乱：社会治安恶化、社会矛盾增多、赌博盗窃成风、社会纠纷迭出。在此背景下合寨村的果地和果作两个自然村的村民率先自己组织起来，寻求摆脱农村困境的出路。果作村民委员会有"中国第一个村委会"之称，是合寨大队的自然村之一，划分为6个生产队。1980年2月，果作村的6位原生产队长，鉴于村务的真空状态，决定成立一个管理村公共事务的组织。2月5日，该村85户村民每户推出一位代表，召开村民大会选举村领导，事后定名为"村民委员会"。②果作村村民委员会成立后制定了村规民约和封山公约，并于1980年7月14日召开村民大会予以讨论通过公布。至今，85户村民签名按印盖章的《村规民约》仍保存完好，果作村因而最终获得了"村民自治发源地"的美誉。"果作村委会是迄今发现的全国第一个有正式记录为依据的村委会。这一组织从开始就体现出自我管理、自我教育、自我服务的群众自治组织的性质，体现了'民主选举、民主决策、民主管理、民主监督'的原则精神。一种适应家庭经营新的生产形式的新组织，一种新的组织管理运行机制就这样在一个十分偏僻的小山村里诞生了。"③

除广西宜山县合寨大队外，矮山、石别、洛东、德胜、河流等公社也出现了村民委员会的组织，到1981年10月，宜山县约有150个村建立了村民委员会。与之相邻的罗城县，到1981年12月，全县8个公社124个大队的1228个自然村中建立村民委员会的有192个。河池地区的巴马、南丹、都安等县广大农村，村民委员会也相继建立起来，以村民委员会为制度基础的村民自治在河池地区逐渐推广，成为影响整个中国乡村的新的农村自治模式。

---

① 徐勇：《最早的村委会诞生追记——探访村民自治的发源地——广西宜州合寨村》，《炎黄春秋》2000年第9期。
② 宜山县最早建立村民委员会的村庄，还有合寨大队的新村、北牙公社潢村大队的冷水村等不同说法，参见罗平汉：《村民自治史》，第25页。
③ 徐勇：《最早的村委会诞生追记——探访村民自治的发源地——广西宜州合寨村》，《炎黄春秋》2000年第9期。

"村民自治是中国农民自发创造的产物,而作为一种制度,村民自治是国家设计并推行的。"① 广西宜州、罗城村民委员会制度首创以后,得到彭真等党和国家领导人的重视,随即纳入国家立法层面,村民委员会作为农村基层群众性自治组织的法律地位写入了1982年《中华人民共和国宪法》。1984年8月,民政部着手起草《村民委员会组织条例》,历经多次修改、补充、完善,《村民委员会组织法(试行)》于1987年11月24日获得第六届全国人大常委会第23次会议通过。民主选举和村民自治至此进入农村群众日常生活,开启了村民自治的新时代。

### (二)国家(政府)决策:村民自治的国家(顶层)设计

乡村治理的创新是随着中国乡村的深刻改革而出现并推广的。1978年的中共十一届三中全会讨论的重要议题之一就是农业问题,全会决定将《中共中央关于加快农业发展若干问题的决定(草案)》及《农村人民公社工作条例(试行草案)》下发讨论、试行。可以理解的是,处于从拨乱反正、思想解放到改革开放进程中的农村治理体系尚未进行全面架构与革新,而只能在延续人民公社体制的前提下为"把农业尽快搞上去"提供制度保障。为此,中共十一届三中全会公报指出:"全会认为,全党目前必须集中主要精力把农业尽快搞上去,因为农业这个国民经济的基础,这些年来受了严重的破坏,目前就整体来说还十分薄弱。只有大力恢复和加快发展农业生产,坚决地、完整地执行农林牧副渔并举和'以粮为纲,全面发展,因地制宜,适当集中'的方针,逐步实现农业现代化,才能保证整个国民经济的迅速发展,才能不断提高全国人民的生活水平。为此目的,必须首先调动我国几亿农民的社会主义积极性,必须在经济上充分关心他们的物质利益,在政治上切实保障他们的民主权利。从这个指导思想出发,全会提出了当前发展农业生产的一系列政策措施和经济措施。其中最重要的是:人民公社、生产大队和生产队的所有权和自主权必须受到国家法律的切实保护;不允许无偿调用和占有生产队的劳力、资金、产品和物资;公社各级经济组织必须认真执行按劳分配的社会主义原则,按照劳动的数量和质

---

① 郎友兴:《中国村民自治的第三阶段》,《社会》2001年第12期。

量计算报酬,克服平均主义;社员自留地、家庭副业和集市贸易是社会主义经济的必要补充部分,任何人不得乱加干涉;人民公社要坚决实行三级所有、队为基础的制度,稳定不变;人民公社各级组织都要坚决实行民主管理、干部选举、账目公开。"①

从中共十一届三中全会公报可以看出,保障广大农民的民主权利是大力恢复和加快发展农业的前提之一,全会虽然提出了"人民公社、生产大队和生产队的所有权和自主权必须受到国家法律的切实保护""人民公社各级组织都要坚决实行民主管理、干部选举、账目公开"等措施,但"三级所有、队为基础"的人民公社体制仍未改变。1979年9月28日,中国共产党第十一届中央委员会第四次全体会议通过了《中共中央关于加快农业发展若干问题的决定》,将中共十一届三中全会原则通过的草案正式变成党的决议文件。其中心议题是加快农业发展、减轻农民负担、增加农民收入,围绕农村经济发展提出了当前发展农业生产力的25项政策和措施。为实现发展农业生产力的目标,《中共中央关于加快农业发展若干问题的决定》在加强党和政府对农业的领导、加强农村党支部建设、保障亿万农民民主权利、坚持群众路线等方面,做出了郑重承诺和原则安排,已经隐含着农村政治变革的基本原则。虽然乡村治理的破冰与重构尚未在上层实现制度突破与体制创新,但是农村治理的基本原则已经初步显现明朗。"在基层政权和基层社会生活中逐步实现人民的直接民主,特别要着重努力发展各城乡企业中劳动群众对于企业事务的民主管理。"②逐步建设高度民主的社会主义政治制度,是中国共产党在总结新中国成立以来的历史经验基础上形成的深刻认识,并将之作为社会主义建设的根本任务之一,纳入中共十一届三中全会以来逐步确立的适合我国国情的社会主义现代化建设道路的探索之中。基层民主是建设繁荣富强、高度民主、高度文明的现代化的社会主义强国的坚强柱石和依托。

生产责任制推行以后农村基层组织弱化、功能虚化、利益分化的现实,成

---

① 《中国共产党第十一届中央委员会第三次全体会议公报》(1978年12月22日通过),《三中全会以来重要文献选编》(上),第7—8页。
② 《关于建国以来党的若干历史问题的决议》(1981年6月27日中国共产党第十一届中央委员会第六次全体会议一致通过),《三中全会以来重要文献选编》(下),第135页。

为农村经济建设之外必须面对的严峻现实问题。1982年1月1日,中共中央在批转《全国农村工作会议纪要》时就着重指出:"最近以来,由于各种原因,农村一部分社队基层组织涣散,甚至陷于瘫痪、半瘫痪状态,致使许多事情无人负责,不良现象在滋长蔓延。这种情况应当引起各级党委高度重视,在总结完善生产责任制的同时,一定要把这个问题切实解决好。"① 作为1982年中央1号文件,《全国农村工作会议纪要》对农村的思想政治工作和基层组织建设提出了切实改进加强的具体措施,"落实党在农村的一切方针、政策和完成各项工作任务,都必须依靠农村基层组织,包括党的组织、政权组织、经济组织和群众团体。否则,一切工作都会落空",同时强调,"党的农村基层组织是团结广大群众前进的核心和战斗堡垒"②。集体化时代生产大队与生产队担负的经济职能和政权职能的混同,随着生产责任制的推行而弱化,加强农村基层组织建设势在必行。

1982年4月22日,彭真在第五届全国人大常委会第23次会议上所作的《关于中华人民共和国宪法修改草案的说明》中,对加强基层政权建设、发挥居民委员会与村民委员会职能作了说明。一方面,"基层政权真正掌握在人民手里,由人民直接选举、监督和罢免,同时接受上级政权的领导或者监督。这样,社会主义高度民主就有了坚实的基础";另一方面,"居民委员会、村民委员会是我国长期行之有效的重要组织形式。实践证明,搞得好的地方,它在调解民间纠纷、维护社会秩序、办好公共事务和公益事业、搞好卫生等方面都起了很大作用。这次将它列入宪法修改草案,规定它是群众自治性组织。它和基层政权的关系,由法律具体规定"③。故而居民委员会、村民委员会等群众性自治组织列入1982年宪法,体现了党对基层政权建设的高度关注和重视。"城市和农村按居民居住地区设立的居民委员会或者村民委员会是基层群众性自治组织。居民委员会、村民委员会的主任、副主任和委员由居民选举。居民委员

---

① 《中共中央批转〈全国农村工作会议纪要〉》(1982年1月1日),《三中全会以来重要文献选编》(下),第1061页。
② 《全国农村工作会议纪要》(1982年中央1号文件),《三中全会以来重要文献选编》(下),第1078页。
③ 彭真:《关于中华人民共和国宪法修改草案的说明》(1982年4月22日),《三中全会以来重要文献选编》(下),第1274—1275页。

会、村民委员会同基层政权的相互关系由法律规定。居民委员会、村民委员会设人民调解、治安保卫、公共卫生等委员会，办理本居住地区的公共事务和公益事业，调解民间纠纷，协助维护社会治安，并且向人民政府反映群众的意见、要求和提出建议。"①在宪法中确认自治性群众组织——村民委员会及其职能，体现了党和国家对农村治理、对农村基层民主政治建设的高度重视。

20世纪80年代前期，中国农村变革主要是围绕推行联产承包责任制、农村人民公社政社合一体制改革展开的。农村经济体制的改革促进了农村经济的发展，但没有农村基层政权体制改革的跟进，农村社会治理也是不完整的。政社分开以后，乡镇政权建设、农村基层政权建设已经提上议事日程。1986年9月26日，中共中央、国务院发布《关于加强农村基层政权建设工作的通知》，就乡政权、村民委员会组织建设提出了具体的政策与措施，提出"真正把农村基层政权建设成为密切联系群众、全心全意为人民服务，并且能够有效地领导和管理本行政区域的政治、经济、文化和各项事务的有活力、有权威、高效能的一级政权"②。乡政权、村民委员会建设是农村基层政权建设的核心，在党的领导下加强农村基层政权建设已经是农村经济体制改革后迫在眉睫的问题。1987年1月22日，中共中央政治局通过的《把农村改革引向深入》文件同样强调加强基层组织建设和思想建设。"整党中和整党后，都应把加强基层组织、特别是村级组织建设，克服涣散状况，作为重点任务。要按照规定，搞好乡的民主选举。村的党支部、村民委员会和合作组织的干部，要经过选举，由具有献身精神和开拓精神、办事公道、能带领群众致富的人担任。"③正是在这样的背景下，《中华人民共和国村民委员会组织法（试行）》于1987年11月24日获得六届全国人大常委会第23次会议的通过并随后公布试行，村民自治获得了法律上的保障。

将农村基层政权建设的基点落实在村级组织，以村级组织为基础落实基层

---

① 《中华人民共和国宪法》（1982年12月4日中华人民共和国第五届全国人民代表大会第五次会议通过），《十二大以来重要文献选编》（上），第246—247页。

② 《中共中央、国务院关于加强农村基层政权建设工作的通知》（1986年9月26日），《十二大以来重要文献选编》（下），第1161页。

③ 《把农村改革引向深入》（中共中央政治局1987年1月22日通过），《十二大以来重要文献选编》（下），第1227页。

社会主义民主政治,是改革开放新时期中国农村政治体制改革的显著特征。在村级组织建设中,村党支部的领导,以村民委员会为基础的村民自治,村团支部、妇代会等群团组织建设,共同构成了村民自治的制度安排。1990年8月5日—10日,由中共中央组织部、中央政策研究室、民政部等联合召开的全国村级组织建设工作座谈会在山东省莱西市召开。会议通过了《全国村级组织建设工作座谈会纪要》(以下简称《纪要》)。同年12月13日,中共中央批准该《纪要》,认为"加强以党支部为核心的村级组织建设,是当前农村工作中一项重要而紧迫的任务"。《纪要》明确了加强村级组织建设的指导思想和工作目标;把带领群众深化农村改革、发展经济,走共同富裕的道路作为中心任务;把村党支部进一步建设成为坚强的、充满活力的领导中心;认真实施《村民委员会组织法(试行)》,加强基层民主政治建设。[①]

《全国村级组织建设工作座谈会纪要》就认真实施《村民委员会组织法(试行)》、加强基层民主政治建设提出了具体要求,对村党支部与村民委员会的关系做出了界定。指出,"党支部要加强对村民委员会的领导。这主要体现在:(一)提出全村经济发展与精神文明建设的意见,通过村民委员会的工作,把党的方针政策和党支部的意图变为群众的自觉行动。(二)讨论村民委员会的重要工作,支持和帮助村民委员会按照法律独立负责地开展活动。(三)协调村民委员会同其他组织的关系。(四)对在村民自治组织中工作的党员和干部进行考核和监督。党支部要认真改进领导方法和工作方法,放手让村民委员会干部发挥作用,不要包办代替他们的工作";"村民委员会是基层群众性自治组织,乡政府应当尊重其法律地位,支持其工作。乡政府是农村基层政权组织,承担着依法对本行政区域内各项工作实施行政管理的职能,有权布置有关行政任务。村民委员会应当协助乡政府开展各项工作,教育和推动村民履行依法应尽的义务,完成乡政府布置的任务"[②]。《全国村级组织建设工作座谈会纪要》的发布,基本消除了村民自治建设中的顾虑和难题,有力地推动了村民自治及村

---

① 《中共中央关于批转〈全国村级组织建设工作座谈会纪要〉的通知》(1990年12月13日),《十三大以来重要文献选编》(中),人民出版社1991年版,第1335—1340页。
② 《中共中央关于批转〈全国村级组织建设工作座谈会纪要〉的通知》(1990年12月13日),《十三大以来重要文献选编》(中),第1340页。

民自治示范活动的推行。自此,《村民委员会组织法（试行）》逐渐普及到中国广大农村,村级自治组织日臻健全完善,村民自治的制度依托基本形成。

## （三）法律保障：村民自治的立法与制度安排

改革开放新时期党和国家关于农村治理、村民自治的总体设计,主要是通过宪法及具体的单行法规确立下来的。关于村民自治的法律规定,体现在1982年《中华人民共和国宪法》、1987年《中华人民共和国村民委员会组织法（试行）》与1998年《中华人民共和国村民委员会组织法》中。从群众自发探索到法律试行与正式施行,中国农村村民自治的法律保障及制度安排也与村民自治实践相互促动,共同走向规范化和法制化。

1982年五届全国人大第五次会议通过的《中华人民共和国宪法》规定："城市和农村按居民居住地区设立的居民委员会或者村民委员会是基层群众性自治组织。居民委员会、村民委员会的主任、副主任和委员由居民选举。居民委员会、村民委员会同基层政权的相互关系由法律规定。居民委员会、村民委员会设人民调解、治安保卫、公共卫生等委员会,办理本居住地区的公共事务和公益事业,调解民间纠纷,协助维护社会治安,并且向人民政府反映群众的意见、要求和提出建议。"[①]在宪法中确认自治性群众组织——村民委员会及其职能,体现了党和国家对农村治理、对农村基层民主政治建设的高度重视。

1987年11月24日,第六届全国人民代表大会常务委员会第23次会议通过了《中华人民共和国村民委员会组织法（试行）》,并决定于1988年6月1日起施行,自此村民自治纳入了法制化轨道。《中华人民共和国村民委员会组织法（试行）》是为了"保障农村村民实行自治,由村民群众依法办理群众自己的事情,促进农村基层社会主义民主和农村社会主义物质文明、精神文明建设的发展"[②],根据《中华人民共和国宪法》的有关规定而制定的。该法对村民委员会的性质、职能,村民委员会与乡镇人民政府的关系,村民委员会的设立、选举与组成,村民会议与村民小组等问题做了具体规定。其主要内容

---

① 《中华人民共和国宪法》,山东人民出版社1988年版,第34页。
② 《中华人民共和国村民委员会组织法（试行）》,白钢、赵寿星：《选举与治理：中国村民自治研究》,中国社会科学出版社2001年版,附录,第324页。

是：第一，村民委员会是村民自我管理、自我教育、自我服务的基层群众性自治组织，办理本村的公共事务和公益事业，调解民间纠纷，协助维护社会治安，向人民政府反映村民的意见、要求和提出建议。村民委员会与乡镇政府的关系是：乡、民族乡、镇的人民政府对村民委员会的工作给予指导、支持和帮助；村民委员会协助乡、民族乡、镇的人民政府开展工作。第二，村民委员会负有发展农村经济，尊重并维护集体经济组织及村民等的权益、开展社会主义精神文明建设等各项职能。村民委员会可以根据需要设人民调解、治安保卫、公共卫生等委员会，或由村民委员会委员分工负责村民调解、治安保卫、公共卫生等公共事务和公益事业。第三，村民委员会根据村民居住状况、人口多少，按照便于群众自治的原则设立；由主任、副主任和委员共三至七人组成；村民委员会主任、副主任和委员，由村民直接选举产生；村民委员会每届任期三年，其成员可以连选连任。第四，村民会议由本村十八周岁以上的村民组成，村民委员会向村民会议负责并报告工作；村民委员会可以分设若干村民小组，小组长由村民小组会议推选；村民委员会在国家法律许可、规范下制定村规民约。

《中华人民共和国村民委员会组织法（试行）》的颁布实施，是在充分吸收20世纪80年代中国农村各地基层民主政治试验的基础上，历经前期的缜密调研与立法讨论而完成的，是一部力图真正保障八亿农民民主权利、指引村民自治的重要法律，"从头到尾贯穿着这样几项基本原则，即群众自治的原则、直接民主的原则和由民作主的原则"①。

1998年11月4日，第九届全国人民代表大会常务委员会第五次会议通过《中华人民共和国村民委员会组织法》。新的《中华人民共和国村民委员会组织法》对村民委员会的性质及职能、党的基层组织对村民自治的领导、村民选举、村民会议的职权范围做出了更明确的界定。

第一，"村民委员会是村民自我管理、自我教育、自我服务的基层群众性自治组织，实行民主选举、民主决策、民主管理、民主监督。村民委员会办理本村的公共事务和公益事业，调解民间纠纷，协助维护社会治安，向人民政府

---

① 白益华：《村民委员会组织法的基本原则》，《法学杂志》1988年第4期。

反映村民的意见、要求和提出建议",增加了"四个民主",更全面地表达了村民委员会的自治性质和在基层民主政治中的地位。

第二,《中华人民共和国村民委员会组织法》不仅规定了乡镇人民政府与村民委员会的关系,而且规定,"中国共产党在农村的基层组织,按照《中国共产党章程》进行工作,发挥领导核心作用;领导和支持村民委员会行使职权;依照宪法和法律,支持和保障村民开展自治活动、直接行使民主权利"[①]。即村民自治必须要发挥党的基层组织的领导作用,是党的领导下的村民自治。

第三,《中华人民共和国村民委员会组织法》对民主选举做出了更明确的规定。第12条规定,村民委员会的选举,由村民选举委员会主持;村民选举委员会成员由村民会议、村民代表会议或者各村民小组会议推选产生。[②] 村民委员会选举是基层民主政治的直接体现,对"以暴力、威胁、欺骗、贿赂、伪造选票、虚报选举票数等不正当手段,妨害村民行使选举权、被选举权,破坏村民委员会选举的行为,村民有权向乡、民族乡、镇的人民代表大会和人民政府或者县级人民代表大会常务委员会和人民政府及其有关主管部门举报,由乡级或者县级人民政府负责调查并依法处理"[③]。此外,《中华人民共和国村民委员会组织法》还对村民委员会的罢免设置了办法,"本村五分之一以上有选举权的村民或者三分之一以上的村民代表联名,可以提出罢免村民委员会成员的要求,并说明要求罢免的理由。被提出罢免的村民委员会成员有权提出申辩意见。村民委员会应当及时召开村民会议,投票表决罢免要求。罢免村民委员会成员须经有选举权的村民过半数通过"[④]。

第四,《中华人民共和国村民委员会组织法》对村民会议的地位进行了界定。村民委员会向村民会议负责并报告工作。村民会议每年审议村民委员会的工作报告,并评议村民委员会成员的工作。无疑,这是村民民主监督的体现。

---

① 《中华人民共和国村民委员会组织法》,白钢、赵寿星:《选举与治理:中国村民自治研究》,附录,第327—328页。
② 《中华人民共和国村民委员会组织法》,中国法制出版社编:《中华人民共和国宪法典》,中国法制出版社2012年版,第283页。
③ 《中华人民共和国村民委员会组织法》,中国法制出版社编:《中华人民共和国宪法典》,第285页。
④ 《中华人民共和国村民委员会组织法》,白钢、赵寿星:《选举与治理:中国村民自治研究》,附录,第330页。

村民会议由村民委员会召集,有十分之一以上的村民代表提议,应当召集村民会议。涉及村民利益的下列事项,村民委员会必须提请村民会议讨论决定,方可办理:本村享受误工补贴的人数及补贴标准;从村集体经济所得收益的使用;村公益事业的兴办和筹资筹劳方案及建设承包方案;土地承包经营方案;村集体经济项目的立项、承包方案;宅基地的使用方案;征地补偿费的使用、分配方案;以借贷、租赁或者其他方式处分村集体财产;村民会议认为应当由村民会议讨论决定的涉及村民利益的其他事项。① 村民会议可以制定和修改村民自治章程、村规民约,并报乡、民族乡、镇的人民政府备案。

第五,《中华人民共和国村民委员会组织法》还对村务公开制度做出了具体规定,也是村民自治中一项重要的制度创新。第30条规定:村民委员会应当及时公布下列事项:(一)本法第23、24条规定的由村民会议、村民代表会议讨论决定的事项及其实施情况;(二)国家计划生育政策的落实方案;(三)救灾救济和补贴补助等款物的管理使用情况;(四)村民委员会协助人民政府开展工作的情况;(五)涉及本村村民利益、村民普遍关心的其他事项。这些事项中,一般事项至少每季度公布一次;集体财务往来较多的,财务收支情况应当每月公布一次;涉及村民利益的重大事项应当随时公布。村委会要保证公布事项的真实性,并接受村民的查询。②

《中华人民共和国村民委员会组织法(试行)》与《中华人民共和国村民委员会组织法》将村民自治以法律形式确定下来,对新时期中国乡村建设是有重大影响和积极意义的。它将"三个自我"、"四个民主"、党的领导、民主选举、村民会议、村务公开等一系列自治理念和制度安排嫁接于农村,完成了人民公社体制解体后的农村权力体系重构,开启了中国农村社会治理的全新模式。从中国乡村建设思想百年史的角度来看,村民自治的一系列理念和制度安排,极大地丰富了中国乡村建设的思想体系,将群众自治、直接民主、由民做主理念落实到乡村治理中,将社会主义乡村民主政治建设推向了新的高度。

---

① 《中华人民共和国村民委员会组织法》,中国法制出版社编:《中华人民共和国宪法典》,第286页。
② 《中华人民共和国村民委员会组织法》,中国法制出版社编:《中华人民共和国宪法典》,第288页。

## （四）知识界与思想界的共识与争论

村民自治是一项农村基层民主的探索性与长期性试验，绝非一蹴而就的事情，它既需要中国广大农民权利意识和民主观念的长期启蒙与自我觉醒，也需要面对村民自治运行中出现的种种现实问题。村民自治建设也在实践中修补和修正，吸收实践中的创新成果。对此，知识界与思想界也对村民自治给予了充分调查研究，提出了改进、完善和助推村民自治发展的真知灼见，为村民自治建设提供了深厚的学术支持和思想智慧。

第一，20世纪80年代以来的村民自治，是以中国农村社区居民——农民为主体的群众性自治，在性质上属于社会自治。许崇德、叶峰认为，村民自治不同于具有中央与地方分权性质的地方自治，而是属于实现社会职能的社会自治。① 村民自治与地方自治、民族区域自治等概念不仅仅是表述的差异，更体现出自治性质的区别。徐勇、魏启智认为："中国农村村民自治的本质是人民群众自治，这一形式有利于人民群众直接参与基层社会事务管理；它所体现的分权原则，不是中央和地方的分权，而是国家和社会的分权，即将国家过分集中的权力下放给人民群众；村民自治作为基层直接民主形式，是中国农村治理的一种方式；中国农村的村民自治有以下两个突出特点：1. 以生产资料集体所有制为经济社会背景，自治组织的个体成员与组织集体联系紧密；2. 以中国共产党领导和民主制原则为政治社会背景，在坚持集中统一领导的基础上发展直接民主，实行人民群众自治。"故而村民自治是中国共产党人在马克思主义指导下，根据中国国情对民主道路和形式的一种探索，是亿万农民群众在中国共产党领导下对民主形式和途径的主动选择，这种探索和选择创造性地丰富和发展了马克思主义的社会自治理论。② 还有学者指出，发动村民参与农村基层社会事务的管理，这就是村民自治，其含义就是：村民依法通过民主选举、民主决策、民主管理、民主监督等形式，实现自我管理、自我教育、自我服务；简言之为：通过"四个民主"实现"三个自我"而达到村民依法处理自己的事情。③ 村民自

---

① 许崇德、叶峰：《关于实行村民自治的若干问题探讨》，《法律学习与研究》1988年第2期。
② 徐勇、魏启智：《论中国农村村民自治的创造性和独特性》，《求索》1997年第4期。
③ 杨爱民：《村民自治与中国农村政治体制改革》，《河北学刊》1995年第5期。

治还是"农民群众实行直接民主的一种基本形式"[①]，其主要内容就是村民民主选举村民委员会，通过村民委员会把村民组织起来，依法办理与村民利益有关的各项村务，实现村民的自我管理、自我教育、自我服务。"是在新的历史条件下把亿万农民群众重新组织起来，使党的路线、方针、政策在农村贯彻落实的必然选择。"[②] 冯辉认为，中国农村村民自治制度的突出特点是："第一，自治组织本身不是政权机关，不向国家承担财务责任，只行使单一的自治职能；第二，自治组织内的领导人不属于国家公职人员，而从自治体成员中选举产生；第三，自治的范围限于基层的社会生活，以人民群众生活的社区（村庄、街道）为自治单位；第四，自治的目的是使社区地域上的居民实现自我管理、自我教育和自我服务，从而处理好基层社会生活中的公共事务。由此可见，我国的村民委员会是具有中国特色的真正民主的基层群众性自治组织，村民自治是一种直接民主形式，在农村实行村民自治是建设社会主义民主政治的适合的途径和形式。"[③]

第二，知识界与思想界的研究和村民自治个案实践的理论思考表明，在中国共产党的领导下，中国农民有能力探索出一条中国特色的村民自治道路。村民自治能力自《村组法》立法之初，就引起激烈讨论甚至质疑，核心在于农村社区居民有无能力进行农村社会事务的自我管理、自我教育、自我服务，来自上级的行政权与自治权的矛盾，都使村民自治面临诸多困境与难题。唐崇佑认为问题主要表现在，村级集体经济基础薄弱，削弱了村组织对村民的吸引力和号召力；新旧体制转换过程中，旧体制还未消除，新体制还未真正建立，村民自治组织难以真正发挥其作用；村民民主素质较低；农村党组织领导不力，一些干部工作、生活作风存在严重问题，难以取得村民对村组织及干部的信赖和支持。[④] 此外，"继家庭承包之后崛起的农村基层新的治理形式——村民自治，必然会受到家族传统文化的浸润"[⑤]。辛秋水以1988年到安徽省岳西县莲云乡腾

---

[①] 洋龙：《论村民自治》，《社会主义研究》1996年第4期。
[②] 汤晋苏：《村务公开 民主管理——关于河南省农村深入开展村民自治示范活动的调查》，《政治学研究》1997年第4期。
[③] 冯辉：《对我国村民自治制度的几点认识》，《政治学研究》1996年第3期。
[④] 唐崇佑：《现阶段实行村民自治过程中的问题及解决途径》，《社会主义研究》1991年第1期。
[⑤] 徐勇：《浸润在家族传统文化中的村民自治——湖南秀村调查》，《社会科学》1997年第10期。

云村进行乡村民主政治实践的体会,认为在农村推行民主政治选举关键在于教育和引导;20世纪80年代的农民完全能扮演好自己所承担的角色,完成自己担负的使命;在经济落后、信息闭塞、文化素质不高的偏远山区搞好民主选举并非是一个难以解决的问题。① 村民自治与经济发展水平之间,并非多数人所以为的那样是一种单线的相关关系,更不是一种正相关关系。徐勇也认为,经济水平是影响村民自治内容、性质、水平的一个重要因素,但经济发展不一定必然带来村民自治运作的规范性,村民自治运作较规范的地方,大多是农业占主导地位、农村特点较突出的地方。②

第三,乡政管理与村民自治的二元并存是20世纪80年代以后确立下来的农村治理新模式。"村民委员会组织法推行以后,乡政村治成为今日中国农村政治的基本模式,村治乃乡政之基石。"③ 农村管理体制中乡政与村治作为两种相对独立的权力,前者表现为自上而下的国家权力,后者体现为群众自主管理农村社会事务的自治权,存在一定的矛盾和冲突自难避免。④ 如何避免两者的矛盾和冲突,学者也给出了对策建议:从中国农村的现实和发展出发,应在坚持"乡政村治"的制度框架下,努力寻求乡政管理与村民自治的有机衔接。为此,应为乡村管理创造有利的宏观环境;合理划分乡政管理与村民自治之间的权限;规范权力主体的政治行为;改进乡政管理的施政方式。⑤

第四,村民自治还是中国农村政治体制改革的新的启动点和落脚点。村民委员会建设"同我国的社会主义性质和社会发展目标的高度一致性,决定了它作为农村改革的基本启动点之一,必将在整个农村现代化建设进程中发挥越来越大的作用"⑥。20世纪80年代,中国农民的伟大创造——包产到户、乡镇企业,激活并释放出乡村经济的巨大活力,与经济体制改革相适应,村民自治也

---

① 辛秋水:《从腾云村看我国农村村民自治中的几个问题》,《江淮论坛》1993年第5期。
② 徐勇:《中国农村村民自治》,华中师范大学出版社1997年版,第149—159页。
③ 张厚安:《民主科学的结晶 村民自治的章程——从章丘经验看深化农村改革的新的启动点》,《社会主义研究》1991年第5期。
④ 徐勇:《论现阶段农村管理体制中乡政与村治的冲突与调适》,《求索》1992年第2期。
⑤ 徐勇:《论乡政管理与村民自治的有机衔接》,《华中师范大学学报》1997年第1期。
⑥ 王振海:《农村基层民主政治建设道路的现实选择——山东省强化村民自治建设的探索与启示》,《政治学研究》1997年第4期。

是中国农民在农村政治体制改革中的一大创新,莱芜经验、莱西经验、章丘经验都提供了中国农村政治体制改革的样本与经验①。抓好"四个环节"(民主选举、民主决策、民主管理、民主监督),完善"三个功能"(自我管理、自我教育、自我服务),突出"二个改革"(经济体制改革、政治体制改革),达到"一个目标"(建设有中国特色的社会主义民主政治),这是依法实行村民自治、深化农村政治体制改革较为完整的思路。②通过村民自治,"中国农村的基层民主政治建设走出了一条新路;培养和正在培养着一代新型农民;农村中的一些难办的事情找到了解决的途径;促进了农村经济和社会的发展"③。

第五,知识界与思想界对村民自治的共识并不意味着没有争论,在关于村民自治的争论与讨论中推动村民自治与基层民主政治建设,也是当代知识分子关注现实的一个基点。

学界关于村民自治的争论,主要是围绕村民自治实践进程中的政府行为、国家与社会关系、村民自治绩效、村民自治与中国政治民主化、民主与经济发展等论题展开的。一方面,政学各界在村民自治问题上压倒性的看法是:在中国农村地区实施村民自治不仅是可行的,而且是必要的;不仅如此,目前在农村地区实施的村民自治已经取得了很好的效果,它将成为中国民主发展的突破口。④另一方面,也有部分专家学者对村民自治与中国农村民主化进程持谨慎态度。⑤他们认为,现实中的村民自治所带来的可能更多的是国家对农村治理格局和治理方式的变化,如果离开了宏观的社会政治环境的支撑,基层民主的生命力将是十分脆弱的。⑥甚至有学者认为,"经济力量弱小,分散的农民无论怎么看都不会成为推动民主政治的主要动力"⑦。

---

① 张厚安:《民主科学的结晶 村民自治的章程——从章丘经验看深化农村改革的新的启动点》,《社会主义研究》1991年第5期。
② 杨爱民:《村民自治与中国农村政治体制改革》,《河北学刊》1995年第5期。
③ 白益华:《论中国农村村民自治制度的内容及效果》,《政治学研究》1997年第1期。
④ 朱光磊、程同顺:《在更大的背景下认识村民自治》,《中国书评》1998年5月总第12期;转引自何有贵:《析村民自治实践进程中的政府行为》,《学术界》1999年第5期。
⑤ 何有贵:《析村民自治实践进程中的政府行为》,《学术界》1999年第5期。
⑥ 徐增阳:《村治研究与实验研讨会综述》,《社会主义研究》1998年第6期。转引自何有贵:《析村民自治实践进程中的政府行为》,《学术界》1999年第5期。
⑦ 党国印:《"村民自治"是民主政治的起点吗?》,《战略与管理》1999年第1期。

这些争论或质疑，显然是对村民自治推进过程中的深层次学理思考，对村民自治制度的完善和改进亦不无益处。如果将新时期的村民自治放在20世纪中国农村建设的长程中检讨，可以发现村民自治不同于前代的诸多新意。从上述知识界和思想界对村民自治的关注、讨论和介入来看，村民自治研究取向的不同分野[①]，知识界对村民自治的建议、讨论、批评，绝大多数是出于为完善村民自治、农村民主政治建设和农村政治体制改革而积极建言献策、破解现实难题。知识界的思考与国家决策的互动，村民自治决策与实践的双向对流，国家与社会关系的调适与生长，都使得村民自治在实践与理论两个维度上相互促进，共同发展。

## 四、公共服务与社会保障："新时期"的乡村社会建设

农村公共服务与社会保障体系建设的基本理念和设计思想是改革开放新时期乡村建设思想的有机组成部分，也意味着乡村建设思想内涵的延伸与拓展。农村公共服务与社会保障体系建设，关系到农村社会稳定、农民日常生活与农业生产，在工农、城乡二元社会结构藩篱下，农村公共服务与社会保障体系建设远远落后于城市，居于人口大多数的农民基本处于国家公共服务及社会保障体系大门之外。改革开放后到中共十六大前夕，中国农村公共服务与社会保障体系建设在反贫困、农村义务教育、公共卫生、新型农村合作医疗、农村养老等方面取得一定成绩，初步构筑起农村公共服务与社会保障的框架与体系。这些制度体系的架构与完善，隐含着对农村社会问题的认知变化和引进新的社会政策的思想意识。随着农村经济体制改革与农村经济活力的释放，农村公共服务与社会保障体系纳入社会主义农村物质文明与精神文明建设，在建立社会主义市场经济体制的导向下，构筑农村公共服务与社会保障体系，是20世纪最后20年中国乡村建设思想的另一鲜明特征。

"社会保障体系包括社会保险、社会救济、社会福利、优抚安置和社会互

---

[①] 仝志辉：《村民自治的研究格局》，《政治学研究》2000年第3期。

助、个人储蓄积累保障。"① 这是一个现代化国家为全体国民提供的面向个体生活与生命的制度化保障体系，旨在实现国家的公共服务与公共福利职能。与城市公共服务及社会保障体系建设相比，中国农村的社会保障建设相对滞缓与落后，但农村公共服务与社会保障体系的基本架构在农村改革中已初步建构起来，促进了中国乡村的社会建设。

### （一）贫困与反贫困：扶贫攻坚的国家战略

贫困是迄今人类社会发展中普遍存在的现象，在改革开放前的很长时间内农村贫困虽然存在，但并没有作为一个社会问题被加以关注。最早关注或提及农村贫困问题，是在1978年12月召开的中共十一届三中全会上。次年，中共十一届四中全会通过的《中共中央关于加快农业发展若干问题的决定》谈到："一九七八年全国平均每人占有的粮食大体上还只相当于一九五七年，全国农业人口平均每人全年的收入只有七十多元，有近四分之一的生产队社员收入在五十元以下，平均每个生产大队的集体积累不到一万元，有的地方甚至不能维持简单再生产。"② 贫困已经严重危及四个现代化的推进与数量庞大的农民群体的日常生活。改革开放，在一定程度上就是对农村普遍贫困问题的宣战。可以说，反贫困不仅是一个经济问题，也是一个政治问题。

1982年，中央财经工作领导小组决定对"三西"地区的重点开发建设，是将反贫困上升为国家战略的开端。为扶持以定西为中心的甘肃中部干旱地区、河西地区与宁夏西海固地区（简称"三西"地区）的经济发展，决定自1983年起每年拨付2亿元对"三西"地区的28个贫困县进行重点开发建设。1984年9月29日，《中共中央、国务院关于帮助贫困地区尽快改变面貌的通知》指出，"农村经济还存在发展不平衡的状态，特别是还有几千万人口的地区仍未摆脱贫困，群众的温饱问题尚未完全解决。其中绝大部分是山区，有的还是少

---

① 《中共中央关于建立社会主义市场经济体制若干重要问题的决定》（中国共产党第十四届中央委员会第三次全体会议1993年11月14日通过），《十四大以来重要文献选编》（上），中央文献出版社1996年版，第466页。

② 《中共中央关于加快农业发展若干问题的决定》（1979年9月28日），《三中全会以来重要文献选编》（上），第156页。

数民族聚居地区和革命老根据地,有的是边远地区"。通知还特别指出,"改变贫困地区面貌的根本途径是依靠当地人民自己的力量,按照本地的特点,因地制宜,扬长避短,充分利用当地资源,发展商品生产,增强本地区经济的内部活力"[①]。国家扶持贫困地区和贫困人口脱贫的政策之所以成效不彰,主要在于单纯的社会救济只能济一时之困,而不能实现脱贫致富。为增强反贫困的能力,通知提出进一步放宽政策、减轻负担、给予优惠、搞活商品流通、加速商品周转、增加智力投资等对策措施。1986年,第六届全国人大第四次会议审议通过将扶持老、少、边、贫地区尽快摆脱经济、文化落后状态列入国民经济和社会发展"七五"(1986—1990)计划,并由国务院贫困地区经济开发领导小组具体负责组织实施(1993年改称国务院扶贫开发领导小组),消除贫困上升为国家战略。

1991年3月20日,国务院贫困地区经济开发领导小组就"八五"期间的扶贫开发工作进行部署,提出"八五"期间扶贫开发工作的基本目标是:"一是加强基本农田建设,提高粮食产量,使贫困地区的多数农户有稳定解决温饱问题的基础;二是发展多种经营,进行资源开发,建立区域性支柱产业,使贫困户有稳定的经济收入来源,为争取到21世纪末贫困地区多数农户过上比较宽裕的生活创造条件。"[②] "八五"期间的扶贫开发工作与以往相比,除继续延续政策优惠、增加专项扶贫资金投入的模式外,提出了项目开发、对口帮扶、科技扶贫、农民培训等新的理念,进一步延伸了扶贫脱贫的机制与模式。"到1993年年底,农村贫困人口由1.25亿人减少到8000万人,占农村人口的比重从14.8%下降到8.7%。"[③]

1994年4月15日,国务院公布《国家八七扶贫攻坚计划》。《国家八七扶贫攻坚计划》篇首就指出,"社会主义要消灭贫穷。为进一步解决农村贫困问题,缩小东西部地区差距,实现共同富裕的目标,国务院决定:从一九九四年

---

① 《中共中央、国务院关于帮助贫困地区尽快改变面貌的通知》(1984年9月29日),《十二大以来重要文献选编》(中),第29—30页。
② 《国务院贫困地区经济开发领导小组关于"八五"期间扶贫开发工作部署的报告》(1991年3月20日),《十三大以来重要文献选编》(下),第1471页。
③ 国务院扶贫开发领导小组办公室编:《中国农村扶贫开发概要》,中国财政经济出版社2003年版,第3页。

到二〇〇〇年,集中人力、物力、财力,动员社会各界力量,力争用七年左右的时间,基本解决目前全国农村八千万贫困人口的温饱问题"①。为实现扶贫攻坚的跨世纪目标,《国家八七扶贫攻坚计划》提出继续坚持开发式扶贫的方针,采取多元化的扶贫开发的途径与形式及优惠政策保障,并将扶贫开发的国际合作列入计划范围。从《国家八七扶贫攻坚计划》可以看出,扶贫开发是一个关乎国民经济与社会发展全局的反贫困纲领,其中渗透着缩小区域发展差异、实现共同富裕的思想愿景。为推进上述目标,1996年9月中央扶贫工作会议上提出,到20世纪末基本解决我国农村贫困人口温饱问题的战略目标。之所以要打赢扶贫这场攻坚战,啃下这块硬骨头,就在于这是党的宗旨和社会主义的性质决定的,这是我们面临的历史任务决定的,这是维护改革、发展、稳定的大局决定的。所以,"加快贫困地区的发展步伐,不仅是一个经济问题,而且是关系国家长治久安的政治问题,是治国安邦的一件大事。我们必须从战略的全局的高度,充分认识打好扶贫攻坚战重大的政治、经济和社会意义"②。这意味着党和国家对扶贫开发工作战略意义的进一步深化与提高,"到1997年年底,全国农村没有解决温饱的贫困人口减少到5000万"③。

反贫困的思想与政策是新时期乡村建设思想的重要部分,反贫困纳入国家经济社会发展的整体战略,体现了党和国家对农村贫困问题的高度重视,在社会主义现代化建设的进程中得到高度关注。通观1978—2000年间的反贫困战略,大致经历3个明显的政策调整与深化过程。1978—1985年主要是通过全面改革农村经济体制、释放生产力、实现全面的经济增长来缓解贫困;1986—1993年主要是通过有计划的、有针对性的扶贫开发政策与一定的宏观经济政策相结合的方式来缓解贫困;1994—2000年主要是通过具体的、有针对性的项目开发来缓解贫困。④扶贫济困并非仅仅针对贫困问题本身,它包含着"加快贫困地区经济和社会发展,逐步缩小东西部地区差距,加强民族团结,促进社

---

① 《国务院关于印发〈国家八七扶贫攻坚计划〉的通知》(1994年4月15日),《十四大以来重要文献选编》(上),第673页。
② 江泽民:《全党全社会动员起来,为实现八七扶贫攻坚计划而奋斗》(1996年9月23日),中共中央文献研究室编:《江泽民文选》第1卷,人民出版社2006年版,第550—551页。
③ 安树伟:《中国农村贫困问题研究:症结与出路》,中国环境科学出版社1999年版,第4页。
④ 赵慧珠:《中国农村社会政策初步研究》,中国农业出版社2008年版,第47—51页。

会稳定,实现共同富裕,为改革和发展创造更为有利的条件"①的重要意义。在此意义上,反贫困战略是有中国特色社会主义新农村建设的有机组成部分。

## (二)公共卫生与合作医疗:普及、萎缩与重建

从1978年到2000年的22年中,中国农村社会建设处于颠覆与重构的历史时期,基于人民公社体制的农村社会福利与公共服务体制趋于瓦解,建立在社会主义市场经济体制基础上的公共服务与社会保障体制尚不健全,运行机制紊乱,形成了一个农村社会建设的转折期和空档期。中国农村公共卫生保健与合作医疗制度的变迁就是这种状态的反映。

中国农村合作医疗制度的起源,最早始于20世纪二三十年代农村合作运动中河北省定县三级医疗保健制度的创立。②20世纪40年代,在陕甘宁边区出现了以卫生合作社(医药合作社)为名的医疗机构。新中国成立以后的合作化运动高潮时期,山西、河南、河北等地的不少农业生产合作社开始尝试以部分公益金为基础,加上农民个人缴纳的保健费,形成合作医疗基金,农民免费就医,创造了一种新型的合作医疗模式,并逐渐推广,1958年,全国合作医疗覆盖率已经达到10%。1959年11月,在山西省稷山县召开的全国农村卫生工作会议正式肯定了农村合作医疗制度,合作医疗模式开始在全国推广,"合作医疗(制度)与合作社的'保健站'(机构)及数量巨大的赤脚医生队伍(人员)一起,成为解决我国广大农村缺医少药的三件法宝"③。至1978年,全国合作医疗的覆盖率达到90%以上,农村赤脚医生和卫生员分别达到400多万和160多万人,基本形成了覆盖农村的公共卫生与医疗保健网络。"我国传统的农村合作医疗制度,应该说是在政府领导下,以自愿互利、互助合作为基础建立起来的一种社会主义集体福利制度。它是在村庄的范围内,由农村集体经济组织和农民(社员)共同筹资举办的医疗消费上的农村社区合作组织,它依托大

---

① 《国务院关于印发〈国家八七扶贫攻坚计划〉的通知》(1994年4月15日),《十四大以来重要文献选编》(上),第772页。
② 刘纪荣、王先明:《二十世纪前期农村合作医疗制度的历史变迁》,《浙江社会科学》2005年第2期。
③ 郑功成等:《中国社会保障制度变迁与评估》,中国人民大学出版社2002年版,第243页。转引自赵慧珠:《中国农村社会政策初步研究》,中国农业出版社2008年版,第82页。

队卫生室，为所在社区居民提供医疗和预防保健服务，并控制医疗费用的收支平衡。可以说，农村合作医疗是通过多种合作形式建立起来的满足基本医疗需求的农村医疗保障制度。"改革开放前30年中国农村卫生事业的改进，合作医疗制度发挥了不可取代的积极作用。

20世纪八九十年代，中国农村公共卫生与合作医疗制度处于萎缩瓦解与服务真空的状态下。随着20世纪80年代以后人民公社体制的瓦解与集体经营模式的变动，农村集体经济组织功能弱化，农村生活的家庭化趋势再次显现出来。与经济结构和社会结构变迁相适应，建立在合作组织基础上的合作医疗体制也陷入困境。"根据1985年的调查，全国实行合作医疗的行政村由过去的90%猛降至5%。1989年统计表明，继续坚持合作医疗的行政村仅占全国的4.8%"[①]。在短短的10年之内，曾经被誉为"在低收入水平下通过公共支持实现社会发展的典范"的农村合作医疗制度在农村改革中反向萎缩，出现了与农村发展不相适应的"逆现代化"倾向。另一方面，是农村医疗社会保险的缺失与农民看病难、看病贵的现象同时存在。"1991—2001年，农村卫生费用年均增长12.8%，而农民的收入增长率仅为7.7%，农民（尤其是贫困农民）的医疗负担相当重。1990—1999年，农民每人平均门诊费用和住院费用，分别由10.9元和473.3元增加到79元和2819元，增长了6.2倍和5.1倍。"[②] 全国农村因病致贫和因病返贫农户占农村贫困户的比例大约是35%。[③] 自我负担的巨额医疗费用使因病返贫、因病致贫的现象十分突出，成为不得不积极面对的农村社会问题之一。

为广大农村居民提供医疗卫生保健上的公共服务是现代国家政府的基本职能，医疗保险或就医保障是政府必须提供的公共物品，也是现代国家社会福利制度的基本要素。针对20世纪80年代以来农村公共卫生服务与医疗保障的困境，重建农村社会的公共卫生服务与合作医疗制度成为20世纪90年代以来农村医疗改革的重点。

1993年11月14日通过的《中共中央关于建立社会主义市场经济体制若

---

① 赵慧珠：《中国农村社会政策初步研究》，第83—84页。
② 张建平：《中国农村合作医疗制度研究》，中国农业出版社2006年版，第3页。
③ 张建平：《中国农村合作医疗制度研究》，第39页。

干重要问题的决定》中提出,要"发展和完善农村合作医疗制度"。为有效推进这一举措,相关的试点及研究工作陆续跟进。1997年1月15日,中共中央、国务院发布《关于卫生改革与发展的决定》,对新时期卫生工作的目标、任务及指导思想提出了指导性意见。该决定提出新时期卫生工作的方针是:"以农村为重点,预防为主,中西医并重,依靠科技与教育,动员全社会参与,为人民健康服务,为社会主义现代化建设服务。"《关于卫生改革与发展的决定》还提出为实现加强农村卫生工作、实现初级卫生保健规划目标,要积极稳妥地发展和完善合作医疗制度。"举办合作医疗,要在政府的组织和领导下,坚持民办公助和自愿参加的原则。筹资以个人投入为主,集体扶持,政府适当支持。要通过宣传教育,提高农民自我保健和互助共济意识,动员农民积极参加。要因地制宜地确定合作方式、筹资标准、报销比例,逐步提高保障水平。预防保健保偿制度作为一种合作形式应继续实行。要加强合作医疗的科学管理和民主监督,使农民真正受益。力争到2000年在农村多数地区建立起各种形式的合作医疗制度,并逐步提高社会化程度;有条件的地方可以逐步向社会医疗保险过渡。"①1997年《关于卫生改革与发展的决定》初步规划了1997—2010年农村卫生与医疗保健改革的方针政策,并提出了从合作医疗模式逐步向社会医疗保险过渡的思路设计,这是借鉴西方发达国家经验、中国农村医疗制度改革在世纪之交的基本方向,并在中共十六大以后逐步施行,赋予了中国农村公共卫生服务与医疗制度以新的思路和前景。

### (三) 农村养老与社会保障: 从家庭为中心到政府职能

农村养老制度也是社会保障体系的重要组成部分,中国自古就有尊老爱幼的传统,尊老、敬老、孝老,最终都主要落实在养老制度上,农村养老制度的完善与改进,体现着国家现代化程度与文明程度的提高。改革开放以后,"农村养老的特点是:以家庭养老为主,并逐步探索发展多种养老方式"②。

传统时代农村地区的鳏寡孤独者、病残老幼的保障与供养模式基本延续

---

① 《中共中央、国务院关于卫生改革与发展的决定》(1997年1月15日),《十四大以来重要文献选编》(下),第265、269页。
② 赵慧珠:《中国农村社会政策初步研究》,第143页。

以家庭为主、宗族及慈善组织为辅的模式。中华人民共和国建立以后，在革命战争年代发展起来的社会救济、抚恤安置、优军优抗等的公益性、服务性政府行为逐渐定型，但新中国成立初尚未形成针对老年人口的养老保障政策。1954年《中华人民共和国宪法》赋予"劳动者在年老、疾病或者丧失劳动能力的时候，有获得物质帮助的权利"，但相关配套政策与措施没有跟进建制。1956年6月30日，第一届全国人大第三次会议通过《高级农业生产合作社示范章程》，其中第53条规定："农业生产合作社对于缺乏劳动力或者完全丧失劳动力、生活没有依靠的老、弱、孤、寡、残疾的社员，在生产上和生活上给以适当的安排和照顾，保证他们的吃、穿和柴火的供应，保证年幼的受到教育和年老的死后安葬，使他们生养死葬都有依靠。"① 这一规定奠定了人民公社时期五保供养制度的基础。1957年，《一九五六至一九六七年全国农业发展纲要（修正草案）》规定："农业合作社对于社内缺乏劳动力、生活没有依靠的鳏寡孤独的社员，应当统一筹划，指定生产队或者生产小组在生产上给以适当的安排，使他们能够参加力能胜任的劳动；在生活上给以适当的照顾，做到保吃、保穿、保烧（燃料）、保教（儿童和少年）、保葬，使他们的生养死葬都有指靠。"② 在五保制度下，亟须社会与政府救济供养的老弱孤寡残疾者得到物质生活上的集体保障，但是绝大多数的农村老人仍以家庭养老为主。五保制度是中国农村养老保障的最初形态，并一直延续至今。1994年1月，国务院颁布了《农村五保供养工作条例》，对五保供养工作的操作程序与内容做了具体规定，标志着中国特色的"五保"供养制度走上规范化、法制化的轨道。③ 可以说，这是一种针对特殊群体的社会救助制度，尚非普遍意义上的社会保障制度。

20世纪80年代以后，农村社会养老保障制度进入新的试点与探索阶段，以应对人口老龄化的严峻形势以及家庭养老的弊端。1986年10月，民政部与国务院有关部门在江苏省沙洲县（今张家港市）召开全国农村基层社会保障工作座谈会（沙洲会议），提出依据农村不同地区经济发展水平实施差异化的农

---

① 《建国以来重要文献选编》第8册，第422—423页。
② 《建国以来重要文献选编》第10册，第652页。
③ 郑功成等：《中国社会保障制度变迁与评估》，第243页。转引自赵慧珠：《中国农村社会政策初步研究》，第144页。

村社会保障制度。1986年12月，民政部向国务院提交了《关于探索建立农村社会保障制度的报告》。次年3月，国务院批准这一报告，农村社会保障制度的探索在全国逐步推开。1987年5月，全国经济发达农村基层社会保障研讨会在湖南省岳阳市召开，围绕如何在经济发达农村建立社区型、保险型、基金型社会保障体制进行了探讨。[①] 总体而言，20世纪80年代后期的农村社会保障制度的探索尚属起步，普及率与成效均不明显。不过，一个显而易见的变化是，社会保障不再是社会救济事业的代名词，脱贫之后的农村富裕地区走在了思考社会保障问题的前列，这是中国农村社会建设思想的重大转变，意味着在经济现代化基础上的社会保障体系建设开始进入决策者视野。纪嘉芳、钱伯明通过对苏州市沙洲县农村在扶贫脱贫的调查认为，即使在农村的富裕地区，社会保障问题也仍然是一个不容忽视的课题，双扶工作不是权宜之计，其不仅有着深刻的现实意义，还有着实现共同富裕的深远意义。[②]

20世纪90年代，农村社会保障制度的探索转向以县级农村社会养老保险制度的试点为中心。1991年6月，民政部制定了《县级农村社会养老保险基本方案（试行）》，并于1992年1月3日颁布施行。《县级农村社会养老保险基本方案（试行）》提出，"农村社会养老保险是国家保障全体农民老年基本生活的制度，是政府的一项重要社会政策。建立农村社会养老保险制度，要从我国农村的实际出发，以保障老年人基本生活为目的；坚持资金个人交纳为主，集体补助为辅，国家予以政策扶持；坚持自助为主，互济为辅；坚持社会养老保险与家庭养老相结合；坚持农村务农、务工、经商等各类人员社会养老保险制度一体化的方向"[③]。这一方案明确了农村社会养老保险的发展方向和基本性质，即农村社会养老保险是现代国家的基本职能和政府行为，而非金融保险的商业行为，这也明确了农村社会保障制度的基本原则和性质。"到1998年年底，全国有2123个县（市）和65%的乡（镇）开展了农村社会养老保险工作，

---

[①] 民政部社会保障报社、农村社会保障课题组编：《农村社会保障探索 调查·方案·论证》，湖南大学出版社1987年版，第499页。
[②] 纪嘉芳、钱伯明：《脱贫后的农村社会保障问题》，《社会学研究》1986年第5期。
[③] 《县级农村社会养老保险基本方案（试行）》（民办发1992 [2] 号），《中华人民共和国行政法律法规全书》第4册，中国民主法制出版社2000年版，第1908页。

参加社会养老保险的农村人口有8025万人,全年农村社会养老保险基金收入达31.4亿元,支出5.4亿元,累计积累基金166.2亿元。"① 可见,直到20世纪末,无论参保人数还是保险基金数量,与庞大的农村老年人口相比都显得微乎其微,农村老年人口的养老模式依然处于以家庭养老为中心的阶段,直至农村改革之后的20年,农村社会养老保障制度远未建立起来。农村社会养老保障制度与体系建设期待在新的世纪实现理念突破和体制创新。

### (四)农村公共服务与社会保障体系建设思想评述

通过对1978—2000年间中国农村公共服务与社会保障体系建设的简要梳理,可以窥见20余年间乡村社会建设思想的流变与基本特征。

首先,构建农村公共服务与社会保障体系是社会主义本质的基本要求和体现。邓小平关于社会主义本质的思想论断将消灭贫穷、消除两极分化、消灭剥削作为达到共同富裕的必经阶段,1992年年初,邓小平在南方谈话中指出,社会主义的本质是解放生产力,发展生产力,消灭剥削,消除两极分化,最终达到共同富裕。社会主义的根本任务在于解放生产力、发展生产力,在大力发展社会生产力的基础上解决贫困问题。"社会主义必须摆脱贫穷",在发展中解决农村问题。"我们坚持社会主义,要建设对资本主义具有优越性的社会主义,首先必须摆脱贫穷。"② "工业的发展,商业的和其他的经济活动,不能建立在百分之八十的人口贫困的基础之上。"③ "从中国的实际出发,我们首先解决农村问题。"④ 邓小平强调,"社会主义的首要任务是发展生产力,逐步提高人民的物质和文化生活水平"⑤,没有生产力的发展,不提高人民的生活水平,实现社会主义共同富裕也就无从谈起,"贫穷不是社会主义,社会主义要消灭贫穷"。农村改革在短短的时间内解决了农村中90%人口的生活问题,证明农村改革是

---

① 张敬一、赵新亚编著:《农村养老保障政策研究》,第91页。
② 《社会主义必须摆脱贫穷》(1987年4月26日),《邓小平文选》第3卷,人民出版社1993年版,第223—225页。
③ 《政治上发展民主,经济上实行改革》(1985年4月15日),《邓小平文选》第3卷,第117页。
④ 《建设有中国特色的社会主义》(1984年6月30日),《邓小平文选》第3卷,第65页。
⑤ 《政治上发展民主,经济上实行改革》(1985年4月15日),《邓小平文选》第3卷,第116页。

成功的。"中国最大的变化在农村。"①没有贫穷与贫困的消灭，面向农村的公共服务与社会保障体系建设也就无从谈起，反贫困是最低层次的社会保障与社会政策。邓小平关于社会主义本质的论断奠定了农村社会保障体系建设从反贫困、扶贫攻坚开始的思路。

其次，建设有中国特色的社会主义理论为农村公共服务和社会保障体系建设提供了坚实的理论支撑和指导思想。农村公共服务与社会保障体系建设也是建设有中国特色的社会主义逐步实现共同富裕、消除贫富差距的内在要求，20世纪中国乡村建设思想因之而具有更为丰富的内涵，即社会保障是建立在致力于消除两极分化、贫富差距的基础上的，意味着面向整个农村提供普惠式的公共服务与社会保障，每一位农民均应纳入社会保障的范围。邓小平认为，"走社会主义道路，就是要逐步实现共同富裕。共同富裕的构想是这样提出的：一部分地区有条件先发展起来，一部分地区发展慢点，先发展起来的地区带动后发展的地区，最终达到共同富裕。如果富的愈来愈富，穷的愈来愈穷，两极分化就会产生，而社会主义制度就应该而且能够避免两极分化"②。江泽民在党的十四大报告中也提出"贫穷不是社会主义，同步富裕又是不可能的，必须允许和鼓励一部分地区一部分人先富起来，以带动越来越多的地区和人们逐步达到共同富裕"③。

再次，农村社会保障体系建设是与农村改革的逐步推进与深入相适应的。1987年1月22日，中共中央政治局通过的《把农村改革引向深入》的决议就提出，"发展农村社会保障事业，有条件的可试办合作保险"④。虽然表述甚为简单，但已经意味着与社会主义现代化建设相适应的农村社会保障事业开始得到党和国家的高度重视。1990年12月30日，中共十三届七中全会通过的《中共中央关于制定国民经济和社会发展十年规划和"八五"计划的建议》提出，

---

① 《政治上发展民主，经济上实行改革》（1985年4月15日），《邓小平文选》第3卷，第117页。
② 《在武昌、深圳、珠海、上海等地的谈话要点》（1992年1月18日—2月21日），《邓小平文选》第3卷，第373—374页。
③ 《加快改革开放和现代化建设步伐，夺取有中国特色社会主义事业的伟大胜利》（1992年10月12日），《江泽民文选》第1卷，第220页。
④ 《把农村改革引向深入》（中共中央政治局1987年1月22日通过），《十二大以来重要文献选编》（下），第174页。

建立健全养老保险和待业保险制度，逐步完善社会保障体系，这是现代化社会的一个重要标志。在农村采取积极引导的方针，逐步建立不同形式的老年保障制度；广泛动员社会力量，积极开展扶贫工作；切实加强农村卫生组织建设，巩固和发展三级医疗卫生网。① 江泽民在中共十四大报告中指出，"积极建立待业、养老、医疗等社会保障制度"②，是加速改革开放、推动经济社会发展和社会全面进步需要着力推进的关系全局的主要任务之一。构建社会主义市场经济体制、促进经济社会全面快速健康发展，完善的社会保障制度与公共服务是重要的支撑与依托，"建立健全同经济发展水平相适应的社会保障体系，是社会稳定和国家长治久安的重要保证"。为此，中共十六大要求，"各地要根据实际情况合理确定社会保障的标准和水平。发展城乡社会救济和社会福利事业。有条件的地方，探索建立农村养老、医疗保险和最低生活保障制度"③。

最后，《中共中央关于建立社会主义市场经济体制若干问题的决定》指出，"建立多层次的社会保障体系，对于深化企业和事业单位改革，保持社会稳定，顺利建立社会主义市场经济体制具有重大意义……社会保障政策要统一，管理要法制化。社会保障水平要与我国社会生产力发展水平以及各方面的承受能力相适应。城乡居民的社会保障办法应有区别。提倡社会互助。发展商业性保险业，作为社会保险的补充"。社会保障体系建设是随着生产力发展水平的提高而逐渐建设发展的，不仅如此，由于中国城乡发展水平的实际差异，城乡社会保障体系建设也采取了差异化发展策略。"农民养老以家庭保障为主，与社区扶持相结合。有条件的地方，根据农民自愿，也可以实行个人储蓄积累养老保险。发展和完善农村合作医疗制度。"④

上述党和国家关于社会保障体系建设的思想奠定了20世纪最后20年中国

---

① 《中共中央关于制定国民经济和社会发展十年规划和"八五"计划的建议》（中共十三届七中全会1990年12月30日通过），《十三大以来重要文献选编》（中），第1403—1404页。

② 《加快改革开放和现代化建设步伐，夺取有中国特色社会主义事业的伟大胜利》（1992年10月12日），《江泽民文选》第1卷，第229页。

③ 《全面建设小康社会，开创中国特色社会主义事业新局面》（2002年11月8日），《江泽民文选》第3卷，人民出版社2006年版，第550—551页。

④ 《中共中央关于建立社会主义市场经济体制若干问题的决定》（中国共产党第十四届中央委员会第三次全体会议1993年11月14日通过），《十四大以来重要文献选编》（上），第535—536页。

农村社会保障体系的基本格局。这一时期的农村社会保障思想具有以下几个鲜明的时代特征。第一，这一时期的农村社会保障处于颠覆与重构的历史阶段，基于集体化时代人民公社体制的社会保障体系在瓦解，而建立在社会主义市场经济体系基础上的农村社会福利与社会保障体制尚未完成。第二，在建立社会主义市场经济体制的探索中，农村社会保障体系建设也处于摸索与试点的状态，公共福利供给是走市场化的道路抑或是走政府提供公共服务的道路，尚未形成明确的思路。第三，改革开放新时期的公共服务与社会保障体系建设具有"突出城市、忽视乡村"的特征，社会保障体系建设以城市为中心，财政支出主要面向城市，乡村社会保障体制严重滞后，城乡一体化、均等化的公共服务与社会保障体系远未形成。第四，农村社会保障体系建设的滞后也是造成"三农"问题凸显的因素之一，改革开放的最初20年，农村经济体制改革率先取得突破，基层民主建设也随后跟进，但国家与基层政府提供的社会福利与社会保障远不能满足广大农民的需求，造成"三农"问题逐渐显现出来。第五，农村社会福利与社会保障的严重缺失是20世纪最后20年中国乡村建设中的一大缺憾，当然这与综合国力不强与现代化水平不高有关，国家尚不能实现对农村的反哺与社会保障覆盖。不过，在21世纪初全面建设与全面建成小康社会的历程中，这些不足与缺憾都在逐步得到化解与消除，包括医疗、教育、环卫、养老保险等在内的新型城乡一体化、均等化的农村公共服务和社会保障制度正在中国广大乡村扎根、普及与运行。

## 五、发展中的新问题：新时期的"三农"之困

"我们现在干的事业是全新的事业。"[①] 新时期的新事业必然产生新问题，甚至旧问题也会具有新特征、新表现。1984年以后，改革开放历史进程从农村推展到城市，市场化的趋向也更为迅猛。"大潮过后，五年徘徊。"农业生产出现棉花两年减半，粮食产量呈逐年下降的态势。农民辛劳所得的产品受困于市

---

① 《我们干的事业是全新的事业》（1987年10月13日），《邓小平文选》第3卷，第254页。

场，多有农民气急倒掉自己的产品。《人民日报》为此发出质问：岂有此理！①

这只是问题累积的冰山一角。当"统派购制度改革把市场机制引入农村后，触动30多年建构起来的体系，新旧体制在交叉嬗变，无组织力量在膨胀，长期形成的利益结构发生动荡，农产品购销乍放又收，放而不活，地方封锁与部门垄断，壁垒林立，农产品价格波动以致影响整个社会"。在市场化进程中，"损失最大的当然还是农民"②。从1985年开始，农民实际收入先是增长迟缓，到80年代末甚至开始下降。农民人均实际收入增长率1985年为4.7%，1986年为1.5%，1987年为2.6%，1988年为0.6%，1989年为-7.1%。与此同时，农民收入增长的不均等程度也在不断扩大。全国农村人均纯收入的基尼系数由1984年的0.258上升为1990年的0.31，上升了20%。农村贫困人口的绝对数额和贫困发生率都出现了明显的反弹。③"中国农业向何处去？"又成为一个急迫的现实问题。

社会主义现代化建设首先从农村改革起步，农村经济体制改革在释放巨大经济活力、搞活农村的同时，农村政治、文化、社会建设的改革却相对滞后甚至缺失，使得"三农"问题逐渐显现。20世纪的最后20年，围绕"三农"问题的讨论与实践，形成了中国乡村建设思想百年流变中的新图景，其问题的呈现和思想论争也有着诸多不同以往时代的新特征。

### （一）问题溯源："三农"何以成为问题

近代以来工业化、城市化进程开启，农业、农村与农民问题就在都市与农村、工业与农业的维度上加以反复讨论和论争。农业生产力水平低下、都市对农村资源的过度汲取、帝国主义对中国农村的控制、农村生产关系的扭曲造成的农村凋敝、生活贫困和生产滞后，构成20世纪前期"三农"问题的基本特征。中华人民共和国建立以后，都市与农村、工业与农业、农民与市民的流动被人为隔断，并固化为僵化的城乡二元结构与经济体系，"三农"问题被遮蔽于城乡割裂、农工扭曲的状态之下，长期的农业裹足不前、农民生活贫困与

---

① 李锦：《大转折的瞬间——目击中国农村改革》，第272页。
② 李锦：《大转折的瞬间——目击中国农村改革》，第283页。
③ 熊景明：《进入21世纪的中国农村》，光明日报出版社2000年版，第343页。

## 第十三章 "一心一意搞建设"——新时期的农村改革与制度重建

农村发展困境在社会主义革命和建设中没有得到充分重视,中华人民共和国前30年的农村发展没有使农民摆脱贫困,"三农"问题还是没有走出"贫困"的阴影。"十年浩劫使国民经济到了崩溃的边缘,农村的问题尤为突出,当时有二亿五千万人吃不饱肚子,吃饭问题成为最紧迫的大事,不改革已经没有出路了。"① 20世纪80年代初,农村经济体制改革在极短时间内释放出中国农村的生产活力,农民生活迅速改善,温饱问题基本解决,城乡社会流动机制基本疏通,按理不应出现"三农"问题。但到世纪之交,"农民真苦、农村真穷、农业真危险"的呼吁顿然成为社会舆论,政府机构和学术理论界的共同关注点。

新时期的"三农",有一个逐渐成为问题的过程。1992年,邓小平在"南方谈话"中对农村改革有这样的评价:我们真正干起来是1980年。1981、1982、1983这三年,改革主要在农村进行。1984年重点转入城市改革。经济发展比较快的是1984年至1988年。这五年,首先是农村改革带来许多新的变化,农作物大幅度增产,农民收入大幅度增加,乡镇企业异军突起。广大农民购买力增加了,不仅盖了大批新房子,而且自行车、缝纫机、收音机、手表"四大件"和一些高档消费品进入普通农民家庭。农副产品的增加,农村市场的扩大,农村剩余劳动力的转移,又强有力地推动了工业的发展。这五年,共创造工业总产值六万多亿元,平均每年增长21.7%。吃、穿、住、行、用等各方面的工业品,包括彩电、冰箱、洗衣机,都大幅度增长。钢材、水泥等生产资料也大幅度增长。农业和工业,农村和城市,就是这样相互影响、相互促进。这是一个非常生动、非常有说服力的发展过程。可以说,这个期间我国财富有了巨额增加,整个国民经济上了一个新的台阶。②

邓小平的这番话说明,在1980—1988年的9年中,农村改革取得了极大突破和巨大成功,农业连续增产、农民收入增加、乡镇企业异军突起、农村经济全面激活,这是对1949—1978年间积累的积重难返的"三农"问题的巨大突破,得益于生产责任制的推行、农村生产关系的调整与农村社会生产力的发展。从1982年到1987年,农民人均纯收入从270元提高到463元,5年间增

---

① 《开创农业和农村工作新局面》(1998年9月25日),《江泽民文选》第2卷,第208页。
② 《在武昌、深圳、珠海、上海等地的谈话要点》(1992年1月18日—2月21日),《邓小平文选》第3卷,第376页。

加 71.5%；1987 年，粮食产量达到 4024 亿公斤，农民生活基本从匮乏与饥寒走向温饱，开始向小康迈进；农村经济逐渐从自然经济、半自然经济向商品经济转变。在此时期，"三农"问题尚不明显，"当前的农村问题或农业问题，主要是粮食问题"①，"三农"问题尚且处于满足农民物质生活需求的浅层次状态，由中国特色社会主义经济体制改革所带来的社会结构、经济结构、城乡关系、工农关系的深刻变化尚未触及农村，"三农"问题暂时被掩盖在农村改革所带来的发展之中。

1989—1991 年，中国经济在治理经济环境、整顿经济秩序中前行，农村、农业与农民问题也逐渐引起关注。1992 年 12 月 25 日，江泽民在武汉主持召开安徽、江西、河南、湖北、湖南、四川六省农业和农村工作座谈会，指出了农业、农村中存在的突出问题：农产品特别是粮食卖出难、价格低、"打白条"现象严重；应该给予农民的有些优惠措施不到位、不落实，农民得不到实惠；巧立名目加重农民负担的不正之风相当盛行，引起农民群众强烈不满；有些地方形成了搞开发区、搞房地产的热潮。此外，关系到农业发展后劲和农民长远利益的重要问题也尤应引起警觉：一是保证农业投入持续稳定增加的问题；二是缩小工农业产品价格剪刀差的问题；三是保护粮农棉农和粮棉主产区经济利益的问题。② 上述问题在 20 世纪 80 年代末期逐渐显现，直接关系到农民切身利益、农业生产全局、农民生产情绪与农业发展后劲与农民长远利益。这样，进入 20 世纪 90 年代以后，农村与农业发展中暴露出诸多问题，"三农"问题已经不是单纯的粮食问题、贫困问题所能涵括了。

20 世纪 90 年代以后，中共十四大确立了建立社会主义市场经济体制的宏伟目标，"三农"问题在市场经济条件下更加凸显出产业困境与现实难题。农业丰产与农民收益倒挂，农民权利意识的觉醒与基层民主政治改革的滞后，工业化与现代化中经济的发展与农村的衰败并存，都体现出"三农"问题的新动向、新特征。首先，农村发展的诸多制约因素单靠农村无法消解，"农村经济和社会的发展很不平衡，还存在着不少问题和诸多制约因素。人口增长过快和

---

① 田纪云：《必须充分重视和大力发展农业》（1988 年 11 月 2 日），《十三大以来重要文献选编》（上），第 314 页。

② 《高度重视农业、农村、农民问题》（1992 年 12 月 25 日），《江泽民文选》第 1 卷，第 264—267 页。

耕地减少的趋势尚未有效控制。农业投入不足,物质技术基础脆弱,综合生产能力不高,抗御自然灾害的能力不强。双层经营体制和农业社会化服务体系还不健全,工农业产品比价不合理和农产品流通不畅的问题相当突出,近几年农民负担过重、收入增长速度减缓,粮食主产区出现增产不增收或增产多增收少的情况。一些地方基层组织软弱涣散,思想政治工作薄弱,社会治安不好,封建迷信等社会陋习重新蔓延,农村社会主义精神文明和民主法制建设还不适应新的要求"①。人地矛盾、农业投资不足、农业社会化服务体系尚不健全、流通体制紊乱、农民收入增幅减缓、社会建设与基层民主政治建设滞后,反映了20世纪八九十年代之交的农村现状。其次,工业化进程的加快与城市化的发展,越来越多地抽薄了农村发展的必需资源,从农村流向都市的生产要素远大于都市对农村的反哺。

"近几年来我国工业高速增长,农业却明显滞后,工农业发展不协调的情况比较突出。工业的高速增长不仅占用大量的经济资源,而且导致中间产品价格不断上涨,拉动农用生产资料大幅度涨价,工农业产品价格的剪刀差迅速扩大。用于农业的补贴减少,不少地方在粮食购销放开后,原来的粮价补贴,有的并未用于补贴农业,而用于搞工业、搞开发区、房地产。农业信贷资金也大量地流向工业、流向城市。所有这些,给农业和农村经济的发展带来明显的不利后果:农业比较利益下降,农民种粮种棉的积极性受到挫伤,有的地方甚至发生撂荒现象;农民收入增长缓慢,农民人均纯收入与城镇居民人均生活费收入之比,已基本上恢复到农村改革前的状况;农业投入减少,农业已成为国民经济中最薄弱的环节。这些情况说明,在发展社会主义市场经济的过程中,如果没有强有力的宏观调控,单纯靠市场调节,工业和农业发展速度的差距、城乡居民收入的差距、发达地区与欠发达地区经济发展的差距将会日益拉大。如果这样发展下去,不但工业和整个经济的发展会失去支撑,而且经济和社会生活中的矛盾会更加突出,还可能引发出一些新的矛盾和问题,那就会严重影响政权的巩固和社会的安定。"②

---

① 《中共中央关于进一步加强农业和农村工作的决定》(中国共产党第十三届中央委员会第八次全体会议1991年11月29日通过),《十三大以来重要文献选编》(下),第1759—1760页。

② 江泽民:《要始终高度重视农业、农村和农民问题》(1993年10月18日),《十四大以来重要文献选编》(上),第367页。

可见，新时期的"三农"问题是工业化与城市化进程中的问题，"三农"之所以成为问题，根源在于经过近十年的农业高速增长之后，传统农业增长模式陷入滞涨与内卷化陷阱，依靠农业高速增长带动农村发展的模式陷入困境；在工业化、城市化进程中，农村被远远抛在城市之后，农民所享受的公共福利、社会保障、文化权益也远远落后于城市居民。并且这种状况在20世纪90年代中后期并无缓解迹象，"三农"问题愈趋严重。

1998年1月24日，《中共中央、国务院关于一九九八年农业和农村工作的意见》，指出了20世纪90年代中期中国农业的问题所在："我国农业虽然连续三年获得丰收，但是，影响农业发展的一些深层次问题还没有根本解决。农业基础设施脆弱，抗御自然灾害的能力不强，农业生产还不稳定。特别是连续丰收后出现的农产品销售不畅、价格回落等新情况，使农业的持续稳定增长遇到了新的困难。"[①] 农业本为弱势产业，在与其他产业的竞争中很难占取优势，加之社会主义初级阶段农村的长期不发达现状，造成了"三农"问题的积重难返。1998年10月14日，中共十五届三中全会通过的《中共中央关于农业和农村工作若干重大问题的决定》指出，"我国社会主义初级阶段是不发达的阶段，农村尤其不发达。表现在：生产力落后，主要靠手工劳动；市场化程度低，自给半自给经济占相当比重；农业人口多，就业压力大；科技教育文化落后，文盲半文盲数量较大；农民生活水平比较低，还有几千万人没有解决温饱；城乡差别大，农村发展也很不平衡"[②]。

进入新的世纪，农民增收困难成为"三农"问题的焦点。2001年1月11日，《中共中央、国务院关于做好2001年农业和农村工作的意见》指出，"当前突出的问题是农民增收困难"，"必须高度重视农民收入问题，把千方百计增加农民收入作为做好新阶段农业和农村工作、推进农业和农村经济结构调整的基本目标，并放在整个经济工作的突出位置"[③]。2002年1月10日，《中共中央、

---

① 《中共中央、国务院关于一九九八年农业和农村工作的意见》（1998年1月24日），《十五大以来重要文献选编》（上），第164页。
② 《中共中央关于农业和农村工作若干重大问题的决定》，人民出版社1998年版，第5—6页。
③ 《中共中央、国务院关于做好2001年农业和农村工作的意见》（2001年1月11日），《十五大以来重要文献选编》（中），第1588—1589页。

国务院关于做好2002年农业和农村工作的意见》强调,"当前农业和农村经济发展中的突出问题,仍然是农民收入增长困难"[1]。"三农"问题以农民收入滞缓的形式表现出来,背后所体现的仍然是农业发展生态的恶化、农村生产要素与资源的流失、农民分享的改革发展红利少之又少、城乡差距进一步扩大的现实。求解"三农"问题,自然需要新的思维与对策,这是新的世纪里党和国家面临的深重沉疴。

### (二)战略思想:求解"三农"问题之道

"三农问题的提出,是长期从事农村调研的同志们集体智慧的结晶。"[2] 改革开放新时期,党和国家领导人对农业、农村与农民问题给予了国家战略高度的关注和持续思考,逐渐形成了中国共产党破解"三农"问题的思想主张、战略规划与制度设计,构成新时期乡村建设思想的重要内容。

第一,解决"三农"问题,首先着眼于农业在国民经济中的基础性、根本性和战略性地位,始终高度重视农业、农村和农民问题,"牢固树立农业是基础的思想,切实加强农业和农村工作",这是新时期"重农"思想的基本特征。江泽民指出,"农业是国民经济的基础,农村稳定是整个社会稳定的基础,农民问题始终是我国革命、建设、改革的根本问题。这是我们党从长期实践中确立的处理农业、农村、农民问题的重要指导思想"[3]。从国家兴亡之基、民族振兴之石的角度理解"三农","农业、农村和农民问题是关系改革开放和现代化建设全局的重大问题。没有农村的稳定就没有全国的稳定,没有农民的小康就没有全国人民的小康,没有农业的现代化就没有整个国民经济的现代化。稳住农村这个大头,就有了把握全局的主动权"[4]。这样,"三农"问题就被置于优先考虑和解决的位置。

第二,解决"三农"问题的基本导向在于,在农村改革与发展中、在农村

---

[1] 《中共中央、国务院关于做好2002年农业和农村工作的意见》(2002年1月10日),《十五大以来重要文献选编》(下),第2195页。
[2] 温铁军:《三农问题与世纪反思》,生活·读书·新知三联书店2005年版,自序,第1页。
[3] 《高度重视农业、农村、农民问题》(1992年12月25日),《江泽民文选》第1卷,第258页。
[4] 《中共中央关于农业和农村工作若干重大问题的意见》,(中国共产党第十五届中央委员会第三次全体会议1998年10月14日通过),《十五大以来重要文献选编》(上),第554页。

生产关系调整与生产力提升中寻求解决之道。一方面，在改革、继续改革与深化改革中破解三农问题，改革是对生产关系的调整与重塑。20 世纪 80 年代初，农村活力的释放得益于农村生产责任制的改革，建立社会主义市场经济体制是中共十四大确立的改革目标，"三农"问题也需要在社会主义市场经济体制的整体框架下寻求解决之道，"在农村发展社会主义市场经济"①成为解决"三农"问题、建立中国特色社会主义新农村的基本方策。江泽民指出，"在农村发展社会主义市场经济，总的讲，必须坚持以市场为导向，充分利用农村人力、土地等各种资源，农、林、牧、副、渔全面发展，第一、第二、第三产业综合经营，科、贸、工、农相结合，以星罗棋布的新型集镇为依托，努力写成大农业、大流通、大市场的新格局，提高农业的整体经济效益和综合生产能力，走出一条建设有中国特色社会主义新农村的路子。这也是我国农村改革走向新阶段的标志"②。也就是说，发挥市场经济与政府宏观调控的双重作用，化解"三农"问题，才能保证农业和农村经济的持续稳定增长。另一方面，"解决好农业、农村和农民问题，归根到底要靠大力发展农村的社会生产力"③。只有在生产力的巨大突破与飞跃中才能谈得上化解"三农"危机，推动农村社会变动。"必须始终把发展农村经济、提高农业生产力水平作为整个农村工作的中心，一切政策都要有利于增强农村经济活力，放手依靠农民改变落后面貌，不断提高农民的物质文化生活水平。"④

第三，解决"三农"问题的关键在于党的领导。"落实党在农村的各项政策，搞好农业和农村工作，关键是要全面加强和改进党对农村工作的领导。"农村的全面发展，需要把农业放在各项经济工作的首位，长期坚持，毫不动摇；需要切实加强农村基层组织建设，努力发挥农村党员、干部的先锋模范作用；需要改进工作作风，加强党同人民群众的联系；需要各级部门大力支援农业，真心实意为农民服务，想农民之所想，急农民之所急，坚决反对一切损

---

① 《高度重视农业、农村、农民问题》（1992 年 12 月 25 日），《江泽民文选》第 1 卷，第 268 页。
② 《高度重视农业、农村、农民问题》（1992 年 12 月 25 日），《江泽民文选》第 1 卷，第 268—269 页。
③ 《要始终高度重视农业、农村和农民问题》（1993 年 10 月 18 日），《十四大以来重要文献选编》（上），第 428 页。
④ 《中共中央关于农业和农村工作若干重大问题的决定》，（中国共产党第十五届中央委员会第三次全体会议 1998 年 10 月 14 日通过），《十五大以来重要文献选编》（上），第 558 页。

农、伤农、坑农的行为；需要各级党委始终坚持两手抓、两手都要硬，大力加强农村社会主义物质文明与精神文明建设。①

第四，"三农"问题的解决，最终要落实在党和国家的"三农"方针政策上，这是贯彻党的"三农"思想、落实党对农村和农业工作的领导的契合点，也是思想的先导与政策的落实的有机统一。

"实现跨世纪发展的目标，难度最大而又非完成不可的一项任务，就是保持农业和农村经济持续稳定增长"②。江泽民在中共十五大报告中指出："要多渠道增加投入，加强农业基础设施建设，不断改善生产条件。大力推进科教兴农，发展高产、优质、高效农业和节水农业。积极发展农业产业化经营，形成生产、加工、销售有机结合和相互促进的机制，推进农业向商品化、专业化、现代化转变。综合发展农林牧副渔各业，继续发展乡镇企业，形成合理的产业结构。搞好小城镇规划建设。长期稳定以家庭联产承包为主的责任制，完善统分结合的双层经营体制，逐步壮大集体经济实力。改革粮棉购销体制，实行合理的价格政策。建设健全农业社会化服务体系、农产品市场体系和国家对农业的支持、保护体系。要尊重农民的生产经营自主权，保护农民的合法权益，切实减轻农民负担，使广大农民从党在农村的各项政策和工作中得到实惠。"③这些方针政策的指向非常明确，农业发展指向产业化、商品化、专业化与现代化，农村的发展则依托产业结构调整与城镇化，在农民问题上，从农民的权益保障及减负增收角度让农民分享改革成果。

除此之外，中共中央和国务院几乎每年都对农业和农村工作做出谋划和政策建议。1997年2月3日，《中共中央、国务院关于一九九七年农业和农村工作的意见》就继续加强农业的基础地位、确保农业持续稳定增长，对1997年农业和农村工作提出如下意见：第一，坚持把农业放在经济工作的首位，保持农业和农村经济持续稳定增长；第二，切实做好粮食收购工作，加快粮食流通体制改革；第三，加强基础设施建设和科技推广，提高农业综合生产能力；第

---

① 《高度重视农业、农村、农民问题》（1992年12月25日），《江泽民文选》第1卷，第273页。
② 《开创农业和农村工作新局面》（1998年9月25日），《江泽民文选》第2卷，第207页。
③ 《高举邓小平理论伟大旗帜，把建设有中国特色社会主义事业全面推向二十一世纪》（1997年9月12日），《江泽民文选》第2卷，第24页。

四,拓展农业经济发展领域,努力增加农民收入;第五,稳定和完善党在农村的基本政策,把农村改革引向深入;第六,加强基层组织建设、民主法制建设和精神文明建设,促进农村经济和社会协调发展。[①]1998年1月24日,《中共中央、国务院关于一九九八年农业和农村工作的意见》提出,实现1998年农业和农村工作总体要求的主要政策措施是:一、稳定政策,深化改革,增强农村经济发展活力;二、调整和优化结构,提高农村经济素质和效益;三、加强基础建设,实施科教兴农,提高农业综合生产能力;四、加强农村基层组织建设、民主制度建设和精神文明建设,推动农村经济社会全面发展;五、加强和改善党对农村工作的领导,全面完成农业和农村工作的各项任务。[②]1998年10月14日,中共十五届三中全会通过了《中共中央关于农业和农村工作若干重大问题的决定》,这是世纪之交中共谋划"三农"问题的纲领性文件,提出了实现我国农业和农村跨世纪发展目标必须坚持的十条方针:始终把农业放在国民经济发展的首位;长期稳定农村基本政策;不放松粮食生产,积极发展多种经营;实施科教兴农;实现农业可持续发展;大力发展乡镇企业,多渠道转移农业富余劳动力;切实减轻农民负担;实行计划生育基本国策;推进农村基层民主政治建设;物质文明建设和建设文明建设两手抓。[③]

第五,"三农"问题的解决,不仅要着眼于"三农"本身,还要着眼于"三农"之外,在城市与农村、工业与农业的良性互动中实现"三农"问题的解决。改革开放新时期20年农村改革的基本经验之一就是,"必须从全局出发,高度重视农业,使农村改革和城市改革相互配合、协调发展。坚持以农业为基础,从政策、科技、投入等方面大力支持农业。首先启动农村改革,以农村的改革和发展推动城市,又以城市的改革和发展支持农村,这是中国改革的成功之路"[④]。城市与乡村从来不是对立的,城市是社会经济发展特定阶段的产

---

① 《中共中央、国务院关于一九九七年农业和农村工作的意见》(1997年2月3日),《十四大以来重要文献选编》(下),第336—349页。

② 《中共中央、国务院关于一九九七年农业和农村工作的意见》(1997年2月3日),《十四大以来重要文献选编》(下),第2283—2298页。

③ 《中共中央关于农业和农村工作若干重大问题的决定》(中国共产党第十五届中央委员会第三次全体会议1998年10月14日通过),《十五大以来重要文献选编》(上),第559—561页。

④ 《中共中央关于农业和农村工作若干重大问题的决定》(中国共产党第十五届中央委员会第三次全体会议1998年10月14日通过),《十五大以来重要文献选编》(上),第557页。

物,城市的根基在农村,工业的基础在农业,为此发展乡镇企业,引导产业在地工业化;逐渐减少农民,推动农民市民化,都是城市反哺农村、工业反哺农业的体现,也是破除城乡二元结构、化解"三农"问题的良性机制。

20世纪最后20年的中国农村改革,既是勇敢的政策突破,将包产到户、家庭经营、土地承包经营制度长期稳定等政策确立并稳定下来;也是巨大的理论创新,丰富了中国特色社会主义现代化建设的理论体系;还是深远的思想解放,破除了人们对"三农"发展的某些僵化的、教条化的思想意识。方针政策、理论突破与实践创新,共同推动了中共"三农"思想的发展与成熟,丰富了20世纪最后20年的乡村建设思想。

### (三)学理解读:学界对"三农"问题的思考升华

"三农"问题一经提出,知识界、舆论界与思想界就在不同的学科背景与理论视角下解读、阐释"三农问题",形成了极为丰富和深邃的思想睿识与理论见地。围绕"三农"问题的理论思考和学理研究,在中共"三农"思想与理论创新的基础上进一步丰富了这一时期的"三农"思想体系。

依据中国知网梳理20世纪80年代以来的文献可以发现,"三农"最初并不是对农业、农村和农民三者的指称,而是将农业行政部门、农业科学研究单位、农业院校的协作简称为"三农"协作。① 三农协作的基本内涵,一般是指农业院(校)、农业科研院(所)、农业技术推广部门,在农业行政部门组织下的三农四方协作。② 还有学者以"三农"教育指称农村教育改革中"爱农、学农、立志建设农村"的思想教育。③ 1992年第4期《新闻通讯》刊发《"三农"报道的辩证思考》一文,以"三农"报道指称关于农业、农村、农民的新闻报道,"三农"与农业、农村、农民的关联由此确立下来。"三农"问题及"三农"思想研究开始进入学界视野。

首先,学界对中国共产党及其领导人的"三农"思想进行了深入研究。朱

---

① 《自治区"三农"协调小组召开大会"三农"协作体宣告正式成立》,《新疆农业科技》1984年第1期;严庆涛:《论农业院校的"三结合"与发展"三农"协作》,《甘肃农业科技》1987年第8期。
② 李秉乾:《浅谈三农协作的几个理论与实践问题》,《高等农业教育》1989年第5期。
③ 罗兆栋:《应把"三农"教育列为农村教育改革的重点》,《教育与职业》1988年第11期。

竞存对毛泽东的"三农"思想进行了研究，认为毛泽东"三农"思想的主要之点是：毛泽东论证了处理好农业和农民问题是实现对资本主义改造的重要条件；提出了"农业就是工业"的重要思想；指出社会主义时期农民问题的核心是"所有农民都要富裕"，农业合作化、社会化是实现"所有农民都要富裕"的根本途径。① 陈书生则认为农业、农村和农民的辩证统一即三农一体思想，贯穿于毛泽东筹划革命与建设的各个时期。② 郑有贵指出：毛泽东关于三农现代化的构想包括——农业现代化的核心是农业技术改革，以农业机械化为主要标志；农村要办工业和小城市；不能卡农民，不能剥夺农民，要提高农民的生活水平，提高农民的科学文化素质。实现三农现代化的路径在于——工农业协调发展是农业现代化建设的宏观经济环境；组织起来，发展生产力；把农业经济纳入计划经济轨道，发展商品生产，尊重价值规律。③ 范德官认为，"三农"思想是邓小平同志理论的基石，农业问题是建设中国特色社会主义的基础问题，农民问题是建设中国特色社会主义的根本问题，农村现代化是建设中国特色社会主义的头等大事；邓小平"三农"思想的主要内容包括关于社会主义农业本质，实现农业现代化，农业"两个飞跃"，农业经济因地制宜，综合经营、全面发展，大力推进农业工业化、农村城市化同步发展，始终注意充分调动农民积极性，坚持市场为取向的农村改革等思想。④ 在解决中国问题首先要解决农业、农村和农民问题这一战略基本点上，邓小平和毛泽东是一致的，所不同者在于解决农村和农民问题的一些具体方式、途径和做法方面。⑤ 以毛泽东、邓小平、江泽民为核心的三代领导集体，坚持马列主义基本原理，紧密结合中国革命和建设的实际，形成了各具特色的"三农"思想，也为在世纪之交中国特色社会主义"三农"理论的形成奠定了坚实的理论基础。⑥

---

① 朱竞存：《论毛泽东社会主义时期的"三农"思想》，《安徽省委党校学报》1993年第5期。
② 陈书生：《学习毛泽东过渡时期的三农一体思想》，《经济纵横》1993年第12期。
③ 郑有贵：《毛泽东的"三农"现代化思想与当代农村改革》，《党的文献》1999年第3期。
④ 范德官：《试论邓小平同志的"三农"思想》，《华东师范大学学报》1995年第5期。
⑤ 杨基宇：《论毛泽东、邓小平解决"三农"问题思路异同》，《学海》1997年第6期。
⑥ 冯雷、田立春、刘大莲：《中国特色社会主义"三农"理论的形成与发展——兼论中共三代领导核心的"三农"思想及其理论贡献》，《中共济南市委党校济南市行政学院济南市社会主义学院学报》2000年第1期。

其次，学界在寻求"三农"问题的对策的维度上抒发"三农"思想，在"三农"成因、困局、出路的思路下探讨"三农"问题，提出针对"三农"问题的对策建议，在学理层面上探究"三农"。

在对"三农"成因的认识上，温铁军的论点较有代表性。他指出，对农民、农村和农业这"三农问题"起制约作用的矛盾主要是两个：一是基本国情矛盾——人地关系高度紧张，二是体制矛盾——城乡分割对立的二元社会经济结构矛盾；解决农业问题的出路在农业之外；现在农业和农村面临的最大问题是两个基本矛盾没缓解，使农业无法与市场经济体制结合。① 温铁军认为，"中国的问题，基本上是'一个人口膨胀而资源短缺的农民国家追求工业化的发展问题'"，决策者可有两个选择："其一，中国只能以劳动密集就业于国家主导的基础设施建设为第一国策（宁可水平低、速度慢），辅之以全面开通城乡，调整产业结构和就业结构，以此促进农地上承载的过剩人口实现非农转移；其二，若此议难度太大，则只好加强农村社区'非市场'的、内部化的财产和收益均平的制度建设，同时强调打破流通和金融垄断，通过扩大农业的外部规模来维持小农村社经济；舍此，农民没有出路，农村不得发展；农业也难成为独立产业；当然，这并不妨碍少数大城市带着贫民窟超前现代化，不过，其结果会使中国陷入'拉美化'沼泽。"②

中共十四大确立了建立社会主义市场经济体制的目标，"三农"在社会主义市场经济中的基础地位与现实困境引起了诸多思考，进而探讨解决"三农"问题的具体路径。冯灼锋认为在市场经济条件下，正确处理"三农"问题的核心应当是稳定发展农业和保护农民利益。③ 陈锡根则认为学习邓小平"三农"问题的论述，促进中央有关"三农"问题决定、政策的落实是当前农村工作的首要任务。④ 多数学者都主张，农民问题是"三农"问题的核心，但对解决"三农"问题的关键，学者认识不一。张奎认为解决"三农"问题的关键是有效增

---

① 温铁军：《制约"三农"问题的两个矛盾》，《经济研究参考》1996 年第 5 期。
② 温铁军：《三农问题：世纪末的反思》，《读书》1999 年第 12 期。
③ 冯灼锋《关于正确处理"三农"问题的思考》，《农村研究》1994 年第 3 期。
④ 陈锡根：《"三农"问题及其对策刍议》，《社会科学》1995 年第 8 期。

加农民收入①,而傅水春则将深化农村改革视为解决"三农"问题的关键。②还有学者提出解决"三农"问题的根本出路在于依法治农,将政策确定为法律。③张重书则将小城镇建设作为解决我国"三农"问题的重要途径。④持相类似观点的还有郭非凡、周天勇。⑤"三农"问题焦点是确认、充分实现农民对自身劳动力的所有权。⑥杨树标等主张,"在建立和完善社会主义市场经济体制的条件下,必须用现代观、发展观和市场观去审视'三农'问题,这样才能真正把握住'三农'的重要地位,同时也能够找到解决问题的办法和途径,才能使社会主义市场经济体制顺利地以确立,才能保证'九五'计划和2010年远景目标的实现"⑦。

20世纪八九十年代的"三农"思想与前代相比,一个最明显的特征是在"三农一体"的思路下讨论问题,"'三农'问题,即农业、农村、农民问题,是20世纪90年代末才被作为一个整体问题提了出来"⑧。学界对"三农"问题、理论与政策的关注、讨论与阐释,进一步拓展、深化和丰富了中共"三农"理论与思想,也显示出学界关注现实的独特视角。进入21世纪,"三农"问题的视域进一步拓展到全面建设与建成小康社会、社会主义新农村建设、新型城镇化建设与中华民族伟大复兴的历史进程,并在经济、政治、文化、社会、生态文明五位一体的中国特色社会主义建设事业中衍生出内涵更为丰富的乡村建设思想。

随着中国改革开放和社会主义现代化建设的重心由农村转向城市,农村各项事业发展相对滞后,"三农"问题在世纪之交逐渐凸显出来,成为中国共产

---

① 张奎:《解决"三农"问题的关键是有效增加农民收入》,《晋阳学刊》1996年第5期。
② 傅水春:《深化农村改革是解决"三农"问题的关键》,《求实》1996年第S1期。
③ 郝爱军:《解决"三农"问题的根本出路在于依法治农》,《河北法学》1996年第5期。
④ 张重书:《小城镇建设——解决我国"三农"问题的重要途径》,《理论与改革》1998年第2期。
⑤ 郭非凡:《加速农村城镇化是解决"三农"问题之根本》,《江西社会科学》2000年第11期;周天勇:《大力发展小城镇——解决"三农"问题的根本途径》,《前线》2000年第3期。
⑥ 沈建英:《"三农"问题与劳动力农民所有制》,《江汉论坛》1998年第8期。
⑦ 杨树标、梁敬明、杨菁:《论社会主义市场经济条件下的"三农"问题》,《杭州大学学报》1996年第4期。
⑧ 武力、郑有贵主编:《解决"三农"问题之路——中国共产党"三农"思想政策史》,中国经济出版社2004年版,导言,第1页。

党人思考中国农村建设问题，尤其是社会主义新农村建设时必须要面对的一个重大课题。中国共产党人领导下的中国现代化建设及其关于上述问题的思考和认识，不仅构成邓小平理论的重要内容，而且成为新时期中国乡村建设思想史中极具时代特色的内容。

# 第十四章　新农村建设思想与实践的国家战略

"当'三农'问题构成制约中国社会发展和实现现代化进程中的突出问题时，对它的关注和寻求解脱之路的现实需求，催促着我们不得不对其进行学理或学术层面的分析。"① 进入 21 世纪后，基于"三农"问题的聚焦以及对中国经济社会发展的拖累，社会主义新农村建设思想日趋完善并作为国家发展战略而被重新提出。目前，对新农村建设及其相关研究已经由下而上广泛展开，形成了三种形态：一是学理意义的新农村建设研究。主要包括历史学、经济学、社会学等学科对近现代以来的中国乡村建设思想史、民国乡村运动史、不同乡村建设学派代表人物传记、典型村落调查等方面的研究。二是民间实验形式的新乡村建设。以知识分子和青年学生为先导的，社会各阶层自觉参与的，与基层农民及乡土文化结合的调查、研究和实践性活动。三是地方政府推动的新乡村建设运动。比如苏南的现代化新农村建设，浙江的万村整治和千村示范，海南的生态文明村建设，西部地区四川的扶贫新村建设等。②

新世纪以来，社会主义新农村建设的理论研究和社会实践全面展开。中国共产党主导的社会主义新农村建设思想发展历史轨迹如何，怎样契合时代发展

---

① 王先明：《历史学视野下的"三农"问题——历史的沉积与现代趋向》，《光明日报》2004 年 6 月 22 日。
② 詹静：《促进村域经济社会协调发展是新农村建设的首要任务——浙江师范大学首届"中国新乡村建设论坛"综述》，《浙江师范大学学报》2006 年第 3 期。

要求，是我们当前必须面对的时代性课题。

# 一、"三农"问题再聚焦：新农村建设的新背景

改革开放后特别是新世纪以来，"我国工业化、城镇化、市场化、国际化进程明显加快"①。随着工业化、城镇化、市场化和国际化不断深入，我国农村出现了许多新情况和新问题②：一方面"三农"问题凸显，另一方面城乡二元结构矛盾突出。在这种时代背景下，解决"三农"问题成为中国共产党的主要目标。20世纪八九十年代人们普遍认为，城市化是解决"三农"问题的关键。但是，城市化社会实践使人们认识到，单一向度的城市化发展路径不仅无助于"三农"问题的解决，而且还导致了城乡差距越来越大。在全面反思城市化发展思想的基础上，学术界提出社会主义新农村建设思想并很快成为中国经济社会发展的战略思想。

## （一）工业化、城市化、市场化和国际化发展

### 1. 工业化的发展

在七届二中全会上，中国共产党旗帜鲜明地提出，要把中国从一个落后的农业国转变成为一个先进的工业国，而社会主义工业化成为实现农业国转变为工业国的主要手段。1953 年 12 月，中共中央正式通过了党在过渡时期的总路线，提出："要在一个相当长的时期内，逐步实现国家的社会主义工业化，并逐步实现国家对农业、对手工业和对资本主义工商业的社会主义改造。"③ 1953—1957 年，中央政府开始实施第一个五年计划的工业化建设。但此时工业化是仿效苏联工业化模式进行的，强调优先发展重工业，集中主要力量以苏联帮助我国设计的 156 个建设单位为中心、由限额以上 694 个建设单位组

---

① 温家宝：《政府工作报告》（2006 年 3 月 5 日），《十六大以来重要文献选编》（下），中央文献出版社 2008 年版，第 343 页。
② 胡锦涛：《高度重视并切实解决好"三农"问题，加快推进农村改革发展》（2008 年 10 月 12 日），《十七大以来重要文献选编》（上），中央文献出版社 2009 年版，第 693 页。
③ 《毛泽东传（1949—1976）》（上），中央文献出版社 2003 年版，第 266 页。

成的工业建设。① "一五计划"的工业化基本特征是：（1）以高速度发展为首要目标。（2）优先发展重工业。（3）靠增加生产要素以保持经济增长的外延型的经济发展为主。（4）从备战和效益出发，加快内地发展，改善生产力布局。（5）以建立独立的工业体系为目标，实行进口替代。②20世纪50年代末，中苏关系恶化及苏联工业化模式弊端显现，中国政府开始改革建国初期不完全独立自主的工业化模式，启动以地方政府为主导的工业化进程，形成了中央政府放权于地方政府，兴起了以"大炼钢铁"为核心的"工业大跃进"和以"五小工业"为主的地方工业化路径。在我国工业化发展的历史进程中，政府承担了唯一决策者和实施人的角色，导致了政府经济权力过分集中，而信息不足和管理能力有限，限制了政府决策的科学性和提高了监督实施的成本，增加了经济管理难度，形成了"政府失灵"的问题。③

改革开放后，我国政府开始改革计划经济体制，解决"政府失灵"问题，中国工业化道路随之发生了转型，"从过去单一公有制和计划经济的基础转变为多种经济成分并存和市场经济为基础；从急于求成、追求高速度转变为经济增长指标宽松、留有余地；从优先发展重工业的倾斜战略转变为农轻重并举的均衡发展战略；从完全立足国内的自我积累、进口替代战略转变为积极利用外资和国外市场的'两个利用'战略；从过分注重区域生产力布局和区域均衡发展转变为'两个大局'为标志的梯度发展"④。这种工业化道路虽然体现了国营、私营、个体、乡镇企业和外资等多种形式推进工业化的新特征，出现了农业、轻工业、重工业和第三产业并驾齐驱，劳动密集型、资本密集型和技术密集型产业共同发展的经济景观，创造了巨大的经济总量，建立了买方市场，但是它却未能改变工业化发展的外延特点和政府主导模式。⑤

20世纪八九十年代，中国工业化是在依靠消耗自然资源和破坏生态环境为代价的基础进行的。进入新世纪以后，"中国新阶段的工业化面临着资源、环

---

① 武力主编：《中华人民共和国经济史（1949—1999）》上册，中国经济出版社1999年版，第218—219页。
② 武力：《中国工业化道路选择的历史分析》，《教学与研究》2004年第4期。
③ 武力：《新中国60年"政府主导型"发展模式的形成与演变》，《教学与研究》2009年第10期。
④ 武力：《中国工业化路径转换的历史分析》，《中国经济史研究》2005年第4期。
⑤ 武力：《中国工业化道路选择的历史分析》，《教学与研究》2004年第4期。

境、人口和技术的严重制约,这种国情决定中国必须克服中外传统工业化道路的缺陷,选择更有利于节约资源、保护环境、增加就业、技术进步的新型工业化道路"[①]。中共十六大提出:"实现工业化仍然是我国现代化进程中艰巨的历史性任务。信息化是我国加快实现工业化和现代化的必然选择。坚持以信息化带动工业化,以工业化促进信息化,走出一条科技含量高、经济效益好、资源消耗低、环境污染少、人力资源优势得到充分发挥的新型工业化路子。"[②] 根据中共十六大提出发展新型工业化的目标,我国在发展工业化过程中重视信息化与工业化同步推进;发挥政府引导和市场机制两种作用;强调生态环境保护和资源有效利用,走可持续发展道路;兼顾资金、技术密集型产业和劳动密集型产业的协调发展,注重充分就业;以公有制为主体,多种所有制经济共同发展。[③]

60 多年的工业化发展,极大地改变了中国面貌。我国已经从一个农业大国转变为工业大国,基本上完成了工业化中期阶段,已经进入了工业化后期阶段。首先,我国已经建立了完整、独立的工业体系。截至 2009 年,我国已经拥有 39 个工业大类、191 个中类、525 个小类,联合国产业分类中所列的全部工业门类我国都有。从工业企业数量看,2012 年全国规模以上工业企业达到 343769 个。其中,轻工业 139177 个,重工业 204592 个;大型企业 9448 个,中型企业 53866 个,小型企业 280455 个。其次,我国完成了由一个农业大国到工业大国的转变。1952 年我国第一产业增加值比重占 51.0%,到 2012 年比重持续下降至 10.1%,基本接近于 10%;1952—2012 年第二产业增加值占国内生产总值的比重由 20.8% 逐步升至 45.3%。其中,2012 年,工业产值占国内生产总值的 38.5%,占第二产业的 85%;第三产业增加值占国内生产总值的比重由 28.2% 升至 44.6%。最后,我国已经进入了工业化后期阶段。学术界认为,一个国家人均 GDP 达到 1000 美元,就进入了工业化后期阶段。2010 年我国人均 GDP 达 29940 元,按当年平均汇率计算为 4423 美元,按 2005 年不变价格计算为 3962 美元,按 2005 年美元购买力平价计算为 8506 美元,标志

---

[①] 简新华、余江:《中国工业化与新型工业化道路》,山东人民出版社 2009 年版,第 340 页。

[②] 江泽民:《全面建设小康社会,开创中国特色社会主义事业新局面》,《十六大以来重要文献选编》(上),中央文献出版社 2005 年版,第 16 页。

[③] 苏波:《转变发展方式走新型工业化道路》,《求是》2012 年第 16 期。

我国进入工业化后期阶段。①

2. 城市化的加快推进

"城市化是一个涉及经济、社会、生态、文化等诸多方面全面转变的过程，也是人类生产方式、生活方式和居住方式发生重大变迁的过程。"② 1949年，我国有城市132座，城市化率为10.6%。一五计划时期，我国新建或扩建兰州、西安、洛阳、包头、石家庄、武汉、成都、太原、大同、湛江、株洲、长春、吉林、哈尔滨等一批工业城市。到1957年，我国城市发展到176座，8年时间增加44座，城市化率提高到15.4%。1949—1957年，城市化率增加了4.8%，年增长0.6%。③ 但是，1958年后我国实施城乡分离的户籍制度，严格控制人口流动。1960年甚至还提出，三年不搞城市规划。有学者认为，我国实施了"一系列反城市化的制度安排和政策，在城乡之间构筑了一道道'无形的城墙'，严格控制人口的流动，形成典型的滞后城市化模式"④。1977年，我国城市化水平仅为15%。⑤

1978年，我国"进入从计划经济体制向市场经济体制转轨的历史时期。中国也向世界打开了大门，其城市与世界经济的联系得到迅速恢复和发展，城市化的发展获得了新的动力。在外资企业、乡镇企业迅猛发展的形势下，大量农村劳动力从农业部门转移到非农部门，从农村迁移到城市。中国的城市化水平迅速提高，逐步扭转了中国城市化发展滞后的局面"⑥。1978年3月，国务院召开了第三次全国城市工作会议，制定并颁布了《关于加强城市建设工作的意见》，这是改革开放后制定的第一个指导全国城市规划和建设工作的重要文件。1987年5月，国务院又通过了《关于加强城市建设工作的通知》指出："城市是我国经济、政治、科学、技术、文化、教育的中心，在社会主义

---

① 綦鲁明：《当前我国工业化的水平和特征》，《经济研究参考》2013年第68期。
② 成德宁：《经济学视角下中国城市化的趋势、问题与政策》，转引自唐磊、鲁哲主编：《海外学者视野中的中国城市化问题》，中国社会科学出版社2013年版，第85页。
③ 张一民：《论中国的新型工业化与城市化》，东北财经大学出版社2004年版，第83页。
④ 成德宁：《经济学视角下中国城市化的趋势、问题与政策》，转引自唐磊、鲁哲主编：《海外学者视野中的中国城市化问题》，第85页。
⑤ 吴友仁：《关于我国社会主义城市化问题》，《城市规划》1979年第5期。
⑥ 成德宁：《经济学视角下中国城市化的趋势、问题与政策》，转引自唐磊、鲁哲主编：《海外学者视野中的中国城市化问题》，第86—87页。

现代化建设中起着主导作用……城市建设与经济建设相辅相成,互相促进又互相制约。没有经济的发展,就没有城市的发展;把城市建设好,对生产力的发展,对经济、文化、科技、教育的发展又会起到巨大的推动作用。"① 在这种指导思想的作用下,20 世纪八九十年代,我国大力推进城市化建设,城市化率有显著提高。1989 年年底,我国有城市 450 座、小城镇 10609 座;全国城镇非农业人口由 1949 年 5765 万人增加到 1988 年 20082 万人,增长了 4 倍多。全国城镇人口占总人口的比重由 1949 年 10.6% 到 1988 年 49.6%,增长了 39%,若计算城镇非农业人口其比重为 18.5%。② 1997 年,我国市镇总人口为 36989 万人,城市化率为 29.9%,1998 年城市化率为 30.4%。③ 由于城市化已经成为推动中国经济发展的主要动力,新世纪我国政府实施积极稳妥推进城市化的战略,致力于消除城乡分割的制度,迎来了历史上最大规模农村人口向城镇地区流动的浪潮,城市化步入快速发展的轨道。④ 2009 年我国城镇人口为 62186 万人,比 2008 年增加了 1519 万人,增长了 2.5%;城镇人口占全国人口的比重为 46.6%,比 2008 年提高了 0.91%。⑤

3. 市场化的深化

新中国成立以后,我国选择了"一边倒"的基本国策,仿效苏联建立高度集中的计划经济体制。"在市场化改革的目标确立以前,计划经济思想和计划经济体制一直主导和影响着我国的经济社会活动。作为一种资源配置的方式,在一个时期,计划经济方式对我国经济建设和社会主义工商业改造发挥过一定积极的历史作用。"⑥ 但是,计划经济体制本身存在着严重的弊端。"传统计划

---

① 《国务院关于加强城市建设工作的通知》(1987 年 5 月 21 日),转引自建设部城市规划局中国城市规划设计研究院:《城市规划管理文件资料汇编》(内部资料),中国城市规划研究院印制 1988 年版,第 1 页。
② 王圣学:《城市化与中国城市化分析》,山西人民出版社 1992 年版,第 175—176 页。
③ 夏小林、王小鲁:《中国的城市化进程分析——兼评"城市化方针"》,《改革》2000 年第 2 期。
④ 成德宁:《经济学视角下中国城市化的趋势、问题与政策》,转引自唐磊、鲁哲主编:《海外学者视野中的中国城市化问题》,第 86—88 页。
⑤ 国家统计局城市社会经济调查司编:《中国城市统计年鉴》(2010 年),中国统计出版社 2011 年版,第 3 页。
⑥ 李晓西主编:《中国经济改革 30 年(1978—2008)》市场化进程卷,重庆大学出版社 2008 年版,第 5 页。

经济体制是要建立一个无所不包的计划体系,它不仅为企业规定了产品的种类和数量,还要规定其价格,甚至包管采购和销售。它不给市场调节留有半点余地。这种过于集中、呆板的计划体系根本不能做到社会生产和市场需求相互适应。传统计划经济体制建立之初所以会显得蓬勃朝气,主要是由于它建立在一个物质产品普遍匮乏的落后国家,追求经济增长率在客观上适应了社会需求。但是随着社会经济的发展,这一体制内在矛盾必将日益突出,加之市场经济体制在世界范围内的确立,使这种体制的弱点显得更为突出。因此,放弃传统的计划经济体制,确立社会主义市场经济新体制,就成为一种历史的必然,是明智的选择。"①

改革开放后,我国开始放弃社会主义计划经济体制,逐步建立社会主义市场经济体制。中共十二大正式提出"计划经济为主,市场调节为辅","我国在公有制基础上实行计划经济。有计划的生产和流通,是我国国民经济的主体。同时,允许对于部分产品的生产和流通不作计划,由市场来调节,也就是说,根据不同时期的具体情况,由国家统一计划划出一定的范围,由价值规律自发地起调节作用。这一部分是有计划生产和流通的补充,是从属的、次要的,但又是必需的、有益的"②。在"计划经济为主,市场调节为辅"的经济运行原则下,受市场调节的非国有经济蓬勃发展,体现了强劲的发展势头,而受计划调节的国有经济,受困于国家指令性计划,反而困难重重,这种发展态势要求人们突破"计划经济为主,市场调节为辅"的框架,进一步实行市场取向的改革。③ 中共十二届三中全会明确指出,社会主义经济是公有制基础上的有计划的商品经济。④ 中共十三大指出:"必须以公有制为主体,大力发展有计划的商品经济。"⑤ 同时认为:"社会主义有计划商品经济的体制,应该是计划与市场

---

① 刘炬:《浅议传统计划经济体制之弊端》,《经济纵横》1993年第2期。
② 胡耀邦:《全面开创社会主义现代化建设的新局面》(1982年9月1日),《十二大以来重要文献选编》(上),第22页。
③ 黄如军:《从计划经济到社会主义市场经济——我国经济体制改革目标模式的确立》,《中共党史研究》1999年第2期。
④ 赵紫阳:《沿着有中国特色的社会主义道路前进》(1987年10月25日),《十三大以来重要文献选编》(上),第26页。
⑤ 赵紫阳:《沿着有中国特色的社会主义道路前进》(1987年10月25日),《十三大以来重要文献选编》(上),第14页。

内在统一的体制",必须加快建立和培育社会主义市场体系,"社会主义的市场体系,不仅包括消费品和生产资料等商品市场,而且应当包括资金、劳务、技术、信息和房地产等生产要素市场;单一的商品市场不可能很好发挥市场机制的作用"①。1989年,发生东欧剧变,有人认为搞市场经济会瓦解公有制,他们不仅批评市场经济,也批评市场化的取向。这些认识说明:"我们还没有完全摆脱那种把计划经济与市场经济看作是区分经济制度属性的传统观念,经济体制改革进一步推进不能不受到一定的思想束缚。认识和实践的困扰再一次孕育着理论上的突破。"②中共十四大改变了"有计划的商品经济"的提法,明确提出:"我们要建立的社会主义市场经济体制,是同社会主义基本制度结合在一起的,就是要使市场在社会主义国家的宏观调控下对资源配置起基础性作用。"③中共十四大提出了市场经济改革目标和强调市场调节的基础性作用,在我国经济发展史上具有重要意义。它要求我国政府不再直接干预非国有经济,其一切经济活动主要依靠市场来调节;而且国有经济也进入了适应市场经济的体制改革和结构调整阶段。可以说,中共十四大不仅确立了市场经济的改革目标,而且逐步完成了由计划经济向市场经济的转变。④从此以后,中国政府取消了指令性计划,放开了市场,商品价格市场化率已经达到98%;企业的生产经营不再受国家计划的制约,而是根据市场供求和价格状态安排生产结构和规模;消费者可以自由进入市场,按市场规则自由选择商品。⑤

由于中国改革选择了渐进式的改革模式,"旧体制不可能一下子退出历史舞台,新体制不可能一下子就占领所有领域,因此,在相当长一段时期内,出现新旧体制的胶着状态"⑥。有学者认为,此时个体、私营、城镇集体经济、乡镇企业、"三资"企业已经成为市场经济的主体,也能按照市场规则运动;而

---

① 赵紫阳:《沿着有中国特色的社会主义道路前进》(1987年10月25日),《十三大以来重要文献选编》(上),第23—26页。
② 江泽民:《加快改革开放和现代化建设步伐,夺取有中国特色的社会主义事业的更大胜利》(1992年10月12日)。
③ 《十四大以来重要文献选编》(上),第16—17页。
④ 武力:《中国计划经济的重新审视与评价》,《当代中国史研究》2003年第4期。
⑤ 卫兴华:《关于坚持社会主义市场经济的改革方向问题》,《毛泽东邓小平理论研究》2014年第2期。
⑥ 宋醒民:《论社会主义市场经济》,经济管理出版社2001年版,第23页。

国有企业还没有完全从国家依赖中解脱出来,有的企业还没有成为真正的市场主体,参与市场活动的权利和义务受到约束;另一方面农副产品、工业消费品市场发育程度相对较高,生产资料市场已有一定程度的发育,但是,金融市场、劳动力市场、技术市场、信息市场、房地产市场还刚刚起步。[①]21世纪以来,我国国有企业改革滞后以及生产资料要素市场发育缓慢,对我国经济社会发展以及全面建设小康社会的宏伟目标产生了诸多不利的影响。中共十六大审时度势,明确提出了"建成完善的社会主义市场经济体制"的战略目标。中共十六届三中全会讨论了关于完善社会主义市场经济体制的问题,并做出《关于完善社会主义市场经济体制若干问题的决定》。在建立完善的社会主义市场经济体制的要求下,2004年,学术界发起了一场关于"国有企业改革"的大讨论。2005年,又发起了关于"医疗改革"的大争论。这两次大争论焦点直指"中国过去改革的成败得失"以及未来中国应当采取什么样的经济增长方式。许多学者认为,我国现在的改革不是市场化改革改过头,而是市场化改革还有很多地方没有到位,中国市场化改革的大方向是正确的,但有些改革策略和具体措施存在问题。[②]学术界关于未来中国改革向何处去的大讨论以及现在的改革还有很多领域没有到位的认识,推动中共中央和中央政府进一步深化市场化改革。中共十八大提出,全面深化经济体制改革,要求"处理好政府与市场的关系,必须更加尊重市场规律,更好发挥政府作用"。"要毫不动摇巩固和发展公有制经济,推动公有制多种实现形式,……毫不动摇鼓励、支持、引导非公有制经济发展,保证各种所有制经济依法平等使用生产要素、公平参与市场竞争、同等受到法律保护。健全现代市场体系,加快改革财税体制,深化金融体制改革,完善金融监管,推进金融创新,维护金融稳定。"[③]中共十八届三中全会通过的《中共中央关于全面深化改革若干重大问题的决定》指出:"经济体制改革是全面深化改革的重点,核心问题是处理好政府和市场的关系,使市场在资源配置中起决定性作用和更好发挥政府作用。""必须积极稳妥从广度

---

① 宋醒民:《论社会主义市场经济》,第23—24页。
② 李晓西主编:《中国经济改革30年(1978—2008)》市场化进程卷,引论,第2页。
③ 胡锦涛:《坚定不移沿着中国特色社会主义道路前进为全面建成小康社会而奋斗》(2012年11月8日),《求是》2012年第22期。

和深度上推进市场化改革,大幅度减少政府对资源的直接配置,推动资源配置依据市场规则、市场价格、市场竞争实现效益最大化和效率最优化。政府的职责和作用主要是保持宏观经济稳定,加强和优化公共服务,保障公平竞争,加强市场监管,维护市场秩序,推动可持续发展,促进共同富裕,弥补市场失灵。""建设统一开放、竞争有序的市场体系,是使市场在资源配置中起决定性作用的基础。必须加快形成企业自主经营、公平竞争,消费者自由选择、自主消费,商品和要素自由流动、平等交换的现代市场体系,着力清除市场壁垒,提高资源配置效率和公平性。"①

我国建立并完善社会主义市场经济体制,加快社会主义市场化的进程,导致我国社会经济市场化程度也不断深化。北京师范大学课题组对1978—2008年我国市场化程度进行了深入研究,计算出我国市场化程度情况,如下表:

表 14-1　1978—2008年我国市场化指数情况表

| 年份 | 市场化指数 | 年份 | 市场化指数 | 年份 | 市场化指数 | 年份 | 市场化指数 |
| --- | --- | --- | --- | --- | --- | --- | --- |
| 1978 | 15.08% | 1979 | 14.25% | 1980 | 15.08% | 1981 | 16.88% |
| 1982 | 18.92% | 1983 | 15.79% | 1984 | 17.88% | 1985 | 18.38% |
| 1986 | 18.38% | 1987 | 19.83% | 1988 | 19.63% | 1989 | 19.83% |
| 1990 | 20.25% | 1991 | 21.10% | 1992 | 26.04% | 1993 | 34.11% |
| 1994 | 37.72% | 1995 | 40.60% | 1996 | 41.43% | 1997 | 49.93% |
| 1998 | 55.49% | 1999 | 55.29% | 2000 | 60.64% | 2001 | 64.26% |
| 2002 | 64.76% | 2003 | 67.07% | 2004 | 70.53% | 2005 | 76.03% |
| 2006 | 75.19% | 2007 | 76.19% | 2008 | 76.40% | | |

资料来源:李晓西《中国市场经济发展报告2010》,北京师范大学出版社2010年版,第238、288、303页。

从上表可知,改革开放后,我国由传统计划经济开始转向社会主义市场经济,特别是1992年我国明确提出建立社会主义市场经济后,我国市场化程度明显深化。1978年我国市场化程度为15.08%,1992年提升到26.04%,2000

---

① 《中共中央关于全面深化改革若干重大问题的决定》(2013年11月12日),《求是》2013年第22期。

年提高到60.64%，2008年提高到76.40%。经过了30年体制转轨，中国市场程度一直在稳步提高，中国已经成为了一个发展中的市场经济国家。①

4. 国际化的进展

改革开放前，中国是一个非常典型的封闭国家，当时中国既没有外债，也没有什么外资企业。②"文化大革命"结束后，我国社会主义现代化建设提上日程，也开始恢复与西方发达国家的正常交往。国内、国际形势发展变化，使中国共产党领导人有可能从更广阔的视野观察世界大势，思考中国现代化建设的发展道路。③中共十一届三中全会，中共中央做出了改革开放的重大决策，中国开始加入国际化的大家庭之中。我国国际化发展主要分为两步：第一步是开放沿海和内陆地区，包括20世纪80年代设立广东省深圳、珠海、汕头及福建省厦门四个经济特区；开放大连、秦皇岛、天津、烟台、青岛、连云港、南通、上海、宁波、温州、福州、广州、湛江、北海等14个沿海港口城市；把长江三角洲、珠江三角洲和闽南厦漳泉三角地区、辽东半岛和胶东半岛开放为沿海经济开发区；通过海南建省成立最大的经济特区。④20世纪90年代，我国实施沿边开放战略，设立珲春、黑河、绥芬河、满洲里、二连浩特、伊宁、博乐、塔城、畹町、瑞丽、河口、凭祥、东兴和丹东为沿边开放城市。沿海和沿边城市的开放，主要是加强利用外资和引进先进技术，扩大对外经贸发展，体现了"请进来"的战略思想。

经过对外开放，我国经济实力整体得到了提高，如何"走出去"是新世纪我国政府需要思考的重要课题。新世纪伊始，我国经过15年艰苦的谈判，终于顺利地加入了世界贸易组织。以加入世界贸易组织为契机，我国政府在大力推进"请进来"的战略同时，积极推行"走出去"的发展战略。"2001年年底，中国正式加入世界贸易组织，标志着我国对外开放进入一个新的阶段：一方面意味着中国将在更大范围、更广领域和更高层次上参与国际经济合作和竞

---

① 李晓西：《中国市场经济发展报告2010》，北京师范大学出版社2010年版，第337页。
② 萧冬连：《中国对外开放的决策过程》，《中共党史研究》2007年第2期。
③ 孙大力：《关于新时期对外开放决策的几个特点》，《中共党史研究》2007年第2期。
④ 王洪模等：《1949—1989年的中国》（第4册 改革开放的历程），河南人民出版社1989年版，第434—440页。

争,另一方面也会为我们实施'走出去'战略带来更多的机遇。"①中共十六大报告指出:"我国在坚持经济社会发展中,坚持'引进来'和'走出去'相结合,全面提高对外开放水平,以适应经济全球化和加入世贸组织的新形势,在更大范围、更广领域和更高层次上参与国际经济技术合作和竞争,充分利用国际国内两个市场,优化资源配置,以开放促改革促发展。实施'走出去'战略是对外开放新阶段的重大举措。"②坚持"引进来"和"走出去"相结合,已经成为我国经济社会发展的基本国策。与此同时,我国提出建立开放型经济的战略思想,并认为经济开放具有"全方位、多层次、宽领域"的格局,具有"内外联动、互利共赢、安全高效"的特点。在实施"引进来"和"走出去"相结合、建立开放型经济发展战略后,我国在"引进来"和"走出去"都做出了很多的尝试,不断延伸对外开放的深度和广度。③大大提高了对外开放程度,推动了我国国际化的进程。1998—2002年中国东部、中部、西部及全国开放程度如下表所示:

表14-2 1998—2002年我国东部、中部、西部及全国国际开放度总指数(%)

| 国际开放度 | 1998年 总指数 | 1999年 总指数 | 2000年 总指数 | 2001年 总指数 | 2002年 总指数 |
|---|---|---|---|---|---|
| 东部平均 | 171.2 | 187.8 | 223.8 | 179.8 | 286.2 |
| 中部平均 | 25.0 | 27.9 | 31.5 | 55.7 | 53.4 |
| 西部平均 | 30.9 | 30.1 | 43.5 | 53.8 | 51.5 |
| 全国平均 | 75.9 | 81.5 | 100.0 | 129.7 | 130.3 |

资料来源:赵伟等《中国区域经济开放:模式与趋势》,经济科学出版社2005年版,第75页。

由上表可知,1998—2002年,我国东部国际开放程度发展很快,中部地区次之,西部地区发展缓慢。但是,无论东、中、西部国际开放程度在总体上发

---

① 陈扬勇:《江泽民"走出去"战略的形成及其重要意义》,《党的文献》2009年第1期。
② 《全面建设小康社会,开创中国特色社会主义事业新局面》(2002年11月8日),《江泽民文选》第3卷,第551页。
③ 李洪涛:《对外开放度:开放型经济建设的风向标》,《国际经济合作》2014年第11期。

展都很快。国际开放程度（总指数）的发展表明了我国国际化程度不断加深。

**（二）"三农"问题再聚焦**

1. 工业化、城市化、市场化和国际化的影响

近代以来，人们在思考工业化和城市化和农业、农村社会关系问题时，都是抱有十分乐观的心态。很多人认为，中国只要实现了工业化和城市化，大量的农村劳动力会向城市转移，农村人口就会转化为城市人口，农村劳动力减少，农业劳动生产率提高，结果是农业发展、农村繁荣了、农民就富裕了。我们认为，从长远来看工业化和城市化发展对农业、农村和农民发展确实具有强大的推动力。但是，这可能是在社会平均利润大体平衡的状态下才会出现。而现阶段我国工业和农业、城市和乡村社会平均利润相差很大，工业化和城市化发展未必会带来农业、农村发展和农民的富裕；而且像中国这样一个后发型的工业化国家与早期的工业化国家不同，早期工业化国家可以通过向海外殖民来获得工业化所需要的资金和转移工业化带来的社会成本，而中国工业化已经没有机会从海外殖民获得工业化所需要的资金、劳动和其他资源，相反，工业化资金、劳动力和其他资源均需要由农业、农村和农民来提供。此时工业化发展不但不会推动农业、农村和农民的发展，反而造成了对农业、农村和农民的巨大伤害，形成所谓的"三农"问题。

改革开放后，我国开始启动市场化的改革。根据上文可知，目前我国经济社会市场化程度已经达到了76.4%，已经成为相对成熟的市场经济。①"市场经济是以市场机制作为配置资源的基础性手段，并以资源的趋利性流动重组来实现资源的优化配置为特征的。"② 而我国农业市场化水平低于经济总体市场化水平，尤其是资金和技术两大要素市场化水平又滞后于农业总体市场化水平，我国农村土地还处于非市场化阶段。③ 我国农业还远不适应社会主义市场经济的要求。但是，农业又是一个社会效益大而自身经济效益很低的弱质产业。在社会主义市场经济条件下，不论其在产品市场竞争还是经济资源配置中，农业与

---

① 戴晓春：《我国农业市场化的特征分析》，《中国农村经济》2004年第4期。
② 许经勇：《我国农业市场化改革的回顾与思考》，《财经问题研究》2008年第7期。
③ 戴晓春：《我国农业市场化的特征分析》，《中国农村经济》2004年第4期。

工商业相比往往处于软弱和不利地位。①"与其他产业相比较,农业不仅要承受其他产业所不可能有的自然风险,而且还要承受比其他产业大得多的市场风险。"②改革开放后,我国农业投资主体和农业生产组织均由集体转向农民和农户,因为单个的农民家庭投资能力有限,承担风险能力又差,在工业化、城市化和市场化不断发展的社会中,农业的社会基础地位不断地被削弱。

21世纪初,中国根据市场经济发展要求加入了世界贸易组织,我国农业随之跨入国际化的历史发展轨道中。农业国际化使我国农业参与国际分工和竞争的局面形成,农业参与国际分工和竞争的挑战日益严峻。2005年10月,世界银行发布了《全球农业贸易与发展中国家》的研究报告,宣称如果贸易完全自由化后,农业、农村和农民受益最多的国家依次是美国、阿根廷、巴西、澳大利亚及新西兰、加拿大等,而受损失最大的国家依次是中国、西欧国家、日本、韩国及印度等。③其实,经济国际化尤其是农业国际化对我国农业、农村和农民发展而言,是一件机遇与挑战并行的大事。从农业、农村和农民发展机遇来讲,入世促进了农业改革的深化和农业政策的调整;加快了农业结构调整和区域布局优化步伐;增加了农产品有效供给,减缓了国内农业资源和环境压力;推动了农产品质量安全的完善和安全水平的提高。④入世还有利于转换农民经营管理理念,培育新型农民;有利于建立公平、竞争、有序的大市场等。⑤但是,它也给农业、农村和农民发展带来了严重挑战,主要表现在:一是部分农产品新增需求市场被进口过度挤占,生产受到挤压;二是一些农产品趋势价格受到明显抑制和打压;三是供需波动和市场风险明显加大;四是外资对某些产业的大量进入给部分农产品的供给安全和产业安全带来了潜在风险。⑥

2. "三农"问题的凸显

当代中国的"三农"问题,既有我国从传统农业向现代农业发展转型过程中,传统农业不适应时代发展要求的内在因素,也有我国改革开放大力推行工

---

① 许经勇:《我国农业市场化改革的回顾与思考》,《财经问题研究》2008年第7期。
② 许经勇:《市场化、国际化形势下的我国农业保护与振兴对策》,《社会科学研究》1999年第6期。
③ 慕良泽:《"三农"问题国际化与群体性事件新特征》,《华中师范大学学报》2009年第6期。
④ 牛盾:《我国农业入世十周年回顾与展望》,《农业经济问题》2011年第12期。
⑤ 韦吉田:《农业国际化知与行》,广西人民出版社2007年版,第9页。
⑥ 牛盾:《我国农业入世十周年回顾与展望》,《农业经济问题》2011年第12期。

业化、城市化、市场化和国际化对"三农"问题施加的外在影响,内在和外在两种历史合力导致我国严重的"三农"问题。

(1)农业基础薄弱,农业生产力水平低。2006年2月,胡锦涛在省部级主要领导干部建设社会主义新农村专题研讨班上的讲话中指出:"农业生产提供的食物等基本生活资料是人类社会存在和发展的首要前提,农业部门创造的剩余产品是社会其他部门存在和扩大的重要基础。农业的这种特性,决定了农业是国民经济的基础,是安天下的战略产业。"① 然而,长期以来我国农业基础薄弱、生产力水平低的状况没有发生根本改变:一是农业生产方式落后。长期以来,我国农业生产都是以兼业化的家庭经营为主,主要是满足家庭日常消费,只有少量的剩余产品流入市场交易,换取日常生活所必需的生活资料。而农业生产手段主要是用手工劳动,靠天吃饭。② 截至2006年年底,我国农业机械化发展水平中,耕种收机械化水平达到40.6%,农业劳动力占全社会从业人员比重已经下降到40%以下。但是,农业机械化总体水平不高,发展不平衡;机械装备需要与有效供给之间存在矛盾;农艺与农机不协调;财政投入严重不足;农机服务组织化程度较低。③ 农业经营理念和经营手段落后,集约化、专业化和组织化程度偏低,社会化服务体系不健全,科技进步贡献率较低。④ 二是农业生产要素流失严重。农业生产要素主要包括土地、资金、劳动力和技术。然而,我国农村土地流失严重,如人为的抛荒、工业交通建设挤占农村耕地、城市房地产开发占用耕地等。农村资金大量外流主要有农村存款通过银行贷款变成了工商业贷款、高校学生收费制度使大量农村资金流入城市、国家财政税收等。劳动力流失主要有大量青壮年农村劳动力从农业中转移出来到城市工作和就业,脱离了农业生产,使农业劳动力投入严重不足。在土地、资金和劳动力大量流失的情势下,农业生产必须大力推进技术革新,而我国农业发展对新技术吸收严重不足、对农业技术引进不够重视,一定程度上影响了我国农业技术

---

① 胡锦涛:《建设社会主义新农村,不断开创"三农"工作新局面》(2006年2月14日),《十六大以来重要文献选编》(下),第267—268页。
② 胡锦涛:《建设社会主义新农村,不断开创"三农"工作新局面》(2006年2月14日),《十六大以来重要文献选编》(下),第274页。
③ 杨敏丽:《新阶段我国农业机械化发展态势分析》,《中国农机化》2008年第1期。
④ 孔祥智等:《新世纪十个"中央一号文件":回顾与展望》,《教学与研究》2013年第7期。

进步的整体效果。① 农业生产要素大量流失，而农业技术吸收和引进又严重不足，无法弥补生产要素流失所造成的损失，从而使农业基础日趋薄弱。三是农业基础设施薄弱。新世纪以来，中共中央高度重视农田水利建设，大型灌区续建配套与节水改造、大中型病险水库除险加固、小型农田水利设施建设补助等一系列重大举措的实施成效明显。但是，农田水利设施老化失修、设备报废且效益下降严重。权威部门数据显示，目前全国434个大型灌区骨干工程的完好率为60%，中小灌区干支渠完好率仅为50%左右，大型灌溉排水泵站老化破坏率达75%左右，与农业生产最密切的农田水利工程"最后一公里"渠道成为最薄弱的环节。节水灌溉面积仅占总灌溉面积的43.5%，灌溉水利用率2010年为0.5%，节水灌溉设施保有和利用率与我国水资源短缺的国情严重不符，远远低于发达国家节水灌溉水平，非常不适应现代农业发展的需要；以农民投工投劳、筹资为主的农田水利设施建设机制滞后，一些不发达地区，尤其是边远山区和贫困地区，由于资金严重短缺，更加无力兴修农田水利设施；农田水利设施建设投入不足，主体责任不清，管理体制不顺，客观上造成农田水利设施建设主体缺位和错位，也直接或间接地阻碍了农田水利事业的发展。尤其是税费改革后，按照"谁受益、谁投入"的市场原则，事实上造成建设管理主体责任不清晰的问题，导致无人投入、无人管理。② 四是农村资源环境恶化。工业化、城市化的不断发展，导致了我国耕地数量锐减、质量下降，水资源短缺、浪费严重，农村环境污染、生态破坏等问题日益凸显，支撑农业生产的资源环境要素已经绷得很紧。③

（2）农村发展滞后，整体效益低下。农村生产效益不高。按照农村统计数据，2004年参加农村经济活动的就业人员有4.97亿人，占全国就业人员的65%左右，占农村人口的53%左右。其中农村男性就业人员2.65亿人，占农村就业人员的53.4%；女性就业人员2.32亿人，占农村就业人员的46.6%。在农村劳动力中，16—20岁占8.7%，21—25岁占12.5%，26—30岁占9.4%，

---

① 魏锴等：《对我国农业技术引进问题的政策思考——兼论农业技术进步的路径选择》，《农业经济问题研究》2013年第4期。
② 陈云鹏、陈艳珍：《对农田水利设施建设的思考》，《理论探讨》2011年第4期。
③ 孔祥智等：《新世纪十个"中央一号文件"：回顾与展望》，《教学与研究》2013年第7期。

31—35 岁占 10.4%，36—40 岁占 12.7%，41—45 岁占 11.7%，46—50 岁占 12.9%，51 岁以上占 21.7%。从文化程度来看，劳动力文化程度平均指数为 7.9 年，其中文盲半文盲者占 7.5%，小学文化程度的人数占 29.3%，初中文化程度的人数占 50.4%，高中文化程度的人数占 10.0%，中专及中专以上文化程度的人数占 2.9%。农村劳动力平均受教育年限尚未达到初中毕业水平。从专业技能看，农村劳动力中只有 15.5% 的人接受过专业培训，84.5% 的人未能接受专业培训。① 由于我国农村劳动力年龄偏大，受文化教育水平低，而又很少接受专业技能培训，农村劳动力生产效益不高。每个农业劳动力平均一年生产的粮食、肉类、水果等农产品数量只相当于发达国家的几十分之一；人均占有粮食、肉类、水果等主要农产品数量还不到发达国家的一半。② 我国农村劳动力生产效益低下，导致农村发展滞后。

（3）农村生产生活设施建设滞后。据国务院第二次全国农业普查领导小组办公室和中华人民共和国国家统计局主编的《中国第二次全国农业普查资料汇编（农村卷）》普查情况可知：截至 2006 年年底，全国还有 17.4% 的自然村没有通公路，1.7% 的自然村没有通电，6.3% 的自然村没有通电话，4.7% 的自然村无法接收电视节目，55.7% 的自然村没有有线电视，69.8% 的自然村没有幼儿园和托儿所，89.3% 的自然村没有图书室和文化站，84.9% 的自然村没有农民业余文化组织，25.7% 的自然村没有卫生室，75.5% 的自然村没有自来水；84.2% 的自然村没有垃圾集中处理站，83.7% 的自然村没有完成改造的厕所。村委会在车站、码头附近的占 24.6%，距离车站、码头 1—3 公里的占 45.2%，4—5 公里的占 11.6%，6—10 公里的占 10.5%，11—20 公里的占 5.2%，20 公里以上的占 2.8%。进村道路路面为水泥的村委会占 34.7%，柏油占 26.2%，沙石占 26.1%，砖石和板材占 1.1%，其他材料占 11.9%。村里道路为水泥的村委会占 27.2%，柏油占 11.1%，沙石占 36%，砖石和板材占 2.7%，其他占 23.1%。③

---

① 唐平：《农村劳动力现状、就业结构及问题》，国家统计局农村社会经济调查司编：《中国农村劳动力调研报告 2005》，中国统计出版社 2005 年版，第 3 页。
② 胡锦涛：《建设社会主义新农村，不断开创"三农"工作新局面》（2006 年 2 月 14 日），《十六大以来重要文献选编》（下），第 274—275 页。
③ 国务院第二次全国农业普查领导小组办公室、中华人民共和国国家统计局编：《中国第二次全国农业普查资料汇编（农村卷）》，中国统计出版社 2009 年版，第 34—50 页。

(4) 农村社会事业发展滞后。从农村教育方面看，中共十六大以来我国农村教育事业获得了长足的发展，但是，农村教育发展水平不仅难以满足农村经济社会发展的要求，也与广大农民群众的期望存在较大差距，主要表现在以下几个方面：一是由于农村教育投入不足，城市与农村之间、农村区域之间教育发展很不协调。特别是农村义务教育阶段的学校办学条件较差，它们的校舍、教学设施、仪器设备达不到国家规定的基本标准；二是由于城乡差异悬殊较大，农村学校优质师资力量流失严重，农村骨干教师缺乏，由此导致了教师整体素质偏低，严重制约了教学质量的提高；三是农村职业教育教学不能满足培育新型农民和促进农村劳动力转移的需要，学校的实习实践场所、师资队伍等普遍紧张。

从农村医疗卫生事业方面看，我国农村医疗卫生服务与农民日益增长需求不相适应的矛盾十分突出。一方面由于国家的公共财政对农村卫生事业投入严重不足，导致农村卫生事业水平总体不高，在卫生资源数量质量、卫生基础设施服务条件及人口健康状况上都远远落后于城镇地区；另一方面农村医疗卫生人员队伍素质普遍偏低，技能水平不高，而且他们待遇也偏低，引发了农村医疗卫生队伍不够稳定，服务能力薄弱。特别是贫困地区、边疆地区农村，缺医少药问题尚未得到根本解决。①

从农村文化发展状况来看，农村是我国传统文化、民族文化和民间文化的主要源头。但是，农村又是我国文化基础最薄弱、发展最滞后的区域。当前城镇居民文化生活已经十分丰富，而广大农村尤其是边远落后的农村，大多数农民群众还享受不到基本的公共文化服务，收听广播难、看电视难、看戏难、读书看报难等问题仍普遍存在。这就造成了城乡之间文化发展的巨大反差，严重影响了农民文化消费的公平。②

从农村养老保险来看，现阶段农村社会保障制度还是以家庭保障为主体，制度化保障为补充，这与农村居民对社会保障的实际需要存在着不小的差距。相对于城市社会保障体系而言，政府对农村社会保障制度建设的支持明显不

---

① 郭建军：《"十二五"期间我国农村社会事业发展的政策和建议》，《经济研究参考》2010 年第 35 期。

② 欧阳坚：《千方百计加快农村文化建设》，《求是》2012 年第 5 期。

足。大多数农村地区，农村居民从正式制度得到的保障待遇几乎可以忽略不计。国家和政府未能像城市那样对农村社会保障制度建设给予强有力的支持和推动。[①] 农村养老服务机构虽然收养人数有所增加，但养老机构数量处于下降之中。1995年老年收养性福利机构为40387个、2000年为25576个、2012年为32787个；年末收养人数相应为60.3万人、42.8万人、200万人；收养老人数相应为56.3万人、41.2万人、193.0万人。农村社会救济费和自然灾害救济费：1995年农村社会救济费为3.04亿元、2000年为8.73亿元、2012年为995.83亿元；自然灾害救济费分别为23.48亿元、35.19亿元、163.38亿元。农村社会救济费占民政事业费支出总额比重相应为2.9%、3.8%、27.0%；自然灾害救济费相应占22.7%、15.3%、4.4%。[②] 2006年2月，胡锦涛在《建设社会主义新农村，不断开创"三农"工作新局面》讲话中，对我国农村社会事业发展提出了非常中肯的认识。他指出，我国"农村生产生活基础设施落后的问题突出，农村教育、卫生、文化等社会事业发展滞后，上学难、看病难等问题还相当突出。农村文化教育水平仍然较低，还有不少不识字或识字很少的人口。全国四亿九千万农村劳动力中，具有高中及以上文化程度的只占百分之十三，小学文化程度的占百分之二十九点二，不识字或识字很少的占百分之七点五。全国有三十万个二十户以上的自然村、约四千六百万农民群众看不到电视。农村广大地区电视收看质量也有很大差距。"[③]

（5）农民收入增长缓慢。改革开放前，农民问题主要是农民生活贫困，很难解决温饱。经过改革开放和农村家庭承包责任制的实施，农民生活贫困和温饱问题已经基本解决。新世纪，农民问题主要是农民收入增长缓慢。1978—1984年农民收入增长很快，年均达到15.9%。但是，1985—1991年农民收入减缓，年增长率只有4.2%。1992—1996年农民收入增长有所增加，达到了5.6%。然而，1997—2000年农民收入增长速度减缓，明显低于前三个时期，

---

① 李迎生：《市场转型期的农村社会保障制度建设：进展与偏差》，《中国人民大学学报》2005年第4期。
② 国家统计局农村社会经济调查司编：《中国农村统计年鉴2013》，中国统计出版社2013年版，第304页。
③ 胡锦涛：《建设社会主义新农村，不断开创"三农"工作新局面》（2006年2月14日），《十六大以来重要文献选编》（下），第275页。

年均增长率仅为3%左右。同时，农民收入虽然有所增长，但相对于城市居民收入增长，幅度并不显著。

表14-3  1978—2005年城乡居民家庭人均收入对比（单位：元/人）

| 年份 | 农村居民人均纯收入 | 城镇居民人均可支配收入 | 城镇居民人均可支配收入比农村人均纯收入 |
|---|---|---|---|
| 1978 | 134 | 343 | 2.6 |
| 1985 | 398 | 739.1 | 1.9 |
| 1986 | 424 | 899.6 | 2.1 |
| 1987 | 463 | 1002.2 | 2.2 |
| 1988 | 545 | 1181.4 | 2.2 |
| 1989 | 602 | 1375.7 | 2.3 |
| 1990 | 686 | 1510.2 | 2.2 |
| 1991 | 709 | 1700.6 | 2.4 |
| 1992 | 784 | 2026.6 | 2.6 |
| 1993 | 922 | 2577.4 | 2.8 |
| 1994 | 1221 | 3496.2 | 2.9 |
| 1995 | 1578 | 4283.0 | 2.7 |
| 1996 | 1926 | 4838.9 | 2.5 |
| 1997 | 2090 | 5160.3 | 2.5 |
| 1998 | 2162 | 5424.1 | 2.5 |
| 1999 | 2210 | 5851.0 | 2.7 |
| 2000 | 2253 | 6280.0 | 2.8 |
| 2001 | 2366 | 6859.6 | 2.9 |
| 2002 | 2476 | 7702.8 | 3.1 |
| 2003 | 2622 | 8472.8 | 3.2 |
| 2004 | 2936 | 9421.6 | 3.2 |
| 2005 | 3255 | 10493.0 | 3.2 |

资料来源：《中国农业发展报告2006》，转引自徐永祥主编：《中国农民收入研究》，江西科技出版社2007年版，第32页。

由上表可知，1978年农民人均收入与城镇居民收入之比为1∶2.6，1985年农民收入与城镇居民收入之比缩小为1∶1.9。而1986—1999年农村居民人均纯收入与城镇居民可支配收入之比长期在1∶2.1到1∶2.9之间徘徊。2000年，农村居民人均纯收入与城镇居民可支配收入之比开始上升，2003—2005年农村居民人均纯收入与城镇居民可支配收入之比已经达到了1∶3.2。新世纪以来，我国城乡居民收入差距不但没有下降，反而进一步扩大了，从另一个侧面反映了我国农民收入增长缓慢。胡锦涛在《建设社会主义新农村，不断开创"三农"工作新局面》讲话中也指出，1984年我国城乡居民收入比为1.81∶1，1994年扩大到2.86∶1，2005年进一步扩大到3.22∶1；农村消费品零售额占全社会消费品零售额的比重，由1980年的65.7%下降到2005年的32.9%。①2003年12月，中共中央和国务院指出："当前农业和农村发展中还存在着许多矛盾和问题，突出的是农民增收困难。全国农民人均纯收入连续多年增长缓慢，粮食主产区农民收入增长幅度低于全国平均水平，许多纯农户的收入持续徘徊甚至下降，城乡居民收入差距仍在不断扩大。农民收入长期上不去，不仅影响农民生活水平提高，而且影响粮食生产和农产品供给；不仅制约农村经济发展，而且制约整个国民经济增长；不仅关系农村社会进步，而且关系全面建设小康社会目标的实现；不仅是重大的经济问题，而且是重大的政治问题。"②2005年12月，《中共中央、国务院关于推进社会主义新农村建设的若干意见》指出："当前农业和农村发展仍然处在艰难的爬坡阶段，农业基础设施脆弱、农村社会事业发展滞后、城乡居民收入差距扩大的矛盾依然突出，解决好'三农'问题仍然是工业化、城镇化进程中重大而艰巨的历史任务。"③

## 二、从农村城市化到建设新农村：新农村建设新路径

世纪之交，我国"三农"问题日益恶化和城乡差距不断扩大，使得学术界

---

① 胡锦涛：《建设社会主义新农村，不断开创"三农"工作新局面》（2006年2月14日），《十六大以来重要文献选编》（下），第275页。
② 《中共中央、国务院关于促进农民增加收入若干政策的意见》（2003年12月31日），《十六大以来重要文献选编》（上），中央文献出版社2005年版，第671页。
③ 《中共中央、国务院关于"三农"工作的一号文件汇编》，人民出版社2010年版，第115页。

和中国政府不得不考虑如何来解决"三农"问题,以缩小日益扩大的城乡差距问题。起初,学术界提出农村城市化的政策主张,政府根据学术界提出的农村城市化主张,选择了小城镇发展战略。但是,小城镇作为农村城市化模式,实施没有多久,产生了不少问题,很快遭到了人们的质疑。于是,学术界改变了"农村城市化"主张,推进以城市为核心的工业化发展战略来解决"三农"问题。令人遗憾的是,工业化和城市化发展战略不但没有解决好"三农"问题,反而导致了城乡发展差距越来越大。因此,人们又开始怀疑工业化和城市化发展战略的可行性,提出了建设社会主义新农村的战略思想,并得到中央政府认可,上升为国家发展战略。

### (一)城市化:解决"三农"问题早期选择

1. "农村城市化":经济和社会发展的主导方向

"农村城市化"是 20 世纪 50 年代西方国家率先提出的。第二次世界大战后,西方国家城乡生活水平差距很大。为了消灭这种差距,西方国家提出"农村城市化"的口号,并把它当作一种模式,企图以此来把农村的生活水平提高到和城市同等的程度。① 20 世纪 80 年代初,我国实行农村家庭承包责任制,激活了农民的生产积极性。但是,随着改革向城市推进,我国"三农"问题中的农业经济问题很快显现。于是,人们开始反思如何来发展农业经济。有人认为,我国农业是以分散的小农户为主体的,而这些小农户是排斥现代化和技术进步的。但是,过去农业发展是依靠国家的投资和提高农产品价格,现在依靠国家投资和提高农产品价格已经无济于事了。发展农业必须把眼光离开农业本身,面向整个国民经济和产业结构的大调整,采取通过发展工业、发展城市来带动和发展农业、发展农村的根本战略措施。② 人们还认为:"近代和现代社会经济发展史向我们表明,工业化的过程即是由农业人口变为非农业人口、农村人口向城市聚集的过程。"③ 而且,"工业化是城市化的灵魂,工业化是主导,是支柱。工业化城市有辐射力。""把工业化和城市化合在一起研究具有十分重

---

① 刘振邦:《"农村城市化"是一个危险的提法》,《新华日报》1995 年 12 月 7 日,第 7 版。
② 刘福垣:《关于农村城市化的几个认识问题》,《农业经济问题》1988 年第 9 期。
③ 吴通全:《对农村城市化的几点不同看法》,《农业经济问题》1985 年第 3 期。

要的战略意义,抓住了城市化问题的关键。"① 但是,人们已经注意到西方的工业化和城市化导致了农村衰落的现象,不过他们认为这只是资本主义经济发展进程中的现象,而不是工业化和城市化发展的必然结果。同时,他们还乐观地认为,现在那些工业化和城市化程度高的国家,农村繁荣程度和农村经济发展水平是城市化低的国家无法相比的;而从我国农村来看,农业人口多,土地相对稀缺,通过工业化和城市化来进行适度劳动力转移,不仅不会带来农村的衰落,相反会加速农村经济结构的改变和农村经济的发展。② 在这种普遍乐观情绪的基础上,农村城市化很快成了一个时期的"流行语",从官员到学者几乎都把农村城市化当作经济和社会发展的主导方向。③

当人们把农村城市化作为中国未来经济社会发展的主导方向时,在农村城市化问题上很快出现了不同发展路径的争论:第一种观点是大多数人主张发展小城镇是农村城市化的重要途径,是带动农村经济和社会发展的大战略,它既有利于乡镇企业相对集中,大规模地转移农业剩余劳动力,避免农业劳动力盲目向大中城市流动,也有利于扩大内需,推动国民经济更快增长;第二种观点认为,我国经济增长需要走内涵式发展的道路,经济体制改革要求打破城乡二元结构,实现生产要素的充分流动。而小城镇发展战略是一条不触及旧体制的农村内部自我改造的道路,以小城镇为重点的农村城市化是很难适应我国经济增长方式转变和经济体制转变要求的。因此,今后我国农村城市化的重点是在小城镇广泛发展的基础上发展中等城市,这是农村城市化进程快速推进,城市化不断提高的必然要求,也是我国经济增长方式转变和经济体制转变的客观要求;第三种观点认为,我国改革开放和乡镇企业的发展,对我国农村工业化和城市化具有实质性意义,它使我国走出了一条不同于西方国家的农村工业化和城市化道路。我国城市化要走大中小城市和村镇同时并举、遍地开花的道路;第四种观点认为,中国特色的城市化道路是采取"两条腿走路"的方针,一条是走依靠农民的力量,结合国家的能力,将现有的小城市发展成为中等城市;

---

① 本刊编辑部:《关于农村城市化问题——中国农村工业化、城市化研讨会发言摘登》,《中国农村经济》1988 年第 9 期。
② 吴通全:《对农村城市化的几点不同看法》,《农业经济问题》1985 年第 3 期。
③ 王先明:《走近乡村——20 世纪以来中国乡村发展论争的历史追索》,第 401 页。

另一条路是走依靠农民自己的力量建设"农民城"——小城市的道路,"农民城"是我国农村城市化的一条新的途径。[1]

"农村城市化"主张已经涉及中国城市和农村关系问题,也就是说触及了城乡关系问题。当时有人认为,城乡关系的状况很大程度上决定着工业化和城市化的进程,检验城乡关系是否合理的唯一标准,是看其推动还是阻滞我国的工业化和城市化。但是,我国城乡二元社会结构直接阻碍了工业化和城市化的进程,解决城乡二元社会结构的最现实意义在于加快推进工业化和城市化的进程。[2]"自城市形成之后,就存在着一个农村人口逐渐向城市集中,城市地域不断扩大的现象,但真正的城市化运动,则是与工业化紧密相连的。城市化是工业化的直接产物。因为在前工业化阶段,城市化和城市扩张的速度异常缓慢,只有以工业化为强大推动力的城市化才展现出翻天覆地、激动人心的壮丽场面。所以,城市化从一般意义上来说,是指随着工业化的发展和科学技术的革命,乡村分散的人口、劳动力以及非农业经济活动不断地进行地域上的聚集而逐渐地转化为城市的经济、社会要素。"[3]农村不断城市化,农村会"化"掉吗?这是学术界十分担心而提出的一个尖锐问题。农村城市化是近年来一个十分时髦而众口一词的提法,从政府官员到专家学者几乎都把农村城市化当成了经济和社会发展追求的方向。有学者认为所谓"化"就是彻头彻尾、彻里彻外,如果农村彻头彻尾、彻里彻外变成了城市,农村也就消失了,生态也就不平衡了,大自然也会被破坏。因此,这样的提法会把农村的发展引向歧途,是与人类社会的发展背道而驰的,"农村城市化"是一个十分危险的提法。他还提醒说,许多西方国家比如日本大量发展中小城市,结果农业用地越来越少,生态出现了严重不平衡,日本政府认为这是他们经济发展史上所走的一段最大的弯路;法国在农村城市化的引导下,耕地每年减少1%以上,农村荒芜,这种现象引起了西方国家的重视。20 世纪 70 年代,

---

[1] 王先明:《走近乡村——20 世纪以来中国乡村发展论争的历史追索》,第 401—403 页。
[2] 本刊编辑部:《关于农村城市化问题——中国农村工业化、城市化研讨会发言摘登》,《中国农村经济》1988 年第 9 期。
[3] 邹农俭:《中国农村城市化研究》,广西人民出版社 1998 年版,第 13 页。

西方国家就彻底地否认了农村城市化的提法。① 1994年5月，中国农村社会学会在河北省邯郸市召开"农村城市化理论"研讨会。在这次会议上大多数学者认为，中国只有城市化才会有现代化，主张加快发展城市化。但是，也有少数学者提出，工业化和城市化的原始资金主要取之于农业和农村，这无异于杀鸡取卵。中国城市和农村分属于两个截然不同的社会系统，二元社会结构阻隔了城乡正常的流动和交往。在这种背景下的城市化，实质上是城市控制和"征服"乡村的过程，城市将以优越的条件吸引农村的人才和资金，农村的"精华"和灵魂将会被城市掠夺。这种性质的城市化，将使农村自我发展难上加难。②"在农村城市化过程中，要特别引起重视的问题是，农业、农村的提高和发展。在世界农村城市化中，曾有农业衰落、农村凋敝的先例，有的情形异常悲惨。伴随着城市化的巨大浪潮，实现农村的现代化，这是一切后发展国家的一门必修课。"③

2. 城市化："三农"问题解决的路径

20世纪80年代，学术界大力提倡"农村城市化"，1990年我国政府提倡："严格控制大城市规模，合理发展中等城市和小城市"，积极推进"小城镇发展战略"④。然而，10多年来小城镇的发展证明，优先发展小城镇战略没有达到预期目标，而且还带来了严重的负面作用。⑤学术界逐渐认识到，提出"农村城市化"，反映了人们的良好愿望，但是，社会发展结果不尽人意。有人认为，"农村城市化"是一个"似是而非"的概念，把它作为一项最终决策和一句流行口号是一种不明智的选择。这种认识带来了"消灭农村""消灭农民""消灭农业"，把农村"化"为城市。通过农村变为城市完成现代化的目标，这种观点既违背了自然规律，更违背了社会规律。⑥实际上"农村城市化是城市化的重要组成部分，所揭示的仅是城市化的一个层面，是城市化在尚未实现阶段所经历的一个主要过程。从本质上来讲，农村城市化就是农村

---

① 《"农村城市化"是一个危险的提法》，《新华日报》1995年12月7日，第7版。
② 辛秋水：《"农村城市化理论研讨会"综述》，《江淮论坛》1994年第5期。
③ 邹农俭：《中国农村城市化研究》，第17页。
④ 牛文元主编：《中国新型城市化报告2009》，科学出版社2009年版，第43页。
⑤ 江永红、李华锋：《基于科学发展观的百年三农问题再思考》，《农业经济问题》2005年第10期。
⑥ 双传学、刘林元：《对"农村城市化"的异议》，《农业现代化研究》2000年第4期。

要素向城市要素转化的过程，这一过程包括：(1) 农村地域向城市地域转化的过程，即城镇化；(2) 农业人口向非农业人口转化的过程，即非农化；(3) 农村产业及生产方式向城市产业及生产方式转化的过程，即农村工业化和农业现代化。这三个过程首先表现为一种联动过程，例如加快农村城镇化，必然会带动农民非农化，非农化又促进了农村工业化，由此使农村工业化与农村城市化的进程相协调。这个过程又表现为一种因果过程，即非农化是农村城镇化和农村现代化的必然结果"[1]。而"城市化的含义可以分为五个层次：第一层次是乡村不断地转化为城市并最终为城市所同化；第二层次是乡村本身内部的城市化；第三层次是城市自身的发展，即'城市的城市化'；第四层次是作为不同学科领域研究对象的城市化；第五层次是最抽象的城市化，即作为城市化整体运动过程的城市化"[2]。农村城市化只是城市化的一个方面而已。由于农村城市化和城市化的内涵和外延不同，是两个不同的概念，因而新世纪伊始，学术界开始放弃"农村城市化"，逐渐用"城市化"来替代"农村城市化"。

由于认识到"农村城市化"战略的缺陷和误判，我国政府开始改变了小城镇发展战略，大规模推进以城市工业为主体的城市化发展战略。学术界认为："工业化是城市化的直接原因和物质载体，而城市化又是工业化的必然结果，两者互相联系，互相促进。两者的协调发展有助于促进社会经济的整体可持续发展。"[3] "发展之初的城市化是由工业化推动的，工业化通过调整生产的供给结构来满足并适应由城市化引起的各种需求，最主要的如非食品类消费需求、非农劳动力就业需求和资本再分配的需求，受到工业化初始推动的城市化，以越来越快于工业化的速度发展着。"[4] 20世纪90年代后工业化水平呈现出逐年上升趋势。截至2006年，我国第一产业已经下降到11.3%，第二产业

---

[1] 周加来：《城市化·城镇化·农村城市化·城乡一体化——城市化概念辨析》，《中国农村经济》2001年第5期。
[2] 高珮义：《中外城市化比较研究》，南开大学出版社2004年版，第3页。
[3] 牛文元主编：《中国新型城市化报告2009》，第41页。
[4] 胡彬：《从工业化与城市化的关系探讨我国城市化问题》，《财经研究》2000年第8期。

达到 48.7%，第三产业上升到 40%。① 同时，1978—1989 年，我国城市化水平从 17.9% 上升到 26.2%，1990—1999 年城市化水平从 26.4% 上升到 34.8%，提高了 8.4%，2000—2007 年城市化水平从 36.2% 上升到 44.9%，又提高了 8.7%。② 工业化和城市化的发展以及由此带来中国经济高速增长，使很多人对工业化和城市化抱有充分的自信，并认为只有通过城市化才可以解决"三农"问题。"解决'三农'问题的根本途径是加快城市化进程"③。"'三农'问题的根本出路在于城市化。"④

在城市化和"三农"问题的成因上，目前有两种不同的认识：一种观点认为，"三农"问题的根源在于城市对农村的剥夺；另一种观点认为，"三农"问题是城市不发展、反城市化的后果。"反城市化"观点认为，目前中国的"三农"问题固然与中国农村为城市提供原始积累的时间长、农民负担过重和长期以来的城乡二元社会结构相关，但更深层的原因却在于中国城市化发展缓慢。由于我国城市化水平低和城市化发展缓慢，城市对农村人口吸纳能力差，城市辐射带动农村能力也不强。因而，"三农"不是城市本身带来的，而是反城市化、反市场化的政治歧视带来的。大部分研究者认为："城市化是解决'三农'问题的根本出路，只有减少农民，才能富裕农民。""至今为止，没有任何一个国家能在排斥城市化的情况下实现现代化。中国也必须遵循这一普遍规律，走城市化的道路。除此以外没有第二条路子。"⑤ 由于我国人口到 21 世纪中叶将达到 16 亿，而其中新增人口大部分来自农村。在农村土地总量保持在 18 亿亩不变的情况下，从事农业生产劳动的劳动力最多只能是 2 亿人。而农村劳动力减少到 2 亿人，则需要城市化水平至少达到 80%。这就意味着从现在起到 2050 年，还有 7.6 亿的农村人口转移到城市，平均每年转移 1767 万。⑥ "农村人口数量降到 25% 以下时，农村土地即达到了市场化要求的成本阈值，可以实行

---

① 许君如、牛文涛：《改革开放三十年我国工业化阶段演进分析》，《电子科技大学学报》（社科版）2011 年第 1 期。
② 牛文元主编：《中国新型城市化报告 2009》，第 41 页。
③ 蔡继明等：《解决"三农"问题的根本途径是加快城市化进程》，《经济纵横》2007 年第 13 期。
④ 沈越：《"三农"问题的根本出路在于城市化》，《当代中国经济研究》2002 年第 2 期。
⑤ 郎秀云：《新农村建设与城市化：主张与争论》，《理论前沿》2006 年第 17 期。
⑥ 蔡继明等：《解决"三农"问题的根本途径是加快城市化进程》，《经济纵横》2007 年第 7 期。

土地的集约化生产、规模化生产和专业化生产，农业的科技含量、服务水平和农业成本就会有大幅度的改善，农民的收入水平和整体素质就会有明显的进步，'三农'的一系列问题就能得以彻底解决。"[1]在大多数中国人满怀信心开展工业化和城市化的时候，20世纪90年代末和新世纪初人们发现，工业化和城市化发展并未能带来原本所希望的"三农"问题的解决，相反，就在同一个时期，我国城乡差距不但没有减少，反而逐年有所增加。1980年，包括农村居民在内的中国大陆居民的基尼系数为0.3左右，1988年已上升到0.382，1994年达到了0.434，超过了0.4的国际警戒线，1998年上升到0.45；2001年中国城市居民收入为6860元，农民收入2366元，表面差距是3∶1。实际上，农民收入中实物性收入占40%，每个农民每月真正用来商品性消费的货币收入只有120元，而城市居民的货币收入平均每月600元，城乡差距为5∶1。另外城市居民还有各种隐性福利、住房、教育、卫生等没有纳入统计范围。综合考虑上述各种因素，我国城乡差距可能是6∶1，而世界上绝大多数国家城乡收入比为1.5∶1。由此可见，我国城乡差距不是缩小而是人为地拉大了。[2]在工业化和城市化发展的过程中，城乡差距不是变小，而是不断变大，则意味着城市化作为解决"三农"问题关键的理论具有内在的缺陷。在此情形下，社会主义新农村建设战略思想应时而出。

### （二）求解"三农"新途径：新农村建设

当学术界异口同声地认为，城市化是解决中国"三农"问题的根本途径之时，有学者对此观点持有异议。他们认为，那些认为中国可以通过城市化来解决"三农"问题的学者，根本没有注意到西方工业化和城市化模式的不可复制性，也回避了西方工业化和城市化发展过程中的殖民主义、种族主义、生态灾难、世界战争等严重社会问题；他们没有认清中国"三农"的特殊性，所提供的借助城市化来解决"三农"问题的方式只能是一条"有光明，没有前途"的一厢情愿的道路。还有学者指出，尽管中国已经处于工业化发展中

---

[1] 郎秀云：《新农村建设与城市化：主张与争论》，《理论前沿》2006年第17期。
[2] 周作翰、张英洪：《解决三农问题的根本：破除二元社会结构》，《当代世界与社会主义》2004年第3期。

期阶段,但是,在全球竞争体系中,我国产业依然处于国际社会分工的底层,产业增加值率低。我国低水平的工业企业不能创造足够多的工资、利润和税收,为第三产业发展提供足够的机会,因而第二、三产业不能为农业劳动力转移提供足够的就业机会,也无法给工人在城市提供维持生命再生产的费用。同时,中国目前依然是一个人口众多而且是农民占多数的发展中国家。即使城市化率达到55%,仍然有7亿多农民生活在农村。因为工业化和城市化发展需要,农村的耕地将会减少2亿多亩,中国农业依然难以摆脱小农经济的历史命运。不仅如此,将来中国土地将会更加稀缺,资源将更加紧张,希望通过大规模减少农民人口来提高农村土地规模,以农业规模经济来参加国家竞争这条路是很难行得通的。① 通过工业化和城市化来从根本上解决"三农"问题,主观愿望非常好,但是,其实际效果并非与主观设想的那样美满。特别是当中国城乡差距越来越大时,更多的学者认为,单一向度的城市化是无法解决"三农"问题的,他们提出了进行社会主义新农村建设思想。"社会主义新农村建设"可以理解为是对单一路径的城市化偏向的一种战略纠正。② 2005年,中共十六届五中全会提出"建设社会主义新农村是我国现代化进程中的重大历史任务"。"建设社会主义新农村"战略思想,既是对城市化发展战略的一种理论上的修正,也是"从全面建设小康社会的全局出发做出的重大决策,是解决'三农'问题的重大部署"③。它体现了我国解决"三农"问题的指导思想的重大转变。

1. 着眼当前的经济发展战略

改革开放以来,中国经济增长主要是依靠投资和出口拉动的,而作为经济增长驱动力的国内需求一直以来没有发挥应有的重要作用。④ 1998年,东南亚金融危机爆发,我国出口遭受重大影响,外部需求已经无法起到拉动经济的作用。通过扩大内需刺激国内需求的增长,减缓经济增长速度的下降,成为广泛

---

① 郎秀云:《新农村建设与城市化:主张与争论》,《理论前沿》2006年第17期。
② 张颢瀚、章寿荣:《中国城市化道路的两种路径——兼论社会主义新农村建设》,《学海》2005年第6期。
③ 温家宝:《不失时机推进农村综合改革,为社会主义新农村建设提供体制保障》(2006年9月1日),《十六大以来重要文献选编》(下),第636页。
④ 赵霞、何秀荣:《扩大内需的最大潜力在农村吗?》,《农业经济问题》2010年第1期。

关注的重要问题。①扩大内需包括扩大投资需求与扩大消费需求。投资需求虽然效果比较明显，对经济增长只能起到短期的拉动作用，而消费需求才是持久的最终动力。因此，从长远来看，靠政府扩大公共投资单方面来拉动经济增长只是权宜之计，应该从根本上重视解决最终的消费需求问题。②过去我国充分发挥3亿城市居民消费能力，带动了国民经济的增长。然而，目前城市居民的消费高潮已经过去，而新的消费高潮还没有到来。如此，城市居民消费支出增长减缓，对经济增长的拉动作用减弱。而另一方面我国农村居民虽然消费水平低，消费品购买份额不及全国消费总量的40%，农村消费需求上升的空间大，市场开发前景广阔。据测算，如果2.3亿农民家庭的家电拥有率能达到1996年的城市水平，10年时间中国需要1.6亿台彩电、1.5亿台冰箱、1.6亿台洗衣机，这将对经济发展产生巨大的推动作用。同时，农村居民对农用机械、农用生产资料和建材、服装等方面的需求稳定增加，需求潜力也很大。真正把农村巨大的需求潜力挖掘出来，就可以大大扩展经济增长的空间，对经济发展发挥重要的拉动作用。③2003年1月，胡锦涛《在中央农村工作会议上的讲话》中指出："扩大内需是我国经济发展长期的、基本的立足点。扩大内需的最大潜力在农村，因为农村人口最多，市场潜力最大。现在我们遇到的消费需求不足、许多产品供大于求的问题，有结构不合理的因素，但主要原因在于农民的收入和消费增长严重滞后，农村蕴藏的巨大消费需求无法转化为现实购买力。坚持扩大内需的方针，把扩大投资需求和扩大消费需求紧密结合起来，要求我们大力发展农业和农村经济，特别是要千方百计地增加农民收入，提高农村消费在整个消费中的比重。"④为了农村内需的发展需要，必须开展社会主义新农村建设。

2. 关注农村劳动力转移和未来社会的发展

有学者就中国未来一段时间内，还会有多少农村人口进行较为详细地统计和计算。目前中国有13亿多人口，如果按2005年城市化率43%计算，其

---

① 刘晓路：《中国扩大内需的财政政策：一个长期视角》，中国人民大学出版社2007年版，第1页。
② 崔联会：《扩大内需的关键是启动农村市场》，《财金贸易》1999年第12期。
③ 刘振伟：《论扩大内需——积极启动农村市场》，《求是》1999年第11期。
④ 胡锦涛：《在中央农村工作会议上的讲话》（2003年1月8日），《十六大以来重要文献选编》（上），第114—115页。

中城市人口 5.6 亿左右，农村人口仍有 7.4 亿左右，农村剩余劳动力还有 3 亿多。按年均转移 1000 万农村剩余劳动力计算，不计增量或其他不可预测的因素（如经济衰退等），也要 30 年左右的时间。① 还有人认为，2008 年我国公布的城市化率达到 45.7%，但其中包括在城市工作生活半年以上的农民工，数量至少有 1.2 亿人，而他们并没有真正在城市定居。实际上，2006 年我国城市化率不是 43.9%，而是 33%。按照目前城市化发展速度，2050 年城市化率如果达到 75%，还有约 40% 的增长空间，在时间上还需要 40 年左右。根据陈卫预测我国总人口达到峰值后缓慢减少，到 2050 年为 13.8 亿人②；联合国中位预测 2050 年我国总人口为 14.78 亿人；郭震威、齐险峰仿真研究结果表明：即使在实行"双独"生育政策条件下，全国总人口将于 2020 年达 14.4 亿人，2034 年达到 14.6 亿人，2050 年下降至 14.2 亿人；在实行"单独"生育政策条件下，我国总人口将于 2020 年达到 14.5 亿人，2039 年达到 14.9 亿人，2050 年下降至 14.6 亿人；在实行"二孩"生育政策条件下，我国总人口在 2020 年达到 15.2 亿人，2038 年前后突破 16 亿人，2050 年达到 16.4 亿人。《国家人口发展战略研究报告 2007》明确提出，2020 年全国人口总量要控制在 14.5 亿人左右；21 世纪中叶，人口峰值控制在 15 亿人左右，之后人口总量缓慢下降。在上述预测中，2050 年总人口最高为 16.4 亿人，最低为 13.8 亿人，二者均值大致为 15 亿人。2050 年我国城市化率达到 75%，依此计算，2050 年农村人口为 3.8 亿人，如果按最低值计算为 3.5 亿人，也就是说到 2050 年我国至少有 3.5 亿农民。③ 对此，中共中央和国务院有着非常清醒的认识。2005 年 6 月，温家宝在《全面推进以税费改革为重点的农村综合改革》讲话中明确指出："我国农村人口数量巨大，将来即使城镇化水平达到了百分之六十甚至百分之七十，仍然会有绝对量相当大的人口继续生活在农村。因此，在推进城镇化的同时，必须把农村也建设好，使留在农村的人口也能逐步过上经济发展、生活富裕、精神文明的生活。因此，我赞成这样一个提法，就是要推进社会主义新农村建

---

① 刘雪斌：《城市化与新农村建设》，《南昌大学学报》2006 年第 6 期。
② 陈卫：《中国未来人口发展趋势：2005—2050 年》，《人口研究》2006 年第 4 期，第 94 页。
③ 李景国：《城市化、新农村建设对解决三农问题的作用》，《中共福建省委党校学报》2009 年第 12 期。

设。"①2006年2月,胡锦涛在《建设社会主义新农村,不断开创"三农"工作新局面》讲话中再次提醒人们,即使中国将来基本实现了现代化,我国城镇化率达到60%,甚至更高的比例,还有几亿农民生活在农村。因此,"三农"问题依然是关系到我国发展全局的重大问题。即使从发达国家的实践来看,即便将来我国实现了农业现代化,农业在国内生产总值中的比重和农业劳动力在社会总劳动力中的比重比较低了,农业和农民问题仍然是中国社会经济发展中的重大问题。②所以从未来社会发展而言,建设社会主义新农村,对中国而言是非常必要的。

## 三、五位一体:新农村建设思想再阐释

2005年10月,中国共产党第十六届中央委员会第五次全体会议通过了《中共中央关于制定国民经济和社会发展第十一个五年规划的建议》,该建议中明确提出了"建设社会主义新农村",并认为:"建设社会主义新农村是我国现代化进程中的重大历史任务。要按照生产发展、生活宽裕、乡风文明、村容整洁、管理民主的要求,坚持从各地实际出发,尊重农民意愿,扎实稳步推进新农村建设。"③同年12月,《中共中央、国务院关于推进社会主义新农村建设的若干意见》再次强调,在社会主义新农村建设中,"按照'生产发展、生活宽裕、乡风文明、村容整洁、管理民主'的要求,协调推进农村经济建设、政治建设、文化建设、社会建设和党的建设"④。社会主义新农村建设并不是新世纪第一次提出的,但是,这次中共中央重新提出新农村建设,并用"生产发展、生活宽裕、乡风文明、村容整洁、管理民主"二十个字,从五个方面来对新农村建设的目标进行了概括。大多数学者认为,社会主义新农村建设不是单纯强

---

① 温家宝:《全面推进以税费改革为重点的农村综合改革》(2005年6月6日),《十六大以来重要文献选编》(下),第933页。
② 胡锦涛:《建设社会主义新农村,不断开创"三农"工作新局面》(2006年2月14日),《十六大以来重要文献选编》(下),第279页。
③ 《中共中央关于制定国民经济和社会发展第十一个五年规划的建议》(2005年10月11日中国共产党第十六届中央委员会第五次全体会议通过),《十六大以来重要文献选编》(中),第1066页。
④ 《中共中央、国务院关于推进社会主义新农村建设的若干意见》(2005年12月31日),《十六大以来重要文献选编》(下),第140页。

调经济发展,其内涵比以前更为丰富,是一个全面、综合、科学的范畴。它既包括农村生产力的发展,也包括农村生产关系的调整;既包括农村的经济基础,也包括农村的上层建筑,涵盖了农村工作的各个方面;既包括物质文明和精神文明,也包括农村政治发展;既包括路电水气等生活设施和教育、卫生、文化等社会事业建设,也包括农田、水利、科技等农业产业能力建设;既包括村容村貌环境整治,也包括以村民自治为主要内容的制度建设,可以概括为五新:新农民、新社区、新组织、新设施、新风貌。① 社会主义新农村建设方针,体现了农村经济建设、政治建设、文化建设、社会建设和生态文明建设五位一体的统一。

### (一)发展现代农业:农村经济建设的根本任务

#### 1. 发展现代农业是建设新农村最关键的基础

20世纪90年代,农业、农村和农民问题因工业化、城市化和现代化的发展而凸显,而农业问题首先被人们关注。1996年中国粮食产量突破5亿吨大关后,很快出现了徘徊,甚至是减产现象。尤其是21世纪伊始,我国粮食产量减产幅度日趋增加,这种现象引起了中央高层的重视。② 2000年3月,湖北省一个乡党委书记李昌平向朱镕基总理写信,反映"三农"问题的严重性,即"现在农民真苦,农村真穷,农业真危险"。此后"三农"问题被人们广泛关注和重视。"农业、农村和农民问题是一系列彼此密切相关但又有所不同的问题"③,而农业问题是"三农"问题的基础。"农业长期不增收,农民生产积极性受影响,农产品供求形势就可能发生逆转;农民收入和农村购买力上不去,不仅工业品的市场需求将受到制约,也会影响农民对农产品的消费支出,加剧农产品的卖难,令扩大内需方针难以真正落实;农民生活得不到持续改善,农村不稳定因素就会增加,从而产生大量'流民',危及社会安定;农民不能富裕起来,全面建设小康社会,加快现代化的目标就不可能最终实现。"④ 农业在国家经济中的地位如此重要,"使人们清醒地认识到:农业之兴衰系天下之安危,农民过不下

---

① 贺聪志、李玉勤:《社会主义新农村建设研究综述》,《农业经济问题》2006年第10期。
② 宫希魁:《中国"三农"问题大透视》,《财经问题研究》2003年第2期。
③ 柯炳生:《正确认识和处理发展现代农业中的若干问题》,《中国农村经济》2007年第9期。
④ 宫希魁:《中国"三农"问题大透视》,《财经问题研究》2003年第2期。

去了，对谁都没有好处"①。2008 年，温家宝指出："农业、农村和农民问题，始终是关系到党和国家工作全局的根本性问题。必须懂得，中国现代化的成败取决于农业，没有农业的现代化就没有整个国家的现代化。"②发展现代农业主要包括保障国家粮食安全、保障工业原料需求、保护消费者健康、促进农民增收、提高农业国际竞争力和保护农村生态环境。"发展现代农业，无论在内涵上还是在意义上，都是建设新农村的最关键的基础。"③2011 年 12 月，温家宝在中央农村工作会议上的讲话中再次指出："对我们这样一个人口众多的大国来说，立足国内解决粮食和主要农产品供给问题，始终是治国安邦的头等大事。""一方面，人口总量将继续增长，城镇化率和城乡居民消费水平将不断提高，农产品的工业用途不断拓宽，全社会对农产品需求会持续增长、质量安全要求不断提升。另一方面，耕地和水资源紧缺、农业生产成本上涨、青壮年劳动力减少、环境污染和生态退化等问题突出，农业稳定发展的难度越来越大。同时，国际上农业丰歉、石油价格涨跌、投机资本炒作、货币汇率波动等对我国农产品市场供求和价格产生明显影响。促进农业发展、保障粮食等农产品供给绝非易事，根本出路在于加快推进现代农业建设，不断提高农业综合生产能力。"④

2. 对现代农业再认识

要发展现代农业，首先需要了解什么是现代农业。民国时期，农业经济学界已经认识到发展现代农业的必要性和重要性。有一批学者如杨开道、孙晓村、朱柏康、张宝丰等对现代农业进行过理论分析，最典型的代表是张宝丰。1935 年他在《中国建设》的一篇文章中认为，现代农业发展必须是科学化、机械化、商品化和组织化，这是建设现代农业的必要条件，也是农业现代化的几个过程。⑤20 世纪五六十年代，我国提出了实现四个现代化的宏伟目标，其中农业现代化是"四化"之一。农业现代化主要内容包括农业机械化、电气化、

---

① 宫希魁：《中国"三农"问题大透视》，《财经问题研究》2003 年第 2 期。
② 温家宝：《关于深入贯彻落实科学发展观的若干重大问题》（2008 年 11 月 1 日），《十七大以来重要文献选编》（上），第 703 页。
③ 柯炳生：《正确认识和处理发展现代农业中的若干问题》，《中国农村经济》2007 年第 9 期。
④ 温家宝：《中国农业和农村的发展道路》（2011 年 12 月 27 日），《十七大以来重要文献选编》（下），中央文献出版社 2013 年版，第 713 页。
⑤ 张宝丰：《现代农业发展之途径》，《中国建设》1935 年第 5 期。

水利化和化学化。① 改革开放前，我国为了实现农业现代化的目标，先后开展了农业集体化（包括农业合作化和农村人民公社运动）、大规模农田水利化、农业生产技术革新、农业机械化等运动。改革开放后，我国重新提出农业现代化。20世纪80年代，学术界认为现代农业的本质是科学化、特点是商品化、标志是社会化、基础是集约化、关键是知识化。② 90年代，学术界认为现代农业应该以提高农业生产力总体水平和农民收入水平，缩小城乡差别、地域差别，实现共同富裕为基本宗旨；通过劳动集约和技术集约为主的集约方式，提高农业总体生产效率，走以提高效率为中心的内涵发展的农业现代化之路；以生物技术为主、以机械技术为辅的农业现代化技术方向，寻求传统精细农作技术和现代农业技术在保障生态良性循环下的有机结合；以农户为生产经营主体的条件下实现农业的生产专业化、服务社会化、经营市场化，是农业现代化的主要标志。③ 但是，这些解释随着时代发展，已经显得有点不够全面，新世纪人们对现代农业产生了新的认识。有人认为："现代农业是广泛应用现代科学技术、现代工业提供的生产资料和科学管理方法的社会化农业。"④ 因此，随着现代科学技术和现代社会结构变动，随着现代生活方式的变动，现代农业既是科技型的农业、结构优化的农业，又是现代食品制造业、组织化程度高的产业；它也是国内外市场一体化的农业、标准化生产的农业；同时，它也是信息化的农业、可持续发展的农业、受国内支持和保护的产业、在一个高效率管理体制下的产业。⑤ 现代社会的一切进步，无论技术的还是经济的，无论是管理的还是社会的，都将融汇在农业产业、农事管理、农村生产方式之中，它是拓展中的一种多元化的新型产业；现代农业是资源节约和可持续发展的绿色产业。⑥ "所谓现代农业，实质是以现代科学技术及其应用水平、现代工业技术及其装备水

---

① 《农业现代化问题》，《学术月刊》1965年第2期。
② 石山、杨挺秀：《现代农业的五大特征》，《自然辩证法研究》1985年第3期。
③ "中国传统农业向现代农业转变的研究"课题组：《中国传统农业向现代农业转变的研究》，《当代中国史研究》1997年第1期。
④ 雷海章：《现代农业经济学》，中国农业出版社2003年版，第28页。
⑤ 李大胜、牛宝俊等：《技术、投资与现代农业发展：基于广东现代农业发展的研究》，中国经济出版社2005年版，第45—54页。
⑥ 石元春：《建设现代农业》，《求是》2003年第7期。

平、现代管理技术及其管理水平、现代农产品加工技术及其加工水平、现代农产品流通技术及其营销水平为基础的、产供销相结合的、工农贸一体化的、高效率与高效益的新型农业。"① 它已经突破了传统意义上的农业内涵，以科学化为核心、以商品化为特征、以集约化为方向、以产业化为目标，"可以理解为'高投入、高产出'的农业形态"②，等等。从诸多现代农业的认识中，我们可以归纳出关于现代农业的时代性共同特征，即现代农业具有满足人民日常生活需要、运用现代科学技术和管理手段、产供销和工农贸一体化、高度集约化和社会化等特点。

3. 现代农业的建构

根据新世纪人们对现代农业的认识和现代农业在社会主义新农村建设中的地位，中共中央在社会主义新农村建设中高度重视现代农业建设。2002年11月，中共十六大报告指出："统筹城乡发展，建设现代农业，发展农村经济，增加农民收入，是全面建设小康社会的重大任务。"③ 2005年12月，《中共中央、国务院关于推进社会主义新农村建设的若干意见》认为，推进现代农业建设是强化社会主义新农村建设的产业支撑。④ 2006年2月，温家宝在省部级主要领导干部建设社会主义新农村专题研讨班上的讲话《扎实稳步推进社会主义新农村建设需要把握好的几个问题》中指出："在推进新农村建设中，必须始终把发展农村生产力放在第一位。要大力发展现代农业，全面繁荣农村经济，特别是稳定发展粮食生产，持续增加农民收入。"⑤ 2006年12月，《中共中央、国务院关于积极发展现代农业扎实推进社会主义新农村建设的若干意见》中再次强调："加强'三农'工作，积极发展现代农业，扎实推进社会主义新农村建设，是全面落实科学发展观、构建社会主义和谐社会的必然要求，是加快社

---

① 刘志澄：《加快现代农业建设》，《农业经济问题》2003年第4期。
② 柯炳生：《关于加快推进现代农业建设的若干思考》，《农业经济问题》2007年第2期。
③ 江泽民：《全面建设小康社会，开创中国特色社会主义事业新局面》（2002年11月8日），《十六大以来重要文献选编》（上），第17页。
④ 《中共中央、国务院关于推进社会主义新农村建设的若干意见》（2005年12月31日），《十六大以来重要文献选编》（下），第142页。
⑤ 温家宝：《扎实稳步推进社会主义新农村建设需要把握好的几个问题》（2006年2月20日），《十六大以来重要文献选编》（下），第294页。

会主义现代化建设的重大任务。"①2012 年，中共中央、国务院专门下发了《中共中央国务院关于加快发展现代农业进一步增强农村发展活力的若干意见》，高度重视现代农业的建设，要求"增强忧患意识，举全党全国之力持之以恒强化农业、惠及农村、富裕农民"②。

（1）建立新型农业生产经营体系。改革开放以来，我国实行了以家庭承包经营为基础、统分结合的双层经营体制。通过农村改革，农业农村发展取得了举世瞩目的成就。但是，随着工业化和城市化的快速推进，大量的农村青壮年劳动力外出打工经商，农民收入中来自农业的比重明显下降，农业双层经营体制的弊端和问题日益凸显，农业经营主体兼业化和低质化问题严重。将来"谁来种地"和"怎么种地"成为当前农业农村发展过程中的新矛盾和新问题。上述问题直接关系到我国农业未来的兴衰，因此，加快构建我国新型农业经营体系成为社会主义新农村建设的十分重要和紧迫的大问题。③如何建构新型农业生产经营体系？中央强调："围绕现代农业建设，充分发挥农村基本经营制度的优越性，着力构建集约化、专业化、组织化、社会化相结合的新型农业经营体系，进一步解放和发展农村生产力，巩固和发展农业农村大好形势。"中共中央和国务院对建构新型农业生产经营体系的政策是"要尊重和保障农户生产经营的主体地位，培育和壮大新型农业生产经营组织，充分激发农村生产要素潜能"④。也就是说在坚持家庭农场和家庭经营的基础上，按照规模化、专业化、标准化发展要求；鼓励有条件的农户流转承包土地的经营权，提高农户集约化的经营水平；扶植发展新型农业经营主体，鼓励发展专业合作社和股份合作等多种形式的农民合作社；支持龙头企业通过兼并、重组、收购、控股等方式组建大型企业集团。⑤

（2）建构农业社会化服务体系。"建立新型农业社会化服务体系，为农民

---

① 《中共中央、国务院关于积极发展现代农业扎实推进社会主义新农村建设的若干意见》（2006 年 12 月 31 日），中共中央文献研究室编：《十六大以来重要文献选编》（下），第 835 页。
② 《中共中央国务院关于加快发展现代农业进一步增强农村发展活力的若干意见》（2012 年 12 月 31 日），《中国合作经济》2013 年第 2 期。
③ 陈锡文：《构建新型农业经营体系刻不容缓》，《求是》2013 年第 22 期。
④ 《中共中央国务院关于加快发展现代农业进一步增强农村发展活力的若干意见》（2012 年 12 月 31 日），《中国合作经济》2013 年第 2 期。
⑤ 《中共中央国务院关于加快发展现代农业进一步增强农村发展活力的若干意见》（2012 年 12 月 31 日），《中国合作经济》2013 年第 2 期。

提供全方位的社会化服务，可以解决农业小生产与大市场之间的矛盾，是提高农业整体素质和竞争力、确保国家粮食安全、建设中国特色现代农业的必然要求。"建立农业社会化服务体系，一直是中共中央和国务院农业和农村工作的重要任务。1978—2014 年，中央一号文件对如何建构农业社会化服务体系进行详细的阐释。①"建设中国特色现代农业，必须建立完善农业社会化服务体系。要坚持主体多元化、服务专业化、运行市场化的方向，充分发挥公共服务机构作用，加快构建公益性服务与经营性服务相结合、专项服务与综合服务相协调的新型农业社会化服务体系。"农业社会化服务主体多元化主要是建构农业公益性服务机构和农业经营性服务机构相结合的服务体系。农业公益性服务体系主要是乡镇或区域农业技术推广机构、动植物疫病防控和农产品质量监管等公共服务机构，高等学校、职业院所、科研院所主办的新农村发展研究院、农业综合服务示范基地等，乡镇或小河流域水利、基层林业公共服务机构和抗旱服务组织、防汛机动抢险队伍，农村气象信息服务和人工影响天气工作体系等；农业经营性服务组织主要是农民合作社、专业服务公司、专业技术协会、农民用水合作组织、农民经纪人和涉农企业等。②我国政府"采取财政扶持、税费优惠、信贷支持等措施，大力发展主体多元、形式多样、竞争充分的社会化服务，推行合作式、订单式、托管式等服务模式，扩大社会化服务试点范围。通过政府购买服务等方式，支持具有资质的经营性服务组织从事农业公益性服务"。"积极稳妥开展供销合作社综合改革试点。按照改造自我、服务农民的要求，创新组织体系和服务机制，努力把供销合作社打造成为农民生产生活服务的生力军和综合平台。"③

（3）建构农业支持保护体系。长期以来，我国对农业实行"又予又取"政策，而且是"拿多给少"，国家对农业支持总体水平不足 10%。而大多数发达国家同期对农业的支持水平一般保持在 30%—50% 左右，美国和欧盟国家分别

---

① 高强、孔祥智：《我国农业社会化服务体系演进轨迹与政策匹配：1978—2013 年》，《改革》2013 年第 4 期。
② 《中共中央国务院关于加快发展现代农业进一步增强农村发展活力的若干意见》（2012 年 12 月 31 日），《中国合作经济》2013 年第 2 期。
③ 《中共中央国务院关于全面深化农村改革加快推进农业现代化的若干意见》，《农村工作通讯》2014 年第 3 期。

达到50%和60%。即使同为发展中国家的巴基斯坦、泰国、巴西和印度也达到了15%。① 由此可见，我国对农业支持保护力度很低。然而，"建设现代农业离不开国家的支持保护。这与工业化城镇化进程中农业比较效益低、容易出现萎缩有关，也与农业承载多种功能、在经济社会发展中始终具有不可替代的基础作用有关。我国农业已进入高成本时期，既要保障农民的经济利益、调动他们的生产积极性，又要考虑城镇化中低收入者的承受能力，不断加大农业补贴力度是一项长期政策"②。"适应农业进入高投入、高成本和高风险发展时期的客观要求，必须更加自觉、更加坚定地加强对农业的支持保护。"③ 农业支持保护体系主要包括健全财政支农长效机制、建立健全农业补贴制度、改革和完善农业投资融资体制、建立农业保险体系和鼓励社会资本投入等。

一是健全财政支农长效机制。新世纪，中共中央和国务院提出，调整国民收入分配结构和财政支出结构，建立健全财政支农资金的稳定增长机制。④ 财政支农资金的稳定增长机制主要包括财政资金来源、基本原则、资金用途等方面。财政支农资金来源包括国家财政支出（中央、省、市、县财政支出）、预算内固定资产投资、新增国债、政府土地出让收益、耕地占用税新增部分、信贷投放、城市维护建设税新增部分等；基本原则是确保财政支出优先支持农业农村发展，存量适度调整、增量重点倾斜，县级以上各级财政每年对农业总投入增长幅度高于其他财政经常性收入增长幅度，形成新农村建设稳定的资金来源；资金用途是坚持把国家基础设施建设和社会事业发展的重点转向农村，扩大公共财政覆盖农村范围，新增国债使用向"三农"倾斜，预算内固定资产投资优先投向农业基础设施和农村民生工程，土地出让收益优先用于农业土地开发和农村基础设施建设，耕地占用税税率提高后新增收入全部用于农业，城市

---

① 国家发展改革委员会农经司《加入WTO后政府对农业的投资支持与保护政策研究》课题组：《继续加大"三农"投入支持完善国家对农业支持保护体系》，《中国经贸导刊》2005年第5期。
② 温家宝：《中国农业和农村的发展道路》（2011年12月27日），《十七大以来重要文献选编》（下），第715页。
③ 《中共中央国务院关于加快发展现代农业进一步增强农村发展活力的若干意见》（2012年12月31日），《中国合作经济》2013年第2期。
④ 《中共中央国务院关于"三农"工作的一号文件汇编》，人民出版社2010年版，第88页。

维护建设税新增部分用于乡村建设规划、农村基础设施建设和维护。①

二是建立健全农业补贴制度。新世纪，中共中央和国务院提出要建立和健全农业补贴制度。农业补贴制度是按照稳定存量、增加总量、完善方法和逐步调整的原则进行对农民直接补贴。农业补贴制度主要包括对种粮农民实行直接补贴，其补贴资金达到粮食风险基金50%以上；实施水稻、小麦、玉米、棉花、油菜、大豆、马铃薯、青稞和花生等良种补贴和畜牧良种补贴；实施农机具购置补贴和农机报废更新补贴；建立农资综合直补制度，完善农资综合补贴动态调整机制。新增农业补贴适当向种粮大户、种养大户、新型农业经营主体、主产区倾斜；有条件地区开展按实际粮食播种面积或产量对生产者补贴试点，提高补贴精准性和指向性；实施农业防灾减灾稳产关键技术补助和土壤有机质提升补贴、低毒低残留农药和高效缓释肥料使用补贴；实施远洋渔业补贴及税收减免等。

三是改革和完善农业投资融资体制。改革农业投资管理体制，发挥国家农业资金投入的导向作用，鼓励社会资本积极投资开发农业和建设农村基础设施，加快农村小型基础设施产权制度改革；构建商业金融、合作金融、政策性金融和小额贷款组织互为补充、功能齐备的农村金融体系，充分发挥政策性金融和合作金融作用，切实加大商业金融支农力度。农业发展银行开展农业开发和农村基础设施建设中长期贷款业务，建立差别监管体制；增强农村信用合作社支农服务功能，鼓励农民合作社和供销合作社培育发展农村合作金融；发展村镇银行和县域中小银行、金融租赁公司和小额贷款公司，支持发挥支农支小作用。鼓励国家开发银行推动现代农业和新农村建设；县域内银行业金融机构新吸收存款主要用于当地发放贷款、鼓励邮政储蓄银行拓展农业金融业务。创建符合农村特点的抵质押担保方式和融资工具，建立多层次、多形式的农业信用担保体系。

四是建立农业保险体系。新世纪，中共中央和国务院非常重视农业保险体系建立和完善，提出按照政府引导、政策支持、市场运作、农民自愿的原则，建立

---

① 《中共中央国务院关于"三农"工作的一号文件汇编》，人民出版社2010年版；2011—2014年中共中央一号文件。

完善农业保险体系。建立和健全农业政策性保险,各级财政对农户参加农业保险给予保费补贴;鼓励在农村发展互助合作保险和商业保险业务,鼓励商业性保险机构、龙头企业和中介组织开展农业保险;建立农业再保险体系和财政支持的巨灾风险分散机制;探索建立农村信贷和农业保险相结合的银保互动机制;等等。

五是鼓励社会资本投入农业和农村建设。建设社会主义新农村是全社会的事业,需要动员各方面的力量广泛参与。要形成全社会参与新农村建设的激励机制,引导社会各方面力量对农业和农村进行结对帮扶、捐资捐助和智力支持,营造强农惠农的浓厚氛围。鼓励党政机关、各种社会团体开展与参与结对帮扶,参与农村产业发展和公共设施建设;企业通过公益性社会团体、县级以上人民政府及其部门或者设立专项的农村公益基金会,用于农村公益事业项目的捐赠支出。城市教师下乡支教、城市文化和科研机构到农村拓展服务、城市医师支援农村。充分发挥财政资金引导作用,通过贴息、奖励、风险补偿、税费减免等措施,带动金融和社会资金更多投入农业农村。

(4)加强农业科技和基础设施建设。21世纪初,中共中央和国务院提出,围绕中国农业科技的创新能力、储备能力和转化能力,加快农业科技体制改革;建立以政府投入为主、社会力量广泛参与的多元化的农业科技投入体系;加快农业推广体系改革和建设,加快农业生物育种创新和推广应用体系建设;促进农业技术集成化、劳动过程机械化和生产经营信息化,建构高产、优质、高效、生态、安全的农业发展要求的技术体系;加大农业先进适用技术推广应用和农民技能培训;等等。农业基础设施建设主要是加强高标准基本农田建设、大型灌区续建配套建设,重点加强小型农田水利建设、加快农业机械化建设,建立健全森林、草原和水土保持生态效益补偿制度等。

(5)培养造就新型农村人才队伍。全面开展农民职业技能培训工作,把广大农户培养成为具有较强市场意识、较高生产技能、一定管理能力的现代农业经营者;实施卓越农林教育培训计划,创新人才推进计划和农业科研杰出人才培养计划,培养农业科技领军人才和创新团队;加快中等职业免费进程,落实职业技能培训补贴政策,鼓励涉农行业兴办职业教育,努力使每一个农村后备劳动者掌握一门技能;深入推进大学生村干部计划,实施"三支一扶"、大学生志愿服务西部等计划;广泛开展基层农技推广人员分层分类定期培训,开展农技推广服务特岗计划试点；等等。①

### （二）扩大农村基层民主：政治建设的主要目标

"发展社会主义民主政治是我党始终不渝的奋斗目标。"②20世纪80年代，由于农村实行了家庭承包制，农民不但拥有生产经营自主权和相对独立的利益，而且拥有更多的人身自由权。人身自由、产权自主、利益分化构成了民主的基本条件，但是，它并不自然生成民主。人民公社体制突然失灵后，带给农村基层社会普遍的混乱和失序，所以，中国政府希望通过村民自治将农民重新组织到国家可以控制的秩序之中。③村民自治就是广大农民群众直接行使民主权利，依法实行自我管理、自我教育、自我服务的一项基本社会政治制度。村民自治的核心内容是民主选举、民主决策、民主管理、民主监督。全面推进村民自治，也就是在广大农村全面推进村级民主选举、民主决策、民主管理和民主监督。然而，在村民自治中，农村基层民主建设存在着诸多的问题，"主要表现为：一是来自上层政府的操纵，主要包括选举时的操纵、选举后的行政任务、村民集体财产的乡镇统筹和调拨；二是来自村庄内部的操纵，主要包括基层党组织的影响、家族势力的影响、经济实力的影响、暴力影响"④。如何来发展和完善农村基层民主是中国共产党需要解决的现实难题。

21世纪伊始，中共中央明确指出："我们坚持中国特色社会主义民主政治发展道路，坚持党的领导、人民当家作主、依法治国有机统一，不断推进社会主义民主政治制度自我完善和发展，健全民主制度，丰富民主形式，拓宽民主渠道，扩大公民有序政治参与，巩固和发展民主团结、生动活泼、安定和谐的政治局面。"⑤坚持中国特色社会主义民主发展道路，发展社会主义民主政治的

---

① 本部分内容是根据2004—2014年中共中央一号文件提炼而成。
② 胡锦涛：《高举中国特色社会主义伟大旗帜，为夺取全面建设小康社会新胜利而奋斗》（2007年10月15日），《十七大以来重要文献选编》（上），第22页。
③ 徐勇：《最早的村委会诞生追记——探访村民自治的发源地——广西宜州合寨村》，《炎黄春秋》2000年第9期。
④ 郭伟和：《制度主义分析的缺陷及其超越——关于中国村民自治建设和研究的反思》，《开放时代》2009年第10期。
⑤ 胡锦涛：《在中共十七届三中全会上的工作报告》（2008年10月9日），《十七大以来重要文献选编》（上），第653页。

目标，是在坚持中国共产党领导下，不断完善人民代表大会制度，加强党内民主和协商民主，扩大基层民主。"扩大基层民主，是发展社会主义民主的基础性工作。"① 扩大基层民主政治是"要健全基层党组织领导的充满活力的基层群众自治机制，以扩大有序参与、推进信息公开、加强议事协商、强化权力监督为重点，拓宽范围和途径，丰富内容和形式，保障人民享有更多更切实的民主权利"②。中共中央指出："发展基层民主，保障人民享有更多更切实的民主权利。人民依法直接行使民主权利，管理基层公共事务和公益事业，实行自我管理、自我服务、自我教育、自我监督，对干部实行民主监督，是人民当家做主最有效、最广泛的途径，必须作为发展社会主义民主政治的基础性工程重点推进。"推行基层民主的主要目标是"要健全基层党组织领导的充满活力的基层群众自治机制，扩大基层群众自治范围，完善民主管理制度，把城乡社区建设成为管理有序、服务完善、文明祥和的社会生活共同体"③。扩大农村基层民主、完善村民自治是扩大基层民主的主要内容之一。"扩大农村基层民主，实行村民自治，是党团结带领亿万农民建设中国特色社会主义民主政治的伟大创造……要继续完善村民自治，切实加强以村党组织为核心的村级组织配套建设，健全村党组织领导的充满活力的村民自治机制，充分尊重农民的民主权利。"④ "发展农村基层民主，以扩大有序参与、推进信息公开、健全议事协商、强化权力监督为重点，加强基层政权建设，扩大村民自治范围，保障农民享有更多更切实的民主权利。"⑤ 从中共中央推进农村改革的方向来看，扩大农村基层民主，就是坚持在民主选举村民委员会的基础上，重点实施村务公开、建立和强化"一事一议"制度、强化对村民委员会和村党组织的民主监督等内容。

---

① 江泽民：《全面建设小康社会，开创中国特色社会主义事业新局面》（2002年11月8日），《十六大以来重要文献选编》（上），第25页。
② 胡锦涛：《坚定不移沿着中国特色社会主义道路前进为全面建成小康社会而奋斗——在中国共产党第十八次全国代表大会上的报告》（2012年11月8日），《求是》2012年第22期。
③ 胡锦涛：《高举中国特色社会主义伟大旗帜，为夺取全面建设小康社会新胜利而奋斗》（2007年10月15日），《十七大以来重要文献选编》（上），第23页。
④ 胡锦涛：《在中央农村工作会议上的讲话》（2003年1月8日），《十六大以来重要文献选编》（上），第122—123页。
⑤ 《中共中央关于推进农村改革发展若干重大问题的决定》（2008年10月12日中国共产党第十七届中央委员会第三次全体会议通过），《十七大以来重要文献选编》（上），第678页。

## 1. 开展村务公开，加强民主管理

"管理民主"是建设社会主义新农村的重要内容和重要保障。实行村务公开，加强民主管理，是建设社会主义新农村的重要基础和组成部分[①]。"实行村务公开和民主管理，是实践'三个代表'重要思想，维护农民群众根本利益的具体体现；是完善村民自治，发展社会主义民主的重要内容；是顺利推进农村改革和发展，加快农村全面建设小康社会进程的必然要求；是促进农村党风廉政建设，密切党群干群关系的有效途径。"[②] 2003 年 1 月，《中共中央、国务院关于做好农业和农村工作的意见》指出："继续搞好农村基层民主政治建设，依法完善村民自治，着力推进村务公开，加强民主管理。"[③] 2004 年 6 月，中共中央办公厅、国务院办公厅下发《关于健全和完善村务公开和民主管理制度的意见》。为了落实中共中央和国务院的指示精神，中央成立了以民政部部长李学举为组长的全国村务公开协调小组。协调小组组建了"专家咨询团"和"新闻记者督导团"，与各地专家学者、新闻工作者一起研究"村务公开"问题，宣传报道"村务公开"工作进展。各级党委政府还把村务公开、民主管理列入重要议事日程，强化领导责任。许多省（自治区）先后颁布了"村务公开"的地方性法规，下发了指导村务公开民主管理工作的政策性文件。许多县（市）制订了"村务公开"的具体实施意见，建立党政领导责任制。有关职能部门结合各自职责，积极发挥自己的职能作用。不少乡（镇）开始建立"村务公开"协调机构，形成工作合力机制，有力地促进了村务公开民主管理工作的开展。[④]

"村务公开"主要包括下列事项：一是国家有关法律法规和政策明确要求公开的事项，如计划生育政策落实、救灾救济款物发放、宅基地使用、村集体经济所得收益使用、村干部报酬等；二是土地征用补偿及分配、农村机动地

---

① 杨绍华：《在社会主义新农村建设中不断深化村务公开民主管理工作——访全国村务公开协调小组组长、民政部部长李学举》，《求是》2006 年第 10 期。

② 《中共中央办公厅、国务院办公厅关于健全和完善村务公开和民主管理制度的意见》（2004 年 6 月 22 日），《十六大以来重要文献选编》（中），第 121—122 页。

③ 《中共中央、国务院关于做好农业和农村工作的意见》（2003 年 1 月 16 日），《十六大以来重要文献选编》（上），第 141 页。

④ 杨绍华：《在社会主义新农村建设中不断深化村务公开民主管理工作——访全国村务公开协调小组组长、民政部部长李学举》，《求是》2006 年第 10 期。

和"四荒地"发包、村集体债权债务、税费改革和农业税减免政策、村内"一事一议"筹资筹劳、新型农村合作医疗、种粮直接补贴、退耕还林还草款物兑现以及国家其他补贴农民、资助村集体的政策落实情况等;三是农民要求公开的其他事项。在村务公开中,中共中央和国务院要求各地在"村务公开"中坚持实际、实用和实效原则。在便于群众观看到的地方设立固定的村务公开栏;通过广播、电视、网络、"明白纸"、民主听证会等其他形式公开。对于一般的村务事项至少每季度公开一次,涉及农民利益的重大问题以及群众关心的事项要及时公开;集体财务往来较多的村,财务收支情况应每月公布一次。同时,中共中央还要求各地,在村务公开从办理结果的公开,向事前、事中、事后全过程公开延伸;充分利用现代科学技术,不断创新村务公开的有效形式和手段。在村务公开中,各地要求设立村务公开监督小组。村务公开监督小组成员经村民会议或村民代表会议在村民代表中推选产生,负责监督村务公开制度的落实。村务公开监督小组及其成员应当热爱集体、公道正派,有一定的议事能力,其中应有具备财会知识的成员,村干部及其配偶、直系亲属不得担任村务公开监督小组成员。村务公开监督小组要依法履行职责,认真审查村务公开各项内容是否全面、真实,公开时间是否及时,公开形式是否科学,公开程序是否规范,并及时向村民会议或村民代表会议报告监督情况。群众对公布的内容有疑问的,可以口头或书面形式向村务公开监督小组投诉,村务公开监督小组对群众反映的问题应当及时进行调查,如果发现有内容遗漏或者不真实的问题时,应当督促村民委员会重新公布;也可以直接向村党组织、村民委员会询问,村民委员会应在十日内予以解释和答复。①

2. 实施"一事一议"制度,强化民主参与

"所谓'一事一议',是指在农村兴办农田水利基本建设、植树造林、修建和维护村级道路等集体公益事业时,所需要的资金和劳务要通过村民大会或者村民代表大会集体讨论、研究,实行专事专议的办法筹集部分资金。"② 我国农村税费改革后,取消了乡统筹、村提留,废除了"两工"(劳动积累工和义务

---

① 《中共中央办公厅、国务院办公厅关于健全和完善村务公开和民主管理制度的意见》(2004年6月22日),《十六大以来重要文献选编》(中),第122—124页。
② 杨卫军、王永莲:《农村公共产品提供的"一事一议"制度》,《财经科学》2005年第1期。

工)等制度。废除这些制度减轻了农民负担,也给农村公共品供给带来严重问题,主要表现在农村公共品供给主体缺位、公共投入资金减少,农村公共品供给短缺情况变得更加严重。中共中央和国务院为减轻农民负担和增加农村公共品供给,实行了"一事一议"筹资筹劳模式。"'一事一议'筹资筹劳,是农村税费改革初期为适应村提留征收使用办法改革而建立的一项新制度,是通过民主决策、民主管理解决村内公共事务的新机制。做好'一事一议'筹资筹劳工作,对于减轻农民负担成果、促进农村基层民主政治建设、推进现代农业和社会主义新农村建设具有十分重要的意义。"①

2000年7月,农业部印发了《村级范围内筹资筹劳暂行规定》,开始试点"一事一议"筹资筹劳制度。但是,人们在"一事一议"筹资筹劳试点过程中很快发现了一些问题。2004年下半年开始,农业部在深入基层调研、总结各地经验和广泛征求意见基础上,对《村级范围内筹资筹劳暂行规定》进行了修改,出台了《村级范围内筹资筹劳管理办法》。该管理办法提出:"鼓励和引导农民通过开展一事一议,不断提高民主议事、民主管理的水平,积极主动地对直接受益的集体生产生活等公益事业出资出劳,加快改善自身生产生活条件,齐心协力推进社会主义新农村建设。"②2005年12月,《中共中央国务院关于推进社会主义新农村建设的若干意见》中提出:"完善农村'一事一议'制度,健全农民自主筹资筹劳的新机制和办法,引导农民自主开展农村公益性设施建设。"③2007年1月,国务院办公厅发出了《关于转发农业部村民一事一议筹资筹劳管理办法的通知》(国办发〔2007〕4号),"这是一个指导和规范一事一议的重要文件"④。2月农业部再次下发《关于认真贯彻〈村民一事一议筹资筹劳管理办法〉的通知》,强调了实施农民一事一议的必要性和重要性。湖南、黑龙江、山东和湖北等省根据中共中央和国务院要求先后制定实施规范农村"一事一议"筹资筹劳的管理办法。"一事一议"制度在广大农村大规模地

---

① 危朝安主编:《村民一事一议筹资筹劳问题50题》,中国农业科学技术出版社2007年版,序,第1页。
② 危朝安主编:《村民一事一议筹资筹劳问题50题》,序,第3页。
③ 《中共中央国务院关于"三农"工作的一号文件汇编》,第132页。
④ 危朝安主编:《村民一事一议筹资筹劳问题50题》,序,第1—2页。

推进。

"一事一议"的适用范围和对象主要是村内农田水利基本建设、道路修建、植树造林、农业综合开发有关的土地治理项目、农村认为需要兴办的集体生产生活等其他公益事业项目；符合当地农田水利建设规划，政府给予补贴资金扶持的相邻村共同直接受益的小型农田水利设施项目。而属于明确规定由各级财政支出的项目，以及偿还债务、企业亏损、村务管理等所需要的费用和劳务，不得列入筹资筹劳范围。"一事一议"的程序分三步：第一步是需要村民出资的项目、数额及减免等事项，先由村民会议讨论通过，或者经村民会议授权由村民代表会议讨论通过；也可以由村民委员会提出，或者可以由1/10以上的村民或者1/5以上的村民代表联名提出。但是，对提交村民会议或者村民代表会议审议的事项，会前需要向村民公告，广泛征求意见。提交村民代表会议审议和表决的事项，会前应当由村民代表逐户征求所代表农户的意见，并经过农户签字认可。第二步是召开村民会议，应当有本村18周岁以上的村民过半数参加，或者有本村2/3以上农户的代表参加。召开村民代表会议，应当有代表2/3以上农户的村民代表参加。村民委员会在召开村民会议或者村民代表会议前，应当做好思想发动和动员组织工作，引导村民积极参与民主议事。在议事过程中充分发扬民主，吸收村民合理意见，在民主协商的基础上进行表决。村民会议所做筹资筹劳方案应当经过到会人员的过半数通过。村民代表会议表决时按一户一票进行，所做方案应当经到会村民代表所代表户的过半数通过。村民会议或者村民代表会议表决后形成的筹资筹劳方案，由参加会议的村民或村民代表签字。第三步是"一事一议"筹资筹劳方案报经乡镇人民政府初审；然后再报县级人民政府农民负担监督管理部门复审。对符合《村民一事一议筹资筹劳管理办法》规定的，县级人民政府农民负担监督管理部门在收到方案的7个工作日内予以答复；对不符合筹资筹劳适用范围、议事程序以及筹资筹劳限额标准的，县级人民政府农民负担监督管理部门应当及时提出纠正意见。"一事一议"管理和监督，对经过审核的筹资筹劳事项、标准、数额，乡镇人民政府应当在省级人民政府农民负担监督管理部门统一印制或监制的农民负担监督卡上登记。村民委员会将农民负担监督卡分发到农户，并张榜公布筹资筹劳的事项、标准和数额。村民委员会按照农民负担监督卡登记的筹资筹劳事项、标准、数额收取资金和安排出劳。同时，应当向出资人或者出劳人开具筹资筹劳专用凭证。村民民主理财小组负责对筹资筹劳情况实行事前、事中、事后全程监督。筹资筹劳的管理使用情况经民主理财小组审核后，定期张榜公布，接受村民监督。村民或村民委员会有权拒绝违反规定的筹资筹劳要求，并向乡镇人民政府及县级以上地方人民政府农民负担监督管理部门举报。地方人民政府农民负担监督管理部门应当将筹资筹劳纳入村级财务公开内容，并对所筹资金和劳务的使用情况进行专项审计。①

在"一事一议"筹资筹劳制度实施过程中，中共中央提出，在税费改革后推行"一事一议"筹资筹劳，符合村民自治的精神和要求，实现了解决农村公共品供给新的机制，改变了过去干部习惯于少数人拍板定事的弊端，必须学会与群众商量，按照民主决策程序办事的思想观念。中共中央还特别强调，"一事一议"关键是抓好三个环节：一是所"议"之事要确实符合大多数村民的意愿；二是"议"就要真"议"，是充分发扬民主而不是搞形式；三是"议"完之后的实施过程和结果要接受群众监督，真正做到村务公开。② 有学者认为，"一事一议"制度的实行，解决了税费改革后农村多年来未能解决的资金、义务工和积累工等问题；从政治意义上看，这种制度也使得村民真正参与到村级事务的决策中，使村民自我管理、自我决策等成为活生生的社会现实，人民当家做主得到了最大意义的体现。③

3. 构建新型村级民主监督机制，强化对权力的民主监督

"村级民主监督是村民自治的重要内容，也是村党组织领导的充满活力的村民自治机制的重要保障。"④ "村级民主监督作为村民自治制度的一个重要环节，是基层民主的保障，是提升农民政治地位的主要途径，同时也是推动

---

① 农业部：《村民一事一议筹资筹劳管理办法》，危朝安主编：《村民一事一议筹资筹劳问题50题》，第112—117页。
② 温家宝：《全面推进以税费改革为重点的农村综合改革》（2005年6月6日），《十六大以来重要文献选编》（中），第935页。
③ 马宝成：《税费改革、"一事一议"与村级治理的困境》，《中国行政管理》2003年第9期。
④ 《中央纪委中央组织部民政部等十二部委印发〈关于进一步加强村级民主监督工作的意见〉》，《中国民政》2012年第11期。

村级有效治理的重要手段和遏制村干部腐败的重要机制。"① 1998 年《中华人民共和国村委会组织法》第二十二条规定,村民委员会应当及时公布下列事项,其中涉及财务的事项至少每六个月公布一次,接受村民的监督:(一)本法第十九条规定的由村民会议讨论决定的事项及其实施情况;(二)国家计划生育政策的落实方案;(三)救灾救济款物的发放情况;(四)水电费的收缴以及涉及本村的村民利益、村民普遍关心的其他事项。1998 年,《中共中央办公厅、国务院办公厅关于农村普遍实行村务公开和民主管理制度的通知》(中办发〔1998〕9 号)规定:"要随着形势的发展变化和村民的要求,及时调整、充实村务公开的内容,真正做到凡涉及群众切身利益的大事,都以一定形式向村民公开,接受群众的监督。" 2004 年,《中共中央办公厅、国务院办公厅关于健全和完善村务公开和民主管理制度的意见》(中办发〔2004〕17 号)也规定:"进一步强化村务管理的监督制约机制,保障农民群众的监督权。"② 2005 年 12 月,《中共中央、国务院关于推进社会主义新农村建设的若干意见》指出:"进一步完善村务公开和民主议事制度,让农民群众真正享有知情权、参与权、管理权、监督权。"③ 2006 年 2 月,胡锦涛在《建设社会主义新农村,不断开创"三农"工作新局面》讲话中强调:"建设社会主义新农村,必须继续扩大农村基层民主,确保广大农民群众依法行使当家做主的权利,充分调动和发挥广大农民群众的积极性、主动性、创造性。""落实各项民主制度。要健全农村民主选举、民主决策、民主管理、民主监督等制度,扎实推进民主管理的各项工作,尤其是要做好监督检查工作,确保广大农民群众真正享有法律赋予的各项权利。"④ 2007 年 12 月,《中共中央、国务院关于切实加强农业基础设施建设进一步促进农业发展农民增收的若干意见》规定:"完善村民民主决策、民主管理、民主监督制度,充分发挥农民群众在村级治理中的主体作用。""切

---

① 张世花、吴春宝:《村级民主监督:组织运行现状及绩效分析——对全国 246 个村庄 3656 户农户的调查研究》,《青海社会科学》2011 年第 3 期。
② 余维良、马福云编著:《村级民主监督》,中国社会出版社 2006 年版,第 1—2 页。
③ 《中共中央、国务院关于推进社会主义新农村建设的若干意见》(2005 年 12 月 31 日),《十六大以来重要文献选编》(下),第 153 页。
④ 胡锦涛:《建设社会主义新农村,不断开创"三农"工作新局面》(2006 年 2 月 14 日),《十六大以来重要文献选编》(下),第 284 页。

实推行村务公开，建立答疑纠错的监督机制。"① 2008年2月，胡锦涛在中共十七届二中全会上题为"发展社会主义民主"的讲话中指出："扩大人民民主，健全民主制度，丰富民主形式，拓宽民主渠道，从各个层次、各个领域扩大公民有序政治参与，推进决策科学化、民主化，保证人民依法实行民主选举、民主决策、民主管理、民主监督，保障人民享有更多更切实的民主权利，保障人民的知情权、参与权、表达权、监督权。"② 中共中央和国务院一再强调，加强村级民主监督，维护村民民主监督权利，但是，在村民自治实施过程中，民主选举、民主决策、民主管理进展较为顺利，而民主监督受制于村民自治组织内外环境，显得相对滞后，影响了其功能的发挥与绩效的彰显。③ "有的地方出现了民主监督流于形式、村干部用钱用权行为不够规范甚至引发贪污腐败等损害农民利益的问题，影响了社会主义新农村建设的顺利推进。"④ 2012年，中央纪委、中央组织部、民政部等十二部委印发了《关于进一步加强村级民主监督工作的意见》，明确建立新型村级民主监督机制，强化对权力的民主监督。

（1）建立村务监督委员会。中共中央要求各地乡村建立村务委员会或其他形式的村务监督机构，落实村民民主理财、监督村务公开等制度。村务监督委员会成员由3—5人组成，其中应有具备财会、管理知识的成员。村务监督机构成员应该是年满十八周岁的村民，且奉公守法、品行良好、公道正派，具有较高的群众威望。鼓励群团组织负责人、村民小组长和村民代表，通过民主推选兼任村务监督机构成员。村民委员会成员及其近亲属、村会计（村报账员）、村文书不得担任村务监督机构成员。村务监督机构成员丧失行为能力或者被判处刑罚的，其职务自行终止。村务监督机构成员由村民会议或者村民代表会议在村民中推选产生，可以连选连任。任何组织或者个人不得指定、委派或者撤换村务监督机构成员。村务监督机构届期与村民委员会届期相同。对不履行职

---

① 《中共中央、国务院关于切实加强农业基础建设进一步促进农业发展农民增收的若干意见》（2007年12月31日），《十七大以来重要文献选编》（上），第149页。
② 胡锦涛：《发展社会主义民主政治》（2008年2月27日），《十七大以来重要文献选编》（上），第238页。
③ 姚望：《村级民主监督的缺位与回归》，《领导之友》2011年第3期。
④ 《中央纪委中央组织部民政部等十二部委印发〈关于进一步加强村级民主监督工作的意见〉》，《中国民政》2012年第11期。

责、不发挥作用的村务监督机构成员，可由村党组织予以批评教育，也可由村民会议或者村民代表会议予以罢免。村务监督机构是村级民主监督机构，依法独立行使监督权，向村民会议和村民代表会议负责，每半年至少报告一次工作，其成员列席村"两委"联席会议、村民代表会议和村民委员会会议，有权了解村务管理的有关工作情况。村务监督机构依法依章对村级重大事项决策程序和落实情况、村务公开情况、民主理财情况、村民自治章程和村规民约执行情况、村民委员会成员履职任职及廉洁自律情况等进行监督。村务监督机构负责对本村集体财务活动进行民主监督，参与制定本村集体财务计划和各项财务管理制度，有权检查、审核财务账目及相关的经济活动事项，有权否决不合理开支。村集体财务收支凭证等，必须由村务监督机构审核后方可入账。

（2）规范村级民主评议活动。村级民主评议人员主要包括村民委员会成员，由村民或者村集体承担误工补贴的其他人员，协助政府办理本村公共事务人员，在本村开展服务性、公益性、互助性活动的社会组织负责人等。民主评议人员由参加村民会议的村民或者村民代表组成。民主评议的内容包括评议对象的思想政治素质、岗位目标职责和工作业绩、村集体"三资"管理以及政府强农惠农富农项目实施、廉洁履职情况等关系村民切身利益的重点事项。

民主评议由乡镇党委、政府统一组织，村务监督机构主持，每年至少开展一次。民主评议通过召开村民会议或者村民代表会议的形式开展，一般结合年终工作总结进行。参加评议的人员应当现场填写民主评议考核表，按照优秀、称职和不称职三个等次对评议对象履职情况进行评议。民主评议结果应当及时向村民公布，接受村民监督。评议结果要与评议对象的使用和补贴待遇等直接挂钩。村民委员会成员连续两次被评议不称职的，其职务终止；其他评议对象连续两次被评议不称职的，一年内不得参与村内相关工作。村务监督机构应当监督评议对象按照民主评议意见制定整改措施，帮助评议对象改进工作。村务监督机构成员落实整改措施的情况，由村党组织负责监督。

（3）做好村民委员会成员任期和离任经济责任审计。行使村集体及村民委员会财务审批权的人员，参与村级经济活动决策的村民委员会成员，都要接受任期和离任经济责任审计。经济责任审计，由县级人民政府农业部门、财政部门或者乡级人民政府负责组织实施。村民对村集体经济管理、处置有异议的，也可以由村民会议、村民代表会议决定委托专业审计机构实施。任期经济责任审计，由村民会议或者村民代表会议根据本村集体经济活动和集体财务往来的实际情况讨论决定。实施经济责任审计时，审计机构应当召开主要审计工作人员、村党组织、村民委员会和村务监督机构成员代表参加的会议，安排审计工作的有关事项，并向全体村民公布审计方案。经济责任审计过程中，要广泛听取村民意见，吸纳村务监督机构成员、村民代表等参与。

当年进行村民委员会选举的村，应当在选举前对村民委员会成员进行离任经济责任审计。离任经济责任审计结果应当在登记参加下一届村民委员会选举的村民名单公布10日前公布。因辞职、罢免、职务终止等原因任期未满离任的，审计结果在离任后一个月内公布。村民对审计结果有异议的，应当通过村务监督机构要求审计单位做出解释说明。经济责任审计的报告和结果应当报送乡镇党委、政府备案。①

### （三）满足广大农民群众多层次多方面精神文化需求——文化建设的主要任务

"当今时代，文化越来越成为民族凝聚力和创造力的重要源泉、越来越成为综合国力竞争的重要因素，丰富精神文化生活越来越成为我国人民的热切愿望。"② 但是，城乡二元社会结构，不但导致了农村文化边缘化和农村公共文化空间日益萎缩，而且使农村文化建设陷入价值取向、目标取向和工具取向的争论和分歧之中。③ 由此导致了广大农民的基本文化需要也难以得到满足，比如农民中存在着看书难、看戏难、看电影难等问题。因此，"加强农村文化建设，是全面建设小康社会的内在要求，是树立和落实科学发展观、构建社会主义和谐社会的重要内容，是建设社会主义新农村、满足广大农民群众多层次多方面精神文化需求的有效途径，对于提高党的执政能力和巩固党的执

---

① 《中央纪委中央组织部民政部等十二部委印发〈关于进一步加强村级民主监督工作的意见〉》，《中国民政》2012年第11期。
② 胡锦涛：《高举中国特色社会主义伟大旗帜，为夺取全面建设小康社会新胜利而奋斗》（2007年10月15日），《十七大以来重要文献选编》（上），第26页。
③ 卢婷婷、翟坤周：《城乡二元结构下的农村文化建设：现实逻辑与动力机制》，《新疆社会科学》2012年第5期。

政基础，促进农村经济发展和社会进步，实现农村物质文明、政治文明和精神文明协调发展，具有重大意义"①。2003年1月，胡锦涛《在中央农村工作会议上的讲话》中指出："农村全面建设小康社会，不仅要着力改善农民群众的物质生活，而且要着力改善他们的精神文化生活。"②2004年9月，胡锦涛《在中共十六届四中全会上的工作报告》中指出："加强文化基础性建设，组织文艺、出版下基层活动，着力解决农民看书难、看戏难、看电影难问题。"③2004年12月，《中共中央、国务院关于进一步加强农村工作提高农业综合生产能力若干政策的意见》规定："加大农村重大文化建设项目实施力度，完善农村公共文化服务体系，鼓励社会力量参与农村文化建设。巩固农村宣传文化阵地，加强农村文化市场管理。切实提高农村广播电视'村村通'水平，做好送书下乡、电影放映、文化信息资源共享等工作。"④2005年11月，《中共中央办公厅、国务院办公厅关于进一步加强农村文化建设的意见》（中办发[2005]27号）从加强农村文化建设的重要性和紧迫性、农村文化建设的指导思想和目标任务、加强农村公共文化建设、丰富农民群众精神文化生活、创新农村文化建设的体制机制、动员社会力量支持农村文化建设和加强对农村文化建设的组织领导等方面对农村文化建设做出了详细的部署和规定，可以说这是中共中央加强农村文化建设的第一个规范性文件。2011年10月，中国共产党十七届六中全会通过了《中共中央关于深化文化体制改革推动社会主义文化大发展大繁荣若干重大问题的决定》，强调加快城乡文化一体化发展，增加农村文化服务总量，缩小城乡文化发展差距。2012年11月，中共十八大明确提出，社会主义文化建设要以丰富人民精神生活为出发点，坚持以人民为中心的创作导向，提高文化产品质量，为人民提供更好更多精神食粮；坚持面向

---

① 《中共中央办公厅、国务院办公厅关于进一步加强农村文化建设的意见》，《人民日报》2005年12月12日。
② 胡锦涛：《在中央农村工作会议上的讲话》（2003年1月8日），《十六大以来重要文献选编》（上），第123页。
③ 胡锦涛：《在中共十六届四中全会上的工作报告》（2004年9月16日），《十六大以来重要文献选编》（中），第245页。
④ 《中共中央、国务院关于进一步加强农村工作提高农业综合生产能力若干政策的意见》（2004年12月31日），《十六大以来重要文献选编》（中），第530页。

基层、服务群众，加快推进重点文化惠民工程，加大对农村和欠发达地区文化建设的帮扶力度。中共中央和国务院高度重视农村文化建设，不断满足人民日益增长的多层次多方面的精神文化生活需求。

1. 农村文化建设的主要目标

根据财政部教科文司、华中师范大学全国农村文化联合调研课题对全国 70 个县市的农村文化实证调查，目前农民在劳动之余，从事最多的 5 种文娱活动是看电视、打牌、读书看报、下棋、听广播；而使用文化设施最多的是文化活动室或图书室、有线电视或电视差转台、寺庙、体育场地和体育器材、戏台或戏楼五种。① 根据农民对农村精神文化需求和社会主义新农村建设要求，中共中央和国务院提出："经过 5 年的努力，基本形成适应社会主义市场经济体制、符合社会主义精神文明建设规律的农村文化建设新格局。县、乡、村文化基础设施相对完备，公共文化服务切实加强。农村文化工作体制机制逐步理顺，现有文化资源得到有效利用。文化队伍不断壮大，农民自办文化更加活跃。文化产业较快发展，看书难、看戏难、看电影难、收听收看广播电视难的问题基本解决。农村文明程度和农民整体素质有所提高，文化在促进农村生产发展、生活宽裕、乡风文明、村容整洁、管理民主等方面发挥重要作用。"②

2. 建设公益性与经营性相结合的农村文化服务体系

中共中央认为："农村文化建设与全面建设小康社会的目标要求还不相适应，与经济社会的协调发展还不相适应，与农民群众的精神文化需求还不相适应，这种状况必须引起高度重视，迫切需要采取有效措施，切实加以改变。"③ 在当前农村文化建设中，要按照社会主义新农村建设要求，高度重视农村公益性文化事业和经营性文化产业的发展，经过几年努力基本解决农民群众看书难、看电影难、收听收看广播电视难的问题，满足广大农民群众的基本文化需求。④ 加强农村公益性文化服务体系主要是加强县文化馆、图书馆和

---

① 财政部教科文司、华中师范大学全国农村文化联合调研课题组：《中国农村文化建设的现状分析与战略思考》，《华中师范大学学报》（人文社会科学版）2007 年第 4 期。
② 《中共中央办公厅、国务院办公厅关于进一步加强农村文化建设的意见》，《人民日报》2005 年 12 月 12 日。
③ 同上。
④ 李长春：《全面落实科学发展观，深入推进文化体制改革》（2006 年 3 月 28 日），《十六大以来重要文献选编》（下），第 381 页。

乡镇文化站、村文化室等公共文化设施建设，实施广播电视"村村通"和农村电影放映工程，发展文化信息资源共享工程农村基层服务点，构建农村公共文化服务体系。① 具体措施是：（1）加快县级文化馆、图书馆等公益性文化事业单位在劳动、人事、分配等方面改革，建立健全竞争、激励、约束机制和岗位目标责任制，全面实行聘用制和劳动合同制。通过公益性文化事业单位转换机制，增强其活力，提高公共服务水平。县乡文化机构要面向农村和基层，制订年度农村公益性文化项目实施计划，明确服务规范，改进服务方式，开展流动文化服务，加强对农村文化骨干和文化中心户的免费培训辅导，扶持奖励民办文化。（2）大力推进广播电视进村入户工程、农村电影数字化放映"2131"工程，开展农村数字化文化信息服务、推动服务"三农"的出版物出版发行、发展县乡镇村文化设施和文化活动场所、构建农村公共文化服务网络、加大文化资源向农村的倾斜等公益性文化服务体系。② 通过"大力发展公益性文化事业，加强公共文化基础设施建设，为全社会提供更加完备的公共文化服务，保障人民群众的基本文化权益"③。

在发展和完善公益性农村文化服务体系的同时，中共中央和国务院鼓励发展经营性农村文化服务体系，以便满足农民群众多层次多方面的精神文化需求，使社会主义先进文化牢固占领农村阵地。经营性农村文化服务体系主要包括：（1）基层国有艺术团体、电影公司、电影院、新华书店等经营性国有文化事业单位转变为企业经营，成为经营性农村文化服务企业；建立以社会资本参与经营性文化事业单位的股份制企业，实现投资主体多元化；鼓励艺术团体和企业合作，电影公司、电影院以"院线制"形式和新华书店以连锁经营形式，整合文化资源，服务农村文化建设。（2）热心文化公益事业的农户组建文化大院、文化中心户、文化室、图书室等，允许其以市场运作的方式开展形式多样的文化活动。（3）农民群众自筹资金、自己组织、自负盈亏、自我管理，兴办

---

① 胡锦涛：《建设社会主义新农村，不断开创"三农"工作新局面》（2006年2月14日），《十六大以来重要文献选编》（下），第285页。
② 《中共中央办公厅、国务院办公厅关于进一步加强农村文化建设的意见》，《人民日报》2005年12月12日。
③ 李长春：《全面落实科学发展观，深入推进文化体制改革》（2006年3月28日），《十六大以来重要文献选编》（下），第375页。

农民书社、集（个）体放映队等。（4）民间职业剧团和农村业余剧团。（5）文化专业户和个体、私营等非公有制文化企业。（6）公司加农户、专业加工户等形式，从事农村特色文化产品开发和文化服务。① 通过建立经营性农村文化服务体系，满足农民群众多层次多方面的精神文化需求。

3. 形成政府与企业、社会团体相结合的资金投入机制

构建公益性和经营性相结合的农村文化服务体系，形成政府与企业、社会团体相结合的资金投入机制，实现农村文化事业投入的良性循环。② 按照建设社会主义新农村建设的目标要求，落实《中共中央办公厅、国务院办公厅关于进一步加强农村文化建设的意见》，加大农村文化基础设施建设投入，大力发展公共文化事业，继续开展文化对口支援活动，完善文化援助机制，逐步解决农村文化产品和服务相对缺乏的问题，丰富农民群众精神文化生活。③ 对于公益性农村文化服务体系，各级财政要统筹规划，加大对农村文化建设的投入，扩大公共财政覆盖农村范围，不断提高用于乡镇和村的比例。中央财政保证一定数量的支付转移资金用于乡镇和村的文化建设。中央和省、市三级设立农村文化建设专项资金，确保农村重点文化建设的资金需求。同时，充分调动社会各方面力量参与农村文化建设，提供更多更好的文化产品和服务。动员城市单位和居民以各种方式捐赠电视机、收音机、计算机和农民群众需要的图书杂志、音像电子出版物等，可由捐助者直接交付农村，也可由民政部门、人民团体和有关民间组织负责组织发送。鼓励权利人许可基层文化单位无偿使用其作品或录音录像制品。开展文化科技卫生"三下乡"、文化对口支援活动，对重要项目和产品采取财政补贴，以政府采购的方式，直接送到农村；鼓励和组织专业文化工作者到农村辅导群众文化活动；建立和完善东部地区对西部地区、发达地区对欠发达地区、城市对农村的文化援助机制，支援农村文化建设。鼓励应届大学毕业生深入广大农村从事文化信息传播、活动组织、人员培训等活

---

① 《中共中央办公厅、国务院办公厅关于进一步加强农村文化建设的意见》，《人民日报》2005年12月12日。

② 胡锦涛：《建设社会主义新农村，不断开创"三农"工作新局面》（2006年2月14日），《十六大以来重要文献选编》（下），第285—286页。

③ 《中共中央、国务院关于深化文化体制改革的若干意见》（2005年12月23日），《十六大以来重要文献选编》（下），第130页。

动。有关部门应根据实际情况及时研究解决因增加农村文化服务内容而需要扩大人员规模和经费等问题，确保农村文化服务活动的顺利开展。

4. 探索农村文化设施运行管理新机制新办法

统筹文化、教育、科技、体育和青少年、老年活动场所的规划建设和综合利用，努力做到相关设施能够共建共享，着力解决农村文化设施分散、使用效率不高的问题。对电影院、剧院等设施，在确保其功能不变的前提下，鼓励其进入大型文化企业集团，也可以实行所有权与经营权相分离的运营模式，采取公办民营、公开招标、委托经营的方式，更好地提供文化服务。机关、学校内部的文化设施，有条件的要采取多种方式对农民群众开放。加强和充实县级文化市场行政执法队伍，充分发挥乡镇综合文化站监管作用，健全农村文化市场管理体系，加强执法力量，加大监管力度，提高执法水平。整顿和规范市场秩序，严厉打击违法违规活动，取缔无证经营。重点加强对演出娱乐、电影放映、出版物印刷和销售、网吧等方面管理，坚决打击传播色情、封建迷信等违法活动，确保农村文化市场健康有序发展。①

### （四）探索和完善乡村治理机制——社会建设的主要目标

1989年，世界银行首次提出了"治理危机"。"治理"这个概念提出后，立即得到了广泛的认同和使用。20世纪90年代，由于"三农"问题的呈现和恶化，学术界开始认识到了中国乡村治理同样存在着治理危机。1998年华中师范大学中国农村问题研究中心的学者提出了"乡村治理"概念。②

20世纪80年代，我国进行了"拆社建乡"政府体制改革。乡镇政府作为基层政府机构，为了与县一级主管部门对接，对口设置了相应机构和人员。然而，乡镇政府在征收赋税、执行各项政策及完成上级政府布置的各种"达标"任务的压力下，需要不断扩大机构和人员编制，在缺乏有效管理和约束的前提下，乡镇机构和人员急剧增加，导致了乡镇财政负担沉重。于是，乡镇政府必然增加"非规范性收入"以弥补财政支出，导致了农民负担不断加重。农民与

---

① 《中共中央办公厅、国务院办公厅关于进一步加强农村文化建设的意见》，《人民日报》2005年12月12日。
② 潘琼琼：《当前中国乡村治理研究综述》，《常州大学学报》2012年第1期。

地方基层政府之间的对立和冲突不断升级和恶化,农村危机日趋严重。"三农"问题的长期存在和不断加重所引起的农村政治稳定问题直接引起了中央决策层和知识界对农村问题的重视。①20世纪八九十年代,中央政府在农村推行乡村自治,并试图通过基层政府设立在乡镇,在乡镇以下实现农村自治的"乡政村治"的理想模式,解决业已存在的乡村社会问题。在"乡政村治"模式下,我国乡村治理形成了村治和乡政合流与冲突的关系,然而,乡政和村治暗含的冲突使村民自治正在逐步丧失其本来自治意义,在很大程度上村治变成了"乡政"的附庸。②农村税费改革前,通过征收农业税、附加税、乡统筹和村提留等手段,勉强维持着乡村社会的正常运转。新世纪伊始,我国政府进行农村税费改革,彻底废除农业税。农村税费改革和农业税的废除,虽然拆除了农村收费的平台,减轻了农民负担,但也大大削弱了乡镇和村两级财政实力,导致了乡镇和村为乡村提供公共产品的能力不足问题凸显出来。③"'三农'问题的影响不仅已经触及到了县——乡管理体制的结构性问题,而且业已跨越了农村社会的边界,触及到了国家宏观政策中的结构性问题。解决'三农'问题维持农村政治稳定将涉及农村治理模式的结构性变化,涉及农村基本政策和管理方式的大幅度调整和创新。只有通过国家政策结构上的重大调整和行政管理体制上的重大改革才有可能彻底解决目前的困境。"④改革传统乡村管理体制机制,探索和完善新的乡村治理机制,成为我国政府和学术界农村社会建设的重要目标和主要任务。"深化乡镇机构改革,加强基层政权建设,完善政务公开、村务公开等制度,实现政府行政管理与基层群众自治组织有效衔接和良性互动。发挥社会组织在扩大群众参与、反映群众诉求方面的积极作用,增强社会自治功能。"⑤实现基层政府行政管理和基层群众自治组织有效衔接和良好互动,是新世纪我国乡村治理的主要目标。

---

① 徐湘林:《"三农"问题困扰下的中国乡村治理》,《战略与管理》2003年第4期。
② 蔺雪春:《当代中国村民自治以来的乡村治理模式研究述评》,《中国农村观察》2006年第1期。
③ 张晓山:《简析中国乡村治理结构的改革》,《管理世界》2005年第5期。
④ 徐湘林:《"三农"问题困扰下的中国乡村治理》,《战略与管理》2003年第4期。
⑤ 胡锦涛:《高举中国特色社会主义伟大旗帜,为夺取全面建设小康社会新胜利而奋斗》(2007年10月15日),《十七大以来重要文献选编》(上),第24页。

1. 转变乡镇政府职能

如上所述,"乡政村治"为核心的乡村治理模式,在推行实践中遇到了理论设计与实践执行的困境,迫使学术界不得不深入思考村民自治的道路应该怎样走,乡村治理应当采用什么样的模式。在国家权力建构和村民自治选择中,形成了各种不同的选择方案:一种是"县政·乡派·村治"模式[1];一种是"乡治村政"模式[2];一种是"乡派镇政"模式[3];一种是"乡镇自治"模式等。[4] 诸多乡村治理模式的选择,主要问题还是在于农村税费改革后,乡镇一级政府何去何从的问题:是取消乡镇一级政府还是继续保留乡镇一级政府。如果是取消乡镇一级政府则需要加强县级政府的权力,或者把村一级变成一级基层政府,从而使乡镇一级政府变成虚置机构或者县级政府的派出机构。而我国如果要保留乡镇一级政府机构,则在税费改革的背景下,如何来进行乡镇改革的问题。"取消农业税后,乡镇政府存在的环境、农民对乡镇政府的需求以及与此相应的乡镇政府的职能等等都发生了重大变化,乡村治理方式必须改变,因此,乡镇政府的改革势在必行。"[5]

目前,乡镇政府机构数量巨大,乡镇基层公务员众多。如果贸然进行取消乡镇一级政府,改为派出机构,中央政府则面临着巨大的政治压力。在保留乡镇政府机构前提下,如何推进乡镇改革,转变乡镇政府职能是中国政府目前需要解决的难题。乡镇政府是我国政权结构中的最基层组织,乡镇机构改革在农村综合改革中处于关键地位。乡镇机构改革的总体要求是转变政府职能,精简机构人员,提高行政效率,建立行为规范、运转协调、公正透明、廉洁高效的基层行政体制和运行机制。乡镇机构改革的核心是转变政府职能,重点强化三个方面的职能:一是为农村经济发展创造环境,包括稳定农村基本经营制度,维护农民的市场主体地位和权益,加强对农村市场的监督,组织农村基础设施建设,完善农业社会化服务体系。二是为农民提供更多的公共服务,加快农村

---

[1] 徐勇:《县政、乡派、村治:乡村治理的结构性转换》,《江苏社会科学》2002年第2期。
[2] 沈延生:《自治抑或行政:中国乡治的回顾与展望》,《中国农村研究》2003年第1期。
[3] 徐增阳、黄辉祥:《财政压力与行政变迁——农村税费改革背景下的乡镇政府改革》,《中国农村经济》2002年第9期。
[4] 郑法:《农村改革与公共权力的划分》,《战略与管理》2000年第4期。
[5] 聂火云、郑利华:《新农村建设中的乡村治理结构问题探讨》,《江西社会科学》2007年第3期。

教育、卫生、文化、体育、环境保护等社会事业发展。三是为农村构建和谐社会创造条件，加强社会管理中的薄弱环节，开展农村扶贫和社会救助，化解农村社会矛盾，保持农村社会稳定。①为了推动乡镇机构改革，中共中央和国务院提出："有条件的地方要在全省范围内开展乡镇机构改革试点，暂不具备条件的省份要进一步扩大市、县试点范围，从乡村实际出发转变乡镇政府职能，完善农村基层行政管理体制和工作机制，提高农村公共服务水平。"②此后，中共中央和国务院再次强调，要按照增强社会管理和公共服务职能，继续推进乡镇机构改革，到2012年基本完成改革任务。③中共中央、国务院提出要按照增强社会管理和公共服务职能的原则进行乡镇机构改革，地方政府开始进行了乡镇改革的试验，形成了四种不同的选择。第一种选择是变"以钱养人"为"以钱养事"的改革，这种改革是当前乡镇改革的主流选择。其主导思想是从改革原有农村社会公益服务体系入手，转变县乡两级政府职能，在坚持市场导向和市场规律的前提下，重建新型的农村社会服务体系。这种改革的好处是可以为乡镇政府甩掉财政包袱，防止乡镇机构膨胀。但是，这种改革也改变了原有的社会公益服务体系，反而有弱化乡镇政府的社会管理和公共服务职能。第二种选择是"村社本位"式的改革。这种改革是国家财政直接补贴到村庄集体，然后由村集体向乡镇事业单位"购买"服务。第三种选择是"直补到户"式的改革。这种改革绕开了乡镇政府及其事业单位，也绕开了村集体，国家直接面对农户。这种改革标志着农业"反哺"时代的开始，但是，也表明乡镇组织将失去作为国家权力的末梢和国家农村政策实践载体的功能。第四种选择是"以钱养人"式的改革。这种改革的基本取向是承认了原来"以钱养人"式的乡镇公益事业管理体制的合理性，在原有机构的基础上进行完善，从而避免激进改革所可能引起的公共品供给问题的集中爆发。④乡镇改革是涉及各方利益的重大问题，整个改革试点虽然卓有成效，但是，改革进度却非常缓慢。2014年12月31日，

---

① 温家宝：《不失时机推进农村综合改革，为社会主义新农村建设提供体制保障》（2006年9月1日），《十六大以来重要文献选编》（下），中央文献出版社2011年版，第631—632页。
② 《中共中央国务院关于积极发展现代农业扎实推进社会主义新农村建设的若干意见》（2006年12月31日），《中共中央国务院关于"三农"工作的一号文件汇编》，第151页。
③ 《中共中央国务院关于2009年促进农业稳定发展农民持续增收的若干意见》（2008年12月31日），《中共中央国务院关于"三农"工作的一号文件汇编》，第194页。
④ 吕德文：《乡镇改革的四种选择》，《调研世界》2007年第7期。

《中共中央国务院关于全面深化农村改革加快推进农业现代化的若干意见》还明确指出："深化乡镇行政体制改革，完善乡镇政府职能。"[1] 当西方国家的农村基层政府已经完成了向服务性政府转型的历史时，学术界明确认识到，我国农村基层政府开始面临着由领导经济建设的政府向公共服务性政府的转变，农村基层政府履行公共产品供给职能，为农民提供更好的生活、生产环境成为现代农业基层政府的最主要特征。[2] "农村税费改革后，特别是全面免除农业税以后，农村基层政府应该从管治型转向服务型。过去强调'管治'，其根本目的不外乎'整合'和'汲取'；现在转向'服务'，主要是通过提供公共服务的方式进行农村治理，'服务'取代'汲取'而成为政府和农民群众之间的一条重要联系纽带。"[3] "尽管农民已不再需要一个管治型的乡镇政府，但却迫切需要一个服务型的乡镇政府。要破解当前乡镇政府面临的双重难题，唯一的出路是继续加大农村综合改革的力度，建设服务型乡镇政府。即建立坚持以人为本，以服务'三农'为核心职能，以执行性和直接服务为主要履行职能方式，管理与服务相协调的乡镇模式。"[4] 构建服务型乡镇政府的路径在于"培育服务型乡镇行政文化以提供价值支撑，深化行政体制改革以提升乡镇政府的服务能力，打造多元合作、民众考核为主的乡镇运行机制，以保证服务型乡镇政府功能的实现。"[5] 在保留乡镇机构的前提下，如何改革乡镇职能，建立服务型乡镇政府，将是未来中国农村改革的主导性方向。这个问题还有待于政府和学术界深入探讨和实践。

2. 发挥社会组织的功能

新世纪中共中央十分重视社会管理创新，提出："要完善基层群众团体和自治组织职能，建立健全以党组织为核心、基层政府行政管理和基层群众团体、自治组织管理相结合的基层社会管理格局，充分发挥基层群众团体和自治组织参与城乡管理和服务的重要作用。"[6] 同时，还明确指出，要建构基层政府

---

[1] 《中共中央国务院关于全面深化农村改革加快推进农业现代化的若干意见》（2013年12月31日），《农村工作通讯》2014年第3期。
[2] 赵聚军：《乡镇改革研究的综述与思考》，《行政论坛》2008年第2期。
[3] 吴理财：《改革与重建：中国乡镇制度研究》，高等教育出版社2010年版，第143页。
[4] 徐元善、祝天智：《服务型乡镇政府：缘起及其构建》，《中国行政管理》2009年第12期。
[5] 徐元善、祝天智：《服务型乡镇政府：缘起及其构建》，《中国行政管理》2009年第12期。
[6] 胡锦涛：《在省部级主要领导干部社会管理及其创新专题研讨班上的讲话》（2011年2月19日），《十七大以来重要文献选编》（下），第152页。

行政管理与基层群众自治组织有效衔接和良性互动的新型乡村治理体系。建构新型乡村治理体系，除了对乡镇机构改革，转变乡镇行政管理职能外，还需要充分发挥社会组织的功能。社会组织"作为社会领域公共利益的重要承载体，社会组织在弥补政府、市场公共物品供给危机、协调不同利益主体间关系以及推动公民意识形成等方面扮演着重要的角色。以社会组织为代表，通过组织化的途径有效实现社会个体利益表达是个体在面对多元化社会构成形势的一种理性选择"[①]。农村社会组织主要有两大功能：一是利用乡村社会内部的逻辑和规则推动社会自律，构造社会共识；二是农村社会组织可以承担一些原来由政府或者社区自治组织承担的事务或公益物品的供给，有利于减轻政府的工作量，节约社会运行成本。[②]

充分发挥农村社会组织功能，服务于社会主义新农村建设，关键是有哪些可资利用的农村社会组织。农村社会组织按其性质和功能划分为四类：一是政治组织和党派组织；二是经济组织，包括各类企业、商业和金融组织；三是群众团体组织，如妇联、共青团、村民委员会和村民小组；四是学校、医院、文化馆、剧团和宗教团体等。在社会主义新农村建设中，首先要引导共青团、妇联等人民团体服务新农村建设，以便更好地发挥党联系群众的桥梁和纽带作用；其次是培育和发展服务"三农"的社会组织，发挥它们在扩大群众参与、反映群众诉求方面的积极作用；鼓励有条件的村建立与农民生产生活密切相关的公益服务员制度。支持和帮助乡镇企业建立工会基层组织；发挥民兵组织在新农村建设中的作用。[③]农村社会组织参与乡村治理、社区建设和和谐农村建设后，"作为国家民主建设试验场的乡村社会，社会治理由单一统治模式走向多主体治理模式是必然的发展趋势"[④]。然而，在多元化的乡村治理主体互相作用的过程中，需要分清楚不同社会主体的功能定位和作用，如何协调处理它们之间的关系。"在当前乡村治理实践中，多元主体职能定位呈现出纷繁

---

① 蔡斯敏：《乡村治理变迁下的农村社会组织》，《西北农林科技大学学报》（社会科学版）2012 年第 5 期。
② 刘义强：《构建以社会自治功能为导向的农村社会组织机制》，《东南学术》2009 年第 1 期。
③ 《中共中央国务院关于切实加强农业基础建设进一步促进农业发展农民增收的若干意见》（2007 年 12 月 31 日），《中共中央国务院关于"三农"工作的一号文件汇编》，第 177 页。
④ 陈晓莉：《新时期乡村治理主体及其行为关系研究》，中国社会科学出版社 2012 年版，前言，第 1 页。

复杂的格局,如何对各类型主体心态与行为表现,以及它们在农村治理场域中担当的角色和发挥的职能进行科学合理定位,是关系到乡村治理绩效能否实现最大化的根本性问题。"① 有学者认为,农村基层党组织是乡村治理的中枢、乡镇政府是乡村治理的调节器、村两委会是乡村治理的操盘者、村民代表是乡村治理的平衡者、村庄民众是乡村治理的基础力量、村庄体制外精英是乡村治理的博弈者、乡村社会组织是乡村治理的稳定器、新生社会力量是乡村治理的助力器。在多元化乡村治理主体中,农民是乡村治理的基础性主体力量,而基层政府是主导性主体,基层党组织是核心领导主体,农村社会组织是协同治理主体。各种主体在乡村治理中形成协同合作,达成多元共识、公开审议、平等参与和责任分担等协商民主关系。② 在多元化乡村治理主体中,农村社会组织由原来的社会管理客体变成了协同治理的主体,这是农村社会组织参与乡村治理中,其社会地位发生的根本性改变。

在构建乡镇政府与社会组织良好互动关系中,农村社会组织主体性地位和作用已经确立。但是,能否发挥好农村社会组织在乡村治理中的职能和作用,人们最担心的问题就是基层政府与农村社会组织关系的处理。要实现政府行政管理与基层群众自治组织有效衔接和良性互动,首先需要解决好基层政府与农村社会组织之间的关系,鼓励和支持农村社会组织参与乡村治理,主动加强政府机构和农村社会组织的联系和沟通,共同去面对和处置各种社会矛盾及问题,鼓励和支持农村社会组织参与农村公共产品和公共服务工作。③ 但是,当诸多农村社会组织加入到乡村治理体系中,它们之间的互动关系和矛盾、冲突如何,各类组织的理想功效与实际功效之间的差异到底怎么样,这些问题目前学术界很少涉及,这是一个亟待研究和探讨的课题。

3. 探索县乡财政基本财力保障制度

创新乡村治理体系,需要县、乡财政作为基础。但是,我国现行财政分税制度,财权上收而事权下移。在这种财政制度安排下,县乡政府在农村公共服务方面承担着比省市政府更大的责任,然而,它们的收入权限有限,在财政

---

① 陈晓莉:《新时期乡村治理主体及其行为关系研究》,第96页。
② 陈晓莉:《新时期乡村治理主体及其行为关系研究》,第283—297页。
③ 钟宜:《我国农村社会组织发展与乡村治理方式的变革和完善》,《探索》2005年第6期。

体系分成较低。在农业税收没有废除前,县乡政府还可以通过收费和摊派来解决财政经济困境。"农业税取消后,相当部分县乡失去了一个主体税种,一些乡只能依靠上级财政的支付转移来维持机构的运转,这不仅制约其职能的有效发挥,而且还会影响一级政府的主动性和积极性。因此必须进一步改革县乡财政管理体制。一是要根据目前县乡财政的实际状况,进一步完善省以下财政体制,提高县乡财政的自我保障能力。二是要进一步规范财政转移支付制度,完善中央对地方缓解县乡财政困难的奖补办法。"① "调整财政收入分配格局,增加对县乡财政的一般性转移支付,逐步提高县级财政在省以下财力分配中的比重,探索建立县乡财政基本财力保障制度。"② 探索建立县乡基本财力保障制度需要从以下三个方面来进行:

(1) 实行省管县财政体制。20 世纪 90 年代,浙江省根据经济发展特点曾经推进过省直管县财政体系。2002 年后,我国在湖北、广东、河北等部分省区推行了以减少财政管理级次、扩大县级财政管理权限为核心特点的省直管县财政体制改革,将县级政府的财政收支责任划分、转移支付分配和预算资金调度,完全交由省级财政直接负责。"实行省直管县财政体制是为解决五级政府级次中,县乡财政级次严重的经济和财政收支不均衡而采取的特殊体制措施,是进一步明确中央和省级的责任,发挥省级政府在区域财力调节上的作用,缓解县乡财政困难、促进县域经济发展的重大措施,是简化财政级次,减少财力分配的层层集中,提高财政资金使用效率,降低行政成本的需要。"③ 2006 年 9 月,温家宝在《不失时机推进农村综合改革,为社会主义新农村建设提供体制保障》讲话中指出:"继续进行'省直管县'财政管理体制和'乡财县管乡用'财政管理方式改革试点。同时要研究进一步理顺省以下财政分配关系,完善省以下财政体制,努力改善县乡财政困难状况。"④ 2009 年 6 月,财政部印发了

---

① 温家宝:《全面推进以税费改革为重点的农村综合改革》(2005 年 6 月 6 日),《十六大以来重要文献选编》(中),第 926 页。
② 《中共中央国务院关于 2009 年促进农业稳定发展农民持续增收的若干意见》(2008 年 12 月 31 日),《中共中央国务院关于"三农"工作的一号文件汇编》,第 195 页。
③ 傅光明:《论省直管县财政体制》,《财政研究》2006 年第 2 期。
④ 温家宝:《不失时机推进农村综合改革,为社会主义新农村建设提供体制保障》(2006 年 9 月 1 日),《十六大以来重要文献选编》(下),第 635 页。

《关于推进省直接管理县财政改革的意见》。该意见指出,实行省直接管理县财政改革就是在政府收支、支付转移、资金往来、预决算、年终结算等方面,省财政与市县财政直接联系,开展相关业务工作,并明确提出在 2012 年底前争取除民族自治地区以外,其他地区全面推行省直管县财政体制。① 通过省直管县财政体制改革,县级财政留成比例有所增加,实力有所增强;县级财政收支快速增长;财政资金运转效率提高,县级财政理财能力增强;省级直接调控能力有所增强;推动了县域经济向内寻求发展动力等作用。但是,也带来了县市间财权与事权新的不匹配;市帮扶县的积极性削减、县市间税收竞争、财政支出竞争明朗化、跨地区公共物品提供困难、省级财政管理难度增加,分类指导的适用性降低。② 另一方面进行省直管县财政体制改革的目的是扩大县级财政管理权,增强县域经济发展能力,解决县乡财政困境,但是,实际上我们省直管县财政体制改革对我国县域经济增长具有显著的抑制作用,与省直管县财政体制改革的初衷背道而驰。③

(2)"乡财县管"体制改革。"乡财县管"体制是指"乡镇政府管理财政的法律主体地位不变,财政资金的所有权和使用权不变,乡镇政府享有的债权和承担的债务不变。属于乡镇事权范围内的支出,仍由乡镇按规定程序审批。县级财政部门在预算编制、账户设置、集中收付、政府采购和票据管理等方面,对乡镇财政进行管理和监督。乡镇政府在县级财政部门的指导下,编制本级预算、决算草案和本级预算的调整方案,组织本级预算的执行"。我国实现分税制财政改革后,基层乡镇财政权力空间被严重压缩。随着农村税费改革和政府职能的转变,乡镇财政收入规模大幅度下降,乡镇财政支出范围明显缩小,但不少乡镇财政供养人员较多、债务负担过重、管理水平低下。为了推动建立县乡公共财政体制框架,规范乡镇收支行为,防止和化解乡镇债务风险,维护农村基层政权和社会稳定,迫切需要改革乡镇财政管理方式,实行"乡财县

---

① 王怀安主编:《中华人民共和国法律全书》,吉林人民出版社 2010 年版,第 890 页。
② 骆祖春:《省直管县财政体制改革的成效、问题和对策研究 —— 来自江苏省的调查报告》,《经济体制改革》2010 年第 3 期。
③ 贾俊雪等:《省直管县财政体制改革、县域经济增长与财政解困》,《中国软科学》2013 年第 6 期。

管"体制。①2002 年,国务院批转了财政部《关于完善省以下财政管理体制有关问题意见的通知》,明确提出:"要进一步加强对乡财政的管理、约束乡政府行为","对经济欠发达、财政收入规模较小的乡,其财政支出可由县财政统筹安排,以保障其合理的财政支出需要"。2003 年,安徽省在和县、五河、太和等九县率先实行"乡财县管"改革试点。此后,湖北、河北、河南、黑龙江、吉林、内蒙古等省、自治区也先后展开试点。2006 年 6 月,28 个省区实施了"乡财县管"改革,其中 16 个省区全面推行、12 个省区局部试点。同年 7 月,财政部下发《关于进一步推进乡财县管工作的通知》,对"乡财县管"工作做出进一步的规范,并要求 2008 年年底全面实行"乡财县管"②。2008 年 12 月,《中共中央国务院关于 2009 年促进农业稳定发展农民持续增收的若干意见》提出,推进"乡财县管"改革,加强县乡财政涉农资金的监管,力争用 3 年左右时间,逐步建立资金稳定、管理规范、保障有力的村级组织运转经费保障机制。③2011 年 12 月,实行"乡财县管"的乡镇有 2.93 万个,约占全国乡镇总数的 86.1%。④"乡财县管"体制主要内容是县乡财政预算共同编制、账户统一设置、乡镇财政集中收付、乡镇采购统一办理、票据统一管理和县乡财政联网。⑤'乡财县管'的制度设计,彰显了财权与事权的统一、集权与分权的平衡,有利于推动乡镇资源重组,遏制乡镇债务蔓延,规范乡镇财政管理,健全公共财政体制,创新乡镇治理模式,实现乡村社会稳定,产生了良好的经济蜕变效应、财政协同效应和公共治理效应。"⑥但是,"乡财县管"改变了乡镇财政的管理运行机制、权力机构和管理体制,其实质是对公共行政权和社会资源的

---

① 《财政部关于进一步推进乡财县管工作的通知》(财预【2006】402 号),《中国农业会计》2006 年第 9 期。
② 杨发祥、马流辉:《"乡财县管":制度设计与体制悖论——一个财政社会学的分析视角》,《学习与实践》2012 年第 8 期。
③ 《中共中央国务院关于 2009 年促进农业稳定发展农民持续增收的若干意见》(2008 年 12 月 31 日),《中共中央国务院关于"三农"工作的一号文件汇编》,第 194—195 页。
④ 杨发祥、马流辉:《"乡财县管":制度设计与体制悖论——一个财政社会学的分析视角》,《学习与实践》2012 年第 8 期。
⑤ 《财政部关于进一步推进乡财县管工作的通知》(财预【2006】402 号),《农村财政与财务》2006 年第 9 期。
⑥ 杨发祥、马流辉:《"乡财县管":制度设计与体制悖论——一个财政社会学的分析视角》,《学习与实践》2012 年第 8 期。

重新分配。实行"乡财县管"体制,仅仅是保留了乡镇政府和财政的"外壳",它预示着"一级政府、一级财政"的财政配置原则名存实亡。①

(3)实施"一事一议"财政奖补制度。农村税费改革后,中央明确规定,通过"一事一议"筹资筹劳来解决服务于农村生产、生活的公益事业。然而,农村公益事业范围广、投入量大,完全依靠村民自己投入,很难满足农村公益事业和公共建设投入。即使村民能满足这些公共建设和公益建设的投入,也是广大村民难以承受的。②2006年9月,温家宝在《不失时机推进农村综合改革,为社会主义新农村建设提供体制保障》讲话中指出:"要体现财力支出向公共服务倾斜,向基层倾斜,切实增强乡镇政府履行职责和提供公共服务的能力。"③同年12月,《中共中央国务院关于积极发展现代农业扎实推进社会主义新农村建设的若干意见》中提出:"建立健全财力与事权相匹配的省以下财政管理体制,进一步完善财政转移支付制度,增强基层政府公共产品和公共服务的供给能力。中央和省级财政要安排一定资金,对地方推进农村综合改革给予奖励补助。"④2007年12月,《中共中央国务院关于切实加强农业基础建设进一步促进农业发展农民增收的若干意见》中明确提出:"探索建立农村公益事业建设新机制,支持建立村级公益事业建设'一事一议'财政奖补制度试点。"⑤2008年2月,国务院农村综合改革工作小组、财政部、农业部联合印发了《关于开展村级公益事业建设一事一议财政奖补试点工作的通知》,决定2008年选择黑龙江、河北、云南3个省在全省范围开展村级公益事业建设"一事一议"财政奖补试点工作。⑥2008年12月,《中共中央国务院关于2009年促进农业稳定发展农民持续增收的若干意见》中再次指出,在总结"一事一议"财政奖补

---

① 夏杰长、陈雷:《"乡财县管"改革的社会学分析:以安徽省G县为例》,《经济研究参考》2005年第77期。
② 项继权、李晓鹏:《"一事一议财政奖补":我国农村公共物品供给的新机制》,《江苏行政学院学报》2014年第2期。
③ 《十六大以来重要文献选编》(下),第635页。
④ 《中共中央国务院关于积极发展现代农业扎实推进社会主义新农村建设的若干意见》(2006年12月31日),《中共中央国务院关于"三农"工作的一号文件汇编》,第151—152页。
⑤ 《中共中央国务院关于"三农"工作的一号文件汇编》,第173页。
⑥ 韩吉、罗沙:《我国在三省农村启动公益事业建设"一事一议"财政奖补试点》,《草业科学》2008年第3期。

试点经验的基础上,进一步完善相关政策,扩大农村公益事业"一事一议"财政奖补试点范围,中央和试点地区省级财政要增加试点投入。[①]

建立"一事一议"财政奖补制度的目标是"以农民自愿出资出劳为基础,以政府奖补资金为引导,以充分发挥基层民主作用为动力,逐步建立筹补结合、多方投入的村级公益事业建设新机制"。"一事一议"财政奖补的基本原则:民主决策,筹补结合;直接受益,注重实效;规范管理,阳光操作。"一事一议"财政奖补范围主要包括以村民"一事一议"筹资筹劳为基础、目前支农资金没有覆盖的村内水渠(灌溉区支渠以下的斗渠、毛渠)、堰塘、桥涵、机电井、小型提灌或排灌站等小型水利设施,村内道路(行政村到自然村或居民点)和环卫设施、植树造林等村级公益事业建设。"一事一议"奖补资金以中央财政和省级财政为主,县市财政资金为辅,同时,鼓励村级组织发展集体经济,提高自我发展和自我建设能力,倡导社会各界捐赠赞助开展村级公益事业建设。"一事一议"财政奖补资金申报首先是由开展"一事一议"筹资筹劳的村提出申请,乡镇人民政府初审村级申报奖补项目的合规性、可行性和有效性,县级财政、农业部门按职责复审并汇总上报省级农村综合改革领导小组办公室、财政、农业部门审核确定奖补项目。开展农村公益事业"一事一议"财政奖补工作是加强农业基础设施建设,改善农村生产生活条件,增强抵御自然灾害能力,进一步促进农业发展、农民增收,促进城乡公共服务均等化的重要举措,是深化农村综合改革、形成城乡经济社会发展一体化新格局的一项重大制度创新。它有利于调动农民参与村级公益事业建设的积极性,促进农村基层民主政治建设,推动社会主义新农村建设和农村和谐发展。[②]

4. 化解乡村债务

改革开放以后,农村经济体制改革和管理体制改革扩大乡镇和行政村的自主权。为了促进农村经济发展,乡镇和行政村举债发展地方经济,乡村两级债务开始滋生蔓延。而财政分税体制改革后,乡村两级财政分成比例低,加剧了

---

① 《中共中央国务院关于 2009 年促进农业稳定发展农民持续增收的若干意见》(2008 年 12 月 31 日),《中共中央国务院关于"三农"工作的一号文件汇编》,第 194~195 页。
② 韩吉、罗沙:《我国在三省农村启动公益事业建设"一事一议"财政奖补试点》,《草业科学》2008 年第 3 期。

财政紧张，乡村两级不得不大量举债来维持建设性、公益性和日常性开支，完成上级下达的财政收入任务。因此，20世纪90年代后，乡村债务迅速增长。根据全国农村经济情况统计，1990年村级组织当年债务总额为402.5亿元，债权总额为397.5亿元，欠债总额为5亿元。1990—1993年，乡村债务总额由402.5亿元增加到1021.3亿元，年均增加额为206.27亿元，年均增长率为36.39%。1994—1997年，乡村债务总额从1076.1亿元增长到1978.6亿元，年均增加300.83亿元，年均增长率为22.51%。1998—2001年，乡村债务总额从1932.6亿元增加到2796.9亿元，年均增加288.1亿元，年均增加率为13.11%。① 有学者估计，20世纪90年代至今，乡村债务总额高达6000亿元，乡村负债几乎达到失控的局面。② 乡村沉重的债务负担，使许多基层组织难以正常运转，公益事业发展也受到严重制约。然而，随着农业税的废除，很多乡镇又失去了最重要的自主性财政收入来源。如此，乡村债务问题变得更加严重，因此如何化解乡村负债、降低基层组织财政风险，成为中国政府不能不解决的难题。③ 有效化解乡村债务，防止新债不断产生，是防范农村金融风险，降低基层政府财政风险的重要工作，也是保持农村社会长久稳定的重要措施，它对于提高集体资产的质量，建立健全集体资产的运营机制，促进农业与农村经济的健康发展，具有十分重要的意义。④

2005年12月，《中共中央国务院关于推进社会主义新农村建设的若干意见》提出："各地要对乡村债务进行清理核实……妥善处理历年农业税尾欠，完善涉农税收优惠方式，确保农民直接受益。"⑤ 根据中共中央和国务院指示要求，2006年10月，国务院办公厅发布了《关于做好清理化解乡村债务工作的意见》。该意见指出，化解乡村债务工作必须按照"制止新债、摸清旧债、明确责任、分类处理、逐步化解"的指导思想，积极稳妥地开展化解乡村债务工作。化解乡村债务工作分为两步走，第一步是全面清理核实锁定债务数额；第

---

① 王润雷：《全国村级债务形成的几个阶段及成因》，《中国农业会计》2004年第4期。
② 周颖：《总额6000亿巨债压身，乡村负债失控》，《中国经营报》2004年10月12日。
③ 冯海波：《后农业税时代的乡村债务问题》，《财政科学》2006年第5期。
④ 本刊评论员：《有效化解乡村债务防范新债产生》，《中国财政》2005年第10期。
⑤ 《中共中央、国务院关于推进社会主义新农村建设的若干意见》（2005年12月31日），《中共中央国务院关于"三农"工作的一号文件汇编》，第129页。

二步是严格实行《国务院办公厅关于坚决制止发生新的乡村债务有关问题的通知》，坚决制止发生新的乡村债务。在摸清楚乡村债务的基础上，具备较好工作基础的省区市，在全省区市范围内进行化解乡村债务试点；暂时不具备条件的省区市，可以选择部分县市进行试点。化解乡村债务的具体措施：（1）区分轻重缓急。从农民群众和乡村干部最关心、利益关系最直接、矛盾最集中的涉农债务着手，优先化解农村义务教育、基础设施建设、社会公益事业发展等方面的债务，把确实属于因乡村公益事业而造成农民个人、乡村干部、乡村工程业主等个人债务的化解工作放在突出位置。[1]妥善处理好历年农业税尾欠，在严格把握政策和加强审核的前提下，该减免的要坚决减免，能豁免的应予以豁免。[2]（2）进行分类处理。区分乡镇债务和村级债务的不同性质，采取有针对性的化解措施和办法，分类处理，逐步化解。[3]对公益性债务的化解，县级以上各级人民政府要予以支持；对生产经营性债务，应按照市场原则协商解决。（3）化解乡村债务的次序。化解乡村债务的次序是，当前重点是推进农村义务教育历史债务化解，在有条件的地区要以省为单位进行试点，暂不具备条件的要进行局部试点工作。[4]争取在2010年基本完成全国农村义务教育债务化解，然后，继续选择与农民利益直接相关的农村公益事业建设形成的乡村债务进行化解试点。[5]（4）化解乡村债务的资金来源。地方各级人民政府整合现有资金，有条件的地方还应安排一定的资金，用于偿还农村义务教育负债和其他应优先化解的乡村债务。省级财政要结合中央"三奖一补"政策，安排专项资金，建立偿还奖励机制，对增加财政收入、减少债务成效突出的县乡村给予奖励，支持基层推进化解乡村债务工作。加强乡镇财政管理，严格控制不合理支出，促进乡镇增收节支偿还债务。[6]（5）防止新债发生。按照"财力向下倾斜，财权

---

[1] 赵香瑞主编：《学校经费管理》（上），辽宁人民出版社2008年版，第31—33页。
[2] 《中共中央国务院关于积极发展现代农业　扎实推进社会主义新农村建设的若干意见》（2006年12月31日），《中共中央国务院关于"三农"工作的一号文件汇编》，第152页。
[3] 赵香瑞主编：《学校经费管理》（上），第32页。
[4] 《中共中央国务院关于切实加强农业基础建设进一步促进农业发展农民增收的若干意见》（2007年12月31日），《中共中央国务院关于"三农"工作的一号文件汇编》，第174页。
[5] 《中共中央国务院关于2009年促进农业稳定发展农民持续增收的若干意见》（2008年12月31日），《中共中央国务院关于"三农"工作的一号文件汇编》，第195页。
[6] 赵香瑞主编：《学校经费管理》（上），第34页。

与事权相统一"的原则,进一步完善地方财政管理体制;推进乡镇政府转变职能;加强村级财务管理,规范村级收支行为。

中共中央和国务院提出化解乡村债务的重要性和必要性之时,学术界有人却认为:"我们赞同政府部门及有关专家学者提出的要千方百计化解乡村债务的建议,也推崇各地在实践中探索出的各种存量债务化解方式。因为不解决好乡村存量债务问题,不充分释放存量债务中不良债务的风险,必然会对未来农村经济的发展带来很大的负面作用。但是,我们不赞同有关文件和一些学者提出的要坚决避免乡村新增债务的观点。这是因为,此种观点极不现实。在目前的形势下,由于多种多样的原因,要完全避免乡村新增债务是根本不可能的。"①而且他还提出,适当增加乡村债务,有利于加快农村经济向市场经济转化的进程、有利于促进农村各项事业的发展、有利于改善乡村未来发展经济的良好环境、有利于缓解各级政府财政资金不足的状况。②

**(五)建设美丽乡村:生态文明建设的主要落脚点**

2007年10月,胡锦涛在《高举中国特色社会主义伟大旗帜,为夺取全面建设小康社会新胜利而奋斗》的报告中指出:"坚持生产发展、生活富裕、生态良好的文明发展道路,建设资源节约型、环境友好型社会,实现速度和结构质量效益相统一、经济发展与人口资源环境相协调,使人民在良好生态环境中生产生活,实现经济社会永续发展。"③中共十七大首次明确提出了建设生态文明的战略任务。2012年11月,胡锦涛在中共十八大报告《坚定不移沿着中国特色社会主义道路前进,为全面建成小康社会而奋斗》中再次指出:"建设生态文明,是关系人民福祉、关乎民族未来的长远大计。面对资源约束趋紧、环境污染严重、生态系统退化的严峻形势,必须树立尊重自然、顺应自然、保护自然的生态文明理念,把生态文明建设放在突出地位,融入经济建设、政治建设、文化建设、社会建设各方面和全过程,努力建设美丽中国,实现中华民族

---

① 赵爽:《乡村债务问题研究》,河南人民出版社2008年版,第110页。
② 赵爽:《乡村债务问题研究》,第124—126页。
③ 《高举中国特色社会主义伟大旗帜,为夺取全面建设小康社会新胜利而奋斗》(2007年10月15日),《十七大以来重要文献选编》(上),第12页。

永续发展。"① 中共十八大把生态文明建设提升到新的高度，与经济建设、政治建设、文化建设、社会建设相并列，作为建设中国特色社会主义"五位一体"的总布局。② 2013年5月，习近平在中央政治局第六次集体学习时指出："生态环境保护是功在当代、利在千秋的事业。要清醒地认识到保护生态环境、治理环境污染的紧迫性和艰巨性，清醒地认识到加强生态文明建设的重要性和必要性，以对人民群众、对子孙后代高度负责任的态度和责任，为人民创造良好生产生活环境。"9月，习近平在哈萨克斯坦纳扎尔巴耶夫大学回答学生问题时指出："建设生态文明是关系到人民福祉、关系到民族未来的大计。我们既要绿水青山，也要金山银山。宁要绿水青山，不要金山银山，而且绿水青山就是金山银山。"这些重要的论断，深刻阐述了推进生态文明建设的重大意义，表明了我们党加强生态文明建设的坚定意志和坚强决心。③

中共中央在强调生态文明建设的同时，十分重视农村生态文明建设。2005年12月，《中共中央、国务院关于推进社会主义新农村建设的若干意见》中提出："按照建设环境友好型社会的要求，继续推进生态建设，切实搞好退耕还林、天然林保护等重点生态工程，稳定完善政策，培育后续产业，巩固生态建设成果。"④ 2008年10月，中共十七届三中全会审议通过《中共中央关于推进农村改革发展若干重大问题的决定》。该决定指出，按照建设生态文明的要求，发展节约型农业、循环农业、生态农业，加强生态环境保护。2008年12月，《中共中央国务院关于2009年促进农业稳定发展农民持续增收的若干意见》提出，推进生态重点工程建设。⑤ 2012年12月，《中共中央国务院关于加快发展现代农业进一步增强农村发展活力的若干意见》明确提出："加强农村生态建

---

① 胡锦涛：《坚定不移沿着中国特色社会主义道路前进为全面建成小康社会而奋斗》（2012年11月8日），《求是》2012年第22期。
② 严耕、王景福主编：《中国生态文明建设》，国家行政学院出版社2013年版，第1页。
③ 周生贤：《走向生态文明新时代——学习习近平同志关于生态文明建设的重要论述》，《求是》2013年第17期。
④ 《中共中央、国务院关于推进社会主义新农村建设的若干意见》（2005年12月31日），《中共中央国务院关于"三农"工作的一号文件汇编》，第124页。
⑤ 《中共中央国务院关于2009年促进农业稳定发展农民持续增收的若干意见》（2008年12月31日），《中共中央国务院关于"三农"工作的一号文件汇编》，第189页。

设、环境保护和综合整治，努力建设美丽乡村。"①2013年，中央一号文件第一次明确提出了"建设美丽乡村"的奋斗目标，建设美丽乡村是我国农村生态建设的主要落脚点。

1. 农村生态文明建设的必要性

新农村生态文明建设是建设社会主义新农村不可或缺的重要组成部分。我国仍然是一个农业大国，大多数居民生活在农村，绝大多数自然资源开发利用也在农村。而农业和农村是连接人与自然的主要纽带，农村环境保护在建设生态文明建设进程中占据极其重要的战略地位。但是，长期以来我国经济发展方式粗放，环境保护特别是农村环境保护没有得到足够重视，致使环境治理严重滞后，农村环境问题日益突出。比如，我国农村每年有90多亿吨生活污水基本上任意排放，2.8亿吨生活垃圾也随意倾倒。每年化肥施用量达到4700多万吨，而有效利用率却不到35%，造成了水体和土壤环境恶化。有些地方乱采滥挖、毁林开荒、超载放牧等行为屡禁不止，继续破坏着农村生态。②另一方面随着工业化、城镇化进程加快，城市人口规模不断扩大，工业废水、生活污水和垃圾向农村地区转移，"三废"超标排放已经成为影响中国农村地区环境质量的主要因素。而绝大部分乡镇又没有专门的环保机构，环境监测和环境监察工作也未能普及广大农村地区，农村中出现了污染事故，几乎处于无人监管的状态，由此导致了农村生态破坏加剧。③"全国农村生态环境形势总体上仍然比较严峻，农村生活污染、面源污染还相当严重，工业污染、城市污染向农村转移，水土流失、土地沙化、生态功能退化等状况还在发展。这些问题不仅严重影响广大农民群众身体健康，也制约国家的可持续发展。"④

广大农民群众在基本解决温饱问题后，对提高生活水平，改善生活质量也有更多的期盼。环境是人们生存和发展的基本条件，也是关系民生的重大问

---

① 《中共中央国务院关于加快发展现代农业进一步增强农村发展活力的若干意见》（2012年12月31日），《农村工作通讯》2013年第3期。
② 李克强：《下大力气治理农村环境，维护农民环境权益》（2008年7月24日），《十七大以来重要文献选编》（上），第514页。
③ 熊敏桢：《中国农村生态建设存在的问题与对策》，《海峡科学》2012年第6期。
④ 李克强：《下大力气治理农村环境 维护农民环境权益》（2008年7月24日），《十七大以来重要文献选编》（上），第514页。

题。而生态环境破坏，引起了人民群众严重不满，甚至引发了社会矛盾。改善农村环境，关系到广大农民安居乐业，关系到农村社会和谐稳定。全面建设小康社会，关键在农村，环境是难点。如果经济发展了，但生态环境恶化了，就难以实现全面小康。[①]拥有和谐优美的生态环境，日益成为人民群众最关心、最直接和最现实的社会利益问题；而且建设生态文明是我国扩大内需，拉动经济增长的重要途径，适应生态文明建设而兴起的第三产业，不仅可以拓展经济社会发展空间，而且具有巨大的经济发展潜力。结合生态文明建设的经济开发与利用，不仅可以治理环境，还可以使地方经济得以健康有序地增长，既能拉动当前经济增长，又能增强可持续发展后劲，无论对眼前还是长远社会发展来说，都具有重要意义。

2. 农村生态文明建设的主要内容

"建设生态文明，必须建立系统完整的生态文明制度体系，实行最严格的源头保护制度、损害赔偿制度、责任追究制度，完善环境治理和生态修复制度，用制度保护生态环境。"[②]在农村生态文明建设中，中共中央、国务院同样重视制度保护农村生态环境。（1）健全自然资源资产产权制度和用途管制制度。"对水流、森林、山岭、草原、荒地、滩涂等自然生态空间进行统一确权登记，形成归属清晰、权责明确、监管有效的自然资源资产产权制度。建立空间规划体系，划定生产、生活、生态空间开发管制界限，落实用途管制。健全能源、水、土地节约集约使用制度。""健全国家自然资源资产管理体制，统一行使全民所有自然资源资产所有者职责。完善自然资源监管体制，统一行使所有国土空间用途管制职责。"[③]（2）实施源头保护制度。主要是实施天然林保护、退耕还林等重点生态工程；落实草畜平衡制度，推进退牧还草，发展牧区水利，兴建人工草场。[④]推进三北、沿海、长江等防护林体系和京津风沙源治理、

---

① 李克强：《下大力气治理农村环境 维护农民环境权益》（2008年7月24日），《十七大以来重要文献选编》（上），第515页。
② 《中共中央关于全面深化改革若干重大问题的决定》（2013年11月12日），《求是》2013年第22期。
③ 《中共中央关于全面深化改革若干重大问题的决定》（2013年11月12日），《求是》2013年第22期。
④ 《中共中央国务院关于切实加强农业基础建设进一步促进农业发展农民增收的若干意见》（2007年12月31日），《中共中央国务院关于"三农"工作的一号文件汇编》，第165页。

湿地保护与恢复等重点林业生态工程建设，统筹推进青海三江源生态保护和建设，等等。①（3）执行生态效益补偿制度。"坚持使用资源付费和谁污染环境、谁破坏生态谁付费原则，逐步将资源税扩展到占用各种自然生态空间。"② 在农村生态文明建设中，建立健全森林、草原和水土保持生态效益补偿制度。③ 首先提高中央财政对属集体林的国家级公益林森林生态效益补偿标准。建立造林、抚育、保护、管理投入补贴制度，开展造林苗木、森林抚育补贴试点，中央财政对林木良种生产使用、中幼林和低产林抚育给予补贴，等等。切实加强草原生态保护建设，加大退牧还草工程实施力度，延长实施年限，适当提高补贴标准。推进西藏草原生态保护奖励机制试点工作。④（4）完善环境治理和生态修复制度。"环境破坏起来时间短、速度快、贻害无穷，而修复环境时间长、见效慢、代价高昂"⑤。在农村生态文明建设中，要重视环境治理和生态修复制度，主要实施国家水土保持重点工程建设，搞好长江、黄河、东北黑土区等重点流域、区域水土保持工作；加强荒漠化、石漠化治理；加大坡改梯、黄土高原淤地坝和南方崩岗治理工程建设力度；加强湿地保护，促进生态自我修复。⑥ 加强农村节能减排工作，鼓励发展循环农业，推进以非粮油作物为主要原料的生物能源研究和开发。加强农业面源污染治理，发展循环农业和生态农业。⑦ 建立和完善水电、采矿等企业的环境恢复治理责任机制，从水电、矿产等资源开发收益中安排一定资金用于企业所在地环境的恢复治

---

① 《中共中央国务院关于加大统筹城乡发展力度进一步夯实农村发展基础的若干意见》（2009 年 12 月 31 日），《中共中央国务院关于"三农"工作的一号文件汇编》，第 208 页。
② 《中共中央关于全面深化改革若干重大问题的决定》（2013 年 11 月 12 日），《求是》2013 年第 22 期。
③ 《中共中央国务院关于切实加强农业基础建设进一步促进农业发展农民增收的若干意见》（2007 年 12 月 31 日），《中共中央国务院关于"三农"工作的一号文件汇编》，第 165 页。
④ 《中共中央国务院关于加大统筹城乡发展力度进一步夯实农业农村发展基础的若干意见》（2009 年 12 月 31 日），《中共中央国务院关于"三农"工作的一号文件汇编》，第 207—208 页。
⑤ 李克强：《下大力气治理农村环境，维护农民环境权益》（2008 年 7 月 24 日），《十七大以来重要文献选编》（上），第 518 页。
⑥ 《中共中央国务院关于切实加强农业基础建设进一步促进农业发展农民增收的若干意见》（2007 年 12 月 31 日），《中共中央国务院关于"三农"工作的一号文件汇编》，第 165—166 页。
⑦ 《中共中央国务院关于加大统筹城乡发展力度进一步夯实农业农村发展基础的若干意见》（2009 年 12 月 31 日），《中共中央国务院关于"三农"工作的一号文件汇编》，第 208 页。

理，防止水土流失。①（5）推进村庄治理。加强农村饮水安全工程建设投入和饮水水源地保护，对供水成本较高的农村饮水安全工程给予政策优惠或补助，让农民尽快喝上放心水。加强农村水能资源规划和管理，推进水电农村电气化建设，扩大小水电代燃料建设规模；继续实施农村电网改造；加强沼气服务体系建设，增加农村沼气投入，组织实施大中型沼气工程，积极发展户用沼气；支持有条件的农牧区发展太阳能、风能。有序推进村庄治理，继续实施乡村清洁工程，开展创建"绿色家园"行动。完善小城镇规划，加强小城镇基础设施建设，重视解决农村困难群众住房安全问题。②

## 四、城乡一体化：新农村建设的战略目标

近代以来，我国城市和乡村呈现背离化的趋势，形成了城乡二元经济社会结构。新中国成立后，我国实行"城乡分治、一国两策"基本政策，城乡分离趋势固化，城乡二元结构强化。由于城乡二元结构及工业化和城市化的发展，新世纪我国城乡差距越来越大，严重威胁到社会稳定。中共中央和中央政府提出了协调城乡发展的思想和政策。但是，协调城乡发展，只是社会主义新农村建设的一种手段，为此，中共中央提出了城乡一体化发展战略，它成为社会主义新农村建设的主要目的。

### （一）城乡分离趋势：新农村建设前城乡关系的基本特征

近代中国工业化、城市化和现代化发展，解构了传统城乡一体化发展模式，城乡"背离化"趋势越来越严重，乡村社会逐步走向边缘化、贫困化和失序化。③在近代城乡背离化的社会生态中，形成了近代社会二元社会结构。近代"城市的生产内容是工业的，农村的生产内容是农业的，工业统治了农业，

---

① 《中共中央、国务院关于推进社会主义新农村建设的若干意见》（2005年12月31日），《中共中央国务院关于"三农"工作的一号文件汇编》，第124页。
② 《中共中央国务院关于切实加强农业基础建设进一步促进农业发展农民增收的若干意见》（2007年12月31日），《中共中央国务院关于"三农"工作的一号文件汇编》，第171页。
③ 王先明：《试论城乡背离化进程中的乡村危机——关于20世纪30年代中国乡村危机问题的辨析》，《近代史研究》2013年第3期。

工业是剥削者，农业是被剥削者"。"这种城乡的分裂和对立，不能不说，是旧中国的悲剧。城市与乡村的敌对，一方面是中国社会发展长期停滞的结果，另一方面，也反转成为中国社会长期发展停滞的根源。在这种城乡的对立与分裂中，城市的繁荣永远是假性的繁荣，而乡村却因此永远停滞在中古式的落后贫苦状态，没法前进一步。城乡长期分裂与对立贯穿了中国社会发展的二千年来的封建性质和一百多年来半封建半殖民地的悲剧历史！"① 新民主主义革命胜利后，中国共产党建立了新中国，为解决城乡背离化的社会趋势提供了很好的时机。"新民主主义革命的胜利，不但使乡村的农民阶级翻了身，也同样使受城市压迫和剥削的乡村翻了身，这就是结束了城乡的对立和分裂，开始城乡的合作与统一的基本原因。"而新民主主义革命胜利后建立的"新民主主义的新中国，是城乡合作统一的新中国，这种彼此统一合作的新城市和新乡村，是和对立与分裂的旧城市和旧乡村有着本质上的差异的"②。

然而，中华人民共和国成立后，中共积极推进由落后的农业国向先进的工业国转变的发展战略，因此，优先发展工业尤其是重工业成为中国共产党当然的选择。发展社会主义工业化需要大量的资金，而新中国成立初期我国受困于社会主义和资本主义两大阵营的对立及与其他社会主义国家不稳定的外交关系，利用外资发展工业化的目标受到严重影响。因而，中国共产党只能采取汲取农业剩余为工业积累资本的"以农补工"经济发展战略。"这一战略通过吸取农业剩余，为工业化提供资本积累和对城市居民进行补贴，期望迅速实现国家工业化。由于重工业投入大，收效慢，吸纳农业劳动力又少，加之新中国成立初我国贫困落后，要通过资本积累迅速实现工业化，就只有通过剥夺农业来发展工业。"③ 为了保证"以农补工"经济发展战略的实施，中共实施了严格城乡隔离的户籍制度，把全国人口分为农业户口和非农业户口，二元户籍制度将城市和农村分裂为两个封闭的社会系统。中央政府在户籍隔离的基础上，又实行城乡分治、一国两策的社会政策，如城市和农村不同公民的身份制度、劳动就业制度、社会保障制度、教育制度、公共财政制度等，由此强化了近代以来

---

① 杨奎章：《城乡关系问题》，中原出版社1949年版，第7页。
② 杨奎章：《城乡关系问题》，第13—14页。
③ 叶祥松：《我国"三农"问题形成原因的系统分析》，《广东社会科学》2008年第6期。

的城市和乡村二元社会分化结构。"我国长期实行城乡分治的户籍管理制度，农业人口被集中在农村，非农业人口大部分集中在城市，形成'城乡分治、一国两策'的局面。而这种局面对城市人口有利，对农业户口的人是不利的。在经济上，农业人口和城市人口在税赋、所有制、就业等方面所享有的国民待遇不同……长期实行的结果，就形成城乡二元社会结构，城乡差距越来越大。"① 改革开放前，中国经济社会二元化特征非常明显：一是城市土地是国有的，农村土地是集体的，界限分明；二是城市人有城市户口，农村人基本上农村户口。城市人在城市上学、就业和得到粮油供应，而农村人只能在农村上学、就业；三是城市从事第二、第三产业，农村主要从事农业；四是城市的建设维护及运转基本上是政府负责，农村的基础设施、教育卫生等公益事业和社会管理及基层政权运转，虽然政府会提供少量补助，但基本上依靠农民自己解决。②

改革开放后，我国农村改革的推行，农业发展制度环境的改善，极大地调动了农民生产积极性。同时，工业化优先发展战略的调整和市场化方向的体制改革，为农村工业化提供了制度和市场条件，它加速了农村经济的发展，城乡发展差距一度缩小。随后，城市经济体制改革及社会主义市场经济体制的推进，加快城市和乡村生产要素的自由流动，进一步打开了改革开放前城乡关系的封闭性。"改革开放以来，通过城乡关系的重大调整，初步形成了城乡协调发展的新局面。市场机制的引入为城乡协调发展奠定了基础。在商品经济规律作用下，劳动力、资金、技术等生产要素开始在城乡间进行合理流动，为城乡发展注入了新的活力。乡镇企业已成为城乡联系相互支持的重要纽带。"③ 由于我国经济体制改革都是围绕着实现工业化、推进现代化的目标而展开的，以工业化、城市化促进现代化的发展战略没有发生根本性改变。如此，工业和城市经济加速发展，工业化和城市化进程加快以及由渐进性改革所形成的经济体制"双轨制"特征，工业化和城市化发展并未消除二元社会结构，反而形成了计划经济体制和市场经济体制对农业和农村发展的双重挤压，城乡发展差距继续扩大，城乡二元结构继续深化。它主要表现在以下方面：一是工业和城市汲

---

① 陆学艺：《中国"三农"问题的由来和发展》，《当代中国史研究》2004 年第 3 期。
② 丁国光：《城乡二元结构的形成与突破》，《中国财政》2008 年第 16 期。
③ 韩可卫、黄国庆：《对我国走出城乡二元结构问题的探讨》，《改革与战略》1997 年第 2 期。

取农业和农村剩余，形成了行政方式和市场渠道的重合。在工农产品剪刀差方面，过去由统购统销带来的制度性剪刀差已不复存在，而现在"市场化"剪刀差替代了制度性剪刀差；在财政方面，国家每年通过农业税和乡镇企业税从农村提取了大量的资金；在金融方面，市场化改革强化了金融系统为追求自身利益最大化和规避经营风险，加大了把农村储蓄投向了工业和城市的力度。同时，在市场化发展过程中，城市发展环境的优势地位以及工商业比较利润较高，又把大量农村资本积累吸引到城市和工商业，形成了农村资本净流出。二是城乡分割体制由阻隔和控制城乡交流的障碍演变为城市对农村在城乡交流中的"寻租"门槛。在计划经济体制中，城乡分割体制的功能主要是控制和阻止城乡交流，特别是限制农村劳动力向城市流动。改革开放后，城乡分割体制控制和阻止城乡交流的功能开始弱化，但并未带来城乡分割体制的解构。相反，它把城乡分割由控制和阻止转化为城乡交流体制"租金"，即农村和农民在城乡交流中向城市支付了巨额的体制"租金"，使城乡二元结构进一步深化。① 我国推行相对自由的市场化社会政策，农村土地、资金、原材料、劳动力等生产要素流向城市，甚至农民工所创造的剩余价值也留在城市，城市日益繁荣发达，而农村却日益萧条。工业化、城市化和现代化带来了城市发展，但没有消解改革开放前所形成的城乡二元社会结构，在某种程度上固化了城乡背离化的趋势。②

**（二）统筹城乡发展：新世纪新农村建设的新选择**

我国日益固化的城乡二元经济社会结构和不断拉大的城乡差距，预示着"三农"问题似乎不但没有缓和的迹象，反而显得越来越严重。如何加快农村经济发展，增加农民收入，以减少不断增大的城乡差距，学术界可谓见仁见智，提出了不同的发展思路：一种是提高农产品价格，增加农产品产量，提高农业产值份额，由此带来农村经济发展和农民收入的增加；一种是在农村内部调整农业产业结构，加快乡镇企业发展，吸纳农村劳动力就业，以发展农村经济和

---

① 张新华：《中国"三农"现代化进程及其引发的理论思考》，2008年天津师范大学博士学位论文（未刊稿），第142—143页。

② 王先明：《走近乡村——20世纪以来中国乡村发展论争的历史追索》，第420页。

提高农民收入。① 对于前者有人认为，现在大多数农产品已经走向市场，农产品供给绝对短缺时代基本结束，在这种社会背景下依靠提高农产品价格，刺激农产品总量增加，不但使国家财政背上沉重的包袱，而且中国加入世界贸易组织后，大宗农产品价格受制于国际市场和技术条件的限制，提价空间已经十分有限。② 即使实行提高农产品价格，其发展的作用是十分有限的。何况目前世界上没有哪一个国家仅仅通过提高农产品价格可以解决农业比较效益偏低的问题。③ 对于后者有人认为，调整农业产业结构，发展乡镇企业来解决城乡二元经济社会结构，作用也是有限的，因为当前农民收入增长缓慢，城乡收入差距扩大问题，是农业和农村给予农民创造就业能力弱化的问题。虽然乡镇企业在吸纳农村劳动力就业方面还有一定的潜力，但是单纯依靠乡镇企业的发展并不能从根本上解决当前存在的就业问题。④ 其实，无论是提高农产品价格，增加农产品产量，还是调整农业产业结构，发展乡镇企业来解决日益严重的"三农"问题和城乡居民收入差距日益扩大问题，都是就农业论农业，就农村谈农村问题，是解决不了农业、农村和农民问题的。"实践证明，现代农业的问题不在农业本身，农村的问题不在农村本身。新阶段'三农'问题的凸显，是农业和农村内外部环境发生深刻变化的现实反映，也是城乡二元经济结构长期积累的各种深层次矛盾的集中反映。因而，解决'三农'问题必须跳出'三农'之外。"⑤

社会主义新农村建设的提出是基于长期存在的"三农"问题。但是，"三农"问题的根源在于"农业和农村内外部环境发生变化的现实反映，也是城乡二元结构长期积累的各种深层次矛盾的集中反映"⑥。因此，"三农"问题的最

---

① 宋洪远等：《统筹城乡，加快农村经济社会发展——当前的农村问题和未来的政策选择》，《管理世界》2003年第11期。
② 宋洪远等：《统筹城乡，加快农村经济社会发展——当前的农村问题和未来的政策选择》，《管理世界》2003年第11期。
③ 赵复强、卜庆娟：《提高农产品价格对促进农民增收作用的有限性研究》，《商业研究》2006年第20期。
④ 宋洪远等：《统筹城乡，加快农村经济社会发展——当前的农村问题和未来的政策选择》，《管理世界》2003年第11期。
⑤ 白雪秋：《中国统筹城乡发展研究》，北京出版社2006年版，第13页。
⑥ 《中共中央国务院关于促进农民增加收入若干政策的意见》（2003年12月31日），《中共中央国务院关于"三农"工作的一号文件汇编》，第80页。

终解决和未来农村发展战略不能局限于就农业论农业、就农村论农村的传统思维，需要从根本上突破城乡二元经济社会结构。而突破城乡二元结构，则需要把"三农"问题与工业化、城市化发展放在同一发展战略位置来加以分析和研究，只有这样才能实现农业与工业、农村与城市、农民与市民间的有机互动和良性转换，从根本上解决"三农"问题。① 有鉴于以往就"三农"问题解决"三农"问题的局限性，中共中央深刻地认识到解决"三农"问题必须要有新思路。2002年11月，中共十六大报告《全面建设小康社会，开创中国特色社会主义事业新局面》指出："统筹城乡经济社会发展，建设现代农业，发展农村经济，增加农民收入，是全面建设小康社会的重大任务。"② 2003年10月，中共中央在十六届三中全会报告《中共中央关于完善社会主义市场经济体制若干问题的决定》中提出了"统筹城乡发展、统筹区域发展、统筹经济社会发展、统筹人与自然和谐发展、统筹国内发展和对外开放"五个统筹发展经济社会的指导思想。③ 2004年1月，《中共中央、国务院关于促进农民增加收入若干政策的意见》中提出："各级党委和政府要认真贯彻十六大和十六届三中全会精神，牢固树立科学发展观，按照统筹城乡经济社会发展要求，坚持'多予、少取、放活'的方针，调整农业结构，扩大农民就业，加快科技进步，深化农村改革，增加农民收入，强化对农业支持保护，力争实现农民收入较快增长，尽快扭转城乡居民收入差距不断扩大的趋势。"④ "统筹城乡经济社会发展"新战略的提出，突破了过去就农业论农业、就农村论农村的旧思维束缚，是新世纪解决"三农"问题和建设社会主义新农村的新选择。"统筹城乡发展，才是建设社会主义新农村的根本之道。"⑤ "统筹城乡发展"战略主要内容包括以下方面。

---

① 潘捷军：《新农村建设、城镇化进程与流动人口问题——我国"三农"问题的双重视野、双向效应和双轨路径》，《浙江师范大学学报》（社会科学版）2007年第1期。

② 江泽民：《全面建设小康社会，开创中国特色社会主义事业新局面》（2002年11月8日），《十六大以来重要文献选编》（上），第17页。

③ 《中共中央关于完善社会主义市场经济体制若干问题的决定》（2003年10月14日中国共产党第十六届中央委员会第三次全体会议通过），《十六大以来重要文献选编》（上），第465页。

④ 《中共中央国务院关于促进农民增加收入若干政策的意见》（2003年12月31日），《中共中央国务院关于"三农"工作的一号文件汇编》，第80页。

⑤ 戚建华主编：《中国农民的梦想——社会主义新农村建设研究》，河南人民出版社2007年版，第43页。

1. 发挥城市与乡村互助同进作用

新中国成立后，我国城乡关系从理论上讲是强调城乡互助的，然而，在实际上却是城乡隔离和城乡分割的。① 长期以来，在社会主义工业化发展中，农业和工业、城市与乡村关系基本上形成了农业支持工业，为工业化提供资金积累，农村为城市提供农产品、原材料等单边发展关系。工业化、城市化发展以及农业、农村的落后局面，使得中共中央认识到，不能像过去那样单方面要求农业、农村和农民做出牺牲，而是需要统筹城乡经济社会发展，发挥城市对乡村的带动作用和乡村对城市的促进作用。2003年1月，胡锦涛《在中央农村工作会议上的讲话》中指出："农村经济和城市经济是相互联系、相互依赖、相互补充、相互促进的。农村发展离不开城市的辐射和带动，城市发展也离不开农村的促进和支持，统筹城乡经济社会发展，就是要充分发挥城市对农村的带动作用和农村对城市的促进作用，实现城乡经济社会一体化发展。这既是解决'三农'问题的重大战略，又是增强城市发展后劲的有效措施。"② 2005年2月，胡锦涛《在省部级主要领导干部提高构建社会主义和谐社会能力专题研讨班上的讲话》中再次强调："坚持统筹城乡发展，充分发挥城市对农村的辐射和带动作用，充分发挥工业对农业的支持和反哺作用，逐渐建立有利于改变城乡二元经济结构的体制。"③

2. 新型城镇化与新农村建设同时并举

如上文所述，20世纪八九十年代，学术界和中央政府在经济发展战略选择中，非常重视城市化发展战略。这一战略实质是广大农村通过工业化由农村转变成城市。从表面上来看，城市化发展战略好像强调了城市和农村之间的内在联系，但实际上城市化发展战略是立足于城市与农村对立的，并存在着通过城市来达到消灭农村的趋势。其实，中国城市化不管如何发展，要把农村全面变成城市既不可能，也不现实；而且城市化越发展，农村问题却越严重。城市与

---

① 卢文：《积极发展新型城乡关系》，徐荣安主编：《中国新型城乡关系》，重庆出版社1988年版，第1页。
② 胡锦涛：《在中央农村工作会议上的讲话》（2003年1月8日），《十六大以来重要文献选编》（上），第120页。
③ 胡锦涛：《在省部级主要领导干部提高构建社会主义和谐社会能力专题研讨班上的讲话》（2005年2月19日），《十六大以来重要文献选编》（中），第708—709页。

农村发展的"悖论"使人们清醒地认识到,城市化发展理论具有内在的理论缺陷,于是,城镇化来代替城市化成为解决"三农"问题新的理论主张。"我国农业最突出的矛盾就是人多地少,光靠这点土地,几亿农民富不起来。因此,解决'三农'问题,从根本上讲确实需要推进城镇化。"既然解决"三农"问题需要推进城镇化,问题是中国城镇化道路该如何走。中国城镇化既不能走发达资本主义国家早期工业化和城镇化道路,也不能重复发展中国家的城镇化道路,而是需要走中国特色城镇化道路。那么,什么是中国特色城镇化道路呢?中国特色城镇化的显著特点是,大量农村劳动力在城乡之间双向流动就业。他们在城市有工作就在城市里打工;城市里没有工作时,就回乡务农。① 由于我国农村剩余劳动力数量多,而城市就业岗位非常有限,要在短时间内全部转移农村剩余劳动力是不可能的。因此,对那些已经具备条件的农民转变为城市居民。而对于大多数农村劳动力和农村人口,他们还不具备进城定居能力,此时该怎么办?很显然,片面强调城镇化是解决不了问题的,必须统筹城乡发展。为此,中国政府在推进城镇化的同时,强调社会主义新农村建设,实行城镇化与新农村建设同时并举。"我国农村人口数量巨大,将来即使城镇化水平达到百分之六十甚至百分之七十,仍然会有绝对量相当大的人口继续生活在农村,因此,在推进城镇化的同时,必须把农村也建设好,使留在农村的人口也能逐步过上经济发展、生活富裕、精神文明的生活。"② 既然我国要实行新型城镇化与社会主义新农村同时并举,如何认识它们之间的关系呢?"建设新农村与推进城镇化是统筹城乡发展、推进现代化的两个重要方面,是相互促进、相辅相成……我们推进的城镇化,是能够带动农村发展的城镇化;我们要建设的新农村,是城镇化进程中的新农村。社会主义新农村建设的过程,应当是城市带动农村发展的过程,是城市各类基础设施和公共服务向农村延伸的过程,是农民更多地参与经济建设、分享发展成果的过程,是城乡文化互相融合、共同繁

---

① 温家宝:《全面推进以税费改革为重点的农村综合改革》(2005年6月6日),《十六大以来重要文献选编》(中),第930—932页。
② 温家宝:《全面推进以税费改革为重点的农村综合改革》(2005年6月6日),《十六大以来重要文献选编》(中),第932—933页。

荣的过程,最终形成城镇和农村良性互动、协调发展的格局。"①"新农村建设和城镇化是中国农村发展的两大主题,提升新农村建设水平、加快城镇化步伐是中国政府化解新时期城乡矛盾、统筹城乡协调发展的治国方针。"②

3. 工业反哺农业、城市支持农村

有人认为,人均国内生产总值超过1000美元,经济社会即进入了一个关键发展阶段。2004年,我国人均国内生产总值达到了1276美元,开始走出低收入国家行列,进入新的发展阶段。另一方面,2004年我国财政收入已经达到2.63万亿元,初步具备了工业反哺农业、城市支持乡村的能力。③同年9月,胡锦涛在十六届四中全会上明确指出:"综观一些工业化国家发展的历程,在工业化初始阶段,农业支持工业、为工业提供积累是带有普遍性的趋向;但在工业化达到相当程度以后,工业反哺农业、城市支持农业,实现工业与农业、城市与农村协调发展,也是带有普遍性的趋向。"④同年12月,他在中央经济工作会议上还指出,我国现在总体上已经到了以工促农、以城带乡的发展阶段。我们应当顺应这一趋势,更加自觉地调整国民收入分配格局,更加积极地支持"三农"发展。要站在全局的高度重视发展农业,动员全党全社会都来关心和支持农业。⑤2005年10月,温家宝在《关于制定国民经济和社会发展第十一个五年规划建议的说明》中再次强调:"我国农村发展和改革已进入了新的阶段,必须按照统筹城乡发展的要求,贯彻工业反哺农业、城市支持农村的方针,加大各方面对农村发展的支持力度,这样才能较快改变农村的落后面貌。"⑥2006年2月,胡锦涛在《建设社会主义新农村,不断开创"三农"工作新局面》中还特别提出:"解决好农业和农村发展、农民增收问题,仅靠农村内部的资源和力量已经不够,必须在继续挖掘农村内部的资源和力量的同时,充分运用外部的资源和

---

① 温家宝:《扎实稳步推进社会主义新农村建设需要把握好的几个问题》(2006年2月20日),《十六大以来重要文献选编》(下),中央文献出版社2011年版,第297页。
② 张磊:《试论新农村建设和城镇化并行发展关系》,《社会科学战线》2011年第9期。
③ 张庆忠主编:《社会主义新农村建设研究》,社会科学文献出版社2009年版,第9页。
④ 胡锦涛:《做好当前党和国家的各项工作》(2004年9月19日),《十六大以来重要文献选编》(中),第311页。
⑤ 韩俊:《"两个趋向"论断的重大创新》,《瞭望新闻周刊》2005年第13期。
⑥ 温家宝:《关于制定国民经济和社会发展第十一个五年规划建议的说明》(2005年10月8日),《十六大以来重要文献选编》(中),第1050页。

力量,推动国民收入分配向农业和农村倾斜,依靠工业的反哺和城市的支持。"①另一方面,我国经过多年改革开放和经济发展,综合国力显著增强,第二、第三产业增加值占国内生产总值的比重达到87.6%,城镇人口占总人口的比重达到43%,国家财政收入持续增长,目前总体上具备了工业反哺农业、城市支持农村的能力。②"两个趋向"是实现城乡统筹发展的思想理论基础,而我国经济发展和国家财力增长,已经达到了可以实施"工业反哺农业、城市支持农村"的社会条件,两方面的因素推动了"工业反哺农业、城市支持农村"的执行,它也是实现城乡统筹的主要方式。

"工业反哺农业"实质上讲就是"少取"和"多予"。"少取"就是少从农民那里索取,具体来讲就是减免农业税、提高征地补偿标准、改善农民工待遇等;"多予"就是通过各种财政支持措施,加大对"三农"的支持力度。"反哺"方针就是希望在今后农村工作中,"予"要远远大于"取",达到"只予、不取"。③2003年12月,中共中央和国务院提出,2004年农业税税率总体上降低1个百分点,同时取消烟叶外的农业特产税;有条件的地方可以进一步降低农业税税率或免征农业税。④2004年年底,中央又提出,2005年在国家扶贫开发重点县实行免征农业税试点,在其他地区进一步降低农业税税率;在牧区开展取消牧业税试点;国有农垦企业执行与所在地同等的农业税减免政策。⑤2006年,中央提出全面取消农业税。同时,中共中央还提出:"调整国民收入分配格局,国家财政支出、预算内固定资产投资和信贷投放,要按照存量适度调整、增量重点倾斜的原则,不断增加对农业和农村的投入。扩大公共

---

① 胡锦涛:《建设社会主义新农村,不断开创"三农"工作新局面》(2006年2月14日),《十六大以来重要文献选编》(下),第278页。
② 胡锦涛:《建设社会主义新农村,不断开创"三农"工作新局面》(2006年2月14日),《十六大以来重要文献选编》(下),第278页。
③ 柯炳生:《关于落实"工业反哺农业、城市支持农村"方针的若干认识和建议》,《农业发展与金融》2006年第1期。
④ 《中共中央国务院关于促进农民增加收入若干政策的意见》(2003年12月31日),《中共中央国务院关于"三农"工作的一号文件汇编》,第90页。
⑤ 《中共中央国务院关于进一步加强农村工作 提高农业综合生产能力若干政策的意见》(2004年12月31日),《中共中央国务院关于"三农"工作的一号文件汇编》,第97页。

财政覆盖农村的范围，建立健全财政支农资金稳定增长机制。"①"以城带乡"就是城市向农民敞开大门，其实质是妥善处理城乡关系，切实维护农民的合法权益，逐步改变城乡二元结构，为农民进城就业创造更多的机会，为农民进得来、留得住创造更好的制度环境。为此，要求政府依法保护进城务工农民的合法权益，提高农民就业能力；积极探索多种形式，解决城市农民工的社会保障问题；要调整城市建设的思路，放宽农民进城就业和定居的条件。同时，在城镇化加快发展的过程中切实维护好农民的合法土地权益。②

中央认为，由于我国工业化任务尚未完成，城市化水平还不高，国家财政需要支出的地方很多，所以农业、农村的事情不可能由政府全部包办。提出"工业反哺农业，城市支持农村"方针主要目的：一是为了明确长期努力的方向；二是为了增强紧迫感，强调现在就要量力而行、尽力而为地去做。而农村的落后是我国经济社会发展中长期积累下来的问题，推进社会主义新农村建设也是一个长期过程。因此，各地务必从实际出发，特别要尊重群众意愿，考虑群众承受能力，千万不能脱离实际，搞强迫命令；要用引导示范的办法，从群众最迫切要求解决的问题入手，循序渐进地推进。③

### 4. 形成城乡统一的要素市场

我国长期实行"重城镇、轻农村；包非农、弃农民"歧视性的城乡就业政策④；实行差异性的城乡社会保障政策；推行城市与乡村分割的户籍政策等。这些歧视性和差异性政策的实施，形成了城市和农村二元要素市场，严重阻碍了城乡统一要素市场的形成，统筹城乡发展要求城市和乡村形成统一的要素市场。为此，中共中央和国务院提出："要加快建立有利于逐步改变城乡二元结构的体制，实行城乡劳动者平等就业的制度，建立健全与经济发展水平相适应的多种形式的农村社会保障制度。充分发挥市场配置资源的基础性作用。推进征地、户籍制度改革，逐步形成城乡统一的要素市场，增强农村经

---

① 《中共中央国务院关于推进社会主义新农村建设的若干意见》（2005年12月31日），《中共中央国务院关于"三农"工作的一号文件汇编》，第117页。
② 韩俊：《"两个趋向"论断的重大创新》，《瞭望新闻周刊》2005年第13期。
③ 温家宝：《全面推进以税费改革为重点的农村综合改革》（2005年6月6日），《十六大以来重要文献选编》（中），第934页。
④ 罗斌、殷善福：《论城乡就业统筹的必要性》，《农业经济问题》2001年第5期。

济发展活力。"①

### （三）城乡一体化：新农村建设的终极目标

20世纪八九十年代，学术界在讨论中国城市化发展道路时，有人从城乡关系的角度提出了城乡一体化的理论；北京和上海等地区开始实行了城乡一体化的发展战略。②城乡一体化理论的提出及其社会实践，很快遭到了人们的质疑。"新中国成立以来我国城乡发展的实践表明，在社会主义初级阶段实施'城乡一体化'模式，乃是一个战略性的失误。"③"'城乡一体化'提法超越了我国现阶段的城乡关系准则"，"不能作为调整我国城乡关系的指导思想"④。尽管如此，学术界还是对城乡一体化的内涵、特征及实现途径进行初步研究。21世纪以来，人们进一步对城乡二元结构产生的深层次原因以及统筹城乡经济社会发展进行了深入研究。政府也认识到"三农"问题产生的根源在于城乡二元结构。"我国经济社会发展中最大的结构问题，是城乡二元结构。"⑤而要解决城乡二元结构，中共中央提出了要统筹城乡经济社会发展，进行社会主义新农村建设。但是，统筹城乡经济社会发展只是解决"三农"问题的手段，通过解决"三农"问题，建设社会主义新农村，达到城乡一体化，构建新型城乡关系，才是社会主义新农村建设的终极目标。

2007年10月，中共十七大报告《高举中国特色社会主义伟大旗帜，为夺取全面建设小康社会新胜利而奋斗》指出："解决好农业、农村、农民问题，事关全面建设小康社会大局，必须始终作为全党工作的重中之重。要加强农业基础地位，走中国特色农业现代化道路，建立以工促农、以城带乡长效机制，形成城乡经济社会发展一体化新格局。"⑥同年12月，中央经济工作会议指出：

---

① 《中共中央国务院关于推进社会主义新农村建设的若干意见》（2005年12月31日），《中共中央国务院关于"三农"工作的一号文件汇编》，第117—118页。
② 李冰：《城乡一体化：二元经济结构理论在中国的延续》，《人文杂志》2014年第2期。
③ 李迎生：《"城乡一体化"评析》，《社会科学研究》1992年第2期。
④ 王圣学：《关于"城乡一体化"的几点看法》，《理论导刊》1996年第5期。
⑤ 温家宝：《关于制定国民经济和社会发展第十二个五年规划建议的说明》（2010年10月15日），《十七大以来重要文献选编》（中），第959页。
⑥ 胡锦涛：《高举中国特色社会主义伟大旗帜，为夺取全面建设小康社会新胜利而奋斗》（2007年10月15日），《十七大以来重要文献选编》（上），第18页。

"我国能否由发展中大国逐步成长为现代化强国,从根本上取决于我们能不能用适合我国国情的方式,加快改变农业、农村、农民的面貌,形成城乡经济社会发展一体化新格局。"①2008年10月,中共十七届三中全会报告《中共中央关于推进农村改革发展若干重大问题的决定》认为:"我国总体上已进入以工促农、以城带乡的发展阶段,进入加快改造传统农业、走中国特色农业现代化道路的关键时刻,进入着力破除城乡二元结构,形成城乡经济社会发展一体化新格局的重要时期。"②2011年12月,中央农村工作会议明确提出了"城乡一体化"。2012年11月,中共十八大《坚定不移沿着中国特色社会主义道路前进,为全面建成小康社会而奋斗》报告明确地提出,推进城乡发展一体化。2013年11月,中共十八届三中全会《中共中央关于全面深化改革若干重大问题的决定》报告指出:"必须健全体制机制,形成以工促农、以城带乡、工农互惠、城乡一体的新型城乡关系,让广大农民平等参与现代化进程、共同分享现代化成果。"③从2007年中共十七大报告提出"城乡经济社会发展一体化新格局"到2013年中共十八届三中全会提出"形成以工促农、以城带乡、工农互惠、城乡一体的新型城乡关系"理论认识,可以清晰地看到,破解城乡二元结构,解决好"三农"问题,促进城乡一体化成为新世纪中国政府经济社会发展的重大战略选择,也是开展社会主义新农村建设的重要目标。如何推进城乡一体化,形成以工促农、以城带乡、工农互惠、城乡一体的新型城乡关系呢?

1. 促进工业化、城镇化、农业现代化同步发展

中共中央提出加快形成城乡一体化发展新格局后,诸多学者认为,目前我国农业现代化明显滞后于工业化和城镇化,是当前农业化、城镇化和农业现代化同步发展中的突出特点,也在一定程度上反映出"三化"不同步发展的主要问题。④农业现代化发展滞后于工业化、城镇化,不仅影响农村经济社会的持

---

① 胡锦涛:《加快转变经济发展方式,走中国特色新型工业化道路》(2007年12月3日),《十七大以来重要文献选编》(上),第78页。
② 《中共中央关于推进农村改革发展若干重大问题的决定》(2008年10月12日中国共产党第十七届中央委员会第三次全体会议通过),《十七大以来重要文献选编》(上),第671页。
③ 习近平:《中共中央关于全面深化改革若干重大问题的决定》(2013年11月12日),《求是》2013年第22期。
④ 宋洪远、赵海:《同步推进工业化、城镇化和农业现代化面临的挑战与选择》,《经济研究参考》2012年第28期。

续发展，还会削弱工业化、城镇化进一步发展的基础，严重阻碍"三化"的同步推进。从国民经济社会发展全局着眼，加快推进农业现代化，发挥工业化和城镇化对农业现代化的支持和带动作用，才能从根本上解决"三农"问题，促进城乡经济社会一体化发展。① 还有学者对我国统筹工业化、城镇化与农业现代化的现实条件进行了理论分析，提出统筹工业化、城镇化和农业现代化具有四大有利条件和三大不利条件。② 学术界分析了"三化"同步发展的必要性和重要性后，中共中央和中央政府也提出了工业化、城镇化和农业现代化同步发展的战略主张。2010 年 1 月，《中共中央国务院关于加大统筹城乡发展力度进一步夯实农业农村发展基础的若干意见》指出："协调推进工业化、城镇化和农业现代化，努力形成城乡经济社会发展一体化新格局。"③ 2012 年 10 月，中共十七届五中全会《中共中央关于制定国民经济和社会发展第十二个五年规划的建议》提出："在工业化、城镇化深入发展中同步推进农业现代化，是'十二五'时期的一项重大任务。"④ 同年 11 月，中共十八大《坚定不移沿着中国特色社会主义道路前进，为全面建成小康社会而奋斗》报告也指出："坚持走中国特色新型工业化、信息化、城镇化、农业现代化道路，推动信息化和工业化深度融合、工业化和城镇化良性互动、城镇化和农业现代化相互协调，促进工业化、信息化、城镇化、农业现代化同步发展。"有人还认为，统筹工业化、城镇化和农业现代化发展，是推进城乡一体化发展的首要任务，在推进工业化、城镇化的同时，必须统筹推进农业现代化，防止在工业化、城镇化发展时期出现农业兼业化和边缘化。⑤ "在推进工业化城镇化的进程中绝不可忽视农业现代化"⑥。

---

① 韩长赋：《加快推进农业现代化努力实现"三化"同步发展》，《农业经济问题》2011 年第 11 期。
② 夏春萍、路万忠：《我国统筹工业化、城镇化与农业现代化的现实条件分析》，《经济纵横》2010 年第 8 期。
③ 《中共中央国务院关于加大统筹城乡发展力度进一步夯实农业农村发展基础的若干意见》(2009 年 12 月 31 日)，《中共中央国务院关于"三农"工作的一号文件汇编》，第 200 页。
④ 《中共中央关于制定国民经济和社会发展第十二个五年规划的建议》(2010 年 10 月 18 日中国共产党第十七届中央委员会第五次全体会议通过)，《十七大以来重要文献选编》(中)，第 978—979 页。
⑤ 尹成杰：《加快推进中国特色城乡一体化发展》，《农业经济问题》2010 年第 10 期。
⑥ 温家宝：《中国农业和农村的发展道路》(2011 年 12 月 27 日)，《十七大以来重要文献选编》(下)，第 713 页。

2. 形成以工促农、以城带乡的长效机制

"以工促农、以城带乡"实质上就是"工业反哺农业、城市支持乡村"的另一种称谓。"以工促农"实质就是要改变农业和农村经济在资源配置和国民收入分配中所处的不利地位,加大公共财政支农力度,让公共服务更多地深入农村惠及农民。"以城带乡"实质就是妥善处理城乡关系,切实维护农民的合法权益,逐步改变城乡二元结构,形成城市对农村发展的带动机制,具体而言就是,城市必须为农民进城就业创造更多的机会,为农民进得来、留得住创造更好的制度环境;在加快城镇化发展的过程中,要切实维护好农民的合法土地权益。① 2006年以来,各级政府在废除了农业税以后,切实加大了"以工促农、以城带乡"的力度,也取得了明显的成效。但是,这些工作还带有一定的随意性和事随人转的情况,缺乏必要的制度保障。② 同时,有人对"以工促农、以城带乡"政策表示怀疑,并认为农民怎么可以不交税,不交税可能就没有国家观念,公民意识就不强;也有人说,可以少征收一点,不能不征;还有人认为对农民进行补贴,会扭曲市场规律,造成产品过剩和农民的依赖;有人甚至还提出,农民数量很大,补贴300多亿元对财政是不小的负担,但是,对农民而言却是杯水车薪。③ 基于上述种种认识和客观事实,中共中央明确提出,我国现在总体上已经进入了"以工促农、以城带乡"的发展阶段,并认识到建立"以工促农、以城带乡"的长效机制的重要性和必要性;而构建这一长效机制的首要原则就是改变这种不合理的资源配置模式,引导包括资本、技术、人才等各种资源回流农村;重新调整国民收入分配结构,形成有利于农民增收、农业增效、农村发展的国民收入分配新格局;形成均衡的城乡要素市场;给予农民与市民无差别的国民待遇。④ 建立健全"以工促农、以城带乡"的机制,就是以科学发展观为统领,以城乡一体化为导向,以保障农民权益、增进农民利益为核心,实施统筹城乡发展方略,消除城乡二元结构,调整工农关系、城乡

---

① 杜梅萍:《"以工促农、以城带乡":经济社会发展新阶段新认识——访国务院发展研究中心农村经济部部长韩俊》,《前线》2005年第3期。
② 陶应虎:《建立完善"以工促农、以城带乡"的长效机制》,《农村经济》2007年第4期。
③ 段应碧主编:《社会主义新农村建设研究》,中国农业出版社2007年版,第2—3页。
④ 张要杰:《简论建立"以工促农、以城带乡"的长效机制》,《古今农业》2006年第3期。

关系，充分发挥工业化、城市化、市场化对"三农"发展的促进和带动作用，推动现代文明成果，改造传统农业、传统农村、传统农民，加速农业、农村、农民的现代化，形成工农差距、城乡差距逐步缩小和工农互促、城乡共荣的发展格局。① 但是，我国正在推进的城乡一体化是单向的，而发达国家城乡一体化是双向的。双向的城乡一体化的推进，一方面可使农民"带资进城"，加快城镇化建设；另一方面，城里人和企业愿意迁移到农村，"带资带技下乡"，在乡下生活、工作和投资。②

**3. 建立促进城乡经济社会发展一体化制度**

学术界认为，"三农"问题迟迟难以解决，已经成为普遍性问题。"三农"问题说到底是个结构性问题、体制问题，需要从经济社会结构层面来认识，从改革体制的层面才能解决的问题。③ 进入21世纪后，中共中央和国务院认识到"三农"问题并非单纯的农业、农村和农民问题，而是涉及工业和农业、城市和乡村、城市居民与农民两者之间的社会结构性问题，需要进行社会体制机制改革，并提出建立促进城乡经济社会发展一体化制度。2007年12月，中央经济工作会议指出："要按照形成城乡经济社会发展一体化新格局的要求，从各地实际出发，注重探索和总结经验，在发展规划、产业布局、基础设施、公共服务、劳动就业、社会管理等方面加强城乡统筹。促进城乡市场开放统一、生产要素有序流动、经济社会协调发展，努力实现城乡共同繁荣。"④ 同年12月，《中共中央、国务院关于切实加强农业基础建设进一步促进农业发展农民增收的若干意见》指出："探索建立促进城乡一体化发展的体制机制。着眼于改变农村落后面貌，加快破除城乡二元体制，努力形成城乡发展规划、产业布局、基础设施、公共服务、劳动就业和社会管理一体化新格局。健全城乡统一的生产要素市场，引导资金、技术、人才等资源向农业和农村流动，逐步实现城乡在基础设施共建共享、产业发展互动互促。切实按照城乡一体化发展的要求，

---

① 陶应虎：《建立完善"以工促农、以城带乡"的长效机制》，《农村经济》2007年第4期。
② 厉以宁：《论城乡一体化》，《中国流通经济》2010年第11期。
③ 陆学艺：《统筹城乡发展，农村要进行第二次改革》，《经济学家》2008年第2期。
④ 胡锦涛：《加快转变经济发展方式，走中国特色新型工业化道路》（2007年12月3日），《十七大以来重要文献选编》（上），第78页。

完善各级行政管理机构和职能设置，逐步实现城乡社会统筹管理和基本公共服务均等化。"① 2008年10月，十七届三中全会《中共中央关于推进农村改革发展若干重大问题的决定》认为："尽快在城乡规划、产业布局、基础设施建设、公共服务一体化等方面取得突破，促进公共资源在城乡之间均衡配置、生产要素在城乡之间自由流动，推动城乡经济社会发展融合。统筹土地利用和城乡规划，合理安排市县域城镇建设、农田保护、产业聚集、村落分布、生态涵养等空间布局。统筹城乡产业发展、优化农村产业结构，发展农村服务业和乡镇企业，引导城市资金、技术、人才管理等生产要素向农村流动。统筹城乡基础设施建设和公共服务，全面提高财政保障农村公共事业水平，逐步建立城乡统一的公共服务制度，统筹城乡劳动就业，加快建立城乡统一的人力资源市场，引导农民有序外出就业，鼓励农民就近转移就业，扶植农民工返乡创业。加强农民工权益保护，逐步实现农民工劳动报酬、子女就学、公共卫生、住房租购等与城镇居民享有同等待遇，改善农民工劳动条件，保障生产安全，扩大农民工工伤、医疗、养老保险覆盖面，尽快制定和实施农民工养老保险关系转移接续办法。统筹城乡社会管理，推进户籍制度改革，放宽中小城市落户条件，使在城镇稳定就业和居住的农民有序转变为城镇居民。推动流动人口服务和管理体制创新，扩大县域发展自主权，增加对县的一般性转移支付、促进财力与事权相匹配，增强县域经济活力和实力。"② 2012年11月，中共十八大《坚定不移沿着中国特色社会主义道路前进，为全面建成小康社会而奋斗》报告提出："要加大统筹城乡发展力度，增强农村发展活力，逐步缩小城乡差距，促进城乡共同繁荣。坚持'工业反哺农业、城市支持农村'和多予少取放活方针，加大强农惠农富农政策力度，让广大农民平等参与现代化进程、共同分享现代化成果。加快发展现代农业，增强农业综合生产能力，确保国家粮食安全和重要农产品有效供给。坚持把国家基础设施建设和社会事业发展重点放在农村，深入推进新农村建设和扶贫开发，全面改善农村生产生活条件。着力促进农民增

---

① 《中共中央、国务院关于切实加强农业基础建设进一步促进农业发展农民增收的若干意见》（2007年12月31日），《十七大以来重要文献选编》（上），第136页。
② 《中共中央关于推进农村改革发展若干重大问题的决定》（2008年10月12日中国共产党第十七届中央委员会第三次全体会议通过），《十七大以来重要文献选编》（上），第677—678页。

收,保持农民收入持续较快增长。坚持和完善农村基本经营制度,依法维护农民土地承包经营权、宅基地使用权、集体收益分配权,壮大集体经济实力,发展农民专业合作和股份合作,培育新型经营主体,发展多种形式规模经营,构建集约化、专业化、组织化、社会化相结合的新型农业经营体系。改革征地制度,提高农民在土地增值收益中的分配比例。加快完善城乡发展一体化体制机制,着力在城乡规划、基础设施、公共服务等方面推进一体化,促进城乡要素平等交换和公共资源均衡配置,形成'以工促农、以城带乡、工农互惠、城乡一体'的新型工农、城乡关系。"① 2013 年 11 月,中共十八届三中全会报告《中共中央关于全面深化改革若干重大问题的决定》提出,健全城乡一体化体制机制,一方面加快构建新型农业经营体系,赋予农民更多财产权利,完善城镇化健康发展体制机制;另一方面是推动城乡要素平等交换和公共资源均衡配置。②

4. 推进城镇化和社会主义新农村建设双轮驱动

改革开放以来,我国城镇化建设取得巨大成效,截止到 2011 年,城镇化人口超过了一半,实现了由农村中国向城市中国的伟大转变。但是,大量农村人口向城市转移也带来了很多负面的影响,迫切需要转变思路。温铁军在反思城市化发展路径时认为,20 多年前他与很多人相信,城市化是解决"三农"问题的根本出路,以为只要加快城市化,放开户口限制,让农民进城,"三农"问题便可以迎刃而解。后来通过对很多发展中国家的考察和了解,只要人口超过一亿的国家,没有国家通过城市化来解决"三农"问题是成功的。③ 实际上,"大量农民工向少数大城市、特大城市和沿海发达地区集中,极大地推动了这些地方的经济增长,但同时也提高了这些地方人口城镇化的成本,甚至超越了这些地方资源环境的承载能力。我国是世界上人口最多的国家,不可能只靠少数几个城市圈和少数经济发达地区来完成巨大的人口城镇化。因此,必须一方面采取措施让具备条件的农民工在就业所在地逐步安家落户,另一方面,加快

---

① 胡锦涛:《坚定不移沿着中国特色社会主义道路前进,为全面建成小康社会而奋斗》(2012 年 11 月 8 日),张静如主编,刘全军、刘敏副主编:《中国共产党历届代表大会:一大到十八大》(下),河北人民出版社 2012 年版,第 597 页。
② 《中共中央关于全面深化改革若干重大问题的决定》(2013 年 11 月 12 日),《求是》2013 年第 22 期。
③ 温铁军:《城镇化是去城市化》,《中国房地产业》2014 年第 1 期。

调整地区生产力布局，引导产业向内地、向中小城市和小城镇转移，让更多农民就地就近转移就业。这既是促进人口城镇化的重大举措，也是转变经济发展方式、调整经济结构、实现区域经济协调发展的重大任务。"[1] 还有人认为，中小企业在城镇创办成本比大城市低得多，而带动就业的能力却大于大企业。同时，农民工就近进入城镇，进行非农就业，可以兼顾农业，延续土地无风险特性，比其作为"新工人"进入大中城市机会成本和退出成本低。发展城镇化既可以获得人口和资本集聚而产生的收益，也可以延缓"新工人群体"带来的政治冲击。[2] 而"城镇化的快速发展，为解决好'三农'问题创造了有利条件，但并不会自然带来农村面貌的较快改变，搞不好城乡差距还会继续扩大。同时还要看到，我国人口总规模巨大，即使今后城镇化水平大幅提高，仍将有数亿人生活在农村，必须让他们也过上现代文明生活。这就是我们一再强调要统筹城乡发展，一手抓城镇化一手抓新农村建设的基本考虑。"[3] 2007 年 12 月，中央经济工作会议提出："稳妥推进城镇化和扎实推进社会主义新农村建设成为我国现代化进程的双轮驱动，从而逐步解决城乡二元结构矛盾。"[4] 2013 年 11 月，中共十八届三中全会提出："坚持走中国特色新型城镇化道路，推进以人为核心的城镇化，推进大中小城市与小城镇协调发展、产业和城镇融合，促进城镇化与新农村建设协调推进。"[5] 学术界有人认为："促进工业化、城镇化进程与发展现代农业、建设社会主义新农村是统筹城乡发展、构建新型城乡关系、实现城乡经济社会一体化新格局大战略的两个相互关联、相互促进的有机组成部分。"[6] 对于城镇化与新农村建设的相互关系，主流观点认为，新型城镇化是国家经济发展和社会进步的重要载体，也是新农村建设的重要物质基础，一方面

---

[1] 温家宝：《中国农业和农村的发展道路》（2011 年 12 月 27 日），《十七大以来重要文献选编》（下），第 718 页。
[2] 兰永海等：《城镇化的战略意义及政策建议》，《中国经济报告》2013 年第 3 期。
[3] 温家宝：《中国农业和农村的发展道路》（2011 年 12 月 27 日），《十七大以来重要文献选编》（下），第 716 页。
[4] 胡锦涛：《加快转变经济发展方式，走中国特色新型工业化道路》（2007 年 12 月 3 日），《十七大以来重要文献选编》（上），第 78 页。
[5] 《中共中央关于全面深化改革若干重大问题的决定》（2013 年 11 月 12 日），《求是》2013 年第 22 期。
[6] 张晓山：《全面深化改革，构建新型城乡关系——从社会主义新农村建设到新型城镇化》，《学习与探索》2014 年第 1 期。

新型城镇化可以增强对农村的辐射和带动作用，有利于解决"三农"问题和加快新农村建设，另一方面社会主义新农村建设是缩小城乡差距的根本途径，也是推进新型城镇化发展的必由之路。① 城镇化与新农村建设的积极良性互动是构建和谐社会的要求。②

## 五、和谐社会基础：新农村建设的落脚点

进入21世纪后，中共中央提出了建设社会主义和谐社会和科学发展观。社会主义和谐社会是中国共产党对未来经济社会发展的理想追求，而科学发展观是实现社会主义和谐的指导思想和重要手段。要建立社会主义和谐社会，需要以社会主义新农村作为社会主义和谐社会的基础。而社会主义新农村建设则需要以科学发展观作为指导，形成全面协调发展的新趋势和新局面。

### （一）社会主义和谐社会：中国共产党新世纪社会发展的理想追求

1. 社会主义和谐社会提出的必要性

改革开放前，我国社会结构要素经过无数次的分化和整合，已经达到了较高水平的互补和协调，并呈现出相对的成熟性。但是，这种成熟性并不等同于优越性，甚至出现了某种程度的僵化性和不合理性，引起了改革的冲动和压力。而社会改革带来的社会结构因素的分化、重组，原有的社会结构被打破，新的社会结构要素不断生成，社会进入了转型发展时期。这种社会转型加快社会利益结构分化，致使社会资源配置不均，大量不稳定因素不断产生。③ 当前中国社会面临着影响社会和谐的社会矛盾和问题，主要有以下几个方面：一是城乡、区域、经济社会发展不平衡带来的社会问题，人口、资源和环境不协调带来的社会矛盾和压力；二是人民在劳动就业、社会保障、收入分配、教育、医疗、住房、安全生产、社会治安等方面日益增加的社会需求和经济社会发展无法满足而带来的关系到群众切身利益的矛盾和问题；三是旧体制机制已经改

---

① 陈承明：《论新型城镇化和新农村建设的辩证关系》，《社会科学》2014年第3期。
② 吴杨等：《基于城镇化与新农村建设良性互动的统筹城乡发展战略》，《管理学报》2012年第3期。
③ 朱力：《当代中国社会问题》，社会科学文献出版社2008年版，第66页。

革，无法完全发挥作用，新体制机制还没有完全建立，而形成的新旧体制机制互相作用所产生的矛盾；四是社会主义市场经济体制建立后，部分人见利忘义，导致了部分社会成员诚信缺失和道德失范，少数领导干部素质、能力和作风与新形势新任务的要求还不适应；五是我国经济社会发展中的部分领域腐败现象仍然比较严重；六是基于社会意识形态的不同，敌对势力向中国社会渗透和破坏，已经危及到国家安全和社会稳定。①"如果我们不重视、不抓紧应对这些挑战，不仅经济社会发展会受到干扰和制约，而且社会稳定也会受到影响。"②如何解决日益积累的社会矛盾和问题，不仅考验着执政党的执政智慧，也影响着中国社会未来发展的方向和前途。

2. 社会主义和谐社会的提出

2002年11月，中共十六大报告中提出"我们要在21世纪头二十年，集中力量，全面建设惠及十几亿人口的更高水平的小康社会，使经济更加发展、民主更加健全、科教更加进步、文化更加繁荣、社会更加和谐、人民生活更加殷实"③的社会主义社会。这是中共中央第一次明确提出和谐社会的政治主张。2004年9月，中共十六届四中全会提出了"统筹城乡发展、统筹区域发展、统筹经济社会发展、统筹人与自然和谐发展、统筹国内发展和对外开放"社会主义和谐社会的重大战略任务和基本要求，并把提高构建社会主义和谐社会的能力确定为党的执政能力的重要内容。"加强党的执政能力的主要任务是：按照推动社会主义物质文明、政治文明、精神文明协调发展的要求，不断提高驾驭社会主义市场经济的能力、发展社会主义民主政治的能力、建设社会主义先进文化的能力、构建社会主义和谐社会的能力、应对国际局势和处理国际事务的能力。"④2005年2月，中共中央在省部级主要领导干部提高构建社会主义

---

① 《中共中央关于构建社会主义和谐社会若干重大问题的决定》（2006年10月11日中国共产党第十六届中央委员会第六次全体会议通过），《十六大以来重要文献选编》（下），第649—650页。

② 胡锦涛：《在中共十六届六中全会第二次全体会议上的讲话》（2006年10月11日），《十六大以来重要文献选编》（下），第676页。

③ 江泽民：《全面建设小康社会，开创中国特色社会主义事业新局面》（2002年11月8日），《十六大以来重要文献选编》（上），第14页。

④ 《中共中央关于加强党的执政能力建设的决定》（2004年9月19日中国共产党第十六届中央委员会第四次全体会议通过），《十六大以来重要文献选编》（中），第276—277页。

和谐社会能力专题研讨班上提出社会主义和谐社会的总目标:"我们所要建设的社会主义和谐社会,应该是民主法治、公平正义、诚信友爱、充满活力、安定有序、人与自然和谐相处的社会。"① 2004 年 10 月,中共十六届五中全会明确提出,把构建社会主义和谐社会确立为落实科学发展观必须抓好的一项重要任务,并对如何具体构建社会主义和谐社会提出了工作要求和政策措施。"构建社会主义和谐社会,必须从人民群众最关心的实际问题入手,维护和实现社会公平和正义,加强社会建设和管理,处理好新形势下的人民内部矛盾,切实维护社会稳定。"② 2006 年 10 月,中共十六届六中全会提出了构建社会主义和谐社会的若干重大问题,并全面分析了构建社会主义和谐社会的重要性和紧迫性,构建社会主义和谐社会的指导思想、目标任务和原则,以及坚持协调发展,加强社会事业建设、加强制度建设,保障社会公平正义,建设和谐文化,巩固社会和谐的思想道德基础,完善社会管理,保持社会安定有序、激发社会活力,增进社会团结和睦、加强党对构建社会主义和谐社会的领导等具体任务和工作要求。③

3. 构建社会主义和谐社会的历史意义

中共中央提出构建社会主义和谐社会具有重大的历史意义和现实需要:(1)构建和谐社会是科学社会主义的基本要求。"未来理想社会是社会生产力高度发达和人的精神生活高度发展的社会,是每个人自由而全面发展的社会,是人与人和谐相处、人与自然和谐共生的社会。这就是说,社会和谐是科学社会主义的应有之义,是我们党不懈奋斗的目标。"④ 中国共产党提出构建社会主义和谐社会,符合马克思主义的基本原理,符合马克思主义关于社会主义社会的科学设想。它是中国共产党在社会主义社会建设理论和实践上取得的新进展,是对中国特色社会主义理论的丰富和发展,也是对马克思主义关于社会主

---

① 胡锦涛:《在省部级主要领导干部提高构建社会主义和谐社会能力专题研讨班上的讲话》(2005 年 2 月 19 日),《十六大以来重要文献选编》(中),第 706 页。

② 胡锦涛:《在中共十六届五中全会上的工作报告》(2005 年 10 月 8 日),《十六大以来重要文献选编》(中),第 1033 页。

③ 《中共中央关于构建社会主义和谐社会若干重大问题的决定》(2006 年 10 月 11 日中国共产党第十六届中央委员会第六次全体会议通过),《十六大以来重要文献选编》(下),第 648—671 页。

④ 胡锦涛:《在中共十六届六中全会第二次全体会议上的讲话》(2006 年 10 月 11 日),《十六大以来重要文献选编》(下),第 674 页。

义社会建设理论的丰富和发展。①（2）反映了党和人民的共同愿景。"社会和谐是中国特色社会主义的本质属性，是国家富强、民族振兴、人民幸福的重要保证。构建社会主义和谐社会，是我们党以马克思列宁主义、毛泽东思想、邓小平理论和'三个代表'重要思想为指导，全面贯彻落实科学发展观，从中国特色社会主义事业总体布局和全面建设小康社会全局出发提出的重大战略任务，反映了建设富强民主文明和谐的社会主义现代化国家的内在要求，体现了全党全国各族人民的共同愿望。"②（3）落实科学发展观的必然要求。国外有学者认为，社会主义和谐社会是目标，而科学发展观是实现社会主义和谐社会的途径。科学发展观和和谐社会理念是一个统一体的两个方面，要达到构建社会主义和谐社会的目标，必须以科学发展观为指导。③

### （二）新农村建设：构建社会主义和谐社会的基础

梁漱溟先生曾经认为："求中国国家之新生命必于其农村求之；必农村之有新生命而后中国国家乃有新生命焉。"④中共中央提出社会主义新农村的建设，是我国发展和建设社会主义和谐社会的必然要求和题中之义。⑤

1. 农村小康是实现全面小康社会的关键

20世纪80年代，中共中央提出建立"小康社会"的目标。"所谓小康社会，就是虽不富裕，但日子好过，我们是社会主义国家，国民收入分配使所有的人都得益，没有太富的人，也没有太穷的人，所以日子普遍好过。"⑥而且，中共中央根据中国现代化建设分三步的战略设想提出，20世纪末全国人民生活达到小康水平。1990年，中共十三届七中全会提出把"人民生活从温饱达到小康，生活资料更加丰富，消费结构趋于合理，居住条件明显改善，

---

① 胡锦涛：《在省部级主要领导干部提高构建社会主义和谐社会能力专题研讨班上的讲话》（2005年2月19日），《十六大以来重要文献选编》（中），第705—706页。
② 《中共中央关于构建社会主义和谐社会若干重大问题的决定》（2006年10月11日中国共产党第十六届中央委员会第六次全体会议通过），《十六大以来重要文献选编》（下），第648页。
③ 张学成：《海外关于科学发展观与构建社会主义和谐社会理论的研究》，《当代中国史研究》2013年第3期。
④ 梁漱溟：《河南村治学院旨趣书》，《村治》第1卷第9期。
⑤ 李成贵：《对建设新农村的几点看法》，《社会科学战线》2006年第2期。
⑥ 《邓小平文选》第3卷，人民出版社1993年版，第161—162页。

文化生活进一步丰富，健康水平继续提高，社会服务设施不断完善"作为20世纪90年代经济建设的主要目标。中国共产党为了完成20世纪末建设小康社会的宏伟目标，提出了以经济建设为中心，大力发展生产力，全面推进工业化和城市化大发展。到2000年年底，中国社会总体上已经达到小康水平，实现了建立小康社会的总体目标。但是，理论界认为，我国现阶段"总体小康是低水平、不全面的、发展很不平衡的小康，人民日益增长的物质文化需要同落后的社会生产之间的矛盾仍然是中国社会的主要矛盾"[1]。而这种不全面、发展很不平衡的状况主要体现在"我国人口大多数居住在农村，农民的生活水平明显低于城镇居民。目前尚未达到小康或者刚刚进入小康、收入还不稳定的人口也主要在农村，特别是农村现有贫困人口的脱贫难度很大"[2]。对于已经建立的小康社会状况，中共中央保持着清醒的认识。"我们现在达到的小康还是低水平的、不全面的、发展很不平衡的小康，差距主要在农村。"[3]中共十五届五中全会明确提出："从新世纪开始，我国将进入全面建设小康社会，加快推进社会主义现代化的新的发展阶段。"[4]中共十六大报告再次指出："集中力量，全面建设惠及十几亿人口的更高水平的小康社会。"[5]而要全面建设小康社会，"相对于城市来说，农村实现全面建设小康社会目标面临的任务要艰巨得多。如果农业基础不稳，农民收入得不到提高，农村发展长期滞后，全面建设小康社会的目标就难以实现，我国现代化建设的进程就会受到影响"[6]。由于认识到农村全面建设小康社会的艰巨性，中共中央明确指出："全面建设小康社会，最艰巨最繁重的任务在农村。"[7]它还提醒全党认识到农村建设全面

---

[1] 柳可白：《建设和谐的小康社会》，青岛出版社2007年版，第8页。
[2] 胡锦涛：《在中央农村工作会议上的讲话》（2003年1月8日），《十六大以来重要文献选编》（上），第113页。
[3] 胡锦涛：《建设社会主义新农村，不断开创"三农"工作新局面》（2006年2月14日），《十六大以来重要文献选编》（下），第276—277页。
[4] 《中共中央关于制定国民经济和社会发展第十个五年计划的建议》（中国共产党第十五届中央委员会第五次全体会议2000年10月11日通过），《十六大以来重要文献选编》（中），第487页。
[5] 江泽民：《全面建设小康社会，开创中国特色社会主义事业新局面》（2002年11月8日），《十六大以来重要文献选编》（上），第14页。
[6] 胡锦涛：《建设社会主义新农村，不断开创"三农"工作新局面》（2006年2月14日），《十六大以来重要文献选编》（下），第277页。
[7] 《中共中央国务院关于推进社会主义新农村建设的若干意见》（2005年12月31日），《中共中央国务院关于"三农"工作的一号文件汇编》，第115页。

小康社会的必要性和重要性,如果"没有农民的小康就没有全国人民的小康,没有农村的现代化就没有国家的现代化"①。

2. 农村和谐是社会和谐的基础

20世纪末,中共中央指出:"农业、农村和农民问题,是关系改革开放和现代化建设全局的重大问题。没有农村的稳定,就没有全国的稳定,没有农民的小康,就没有全国人民的小康,没有农业现代化,就没有整个国民经济的现代化。稳住农村这个大头,就有了把握全局的主动权。"②"从中国的实际出发,我们首先解决农村问题。中国有百分之八十的人口住在农村,中国稳定不稳定首先要看这百分之八十稳定不稳定。城市搞得再漂亮,没有农村这一稳定的基础是不行的。"③随着农村改革和农村经济关系的调整,我国农村面临着诸多的社会矛盾,呈现出新的特点。农村矛盾主要表现在"农民增收缓慢,城乡差距不断扩大引起的矛盾""精神文明建设相对滞后,治安环境较差引发的矛盾""土地承包、征地赔偿引发的矛盾""干部素质不高、作风不正引发的矛盾""社会事业发展滞后,环境恶化引起的矛盾"等④,而且这些农村矛盾呈现出矛盾纠纷主体和矛盾纠纷类型多样化趋势,呈现出矛盾纠纷组织化倾向,呈现出矛盾纠纷调处难度趋大等特点。中共中央认为,现在农村社会安定和谐面临着许多压力,存在着不少不稳定因素。⑤"农村稳定是全国稳定的基础,农村安定和谐是全国安定和谐的基础。"建设社会主义新农村,"加快农业和农村发展,加强农村基层民主法治建设,在农村形成安定和谐、健康向上的良好局面,保证广大农民安居乐业,构建社会主义和谐社会、实现国家长治久安才能有最广泛最深厚的基础"⑥。"构建社会主义和谐社会,必须促进农村经济社会

---

① 胡锦涛:《建设社会主义新农村,不断开创"三农"工作新局面》(2006年2月14日),《十六大以来重要文献选编》(下),第276页。
② 《中共中央关于农业和农村工作若干重大问题的决定》(1998年10月14日),《求是》1998年第21期。
③ 《邓小平文选》第3卷,第65页。
④ 吴海燕:《正确处理农村社会矛盾与构建新农村和谐社会》,《求实》2006年第10期。
⑤ 胡锦涛:《建设社会主义新农村,不断开创"三农"工作新局面》(2006年2月14日),《十六大以来重要文献选编》(下),第275页。
⑥ 胡锦涛:《建设社会主义新农村,不断开创"三农"工作新局面》(2006年2月14日),《十六大以来重要文献选编》(下),第277页。

全面发展进步。"①

3. 新农村是中国现代化的战略基地

吴敬琏曾经说过，我国以往搞改革的经济学家，为改革政策出谋划策的经济学家，有一个重要问题就是不懂农村，不懂农民，也就是说不懂三农。中央提出全面建设小康社会、提出科学发展观、提出和谐社会，是具有战略眼光的。"三农"问题不是局部的问题，而是全局问题，是战略问题。② 近代以来，中国形成的城乡二元结构，已经成为中国社会的基本特点。改革开放后，人们希望通过城市化来转移农村劳动力，解决农村剩余人口问题。由于农村人口绝对数量巨大，通过城市化可以吸纳部分农村人口，但是，不可能根本改变农村人口众多的特点。从长期来看，我国人地关系紧张的基本国情矛盾不会发生改变，而其派生出来的城乡二元结构的基本体制矛盾也难以根本解决。③ "中国经济增长和发展的发动机在城市，而中国现代化的稳定器和蓄水池在农村。如何在承认城乡二元结构现实的基础上，以统筹城乡为基础，实现城乡良性互动，从而打造中国现代化的基础，应该是当前农村政策设计的焦点，也是进行社会主义新农村建设的大方向。"④ 在当前既有城乡二元结构的基础上，我们立足于现实，着眼于久远，"建造一个农民可以进城，又可以返乡，可以在城乡之间自由流动的良性机制，从而在时间上和空间上为中国现代化赢得更大的回旋余地"。社会主义新农村建设的提出，就是要把新农村打造成为中国现代化的战略基地。"在中国社会主义现代化建设事业中，城市化和市场化并不能在短期内解决中国9亿农民的问题，建设社会主义新农村，就是要通过各种办法来形成一个稳定的农村，从而使农村和9亿农民成为中国现代化的稳定器和蓄水池。尤其在当前中国现代化进入高风险时期，通过各种可能的办法，保持农村的稳定和农民的满意，将成为决定中国现代化成败的一个基础性工作。"⑤

---

① 《中共中央国务院关于"三农"工作的一号文件汇编》，人民出版社2010年版，第115页。
② 温铁军：《"三农"问题与和谐社会》，《中国广播电视学刊》2005年第5期。
③ 温铁军：《"三农"问题与解决办法》，《中国改革·农村版》2003年第2期。
④ 贺雪峰：《新农村建设：打造中国现代化的基础》，潘维、贺雪峰主编：《社会主义新农村建设的理论和实践》，中国经济出版社2006年版，第7页。
⑤ 贺雪峰：《新农村建设：打造中国现代化的基础》，潘维、贺雪峰主编：《社会主义新农村建设的理论和实践》，第3—5页。

但是，现在中国社会的总体特点是"我国的城市像欧洲，农村像非洲"。这样一个城乡差距巨大的农村是不可能成为社会主义和谐社会的基础的。"农村人口众多是我国的国情，只有发展好农村经济，建设好农民的家园，让农民过上宽裕的生活，才能保障全体人民共享经济社会发展成果，才能不断扩大内需和促进国民经济持续发展。"[1] 而"经济增长和现代化是全民族的共同事业，广大农民却没有平等地分享这'共同事业'的成果，这不仅损害了社会公平，也导致严重的效率损失"[2]。社会主义新农村建设的战略任务，就是要通过社会主义新农村建设，使农民安居乐业，从而使城乡之间实现良性互动：在城市经济发展，就业机会增多，务工经商收益增加的时候，农民可以进城务工经商；当城市经济不景气，就业减少时，进城农民可以选择回到农村。有了稳定的农村，中国现代化就有了回旋余地，就可以立于不败之地。[3] "事实证明，广大乡村搞不好，城市的一系列问题不但不能得到根本解决，而且还会更加恶化。"[4] 2005 年 2 月，《在省部级主要领导干部提高构建社会主义和谐社会能力专题研讨班上的讲话》中，胡锦涛曾经特别指出："我要强调的是，在我们这样一个农民占多数人口的国家里，农民是否安居乐业，对于社会和谐具有举足轻重的作用。广大农民日子过好了、素质提高了，广大农村形成安定祥和的局面了，和谐社会建设的基础就会更加牢固。"[5]

### （三）科学发展观：新农村建设指导思想

2007 年 10 月，中共十七大明确提出了科学发展观，"科学发展观，第一要义是发展，核心是以人为本，基本要求是全面协调可持续，根本方法是统筹兼

---

[1] 《中共中央国务院关于推进社会主义新农村建设的若干意见》（2005 年 12 月 31 日），《中共中央国务院关于"三农"工作的一号文件汇编》，第 115 页。
[2] 李成贵：《对建设新农村的几点看法》，《社会科学战线》2006 年第 2 期。
[3] 贺雪峰：《新农村建设：打造中国现代化的基础》，潘维、贺雪峰主编：《社会主义新农村建设的理论和实践》，第 9 页。
[4] 唐恢一：《城乡关系·发展条件·发展前景——试论我国城市化的几个问题》，《城市规划》1989 年第 1 期。
[5] 胡锦涛：《在省部级主要领导干部提高构建社会主义和谐社会能力专题研讨班上的讲话》（2005 年 2 月 19 日），《十六大以来重要文献选编》（中），第 708 页。

顾"①。在社会主义新农村建设中，中共中央强调以科学发展观来指导社会主义新农村建设。"这次强调建设社会主义新农村，是要贯彻科学发展观，统筹城乡发展，推动农村全面小康建设进程，指导方针更明确。"②

1. 以农民为本：新农村建设的出发点

"以人为本"是科学发展观的本质和核心。在社会主义新农村建设中"以人为本"就是以农民为本。以农民为本主要体现在：一是农民是新农村建设的主体（建设之本）。关于社会主义新农村建设主体，大多数人认为，农民是新农村建设的主体。但是也有人提出，新农村建设主体仅仅只有农民是不够的，还需要各级政府作为投资主体、中介组织作为中介主体。③而体现新农村建设中的主体地位，首先让广大农民参与新农村建设的全过程，激发农民在建设新农村中的积极性、主动性和创造性④，改变新农村建设"干部干，农民看""上面热，下面冷"的局面，使农民真正起到主体作用。⑤二是以改善农民民生为根本目的。"我们推进发展的根本目的是造福人民，必须做到发展为了人民、发展依靠人民、发展成果由人民共享。"⑥不断满足广大农民日益增长的物质文化需要，切实保障农民群众的经济、政治和文化权益，让发展的成果惠及全体农民，是新农村建设的基本出发点和归宿。⑦在社会主义新农村建设中"要从农民群众最关心的实际问题入手，把解决农民群众最直接、最现实的利益问题作为着力点"⑧，致力于不断让农民群众得到实实在在的好处⑨；做到发展为了

---

① 胡锦涛：《高举中国特色社会主义伟大旗帜，为夺取全面建设小康社会新胜利而奋斗》（2007年10月15日），《十七大以来重要文献选编》（上），第11—12页。
② 胡锦涛：《建设社会主义新农村，不断开创"三农"工作新局面》（2006年2月14日），《十六大以来重要文献选编》（下），第279页。
③ 周虹等：《新农村建设：农民的评价、期盼与路径选择——农业政策理论与实践系列研讨会"2006农民视角的社会主义新农村建设（沈阳会议）综述"》，《农业经济问题》2007年第1期。
④ 杜威漩：《新农村建设中的农民问题综述》，《西北农林科技大学学报》（社会科学版）2008年第1期。
⑤ 蒋国河、温锐：《八十年探索与新农村建设学术研讨会综述》，《经济学动态》2008年第4期。
⑥ 胡锦涛：《加快转变经济发展方式，走中国特色新型工业化道路》（2007年12月3日），《十七大以来重要文献选编》（上），第79页。
⑦ 叶庆丰：《用科学发展观统率新农村建设》，《科学社会主义》2006年第1期。
⑧ 温家宝：《扎实稳步推进社会主义新农村建设需要把握好的几个问题》（2006年2月20日），《十六大以来重要文献选编》（下），第299页。
⑨ 胡锦涛：《建设社会主义新农村，不断开创"三农"工作新局面》（2006年2月14日），《十六大以来重要文献选编》（下），第289页。

人民、发展依靠人民、发展成果由人民共享,促进人的全面发展。①

2. 全面协调发展:新农村建设的基本要求

全面协调发展是科学发展观的基本要求。社会主义新农村建设坚持"全面协调"发展,主要涉及两个问题:一是全面发展问题;二是协调发展问题。关于全面发展,20 世纪 80 年代,中共中央针对农业问题开展了以家庭承包责任制为核心的农村改革。这些改革反映了广大农民的愿望和心声,使农村开始摆脱了贫困;也使九亿多农民获得农村改革的实惠,充分说明了中共中央对农业问题的高度重视。②新世纪以来,中共中央强调在经济社会发展中需要运用科学发展观为指导。"科学发展观强调经济、政治、文化和社会的全面发展,这就需要社会主义新农村建设把物质文明、政治文明、精神文明和社会文明统一起来,以体现科学发展观全面性发展的要求。"③"生产发展、生活宽裕、乡风文明、村容整洁、管理民主"的社会主义新农村建设目标的提出,表明了中共中央关注的重点由农村改革转向了农村建设。"实现农村生产发展、生活宽裕,发展农村物质文明是农村经济建设的重要目标;实现农村管理民主,发展农村政治文明是农村政治建设的重要目标;实现农村乡风文明,发展农村精神文明是农村文化建设的重要目标;实现农村村容整洁,发展农村社会文明是农村社会建设的重要目标。可见,建设社会主义新农村是加强农村经济建设、政治建设、文化建设、社会建设的综合体现。"④社会主义新农村建设涉及农村经济、政治、文化、社会建设等方面,形成了"四位一体"农村建设思想,它反映了中共中央对待农村建设与发展从年度工作到长期系统工程的认识升华⑤,也反映了中共中央在社会主义新农村建设中落实科学发展观的全面发展客观要求。此后,中共中央把农村生态文明建设与经济、政治、文化、社会建设融为一体,变成了社会主义新农村"五位一体"建设思想,体现中共中央不仅重视当前社会主义新

---

① 《中共中央关于构建社会主义和谐社会若干重大问题的决定》(2006 年 10 月 11 日中国共产党第十六届中央委员会第六次全体会议通过),《十六大以来重要文献选编》(下),第 651 页。
② 刘志成:《三农问题九个一号文件的历史解读》,《求索》2007 年第 10 期。
③ 汪青松:《科学发展观与社会主义新农村建设》,《思想政治教育理论导刊》2006 年第 3 期。
④ 汪青松:《科学发展观与社会主义新农村建设》,《思想政治教育理论导刊》2006 年第 3 期。
⑤ 江登琴、胡弘弘:《我国新农村建设"一号文件"的法学分析》,《中南民族大学学报》2009 年第 1 期。

农村建设全面协调发展,而且还高度重视未来农村发展的可持续性问题。

关于协调发展。进入新世纪后,我国人民生活总体上达到小康水平,但是,城乡收入分配差距拉大的趋势还未根本扭转,尤其是城市和乡村贫困人口和低收入人口还有相当数量,统筹兼顾各方面利益难度加大。虽然我国城乡协调发展取得了显著成绩,然而农业基础薄弱、农村发展滞后的局面尚未改变,缩小城乡差距、地区发展差距和促进经济社会协调发展的任务依然十分艰巨。[①]在社会主义新农村建设中坚持协调发展,主要包括农村和城市协调发展以及农村内部协调发展两个方面的问题。农村和城市协调发展已如上述,主要是统筹城乡经济社会发展,推进城乡一体化。而农村内部协调发展主要包括"推进生产力和生产关系、经济基础和上层建筑相协调,推进经济、政治、文化建设的各个环节、各个方面相协调"[②]。同时,通过建立区域利益和公平的协调发展机制,缩小农村内部区域差异,共同推进农村区域协调发展。[③]

3. 人与自然和谐共处:新农村建设中的可持续发展原则

"可持续发展是既满足当代人的需求又不危及后代人满足其需要的发展。"[④]在社会主义新农村建设中,坚持可持续发展原则,就是坚持人与自然和谐共处。社会主义新农村是以农业为主要生产活动的。而农业生产需要自然资源和社会资源,其中自然资源包括土地资源、水资源、生物资源和气候资源等;社会资源主要包括劳动力、畜力、农机具和其他劳动工具,化石燃料、电力、运输机械、农药、化肥等化工产品及资金等[⑤]。在农业生产中,人类不仅需要利用自然资源,而且还需要利用社会资源。当人类在农业生产活动中利用社会资源时,最终还是要落实到自然环境中。因此,在农业生产活动中人与自然之间密切关联。新中国成立以来,我国在经济社会发展中过分强调征服自然和改造自然,由此造成了对自然资源过度索取和人为滥用,也导致了自然环境的恶化

---

① 胡锦涛:《高举中国特色社会主义伟大旗帜,为夺取全面建设小康社会新胜利而奋斗》(2007年10月15日),《十七大以来重要文献选编》(上),第10—11页。

② 叶庆丰:《用科学发展观统率新农村建设》,《科学社会主义》2006年第1期。

③ 王国升等:《我国区域农村经济发展差距的成因与协调发展对策》,《农业现代化研究》2006年第2期。

④ 魏晓笛编著:《生态危机与对策——人与自然的永久话题》,济南出版社2003年版,第151页。

⑤ 河南省农业厅主编:《农业生产概论》,河南科技出版社1982年版,第61页。

和破坏，打破了人类和自然环境的和谐共生。"人与自然的关系不和谐，往往会影响人与人的关系、人与社会的关系。如果生态环境受到严重破坏、人们的生产生活环境恶化，如果资源能源供应高度紧张、经济发展与资源能源矛盾尖锐，人与人的和谐、人与社会的和谐是难以实现的。"① 21 世纪以来，中共中央高度重视我国经济社会可持续发展，强调在社会主义新农村建设中，重视农村环境保护，主张人与自然和谐共处。

（1）树立节约资源和保护环境的意识。我国人均资源相对紧缺，环境承载能力脆弱。长期以来形成的高投入、高消耗、高污染和低效益的生产方式尚未根本改变，由此造成了与经济发展、人口增加所需要的能源、矿产、土地、水等战略性资源供给与需求矛盾的持续紧张，也带来水资源、大气、土壤等污染的严重。而自然资源大多数具有不可再生性，生态环境一旦遭到破坏，恢复起来难度很大，付出的代价也很高，有些自然资源甚至是不可逆的。② "随着人口增多和人们生活水平的提高，经济社会发展与资源环境的矛盾还会更加突出。如果不能有效保护生态环境，不仅无法实现经济社会可持续发展，人民群众也无法喝上干净的水，呼吸上清洁的空气，吃上放心的食物，由此必然引发严重的社会问题。"③ 农村自然资源和环境保护不仅事关广大农民的切身利益，而且事关全国人民的福祉和国家的可持续发展。④ 因此，人们需要树立起节约资源和保护环境的意识。"节约资源、保护环境，关系经济社会可持续发展，关系人民群众切身利益，关系中华民族生存发展。"⑤ "今天的人们，只要还有一点长远眼光，还在为子孙后代的福祉考虑，就必须改变不可持续的生产和消费方

---

① 胡锦涛：《在省部级主要领导干部提高构建社会主义和谐社会能力专题研讨班上的讲话》（2005年2月19日），《十六大以来重要文献选编》（中），第715—716页。
② 温家宝：《关于深入贯彻落实科学发展观的若干重大问题》（2008年11月1日），《十七大以来重要文献选编》（上），第709—710页。
③ 胡锦涛：《在省部级主要领导干部提高构建社会主义和谐社会能力专题研讨班上的讲话》（2005年2月19日），《十六大以来重要文献选编》（中），第715—716页。
④ 李克强：《下大力气治理农村环境，维护农民环境权益》（2008年7月24日），《十七大以来重要文献选编》（上），第513页。
⑤ 胡锦涛：《加快转变经济发展方式，走中国特色新型工业化道路》（2007年12月3日），《十七大以来重要文献选编》（上），第78页。

式，以较小的资源环境代价，赢得较快的、更长久的发展。"①

（2）处理好农村环境保护和农村经济社会发展的关系。改革开放以来，中国农村为了摆脱贫困落后的现状，各地农村加快经济发展、改变落后面貌的愿望十分强烈。但是，由此所造成的农村资源消耗和浪费问题也十分严重，农村环境污染和破坏问题也十分突出。这种不顾后续发展的理念对未来中国农村经济社会发展会造成不可挽回的损失和伤害。"在新的阶段，农村发展必须创新发展观念、拓宽发展思路、转变发展模式。要认识到，生态环境也是生产力，也可以出效益，环境好了，对投资的吸引力就大；环境不好，吸引力就差。要把加强农村环境保护放在更加突出的重要位置，在经济发展中促进保护，在保护环境中求得发展，努力实现经济发展与环境保护的'双赢'。"②

（3）处理好城市环境保护与农村环境保护的关系。城市环境与农村环境是有机整体，不可分割。但是，现在人们已经认识到城市环境保护的重要性，而对农村环境保护还没有足够重视。有人说："城市污染农村的水和地，农村污染城市的饭和菜。"由此可见，农村环境不仅影响农村居民的生存环境，也影响城市居民的食品安全，城市环境也会受到严重破坏。因此，人们在经济社会发展中，一定要处理好城市环境保护和农村环境保护的密切关联性。坚持城乡环境保护统筹考虑、协同推进，把农村环境保护摆上同等重要的地位，促进城乡环境质量全面改善。③

（4）处理好主动预防和被动治理的关系。长期以来，我国经济发展以增加GDP 为主要目标，部分地方政府官员为了达到经济增长的预定目标，不择手段地以滥用自然资源和破坏生态环境来达到自己的政绩。甚至有些学者和官员还指出，发达国家的工业大多数都走过了一段先污染后治理的过程，为自己这种自杀式经济发展方式进行辩护。但是，目前越来越多的人认识到，中国根本没有"先污染后治理"的资本。由于中国资源供给能力、污染物排放总量、环境自我净

---

① 温家宝：《关于深入贯彻落实科学发展观的若干重大问题》（2008 年 11 月 1 日），《十七大以来重要文献选编》（上），第 710 页。
② 李克强：《下大力气治理农村环境，维护农民环境权益》（2008 年 7 月 24 日），《十七大以来重要文献选编》（上），第 518 页。
③ 李克强：《下大力气治理农村环境，维护农民环境权益》（2008 年 7 月 24 日），《十七大以来重要文献选编》（上），第 518 页。

化能力以及必须保持较高经济增长的基本国情，决不允许我国重蹈发达国家的覆辙。① 农村环境污染严重，国家财政投入不少资金来进行治理，至今还难以解决。因此，加强农村环境保护，必须处理好主动预防和被动治理的关系，坚持以预防为主、防治结合，集中一定的人力、物力和财力做好预防工作，努力做到不欠新账、多还旧账。② 解决好农村环境污染问题，推进人和自然和谐共处。

  通过梳理社会主义新农村建设思想的发展轨迹，我们可以清晰地发现，新世纪中国共产党的社会主义新农村建设思想获得了历史性发展。一是中国共产党已经清楚地认识到，城乡二元社会结构是导致"三农"问题的根源，解决好"三农"问题，必须打破这种固化的城乡二元社会结构。从而突破了过去那种就农业论农业、就农村论农村解决农村问题的片面性。二是近代以来，人们在解决农业、农村和农民问题时，长期乐观地坚持城市化的主张，认为通过城市化就可以解决好"三农"问题。城市化的社会实践已经清晰地证明，单一向度的城市化很难解决好"三农"问题。于是，社会主义新农村建设被重新提出，并确定为国家发展战略。三是如果片面强调社会主义新农村建设，有可能导致城市化（城镇化）建设被弱化，导致在解决"三农"问题上再次单向度偏向的危险。因此，中共中央和中央政府在重视社会主义新农村建设的同时，强调了城市化（城镇化）与社会主义新农村建设的协调发展，避免过去那种单一的解决方案。可以说，中国共产党对解决"三农"问题的认识更加科学。四是中国共产党在社会主义新农村建设中，提出了新农村建设的最终目标是城乡一体化，并用科学发展观来指导社会主义新农村建设，希望能建设一个和谐稳定的社会主义新农村，为全面建设社会主义和谐社会奠定坚实的社会基础。

---

  ① 俞肖云：《穷人经济学之三：先污染后治理》，《中国统计》2005 年第 10 期。
  ② 李克强：《下大力气治理农村环境，维护农民环境权益》（2008 年 7 月 24 日），《十七大以来重要文献选编》（上），第 518 页。

# 第十五章　中国乡村建设思想发展的时代性跨越

20世纪以来，从革命到建设的转向既是一个客观演进的历史进程，也是承载着厚重思想内涵的一个时代命题。在以建设为主导话语的思想与历史演变进程中，各种理论、主张和社会改造方案竞相面世，程度不同地影响着中国社会历史的发展。在这些主张、思想和理论交互论争碰撞的历史进程中，关于乡村建设思想及其社会实践如潮如涌，绵延不绝，成为近代尤其是20世纪以来历史进程中重要内容之一。而"新农村建设"的主张和思想贯穿始终，以属于自己时代内涵的思想特色，既成为乡村建设思想中的核心内容，也构成百年乡村建设思想发展的历史性成果。

"新农村建设"并不是今天才提出来的时代性命题，它既是过去百年来中国乡村建设运动在新的历史阶段的一个延伸，同时也是历史上新农村建设思想的一个历史性跨越。正是这种跨越，丰富和深化了其特定的时代内涵，从而也历史地诠释了这一命题的思想价值和意义。在社会历史和时代演变进程中，新农村建设的思想内涵与时俱进，实现了其跨越性的时代变迁。然而，在思想演进与历史剧变的动态进程中，我们又不难体察其相对执着而恒定的基本要义和诉求。因此，对其思想脉络的梳理和时代特征的剖析，于今而言，至为必要。

## 一、新农村建设思想历史探源

从思想溯源上，"新农村建设"可追溯到19世纪初空想社会主义思想中的

"新村"设想。后来代表性思想是法国和日本的"新村主义",它幻想通过"和平的社会改造的办法",通过"共产村"试验,最终实现"理想的社会——新村"。其实,20世纪之初在"立国之争"的思想论说中,已经出现了新农村建设的提法,如米迪刚所言:"诚以农村虽小,合而言之,则为大多数人民所在地,欲为人民谋利益,舍此实莫由焉故耳……以谋整齐划一之方,为国家树富强之本,为社会造大同之基,约言之,则不过两途,其一则内地旧农村之整理,其一则边荒新农村之创建而已。""新农村建设"之说,乃对应于旧农村而言,其基本义涵揭示出共和民国时代农村建设与传统皇权专制时代农村建设的时代性特征。

通过对"以农立国"论的阐述,米氏在《论吾人之天职》《余之中国社会改良主义》《中华民国建国方案说略》等著作中,从不同角度阐述了自己的新农村建设主张:"边荒移垦新农村图说,原系民国三年时所发动者,盖当时旧农村整理就绪,于是乃联合同志,集股数万元,赴绥西领购荒地数百顷,试办理想中之新农村,以为将来提倡农村立国之经验预备。"① 农业为立国之本,农村为建国之基,"果图长治久安者,除以中国之道治中国外,无他道也。此中华报所以主张刷新东方文化,于传贤政体之下,施行考绩制度,以期治平之实现,而尤以划一全国农村为立国之本也"②。"欲改良社会,以谋多数人民福利,须从农村着手,前已言之屡矣。"③

五四时期,这一思想在中国知识界开始传播,在青年知识群体中引起轰动和共鸣。20年代后期新村主义的农村建设尝试失败后,新农村建设的理想仍然成为改造中国社会的一种渴望,一种探索。某种意义上晏阳初、梁漱溟的乡村建设运动也包含着新农村建设的内容,但是"乡村建设"思想的内容和范围更为宽泛,其基本思想旨趣与建设新农村的主导方向显有不同。

1926年,在国民革命高潮之际,王骏声较早提出"建设中国的新农村"的思想命题。显然,中国社会结构的历史与现状是这一思想命题的基本立足点,因为"中国素以农业立国,中国的中坚人民,不是工商人,是赤足的农民"。

---

① 米迪刚:《要旨及正误》,尹仲材编述:《翟城村志》,台湾成文出版社1968年影印,第24—27页。
② 米迪刚:《余之中国社会改良主义》,尹仲材编述:《翟城村志》,第286页。
③ 米迪刚:《余之中国社会改良主义》,尹仲材编述:《翟城村志》,第345页。

他认为,"中国的社会问题,不是工商业问题,是农业问题,所以要建设新中国,先决问题在于建设新农村"。同时,王骏声还认为:建设新农村的思想也是世界历史的大势所趋,即"自欧战以后,世界各强国,都唱'归农运动',所以对于模范农村建设的方针,及改革的实际,不绝地看着进行,这确是20世纪时代精神上最足令人注意的地方"①。因此,"建设新农村"思想的提出,是建立在顺应世界历史潮流与中国社会现实的双重基点上。这应该是20世纪以来较早直接以"建设新农村"而立论的著作。

至40年代之际,唐瑛等人又对新农村建设问题进行了更为深入的探讨。唐瑛将其十多年来关于新农村建设的言论汇编成册,于1943年出版了《新农村体制建设之原理》一书。作者提出新农村建设之基础工作有三项(即新农村建设的指导原理、逐渐改进自然地理条件、撤除人为障碍等);新农村建设的指导原理是"互助协力的,其经济的基础不可营利排他的,而应建设于利用更生之基础上"。在新农村建设的具体措施上,作者主张将全国村落重新整顿为最合理的经济村落,"不必以行政区划为标准,而应以各地方因自然的、经济的、地理的条件而生之密切关系,并同时处于农业经营上之经济的必要之地区,作为产业的自主的一部分而编入一定组织体系中"②。另一方面,作者提出协同互助农业的方案,即在一定组织下有机地协同经营农业及相关各种产业,使其生产及消费合理化,成为有目的有计划的产业。《新农村体制建设之原理》问世后立即引起关注,同时批评之声也不绝于耳。其中,最主要的批评立场认为,中国当时最重要而困难的问题是农村建设问题;农村建设既不能完全资本主义化,社会主义化也面临极大困难,因此唐瑛的"农本主义"的农村建设计划能否施行,还要看将来的客观环境如何而定。

抗战胜利后,关于新农村建设问题再次被关注。1947年1月25日第1版《益世报》刊发《农村建设》社论,提出"无论为国防,为经济,为民生,为工业,都不可不着眼于农村建设"。认为"农村建设"乃牵一发而动全身之根基,所以"农村建设,须从政治、经济、社会、教育和卫生,一齐下手"③。此

---

① 王骏声编:《中国新农村之建设》,商务印书馆1929年版,自序,第1页。
② 唐瑛:《新农村体制建设之原理》,中国农民教育协会1943年版,第73—77页。
③ 《农村建设》(社论),天津《益世报》1947年1月25日。

后，王艮仲等在《为建设新农村而奋斗》一书中提出了规模化农场建设问题，认为"中建农场"的大目标"就是农业社会的改造，就是新农村的建设，并且就是创造三民主义革命建设的道路和规模"。他们提出，变革细碎化经营与争取集体化的道路，成为农业改造、农村建设以至整个农民问题彻底解决的一项主要内容。亦即，"以集体化的生产克服农村社会的封建特性，以生产方式的变革来促进农民生活之观念形态的转变，这是农村建设的一个主要课题"。而且"为扫荡封建经济与殖民地经济，必须发展自由经济；为防止因发展自由经济而发生不免的资本主义的流弊，实行三民主义的节制资本与平均地权就是两大有效的利器"①。

当时的新农村建设思想尽管十分粗疏简略，所引起的思想论争的影响也相当有限，但它所提出的命题和思想内涵，却体现了对于传统"复兴农村"或"以农立国"思想的超越。

## 二、新农村建设思想的制度建构

1949年新中国的成立也标志着民族—国家权威的建立，并以此为经济、社会、文化的发展提供了强大的政权支持。赢得政权的中国共产党人，面对已经土改后的中国农村社会结构的重建，党在农村工作的重心已经开始转到如何尽快发展农村经济方面来。"如何改造落后的小农经济，开始成为土地改革以后的主要问题。"②

50年代后，随着"一化三改"制度变革的完成，国家全面建设提上日程，社会主义制度下新农村建设构想开始孕育。1953年，全国第一次农村工作会议召开，虽然当时国家实行工业化先行的战略，但"现代化的工业，必须有现代化的农业，同时并进，要逐步改造农业。就是说，把现在小生产、小私有的农业改变成大规模的机械化的农业。生产力改变了，与之相适应的生产关系也要改变。使用机器耕种了，农民的私人所有制就必须改变为集体所有制的集体农

---

① 王艮仲等：《为建设新农村而奋斗》，中国建设出版社1947年版，第3—5页。
② 武力：《中国共产党与20世纪的三次农民浪潮》，《河北学刊》2005年第3期。

场，不然拖拉机用不上。这就是说，农业要社会主义化"①。从而，新农村建设的思想和基本方向已经蕴含在国民经济建设规划之中。因此，在第一个国民经济五年建设计划中，配合工业化建设先行的战略抉择，农村建设的内容被划定为四个方面：合作社建设，农业技术建设，农林副业建设，水利建设。同时，新农村建设一开始即注重农村基层民主管理制度的建设，以"三大民主建设"（即生产民主化、分配民主化、财务民主化）落实在农村的管理体制上。② 1956年党的八大后，社会主义建设全面展开，发展道路的探索进入新的历史阶段，党开始明确提出"建设社会主义新农村"的思想。1957年4月至8月，刘少奇、邓子恢分别著文提出并阐述了建设社会主义新农村问题。

此后，1960年全国人民代表大会审议通过了《全国农业发展纲要》（以下简称《纲要》）。《纲要》"向农民指出实现农业社会主义改造的具体计划和关于发展农业的长期奋斗的目标，也描画出我国农村的繁荣幸福的明天"③。当时主管农村工作的谭震林副总理向人民代表大会介绍这个《纲要》的时候就指出，这个《纲要》是一个群众性纲领，它能够调动最广大群众的积极性来发展我国的农业，建设我国的社会主义新农村。从那以后党的很多重要文件多次提出过"建设社会主义新农村"。因此，陈锡文特别指出，2005年10月提出的新农村建设与以前的要求是一脉相承的。④

尽管"左"、右摆动的意识形态和历次政治运动的冲击，未能使得社会主义制度下新农村建设的规划得以完善，也未能在实践中形成稳定持续的推进，但这一构想和规划却获得了制度性支撑；同时，它的基本内容和发展方向与整个中国的现代化建设战略融为一体。1954年9月，中共中央提出："准备在几个五年计划之内，将我们现在这样一个经济上文化上落后的国家，建设成为一个工业化的具有高度现代文化程度的伟大国家。"⑤此后中央一再提出，要把

---

① 《邓子恢文集》，第340页。
② 《邓子恢文集》，第488页。
③ 廖鲁言：《关于〈关于一九五六年到一九六七年全国农业发展纲要（草案）的说明〉》（1956年1月25日），中共中央文献研究室编：《建国以来重要文献选编》第8册，第65页。
④ 陈锡文：《新农村建设的历史背景》，2009年9月4日，人民网新农村频道，www.people.com.cn。
⑤ 《为建设一个伟大的社会主义国家而奋斗》（1954年9月15日），《毛泽东选集》第5卷，人民出版社1977年版，第133页。

中国建设成为"一个具有现代工业、现代农业和现代科学文化的社会主义国家"①。中共中央开始把农业现代化与中国发展的战略思想联系在一起，这构成中国共产党人和中国人民共同的梦想："我们要为实现我国的农业现代化、工业现代化、国防现代化和科学技术现代化的目标而奋斗。"②

新农村建设的诉求被容纳在社会主义制度建设之中，因而从根本制度、时代内容和道路发展上，这一构想实现了对民国时期新农村建设思想的历史性跨越。

## 三、新农村建设思想内涵的时代性跨越

跨入新世纪不久，在新的历史背景下党的十六届五中全会再次提出"建设社会主义新农村"思想，具有更为深远的意义和更加全面的要求。陈锡文认为，从解决"三农问题"到"新农村建设"提出，有两个特殊的时代背景：一是我国实现了人均 GDP 和 GDP 总量比 1980 年翻两番，进入了由总体小康向全面建设小康的新阶段；二是中国的国情国力也发生了变化，"使得政府、整个社会有可能以更大的力量去支持和帮助农村的发展"③。时代的进步，为新农村建设思想提出了新的要求，注入了新的内容。

面对新的形势和当代"三农"问题的持续发展，2003 年胡锦涛提出："要根据全面建设小康社会的要求和进展，统筹安排和推进各项改革……城市改革和农村改革相协调，努力促进社会主义物质文明、政治文明和精神文明协调发展。"④ 在认真总结我国二十多年来改革开放和现代化建设实践经验基础上，党中央提出了适应新时代发展要求的"科学发展观"，强调"要以实现人的全面发展为目标，让发展的成果惠及全体人民；就是要以经济建设为中心，实现经济发展和社会全面进步；就是要统筹城乡发展、统筹区域发展、统筹经济社会

---

① 《在中国共产党全国宣传工作会议上的讲话》(1957 年 3 月 12 日)，《毛泽东选集》第 5 卷，人民出版社 1977 年版，第 404 页。
② 《周恩来统一战线文选》，人民出版社 1984 年版，第 447 页。
③ 陈锡文：《新农村建设的历史背景》，2009 年 9 月 4 日，人民网新农村频道，www.people.com.cn。
④ 胡锦涛：《在党的十六届三中全会第二次全体会议上的讲话》(2003 年 10 月 14 日)，中共中央文献研究室编：《科学发展观重要论述摘编》，中央文献出版社、党建读物出版社 2008 年版，第 47—48 页。

发展、统筹人与自然和谐发展、统筹国内发展和对外开放，推进生产力和生产关系、经济基础和上层建筑相协调；就是要促进人与自然的和谐，走生产发展、生活富裕、生态良好的文明发展道路"①。在党的十六届四中全会上，胡锦涛特别讲了"两个趋向"的问题："即在工业化初期，农业支持工业，是一个普遍的趋向；在工业化达到相当程度后，工业反哺农业、城市支持农村，也是一个普遍的趋向。我国现在总体上已达到了以工促农、以城带乡的发展阶段。我们应当顺应这一趋势，更加自觉地调整国民收入分配格局，更加积极地支持'三农'发展。"②到2005年，中共中央、国务院正式提出了社会主义新农村建设的战略思想："全面建设小康社会，最艰巨最繁重的任务在农村。加速推进现代化，必须妥善处理工农城乡关系。构建社会主义和谐社会，必须促进农村经济社会全面进步……'十一五'时期，必须抓住机遇，加快改变农村经济社会发展滞后的局面，扎实稳步推进社会主义新农村建设。"③

新世纪的"新农村建设"，是指在社会主义条件或社会主义制度下反映一定时期农村社会以经济发展为基础，以社会全面进步为标志的社会状态。虽然"生产发展、生活宽裕、乡风文明、村容整洁、管理民主"成为新时期许多农村发展的一般追求，但"新农村建设"的内涵却不局限于此，尽管对其内涵的认识存在多种多样的理解。更多的人认为社会主义新农村建设是要通过发展生产力，提高农民生活水平，建设农村物质文明和精神文明，推动农村基层民主建设，最终实现缩小城乡差距、小康社会，构建和谐社会的要求。它既包含了农村经济基础，也包括农村上层建筑，涵盖经济、社会、文化、政治、生态等在内的全面建设，是一个包括物质文明、精神文明和政治文明的多元化目标体系。

新世纪的新农村建设是在我国总体上进入以工促农、以城带乡的发展新阶段后面临的崭新课题，是时代发展和构建和谐社会的必然要求。2006年2月

---

① 胡锦涛：《在中国科学院第十二次院士大会、中国工程院第七次院士大会上的讲话》（2004年6月2日），《十六大以来重要文献选编》（中），第113—114页。

② 胡锦涛：《在中央经济工作会议上的讲话》（2004年12月3日），《科学发展观重要论述摘编》，第49页。

③ 《中共中央、国务院关于推进社会主义新农村建设的若干意见》（2005年12月31日），《十六大以来重要文献选编》（下），第140页。

21日,《中共中央、国务院关于推进社会主义新农村建设的若干意见》下发,即改革开放以来中央第八个一号文件。2007年1月29日,再度出台《中共中央、国务院关于积极发展现代农业扎实推进社会主义新农村建设的若干意见》,即改革开放以来中央第九个一号文件。文件要求,发展现代农业是社会主义新农村建设的首要任务,要用现代物质条件装备农业,用现代科学技术改造农业,用现代产业体系提升农业,用现代经营形式推进农业,用现代发展理念引领农业,用培养新型农民发展农业,提高农业水利化、机械化和信息化水平,提高土地产出率、资源利用率和农业劳动生产率,提高农业素质、效益和竞争力。随着社会主义新农村建设规划的科学制定,各地按照统筹城乡经济社会发展的要求,把新农村建设纳入当地经济和社会发展的总体规划,使之成为党和政府战略布局中的重中之重。"让农民的晚年更幸福"的社会舆论几乎成为全社会关注的焦点。①

新世纪以来社会主义新农村建设的远航已经扬帆启动。人们清醒地意识到,在这一"历史性跨越"过程中,不仅许多历史问题的累积要面对,而且随着新农村建设的开展,新的"三农"问题也会随之产生和发展——机遇与挑战共存,虽然是一句已经俗化了的时语,却也符合情势!在这种发展态势下,社会主义新农村建设的内涵,在社会主义物质文明、精神文明、政治文明、社会文明和环境生态文明五大建设中,获得了属于自己时代的新内涵。可以说,它在思想内容和时代特色上再次实现了历史性跨越。

## 四、历史演变进程的比较与审思

20世纪以来,新农村建设的思想命题三度聚焦,其思想内容在不同历史时期都呈现着属于自己的时代内涵与特色;它的历史演进本身从一个侧面既呈现着近代中国历史发展的基本趋向,也深刻地诠释着这一发展进程中历史与逻辑的复杂互动关系。

---

① 2010年3月6日,国家发展和改革委员会主任张平在记者会上,用"一个历史性跨越"的说法,评价农村养老保险试点。张铁:《让农民的晚年更幸福(两会快评)》,2010年3月8日,人民网,http://lianghui.people.com.cn/GB/181635/11090577.html。

首先，新农村建设思想源起于20世纪二三十年代，大体上与国民政府推动的国民经济建设运动和其后由社会力量推动的"乡村建设"运动同时并起。但是，从总体上看，新农村建设的思想却主要局限于知识界的倡导和构想层面上，并没有获得国家权力或地方行政的强力支持。正如方显廷所说那样，"现在的政府也竟议了许多经济建设计划"，除全国性的经济建设计划外，"尚有许多经各部长官"所制订的"各种地方的及特殊的计划"①，但这些建设计划中却无有"建设新农村"的内容。即使在抗战胜利后，面对战争摧残后的农村残破，民生凋疲困境，乡村建设任务艰巨而繁难。"欲建设国家必先建设乡村，未有乡村繁荣，而国家为富强者"的理说虽然言之凿凿，却由于国家建设重心在于城市，所谓"各重要都市，政府……积极筹划"，"至若乡村之建设，则不能不由各村自谋。非政府之不顾，实鞭长莫及，势不能也"②。因此，虽然也出现"有志青年闻风兴起，各返乡村，努力建设"的事例，如湖南茶陵"建设新河坞计划"③等，却并未形成规模和声势。总体而言，"建设新农村"的构想、方案并未在社会实践层面取得实验价值，并由此形成历史经验累积。

新中国成立后及至50年代，社会主义新农村建设构想的提出本身就是国家行为。《一九五六年到一九六七年全国农业发展纲要》作为"新农村建设"的纲领，其草案是中国共产党中央委员会在1956年1月间就已提出，在实际生活中已经起了积极的作用。其后根据两年来一些事实的变化和工作的经验，做了一些必要的修改和补充，提交中国共产党全国代表大会通过，然后提交国务院讨论通过，最后提交全国人民代表大会讨论通过，作为正式文件公布。因此，这一时期"建设新农村"的思想不仅仅具有制度保障，而且超越了一般思想与构想的局限，成为整个国家建设规划的有机组成。至60年代，国家甚至开始动员大批城市知识青年下乡参加新农村建设，为"进一步加强农业战线，建设现代化的农业，建设社会主义的新农村，中共中央、国务院认为，在今后一个相当长的时期内，有必要动员和组织大批的城市知识青年下乡参加农业生

---

① 方显廷：《中国乡村工业与乡村建设》（1933年手稿本），第4页。
② 周达：《乡村建设计划草案·建设乡村计划大纲叙言》，中国国民党党史馆，档案号615/21，第1页。
③ 《乡村建设计划草案·建设新河坞计划大纲》，中国国民党党史馆，档案号615/21，第2页。

产"。并且试图"要使他们从思想上把建设社会主义新农村当作自己的终身事业"①。

当然,这一时期的新农村建设也有值得汲取的经验和教训:把建设社会主义新农村作为一种动员手段,其目的是要求农业支持工业、农村支持城市,城乡差别越来越大,对农村建设很少投入,地方和农民没有资金投入到新农村建设中去。"农村中的基本建设迅速地发展了。解放初期,全国灌溉面积只有二亿四千万亩;由于过去十年来兴建了大量的农田水利和水库工程,灌溉面积已经达到了十亿亩以上。农村中还兴建了大量的主要是为农业服务的小工厂。跟农业有密切关系的林业、牧业、副业、渔业也有了显著的发展。"② 但建设的投入集中于农业生产方面,意在为工业化提供保障,并没有真正落实在"新农村建设"方面。再者,在新农村建设中强化意识形态,把阶级斗争扩大化,把大寨经验教条化,抹杀了区域差别和自然条件差别,因此,新农村建设的真正成效并不显著。但是,其构想、方案已经体现为国家建设的规划,并在实践中落实,其经验与教训最终成为"建设新农村"思想与历史的宝贵财富。

十六届五中全会提出:"建设社会主义新农村"任务,是十六大以来党在"三农"问题上认识的进一步深化。与新中国成立后历次新农村建设运动不同,新世纪新农村建设是我国重启现代化进程以来二十余年的经济积累,有着新时期领导层对当代"三农"问题深刻定位的全面政策措施。因此,2006年党的十六届五中全会再次明确提出"建设社会主义新农村"的时代命题时,历史上新农村建设的思想成果和历史鉴训,无疑成就了这一思想的时代高度。

其次,新农村建设思想的源起与发展演变,始终与时代发展主题和演进轨迹密切相关,或者本身即构成时代主题内容之一。20世纪二三十年代传统中国农村经济、社会与文化的整体衰败,触发了社会各界对于重建农村、复兴农村的高度关注,"建设新农村"的吁求成为当时救治危机和复兴民族的一种思想走向;同时,以现代化、工业化与城市化为导向的国家建设取向,无疑也是推

---

① 《中共中央、国务院关于动员和组织城市知识青年参加农村社会主义建设的决定(草案)》,(1964年1月16日),中共中央文献研究室编:《建国以来重要文献选编》第18册,第37—38页。
② 周恩来:《伟大的十年》(1959年10月6日),中共中央文献研究室编:《建国以来重要文献选编》第12册,第512页。

动新农村建设思想的内在动因。随着时代的变迁与历史发展，新农村建设思想的内涵也日渐深化和提升，在思想演进的累积、汲取中充实和丰富。20世纪20年代王骏声所著《中国新农村之建设》内容仅仅立足于农村教育建设，试图以新的农村教育改造农民，达到民国新农村建设的目标。三四十年代建设新农村的思想、方案，普遍地侧重于经济方面而未关注农村社会与文化建设内容。国民党及国民政府对于农村问题的关注，"是以全国农业生产实际情形和全国农民生活实际状况为基础"①，更多侧重于"农业建设"及产业增产方面。南京国民政府在国民经济建设的规划中，虽然列有相关涉农内容，却并不触及"农村建设"而仍然侧重于"农业建设"，亦即关注农业增产以为工业化提供积累。所谓"确定农业政策，为发展工商业之基础"一案，"已由三全大会规定大纲，复经行政院训令各部，拟定详细计划"。其具体方案无非是：第一移民垦殖；第二增加产量；第三注重农业推广，而最终是为了"促进城市工业的兴起"②。1928年后，国民党由国民革命时期对农民的革命动员，转向了"以扶植农村教育、农村组织、合作运动及灌输农业新生产方法为主要之任务"的政策，在其后的第四、第五次全国代表大会上均集中议决的是"农业建设"问题。③

"中华人民共和国成立之后，大规模的工业建设提上了日程。"④1956年后新农村建设的时代命题获得了新的内容，即社会主义制度变革决定了其建设新农村的社会主义的方向与性质，尽管"中国工业化的整体性起步，事实上是从计划经济的办法和集中办工业的路子着手……不仅没有带动起农村工业化局面的兴起，反而加深了城乡差别的鸿沟"⑤。国家建设重点投资集中在工业化和城市化方向："目前我们全国人民的最高利益就是实现国家的社会主义工业化。"⑥"重点建设城市"成为国家建设的基本方针。从1950年到1954年的五年中，国家一共支出了十万多亿元（旧币）来修建重点城市公用事业和改

---

① 朱子爽：《中国国民党农业政策》，国民图书出版社1940年版，第2页。
② 张范村：《农业建设》，《中国建设》1936年第1卷第6期。
③ 朱子爽：《中国国民党农业政策》，第48—49页。
④ 《中国农村工业化和城市化问题》，《费孝通文集》第14卷，群言出版社1999年版，第414页。
⑤ 《中国农村工业化和城市化问题》，《费孝通文集》第14卷，第414页。
⑥ 《贯彻重点建设城市的方针》（1954年8月11日《人民日报》社论），中共中央文献研究室编：《建国以来重要文献选编》第5册，第441页。

善环境卫生。①

但是，由于新农村建设目标，既获得了国家政权和制度保障，也纳入了国家建设规划，发展中的"不平衡性"，必将在发展中获得新的"平衡"。因此，随着"三农"问题的呈现和国家应对政策的落实，新农村建设命题至2005年再度聚焦，成为全面推进农业农村工作的总纲领。更重要的是，新农村建设思想获得了新的时代内涵，即以经济建设、政治建设、文化建设以及生态文明建设为内容，完成了其近百年思想演变的时代性跨越。

## 五、主导方向与基本诉求

然而，适时而变的新农村建设的思想命题在历史的演变中也有着特定的主导方向与基本诉求。以"新农村建设"而标示的发展道路选择，其新农村之新在何处？应该是具有超越意识形态和制度属性的指向性。这使得此命题在近百年变迁进程中既具有历史发展走向上相对恒定的思想指示意义，也有着思想传承和累积提升的时代特征。

首先，农业生产的工业化或机械化方向，是新农村建设思想形成以来恒定不变的基本诉求。因此，我们不难发现，20世纪三四十年代的"工业下乡"思想，以及"使分散在农村里的工业，技术上逐渐现代化，脱离纯粹的手工和人力基础"，建设"部分机器化了的乡村工业"②的主张与50年代新的历史条件下提出的"逐步建立现代化的工业和现代化的农业"和"农业的根本出路在于机械化"③等思想，存在着共识性的思想和历史脉络。当然，工业化的诉求不仅仅局限于农业生产本身，乡村工业也是新农村建设的题中应有之义。"乡村工业，在现代工业发达的国家，还是一样占据国民生活重要的地位，而与大工业同样存在。"因此，乡村工业建设既包括机器生产之工业在乡村者，也包括那

---

① 《贯彻重点建设城市的方针》（1954年8月11日《人民日报》社论），中共中央文献研究室编：《建国以来重要文献选编》第5册，第438页。
② 《小康经济——敬答吴景超先生对〈人性和机器〉的批评》，《费孝通文集》第5卷，第431页。
③ 《关于农业问题》（1957年10月9日），《毛泽东文集》第7卷，第310页；《党内通信》（1959年4月29日），《毛泽东文集》第7卷，第50页。

些"没有动力机器的运用","可以远离都市交通中心区域"而"适合于乡村人民的生活"①的工业。显然，乡村工业建设也构成当时新农村建设的重要方面。因此，在民国时期的乡村工业建设与新中国成立后的社办企业、乡镇工业的发展进程中，应该有着难以断裂的历史脉络。

其次，农业集约化或规模化生产，也是建设新农村思想的共识性诉求之一。费孝通很早就提出，旧农村的小农经营，即各家各户经营的小块土地，"在这种土地上机械很少用武之地"。因而新中国成立后实行的农村集体所有制成为"引进农业机械的基本社会条件"。因为"原来的小块土地有了合并成大农场的条件，很多地方确已经过合并和平整出现了可供拖拉机驰骋的大面积耕地"②。就此而言，其基本思路与40年代刊发在《益世报》上的《农村建设》社论主张亦可谓异曲同工。《农村建设》一文提出农村建设的方向在于合作农场，"假定每家农人的耕地为三十亩，则合千家以组织合作农场，则其地可达三万亩，因是而发展交通、也兴办水利，改良品种，购置机器，相其土宜，分工合作，则其生产所得，必较以前为优。更进而运用资金，节省人力，延聘专家，增加生产，均非不可能。一面并建设附属工厂……"因地制宜兴办农村工业，即"可容纳节余的人力，减少都市对农村的剥削，而增加农村的富力"。农业生产的工厂化、合作化，与农村工业化、机械化的建设融而为一，是其基本的方向。"农村以这种农场工厂建设的骨干，则农业的工业化，不难于实施。"集体合作化经营的现实趋向也十分显然：这种合作农场组织对于农民而言，"犹之公司组织之对于工商业，所不同者有二：（一）工商业的股票所记载的数目为货币，而合作农场证券所记载的数目为粮食的石斗升合。（二）公司股票的持有人无限制，而合作农场证券的持有人则限于农场区域内的地主、自耕农、半自耕农与佃农。""凡此一切，由农场选举的理监事公平处理之。使一个农场，成为一个政治基层单位，以代替原来的乡村单位，而补其空疏之弊。""这一理想如能实现，则农村建设问题，可得到根本的解决。"③

再次，农村城市化或者城乡一体化发展是新农村建设诉求的主导方向。在

---

① 陈启天：《非常时期乡村工业之建设》，汗血书店1937年版，第23页。
② 《略谈中国的现代化》，《费孝通文集》第8卷，第24页。
③ 《农村建设》（社论），天津《益世报》1947年1月25日。

三四十年代思想论争中,"使农村都市化",这样"近代文明也连带下乡,也带给在乡村中的人民一种更有趣的生活,更丰富的享受"的主张已经得到知识界的广泛认同,这一基本的思想认识在新中国之后的新农村建设中仍然得以持续实践,尤其在 80 年代农村巨大变革的历史进程中。费孝通在江南乡镇企业发展的调查中就已有深切的体会:"如果说,社会前进的目标之一是消灭城乡差别,他们正是在消灭这个差别上起着现实的促进作用……他们确实是当前中国社会前进的原动力。"① 这一思想演进的指向,在今天的科学发展观中以五个统筹的内容获得了时代性跨越,即"就是要统筹城乡发展、统筹区域发展、统筹经济社会发展、统筹人与自然和谐发展、统筹国内发展和对外开放,推进生产力和生产关系、经济基础和上层建筑相协调;就是要促进人与自然和谐,走生产发展、生活富裕、生态良好的文明发展道路"②。

最后,立足于民生建设,是新农村建设思想发展演进的最基本诉求。在孙中山建设思想的形成和发展进程中,尽管其所强调的内容和立足点时有变化,但其基本目标却始终如一:以民生为首要。③ 正是"民生主义"贯穿其革命与建设思想之始终,将手段与目标完整结合,构成其思想体系发展的一个基本主线。"革命的程序,既由军政时期,到了训政,那么破坏的工作,应该停止,大家向建设的方面努力……而建设的首要在民生。"④ 孙中山认为,"此民生主义,是建设 20 世纪以后新国家的完全方法"⑤。而我们要解决的民生问题凡四:"一曰人民之生活,二曰社会之生存,三曰国民之生计,四曰群众之生命。"孙中山特别提出:"民生为人类社会历史的中心者。"⑥ 因此,"民生主义"实际成为串结其革命时代与建设时代的一条思想主线。

中国共产党在各个时期的主要领导人也以解决民生问题为基本目标。在新

---

① 《农村工业化的道路》,《费孝通文集》第 9 卷,第 87 页。
② 胡锦涛:《在中国科学院第十二次院士大会、中国工程院第七次院士大会上的讲话》(2004 年 6 月 2 日),《十六大以来重要文献选编》(中),第 113—114 页。
③ 参见王先明:《建设告竣时 革命成功日——论孙中山建设思想的形成及其时代特征》,《广东社会科学》2013 年第 1 期。
④ 张范村:《农业建设》,《中国建设》第 1 卷第 6 期,1930 年 6 月 1 日,"农业专号",第 1 页。
⑤ 孙中山:《在桂林军政学七十六团欢迎会的演说》(1921 年 12 月 7 日),中国社科院近代史研究所等编:《孙中山全集》第 6 卷,中华书局 2011 年版,第 5 页。
⑥ 张静愚:《发刊词》,河南省建设厅编辑委员会:《河南建设》创刊号(1934 年 1 月),第 2 页。

中国建立之初,"开辟了一个新的时代"的人民政府,将"进行大规模的经济建设和文化建设,扫除旧中国所留下来的贫困和愚昧,逐步地改善人民的物质生活和提高人民的文化生活"①。共同富裕的民生目标,是中共革命的基本追求。"现在在我们实行这么一种制度,这么一种计划,是可以一年一年走向更富更强的,一年一年可以看到更富更强些。而这个富,是共同的富,这个强,是共同的强,大家都有份,也包括地主阶级。"毛泽东特别指出:"以后要同大家一起共同富裕起来。将来农民的生活要超过现在的富农。资本家如果将来饿肚子,这个制度就不好。如果大家生活不提高,革命就没有必要,因此生活福利都要逐步提高。""人们考虑的,不外是一个饭碗,一张选票……说文明点就是一个工作岗位和一个政治地位。"②就此而言,中国共产党人追求的目标与孙中山先生的民生追求并无二致。毛泽东说,我们做事要"顺乎天理,应乎人情,适乎世界之潮流,合乎人群之需要"。"这是伟大的革命家孙中山先生说的。""我们的革命就是继承孙中山先生的工作。"③

在新中国建设道路的探索中,虽然遭遇过50年代末至60年代初的重大挫折,但在历史教训的总结中,中央领导层仍然在民生问题上形成共识。"现在看来,陈云同志的意见是对的。要把衣、食、住、用、行五个字安排好,这是六亿五千万人民安定不安定的问题,安排好了之后,就不会造反了。什么叫不造反,就是要使他们过得舒服,有利于建设,同时国家也可以积累。"④

在社会主义建设道路的探索进程中,面临着的新问题、新矛盾层出不穷,"要付学费"的挫折曾几番历经,但修正失误和校准方向的立足点还是民生之需。"人民生活长期停止在很低的水平总不能叫社会主义。"⑤进入新世纪后,随着国家建设发展战略的新变动,民生建设尤其成为"新农村建设"的中心内容。"改善民生既是党和政府工作的方向,又成为广大人民群众自身奋斗的目标。"习近平指出:"要多谋民生之利,多解民生之忧,在学有所教、劳有所

---

① 毛泽东:《中国人民大团结万岁》(1949年9月30日),中共中央文献研究室、中央档案馆编:《建党以来重要文献选编(1921—1949)》第26册,第771页。
② 《工商业者要掌握自己的命运》(1955年10月27日),《毛泽东文集》第6卷,第490—491页。
③ 《同工商界人士的谈话》(1956年12月8日),《毛泽东文集》第7卷,第182页。
④ 丛进:《1949—1976年的中国曲折发展的岁月》,人民出版社2009年版,第143页。
⑤ 《社会主义首先要发展生产力》,(1980年4月—5月),《邓小平文选》第2卷,第312页。

得、病有所医、老有所养、住有所居上持续取得新进展。"①

因此,在百年来"新农村建设"思想与实践的历史进程中,民生的诉求可谓贯穿始终,尽管不同的历史时期其内容或特征亦有所不同。新农村建设思想属于历史范畴,不同的历史阶段具有不同的思想内容。同时,它也是20世纪以来在工业化、城市化和现代化进程中形成的时代性命题。

## 六、"新常态"下新农村建设思想的新高度

十八大提出要全面建成小康社会的目标,社会主义新农村建设是建成小康社会的基础和前提。新农村建设思想与实践已经构成"我国现代化进程中的重大历史任务"②,成为国家发展战略的重要组成部分。不仅如此,它事实上成为决定我国现代化强国建设成功与否的关键之所在。"我国能否由发展中大国逐步成长为现代化强国,从根本上取决于我们能不能用适合我国国情的方式,加快改变农业、农村、农民的面貌,形成城乡经济社会发展一体化新格局。我们必须正确处理工业和农业、城市和农村、城镇居民和农民的关系,加大'以工促农、以城带乡'的力度,使稳妥推进城镇化和扎实推进社会主义新农村建设成为我国现代化进程的双轮驱动,从而逐步解决城乡二元结构矛盾。"③习近平指出,小康不小康,关键看老乡。21世纪以来,农民收入连续增长,生活水平不断提高,但全面建成小康仍极为艰巨。要大力促进农民增加收入,不要平均数掩盖了大多数,要看大多数农民收入水平是否得到提高。在浙江全省总结新农村建设经验并加以推广的会议上,习近平做出重要指示,强调要认真总结浙江省开展"千村示范万村整治"工程的经验并加以推广;各地开展新农村建设,应坚持因地制宜、分类指导,规划先行、完善机制,突出重点、统筹协调,通过长期艰苦努力,全面改善农村生产生活条件。习近平表示,要稳步推进农村

---

① 中共中央宣传部:《习近平总书记系列重要讲话读本》,学习出版社、人民出版社2014年版,第112—113页。

② 《中共中央关于制定国民经济和社会发展第十一个五年规划的建议》(2005年10月11日),《十六大以来重要文献选编》(中),第1066页。

③ 胡锦涛:《在中央经济工作会议上的讲话》(2007年12月3日),《科学发展观重要论述摘编》,中央文献出版社、党建读物出版社2008年版,第55页。

改革，创造条件赋予农民更多财产权利。对中央工作部署，要准确领会政策要点和要领，不能随意解读，想怎么干就怎么干。城镇化不是土地城镇化，而是人口城镇化，不要拔苗助长，而要水到渠成，不要急于求成，而要积极稳妥。

建设社会主义新农村是建成小康社会的必然要求，是促进城镇健康发展的重要途径，是保持国民经济平稳较快发展的现实需要，是构建社会主义和谐社会的重要内容，是促进"三农"发展的目标所在。各级党组织要站在战略性、全局性思考部署新农村建设任务，要充分理解把握新农村建设"生产发展、生活宽裕、村容整洁、乡风文明、管理民主"的深刻内涵，围绕什么是社会主义新农村、建设什么样的社会主义新农村、怎样建设社会主义新农村，广泛发动群众充分发挥主人翁精神，积极参与新农村建设，真正做到新农村人民共建、建好新农村人民共享的良好局面。

新农村建设思想在历史的演进中不断充实和完善，并在新时代的战略规划中获得了新的高度。正如习近平强调指出的：工业化、城镇化、信息化、农业现代化应该齐头并进、相辅相成，千万不要让农业现代化和新农村建设掉了队，否则很难支持全面小康这一片天。"小康不小康，关键在老乡。"如果不把社会主义新农村建起来，不把农业现代化搞上去，现代化事业就有缺失，全面小康就没有达标。①

近年来，关于农村的法治建设开始成为新农村建设的重要内容。2015年2月的第一天，中央一号文件下发。这一备受关注的文件，仍然聚焦"三农"。而一个具有鲜明时代特色的亮点是，文件专章提出"加强农村法治建设"。这一内容，无疑契合法治中国建设的语境，又契合全面深化改革的要求，为今后的"三农"工作提供了一个重要遵循。"深水区的农村改革，更需路径可控，风险可控。在这一过程中，法治，无疑至关重要。依法治农，其实更是依法富农、依法强农。"农村之所以能成为突破口，正是因为它处于各种因素的结点上。经济的计划与市场、体制的优势与弊端、治理方式、社会结构、国家稳定……一个"农"字，折射出复杂而深刻的中国。②

---

① 《习近平重访兰考：焦裕禄精神是永恒的》，新华网，http://news.xinhuanet.com/politics/2014-03/17/c_119810080.htm。
② 张铁：《一号文件助推"依法治农"》，《人民日报》2015年2月3日。

"新一轮中国改革,春潮带雨而来。习近平指出:全面建成小康社会是我们的战略目标,全面深化改革、全面依法治国、全面从严治党是三大战略举措。"基于哲学的维度,我们可以清楚地看到"四个全面"完整严密的辩证关系——一大战略目标内含着对三大战略举措的必然要求。而每个战略举措之间都形成了一种呼应关系,互为动力,相辅相成,共同构成了发展的机制和航向,共同形成了逻辑严密的战略布局。① 面对新的态势,针对新的问题,新农村建设的思想与实践也与日俱新。十八大报告指出:农业基础薄弱,城乡区域发展差距和居民收入分配差距依然较大,解决好"三农"问题是实现2020年全面建成小康社会目标的需要和基本条件之一。因此,国家对于新农村建设实施了新的重大举措:

一是《国家新型城镇化综合试点方案》公布,江苏、安徽两省和宁波等62个城市(镇)将作为国家新型城镇化综合试点地区,为全国探索可复制、可推广的经验和模式。这个被喻为"62+2"的新型城镇化综合试点方案,清晰地勾勒了未来五年亿万农民的市民化之路。促进约1亿农业转移人口落户城镇。建立健全由政府、企业、个人共同参与的农业人口市民化成本分担机制。必须依靠市场机制,以企业为投资主体,特别要激发民间投资的活力。2014年我国常住人口城镇化率为53.7%,户籍人口城镇化率不到40%。户籍制度改革被放在重要位置。②

二是发布《美丽乡村建设指南》(2015年6月1日起正式实施),为美丽乡村建设提供框架性、方向性技术指导。提出以建设"美丽乡村"为载体,整体推进生态文明试点建设。环境就是民生,青山就是美丽,蓝天也是幸福。③ "绿树村边合,青山郭外斜。开轩面场圃,把酒话桑麻。"美丽的田园风光、自然的风土人情、纯朴的乡风民俗,是我们理想中的乡村印象。2015年年初,作为农业科教环能工作三大重点工程之一,农业部在全国启动了"美丽乡村"创建活动,正式发布了实施意见,全国农业科教工作视频会议也具体部署了这项工作。④

---

① 本报编辑部:《四个全面:继往开来的重大战略布局》,《光明日报》2015年2月9日。
② 冯蕾、李慧:《"62+2"方案:亿万农民的市民化之路》,《光明日报》2015年2月9日,第8版。
③ 《美丽乡村建设指南》国家标准将于2015年6月1日起实施。
④ 《推进升级版的新农村建设——访农业部"美丽乡村"创建活动负责人》,中国网,2013年5月15日。

三是推动奖励中国农村农民各种专业协会和组织。中国科协、财政部《关于公布 2015 年"基层科普行动计划"奖补单位和个人的通知》,"助力社会主义新农村和社会主义和谐社区建设",对 962 个农村专业技术协会、386 个农村科普示范基地、558 名农村科普带头人进行奖补。①

在扎实、持续推进新农村建设的实践进程中,新农村建设的思想内涵正在不断创新中更加丰富、完善和科学。农业要更强,必须建设现代农业,加快转变农业发展方式。农民要更富,必须促进农民增收,加大惠农政策力度。农村要更美,必须围绕城乡一体化,深入推进新农村建设。"我们既要绿水青山,也要金山银山。宁要绿水青山,不要金山银山,而且绿水青山就是金山银山。"②建设生态文明是关乎人民福祉、关乎民族未来的大计,把生态文明建设融入经济建设、政治建设、文化建设、社会建设各方面和全过程,建设美丽中国,建设美丽乡村,已经成为新农村建设思想的时代内涵。它标志着这一思想体系的一个新的时代高度。

## 七、振兴乡村——谱写新时代中国乡村建设新篇章

在党的十九大报告中,根据当前我国发展阶段和社会主要矛盾变化,习近平同志提出并深入阐释了实施乡村振兴战略的重大决策部署。他从农业、农村、农民三个维度,强调要举全党、全国、全社会之力,"推动农业全面升级、农村全面进步、农民全面发展,谱写新时代乡村全面振兴新篇章"。随后,他从产业振兴、人才振兴、文化振兴、生态振兴、组织振兴五个方面系统阐述了乡村振兴的目标任务和实现路径,并进一步系统阐述了实施乡村振兴战略的总目标、总方针、总要求和制度保障。③

从"三个全面"到"五个振兴",再到"三总一保障",这些新理念、新思想、新部署体现了党和国家对乡村振兴规律认识的深化,体现了新农村建设思想和理论的时代性升华。

---

① 《人民日报》2015 年 6 月 19 日。
② 中共中央宣传部:《习近平总书记系列重要讲话读本》,第 120 页。
③ 魏后凯:《把握乡村振兴战略的丰富内涵》,《人民日报》2019 年 2 月 28 日第 9 版。

第一，坚持农业、农村优先发展的总方针。农业、农村、农民问题是关系国计民生的根本性问题，必须始终把解决好"三农"问题作为全党工作重中之重。党的十九大报告指出，要坚持农业、农村优先发展。坚持农业、农村优先发展，是党中央为加快补齐农业、农村短板做出的重大部署，是决胜全面建成小康社会和全面建设社会主义现代化强国的必然要求，也是推进新时代中国特色社会主义建设必须坚持的一项重要战略原则和政策导向，也是一个重大理论和政策创新。

第二，构建新型工农城乡关系。走中国特色社会主义乡村振兴道路，必须重塑城乡关系，走城乡融合发展之路。党的十九大报告指出，建立健全城乡融合发展体制机制和政策体系，加快推进农业农村现代化。这些重要论述的核心是把城市和农村看成一个有机整体或者说发展共同体，通过城乡要素、产业、居民、社会和生态等的全面融合，构建新型工农城乡关系，实现工农城乡共建共享。这进一步丰富了马克思主义城乡关系理论，为推进城乡融合发展指明了方向和路径。

为此，一定要补齐农业现代化短板。习近平同志在党的十九大报告中提出了"加快推进农业农村现代化"的思想，把过去单纯的农业现代化概念拓展为农业农村现代化，其内涵更加丰富、科学，更加符合新时代要求。以习近平同志为核心的党中央对如何推进农业农村现代化做出总体安排和部署，实施"精准扶贫、精准脱贫，以更大决心、更精准思路、更有力措施，采取超常举措，实施脱贫攻坚工程"，确保按期实现农村贫困人口全面脱贫，解决区域性整体贫困问题。[①]

第三，推进乡村治理现代化。当前，我国城乡利益格局深刻调整，农村社会结构深刻变动，农民思想观念深刻变化。这为农村经济社会发展带来巨大活力，同时也形成了一些突出矛盾和问题。习近平同志指出，乡村振兴离不开和谐稳定的社会环境。要加强和创新乡村治理，建立健全党委领导、政府负责、社会协同、公众参与、法治保障的现代乡村社会治理体制，健全自治、法治、

---

[①] 《下大力气破解制约如期全面建成小康社会的重点难点问题》，中共中央文献研究室编：《习近平总书记重要讲话文章选编》，中央文献出版社、党建读物出版社2016年版，第274页。

德治相结合的乡村治理体系,让农村社会既充满活力又和谐有序。这是振兴乡村,实现社会主义新农村全面发展的重要保障。

第四,让农民成为乡村振兴的主人。习近平同志对实施乡村振兴战略做出一系列重要指示,要求各地区各部门把实施乡村振兴战略摆在优先位置,并强调要尊重广大农民意愿,激发广大农民积极性、主动性、创造性,激活乡村振兴内生动力,让广大农民在乡村振兴中有更多获得感、幸福感、安全感。一方面,要通过提升能力、组织联合、拓展服务、开拓功能、抵御风险等途径,千方百计让广大农民共享农业农村现代化成果,让农民的积极性、主动性、创造性成为乡村振兴的内在动力。另一方面,要加强技能培训,提升农民能力素质,把农户生产引入现代农业发展轨道。实施乡村振兴战略要以农民为主体,要让农民成为乡村建设和发展的内在动力。①

在党的新时代振兴乡村战略决策下,伴随着中华民族伟大复兴的"中国梦"的梦想成真,以"农业强、农村美、农民富"为底色的中国新农村建设的目标将如期实现。

---

① 谭智心:《让农民成为乡村振兴的主人》,2018年7月7日,央视网。

# 结　语

"人民正奔走呼号要求改革，而改革是一定会到来的。"20世纪之初当清末"新政"开始时，一个名叫莫理循的外国记者就真心地为之喝彩："中国能够不激起任何骚动便废除了建立那么久的科举制度，中国就能实现无论多么激烈的变革。"[①] 对于今天的世界和世人而言，那已经是很遥远的历史记忆了。

20世纪开始不久，乡村建设思潮随即兴起。"自欧战以后，世界各强国，都唱'归农运动'，所以对于模范农村建设的方针及改革的实际，不绝地看着进行，这确是二十世纪时代精神上最足令人注意的地方。"[②] 历史经历了剧烈的时代之变，岁月也跨越了世纪交替。然而，在时代变迁和世纪更易的面相背后，我们却可以发现蕴含于历史深层的久持不竭的诉求——它以相对稳定的话语模式或思想内容，挽接着历史与现实，昭示着时代与未来。百年历史行程中，却有某种相似或相近的思想的力量一再崛起，强烈地表达着属于自己时代特色的内容。温铁军曾不无感慨地说：现在我们重谈乡村建设（1986年开始搞农村试验区），"其实现在要做的事情，和二三十年代的事情是相似的"。90年代后他开始总结从事乡村建设的十年经历，在历史比较中他认为："中国大陆的乡村建设，不是个新鲜事，是个老事儿，20世纪发生过两次。"[③]

在历经百年的乡村建设思想与实践进程中，不同的理念、主张和思想的阐发丰富驳杂，无论是群体性表达还是代表人物的独到见识，在历史长河的运行

---

① 沈嘉蔚编撰，窦坤等译：《莫理循眼里的近代中国》，福建教育出版社2005年版，第93页。
② 王骏声编：《中国新农村之建设》，自序，第1页。
③ 温铁军于2004年4月7日在中央财经大学所做的报告的内容。

中历经淘洗。其中,以"新农村建设"为主导的基本诉求和思想内容却脉系相连,传承至今——当然,其具体内容与时代内涵却与时俱进,各有不同。因此,新农村建设既是乡村建设思想的核心内容,也是乡村建设思想历经百年陶冶的历史结晶。今天,在历史的传承与实践的创作中它获得了新的科学内涵(中共中央文件以"生产发展、生活宽裕、乡风文明、村容整洁、管理民主"二十个字、五个方面加以概括),将其提升到一个新的时代高度。2015年2月,中共中央、国务院印发《关于加大改革创新力度加快农业现代化建设的若干意见》,再度强调新农村建设的战略意义,要求"在建设新农村上迈出新步伐"[①]。尤其是在中共十八大后的经济发展的"新常态"下,正在行程中的中国乡村建设以及新农村建设思想与实践,又具有了新的特色。

在历史的比较与审视中不难发现,在纷纭复杂的乡村建设思想的兴衰起落进程中,各种思想认识、理论模式和主张措施相继出现,并力求展示其思想与实践的价值与意义。同样,我们也不难发现,在百年历史长河的淘洗中,许多曾经时兴或引动时人关注的思想话语却渐次消歇,有些甚至湮没不彰。然而,新农村建设的思想诉求或话语模式却绵延既久,以至于跨越了时代,也跨越了世纪,贯穿了百年历史进程。这是否提示着,百年中国乡村建设思想历史的核心命题正在于此!

---

① 《关于加大改革创新力度加快农业现代化建设的若干意见》,《人民日报》2015年2月2日。

# 主要参考文献

## 一、档案资料

《关于嘉陵江三峡乡村建设实验区署改设北碚管理局的训令附组织规程》,重庆市档案馆藏,档号:0055-0002-00021。

《关于全省农村社会主义建设积极分子大会情况的报告》(1956年4月16日),山西省档案馆藏,档号:C29-1-48。

《嘉陵江三峡乡村建设实验区署组织规程》(1936年),重庆市档案馆藏,档号:0081-0004-06289。

《卢作孚编辑之乡村建设》(1929年10月1日),重庆市档案馆藏,档号:0081-0001-00386。

《青岛市乡区建设办事处规则》(1932年3月),青岛市档案馆藏,档号:B32-1-797。

《乡村建设计划草案·建设乡村计划大纲叙言》,中国国民党党史馆,档号:615-21。

## 二、史料汇编、调查报告

《衡山师古乡社会概况调查》,中华平民教育促进会1937年版。

《习近平关于实现中华民族伟大复兴的中国梦论述摘编》,中央文献出版社2013年版。

本社编:《农村经济政策选编》,黑龙江人民出版社1981年版。

陈赓雅:《西北视察记》,申报馆,1937年。

陈翰笙、薛暮桥、冯和法编：《解放前的中国农村》第1辑，中国展望出版社1985年版。

陈翰笙、薛暮桥、冯和法编：《解放前的中国农村》第2辑，中国展望出版社1987年版。

陈学昭：《延安访问记》，北极书店1940年版。

陈云故居暨青浦革命历史纪念馆编：《走近陈云：口述历史馆藏资料辑录》，中央文献出版社2008年版。

广西省政府十年建设编纂委员会编：《桂政纪实》第一编总述，广西省政府十年建设编纂委员会1946年版。

国家统计局农村社会经济调查司编：《中国农村劳动力调研报告2005》，中国统计出版社2005年版。

国民政府军事委员会委员长行营湖北地方政务研究会调查团：《调查乡村建设纪要》，湖北地方政务研究会1935年版。

国务院第二次全国农业普查领导小组办公室、中华人民共和国国家统计局编：《中国第二次全国农业普查资料汇编：农村卷》，中国统计出版社2009年版。

行政院农村复兴委员会编：《广西省农村调查》，商务印书馆1935年版。

河北省政府建设厅编：《调查报告第四编·工商》，1928年。

黄道霞：《建国以来农业合作化史料汇编》，中共党史出版社1992年版。

姜书阁编：《定县平民教育视察记》，察哈尔教育厅编译处1932年版。

李文治编：《中国近代农业史资料》第1辑，生活·读书·新知三联书店1957年版。

李宗黄：《考察江宁邹平青岛定县纪实》，中华书局1935年版。

刘凤阁编：《陕甘宁边区陇东的文教卫生事业》，中共庆阳地委党史资料征集办公室1992年版。

毛泽东：《湖南农民运动考察报告》，东北书店1948年版。

人民出版社编：《第一次国内革命战争时期的农民运动资料》，人民出版社1983年版。

人民出版社编：《全国农田基本建设会议文件》，人民出版社1978年版。

山西村政处编：《山西村政汇编》，台湾文海出版社1973年版。

陕甘宁边区财政经济史编写组、陕西省档案馆编:《抗日战争时期陕甘宁边区财政经济史料摘编》第1卷,陕西人民出版社1981年版。

陕西省档案馆、陕西省社会科学院编:《陕甘宁边区政府文件选编》第1辑,档案出版社1986年版。

陕西省档案馆、陕西省社会科学院编:《陕甘宁边区政府文件选编》第3辑,档案出版社1987年版。

史敬棠等编:《中国农业合作化运动史料》(上),生活·读书·新知三联书店1957年版。

史敬棠等编:《中国农业合作化运动史料》(下),生活·读书·新知三联书店1959年版。

孙晓忠、高明编:《延安乡村建设资料》,上海大学出版社2012年版。

卫生部基层卫生与妇幼保健司:《农村卫生改革与发展文件汇编(1951—2000)》,卫生部基层卫生与妇幼保健司2003年版。

袁植群:《青岛邹平定县乡村建设考察记》,开明书店1936年版。

章有义编:《中国近代农业史资料1912—1927》,生活·读书·新知三联书店1958年版。

章元善、许仕廉编:《乡村建设实验》第1集,中华书局1934年版。

中共中央办公厅编:《中国共产党第八次全国代表大会文献》,人民出版社1957年版。

中共中央委员会编:《中国共产党中央委员会关于发展农业生产合作社的决议及其有关文件》,人民出版社1955年版。

中共中央文献研究室、国务院发展研究中心编:《新时期农业和农村工作重要文献选编》,中央文献出版社1992年版。

中共中央文献研究室编:《建国以来刘少奇文稿》第1—6册,中央文献出版社2008年版。

中共中央文献研究室编:《建国以来重要文献选编》第1—20册,中央文献出版社1992—1998年版。

中共中央文献研究室编:《科学发展观重要论述摘编》,中央文献出版社党建读物出版社2008年版。

中共中央文献研究室编：《三中全会以来重要文献选编》（上、下），中央文献出版社 2011 年版。

中共中央文献研究室编：《十二大以来重要文献选编》（上、中、下），人民出版社 1986—2011 年版。

中共中央文献研究室编：《十六大以来重要文献选编》（上、中、下），中央文献出版社 2005—2011 年版。

中共中央文献研究室编：《十七大以来重要文献选编》（上、中、下），中央文献出版社 2009—2013 年版。

中共中央文献研究室编：《十三大以来重要文献选编》（上、中、下），人民出版社 1991—1993 年版。

中共中央文献研究室编：《十四大以来重要文献选编》（上、下），人民出版社 1996—2011 年版。

中共中央文献研究室编：《十五大以来重要文献选编》（上），人民出版社 2000 年版。

中共中央宣传部编：《习近平总书记系列重要讲话读本》，学习出版社、人民出版社 2014 年版。

中华人民共和国国家农业委员会办公厅编：《农业集体化重要文件汇编》，中共中央党校出版社 1981 年版。

中央档案馆编：《中共中央文件选集》第 10 册，中共中央党校出版社 1991 年版。

中央文献研究室、国务院发展研究中心：《新时期农业和农村工作重要文献选编》，中央文献出版社 1992 年版。

## 三、文集

《陈独秀文集》，人民出版社 2013 年版。

《陈云文集》，中央文献出版社 2005 年版。

《陈云文选》，中央文献出版社 2005 年版。

《邓小平文选》第 1—3 卷，人民出版社 1983 年版。

《邓子恢文集》，人民出版社 1996 年版。

《邓子恢自述》，人民出版社 2007 年版。

《杜润生文集（1980—2008）》（上册），山西经济出版社2008年版。
《费孝通全集》第15卷，内蒙古人民出版社2009年版。
《建国以来毛泽东文稿》，中央文献出版社1998年版。
《江泽民文选》第1—3卷，人民出版社2006年版。
《吕振羽全集》第9卷，人民出版社2014年版。
《毛泽东文集》第1—8卷，人民出版社1977—1999年版。
《陶行知全集》第1卷，湖南教育出版社1984年版。
《周恩来选集》，人民出版社1980—1984年版。
李大钊研究会编：《李大钊文集》第3卷，人民出版社1999年版。
梁漱溟：《梁漱溟学术论著自选集》，北京师范学院出版社1992年版。
梁漱溟著，李澄辑录：《乡村建设论文集》，乡村书店1936年版。
凌耀伦、熊甫编：《卢作孚文集》，北京大学出版社1999年版。
千家驹、李紫翔编著：《中国乡村建设批判》，新知书店1936年版。
钱俊瑞文集编辑组编：《钱俊瑞文集》，中国社会科学出版社1998年版。
宋恩荣编：《晏阳初全集》，湖南教育出版社1989年版。
王扶山、王彬质：《彭禹廷讲演集》，镇平县教育局1932年版。
章含之、白吉庵编：《章士钊全集》第4—6卷，文汇出版社2000年版。
中共中央文献编辑委员会：《刘少奇选集》，人民出版社1985年版。
中国李大钊研究会编注：《李大钊全集》第1—5卷，人民出版社2006—2013年版。
中国农业经济学会、中国社会科学院农村发展研究所编：《邓子恢农业合作思想学术讨论会论文集》，农业出版社1989年版。
中国农业经济学会、中国社会科学院农村发展研究所编：《邓子恢农业合作思想学术讨论会论文集》，农业出版社1989年版。
中国社会科学院近代史研究所中华民国史研究室等编：《孙中山全集》第1—10卷，中华书局1982—1986年版。
中国文化书院学术委员会编：《梁漱溟全集》第1—7卷，山东人民出版社2005年版。

## 四、著述类

《边区的劳动互助——陕甘宁边区生产运动介绍》，晋察冀新华书店印行，出版时间不详。

〔美〕艾恺：《最后的儒家——梁漱溟与中国现代化的两难》，王宗昱、冀建中译，江苏人民出版社1996年版。

〔美〕弗里曼·毕克伟、赛尔登：《中国乡村，社会主义国家》，陶鹤山译，社会科学文献出版社2002年版。

〔美〕马克·赛尔登：《革命中的中国：延安道路》，魏晓明、冯崇义译，社会科学文献出版社2002年版。

〔美〕萧邦齐：《血路：革命中国中的沈定一（玄庐）传奇》，周武彪译，江苏人民出版社1999年版。

〔日〕田中忠夫：《国民革命与农村问题》上卷，李育文译，商务印书馆1927年版。

安树伟：《中国农村贫困问题研究：症结与出路》，中国环境科学出版社1999年版。

白钢、赵寿星：《选举与治理：中国村民自治研究》，中国社会科学出版社2001年版。

白雪秋：《中国统筹城乡发展研究》，北京出版社2006年版。

薄一波：《若干重大决策与事件的回顾》，中共中央党校出版社1991年版。

北平村治月刊社编：《村治之理论与实施》，北平村治月刊社1932年版。

蔡应坤、邵瑞编：《毕生尽瘁为民生：王鸿一传略》，黄河出版社2003年版。

陈答才：《周恩来经济建设思想论》，陕西人民出版社1998年版。

陈文玲、易利华编：《2011年中国医药卫生体制改革报告》，中国协和医科大学出版社2011年版。

陈晓莉：《新时期乡村治理主体及其行为关系研究》，中国社会科学出版社2012年版。

陈序经：《乡村建设运动》，大东书局1946年版。

陈岩松：《中国合作事业发展史》，台湾商务印书馆1983年版。

丛进：《1949—1976年的中国曲折发展的岁月》，人民出版社2009年版。

村治月刊社编：《村治之理论与实施》，北平西北书局 1932 年版。

丁宝福：《镇平县地方自治始末》，镇平县志总编室 1986 年版。

董成勋：《中国农村复兴问题》，世界书局 1935 年版。

杜润生：《杜润生自述——中国农村体制变革重大决策纪实》，人民出版社 2005 年版。

段应碧编：《社会主义新农村建设研究》，中国农业出版社 2007 年版。

方显廷：《中国乡村工业与乡村建设》，1933 年手稿本。

费孝通：《乡土中国与乡土重建》，风云时代出版公司 1993 年版。

傅葆琛：《乡村生活与乡村教育》，江苏省立教育学院研究实验部 1930 年版。

龚骏：《中国都市工业化程度之统计分析》，商务印书馆 1933 年版。

郭丽、徐娜编：《乡村建设派》，长春出版社 2013 年版。

国家统计局城市社会经济调查司编：《中国城市统计年鉴》（2010 年），中国统计出版社 2011 年版。

国家统计局农村社会经济调查司编：《中国农村统计年鉴》（2013 年），中国统计出版社 2014 年版。

黄哲真：《地方自治纲要》，中华书局 1935 年版。

简新华、余江：《中国工业化与新型工业化道路》，山东人民出版社 2009 年版。

蒋伯英：《邓子恢与中国农村变革》，福建人民出版社 2004 年版。

孔雪雄编：《中国今日之农村运动》，中山文化教育馆 1934 年版。

李济东编：《晏阳初与定县平民教育》，河北教育出版社 1990 年版。

李锦：《大转折的瞬间——目击中国农村改革》，湖南人民出版社 2000 年版。

李景汉：《中国农村问题》，商务印书馆 1937 年版。

李宁：《中国农村医疗卫生保障制度研究：理论与政策》，知识产权出版社 2007 年版。

李锐：《大跃进亲历记》，南方出版社 1999 年版。

梁漱溟：《我的努力与反省》，漓江出版社 1987 年版。

梁漱溟：《乡村建设理论》，上海人民出版社 2006 年版。

凌志军：《历史不再徘徊——人民公社在中国的兴起和失败》，湖北人民出版社 2008 年版。

刘重来：《卢作孚与民国乡村建设研究》，人民出版社 2007 年版。

陆学艺：《"三农"绪论：当代中国农业、农村、农民问题研究》，重庆出版社 2013 年版。

罗平汉：《农村人民公社史》，福建人民出版社 2003 年版。

逄先知、金冲及编：《毛泽东传（1949—1976）》，中央文献出版社 2003 年版。

戚建华编：《中国农民的梦想—社会主义新农村建设研究》，河南人民出版社 2007 年版。

千家驹：《中国的乡村建设》，大众文化社 1937 年版。

青岛市政府秘书处编：《青岛市政府三年来行政摘要》（1932—1934 年），1935 年版。

人民出版社编：《进一步贯彻毛主席"抓革命，促生产"伟大方针》，人民出版社 1967 年版。

人民出版社编：《中共中央国务院关于"三农"工作的一号文件汇编》，人民出版社 2010 年版。

沙健孙：《毛泽东与新中国建设》，中国社会科学出版社 2009 年版。

宋洪远编：《中国农村改革三十年》，中国农业出版社 2008 年版。

唐瑛：《新农村体制建设之原理》，中国农民教育协会 1943 年版。

陶鲁笳：《一个省委书记回忆毛主席》，山西人民出版社 1993 年版。

陶希圣：《中国社会与中国革命》，新生命书局 1931 年版。

汪东林：《梁漱溟问答录》，湖南出版社 1988 年版。

王建学编：《近代中国地方自治法重述》，法律出版社 2011 年版。

王景新、鲁可荣、刘重来编：《民国乡村建设思想研究》，中国社会科学出版社 2013 年版。

王景新、鲁可荣：《中国共产党早期乡村建设思想研究》，中国社会科学出版社 2011 年版。

王先明：《走近乡村——20 世纪以来中国乡村发展论争的历史追索》，山西人民出版社 2012 年版。

温铁军：《中国新农村建设报告》，福建人民出版社 2010 年版。

文公直：《中国农民问题研究》，三民书局 1929 年版。

乡村工作讨论会编：《乡村建设实验》第 3 集，上海书店 1992 年影印。

许莹涟、李竞西、段继李编述：《全国乡村建设运动概况》第 1 辑，山东乡村建设研究院出版股 1935 年版。

薛暮桥、冯和法编：《解放前的中国农村》第 2 辑，中国展望出版社 1985 年版。

薛暮桥：《薛暮桥回忆录》，天津人民出版社 1996 年版。

严耕、王景福编：《中国生态文明建设》，国家行政学院出版社 2013 年版。

杨菲蓉：《梁漱溟的合作理论与邹平合作运动》，重庆出版社 2001 年版。

虞和平编：《中国现代化历程》，江苏人民出版社 2002 年版。

张庆忠编：《社会主义新农村建设研究》，社会科学文献出版社 2009 年版。

镇平县地方建设促进委员会：《镇平自治概况二集》，出版社不详，1934 年。

中共中央办公厅：《中国农村的社会主义高潮》，人民出版社 1956 年版。

中共中央党史研究室：《中国共产党历史》，中共党史出版社 2011 年版。

中共中央文献研究室编：《刘少奇论新中国经济建设》，中央文献出版社 1993 年版。

中共中央文献研究室编：《毛泽东传（1949—1976）》第 1 册，中央文献出版社 2004 年版。

中共中央文献研究室编：《毛泽东思想年编》，中央文献出版社 2011 年版。

朱子爽：《中国国民党农业政策》，国民图书出版社 1940 年版。

邹树文：《新生活与乡村建设》，正中书局 1935 年版。

# 后　记

《中国乡村建设思想百年史》是国家社会科学基金重大招标课题终期成果。这项研究持续6年，顺利结项后承蒙商务印书馆厚爱，尤其获得丁波同志的全力支持，遂得以尽快面世。我谨代表课题组同人深表感谢。

在课题申报和研究过程中，以及在课题结项过程中，得到南京大学马俊亚教授、中山大学曹天忠教授、山东大学徐畅教授、南开大学宣朝庆教授和李金铮教授的大力支持，对他们多年来的友情支持和学术扶助，始终铭记在怀，心存感谢！

此书为集体研究努力的结晶。除了课题研究任务的分担外，具体完成本书稿的作者是熊亚平（第一章、第五章、第十三章部分章节）、宣朝庆（第三章）、柳敏（第四章）、魏本权（第六章）、杨东（第七章）、渠桂萍（第十章部分章节、第十二章部分章节）、曾耀荣（第十四章）等教授。全书结构框架和其余章节以及书稿文字统改，由我负责完成。他们在各自的工作单位都担负着重要的教学科研任务，却不加推辞地投入我负责的课题研究中，其情其义诚然让我感佩难忘！这使得我对于我们这个近代中国乡村史的学术团体充满了信心和希望！

我们会在学术研究的道路上走得更远，走得更好！

王先明
2020年2月8日

## 图书在版编目（CIP）数据

中国乡村建设思想百年史：上下册/王先明等著. —北京：商务印书馆，2021
ISBN 978-7-100-19449-5

Ⅰ.①中… Ⅱ.①王… Ⅲ.①城乡建设－经济思想史－研究－中国－近现代 Ⅳ.①F299.29

中国版本图书馆CIP数据核字（2021）第024311号

**权利保留，侵权必究。**

本研究为国家社会科学基金重大招标项目
（项目号10&ZD076）终期成果

**中国乡村建设思想百年史**
上下册

王先明　等　著

商　务　印　书　馆　出　版
（北京王府井大街36号　邮政编码 100710）
商　务　印　书　馆　发　行
三河市尚艺印装有限公司印刷
ISBN 978-7-100-19449-5

2021年8月第1版　　开本 710×1000　1/16
2021年8月第1次印刷　印张 54 3/4
定价：288.00元

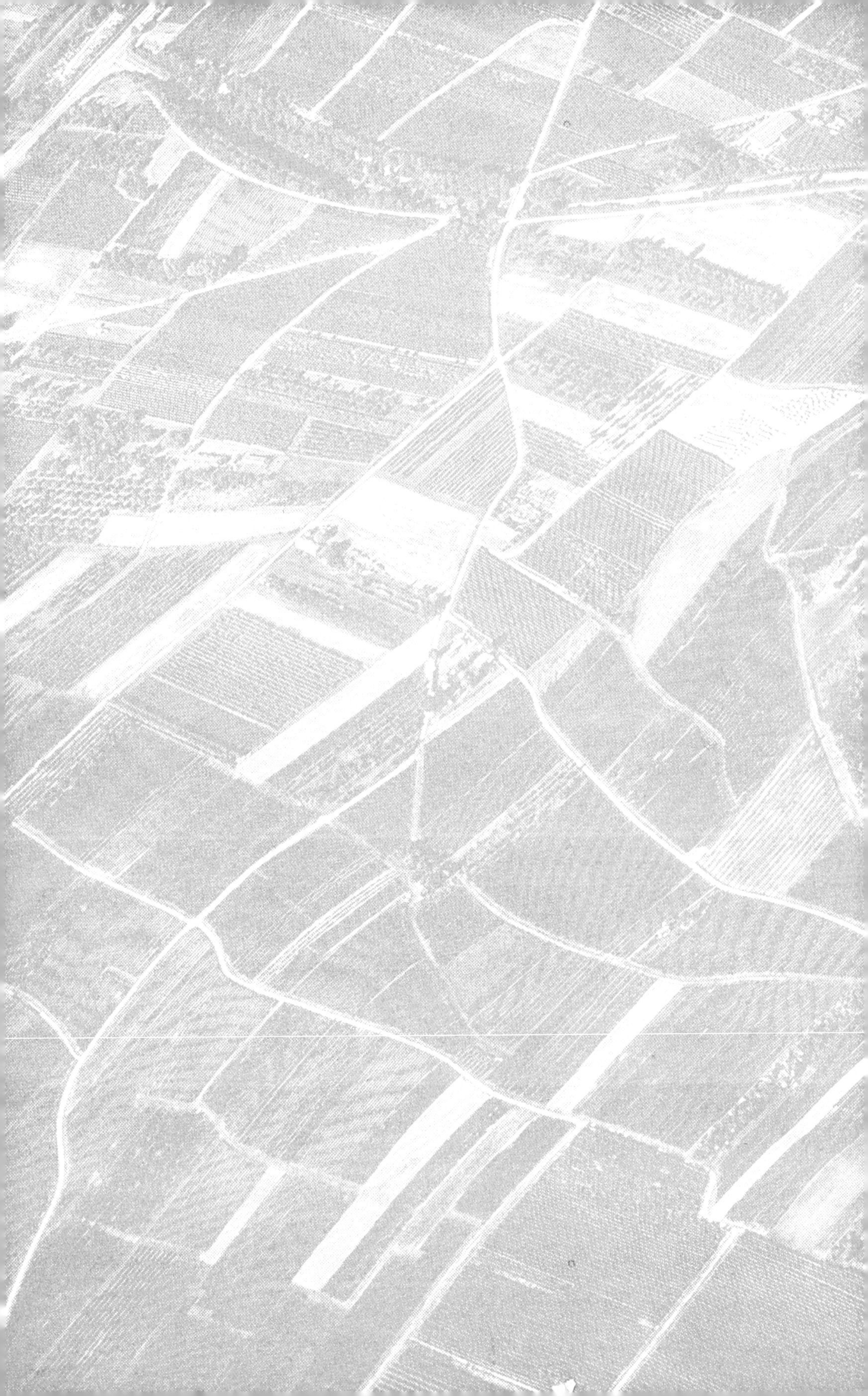